Dr. Anton Heimes

Handlexikon des Güterkraftverkehrs

Deutscher Verkehrs-Verlag

© Deutscher Verkehrs-Verlag GmbH, Hamburg 1983
Alle Rechte vorbehalten – Nachdruck verboten
Printed in Germany
Satz und Druck: L. N. Schaffrath, Geldern
Einband: Karl Jansen, Kevelaer
ISBN 3 87154 164 8

Inhalt

Vorwort des Präsidiums der Bundesverbände des Deutschen Güterkraftverkehrs (BDG)

Von der Güte und Leistungsstärke des Verkehrssystems hängt es entscheidend ab, welche Möglichkeiten der wirtschaftlichen Entfaltung und Wohlstandsmaximierung einem Lande gegeben sind. In der gesamtwirtschaftlichen Rollenverteilung der Verkehrsträger ist die Hauptrolle inzwischen von der Eisenbahn auf den Lkw übergegangen. Annähernd vier Fünftel der gesamtwirtschaftlichen Transportmenge in der Bundesrepublik Deutschland entfallen auf den Lkw-Verkehr. Aber auch international konnte der Straßentransport sein Gütervolumen innerhalb der europäischen Gemeinschaft in den letzten Jahren vervielfachen. Dabei haben es die Leistungen der über 50 000 Unternehmen des Güternah- und -fernverkehrs in der Bundesrepublik Deutschland ermöglicht, die Liefer- und Wettbewerbsfähigkeit von Industrie und Handel national und international, teilweise auch in Verbundproduktion mit anderen Verkehrsträgern, zu verbessern.

Die geänderten Rahmenbedingungen der achtziger Jahre sowie die rasanten Entwicklungen, die der Güterkraftverkehr in den letzten Jahren auf technischem, ökonomischem und sozialem Gebiet erlebte, haben allerdings nicht nur neue Transportformen entstehen lassen, sondern führten auch in der Politik und im rechtlichen Bereich zu neuen Erkenntnissen und Abgrenzungen. Dieses hat zu einer Vielzahl neuer Fachausdrücke geführt, die teilweise alte Termini ergänzten, teilweise aber auch an die Stelle alter Begriffe getreten sind.

Das neue ,,Handlexikon des Güterkraftverkehrs" ist deshalb ein willkommenes und wichtiges Nachschlagewerk, das allen Interessierten aus Wirtschaft und Verkehr eine wertvolle Hilfe sein wird, sich in der begrifflichen Fachwelt schneller zurechtzufinden und nicht mehr Gegenwärtiges leichter in Erinnerung zu rufen."

Bundesverbände des Deutschen Güterkraftverkehrs

Dr. Hans-Wilhelm Kreft

Vorwort des Verfassers

Als der Deutsche Verkehrs-Verlag an mich mit der Bitte herantrat, das „ABC des Güterkraftverkehrs" neu zu fassen, habe ich dieses Angebot gern angenommen, da ich aus langjähriger eigener Erfahrung von der Zweckmäßigkeit eines solchen Nachschlagewerkes überzeugt war. Auch war es offensichtlich, daß sich seit der letzten Ausgabe im Jahre 1971 vieles in rechtlicher und tatsächlicher Hinsicht verändert hat. Deshalb erschien eine vollständige Neubearbeitung angezeigt, aus der sich dann ein ganz neues Werk, eben das „Handlexikon des Güterkraftverkehrs", entwickelte.

Dabei bin ich davon ausgegangen. daß das Werk möglichst viele in der Praxis vorkommende Begriffe erfassen und erläutern sollte. Es konnte selbstverständlich nicht auf alle Aspekte eingegangen werden, die sich mit einem solchen Begriff verbinden. Ziel war es jedoch, möglichst praxisnah zu informieren und im übrigen auf Fundstellen (Gesetzestexte, Verordnungen, Abkommen, Gerichtsurteile etc.) hinzuweisen. Der Abdruck solcher Rechtsgrundlagen hätte den Rahmen eines solchen Nachschlagewerkes gesprengt und es außerdem unübersichtlich gemacht. An Hand der Fundstellen ist jeder Interesssierte in der Lage, sich weitere Informationen zu beschaffen.

So umfaßt das hiermit vorgelegte Handlexikon des Güterkraftverkehrs weit mehr Begriffe als das vorangegangene ABC des Güterkraftverkehrs. Gleichwohl konnte der Umfang des Werkes in den erstrebten Grenzen gehalten werden. Besonderer Wert wurde darauf gelegt, ein schnelles Auffinden gesuchter Begriffe zu gewährleisten und durch Verweisungen angrenzende Fragen mühelos zu erfassen. In Anhängen wurden einige Informationen untergebracht, die für die tägliche Arbeit des Verkehrspraktikers von besonderem Interesse sein können.

Dem Verfasser wäre es eine große Befriedigung, wenn das Nachschlagewerk in der neuen Form Anklang fände und damit den ihm zugedachten Zweck in der Praxis erfüllen würde. Dabei ist er sich darüber klar, daß die Arbeit notwendigerweise Lücken aufweisen muß. Auch lassen sich Fehler nicht immer vermeiden, zumal bei einer Materie, die beinahe täglichen Wandlungen unterworfen ist. Hinweise auf solche Fehler und Lücken würde ich dankbar begrüßen.

Königstein, im April 1983

DR. ANTON HEIMES

Abkürzungen

AASHO	=	American Association of State Highway Officials.
Abs.	=	Absatz.
Adekra	=	Arbeitsgemeinschaft Deutscher Kraftwagenspediteure e. G.
ADR	=	Europäisches Übereinkommen über die internationale Beförderung gefährlicher Güter auf der Straße.
ADSp	=	Allgemeine Deutsche Spediteurbedingungen.
AETR	=	Europäisches Übereinkommen über die Arbeit des im internationalen Straßenverkehr beschäftigten Fahrpersonals.
AfG	=	Arbeitsförderungsgesetz.
AG	=	Amtsgericht.
AGF	=	Arbeitsgemeinschaft Güterfernverkehr im Bundesgebiet e. V.
AGN	=	Arbeitsgemeinschaft Güternahverkehr im Bundesgebiet e. V.
AGNB	=	Allgemeine Beförderungsbedingungen für den gewerblichen Güternahverkehr mit Kraftfahrzeugen.
AKB	=	Allgemeine Kraftverkehrsversicherungsbedingungen.
AMI-Hilfsdienst	=	Internationaler gegenseitiger Hilfsdienst im Güterverkehr.
AMÖ	=	Arbeitsgemeinschaft Möbeltransport Bundesverband e. V.
AO	=	Abgabenordnung.
Art.	=	Artikel.
Ausf VO	=	Ausführungsverordnung.
AT	=	Ausnahmetarif.
ATP	=	Übereinkommen über internationale Beförderungen leicht verderblicher Lebensmittel und über die besonderen Beförderungsmittel, die für diese Beförderungen zu verwenden sind.
AVO	=	Ausführungsverordnung zur Arbeitszeitordnung.
AVV	=	Allgemeine Verwaltungsvorschriften.
AZ	=	Aktenzeichen.
AZO	=	Arbeitszeitordnung.
BAG	=	Bundesanstalt für den Güterfernverkehr.
BAnz.	=	Bundesanzeiger.
BBiG	=	Berufsbildungsgesetz.
BBZ	=	Berufsbildungszentrum für den Straßenverkehr.
BDF	=	Bundesverband des Deutschen Güterfernverkehrs e. V.
BDG	=	Bundesverbände des Deutschen Güterkraftverkehrs.

BDN	=	Bundesverband des Deutschen Güternahverkehrs e. V.
BefBMÖ	=	Beförderungsbedingungen für den Möbelverkehr (jetzt GüKUMT).
BFM	=	Bundesfinanzministerium.
BFStrG	=	Bundesfernstraßengesetz.
BGB	=	Bürgerliches Gesetzbuch.
BGBl	=	Bundesgesetzblatt.
BGH	=	Bundesgerichtshof.
BIC	=	Internationales Behälterbüro.
BLG	=	Bundesleistungsgesetz.
BMF	=	Bundesminister der Finanzen (auch BFM).
BMT	=	Bundesmanteltarifvertrag.
BMV	=	Bundesminister für Verkehr (auch BVM).
BMW	=	Bundesminister für Wirtschaft (auch BWM).
BRD	=	Bundesrepublik Deutschland.
BSG	=	Bundessozialgericht.
BSK	=	Bundesfachgruppe Schwertransporte und Kranarbeiten im BDF.
BSL	=	Bundesverband Spedition und Lagerei e. V.
BundAnz	=	Bundesanzeiger.
BVerwG oder BVG	=	Bundesverwaltungsgericht.
BZG	=	Bundeszentralgenossenschaft Straßenverkehr e. G.
Carnet TIR	=	garantiertes Zollbegleitscheinheft für den internationalen Straßengüterverkehr.
CEMT	=	Europäische Verkehrsministerkonferenz.
CIM	=	Internationales Übereinkommen über den Eisenbahnfrachtverkehr.
CMR	=	Übereinkommen über den Beförderungsvertrag im internationalen Straßengüterverkehr.
DB	=	Deutsche Bundesbahn.
DDR	=	Deutsche Demokratische Republik.
DEKRA	=	Deutscher Kraftfahrzeug-Überwachungsverein.
dB (A)	=	Meßgröße für den Schallpegel (Dezibel).
DBST	=	Deutsch-belgischer Straßentarif.
DFST	=	Deutsch-französischer Straßentarif.
DIHT	=	Deutscher Industrie- und Handelstag.
DIN	=	Deutsches Institut für Normung.
DIST	=	Deutsch-italienischer Straßentarif.
DKS	=	Deutsche Kraftwagenspedition GmbH.

X

DKV	=	Deutscher Kraftverkehr.
DLST	=	Deutsch-Luxemburgischer Straßentarif.
DMG	=	Deutsche Möbeltransport GmbH.
DNST	=	Deutsch-niederländischer Straßentarif.
DTB	=	Deutsche Transportbank GmbH.
DUSS	=	Deutsche Gesellschaft für den Umschlag Schiene–Straße.
DVBL	=	Deutsches Verkehrsblatt.
DVO	=	Durchführungsverordnung.
DVWG	=	Deutsche Verkehrswissenschaftliche Gesellschaft e. V.
DVV	=	Deutscher Verkehrs-Verlag GmbH.
DVZ	=	Deutsche Verkehrs-Zeitung.
ECE	=	Wirtschaftskommission für Europa.
Erl.	=	Erlaß.
ESTA	=	Europäische Gesellschaft für Schwertransporte und Automobilkrane.
EVO	=	Eisenbahnverkehrsordnung.
EWG	=	Europäische Wirtschaftsgemeinschaft.
FZA-Ver- fahren	=	Frachtzahlungsanweisungsverfahren.
GdB	=	Güterkraftverkehrsunternehmer der Bundesbahn e. G.
GewO (GewOrd)	=	Gewerbeordnung.
GFÄG	=	Güterfernverkehrs-Änderungsgesetz.
GFG	=	Güterfernverkehrsgesetz.
GG	=	Grundgesetz.
GGVS	=	Verordnung über die Beförderung gefährlicher Güter auf der Straße.
GNT	=	Güternahverkehrstarif.
GüKG	=	Güterkraftverkehrsgesetz.
GüKUMT	=	Güterkraftverkehrstarif für den Umzugsverkehr und für die Beförderung von Handelsmöbeln in besonders für die Möbelbeförderung eingerichteten Fahrzeugen im Güterfernverkehr und Güternahverkehr.
GVB	=	Gesellschaft für Verkehrsbetriebswirtschaft und Logistik e. V.
HGB	=	Handelsgesetzbuch.
HGK	=	Handelsgesellschaft für Kraftfahrzeugbedarf GmbH & Co KG.
IHK	=	Industrie- und Handelskammer.
IRU	=	Internationaler Straßentransportverband.
Incoterms	=	Internat. Regeln für die Auslegung der handelsüblichen Vertragsformen.
Interunit	=	Internationale Huckepackgesellschaft.

ISO	=	Internationale Organisation für Normung.
KBA	=	Kraftfahrt-Bundesamt.
Kfz	=	Kraftfahrzeug.
km/h	=	Stundenkilometer.
Kombi-verkehr	=	Deutsche Gesellschaft für kombinierten Güterverkehr mbH & Co. KG.
KraftStG	=	Kraftfahrzeugsteuergesetz (auch KfzStG).
Kravag	=	Versicherungsverband des Deutschen Kraftverkehrs VaG.
KVO	=	Kraftverkehrsordnung.
LG	=	Landgericht.
Lkw	=	Lastkraftwagen.
LRV	=	Laderaumverteilungsstelle.
LVG	=	Landesverwaltungsgericht.
NGT	=	Nebengebührentarif des Reichskraftwagentarifs.
NVP	=	Nahverkehrspreisordnung.
ÖTV	=	Gewerkschaft öffentliche Dienste, Transport und Verkehr.
OFD	=	Oberfinanzdirektion.
OLG	=	Oberlandesgericht.
OVG	=	Oberverwaltungsgericht.
OWiG	=	Gesetz über Ordnungswidrigkeiten.
PR	=	Preisrechtsverordnung.
RG	=	Reichsgericht.
RGBl.	=	Reichsgesetzblatt.
RGH	=	Reichsgerichtshof.
RKB	=	Reichs-Kraftwagen-Betriebsverband.
RKT	=	Reichskraftwagentarif.
ro-ro-Verkehr	=	roll-on/roll-off-Verkehr.
RVS	=	Rollfuhrversicherungsschein.
SASp	=	Sozialpolitische Arbeitsgruppe des Spediteurgewerbes.
SGKV	=	Studiengesellschaft für kombinierten Verkehr e. V.
StGB	=	Strafgesetzbuch.
StPO	=	Strafprozeßordnung.
StVG	=	Straßenverkehrsgesetz.
StVO	=	Straßenverkehrsordnung.
StVZO	=	Straßenverkehrs-Zulassungsordnung.
SVG	=	Straßenverkehrsgenossenschaft.

SVS	=	Speditionsversicherungsschein.
TEU	=	Normbegriff für die Ladefähigkeit eines Containerschiffes, umgerechnet auf 20 Fuß-Einheiten.
TIR	=	siehe Carnet TIR.
TKF	=	Tarifkommission für den gewerblichen Güterfernverkehr.
TKM	=	Tarifkommission für den Möbelverkehr.
tkm	=	Tonnenkilometer.
TKN	=	Tarifkommission für den Güternahverkehr.
TKS	=	Tarifkommission für den Speditionsnahverkehr.
TKU	=	Tarifkommission für den Umzugsgutverkehr.
TÜV	=	Technischer Überwachungsverein.
TÜVO	=	Verordnung über die Tarifüberwachung im Güterfernverkehr.
UIC	=	Internationaler Eisenbahn-Verband.
UIRR	=	Internationale Vereinigung der Huckepackgesellschaften.
UKV	=	Umschlagsgesellschaft für den Kombinierten Verkehr.
VDA	=	Verband der Automobilindustrie e. V.
VerwVO	=	Verwaltungsverordnung.
VGH	=	Verwaltungsgerichtshof.
VkBl	=	Verkehrsblatt (Amtsblatt des Bundesverkehrsministeriums).
VVG	=	Versicherungsvertragsgesetz.
VO	=	Verordnung.
WiStG	=	Wirtschaftsstrafgesetz.
ZAV	=	Zentralarbeitsgemeinschaft des Straßenverkehrsgewerbes e. V.
Ziff.	=	Ziffer.
ZIV	=	Zentrale Informationsstelle für Verkehr.
ZPO	=	Zivilprozeßordnung.

Literatur

A. Bücher

ABC der Abkürzungen aus Verkehr, Industrie und Außenhandel. Deutscher Verkehrs-Verlag, Hamburg.

AMI-M-Hilfsdienst: Herausgeber IRU, Genf.

Becker: Das gemeinschaftliche Versandverfahren. Deutscher Wirtschaftsdienst, Köln.

Beier – Hebel – Kraus: Tarifhandbuch für den Möbeltransport 1981. Brandes-Verlag, Frankfurt.

Brockhoff – Scheungrab: BNT-Tarif für den Güternahverkehr mit Kraftfahrzeugen. Verlag Heinrich Vogel, München.

BMW-Kooperationsfibel: Herausgeber Bundesminister für Wirtschaft, Bonn.

Hebenstreit, von – Podzuweit – Triebel: Gefahrguttransport. Vlg. Heinrich Vogel, München.

Hein – Eichhoff – Pukall – Krien: GüKG-Kommentar. Erich Schmidt-Verlag, Berlin.

Hilger: Verkehrsbetriebe im Wettbewerb. Erich Schmidt-Verlag, Berlin.

Iru-Jahrbuch für den internationalen Verkehr 1982.

Kreft – Liebert: GNT-Tarif für den Güternahverkehr mit Kraftfahrzeugen. Kirschbaum-Verlag, Bonn.

Linden: Verkehrs-Lexikon. Verlag Th. Gabler, Wiesbaden.

Merkle: ABC des Güterkraftverkehrs. Deutscher Verkehrs-Verlag, Hamburg.

Münz – Haselau – Liebert: Güterkraftverkehrsgesetz (GüKG). Kirschbaum-Verlag, Bonn.

Muth: Kraftverkehrsordnung für den Güterfernverkehr mit Kraftfahrzeugen. Erich Schmidt-Verlag, Berlin.

dto.: Leitfaden zur CMR ,,Übereinkommen über den Beförderungsvertrag im internationalen Straßengüterverkehr". Erich Schmidt-Verlag, Berlin.

Precht – Endrigkeit: CMR-Handbuch über den Beförderungsvertrag im internationalen Straßengüterverkehr. Deutscher Verkehrs-Verlag, Hamburg.

Rechtsvorschriften über das gemeinschaftliche Versandverfahren. Verlag Purschke & Hensel, Berlin.

RKT – Herausgegeben vom BDF.

RKW: Leitfaden für die Kooperation im Straßentransportgewerbe unter Beteiligung von BDF, BDN u. AMö.

Scharl – Scheungrab: Der Güterkraftverkehrsunternehmer (Ausgabe 83), Verlag Heinrich Vogel, München.

Straßenverkehrsrecht-Loseblatt-Textsammlung, Deutsche Verlagsbuchhandlung, München.

Verkehrskaufmann/Verkehrskauffrau. Sonderdruck Bundesverbände des Deutschen Güterkraftverkehrs (BDG), Frankfurt.

Verkehrswirtschaftliche Zahlen (VWZ) 1982. Herausgegeben vom BDF.

Zantke: ABC des Luftverkehrs. Deutscher Verkehrs-Verlag, Hamburg.

B. Zeitschriften und Periodika

Amtsblatt der Europäischen Gemeinschaften, Brüssel.

BDF-Geschäftsberichte, Informationen für den internationalen Straßengüterverkehr, Rundschreiben.

Der Güterverkehr, Bonn.

Deutsche Verkehrs-Zeitung, Hamburg.

Rationeller Transport. Schriftenreihe der SGKV.

Transportkette. Schriftenreihe der SGKV.

Verkehrsrundschau, München.

Anschriften

– Arbeitsgemeinschaft Deutscher Kraftwagenspediteure e. G. (Adekra), Eduard-Pflüger-Str. 58, 5300 Bonn, Tel. 02 28/23 30 29, Tx. 08 86 797.

– Arbeitsgemeinschaft Möbeltransport Bundesverband e. V., Schulstr. 53, 6234 Hattersheim, Tel. 0 61 90/87 28, Tx 04 10 454.

– BDF-Dienststelle Gries am Brenner, Tel. 00 43 52 74/3 33, Tx. 004 753 347.

– Bundesanstalt für den Güterfernverkehr (BAG), Cecilienstr. 24, 5000 Köln, Tel. 02 21/20 54-1, Tx. 08 882 637.

– Bundesfachgruppe Schwertransporte und Kranarbeiten (BSK) im Bundesverband des Deutschen Güterfernverkehrs, Breitenbachstr. 1, 6000 Frankfurt 93, Tel. 06 11/7 91 90, Tx. 04 11 627.

– Bundesverband des Deutschen Güterfernverkehrs e. V. (BDF), Breitenbachstr. 1, 6000 Frankfurt 93, Tel. 06 11/7 91 90, Tx. 04 11 627.

– Bundesverband des Deutschen Güternahverkehrs e. V. (BDN), Breitenbachstr. 1, 6000 Frankfurt 93, Tel. 06 11/7 91 90, Tx. 04 11 627.

– Berufsgenossenschaft für Fahrzeughaltungen, Max-Brauer-Allee 44, 2000 Hamburg 50, Tel. 0 40/38 10 91, Tx. 02 14 187.

– Bundesverband Spedition und Lagerei e. V. (BSL), Weberstr. 73, 5300 Bonn 1, Tel. 02 28/21 00 95, Tx. 08 86 345.

– Bundeszentralgenossenschaft Straßenverkehr e. G. (BZG), Breitenbachstr. 1, 6000 Frankfurt 93, Tel. 06 11/7 91 90, Tx. 04 11 627.

– Berufsbildungszentrum für den Straßenverkehr e. V., 6331 Schöffengrund-Schwalbach bei Wetzlar, Tel. 0 64 45/73 22.

– Deutsche Kraftwagenspedition (DKS) GmbH, Ürdingerstr. 64, 4000 Düsseldorf 30, Tel. 02 11/43 40 61, Tx. 08 582 619.

– Deutsche Möbeltransport GmbH (DMG), Schulstr. 53, 6234 Hattersheim 1, Tel. 0 61 90/87 28, Tx. 04 10 454.

– Deutscher Behälterdienst GmbH (DBD), Breitenbachstr. 1, 6000 Frankfurt 93, Tel. 06 11/7 91 90, Tx. 04 11 627.

– Deutsche Transportbank GmbH, Breitenbachstr. 1, 6000 Frankfurt 93, Tel. 06 11/77 04 91, Tx. 04 12 453.

– Fernfahrerschule Rieneck, Hotel Gut Dürnhof, 8781 Rieneck, Tel. 0 93 54/7 79.

– Gütegemeinschaft Paletten e. V. über Fachverband für Stahlblechverarbeitung, Hochstr. 113, 5800 Hagen 1, Tel. 0 23 31/2 50 41.

– Handelsgesellschaft für Kraftfahrzeugbedarf GmbH & Co KG, Engelbertstr. 1, 4000 Düsseldorf 1, Tel. 02 11, 7 33 26 08, Tx. 08 586 144.

– Kombiverkehr – Deutsche Gesellschaft für kombinierten Verkehr mbH & Co KG, Breitenbachstr. 1, 6000 Frankfurt 93, Tel. 06 11/79 19 41, Tx. 4 16 399.

– Studiengesellschaft für den kombinierten Verkehr e. V., Börsenplatz 1, 6000 Frankfurt, Tel. 28 35 71 72.

- Transfrigoroute Deutschland e. V., Breitenbachstr. 1, 6000 Frankfurt 93, Tel. 06 11/7 91 90, Tx. 04 11 627.
- Transfrigoroute International, Weissenbühlweg 3, CH-3007 Bern, Tel. 0 31/45 26 61.
- Verband der Automobilindustrie e. V. (VDA), Westendstr., 6000 Frankfurt 1, Tel. 06 11/7 57 01.
- Versicherungsverband des Deutschen Kraftverkehrs e. G. (Kravag), Heidenkampsweg 100, 2000 Hamburg 1, Tel. 0 40/2 48 48-1, Tx. 02 163 117.
- Zentralarbeitsgemeinschaft des Straßenverkehrsgewerbes, Breitenbachstr. 1, 6000 Frankfurt 93, Tel. 06 11/77 57 19, Tx. 04 11 627.
- Zentrale Informationsstelle für Verkehr (ZIV) in der Deutschen Verkehrswissenschaftlichen Gesellschaft e. V. (DVWG), Apostelnstr. 9, 5000 Köln 1, Tel. 02 21/24 11 93.

A

AASHO-Road-Test – Der AASHO-Test ist von der American Association of State Highway Officials im Zusammenhang mit der stürmischen Entwicklung des Straßenbaues und der unzureichenden wissenschaftlichen Erkemtnisse über die Zusammenhänge von Straßenbau, Boden- und Witterungsverhältnissen sowie Straßenverkehr vorgeschlagen und von der Highway Research Board der National Academy of Science, National Research Council (Nationale Akademie der Wissenschaften, Nationaler Forschungsrat) der Vereinigten Staaten von Amerika durchgeführt worden. Die Planungen zum AASHO-Test begannen 1951; die ersten Fahrversuche konnten am 15. Oktober 1958 begonnen werden. Der intensive, auf 6 spezifisch ausgebauten Versuchsschleifen durchgeführte Verkehr endete am 30. 10. 1960. Der AASHO-Road-Test ist der größte und intensivste Versuch dieser Art, der bisher je auf der Welt durchgeführt wurde; er beanspruchte seinerzeit einen Kostenaufwand (einschließlich Auswertung) von weit über 130 Mio. Dollar.

Die Versuche dienten der wissenschaftlichen Analyse der Zusammenhängge zwischen Straßenbaumaterial, Straßenkonstruktion, Aufbau der Straßendecke und ihrem Verhalten unter bestimmtem Straßenverkehr bei gegebenen Boden- und Witterungsverhältnissen. Die Ergebnisse wurden in 7 Bänden zusammgefaßt; sie sind bis heute wissenschaftliche Grundlage der weiteren Entwicklung der Straßenbauforschung. Für den Straßenbau ergaben sich klare Zusammenhänge, die sowohl der Forschung als auch der Straßenplanung wertvolle Hinweise für eine wirtschaftliche Bauweise geben konnten. Bei der Berechnung der zu erwartenden Achsübergänge im Rahmen einer vorgegebenen Lebensdauer eines Straßenkörpers wird heute in den meisten westlichen Ländern auf die Ergebnisse des AASHO-Road-Tests zurückgegriffen, wobei – z. B. in der Bundesrepublik Deutschland – Kontrollversuche zwecks Anpassung der Ergebnisse an jeweils örtliche Verhältnisse gemacht wurden.

Als Ergebnis läßt sich folgendes festhalten:

– Es besteht ein deutlicher Zusammenhang zwischen dem Verhalten des Straßenkörpers, der Entwässerung und den Witterungsbedingungen.

– Es besteht ein deutlich erkennbarer Zusammenhang zwischen dem Aufbau eines Straßenkörpers und seinem Verhalten unter Verkehr.

– Die in der Verkehrs-Realität zahlreich gemischten Achsübergänge lassen sich aufgrund der Ergebnisse des AASHO-Road-Tests über eine Formel in ,,äquivalente Achsübergänge" umrechnen. Sie lassen sich im Durchschnitt (Schwankungen sind je nach Straßenbaumaterial und Dicke der Straßenkörper erkennbar geworden) über die 4. Potenz der Achslasten ermitteln. Das heißt kónkret: Nach der Formel z. B.

$$ \times = \left(\frac{10\ t}{0,5\ t} \right)^4 $$

entspricht die Beanspruchung eines Straßenkörpers mit einer 10 t-Achse der Beanspruchung desselben Straßenkörpers durch 160 000 Achsen mit einem Gewicht von 0,5 t.

– Hinweise auf die Kostenverteilung hat der AASHO-Test nicht gegeben. Es lassen sich nur Rückschlüsse in Bezug auf die Investitions- und Erneuerungskosten einer Straße über den Umweg der erforderlichen Widerstandsfähigkeit (im wesentlichen = Dikke) ziehen. Die direkte Anwendung der Formel auf die Kostenverteilung ist durch den AASHO-Road-Test nicht belegt.

– Der AASHO-Road-Test hat keinerlei Ergebnisse in Bezug auf die Straßenunterhaltung gebracht.

In der Bundesrepublik Deutschland ist der AASHO-Test außerhalb der Straßenbauforschung im wesentlichen in der verkehrspolitischen Diskussion Ende der 60er Jahre im Zusammenhang mit der sachgerechten Ermittlung und Verteilung der Wegekosten zitiert worden. Nach langjährigen Erörterungen – zum Teil auch mit den kompetenten amerikanischen Wissenschaftlern – wurde das Vorhaben schließlich aufgegeben.

Im Auftrag des Bundesministeriums für Verkehr überprüfte die Universität Stuttgart auf der Versuchsstrecke Hippoltstein die 4. Potenzformel auf ihre Übertragbarkeit und Gültigkeit für andere Länder. Man

kam zu dem Resultat, daß die aus dem
AASHO-Test stammenden Achslast-Äqui-
valenzfaktoren nicht überall und bedenken-
los angewandt werden können. Auch eine
von der Universität München in Zusammenarbeit mit der Automobilindustrie durchgeführte Versuchsreihe ergab, daß die tatsächliche Straßenbeanspruchung nicht hinreichend durch die AASHO-Road-Testformel
erfaßt wird. Durch die Einführung von Kor-
rekturfaktoren in die vom Test entwickelte
Formel erreichte man eine Berücksichtigung
des dynamischen Anteils der Straßenbeanspruchung. →Wegekosten, →Zweckbin-
dung der Sonderabgaben, →Bundesver-
kehrswegeplan.

ab – in der Form ,,ab Werk'', ,,ab Fabrik'',
,,ab Lager Bremen'' usw.; vielfach gebräuchlich, bedeutet, daß Versand zu Lasten des Käufers geht.

Abbestellgebühr – Gebühr, die vom Besteller eines Lastwagens im Fernverkehr nach
§ 14 KVO zu zahlen ist, wenn das Fahrzeug
vor der Bereitstellung wieder abgestellt
wird. →Abbestellung.

Abbestellung – Von Fahrzeugen im gewerblichen →Güterfernverkehr mit Kfz vor ihrer
→Bereitstellung nach § 14 →KVO zulässig,
doch hat der Besteller die tarifmäßige →Ab-
bestellgebühr zu zahlen. Wird das Fahrzeug
nach Bereitstellung unbeladen wieder zurückgegeben oder nach Ablauf der →Bela-
defrist wegen →Nichtbeladung dem Besteller wieder entzogen, so ist vom Zeitpunkt
der Bereitstellung an das tarifmäßige →Wa-
genstandgeld zu zahlen. In besonderen Fällen kann noch besondere Vergütung für die
geleisteten →Leerkilometer gefordert werden.

Abbiegen – Jedes A. nach rechts oder links
muß von allen Fahrzeugführern rechtzeitig
und deutlich mit an →Kfz angebrachten
(früher Winkern) Blinkern oder von Zwei-
radfahrern mit Handzeichen für die Nachfolgenden frühzeitig erkennbar angezeigt
werden – 1. Nach rechts biegt man von der
rechten Fahrbahnseite, auf der man sich bewegt, in kurzem Bogen ab und fährt in der
neuen Richtung am rechten Fahrbahnrande
weiter. 2. A. nach links geschieht in der

Weise, daß man sich vor der Kreuzung oder
Einmündung einordnet, auf der eigenen
Fahrbahn möglichst weit links nach der Mitte der Straße zu. Unter Beobachtung des
nachfolgenden Verkehrs ist rechtzeitig ein
deutliches Zeichen, das die Absicht der
Richtungsänderung kundtut, zu geben.
Dann wird ein weiter Bogen nach links ausgeführt, indem man den entgegenkommen-
den Verkehr vorbeiläßt und, sobald es die
Situation gestattet, auf der rechten Seite der
Fahrbahn in der neuen Richtung weiterfährt. 3. Beim Linkseinbiegen in ein Grundstück handelt man ebenso.

Abbiegefahrbahn – getrennt geführte
→Richtungsfahrbahn an höhengleichen
Knotenpunkten, die ausschließlich für den
Links- bzw. Rechtsabbiegeverkehr be-
stimmt ist.

Abbiegespur – eine bei Knotenpunkten für
den Links- bzw. Rechtsabbiegeverkehr bestimmte und entsprechend gekennzeichnete
Fahrspur.

Abblenden – der Lichtquellen im Straßenverkehr (Einschaltung des Abblendlichtes)
ist nach § 17 StVO vorgeschrieben, wenn
ein Fahrzeug entgegenkommt, mit geringem
Abstand vorausfährt oder wenn es sonst die
Sicherheit des Verkehrsablaufs auf oder neben der Straße erfordert. Ebenfalls ist abzublenden, wenn Nebel, Schneefall oder Regen die Sicht bei Tage erheblich behindert.
Beim Halten an Schienenübergängen ist immer abzublenden.

Abblendlicht – Licht am Kraftfahrzeug zur
Beleuchtung der Straße in einem vorgeschriebenen Bereich bei festgelegter räumli-
cher Abstrahlung des Lichtstromes.

Abfertigung – alle Vorgänge im Zusammenhang mit dem Abschluß des →Beförde-
rungs- bzw. →Frachtvertrages, der Ausfertigung bzw. Besorgung der →Begleitpapiere
und der Annahme und →Ablieferung des
Beförderungsgutes. A. für die gesamte Beförderungsstrecke (Beförderungs- oder
Frachtvertrag, Beförderungspapiere für den
gesamten Durchlauf) über zwei oder mehrere gleiche oder aneinander anschließende
Verkehrsmittel ist sog. durchgehende A.

oder direkte A., auch durchgehender (direkter) Verkehr. →Gebrochener Verkehr.

Abfertigungsarten – Die Abfertigungsart im Güterfernverkehr bestimmt der Absender. Er kann entweder das Gut als Stückgut zur Verladung übergeben oder sich ein Fahrzeug für die Verladung des Gutes bestellen (Ladungsverkehr). Zum Ladungsverkehr gehört auch der Sammelgutverkehr der Spediteure.

Stückgüter sind einzelne Frachtstücke von in den meisten Fällen geringerem Gewicht. Wagenladungen sind grundsätzlich größere Gütermengen. Ob eine Sendung im Fernverkehr als Stückgut oder Ladung zu behandeln ist, bestimmt der Tarif (RKT Teil II – Vorschriften für die Frachtberechnung). Bei Spediteursammelgut handelt es sich stets um Ladungsgut i. S. des § 4 KVO.

Abfertigungsbeschränkungen – Beschränkungen der Zollabfertigung bestimmter Waren zu bestimmten Zollsätzen auf bestimmten Zollstellen, weil die Abfertigung mit besonderen Schwierigkeiten verbunden ist. Im Zolltarif sind Beschränkungen wegen der Tarifierung mit dem Zeichen ,,B", wegen der Feststellung des Zollwertes mit ,,BW" gekennzeichnet. A. entfallen, wenn im →grenzüberschreitenden Verkehr mit Lastkraftfahrzeugen beförderte Güter auf Antrag des Zollbeteiligten in einem vereinfachten Zollverfahren unter Verwendung des Zollbegleitscheinheftes für den internationalen Straßengüterverkehr →Carnet TIR abgefertigt werden.

Abfertigungsordnung – Verordnung zur Regelung der Aufgaben des →Abfertigungsspediteurs bei der Durchführung des gewerblichen →Güterfernverkehrs mit Kfz, insbesondere seiner Rechte und Pflichten. Die A. wird vom Bundesminister für Verkehr durch Rechtsverordnung ohne Zustimmung des Bundesrates erlassen. Vor Erlaß der A. ist der →Verwaltungsrat der →Bundesanstalt für den Güterfernverkehr zu hören. Bisher ist eine A. noch nicht erlassen worden, so daß die in der →Preisanordnung PR 146/48 (in der Fassung der PR 3/59) enthaltenen Bestimmungen über den →Abfertigungsdienst im gewerblichen Güterfernverkehr maßgebend sind.

Abfertigungsspediteure – →Spediteure, die im Güterfernverkehr Transporte abfertigen. Für den Abfertigungsdienst im Güterfernverkehr gelten die Bestimmungen des Güterkraftverkehrsgesetzes (GüKG) §§ 33–36. I. A. des gewerblichen Güterfernverkehrs werden von der höheren Landesverkehrsbehörde nach Anhörung der Bundesanstalt für den Güterfernverkehr, der Vetretungen des gewerblichen Güterfernverkehrs und der Spedition und Lagerei bestellt. II. A. im Kraftverkehr der Deutschen Bundesbahn werden nach Anhörung der höheren Landesverkehrsbehörde von der Bundesbahn bestellt. Einer Anhörung der Vertretung des gewerblichen Güterfernverkehrs bedarf es nicht. III. Voraussetzung für die Bestellung als A. im gewerblichen Güterfernverkehr und bei der Deutschen Bundesbahn ist, daß die Antragstellerin als Speditionsfirma handelsgerichtlich eingetragen ist, zuverlässig ist und nach ihren betrieblichen und wirtschaftlichen Einrichtungen die Gewähr für die Erfüllung der Aufgaben des Abfertigungsdienstes bietet. Eine Bestellung zum Abfertigungsspediteur kann nicht erfolgen, wenn dessen Tätigkeit darauf gerichtet ist, die Abfertigung von Transporten nur für ein bestimmtes Unternehmen durchzuführen mit dem offensichtlichen Ziele, diesem Unternehmen – auf welchem Wege auch immer – die →WAV zufließen zu lassen. Vor der Bestellung zum A. ist ein Anhörungsverfahren durchzuführen (§ 34 GüKG), bei dem neben der →BAG die Vertretungen des gewerblichen Güterfernverkehrs und der Kraftwagenspedition anzuhören sind. Über die Bestellung wird eine Urkunde ausgefertigt, die neben der Firma die Namen der Inhaber, ggf. des gesetzlichen Vertreters, bei einer Personengesellschaft die Gesellschafter, bei einer Erbengemeinschaft die Miterben enthalten muß. Die zur Führung der Geschäfte bestellte Person ist besonders zu kennzeichnen. Die Bestellung kann unter den im GüKG genannten Voraussetzungen (unrichtige Angaben, Konkurs, Unzuverlässigkeit, wiederholte Verstöße gegen Tarifbestimmungen) zurückgenommen werden. Die Bestellung der Hauptniederlassung gilt auch für bestehende Zweigniederlassungen. Eine Zurücknahme der Genehmigung gilt entsprechend auch für die Niederlassungen.

3

IV. Aufgaben der A. nach Preisrechtsverordnung 6/55 (PR 6/55): 1. ordnungsgemäße Berechnung der Tariffracht; 2. allgemeine und individuelle Werbung für den Kraftwagen-Güterfernverkehr; 3. vorbereitende Behandlung der Sendungen für die Beförderung; 4. Ausstellung der Beförderungspapiere; 5. Abwicklung der Frachtzahlung entsprechend dem jeweils geltenden Frachtzahlungsanweisungs- und Stundungsverfahren im Kraftwagen-Güterfernverkehr; 6. Mitwirkung im Nachnahmeverfahren; 7. Bereitstellung von ausreichenden Lager- und Umschlagseinrichtungen für Annahme und Ablieferung des Gutes; 8. Sicherung eines reibungslosen Zu- und Ablaufs von Einzelsendungen; 9. Erledigung von Steuer- und Zollformalitäten, soweit sie dem Unternehmer obliegen; 10. Vorhaltung von Tarifmaterial und Unterhaltung einer Auskunftsstelle für den gewerblichen Güterfernverkehr; 11. Führung eines Abfertigungsbuches (in das alle abgefertigten Transporte einzutragen sind).

V. Entgelte: Die A. erhalten für ihre Tätigkeit eine →Abfertigungsvergütung und Werbe- und Vermittlungsprovision von dem Unternehmer des gewerblichen Güterfernverkehrs bzw. der Deutschen Bundesbahn, deren Höhe durch Preisrechtsverordnung PR 146/48 (in der Fassung der PR 3/59) geregelt ist.

Abfertigungsvergütung – Entgelt, das der →Abfertigungsspediteur nach Maßgabe des geltenden Preisrechts von dem →Unternehmer des gewerblichen Güterfernverkehrs mit Kfz für seine Tätigkeit erhält (§ 35 →GüKG). →Werbe- und Abfertigungsvergütung.

Abgasturbine – wandelt die im Abgas von Verbrennungsmotoren enthaltene Druck- und Wärmeenergie in mechanische Energie um; die A. ermöglicht eine wesentliche Erhöhung des Wirkungsgrades.

Abholgebühren – →Baukostenzuschüsse

Abholung und Zustellung der Güter – Die Frage der Abholung und Zustellung der Güter ist von Bedeutung, wenn die Güter, die in einer Sendung zusammengefaßt sind, von mehreren Einladestellen herangeholt bzw.

an mehreren Ausladestellen zugestellt werden müssen. Die Güter werden nach § 5 Abs. 1 KVO, wenn der Absender nichts anderes beantragt oder im Frachtbrief ausdrücklich vorgeschrieben hat, vom Unternehmer abgeholt oder zugestellt, wenn die Gütermenge, die für einen Urversender von einer Ladestelle abzuholen ist oder für einen Endempfänger nach einer Ladestelle zuzuführen ist, ein Gewicht von mehr als 2,5 t hat. Stellt der Unternehmer Güter bis zu 2,5 t zu bzw. holt er solche ab, kann er Rollgebühren hierfür erheben. →Frachtberechnung, →Ladungen, Ladungsverkehr, →Stückgut.

Abkommen mit dem Ausland – zweiseitige (bilaterale) Abkommen in Form von Verwaltungsvereinbarungen zur Regelung des grenzüberschreitenden Güterkraftverkehrs zwischen der Bundesrepublik Deutschland und fast allen Staaten, die am Güterkraftverkehr mit der Bundesrepublik beteiligt sind. In den Abkommen werden bestimmte →Kontingente für die zu erteilenden →Genehmigungen zur Ausübung des grenzüberschreitenden Güterkraftverkehrs sowie Einzelheiten über deren Erteilung, Bedingungen und Gültigkeitsdauer festgelegt. →Bilaterale Verkehrsabkommen.

Abladen – Der Güterfernverkehrsunternehmer kann auf Kosten und Gefahr des Absenders das Gut abladen und einlagern, wenn der Absender verfügt, daß das Gut am Bestimmungsort zurückgehalten werden soll und dadurch für den Unternehmer eine Verzögerung von mehr als 12 Stunden eintritt (§ 27 KVO). Wird am Versandort eine Überladung festgestellt, so kann der Unternehmer vom Absender die Abladung des Übergewichtes verlangen. Erfolgt die Feststellung einer Überladung unterwegs, so hat der Unternehmer das Übergewicht auf Gefahr des Absenders abzuladen und ihm zur Verfügung zu stellen (§ 17 KVO). Trifft dieser binnen angemessener Frist keine Anweisung, so gilt § 38 KVO (Einlagerung auf Gefahr und Kosten des Absenders). →Be- und Entladen, →Überladung, →nachträgliche Verfügung →Ladegebühr.

Abladegewicht – im Eisenbahn- und Güterkraftverkehr das am Empfangsort vom

→Frachtführer bei der Abladung des Frachtgutes festgestellte →Gewicht der Sendung.

Ablieferung – Auslieferung des Gutes im gewerblichen →Güterfernverkehr mit Kfz: Übergabe des Gutes zusammen mit dem →Frachtbrief an den →frachtbriefmäßigen Empfänger, wodurch auch der →Beförderungsvertrag beendet ist. Einzelheiten geregelt in § 25 →KVO. Die A. muß bis Ablauf der festgesetzten →Lieferfrist erfolgen, andernfalls Ersatzpflicht für entstandenen Vermögensschaden. →Ablieferungshindernisse, →Ablieferungsnachweis, →Falschauslieferung des Gutes. Das →Entladen des Gutes ist vom Empfänger vorzunehmen.

Ablieferungshindernisse – Umstände im gewerblichen →Güterfernverkehr, die eine →Ablieferung des Gutes an den Empfänger unmöglich machen, z. B. Abnahmeverweigerung, Empfänger nicht zu ermitteln, Nichteinhalten der →Annahmefrist für Frachtbrief, Beschlagnahme, Pfändung u. ä. Der Güterfernverkehrsunternehmer hat den Absender zu verständigen; durch Frachtbriefvorschrift kann im voraus veranlaßt sein: a) Gut ohne vorherige Benachrichtigung an Absender zurücksenden oder an anderen Empfänger abzuliefern; b) unmittelbare telegraphische, fernmündliche oder schriftliche Benachrichtigung. Falls Absenderanweisung nicht gegeben wird, ist die Sendung als →unanbringliches Gut zu behandeln. Das gilt auch bei Annahme des Frachtbriefes durch den Empfänger, aber säumiger Abnahme des Gutes. Die Rechte und Pflichten der am Beförderungsvertrag beteiligten Parteien sind in § 28 KVO geregelt.

Ablieferungsnachweis – durch Quittung des Empfangsberechtigten auf dem Frachtbrief – muß im Frachtbrief beantragt werden – kann vom Auftraggeber verlangt werden. Der Unternehmer kann dafür je Frachtbriefsendung eine Gebühr berechnen (Ziff. XIII Nebengebührentarif des RKT). Hinweis auch zu § 11 Abs. 21 der KVO (Inhalt des Frachtbriefes).

Abmessungen und Gewichte der Nutzfahrzeuge – →Masse und Gewichte.

Abnahme des Gutes – Am Bestimmungsort werden vom Güterfernverkehrsunternehmer Gut und Frachtbrief dem Empfänger gegen Quittung übergeben. Das kann von der Einlösung der auf dem Gut ruhenden Fracht sowie der Nebengebühren abhängig gemacht werden. Der Empfänger kann die Übergabe nicht verlangen, wenn der Absender eine nach § 37 →KVO noch zulässige Verfügung erteilt hat oder erteilt. Hat der Empfänger Gut und Frachtbrief übernommen, ist er zur Zahlung nach Maßgabe des Frachtbriefes verpflichtet. Erhält der Empfänger das Gut zugeführt, ist er innerhalb der →Entladefrist zur Abnahme verpflichtet. Geschieht dies nicht, kann →Standgeld erhoben werden. Beantragt der Empfänger die Feststellung eines von ihm behaupteten teilweisen Verlustes oder einer Beschädigung und kann das nicht unverzüglich geschehen, kann der Unternehmer es dem Empfänger, mit dessen Einverständnis, trotzdem übergeben oder es selbst einlagern. Die Lagerkosten gehen zu Lasten des Unternehmers, wenn er nach dem Tatbestand haftbar gemacht wird, sonst zu Lasten des Empfängers.

Abrechnungsgebühren – Die im Zusammenhang mit der →Frachtenprüfung und Vorlage der Prüfunterlagen über →Frachtenprüfstellen anfallenden und von den Unternehmern zu tragenden Gebühren. Hierunter zählen die BAG-Gebühr (Gebühr für die Tätigkeiten der BAG), die Prüfgebühr der Frachtenprüfstelle, die →Werbe- und Abfertigungsvergütung des Abfertigungsspediteurs (WAV), die Prämien für die Deckung der Haftpflicht nach der →KVO und evtl. eine Stundungsgebühr im →FZA-Verfahren.

Abrundung –
1. Bei Frachtberechnung: Die Fracht wird auf volle 10 Pfennig in der Weise abgerundet, daß Beträge unter 5 Pfennige gar nicht, Beträge von 5 Pfennige ab für 10 Pfennige gerechnet werden.
2. Bei der Erhebung der Umlagen und Meldebeiträge zur Deckung der Kosten der Bundesanstalt für den Güterfernverkehr: Der auf den Unternehmer entfallende Umlagebetrag kann auf den durch fünf teilbaren Pfennigbetrag nach unten abgerundet werden.

3. Gewichtsabrundung: Die Fracht wird nach dem Gewicht berechnet. Dabei sind angefangene Kilogramm als volle zu rechnen. Beträgt das frachtpflichtige Gewicht einer Sendung mehr als 1000 kg, so wird auf volle 100 kg nach oben abgerundet.

Abschleppachse – Einachsanhänger mit besonderer Vorrichtung zur Aufnahme der Vorder- oder Hinterachse des abzuschleppenden Fahrzeuges. A. gilt nicht als Kfz- →Anhänger und ist deshalb nicht zulassungspflichtig, wenn sie eine an dem abzuschleppenden Fahrzeug ausgefallene Achse ersetzt; wird das betreffende Fahrzeug jedoch ganz auf A. verladen, dann gilt sie als Anhänger. →Abschleppen.

Abschleppbetriebe – Unternehmen, die gewerbsmäßig das Abschleppen beschädigter Kraftfahrzeuge betreiben. Das Abschleppen gilt als →Werkverkehr. Soweit es sich dabei um Leistungen im Fernverkehr, also außerhalb der →Nahzone des →Standortes der für das Abschleppen benutzten Fahrzeuge handelt, müssen die für den →Werkfernverkehr geltenden Bestimmungen des →GüKG beachtet werden.

Abschleppen – Nach § 4 →GüKG ist das Abschleppen einzelner Fahrzeuge von den Bestimmungen des Gesetzes ausgenommen. Abgeschleppte Fahrzeuge sind gemäß § 18 StVZO von der Zulassungspflicht befreit, sofern sie betriebsunfähig sind. Das Schleppen von Fahrzeugen ist in § 33 StVZO geregelt. Danach gilt, daß betriebsfähige Kraftfahrzeuge nicht als Anhänger betrieben werden dürfen. Ausnahmen erteilen in Einzelfällen die Zulassungsstellen. Für geschleppte Fahrzeuge gilt, daß sie von einer Person gelenkt sein müssen, die eine entsprechende Fahrerlaubnis besitzt. Das gilt nicht, wenn das geschleppte Fahrzeug so mit dem schleppenden verbunden ist, daß ein sicheres Lenken möglich ist. Die Anhängelast darf in diesem Falle nicht mehr als die Hälfte des Leergewichts des ziehenden Fahrzeugs, höchstens aber 750 kg betragen. Fahrzeuge mit einem zulässigen Gesamtgewicht von mehr als 4 t dürfen nur mit Hilfe einer Abschleppstange geschleppt werden. Beim Abschleppen kommt ein ,,auftragsähnlicher Vertrag" zwischen dem Abschlep-

penden und dem Abgeschleppten zustande, der eine Ersatzpflicht für Nachteile und Schäden auslöst, die mit der Ausführung des Auftrages zusammenhängen.

Abschleppwagen – Abschleppwagen sind die nach § 18 StVZO als selbstfahrende Arbeitsmaschinen anerkannten Kraftfahrzeuge, die mit einem mit dem Fahrzeug fest verbundenen Kran zum Heben und Abschleppen von Fahrzeugen versehen sind und die nach ihrer Bauart und Einrichtung zur Beförderung anderer Lasten als der zum Abschleppen notwendigen Geräte und Hilfsmittel nicht verwendet werden können. Solche Fahrzeuge dürfen mit ein oder zwei Kennleuchten für gelbes Licht (Rundumlicht) ausgerüstet werden. Das gleiche gilt für Kraftfahrzeuge, die nach ihrer Bauart für die Pannenhilfe geeignet und nach dem Kraftfahrzeugschein als Hilfsfahrzeuge anerkannt sind (z. B. Verkehrshilfswagen der →BDF, Straßenwachtfahrzeuge der Automobilclubs). Hierher gehören auch Bergungsfahrzeuge, die beschädigte oder liegengebliebene Fahrzeuge mittels technischer Einrichtungen auf die Ladefläche heben oder ziehen und dann abbefördern.

Abschluß des Frachtvertrages – (→Beförderungsvertrages). Im gewerblichen →Güterfernverkehr zwischen dem →Unternehmer und dem frachtbriefmäßigen →Absender des Gutes ist A. bewirkt, sobald der Unternehmer Gut und →Frachtbrief übernommen hat, was durch Unterschrift des Unternehmers auf dem Frachtbrief bestätigt wird. Einzelheiten sind in § 15 →KVO geregelt.

Abschlußschein – Bezeichnung für ein Formular, das im Möbelverkehr für den Abschluß eines →Beförderungsvertrages vorgeschrieben ist. Der A. hat die hierfür notwendigen Angaben zu enthalten, und zwar über die Art des verwendeten Transportmittels (Möbelkraftfahrzeuge bzw. -anhänger, Bahnmöbelwagen, Eisenbahnwaggon) und den Ladungsumfang (in Möbelwagenmeter) sowie über →Nebenleistungen. Die Ausfüllung hat in Zahlen oder mit einem Vermerk, daß die betreffende Leistung nicht verlangt wird, zu erfolgen. Bei Beförderungen im gewerblichen →Möbelfernverkehr mit Kfz ist der A. der →Bundesanstalt für den Güterfernverkehr bzw. der von ihr beauftragten zuständigen →Frachtenprüfliste zur Prüfung vorzulegen.

Absender – im Güterkraftverkehr derjenige, der in eigenem Namen mit dem →Frachtführer einen →Frachtvertrag abschließt (frachtbriefmäßiger Absender). Schließt der A. (z. B. ein →Spediteur) für fremde Rechnung ab, ist der Dritte nicht A., sondern nur →Versender. Eigentums- oder Besitzrechte am Beförderungsgut sind frachtrechtlich im Hinblick auf den A. ohne Belang. – Rechte des A.: Gegen Erstattung der Mehrkosten kann er den Frachtführer anweisen, das Gut anzuhalten, zurückzugeben oder an einen anderen als den im Frachtbrief bezeichneten Empfänger auszuliefern. (→nachträgliche Verfügung). Das Verfügungsrecht des Absenders erlischt, wenn nach Ankunft des Gutes am Bestimmungsort der Empfänger den Frachtbrief erhalten oder gegen den Frachtführer Klage auf Auslieferung erhoben hat. Der A. ist für die Richtigkeit und Vollständigkeit der Angaben und Erklärungen im Frachtbrief als am Beförderungsvertrag Beteiligter verantwortlich. Das gilt auch, wenn etwa der Unternehmer auf seinen Antrag den Frachtbrief ausfüllt. Im Falle unvollständiger oder unrichtiger Angaben trägt der A. alle etwa daraus entstehenden Folgen und haftet insbesondere für jeden daraus entstehenden Schaden. Zuwiderhandlungen sind nach § 99 GüKG mit Geldbuße bedroht. Außerdem hat der A. nach § 31 GüKG evtl. in Verbindung mit § 22 KVO einen Zuschlag zum Beförderungsentgelt zu zahlen. Der A., der einen Frachtführer beauftragt, welcher nicht die erforderliche Genehmigung besitzt, kann wegen Beteiligung an einem ungenehmigten Güterfernverkehr mit Bußgeld belegt werden.

Absendererklärung – Warenerklärung des →Absenders in der „Internationalen Anmeldung für das Zollamt", in der Herkunftsland, Bestimmungsland, Kennzeichnung der Packstücke u. ä. angegeben werden. Die „Internationale Anmeldung" ist für die Einfuhr in das deutsche Zollgebiet und die Durchfuhr erforderlich und dem →Frachtbrief offen beizulegen. Näheres bestimmt das deutsche „Zollgesetz" in Ver-

bindung mit der „Allgemeinen Zollordnung" vom 14. Juli 1961. Für die Einfuhr, Ausfuhr und Durchfuhr nach oder von deutschen Zollausschlußgebieten ist die A. auf dem Zollgutversandschein anzugeben.

Absenderrechte – Im gewerblichen →Güter- und Möbelfernverkehr mit Kfz können A. vom →Absender geltend gemacht werden: 1. in Form von Vereinbarungen mit dem →Unternehmer durch Eintragung in den →Frachtbrief (§ 11 →KVO), 2. in Form von →nachträglichen Verfügungen gem. § 27 KVO nach Abschluß des →Beförderungsvertrages.

Abstand – Die StVO regelt das Abstandhalten von einem vorausfahrenden Fahrzeug. Dieser Abstand muß in der Regel so groß sein, daß auch dann hinter ihm gehalten werden kann, wenn es plötzlich gebremst wird. Der Vorausfahrende darf nicht ohne zwingenden Grund stark bremsen.

Kraftfahrzeuge, für die eine besondere Geschwindigkeitsbeschränkung gilt, sowie Züge, die länger als 7 m sind, müssen außerhalb geschlossener Ortschaften ständig so großen Abstand von dem vorausfahrenden Kraftfahrzeug halten, daß ein überholendes Kraftfahrzeug einscheren kann. Das gilt nicht,

1. wenn sie zum Überholen ausscheren und dies angekündigt haben,
2. wenn in der Fahrtrichtung mehr als ein Fahrstreifen vorhanden ist oder
3. auf Strecken, auf denen das Überholen verboten ist.

Abstellen von LKW – Ein LKW ist abgestellt, wenn er aus dem Verkehr gezogen und damit nicht mehr Gegenstand des Straßenverkehrsrechts ist. Dies ist dann der Fall, wenn das Fahrzeug entweder zum Straßenverkehr nicht zugelassen oder nicht fahrbereit ist. Das Abstellen von LKW (ebenso von Anhängern) auf öffentlichen Verkehrswegen überschreitet den Gemeingebrauch und ist deshalb unzulässig (Bayerisches Oberstes Landesgericht VRS 52/68). Ein trotzdem auf öffentlicher Straße abgestelltes Fahrzeug bildet einen verkehrshinderlichen Gegenstand im Sinne des § 32 StVO, den der Verantwortliche unverzüglich, soweit dies möglich und zumutbar ist, zu beseitigen hat. Wer als Verantwortlicher die Beseitigung unterläßt, handelt ordnungswidrig und ist nach § 49 Abs. 1 StVO mit Strafe bedroht. →Parken, →Parkverbot.

Abstellen von Containern und Wechselbehältern auf öffentlichen Wegen – Das Abstellen ist nur zulässig, wenn es zur Beladung mit Bauschutt, Erdaushub oder anderen Abfällen unumgänglich ist. Es besteht dann Kennzeichnungs- und Sicherungspflicht gemäß Detailvorschriften. Grundsätzlich hat die Aufstellung so zu erfolgen, daß der Verkehr möglichst wenig behindert wird. Innerhalb geschlossener Ortschaften sind die Container oder Wechselbehälter bis zu einer Breite von 2,5 m und einer Länge von 8 m durch retroreflektierende Folien des Typs 2 der DIN 67520 zu kennzeichnen. Längere oder breitere Container müssen wie Arbeitsstellen an Straßen abgesichert werden. Außerhalb geschlossener Ortschaften ist immer nach den Richtlinien für die Sicherung von Arbeitstellen an Straßen zu sichern. Die abgestellten Container/Wechselbehälter sind mit Namensschild und Telefonnummer zu versehen.

Abtretung der Ansprüche aus dem Beförderungsvertrag im Güterfernverkehr – Die Abtretung der Ansprüche aus einem Beförderungsvertrag (im Güterfernverkehr) aus der vom Unternehmer abgeschlossenen Versicherung ist in § 38 Abs. 3 KVO geregelt. Danach ist der Unternehmer berechtigt und auf Antrag des Verfügungsberechtigten (z. B. der Absender) verpflichtet, die ihm aus der KVO-Haftpflichtversicherung zustehenden Rechte an den Verfügungsberechtigten abzutreten. Im Falle der Abtretung hat aber der Verfügungsberechtigte keinen unmittelbaren Anspruch an den KVO-Haftpflichtversicherer. Der Unternehmer hat gegen den KVO-Haftpflichtversicherer aufgrund des Versicherungsvertrages lediglich Anspruch auf Gewährung des Versicherungsschutzes; nur diesen Anspruch kann er abtreten.

Abtarifierung – (eines Gutes), Einordnung in eine niedrigere →Tarifklasse der →Gütereinteilung des →DEGT oder des →RKT.

Abwesenheitsgelder – Vergütung für →Kraftfahrer, wenn sie mit ihren Fahrzeugen länger als während der normalen täglichen →Arbeitszeit von ihrem Heimatort abwesend sind. Die A. können sowohl →Tagegelder (→Spesen) als auch →Übernachtungsgelder umfassen. Ihre Höhe ist in der Regel tariflich festgelegt. Sie unterliegen nicht der Lohnsteuer.

Achslast – Summe der von sämtlichen Rädern einer Achse auf die Fahrbahn übertragenen Lasten. Zulässige A.: Höchstlast, die von den Rädern einer Achse übertragen werden kann; sie ist begrenzt durch die zulässige Werkstoffbeanspruchung der Achse und Lager sowie die Reifentragfähigkeit. Nach § 14 der →Straßenverkehrszulassungsordnung beträgt die zulässige A. für jede Einzelachse 8 t, jedoch für die Antriebsachse eines Kfz 10 t, für →Doppelachsen 14,5 t, bei einem Abstand von mindestens 1,3 m jedoch 16 t (jeweils Luftbereifung vorausgesetzt, allgemeine Begrenzung auf 4 t). Die Bestimmungen sind von besonderer Bedeutung für den →Güterkraftverkehr. →Gesamtgewicht. Bei LKW, Sattelschleppern und Anhängern zur Lastenbeförderung müssen an der rechten Außenseite der Fahrzeuge jeweils über den Rädern die zulässigen Achslasten angegeben sein. (BVM-Erlaß vom 13. 3. 61 – VkBl S 135)

Achsschenkel – bewegliche Enden der Lenkachse eines Fahrzeuges.

Achsstand – der Abstand zwischen den →Achsen eines Fahrzeuges, gemessen in der Mitte der Achsen.

ADEKRA – Arbeitsgemeinschaft Deutscher Kraftwagenspediteure eG.

Adreßspediteur – →Empfangsspediteur.

Adhäsion – Die Haftung der Reifen bzw. des Fahrzeuges auf der Fahrbahn. Die A. wird wesentlich bestimmt von der Beschaffenheit, der Art und dem Zustand der Reifenprofile sowie Zustand und Baumaterial der Fahrbahndecke und Fahrzeugtype.

ADR – →Europäisches Übereinkommen über die internationale Beförderung gefährlicher Güter auf der Straße.

ADSp – →Allgemeine Deutsche Spediteurbedingungen.

AETR – →Europäisches Übereinkommen über die Arbeit des im internationalen Straßenverkehr beschäftigten Fahrpersonals. →Arbeitszeiten, →Europäisches Kontrollgerät.

AGF – Abk. für →Arbeitsgemeinschaft Güterfernverkehr e. V.

AGN – Abk. für →Arbeitsgemeinschaft Güternahverkehr e. V.

AGNB – Abk. für →Allgemeine Beförderungsbedingungen für den gewerblichen →Güternahverkehr mit Kraftfahrzeugen (Allgemeine Güternahverkehrsbedingungen).

AGNB – **Bundespolice** – Eine von der →BZG und den angeschlossenen →Straßenverkehrsgenossenschaften abgeschlossene Pauschalpolice zur Abdeckung der Haftungsverpflichtungen der Unternehmer des gewerblichen Güternahverkehrs für Schäden an dem beförderten Gut nach der →AGNB. Die Deckung nach dieser Police sichert die Anwendbarkeit der AGNB. Die Police steht allen Nahverkehrsunternehmern offen.

AKB – Allgemeine Bedingungen für die Kraftverkehrsversicherung. Enthalten alle Bedingungen, die für die Kraftfahrtversicherung gelten. Fassung vom vom 12. Jan. 77 (BAnz. Nr. 19).

akquirieren – Begriff aus dem Speditionswesen für das Werben und die Vermittlung von →Ladegut.

Akquisiteur – Bezeichnung aus dem Speditionswesen für Personen, deren berufliche Aufgabe in der Werbung und Vermittlung von →Ladegut besteht.

Akquisition – Begriff aus dem Speditionswesen für Werbung und Vermittlung von →Ladegut.

ALB – →Allgemeine Lagerbedingungen des deutschen Möbeltransports.

Alkoholblutprobe – Nachweis für den Alkoholgehalt im Blut eines Menschen. A. kann gemäß § 81 a Strafprozeßordnung im Strafverfahren, zu dem auch das polizeiliche Ermittlungsverfahren gehört, ohne Einwilligung des zu Untersuchenden vorgenommen werden, wenn kein Nachteil für seine Gesundheit zu befürchten ist (Bluter). Blutentnahme ist statthaft bei allen Personen, die irgendwie an einem Verkehrsunfall beteiligt sind (auch Mitfahrer, Verletzte, wichtige Zeugen). Sie erfolgt nur durch einen Arzt; Untersuchung durch gerichtlich-medizinische Institute oder chemische Untersuchungsanstalten. Die gerichtliche Beweiskraft ist anerkannt. →Trunkenheit am Steuer.

Allgemeine Beförderungsbedingungen für den gewerblichen Güternahverkehr (AGNB) – Die AGNB wurden im Jahre 1955 von der →AGN im Einvernehmen mit der Verladerschaft entwickelt, um dem gewerblichen Güternahverkehr eine einheitliche Grundlage für den Beförderungsvertrag zu geben. Die AGNB enthalten demnach alle für einen Beförderungsvertrag wesentlichen Bestimmungen wie Vertragsgegenstand, Abschluß des Vertrages, Be- und Entladen, Papiere, Beförderungshindernisse, Ablieferungshindernisse, Pfandrecht sowie den wichtigen Komplex der Haftung und Versicherung. Die AGNB gelten nur, soweit sie Inhalt des Beförderungsvertrages sind (Vereinbarung). Der Unternehmer kann sich auf die Beförderungsbedingungen nur berufen, wenn er sich gegen Schäden, die aus seiner Haftpflicht entspringen, in vollem Umfange versichert hat. Soweit eine vertragliche Vereinbarung – im einzelnen oder generell – nicht vorliegt, gelten für den Beförderungsvertrag im gewerblichen Güternahverkehr die Bestimmungen des HGB. Die A. finden für Beförderungen im Möbelverkehr mit Möbelwagen, die Speditionsrollfuhr und im bahnamtlichen Rollfuhrverkehr keine Anwendung.

Allgemeine Deutsche Spediteurbedingungen (ADSp) – Geschäftsbedingungen im Speditionsgeschäft.
I. Anwendung: Gegenüber Kaufleuten kraft Handelsbrauchs oder wie bei anderen, üblichen Allgemeinen Geschäftsbedingun-

gen auch, kraft stillschweigender Unterwerfung. Greifen die ADSp ein, so werden einzelne Vorschriften der ADSp von der Rechtsprechung nicht angewendet, sofern (Tatfrage) die Berufung des Spediteurs darauf z. B. wegen Vorsatz oder grober Fahrlässigkeit des Spediteurs oder leitender Angestellter, unzulässige Rechtsausübung wäre.

II. Die ADSp ergänzen, erläutern und ersetzen die Vorschriften nicht nur des Speditionsrechts des HGB, sondern auch des Fracht- und Lagerrechts und gelten für die Besorgung aller mit dem Speditionsbetrieb zusammenhängenden Geschäfte. Sie gelten auch für den Fall des Selbsteintritts, soweit nicht zwingende Vorschriften des Frachtrechts, z. B. des →GüKG entgegenstehen, und für die Vereinbarung eines festen Satzes der Versendungskosten. Die ADSp gelten nicht für Lohn-Fuhrgeschäfte, Vermietung von Lagerräumen und Umschlagsanlagen. Sie finden auch im bahnamtlichen →Rollfuhrdienst, bei der Beförderung des Gutes im →Güterfernverkehr sowie, wenn der Spediteur den →Speditions- und Rollfuhrversicherungsschein nicht gezeichnet hat, keine Anwendung.

III. Der Spediteur haftet bei allen seinen Verrichtungen nur, soweit ihn ein Verschulden trifft. Eine weitergehende Haftung kann gegen eine besondere Vergütung vereinbart werden. Der Spediteur ist, wenn der Auftraggeber es nicht ausdrücklich untersagt hat (Verbotskunde), verpflichtet, die etwa aus der Ausführung des Auftrages entstehenden Schäden auf Kosten des Kunden zu versichern. Speditions- und Rollführerversicherungsschein (SVS/RVS) bei allgemeinen Speditionsgeschäften und im Rollfuhrgeschäft. Soweit die Speditionsversicherung abgeschlossen ist, ist der Spediteur von jeder Haftung für Schäden frei, die durch die Versicherung gedeckt sind. Keine Haftung für mangelhafte oder fehlende Verpackung des Gutes oder bei fehlender Wertangabe bei Kostbarkeiten. Die Haftung des Spediteurs ist im übrigen auf 4,10 DM je kg Rohgewicht, höchstens 4100,– DM und bei Unterschlagung und Untreue auf 55 000,– DM je Schadensfall beschränkt.

IV. Für den Möbeltransport gelten die allgemeinen Lagerbedingungen und die →Beförderungsbedingungen des deutschen Möbeltransports. →Speditions- und Rollfuhrversicherungsschein (SVS/RVS).

Allgemeine Genehmigung – räumlich unbeschränkte Genehmigung zur Ausübung des gewerblichen →Güterfernverkehrs mit Kfz. →Genehmigung.

Allgemeiner Güterfernverkehr mit Kfz – Teil des gewerblichen →Güterfernverkehrs mit Kfz, der – im Gegensatz zum →Bezirksgüterfernverkehr – keiner räumlichen Beschränkung unterworfen ist.

Allgemeine Verwaltungsvorschriften (AVV) – Zur Durchführung des →GüKG werden AVV vom →BMV mit Zustimmung des Bundesrats erlassen (§ 103 Abs. 1 GüKG). Sie regeln das Verfahren und sichern die einheitliche Anwendung des Gesetzes in allen Bundesländern, sie binden dabei nur die Verwaltungsbehörden, nicht den Bürger, der aber insofern an die AVV gebunden ist, als er z. B. bei Erteilung einer Genehmigung, bei einer →Standortverlegung u. ä. den ihn begünstigenden Verwaltungsakt nur erreichen kann, wenn die in den AVV vorgeschriebenen Formen beachtet werden. Z. Zt. maßgebend AVV vom 13. 12. 72 (Beilage 31/72 zum BAnz. Nr. 240 v. 22. 12. 72) in der Fassung der Änderung vom 19. 12. 75 (BAnz. Nr. 241 v. 31. 12. 75).

Als-ob-Tarife – Eisenbahn-Ausnahmetarife, die Frachten gewähren, „als ob" ein Kanal vorhanden oder als ob eine andere Möglichkeit gegeben wäre, die entsprechend günstige Fracht- oder Gestehungskosten garantieren würde.

AMI-Hilfsdienst →Internationaler gegenseitiger Hilfsdienst im Güterverkehr.

AMÖ – Abk. für Arbeitsgemeinschaft Möbeltransport Bundesverband e. V. →Bundesverbände des Verkehrsgewerbes.

Anbaugeräte – Anbaugeräte, die seitlich mehr als 400 mm über den äußeren Rand der Lichtaustrittsflächen der Begrenzungs- oder der Schlußleuchten des Fahrzeugs hinausragen, müssen mit Begrenzungsleuchten, Schlußleuchten und Rückstrahlern ausgerüstet sein (§§ 51 und 53 StVZO). Die Leuchten müssen so angebracht sein, daß der äußere Rand ihrer Lichtaustrittsflächen nicht mehr als 400 mm von der äußersten Begrenzung des Anbaugeräts und der obere Rand nicht mehr als 1550 mm von der Fahrbahn entfernt sind. Der äußere Rand der Rückstrahler darf nicht mehr als 400 mm von der äußersten Begrenzung des Anbaugeräts, der untere Rand nicht mehr als 900 mm von der Fahrbahn entfernt sein. Die Leuchten und die Rückstrahler dürfen außerhalb der Zeit, in der Beleuchtung nötig ist (§ 17 StVO), abgenommen sein. Anbaugeräte, deren äußerstes Ende mehr als 1000 mm über die Schlußleuchten des Fahrzeugs hinausragt, müssen mit einer Schlußleuchte und einem Rückstrahler ausgerüstet sein. Schlußleuchte und Rückstrahler müssen möglichst am äußersten Ende des Anbaugeräts und möglichst in der Mittellinie der Fahrzeugspur angebracht sein. Der obere Rand der Lichtaustrittsfläche der Schlußleuchte darf nicht mehr als 1550 mm, der untere Rand des Rückstrahlers nicht mehr als 900 mm von der Fahrbahn entfernt sein. Schlußleuchte und Rückstrahler dürfen außerhalb der Zeit, in der Beleuchtung nötig ist, abgenommen sein. Im übrigen gilt § 22 Abs. 4 Satz 3 und 4 der Straßenverkehrs-Ordnung entsprechend; statt der dort genannten Sicherungsmittel dürfen auch mindestens 300 x 600 mm große Tafeln, Folien oder Anstriche mit unter 45° nach außen und nach unten verlaufenden, je 100 mm breiten roten und weißen Streifen verwendet werden.

Anbringen von Packstoffen für Zollgüter – Bringt der Unternehmer für den Auftraggeber bei der Erfüllung von Zollvorschriften Packstoffe an oder liefert er die Packstoffe, dann kommen die in Ziff. IX d des Nebengebührentarifs des →RKT (Teil II 5) zur Anwendung.

Anerkennung von Kraftfahrzeugwerkstätten, Bremsendiensten und Betrieben für die Eigenüberwachung – Alle im Straßenverkehr eingesetzten Kraftfahrzeuge und Anhänger müssen sich zum Nachweis der Verkehrstüchtigkeit laufenden Hauptuntersuchungen, Zwischenuntersuchungen und Bremssonderuntersuchungen unterziehen. Das ist in § 29 StVZO bestimmt. Die hierfür geltenden Einzelheiten regelt die Anlage VIII zu diesem § in der Fassung vom 15. 1. 80. Betriebe des Güterkraftverkehrs können zur Eigenüberwachung zugelassen werden, wenn der Antragsteller (bei jur. Personen deren Vertreter) sowie die für die Untersuchung von Fahrzeugen verantwortlichen Personen zuverlässig sind, die Anerkennung der örtlich zuständigen Handwerkskammer als Kraftfahrzeugwerkstatt oder Bremsendienst vorliegt und die Voraussetzungen zur selbständigen Verrichtung solcher Arbeiten gemäß der Handwerksordnung gegeben sind, die zur Behebung der bei den Untersuchungen festgestellten Mängel erforderlich sind. Weiter ist nachzuweisen, daß genügend Fachkräfte mit entsprechender Vorbildung und ausreichenden Erfahrungen auf dem Gebiete der Kraftfahrzeugtechnik zur Verfügung stehen. Der Antragsteller muß über die erforderlichen Prüfplätze, die dem Stand der Technik entsprechende Prüfgeräte und sonstige erforderliche Einrichtungen und Ausstattungen verfügen. Die für die Genehmigung zuständige Behörde kann die Vorlage des Gutachtens eines Sachverständigen darüber verlangen, ob die Einrichtungen ausreichen. Die Anerkennung kann mit Auflagen verbunden werden (z. B. Begrenzung auf bestimmte Fahrzeugarten, Fabrikate, Bremsanlagen o. ä.). Die Anerkennung muß widerrufen werden, wenn eine der Voraussetzungen wegfällt oder wiederholt die Untersuchungen nicht ordnungsgemäß durchgeführt wurden. Eine Rücknahme kann auch erfolgen, wenn gegen allgemeine Pflichten aus der Anerkennung oder gegen erteilte Auflagen verstoßen wird. Die anerkannten Betriebe unterliegen der Aufsicht der obersten Landesbehörde oder der von ihr bestimmten Behörde. Diese kann die Überprüfungen selbst vornehmen oder durch von ihr bestimmte Sachverständige durchführen lassen.

Anfahrten – Bezeichnung für die Wegstrecke, die ein Fahrzeug zurücklegen muß, um (leer) von seinem ständigen oder augenblicklichen →Standort zur Beladestelle zu gelangen. Diese →Leerfahrten stellen im →Güterkraftverkehr einen – wenn auch oft notwendigen – Aufwand ohne direkte Nutzleistung dar. Sie werden im gewerblichen →Güterfernverkehr in der Regel nicht ver-

11

gütet, für den gewerblichen →Güternahverkehr enthält § 9 →GNT eine Regelung dahingehend, daß bei Abrechnung nach den Tafeln I und II A. Vergütungen vereinbart werden können, bei Anwendung der Tafel III oder V gelten A. als →Leerkilometer und können nach den →Kilometersätzen der Tafel I berechnet werden, soweit sie die →Lastkilometer übersteigen.

Anfechtungsklage – Wer durch eine Verwaltungsentscheidung in seinen Rechten verletzt oder beeinträchtigt ist, kann dies im Wege der Klage bei dem für den Sitz der Verwaltungsbehörde, die die Entscheidung erlassen hat, zuständigen Verwaltungsgericht anfechten. Der Klage ist vielfach das Recht des Widerspruchs vorgeschaltet. Die Verwaltungsentscheidung muß mit einer Rechtsmittelbelehrung versehen sein. Die Klage muß einen bestimmten Antrag enthalten. Diesem Erfordernis ist jedoch Genüge getan, wenn das Ziel der Klage sich aus der Klageerhebung ergibt oder in den in Verbindung mit der Klage abgegebenen Erklärungen erkennbar ist. Die Widerspruchsbehörde kann die getroffene Verfügung auch zuungunsten des Widersprechenden ändern.

Angaben im Frachtbrief – nach § 11 der →KVO teils im einzelnen vorgeschrieben, teils können sie sich auf zusätzlich getroffene Vereinbarungen mit dem →Unternehmer des gewerblichen Güterfernverkehrs mit Kfz. beziehen. Letztgenannte dürfen jedoch nur A. betreffen, die ausdrücklich genannt sind, andere A. und Erklärungen sind nicht zulässig. Vorgeschriebene Erklärungen sind besonders: Ort und Tag der Frachtbriefausstellung, →Versand- und →Bestimmungsort, nächstgelegene →Ein- und →Ausladestellen, Anschrift des →Empfängers, Inhalt der Sendung, →Bruttogewicht, Anzahl der Stücke bei →Stückgutsendungen, Unterschrift mit Namen bzw. Firma des Absenders, Angaben über Zoll- und andere etwa vorgeschriebene Begleitpapiere, →Freivermerke, Höhe der →Nachnahme. Zusätzliche A. können betreffen die Bezeichnung einer bestimmten Zoll- oder Steuerstelle, die Zoll- oder Steuerbehandlung, Vereinbarungen über eine abgekürzte →Lieferfrist, Weisungen über die →Zufüh-

rung der Sendung, Erklärungen über mangelhafte →Verpackung, Vereinbarungen über →Ver- und →Entladung des Gutes, Weisungen bei Ablieferungshindernissen und wegen Weiterbeförderung des Gutes auch mit anderen Verkehrsmitteln, Anträge über die im →NGT vorgesehenen Leistungen.

Angenommener Standort – Nach § 6 a →GüKG können jeder Nah- und Fernverkehrsunternehmer sowie auch der Werkverkehr beantragen, daß für sie ein anderer als der tatsächliche Standort gilt. Der angenommene (fiktive) Standort darf in der Luftlinie nicht mehr als 30 km vom Betriebssitz oder der Niederlassung liegen. Außerdem gilt der a. S. dann für alle am Betriebssitz oder der Niederlassung registrierten Fahrzeuge. Eine Sonderregelung besteht insoweit für das Zonenrandgebiet und für Gebiete in Schleswig-Holstein nördlich des Nordostseekanals. Hier darf der a. S. bis zu 50 km Luftlinie verlegt werden. In S. H. ist weiter Voraussetzung, daß der Sitz oder die Niederlassung des Unternehmens nicht weiter als 40 km von der Westküste des Landes entfernt ist.

Anhänger – Unter dem Begriff „Anhänger" ist jedes Fahrzeug zu verstehen, das durch ein Kraftfahrzeug fortbewegt wird, mit Ausnahme von betriebsunfähigen Fahrzeugen, die abgeschleppt werden und mit Abschleppachsen. (DA zu § 18 Abs. 1 StVZO) Hinter Kraftfahrzeugen darf nur ein Anhänger mitgeführt werden, 2 Anhänger hinter Zugmaschinen, wenn die für Züge mit einem Anhänger zulässige Länge nicht überschritten wird. Hinter Sattelkraftfahrzeugen (Sattelzugmaschine mit Sattelanhänger) darf kein Anhänger mitgeführt werden. (§ 32 a StVZO) Anhänger hinter Kraftfahrzeugen mit einer durch die Bauart bestimmten Höchstgeschwindigkeit von mehr als 25 km/h müssen eine auf alle Räder wirkende Bremsanlage haben. (§ 41 StVZO gestattet Ausnahmen.) Diese muß vom ziehenden Fahrzeug aus bedient werden können oder selbsttätig wirken; muß den Anhänger beim Lösen vom ziehenden Fahrzeug auch bei einer Steigung von 20) selbsttätig zum Stehen bringen.

Auflaufbremsen (Bremsen, deren Wirkung ausschließlich durch die Auflaufkraft erzeugt wird) sind nur bei Anhängern mit einem zulässigen Gesamtgewicht von nicht mehr als 8 Tonnen zulässig. In einem Zug darf, von bestimmten Ausnahmen abgesehen, nur ein Anhänger mit Auflaufbremsen mitgeführt werden (§ 41 StVZO).

Die vom Lastkraftwagen gezogene Anhängelast darf weder das zulässige Gesamtgewicht des ziehenden Fahrzeugs noch den etwa vom Hersteller des ziehenden Fahrzeugs angegebenen oder amtlich als zulässig erklärten Wert übersteigen, bei durchgehender Bremsanlage das 1,4fache (§ 42 Abs. 1 StVZO).

Die Anhänger sind nach § 18 StVZO zulassungspflichtig.

Anhängerbremse – erforderlich an allen mehrachsigen Anhängern, vgl. § 41 und § 42 StVZO. Leichte Anhänger sind häufig mit →Auflaufbremse oder →Öldruckbremse, schwere Anhänger mit →Druckluftbremse ausgerüstet. Die Anpassung der Bremskraft an die veränderliche Achslast erfolgt durch →Bremskraftregler. Bei unbeabsichtigtem Lösen des Anhängers wird sofort selbsttätige Bremsung bewirkt.

Anhängerfahrzeuge für Kraftfahrzeuge – sind Fahrzeuge, die nach ihrer Bauart dazu bestimmt sind, hinter Kraftfahrzeugen gezogen zu werden. Durch einen Hilfsmotor zum behelfsmäßigen Bewegen wird der Begriff des A. nicht berührt.

Anhängerkupplung – dient zur Verbindung von Fahrzeugen. Bei selbsttätiger A. rastet der Kupplungsbolzen beim Ankuppeln selbsttätig in die Zugöse des Anhängers ein. Schließt die Betriebserlaubnis für ein Fahrzeug eine selbsttätige Anhängerkupplung ein, so führt deren Auswechseln nicht zum Erlöschen der Betriebserlaubnis, wenn die als Ersatz angebaute selbsttätige Anhängerkupplung bauartgenehmigt ist, DIN 74051 entspricht und die gleiche Größe wie die ausgewechselte selbsttätige Anhängerkupplung hat. Diese Angaben müssen dem Fabrikschild entnommen werden können. Die Prüfung sowohl der Art des Anbaus als auch der damit verbundenen Änderungen am Fahrzeug durch einen amtlich anerkannten Sachverständigen oder Prüfer für den Kraftfahrzeugverkehr ist in diesem Fall entbehr-

lich. Dies gilt nur für selbsttätige Anhängerkupplungen und für diese nur dann, wenn sie ausgewechselt werden. Beim erstmaligen Anbau einer selbsttätigen Anhängerkupplung an ein Fahrzeug, dessen Betriebserlaubnis die Anhängerkupplung noch nicht einschließt, bleibt es bei der bisherigen Regelung (VkBl. 1965 S. 525).

Die Vordrucke der Fahrzeugpapiere sollen hinsichtlich der Angaben über die Anhängerkupplung wie folgt lauten:
Anhängerkupplung: ja/nein
wenn selbsttätig, bauartgenehmigt und DIN 74051 entsprechend:
Größe: . . .
in anderen Fällen: Typ und Prüfzeichen . . .

Dies bedeutet, daß künftig eine Berichtigung so gefaßter Fahrzeugpapiere (§ 27 Abs. 1 StVZO) in den Fällen des ersten Absatzes entbehrlich ist. Solange jedoch die Fahrzeugpapiere auch bei selbsttätigen Anhängerkupplungen noch Typ und Prüfzeichen angeben, müssen die Angaben berichtigt werden (Erlaß des BVM vom 16. 2. 67 VkBl. S. 119).

Anhänger-Zuggabeln – hier: Schweißen von Anhänger-Zuggabeln.

Anhänger-Zuggabeln gehören zu den ,,Einrichtungen zur Verbindung von Fahrzeugen'', die nach § 22 a Abs. 1 Nr. 6 und Abs. 2 StVZO in amtlich genehmigter Bauart ausgeführt und mit einem amtlich vorgeschriebenen und zugeteilten Prüfzeichen versehen sein müssen. Abweichungen von geprüften und genehmigten Mustern sind nicht zulässig. Die allgemeine Bauartgenehmigung erlischt, wenn Änderungen vorgenommen werden. Da es dem amtlich anerkannten Sachverständigen für den Kraftfahrzeugverkehr nicht möglich ist, ohne Zerstörung der Zuggabel nachträglich eine Schweißstelle, die dynamisch beansprucht wird, auf ihre Haltbarkeit zu prüfen, kann eine Bauartgenehmigung im Einzelfalle (§§ 13 bis 16 der Fahrzeugteileverordnung) als Ersatz für die erloschene Allgemeine Bauartgenehmigung nicht erteilt werden. Daher können Reparaturschweißungen an Anhänger- und Zuggabeln nicht zugelassen werden. Die Instandsetzung einer Zuggabel ist nur durch Austausch der beschädigten Teile statthaft. Nur der Hersteller (Inhaber

13

der Allgemeinen Bauartgenehmigung) darf das Austauschen und das Anschweißen des neuen Ersatzteils vornehmen, denn nur er kann sicherstellen, daß die instandgesetzte Zuggabel in allen Teilen der Bauartgenehmigung entspricht und keine zusätzlichen Schweißungen aufweist.

Anhalteweg – die Summe von →Reaktions- und →Bremsweg. A. ist die gesamte in der →Reaktions- und →Bremsverzögerungszeit zurückgelegte Strecke. Der A. darf nicht länger sein als der Überblick. Dieser Grundsatz hat vor allem bei Nebelfahrten größte Bedeutung. Faustregel für A.: Ein Zehntel der Tachometergeschwindigkeit zum Quadrat, geteilt durch 1000, z. B.: Für einen mit 80 Stundenkilometer fahrenden Wagen = 64 Meter. Bei glatter, feuchter Straße, schlechten Bremsen und wenig griffiger Fahrbahndecke kann sich der A. bis auf das Doppelte dieser Normalberechnung vergrößern.

Anhörung – 1. In einem Ermittlungsverfahren, das durch die →Bundesanstalt für den Güterfernverkehr (BAG) im Rahmen ihrer Aufgabe der Überwachung des →Straßengüterverkehrs durchgeführt wird. Die A. des Betroffenen durch die BAG wird vorgenommen, um beurteilen zu können, ob Zuwiderhandlungen gegen die gesetzlichen Vorschriften vorliegen und ob diese vorsätzlich oder fahrlässig erfolgt sind. Hierdurch erübrigt sich in der Regel eine nochmalige A. durch die →Genehmigungsbehörden. Bei Fällen entschuldbaren Irrtums werden die Zuwiderhandlungen den zuständigen Behörden zur Weiterverfolgung nicht mitgeteilt. 2. A. in einem Genehmigungsverfahren: Verpflichtung der Genehmigungsbehörde, in einem Verfahren zur Erteilung einer Genehmigung für den gewerblichen Güter- oder Möbelfernverkehr mit Kfz bestimmte Stellen anzuhören. Dies gilt auch bei der →Übertragung von Genehmigungen. →Anhörungsverfahren. 3. A. in einem →Rücknahmeverfahren: Verpflichtung der Genehmigungsbehörde, vor Zurücknahme einer Genehmigung die zuständige →Außenstelle der BAG zu benachrichtigen und zu einer Stellungnahme aufzufordern.

Anhörungsverfahren – Vor der Entscheidung über den Antrag auf Erteilung

a) einer Genehmigung für den Güterfernverkehr hat die Genehmigungsbehörde zu hören
1. die Bundesanstalt für den Güterfernverkehr (BAG)
2. die beteiligten Verbände des Verkehrsgewerbes
3. die fachlich zuständige Gewerkschaft
4. die zuständige Industrie- und Handelskammer,
b) einer Genehmigung für den Güterliniennahverkehr hat die Genehmigungsbehörde zu hören
1. den Verband des Güternahverkehrsgewerbes und der Spedition und Lagerei
2. die fachlich zuständige Gewerkschaft
3. die zuständige Industrie- und Handelskammer
4. die zuständige Verwaltung der Eisenbahn, deren Verkehrsgebiet berührt wird
5. den Wegeunterhaltungspflichtigen
6. falls eine Genehmigung für den überwiegenden Teil der Strecke bereits einem anderen Unternehmer erteilt worden ist, auch diesen Unternehmer,
c) einer Erlaubnis für den Güternahverkehr hat die Erlaubnisbehörde zu hören
1. den Verband des Güternahverkehrsgewerbes, des Möbeltransports und der Spedition und Lagerei
2. die fachlich zuständige Gewerkschaft
3. die zuständige Industrie-und Handelskammer.
Aus der Anhörung erwächst den Anhörungsstellen kein Widerspruchs- oder Klagerecht. Die Anhörung hat nur gutachtliche Bedeutung →Anhörung.

Anliegerverkehr – Soweit Anlieger von Verkehrsbeschränkungen nicht betroffen werden (Zusatz zu dem Sperrschild „Frei für Anlieger"), gilt dies auch für die Besucher der Anlieger. Bei einem Verkehrsverbot für Lastkraftfahrzeuge über 7,5 Tonnen gehört es nicht mehr zu dem vom Verbot ausgenommenen Anliegerverkehr, wenn die Sperrstraße mit einem so schweren Lkw nur befahren wird, um einen Besucher dort abzusetzen.

Anmeldepflicht – Nach § 60 und 87 b →GüKG müssen die Unternehmer des gewerblichen Güterfern- und Nahverkehrs sowie die Abfertigungsspediteure ihre Unter-

nehmen sowie die verwendeten Lastkraftwagen und Anhänger bei der →BAG an-
melden. Die BAG hat über sämtliche Unternehmen des Güterfern- und nahverkehrs
sowie die Kraftwagenspediteure (Abfertigungsspediteure) Register zu führen. Dabei
muß nach Verkehrszweigen aufgeschlüsselt
werden. Auch für die im Werkfernverkehr
eingesetzten Fahrzeuge über 4 t Nutzlast
und Zugmaschinen mit einer Leistung von
40 KW ist von der BAG Register zu führen.

Annahme (zur Beförderung) – Die Annahme des Gutes zur Beförderung ist vollzogen,
wenn das Gut vollständig verladen, das
heißt auf der Ladefläche gestapelt, verstaut,
in der erforderlichen Weise gesichert und
befestigt ist und wenn der Unternehmer den
Frachtbrief übernommen hat. Die Haftung
des Unternehmers nach § 29 →KVO (Güterschäden) beginnt mit der Annahme des
Gutes zur Beförderung.
Die Haftung erstreckt sich auf die Zeit bis
zur Auslieferung. Sie ist vollzogen, wenn
der Unternehmer (Frachtführer) das Fahrzeug zur Entladung beim Empfänger bereitgestellt und der Empfänger sich zur Annahme des Gutes ausdrücklich oder stillschwei-
gend durch konkludentes Handeln bereit erklärt hat. Das Ab- bzw. Entladen gehört
nicht zur Auslieferung, falls der Frachtbrief
keine andere Weisung enthält.
Die Haftung des Spediteurs für von ihm
angerollte Güter ist beendet, sobald sie dem
Empfänger vor seinem Grundstück zur Abnahme bereitgestellt und abgenommen sind.
Auf Verlangen des Empfängers und auf seine Gefahr sind solche Güter im Gewicht bis
zu 50 kg das Stück, sofern ihr Umfang nicht
die Beförderung durch einen Mann ausschließt, in Höfe, Keller und höhere Stock-
werke abzutragen. Andere Güter sind dem
Empfänger zu ebener Erde oder, soweit dies
der Umfang, das Gewicht oder die Notwendigkeit einer besonderen Behandlung
(Weinfässer, Maschinen, Ballons) verbieten, auf dem Rollwagen vor seinem Grundstück zur Verfügung zu stellen (§ 53 ADSp).

Anschlußbeförderung – Weiterbeförderung
von Teilen einer →Ladung im Anschluß an
eine Beförderung im gewerblichen →Güter-
fernverkehr nach einem anderen als ursprünglich im →Frachtbrief angegebenen

→Bestimmungsort. Erfolgt die A. über die
für den →Standort des Fahrzeuges maßgebende →Nahzone hinaus, ist eine neue
→Frachtberechnung nach den Vorschriften
des →RKT erforderlich (Anschlußfracht).
Auf die Ausstellung von Anschlußfracht-
briefen für die A. ist zu achten.

Anschrift – genaue Adressenangabe des
→Empfängers, für den eine →Ladung oder
eine →Sendung im gewerblichen →Güter-
fernverkehr mit Kfz bestimmt ist, im
→Frachtbrief. Sie muß folgende Angaben
enthalten: Name, Wohnort und, wenn eine
→Entladestelle angegeben ist, auch Wohnung oder Geschäftsstelle des Empfängers,
an den das Gut ausgeliefert werden soll, sowie nach Möglichkeit seine Drahtanschrift
und Fernsprechnummer. Ähnliches gilt für
Eintragungen in die →Beförderungs- und
Begleitpapiere des gewerblichen →Güter-
nahverkehrs und des →Werkverkehrs.

Ansprüche aus dem Beförderungsvertrag –
Ansprüche aus dem Beförderungsvertrag
stehen nur den Vertragsbeteiligten und un-
ter den in der →KVO (§ 27) bezeichneten
Voraussetzungen dem Empfänger zu. Maß-
gebend ist der Inhalt des Frachtbriefes.
→Beförderungsvertrag, →Absenderrechte,
→Empfänger des Gutes, →Frachtbrief,
→Anweisungen.

Anweisungen – 1. des →Absenders: gegeben entweder als zulässige →Angaben im
→Frachtbrief oder als →nachträgliche Verfügung bei Beförderungen im gewerblichen
→Güterfernverkehr mit Kfz. Sie können
sich darüber hinaus u. a. beziehen auf die
→Abholung und →Zuführung des Gutes,
auf die Hinzuziehung des →Absenders zur
Zollbehandlung, auf einen Antrag nach
→Gewichtsfeststellung von →Ladungsgü-
tern oder zur →Verladung durch den →Un-
ternehmer, auf die Frachtübernahme durch
den Absender gemäß →Freivermerk, auf
den Antrag auf →Nachzählen oder →Ver-
wiegung des Gutes am →Bestimmungsort.
2. A. des Empfängers: im gewerblichen Güterfernverkehr mit Kfz nur zulässig, soweit
sie in § 27 →KVO vorgesehen sind und
nachdem das Gut am →Bestimmungsort an-
gekommen ist, die darauf ruhende →Fracht
und etwaige sonstige Kosten bezahlt sind

15

oder wenn der →Unternehmer das Gut abgeliefert hat. Als zulässige A. gelten die Zuleitung des Gutes an eine andere als im →Frachtbrief angegebene →Bestimmungsstelle an einen Dritten, die Weiterbeförderung des Gutes mit neuem Frachtbrief an einen anderen Ort, die →Ablieferung von Teilen einer Ladung an verschiedenen oder anderen als im Frachtbrief vorgeschriebenen Entladestellen.

arbeitender Verkehr – kurzfristiges Stehenbleiben von Fahrzeugen am Fahrbahnrand zum Be- und Entladen von Gütern.

Arbeitsbereitschaft – Arbeitsbereitschaft ist die Zeit, in der der Fahrer zum jederzeitigen Tätigwerden beim Fahrzeug bleiben muß. Die A. gilt nach der Arbeitszeitordnung als Arbeitszeit. Zweifelhaft ist die Bewertung der Kabinenzeit. Nach dem →Bundes-Mantel-Tarifvertrag kann die Arbeitszeit der Doppelwoche im Güterfernverkehr um 34 Stunden verlängert werden, wenn das Fahrzeug mit einer Schlafkabine oder einer gleichwertigen Einrichtung ausgestattet ist. In diesem Falle erhöht sich die höchstzulässige Gesamtarbeitszeit (einschl. der zugelassenen 34 Std. Kabinenzeit) auf 152 Stunden je Doppelwoche. Nach Auffassung des Bundesministers für Arbeit liegt A. auch dann vor, wenn sich der Arbeitnehmer während der Fahrt in der Schlafkabine aufhält.

Arbeitsgemeinschaft Deutscher Kraftwagenspediteure eG (ADEKRA) – Sitz: Bonn, unmittelbare Nachfolgeorganisation der GEDERKA, Gemeinschaft Deutscher Kraftwagenspediteure e. V., welche 1928 als erste Reichsorganisation der Kraftwagenspediteure gegründet, gemeinsam mit der Organisation der Frachtführer die →Laderaumverteilungsstellen des Güterfernverkehrs errichtete und 1935 nach deren Überleitung in den →RKB im Zuge der Neuorganisation der gewerblichen Wirtschaft (Gleichschaltung) aufgelöst wurde. Um neuerliche Auflösung zu verhüten, erhielt A. 1937 die Rechtsform einer Genossenschaft. Sitz: Eduard-Pflüger-Str. 58, Bonn. Die A. ist Mitglied bei →BDF, →BSL und →BZG. Mit der →DKS hat sie die →VKS gebildet.

Arbeitsgemeinschaften der Verkehrsverbände – In der Erkenntnis, daß der Straßenverkehr als Ganzes gesehen werden muß und einer straff organisierten Form mit einer Spitzenvertretung bedarf, wurden am 6. und 7. 9. 1947 in Halstenbeck (Schleswig-Holstein) aus den regionalen Organisationen der Landesverkehrsverbände fünf fachliche Säulen in Form der Arbeitsgemeinschaft Güternahverkehr (AGN), Arbeitsgemeinschaft Güterfernverkehr (AGF), Arbeitsgemeinschaft Spedition und Lagerei (ASp), Arbeitsgemeinschaft Personenverkehr (AGP) und Arbeitsgemeinschaft Möbeltransport (AMÖ) gebildet, die wiederum als Spitzenvertretung und Dachorganisation die →Zentralarbeitsgemeinschaft des Straßenverkehrsgewerbes (ZAV) erhielten.

Diese Arbeitsgemeinschaften sind in der Zwischenzeit in Bundesverbände umgebildet worden. →Bundesverband des Deutschen Güterfernverkehrs e. V. (BDF), →Bundesverband des Deutschen Güternahverkehrs e. V. (BDN), →Bundesverband Spedition und Lagerei e. V. (BSL) sowie Arbeitsgemeinschaft Möbeltransport Bundesverband e. V. (AMÖ).

Arbeitsgemeinhaft Möbeltransport Bundesverband e. V. (AMÖ), Hattersheim, Schulstr. 53 – Spitzenorganisation der Möbeltransportgewerbes in der Bundesrepublik Deutschland. Aufgabenstellung wie unter →Bundesverbände. Die Fragen des internationalen Verkehrs werden durch die →Gruppe internationale Möbelspediteure e. V. (GIM) im Rahmen der AMÖ wahrgenommen. Diese ist Mitglied der →FEDEMAC. Die →DMG ist als Wirtschaftsorganisation des Gewerbes eng mit der AMÖ verbunden. Geschäftsführung der →TKM.

Arbeitsmaschinen – Selbstfahrende Arbeitsmaschinen nach § 18 (2) →StVZO, d. h. Fahrzeuge, die nach ihrer Bauart und ihren besonderen, mit dem Fahrzeug fest verbundenen Einrichtungen zur Leistung von Arbeit und nicht zur Beförderung von Personen oder Gütern bestimmt und geeignet sind, und die zu einer vom Bundesminister für Verkehr bestimmten Art solcher Fahrzeuge gehören. Die Liste solcher Fahrzeuge findet sich in der DA zum § 18 (2) StVZO. Sie ist sehr umfangreich. Diese Fahrzeuge sind von den Vorschriften über das Zulassungsverfahren und auch von der →Kraftfahrzeugsteuer befreit. Sie dürfen aber auf öffentlichen Straßen nur in Betrieb gesetzt werden, wenn die zuständige Behörde für die Fahrzeuge eine Betriebserlaubnis erteilt hat. Beim Verkehr auf öffentlichen Straßen müssen die Fahrzeuge amtliche Kennzeichen führen, sofern ihre bauartbestimmte Höchstgeschwindigkeit 20 km überschreitet.

Arbeitsschicht – bedeutet für Fahrer im Güterkraftverkehr die Zeit, die zwischen 2 Ruhezeiten liegt. Zur A. gehören auch die Pausen (Unterbrechungen). Die Höchstdauer der Arbeitsschicht beträgt 12 Std., bei 2 Fahrerbesatzung ohne Schlafkabine 17 und mit Schlafkabine 22 Std. In der Arbeitsschicht darf die reine Lenkzeit 8 Stunden nicht überschreiten; sie muß nach 4 Stunden bei Fz. mit einem zulässigen Gesamtgewicht von 20 t und mehr für eine Stunde oder 2 mal 30 Min. unterbrochen werden. →BMT und →Arbeitszeiten.

Arbeitsschichtenbuch – fortgefallen →persönliches Kontrollbuch.

Arbeitszeit – Die Arbeitszeit im Güterkraftverkehr ist tarifvertraglich geregelt. (→BMT). Die Arbeitszeit umfaßt die Zeiten des reinen Dienstes am Steuer (Lenkzeit), die Be- und Entladezeit, Reparaturarbeiten, Vor- und Abschlußarbeiten, sonstige einschlägige Arbeiten sowie Arbeitsbereitschaftszeiten, jedoch nicht Pausen. Die höchstzulässige Arbeitszeit darf nach BMT 115 Stunden je Doppelwoche nicht überschreiten. Bei 2 Fahrerbesatzung mit Kabine kommen je Doppelwoche 34 Std. Kabinenzeit hinzu. Die A. darf auf 2 Wochen ungleichmäßig verteilt werden, jedoch darf sie bei einem Fahrer in einer Woche 60, bei 2 Fahrern mit Schlafkabine 85 Std. nicht überschreiten. →Arbeitszeiten.

Arbeitszeiten – Die zulässigen Arbeitszeiten im einzelnen sind in dem Merkblatt zum →BMT enthalten, das im Anhang 14 abgedruckt ist.

Arbeitszeitnachweise – Als Arbeitszeitnachweise gelten 1. Fahrtnachweisblätter von national bauartgenehmigten →Fahrtenschreibern, wobei jeweils Beginn und Ende von Arbeitsschicht und Pausen vermerkt sein müssen (kommt nur in Betracht, soweit eine Verpflichtung zum Einbau von EG-Kontrollgeräten nicht besteht). 2. Schaublätter der →EG-Kontrollgeräte (bei Kfz mit einem zulässigen Gesamtgewicht von mehr als 3,5 t). 3. →persönliches Kontrollbuch.

Arbeitszeitordnung (AZO) – zusammen mit Ausführungsverordnung grundlegende Bestimmungen für die höchstzulässigen Arbeitszeiten etc. Die Regelung im Einzelfalle erfolgt, soweit die Vorschriften nicht zwingend sind, durch Tarifverträge. →Bundesmanteltarifvertrag, →Arbeitszeiten.

Arbeitszeitüberwachung – wird durch die Gewerbeaufsichtsämter in Zusammenarbeit mit den Berufsgenossenschaften, bei Fahrern und Beifahrern des gewerblichen Güterverkehrs mit Kfz auch von der Bundesanstalt für den Güterfernverkehr zumeist mit Unterstützung der Polizei, durchgeführt.

arteigener Tarif – Schlagwortartiger Begriff, der in den 30er Jahren in die verkehrspolitische Debatte hineingetragen wurde. Der a. T. soll die speziellen Leistungseigenarten und -vorteile der einzelnen Verkehrsmittel hervorheben und dadurch zu einer sinnvollen Aufgabenteilung beitragen. Anstelle der lange Jahre geltenden →Tarifparität zwischen Schiene und Straße zum Schutze der Bahn wird eine unabhängigere, mehr an den Kosten und Leistungen orientierte Tarifbildung verlangt. Dabei ist nicht an eine Aufgabe des Verkehrsträgertarifs und Übergang etwa zu Unternehmenstarifen gedacht, sondern an eine mehr marktwirtschaftlich orientierte Tarifpolitik der Verkehrsträger. Diesen Forderungen wurde in den letzten Jahren bereits weitgehend entsprochen. Der heutige RKT kann weitgehend als arteigener Tarif im Sinne der ursprünglichen Vorstellungen zu dem Begriff a. T. angesehen werden.

ASp – Abk. für →Arbeitsgemeinschaft Spedition und Lagerei e. V. Früher Spitzenorganisation der Spedition und Lagerei.

asymmetrisches Abblendlicht – weitreichendes Licht für die rechte Fahrbahnseite und

→Abblendlicht mit geringer Blendwirkung für die linke Fahrbahnseite. Die Helldunkelgrenze im Scheinwerfer verläuft links waagerecht wie beim üblichen Abblendlicht und steigt rechts unter einem Winkel von 15° an.

ATP – →Übereinkommen über internationale Beförderungen leicht verderblicher Lebensmittel und über die besonderen Beförderungsmittel, die für diese Beförderungen zu verwenden sind.

Aufbewahrungsfrist für Lohnberechnungsunterlagen – Als solche gelten Bücher, Aufzeichnungen und, soweit sie für die Steuer von Bedeutung sind, auch die Geschäftspapiere und sonstige Unterlagen. Diese Unterlagen sind nach den Bestimmungen der Abgabenordnung (AO) zehn Jahre aufzubewahren.

Aufbewahrungspflicht – Nach § 29 →GüKG hat der →Unternehmer die Beförderungspapiere und das Fahrtenbuch nach Beendigung der Beförderung fünf Jahre aufzubewahren. Das gleiche gilt nach § 85 (3) →GüKG für den gewerblichen Güternahverkehr mit der Maßgabe, daß der Unternehmer die Zweitschriften seiner Rechnungen fünf Jahre nach Rechnungsausstellung aufzubewahren hat. Nach § 99 Ziff. 4 d GüKG wird als Ordnungswidrigkeit nur die Verletzung der in § 29 angeordneten Buchführungspflicht geahndet. Die Aufbewahrungspflicht für die Beförderungspapiere wird hier nicht ausdrücklich erwähnt. Das Oberlandesgericht Hamm hat jedoch entschieden (Urteil vom 5. 11. 56 – 3 Ws 8/56), daß auch die Verletzung der Aufbewahrungspflicht eine Ordnungswidrigkeit darstellt. Es begründet, daß eine Buchführung nur so lange Beweiswert für die Nachprüfung der Frachtberechnung habe, wie die entsprechenden Unterlagen vorhanden seien.

Aufnahme des Fernverkehrsbetriebes – Der Unternehmer des Güterfernverkehrs muß den Betrieb mit den für den Fernverkehr genehmigten Fahrzeugen binnen 3 Monaten nach Erteilung der Genehmigung aufnehmen. Geschieht das nicht, können die Genehmigungen von der Genehmigungsbehörde zurückgenommen werden (78 GüKG).

Aufladen des Gutes – im gewerblichen →Güterfernverkehr mit Kfz →Beladung.

Auflaufbremse – (Anhängerbremse). Beim Bremsen des Zugfahrzeuges läuft der zunächst ungebremste Anhänger auf das Zugfahrzeug auf. Die hierbei an der Anhängerkupplung entstehende Kraft wird von der Zugöse des Anhängers über Gestänge und Hebel auf die Radbremsen übertragen.

Auflieferung – Übergabe eines Gutes zur Beförderung durch einen Unternehmer des gewerblichen Güterfernverkehrs mit Kraftfahrzeugen. →Annahme des Gutes.

Aufliegelast – →Achslast

Aufrechnung – ist generell nur zulässig zwischen fälligen Forderungen. Frachtentgelte sind nach §§ 21, 24 und 25 →KVO spätestens mit der Auslieferung des Gutes an den Empfänger fällig. Schadensersatzforderungen nach §§ 29 ff. KVO dagegen müssen innerhalb 14 Tagen (§ 37 [3]) reguliert werden. Eine Möglichkeit der Aufrechnung Fracht gegen Schadensanspruch ist also nicht gegeben. Das ist auch wirtschaftlich gerechtfertigt, weil eine gesetzlich normierte Haftung des Unternehmers gegeben und diese außerdem durch eine strenge Versicherungspflicht abgedeckt ist. In diesem Zusammenhang ist auch auf § 40 (5) →KVO hinzuweisen, der bestimmt, daß Ansprüche an den Unternehmer wegen gänzlichen oder teilweisen Verlustes des Gutes oder wegen seiner Beschädigung oder auch der Überschreitung der Lieferfrist nach Eintritt der Verjährung nur aufgerechnet werden können, wenn die entsprechenden Ansprüche vor Eintritt der Verjährung gegen den Unternehmer erhoben wurden oder die Anzeige an ihn abgesandt wurde. Gleichbedeutend mit einer solchen Anzeige ist es auch, wenn vor Eintritt der Verjährung die gerichtliche Beweisaufnahme zur Sicherung des Beweises beantragt oder wenn in einem zwischen dem Absender und Empfänger oder einem späteren Erwerber des Gutes wegen des gänzlichen oder teilweisen Verlustes, der Beschädigung oder der Lieferfristüberschreitung anhängigen Rechtsstreit dem Unternehmer der Streit verkündet wird.

Diese Formulierung des § 40 Abs. 5 KVO bezieht sich jedoch nur auf die dort genannten Ansprüche. Als Gegenforderung des Unternehmers, gegen die eine Aufrechnung zulässig ist, können nur dessen Ansprüche auf die Fracht, die Frachtzuschläge und Nebenkosten oder auf Erstattung etwaiger Auslagen in Frage kommen.

Ist die Aufrechnung zulässig (wenn beide Forderungen fällig sind), dann ist es nicht von Bedeutung, ob die Anzeige eines Schadens vor Ablauf der Verjährungsfrist schon in die Hände des Unternehmers gelangte; wichtig ist jedoch, daß die Anzeige mindestens vor dem Ablauf der Verjährungsfrist an ihn abgesandt wurde. Diesen Umstand hat der Anspruchsteller jedoch zu beweisen.

Aufsetztanks – Bei der Beförderung brennbarer Flüssigkeiten der Gruppe A Gefahrklasse III in Aufsetztanks dürfen Fahrzeuge mit kippbarer Ladefläche nur verwendet werden, wenn die Kippvorrichtung gegen unbeabsichtigtes Inbetriebsetzen gesichert ist und der in Ruhestellung befindliche Kipprahmen mit dem Fahrzeugrahmen fest verbunden werden kann. Bei allen Fahrzeugen, auch nicht kippbaren, müssen die Aufsetztanks während der Beförderung so auf dem Fahrzeug befestigt sein, daß sie ihre Lage nicht verändern können. Sie dürfen nur in leerem Zustand auf- und abgesetzt werden. Unter diesen Voraussetzungen gehören die Behälter als Aufbau zum Fahrzeug.

Das nachträgliche Anbringen solcher Behälter erfordert eine neue Betriebserlaubnis, (§ 19 Abs. 2 StVZO) →Verordnung über die Beförderung gefährlicher Güter auf der Staße (GGVS) →ARD und →Tankwagenfahrer.

Aufsicht – 1. Im gewerblichen →Güter- und →Möbelfernverkehr mit Kfz, vorgenommen durch die →Genehmigungsbehörde wegen der Erfüllung der gesetzlichen Vorschriften, der durch die →Genehmigung auferlegten Bedingungen, Auflagen und verkehrsmäßigen Beschränkungen durch den →Unternehmer. Die A. schließt für die Genehmigungsbehörde das Recht ein, ggf. die Genehmigung zu entziehen. Dieses Aufsichtsrecht steht der Genehmigungsbehörde jedoch nur gegenüber den Unternehmen des Güter- und Möbelfernverkehrs innerhalb ihres örtlichen Zuständigkeitsbereichs zu. Die Genehmigungsbehörden, die über eigene Überwachungsorgane nur in geringem Umfange verfügen, sind daher auf enge Zusammenarbeit mit der →Bundesanstalt für den Güterfernverkehr (BAG) angewiesen. – 2. Im gewerblichen →Güternahverkehr durch die →Erlaubnisbehörde durchgeführt, ebenfalls wegen der Erfüllung der gesetzlichen Vorschriften durch den Unternehmer. Die Erlaubnisbehörde hat das Recht, ggf. die →Erlaubnis zu entziehen. Auch sie ist auf enge Zusammenarbeit mit der BAG angewiesen, insbesondere dann, wenn Güterfernverkehr ohne die erforderliche Genehmigung betrieben wird.

Aufsichtspflicht des Unternehmers – Nach § 33 OWiG handelt ordnungswidrig, wer als Inhaber eines Betriebes oder Unternehmens vorsätzlich oder fahrlässig die notwendigen Aufsichtsmaßnahmen unterläßt, die erforderlich sind, um in dem Betrieb oder Unternehmen Zuwiderhandlungen gegen öffentlichrechtliche Verpflichtungen zu verhindern. Zu den erforderlichen Aufsichtsmaßnahmen gehört auch die Bestellung, sorgfältige Auswahl und Überwachung von Aufsichtspersonen. Dem Inhaber eines Betriebes oder Unternehmens stehen gleich:

1. ein gesetzlicher Vertreter,
2. die Mitglieder des zur gesetzlichen Vertretung berufenen Organs einer juristischen Person sowie die vertretungsberechtigten Gesellschafter einer Personengesellschaft,
3. Personen, die beauftragt sind, den Betrieb oder das Unternehmen ganz oder zum Teil zu leiten, soweit es sich um Pflichten handelt, für deren Erfüllung sie verantwortlich sind.

Betrieb oder Unternehmen im Sinne der Absätze 1 und 2 ist auch das öffentliche Unternehmen. Die Ordnungswidrigkeit kann, wenn die Pflichtverletzung mit Strafe bedroht ist, mit einer Geldbuße bis zu 100 000,– DM geahndet werden. Ist die Pflichtverletzung mit Geldbuße bedroht, so bestimmt sich das Höchstmaß der Geldbuße wegen der Aufsichtsverletzung nach dem für die Pflichtverletzung angedrohten Höchstmaß der Geldbuße.

Aufwendungen bei Schadensfällen – Nach § 32 →KVO gehen Kosten für Aufwendungen und Bergungen zur Abwendung oder Minderung eines Schadens, für den der Unternehmer haftbar ist, zu seinen Lasten. Das gleiche gilt für Kosten, die durch die Ermittlung und Feststellung des Schadens entstehen. Die Kosten erstrecken sich z. B. auf Ermittlungs- und Bearbeitungskosten der Havariekommissare, Sachverständigengutachten über den Zustand beschädigter Ware, Pack- und Aussortierungsarbeiten etc. Das Verfahren in Schadensfällen ist in § 37 KVO geregelt. Es ist hier festgelegt, daß die Schadensfeststellungspflicht den Unternehmer trifft. Die Verpflichtung zur Tragung der Aufwendungen bei Schadensfeststellungen durch den Unternehmer entfällt, wenn sich ergibt, daß er den Schaden als solchen nicht zu ersetzen hat. Die Kosten für Abwendung oder Minderung von Schäden müssen sich in einem vernünftigen Rahmen halten und den Umständen gerechtfertigt erscheinen. Hat der Unternehmer einen Schaden anerkannt, sind danach entstehende weitere Ermittlungskosten nicht mehr zu ersetzen. Die nach § 32 vom Unternehmer zu ersetzenden Kosten werden durch seine Pflichthaftpflichtversicherung (§ 27 GüKG) getragen. Schadensanmeldungskosten fallen nicht unter die Ersatzpflicht des Unternehmers, da es Aufgabe des Anspruchstellers ist, die erforderlichen Beweise für seinen Anspruch beizubringen. Kosten für das Wegräumen und Aufräumen der Unfallstelle werden nicht nach § 32 ersetzt. Diese Kosten gehen zu Lasten der Kfz-Haftpflicht- oder auch der Betriebshaftpflichtversicherung. Ob Umladungskosten insgesamt oder teilweise als Schadensabwendungskosten anzusehen sind, kann nur von Fall zu Fall je nach der besonderen Sachlage entschieden werden.

Aufzeichnungspflicht – eine Pflicht des Verkehrsunternehmers, die nach den betr. Gesetzen durch besondere Vorschriften geregelt ist; dazu gehören insbesondere die Verordnung über →Beförderungs- und Begleitpapiere, →Fahrtnachweisbücher usw.

Ausbildung – →Berufsausbildung.

Ausfahren aus einem Grundstück – Ausfahren aus einem Grundstück in eine öffentliche Straße erfordert nach § 10 StVO besondere Aufmerksamkeit und Vorsicht. Ein solches Ausfahren (oder Einfahren) darf nur vorgenommen werden, wenn der Kraftfahrer die Gewißheit hat, daß er keinen anderen Verkehrsteilnehmer gefährdet.

Das Ausfahren aus einem Rasthof-Parkplatz auf eine Fernverkehrsstraße erfordert ein hohes Maß an Sorgfalt und Vorsicht auch gegenüber noch nicht sichtbaren, aber zu erwartenden Benutzern der Fernverkehrsstraße. Diese Verpflichtung kann ungewöhnliche Sicherungsmaßnahmen dann notwendig machen, wenn ein Lastzug bei Nacht den Parkplatz verläßt und bei dem Ausfahrvorgang die gesamte Fahrbahn der Fernverkehrsstraße sperrt (Aufstellung eines oder sogar zweier Warnposten oder eine gleichwertige andere Absicherung).

Ausladestelle – nähere Angabe (Adresse) neben dem →Bestimmungsort darüber, wo das Gut nach einem Transport im gewerblichen →Güterfernverkehr mit Kfz abgeladen werden soll. Die A. muß im Frachtbrief eingetragen sein, da sie für die →Frachtberechnung wichtig ist. Eine →nachträgliche Verfügung über die →Ablieferung von Teilen einer Ladung an verschiedene oder andere als im Frachtbrief vorgesehene A. ist nur dann zulässig, wenn diese zu demselben Gemeindetarifbereich gehören, wie die ursprünglich im Frachtbrief angegebene A. – Im gewerblichen →Güternahverkehr mit Kfz gilt die A. als örtlicher Endpunkt des Transportes und damit als Grundlage für die Festsetzung der Entfernung bei der Abrechnung nach den →GNT.

Ausladestellen (mehrere) im Güterfernverkehr – Nach § 20 Abs. 2 KVO dürfen Güter, die an mehreren Stellen verladen oder an mehreren Stellen entladen werden, als eine Sendung nur dann behandelt werden, wenn sämtliche Einladestellen und sämtliche Ausladestellen jeweils innerhalb desselben die Tarifentfernung bestimmenden Gemeindebereichs (Gemeindetarifbereichs) liegen. Wird eine Sendung zwischen Gemeindetarifbereichen derselben Gemeinde befördert, so kann vereinbart werden, daß die Fracht nur zum Teil oder nicht erhoben wird, wenn die Güter dieser Sendung anschließend mit

anderen Gütern als neue Sendung weiterbefördert werden oder in einer vorausgegange-
nen Sendung befördert worden sind. Die
Vereinbarung ist in dem Frachtbrief oder einer Anlage zu diesem einzutragen; sie ist
nach Vorlage der für die Tarifüberwachung
erforderlichen Unterlagen (§ 58 GüKG)
nicht mehr zulässig.

Auslagen im Bußgeldverfahren – Nach
§ 467 Abs. 2 Strafprozeßordnung (StPO)
sind die den Betroffenen erwachsenen notwendigen Auslagen der Staatskasse aufzuer-
legen, wenn ein Bußgeldbescheid aufgehoben wird, weil das Verfahren die Unschuld
des Betroffenen ergeben oder dargetan hat,
daß gegen ihn ein begründeter Verdacht
nicht vorliegt. Hierbei handelt es sich nicht
um eine Ermessensentscheidung. Zu prüfen
bleibt lediglich, ob der Anspruch aus stich-
haltigen Gründen verwirkt sein könnte. Zu
den notwendigen Auslagen gehören z. B.
die Kosten für die Inanspruchnahme eines
Verteidigers schon dann, wenn die Einschaltung nach der Sachlage einem berechtigten
Schutzbedürfnis des Betroffenen entsprochen hat.

Auslastung der Fahrzeuge – Begriff für die
räumliche Ausnutzung von Kfz für den Gütertransport und die gewichtsmäßige Ausnutzung ihrer zulässigen →Tragfähigkeit
(→Nutzlast), im Möbeltransport bezogen
auch auf die Ausnutzung des Ladevermö-
gens in →Möbelwagenmetern. Von der Höhe der durchschnittlichen gewichtsmäßigen
A. (und der A. nach Möbelwagenmetern)
hängen ausschlaggebend die Kosten je Leistungseinheit und – im gewerblichen Einsatz
der Fahrzeuge – die Höhe der Einnahmen
ab.

Auslieferung des Gutes – →Abnahme des
Gutes.

Auslösung Ersatz der Kosten der Fahrer,
insbesondere im gewerblichen Güterfernverkehr, für Übernachtung und Verpfle-
gung bei Tätigkeiten außerhalb ihres
Dienstortes. Die A ist nach Abwesenheits-
zeiten gestaffelt und im →Bundesmantelta-
rifvertrag geregelt.

Ausnahmegenehmigungen – im →Güter-
kraftverkehr zulässig bzw. erforderlich u. a.
für die Befreiung vom Sonntags- und Feiertags-Fahrverbot im Fernverkehr, für die
Verwendung von Kfz und Anhängern, deren →Maße und Gewichte (auch der →La-
dung) über die zulässigen Grenzen hinausgehen (→Schwertransporte), im →grenz-
überschreitenden Güterkraftverkehr in Fällen, in denen die Anwendung deutschen
Rechts auf Beförderungsleistungen von
Deutschland nach dem Ausland, soweit sie
im Ausland vollbracht werden, gegen zwingende ausländische gesetzliche Bestimmungen oder gegen den ordre public des in Betracht kommenden Landes verstoßen würden und somit unzulässig wären (gleiches
gilt bei Beförderungsleistungen im →Güter-
fernverkehr vom Ausland nach Deutschland
und für den →Transitverkehr).

Ausnahmen vom GüKG – →Freigestellte
Beförderungen.

Ausnahmetarife – Sondertarife des Straßengüterfernverkehrs, die nach Art und Höhe
vom Regeltarifsystem abweichen, häufig an
besondere Anwendungsbedingungen ge-
knüpft und in ihrem Geltungsbereich eingeschränkt sind. Sie sollen den durch die verhältnismäßig starren Regeltarifsysteme
nicht erfaßbaren besonderen wirtschaftlichen Verhältnissen einschl. des Wettbewerbs anderer Verkehrszweige und -unter-
nehmen Rechnung tragen.

Ausnahmetarife 901 und 990 – (früher 24 B
109). Gilt für →Spediteur-Sammelgut als
Teil der →RKT. Der AT 990 ist ein Spe-
zialtarif für Sammelgut im Verkehr mit Berlin. Die Güter müssen vom absendenden
Spediteur an einen →Empfangsspediteur als
→Spediteursammelgut aufgeliefert werden.
Der Letztgenannte muß am Bestimmungsort Sitz oder Niederlassung haben. Der ab-
sendende Spediteur muß ferner nach § 34
→GÜKG als →Abfertigungsspediteur bestellt sein und am Versandort Sitz oder Niederlassung haben. Die Sammelladungen
müssen als Teilsendungen von mindestens 3
verschiedenen Urversendern herrühren und
an mindestens ebensoviele Endempfänger
verteilt werden. Die von einem Urversender
stammenden Güter dürfen gewichtsmäßig
nicht mehr als 8000 kg betragen. →Sammel-
gut.

Ausnutzen der Genehmigung – Der Unternehmer, der seine Fernverkehrsgenehmigung während einer Dauer von 6 Monaten nicht ausgenutzt hat, muß damit rechnen, daß die Genehmigungsbehörde die Genehmigung zurücknimmt (§ 78 Abs. 2 Ziff. 5 GüKG). Eine Genehmigung gilt in der Regel als nicht ausgenutzt, wenn der Unternehmer nur vereinzelt Fahrten im Güterfernverkehr ausführt. Der Unternehmer muß die Genehmigung selbst ausnutzen. Er darf sie nicht einem anderen zur Ausnutzung überlassen. Eine Ausnutzung der Genehmigung durch den Unternehmer liegt auch dann nicht vor, wenn er sich der Verfügungsgewalt über seine für den Fernverkehr genehmigten Fahrzeuge in der Weise begibt, daß der andere allein und ohne Mitwirkung des Genehmigungsinhabers über den Einsatz der Fahrzeuge verfügt, sie mit Fahrern seiner Wahl besetzt und auch alle sonstigen mit dem Betrieb zusammenhängenden Tätigkeiten selbständig besorgt. Ein Genehmigungsinhaber, der einem Dritten in dieser Weise die Verfügungsgewalt über die genehmigten Fahrzeuge überläßt, kann nicht als zuverlässig im Sinne des GüKG anerkannt werden.

Außergewöhnlich lange Gegenstände als Stückgut – Für eine Stückgutsendung, die die Ladelänge des gestellten Fahrzeugs um mehr als 15) überschreitet, wird nach den →Vorschriften für die Frachtberechnung im →RKT je verwendetes Fahrzeug die Fracht für mindestens 1000 kg berechnet. →Überstehende Ladung.

Autobahnen – →Bundesautobahnen.

Autohof – Einrichtung, die als Kombination von Gasthof, Parkplatz, meist auch Reparaturwerkstatt und Tankstelle sowie →Laderaum-Verteilungsstelle Fahrer und Fahrzeuge des gewerblichen →Güterfernverkehrs mit Kfz aufnimmt und während der Ruhezeiten versorgt. Die Autohöfe sind überwiegend von den →SVG eingerichtet und betrieben. →Anlage Autohofverzeichnis (Anhang 4).

Autotransportwagen – doppelstöckige, offene Spezialwagen, die als Lastkraftwagen auf der Straße zur Verladung und Beförderung fabrikneuer Personenkraftwagen vom Herstellerwerk zum Autohandel bestimmt sind.

B

Backenbremse – Reibungsbremse bei Kraftfahrzeugen, die dadurch wirkt, daß ein Bremsklotz gegen die Bremstrommel gedrückt wird.

BAG – Abk. für →Bundesanstalt für den Güterfernverkehr.

Bagatellsachen – Begriff aus der Tarifüberwachung, bezieht sich auf Tarifverstöße, deren →Unterschiedsbeträge nicht höher als 10 DM oder nicht höher als 2% des Tarifentgelts sind. Bei dieser Höhe der Unterschiedsbeträge kann die BAG davon absehen, →Unterschiedsberechnungen nach § 23 →GüKG zu erstellen.

Bahnübergänge – Nach § 19 StVO haben Schienenfahrzeuge Vorrang an Bahnübergängen mit Andreaskreuz sowie bei der Überquerung von Fuß-, Feld- und Waldwegen. Der Straßenverkehr darf sich solchen Übergängen nur mit mäßiger Geschwindigkeit nähern. Fahrzeuge haben vor dem Andreaskreuz zu warten, wenn sich ein Schienenfahrzeug nähert, rotes Blinklicht oder gelbe oder rote Lichtzeichen gegeben werden, die Schranken sich senken oder geschlossen sind oder ein Bahnbediensteter Halt gebietet. Lastkraftwagen mit einem zulässigen Gesamtgewicht über 7,5 t und Lastzüge haben außerhalb geschlossener Ortschaften auf mehrspurigen Straßen unmittelbar nach der einstreifigen Bake zu halten. Kann der Bahnübergang bei dichtem Straßenverkehr nicht zügig genug und ohne Aufenthalt überquert werden, ist vor dem Andreaskreuz zu warten, bis eine zügige Überfahrt möglich ist. Die Scheinwerfer haltender Fahrzeuge dürfen niemand blenden.

Baukostenzuschüsse, Abholgebühren, Ladekostenzuschüsse und Landabsatzgebühren – Nach dem GüKG (§ 22) sind Ermäßigungen des Beförderungsentgelts und andere Vergünstigungen, die nicht veröffentlicht worden sind und nicht unter gleichen Bedingungen jedermann zugute kommen, unzulässig. Unzulässig sind ferner Zahlungen oder andere Zuwendungen, die einer Um-

gehung des tarifmäßigen Beförderungsentgelts gleichkommen. Es gibt viele Versuche, diese zur Sicherung des Tarifes erlassenen Bestimmungen zu unterlaufen. Die für die Tarifüberwachung zuständigen Stellen und auch die Rechtsprechung sind in dieser Hinsicht jedoch streng und konsequent. Zulässig als Abzug von der Tariffracht ist unter den entsprechenden Voraussetzungen eine →WAV oder →Vermittlungsprovision. Ladekostenzuschüsse, die bei der Verladung von Eisen und Stahl wegen tatsächlicher Mehrkosten berechnet werden (DM 3,–/t), werden b. a. w. toleriert. Das gleiche gilt für Landabsatzgebühren im Kohleverkehr. Alle anderen Abzüge von der Fracht sind als verbotene Vorteilsgewährung anzusehen. Das gilt u. a. für eine Beteiligung der Unternehmer am Ausbau von Verladeeinrichtungen (BGH-Urt. v. 3. 11. 59 – BB 60,21), kostenlose Übernahme der Be- oder Entladung (BGH-Urt. v. 30. 4. 75 – I ZR 68/74), unentgeltliche oder unangemessen niedrig berechnete Koppelungsgeschäfte, Schmiergelder oder auch unangemessen hohe Gewinnbeteiligung an einem Transportunternehmen als Auftraggeber (BGH-Urt. v. 16. 3. 67 – BB 67,478 und Urt. v. 15. 6. 70 – II ZR 13/68).

BBZ – Berufsausbildungszentrum für den Straßenverkehr in Schöffengrund – Schwalbach, mit Wetzlar. Ein von den Organisationen des Verkehrsgewerbes und Unternehmern errichtetes Ausbildungszentrum mit weit gestecktem Rahmen. z. B. Vorbereitung auf die Prüfung als Berufskraftfahrer, Lehrgänge für Gefahrguttransporte, Unfallverhütung, Energieeinsparung etc. Die Einrichtung wird von staatlichen Stellen gefördert und anerkannt.

BDF – →Bundesverband des deutschen Güterfernverkehrs e. V.

BDG – →Bundesverbände des Deutschen Güterkraftverkehrs.

BDN – →Bundesverband des Deutschen Güternahverkehrs e. V.

bedingter Verzicht – Verzicht eines →Genehmigungsträgers im gewerblichen →Güter- oder →Möbelfernverkehr mit Kfz auf seine →Genehmigung unter der Bedingung, daß sie nur einem bestimmten, von ihm benannten Dritten neu erteilt wird. Dieser b. V. ist aber nur möglich, wenn das →Kontingent in dem betreffenden Land und in der in Frage kommenden →Genehmigungsart nicht überschritten ist, er ist aber nicht von der Übertragung des Unternehmens im ganzen abhängig. Der bedingte Verzicht wurde inzwischen vom Bundesverfassungsgericht für ungesetzlich erklärt (Beschl. v. 14. 10. 75 – BVerfGe 40, 176).

Beförderung gefährlicher Güter – →Verordnung über die Beförderung gefährlicher Güter auf der Straße (GGVS) →ARD.

Beförderung lebender Tiere – Nach § 1 GüKG sind Güter auch lebende Tiere. § 4 des gleichen Gesetzes legt jedoch fest, daß die Beförderung lebender Tiere nur dann den Bestimmungen des Gesetzes unterliegt, wenn es sich um Schlachtvieh handelt. Als Schlachtvieh gilt Vieh nur dann, wenn das Fleisch als Nahrungsmittel dienen soll. Die Beförderung muß nicht unmittelbar zur Schlachtstelle führen; es genügt, wenn die Tiere zur baldigen Schlachtung befördert werden. Die Rückbeförderung leerer Behältnisse, die zur Tierbeförderung benutzt wurden, unterliegt nicht dem Gesetz, soweit der zeitliche Zusammenhang gegeben ist. Für die Beförderung gelten im Interesse des Tierschutzes und veterinärpolizeilicher Vorschriften besondere Bestimmungen, die das Bundesverkehrsministerium in einem ,,Merkblatt über Aufbauten von Viehtransportwagen'' zusammengefaßt hat. →Schlachtviehtransporte.

Beförderungsausschluß – →Beförderungsverbote.

Beförderungsbedingungen – →Allgemeine Beförderungsbedingungen für den gewerblichen Güternahverkehr mit Kraftfahrzeugen (AGNB) →Beförderungsbedingungen für den Möbelverkehr (Umzugsverkehr) (BefBMö). →Kraftverkehrsordnung für den Güterfernverkehr mit Kraftfahrzeugen (KVO). →Übereinkommen über den Beförderungsvertrag im Internationalen Straßengüterverkehr (CMR).

Beförderungsbedingungen für den Umzugsverkehr (GüKUMT) – Gelten für den Transport von Umzugsgut, Heiratsgut oder Erbgut in speziell für den Möbeltransport eingerichteten Fahrzeugen. Sie finden auch Anwendung, wenn solche Fahrzeuge neue Möbel, also Handelsgut, befördern. Das trifft auch zu, wenn ein für den gewerblichen Güterfernverkehr zugelassenes Möbelspezialfahrzeug (Konzession) neue Möbel befördert. Befördert dagegen ein normales Fernverkehrsfahrzeug neue Möbel, so gelten →RKT und die →KVO. Die B. gelten auch für Beförderungen nach § 2 der Freistellungsverordnung vom 29. Juli 1969 (BGBl. I S. 1002) wie elektronische Datenverarbeitungsanlagen, Sendeanlagen sowie Teile davon und Büromaschinen mit Möbelfahrzeugen. Die B. sind als Teil des Umzugstarifes allgemeinverbindlich. Sie enthalten u. a. Bestimmungen über den Abschluß des Beförderungsvertrages, den Inhalt des vorgeschriebenen Frachtbriefes bzw. →Umzugsvertrages, das Be- und Entladen, nachträgliche Weisungen des Auftraggebers, Beförderungs- und Ablieferungshindernisse, Zoll- und sonstige Verwaltungsvorschriften, die Haftungsbedingungen, Haftungsausschlüsse, Haftungsbeschränkungen sowie die Haftung Dritter, Abtretung, Erlöschen der Ansprüche und die Verjährung von Ansprüchen aus dem Beförderungsvertrag sowie das Pfandrecht. Es besteht Versicherungspflicht des Unternehmers für alle Schäden, für die er nach den Beförderungsbedingungen haftet (4000 DM je Möbelwagenmeter. Vereinbarung einer höheren Haftung ist zulässig). →Umzugsverkehr, →Möbelverkehrsunternehmer, → Güterkraftverkehrstarif für den Umzugsverkehr und für die Beförderung von Handelsmöbeln in besonders für die Möbelbeförderung eingerichteten Fahrzeugen im Güterfernverkehr und Güternahverkehr.

Beförderungsbescheinigung – Der Werkfernverkehr bedarf, wenn Fahrzeuge von mehr als 4 t Nutzlast oder Zugmaschinen mit einer Leistung von mehr als 40 kW zum Einsatz kommen, einer Genehmigung in Form einer Beförderungebescheinigung. Diese wird von der →BAG auf Antrag erteilt. Der Antragsteller muß dabei die für eine Beurteilung der in Aussicht genommenen Transporte erforderlichen Angaben machen. Die BAG erstellt wöchentlich ein Verzeichnis der Anträge, in die die Verkehrsträger und Kraftwagenspediteure Einblick nehmen oder das sie sich gegen Kostenerstattung zusenden lassen können. Das Verfahren soll gewährleisten, daß vor Aufnahme des Werkverkehrs die Möglichkeiten eines Ersatzes durch die gewerblichen Verkehrsträger geprüft werden. Die Beförderungsbescheinigung ist durch die BAG zu erteilen, wenn innerhalb von 2 Monaten seit Bekanntgabe des Antrages kein annehmbares Angebot der Deutschen Bundesbahn oder einer nichtbundeseigenen Eisenbahn zur Durchführung der Transporte vorliegt. (§§ 50–50 f. GüKG).

Beförderungsentfernung – →Tarifentfernung.

Beförderungsentgelt – Entgelt des →Unternehmers für von ihm durchgeführte Beförderungen im gewerblichen →Güter- und →Möbelfernverkehr. Die B. sind →Mindest-Höchstentgelte (→Margentarife), soweit der Tarif (→RKT) nichts anderes bestimmt. Ermäßigungen des B. und andere Vergünstigungen, die nicht veröffentlicht worden sind, und nicht unter gleichen Bedingungen jedermann zugute kommen, sind unzulässig. Unzulässig sind ferner Zahlungen oder andere Zuwendungen, die einer Umgehung des tarifmäßigen B. gleichkommen. Beförderungspreis. Begriff auch im gewerblichen →Güternahverkehr gebräuchlich für den Betrag, den der →Fuhrunternehmer als Preis für die Durchführung einer Transportleistung nach dem →GNT vom Auftraggeber erhält.

Beförderungshindernis – im gewerblichen Güterfernverkehr mit Kfz Umstände, die den Beginn oder die Fortsetzung eines planmäßigen Transportes zeitweilig oder dauernd verhindern. In diesen Fällen hat der →Unternehmer um den →Absender um →Anweisung zu ersuchen. Stellen sich der Beförderung des Gutes Hindernisse entgegen, die durch →Umleitung oder durch eine →Ersatzbeförderung behoben werden können, so ist das Gut dem →Empfänger über die Umgehungsstraßen oder mit der möglichen

→Ersatzbeförderung zuzuführen. Einzelheiten in § 28 →KVO. Für den gewerblichen Güternahverkehr enthält § 12 →AGNB entsprechende Regelungen. →Ablieferungshindernisse.

Beförderungsleistung – Sammelbezeichnung der Verkehrsstatistik zur Kennzeichnung von Menge und Weg der im Dienste der Reisenden oder der verladenden Wirtschaft erbrachten Verkehrsleistungen; im Personenverkehr gemessen in →Pkm, im Güterverkehr gemessen in →tkm, zumeist untergliedert nach →Entfernungsstufen, →Tarifklassen, →Verkehrsbezirken. Statt der Gewichtseinheit können auch bestimmte Raummaße oder Stückzahlen der Feststellung der B. zugrunde gelegt werden.

Beförderungsteuer – auf Beförderung im Güter- und Möbelfernverkehr. Fortgefallen mit Einführung der Mehrwertsteuer am 1. Jan. 1968.

Beförderungs- und Begleitpapiere – vorgeschrieben für alle Beförderungen im gewerblichen →Güterfernverkehr, →Güternahverkehr, →Güterliniennahverkehr, →Umzugsverkehr, →Militärgüterverkehr und →Werkfernverkehr. Sie müssen während der Fahrt mitgeführt und auf Verlangen den mit der Überwachung des →Straßengüterverkehrs beauftragten Organen vorgelegt oder übergeben werden. Im gewerblichen Fernverkehr dient als B.- und B. der hier vorgeschriebene →Frachtbrief bzw. →Militärfrachtbrief, im Werkfernverkehr sind B.-und B. nach der Verordung vom 13. Februar 1979 (Bundesgesetzblatt I. S. 220/79) vorgeschrieben. Für den gewerblichen Güternahverkehr (einschl. des Güterliniennahverkehrs) sind die näheren Bestimmungen über die B.- und B. in § 9 der ,,Allgemeinen Beförderungsbedingungen für den gewerblichen Güternahverkehr mit Kraftfahrzeugen" (AGNB) niedergelegt.

Beförderungsverbote – Nach § 8 →KVO sind bestimmte Güter von der Beförderung mit LKW im gewerblichen Güterfernverkehr ausgeschlossen oder nur bedingungsweise zugelassen. Von der Beförderung ausgeschlossen sind: die dem Postzwang unterliegenden Gegenstände, Gegenstände, deren Beförderung nach gesetzlicher Vorschrift oder aus Gründen der öffentlichen Ordnung verboten ist sowie die Beförderung von Leichen. Bedingungsweise zur Beförderung zugelassen sind: explosionsgefährliche Gegenstände, selbstentzündliche Stoffe, entzündbare Stoffe, giftige Stoffe, ätzende Stoffe, fäulnisfähige, übelriechende oder ekelerregende Stoffe, lebende Tiere sowie Gold, Silber, Platin, Geld, Münzen, Edelsteine, echte Perlen, besonders wertvolle Spitzen, Stickereien, Kunstgegenstände, Kunstaltertümer und andere Kostbarkeiten. Bei der Beförderung der letzteren Gegenstände ist zu beachten, daß Schäden an solchen Gütern nach § 34 KVO von der Ersatzpflicht ausgeschlossen sind. Für die Beförderung gefährlicher Güter gelten die sehr eingehenden Bestimmungen der ADR →Europäisches Übereinkommen über die internationale Beförderung gefährlicher Güter auf der Straße. Hat ein Unternehmer entgegen den geltenden Bestimmungen von der Beförderung ausgeschlossene Güter dennoch befördert, so ist ein entsprechender Vertrag trotzdem gültig.

Beförderungsvertrag – Der Beförderungsvertrag ist abgeschlossen, sobald der Unternehmer Gut und Frachtbrief übernommen hat. Als Zeichen der Annahme ist der Frachtbrief nebst Durchschriften nach vollständiger Auflieferung des Gutes vom Unternehmer zu unterschreiben (§ 15 Abs. 1 KVO).

Der vom Unternehmer unterschriebene Frachtbrief dient als Beweis für den Beförderungsvertrag (§ 15 Abs. 3 KVO).

Der Beförderungsvertrag ist kein Formalvertrag, kann daher auch ohne Übergabe des Frachtbriefs als abgeschlossen gelten. Es wird im Einzelfall darauf ankommen, ob sich die beiden Vertragsteile, der Auftraggebende (Absender) und der die Beförderung ausführende Unternehmer (Frachtführer) über die Bedingungen des Auftrags geeinigt haben. Dies wird in der Regel dann der Fall sein, wenn sich das Gut auf dem Fahrzeug des Unternehmers befindet, der es zur Beförderung übernommen haben muß, und die Vertragsteile sich darüber einig sind, daß die Beförderung beginnen soll. Nach BGH Urteil vom 29. 4. 52 – I ZR 173/51 – BGHZ 6/145 v VRS 4, 581 liegt die

Bedeutung des § 15 KVO darin, daß er den Abschluß des Beförderungsvertrags auf den Zeitpunkt verlegt, in dem der Unternehmer Gut und Frachtbrief übernommen hat. Die rechtliche Wirksamkeit des Beförderungsvertrags wird durch tarifwidrige Abreden nicht berührt (§ 22 Abs. 3 GüKG). Der Unternehmer kann die ihm nach den gesetzlichen Vorschriften oder den Beförderungsbedingungen obliegende Haftung durch Vertrag weder ausschließen noch beschränken (§ 26 GüKG). Die am Beförderungsvertrag Beteiligten unterliegen der Überwachung durch die BAG (§§ 54, 55, 56 GüKG). Ein Wagengestellungsvertrag ist rechtlich als Vorvertrag zu beurteilen, dem sich in der Regel ein Beförderungsvertrag anschließen wird. Im übrigen aber sind die Rechtsfolgen dieses Vorvertrags in § 14 KVO bzw. im Nebengebührentarif zum RKT geregelt, wobei je nach dem Zeitpunkt der Abbestellung entweder eine Abbestellgebühr oder ein Wagenstandgeld zu zahlen ist (siehe LG Köln Urteil vom 1. 3. 56 – 45 O 229/54 – DVZ Nr. 104/56). Der Beförderungsvertrag ist ein Werkvertrag i. S. der §§ 631 ff. BGB, 425 ff. HGB. Die Bezahlung der Fracht wird demnach erst mit der Beendigung des Beförderungsvertrags fällig (§ 641 BGB, § 25 KVO).

Eine Pflicht zur Übernahme von Beförderungsaufträgen gibt es nach § 7 Abs. 1 der KVO im Güterfernverkehr nicht. →Frachtbrief.

Beförderungsweg – Im Güterkraftverkehr ist B. eine Bezeichnung für die Fahrtroute, auf der ein Transport auf der Straße durchgeführt wird, bevorzugt angewandt im →grenzüberschreitenden Güterfernverkehr und im Verkehr nach Berlin (West) zur Bestimmung des →Grenzübergangspunktes. Der B. kann im →Frachtbrief vorgeschrieben werden.

Behälter – Transportbehälter von dauerhafter Beschaffenheit und genügend widerstandsfähig für den wiederholten Gebrauch. Sie sollen den Transport von Gütern mit einem oder mehreren Transportmitteln ohne Umpacken der Ladung ermöglichen. Deshalb sollen sie für einen mechanischen Umschlag geeignet und so gebaut sein, daß das Be- und Entladen erleichtert wird. B. haben einen Rauminhalt von mindestens 1 m³. →Container, →Binnencontainer.

Behälterverkehr – Verkehr unter Einsatz von – in der Regel genormten – Behältern.

Beilader – →Spediteur im Verkehrsgebiet des →Verkehrsführers, der selbst keine Sammelladungen zusammenstellt, sondern das von ihm gesammelte Gut in den →Sammelgutverkehr eines Verkehrsführers einbringt.

Beiladesatz – Vergütungssatz, den ein →Beilader an den →Verkehrsführer für die Beförderung seiner Güter im →Spediteur-Sammelgutverkehr mit Eisenbahn oder Kraftwagen zu entrichten hat. Die Höhe des Beiladesatzes bleibt den Abmachungen der beteiligten Spediteure überlassen.

Beiladevergütung – →Beiladesatz.

Beiladung – →Ladegut, das im →Spediteur-Sammelgutverkehr ein beiladender →Spediteur (→Beilader) dem →Verkehrsführer zur Beförderung übergibt. →Beiladesatz

Beladung – Im Güterkraftverkehr muß der Zeitpunkt der B. (Tag und Uhrzeit) im →Frachtbrief eingetragen sein; die B. hat – mit Ausnahme von →Stückgütern – durch den →Absender zu erfolgen. Übernimmt sie auf Antrag des Absenders der →Unternehmer, so kann dieser die dafür im Tarif vorgesehene Gebühr berechnen. Für die B. ist die zulässige Belastung des Fahrzeuges maßgebend, die auch während der Fahrt durch Witterungseinflüsse nicht überschritten werden darf (→Überladung). Die B. muß ferner innerhalb der →Ladefrist beendet sein. →Ladestelle.

Beleuchtung – Die Vorschriften für die Beleuchtung der Fahrzeuge sind in §§ 17 →StVO und 49 a ff. sowie 66 a der →StVZO geregelt. Danach dürfen an Fahrzeugen nur die vorgeschriebenen und die für zulässig erklärten lichttechnischen Einrichtungen verwendet werden. Als solche Einrichtungen gelten auch Leuchtstoffe und rückstrahlende Einrichtungen. Die lichttechnischen Einrichtungen dürfen nicht verdeckt sein. Für die Beleuchtung der Fahr-

bahn darf nur weißes und für Schlußleuchten, Bremsleuchten und Rückstrahler nur rotes Licht verwendet werden. Die Beleuchtung ist während der Dämmerung, bei Dunkelheit oder, wenn die Lichtverhältnisse es sonst erfordern (z. B. Nebel, Schneefall oder starker Regen), einzuschalten. Nebelscheinwerfer dürfen nur bei Nebel oder sonst schlechter Sicht benutzt werden. Haltende Fahrzeuge sind außerhalb geschlossener Ortschaften mit eigener Lichtquelle zu beleuchten; innerhalb geschlossener Ortschaften genügt es, nur die der Fahrbahn zugewandte Fahrzeugseite durch Parkleuchten oder auf andere zugelassene Weise kenntlich zu machen. Eigene Beleuchtung ist entbehrlich, wenn die Straßenbeleuchtung das Fahrzeug auf ausreichende Entfernung deutlich sichtbar macht.

Beratender Verkehrsausschuß der Europäischen Gemeinschaften – Nach § 83 der Römischen Verträge aus Vertretern der Regierungen und Verkehrträger der Vertragsländer zu bilden (je Land 5 Vertreter). Der sogenannte 83er Ausschuß berät die Kommission in Fragen der Verkehrspolitik.

Bereitstellung der Fahrzeuge – im gewerblichen →Güterfernverkehr mit Kfz Stellung eines für den betreffenden Transport geeigneten Fahrzeuges nach dessen Bestellung durch den →Unternehmer. Bei nicht rechtzeitiger B. müssen dem →Besteller die von ihm nachgewiesenen Kosten für den vergeblichen Versuch der →Auflieferung des Gutes, höchstens jedoch der Betrag des →Wagenstandgeldes für einen Tag erstattet werden. Bei →Abbestellung des Fahrzeuges vor dessen B. hat der Besteller die tarifmäßige →Abbestellgebühr zu entrichten. Bei Rückgabe des unbeladenen Fahrzeuges bei einer B. oder dessen Rücknahme nach Ablauf der →Beladefrist wegen Nichtbeladung muß vom Zeitpunkt der B. an das tarifmäßige →Wagenstandgeld gezahlt werden (s. § 14 KVO).

Bereitstellungsbescheid – Inanspruchnahme von Fahrzeugen für Zwecke der Landesverteidigung nach dem →Bundesleistungsgesetz.

Berichtigung der Genehmigungsurkunde – Nach § 15 →GüKG muß die →Genehmigungsurkunde der Genehmigungsbehörde zur Berichtigung vorgelegt werden, wenn sich die Bezeichnung des Unternehmens oder sein Sitz ändert. Das gleiche gilt, wenn die Genehmigung für Kraftfahrzeuge mit einem anderen Standort als dem Unternehmenssitz verwendet werden soll. Handelt es sich um eine Bezirksgenehmigung, so bedarf es der vorherigen Zustimmung der für den bisherigen Standort zuständigen Genehmigungsbehörde, wenn der bisherige Standort in einem der Sondergebiete nach § 6 a GüKG liegt oder der Standort der Kraftfahrzeuge, die aufgrund der Genehmigung eingesetzt werden sollen, in einem anderen Lande liegt. Die Zustimmung ist zu versagen, wenn die Beibehaltung des bisherigen Standortes für die Verkehrsbedienung eines bestimmten Gebietes erforderlich ist und sie dem Unternehmer zugemutet werden kann.

Berlin-Verkehr – Bezeichnung für den →Güterkraftverkehr zwischen der Bundesrepublik Deutschland und Berlin, geregelt im →Reichskraftwagentarif (RKT) Teil IV. Für B. ist im gewerblichen →Güterfernverkehr eine Reihe von Ausnahmetarifen gültig, von denen der wichtigste, der AT 990, den →Spediteursammelgutverkehr betrifft. Insgesamt sind lediglich vier →Grenzübergänge für den B. zugelassen. Für die Benutzung der Straßen in der DDR durch Personen- und Lastkraftwagen, die in der Bundesrepublik bzw. Berlin (West) beheimatet sind, werden sog. →Straßenbenutzungsgebühren erhoben. Diese werden inzwischen aufgrund von Vereinbarungen zwischen der Bundesrepublik und der DDR pauschal abgegolten.

Berufsausbildung – Der Begriff der Berufsausbildung bezeichnet die mehrjährige Ausbildung Jugendlicher in anerkannten Ausbildungsberufen unter Berücksichtigung von Ausbildungsordnungen (Berufsbildungsgesetz). Für die Regelung der betrieblichen Berufsausbildung ist der Bund zuständig. Er erläßt Ausbildungsordnungen, die in Abstimmung mit den Sozialpartnern erstellt werden. Es gilt das duale Ausbildungssystem, d. h., daß als Lernorte Betrieb und Berufsschule nebeneinanderstehen. Die Berufsausbildung ist freiwillig. Es besteht jedoch für alle in der Berufsausbildung befindlichen Jugendlichen Berufsschulpflicht. Für die Durchführung und Gestaltung des Berufsschulunterrichts sind die Länder zuständig. →Berufskraftfahrer →Kraftverkehrsmeister →Kaufmann im Straßenverkehr →Verkehrsfachwirt und →Tankwagenfahrer (Gefahrguttransporte).

Berufsbildungszentrum für den Straßenverkehr e. V., Schöffengrund-Schwalbach bei Wetzlar – Eine auf das gesamte Bundesgebiet ausgerichtete Bildungsstätte für den Straßenverkehr. Die vom Gewerbe eingerichtete und öffentlich geförderte Schule verfügt an ihrem Sitz über alles notwendige Fahrzeug- und Lehrmaterial zur gründlichen Ausbildung zum Berufskraftfahrer, Fahrmeister etc. Speziallehrgänge vermitteln Kenntnisse z. B. im Gefahrguttransport, in verkehrssicherer Verladung, Einsparung von Energie, Verkehrssicherheit etc. Die Schule führt auch Lehrgänge außerhalb ihres Sitzes durch.

Berufsgenossenschaft für Fahrzeughaltungen – Die BG stellt, wie alle anderen Berufsgenossenschaften, eine öffentlich-rechtliche Unternehmerorganisation mit Pflichtmitgliedschaft der Güterkraftverkehrsunternehmer dar. Sie ist Trägerin der gesetzlichen Unfallversicherung, d. h. Abdeckung der Haftpflicht des Unternehmers seinen Arbeitnehmern gegenüber. Die Beiträge sind nur von den Unternehmern (ohne Beteiligung der Arbeitnehmer) zu zahlen und werden jeweils durch die Vertreterversammlung festgesetzt. Aufgaben der BG sind u. a. Unfallverhütung, erste Hilfe, Unfallheilung, Berufsfürsorge sowie Unfallentschädigung durch Geldleistungen. Die BG kann unabhängig von Polizei oder Justiz Ordnungsstrafen bis zu 10 000,– DM verhängen, wenn z. B. gegen Unfallverhütungsvorschriften verstoßen wurde. Das gilt für fahrlässiges Handeln; sie muß die Strafe verhängen, wenn grob fahrlässig oder vorsätzlich gehandelt wurde. Sitz der BG ist Hamburg.

Berufskraftfahrer – Die Ausbildung der Berufskraftfahrer ist in der Berufskraftfahrer-Ausbildungsordnung vom 27. 10. 73 geregelt. Die Ausbildung erfolgt in den beiden Richtungen Güter- und Personenverkehr.

Die Ausbildungszeit beträgt 2 Jahre. Die Auszubildenden können, sofern sie das 16. Lebensjahr vollendet haben, als Beifahrer auf LKW innerhalb der Nahzone mitfahren. Die Fahrerlaubnis der Klasse 3 kann von diesem Personenkreis mit 17 Jahren erworben und uneingeschränkt genutzt werden. Im Einsatz beim Ausbildungsbetrieb müssen jedoch die Bestimmungen des Jugendarbeitsschutzes beachtet werden. Dasselbe gilt mit Vollendung des 18. Lebensjahres für den Führerschein 2. Dieser erhält bis zur bestandenen Berufsabschlußprüfung einen Eintrag, der den Einsatz zu Ausbildungszwecken im Ausbildungsbetrieb zum Gegenstand hat. Diese Eintragung wird nach bestandener Abschlußprüfung gelöscht, womit der Inhaber zum Berufskraftfahrer und damit zum anerkannten Facharbeiter avanciert. Er erhält einen Facharbeiterbrief. Anerkannte Ausbildungsbetriebe können Ausbildungsverträge mit Jugendlichen abschließen, wenn diese das 16. Lebensjahr vollendet haben, den Hauptschulabschluß besitzen (oder mittlere Reife oder vergleichbaren Schulabschluß) und die Berufseignung in einer Untersuchung nachgewiesen ist. Diese muß vor Abschluß des Ausbildungsvertrages ermittelt werden; sie ist durch das zuständige Arbeitsamt einzuleiten, welches auch die Unternehmerkosten übernimmt.

Der Besuch eines Berufsgrundbildungsjahres im Berufsfeld Metall mit Schwerpunkt Kraftfahrzeugtechnik ist eine sehr gute Vorbereitung auf die Ausbildung zum Berufskraftfahrer. Während der Berufsausbildung erhalten die Auszubildenden eine Ausbildungsvergütung, deren Höhe durch Tarifvertrag geregelt ist. Die Berufsabschlußprüfung ist vor einem drittelparitätisch zusammengesetzten (Arbeitgeber, Arbeitnehmer und Berufsschullehrer) Prüfungsausschuß bei der zuständigen IHK abzulegen.

Die Ausnahmeregelung des § 40,2 (Berufsbildungsgesetz) ermöglicht es, allen Arbeitnehmern in Ausbildungsberufen, die aus irgendwelchen Gründen keine Berufsausbildung abschließen konnten, auch noch nachträglich den Berufsabschluß nachzuholen. Zur Erlangung des Status des anerkannten Berufskraftfahrers auf diesem Wege ist eine 4jährige Tätigkeit als Fahrer auf Klasse-2-Fahrzeugen nachzuweisen. Ist diese Voraus-

setzung erfüllt, kann die Zulassung zur externen Prüfung zum Berufskraftfahrer bei der IHK erfolgen. Ohne den Besuch eines speziellen Vorbereitungslehrganges wird es allerdings schwierig sein, den Anforderungen der Prüfung gerecht zu werden. Deshalb ist von der Bundesanstalt für Arbeit (BA) ein ca. 6 Wochen dauernder Vorbereitungslehrgang in Zusammenarbeit mit den Sozialpartnern entwickelt worden. Die Teilnahme an solchen Lehrgängen ist nach dem Arbeitsförderungsgesetz (AfG) als förderungswürdig anerkannt. Durch die Übernahme von Differenzkosten durch den Unternehmer kann erreicht werden, daß dem Kraftfahrer keine besonderen Kosten entstehen. Auch die Externenprüfung wird vor dem Prüfungsausschuß der IHK abgelegt.

Ab dem 1. 1. 1983 kann sich ein ausgebildeter Berufskraftfahrer, wenn er seinen Beruf 3 Jahre ausgeübt hat, zum Kraftverkehrsmeister fortbilden. →Kraftverkehrsmeister. Weitere Informationen →BDF, Frankfurt.

Beschäftigungsvertrag – zwischen DB und gewerblichen Kraftverkehrsunternehmern abgeschlossener Vertrag, aufgrund dessen private Kraftfahrzeuge zur Ausführung von Beförderungsaufträgen der DB verpflichtet werden. Solche Auftragsunternehmer werden von der DB im Personen- und Güterverkehr beschäftigt. Die im Güterverkehr tätigen Auftragsunternehmer (→Vertragsunternehmer) sind in der Genossenschaft „Güterkraftverkehrsunternehmer der Bundesbahn (GdB) e. V." zusammengeschlossen, die auch die grundsätzlichen Verhandlungen über die Ausgestaltung der B. mit der DB führt, die Abrechnung der Transporte übernimmt und die ihr angeschlossenen Firmen laufend berät und betreut; die Lastkraftwagen tragen in der Regel ein ovales Schild mit den Buchstaben DB; es gibt auch besondere Tankstellen, die als DKV-Tankstellen gekennzeichnet sind.

Beschriftung und Beschilderung der Kraftfahrzeuge des Güterfern- und Güternahverkehrs – Durch eine Verordnung vom 1. Juli 1973 (BGBl. I S. 512) ist vorgeschrieben, daß die im Güterfern- oder Güternahverkehr verwendeten Fahrzeuge an beiden Seiten durch eine Aufschrift in schwarzer Balkenschrift auf weißem Grunde mit schwarzer Umrandung zu kennzeichnen sind. Die Aufschrift ist am Führerhaus oder an anderer gut sichtbarer Stelle entweder unmittelbar auf der Kraftfahrzeugwand oder auf einer fest mit dem Kraftfahrzeug verbundenen Tafel anzubringen. Die Aufschrift muß folgende Angaben enthalten: die Worte ,,Gewerblicher Güterkraftverkehr" und den Standort des Kraftfahrzeuges. Bei →angenommenem Standort ist dieser mit dem Zusatz ,,ang." anzugeben. Die Aufschrift muß mindestens 35 cm lang und 15 cm hoch sein. In der vorgeschriebenen Umrahmung dürfen zusätzliche Angaben nicht angebracht werden.

Beschwerdebehörde – Nach § 79 GüKG die nächsthöhere Verwaltungsbehörde. Mit Inkrafttreten der Verwaltungsgerichtsordnung (VwGO) vom 21. Jan. 61 (BgBl. I S. 17) ist diese Regelung entfallen. Für die Durchführung von Beschwerdeverfahren sind die Verwaltungsgerichte zuständig.

Besteller – (eines Fahrzeuges), Auftraggeber, der ein Fahrzeug für eine Beförderung im →Güterkraftverkehr beim →Fuhrunternehmer bestellt; er kann mit dem →Absender des Gutes identisch sein. Name, Wohnort und Wohnung des B. müssen im →Frachtbrief angegeben sein. Der B. ist auch zur Zahlung der →Abbestellgebühr und des →Wagenstandgeldes verpflichtet, wenn ein Fahrzeug vor der →Bereitstellung wieder abbestellt oder nach der Bereitstellung unbeladen zurückgegeben bzw. nach Ablauf der →Beladefrist wegen Nichtbeladung dem B. wieder entzogen wird. →Bestellung.

Bestellung – (von Fahrzeugen im →Güterfernverkehr mit Kfz), geregelt in § 14 →KVO, in dem bestimmte Angaben bei der B. vorgeschrieben werden. Ist die Bestellung vom →Unternehmer angenommen, so hat er die Verpflichtung, ein geeignetes Fahrzeug antragsgemäß zu stellen. Erfolgt dies nicht, so müssen dem Besteller die von ihm nachgewiesenen Kosten des vergeblichen Versuchs der Auflieferung des Gutes ersetzt werden, höchstens jedoch das Wagenstandgeld für einen Tag. →Besteller.

Bestimmungsort – Ort, für den ein Gut im →Güterkraftverkehr bestimmt ist und an dem es dem →Empfänger zugestellt und abgeladen werden soll. Der B. ist der →Erfüllungsort des →Beförderungsvertrages.

Bestimmungsstelle – Stelle, an der am →Bestimmungsort das Gut abgeladen werden soll. Der →Empfänger kann eine andere B. nur dann fordern, wenn diese ebenfalls im Bereich des vom →Absender angegebenen Bestimmungsorts liegt, anderenfalls würde dies dem Abschluß eines neuen →Beförderungsvertrages gleichkommen. →Entladestelle.

Betonmischmaschinen – B. werden zwar als selbstfahrende Arbeitsmaschinen angesehen, sie sind aber nicht zulassungsfrei nach § 18 (2) StVZO, wenn sie Fertigbeton befördern. Die Benutzung der Mischvorrichtung während der Fahrt gilt als eine mit einer Arbeitsleistung verbundene Beförderungsleistung.

Betrieb eines Fahrzeuges – Die Frage, ob sich ein Fahrzeug in Betrieb befindet, ist u. a. wichtig für die Haftung. Der Schutzzweck des § 7 →StVG erfordert eine weite Auslegung des Begriffes, die auch der ständigen Rechtsprechung entspricht. Eine Betriebsruhe und damit Befreiung von der Gefährdungshaftung ist nicht schon dann gegeben, wenn das Fahrzeug mit abgestelltem Motor auf der Fahrbahn anhält. Dabei kommt es nicht darauf an, ob eine Beladung des auf der Fahrbahn stehenden Fahrzeuges erfolgen soll, ob eine Betriebspanne vorliegt oder ob der Fahrer anhält, um sich auszuruhen.

Betriebsausgaben – Nach ständiger Rechtsprechung können Geldstrafen sowie Verwarnungs- und Bußgelder nicht als Betriebsausgaben geltend gemacht werden. Das ist in bezug auf die eingehenden Strafbestimmungen des GüKG besonders wichtig.

Betriebsgefahr – →Betrieb eines Fahrzeuges.

betriebsfremde Lasten – moderner Sammelbegriff für alle effektiven Ausgaben und Einnahmeminderungen, die einem Verkehrsunternehmen aus politischen, gemeinwirtschaftlichen oder sonstigen Gründen auferlegt sind, die mit dem Verkehrsbetrieb nicht unmittelbar zusammenhängen. Die DB macht als b. L. insbesondere Pensionsverpflichtungen für Eisenbahner, die nicht in ihren Diensten gestanden haben, Aufwendungen für die Beseitigung von Kriegsschäden (politische Lasten) Einnahmeausfälle infolge angeordneter zu niedriger Tarife (gemeinwirtschaftliche Lasten) u. dgl. geltend. Die erheblichen Leistungen des Bundes an die DB, neben dem Verlustausgleich, werden mit solchen Lasten begründet.

Betriebshaftpflicht – Die Betriebshaftpflicht gewährt Versicherungsschutz für Schadensersatzansprüche, die bei der Ausübung der betrieblichen Tätigkeit dritten Personen gegenüber entstehen können.

Betriebskosten – im Güterkraftverkehr durch den Betrieb des Fahrzeuges auftretende Kosten, die in unmittelbarer Abhängigkeit von der Fahrleistung stehen. Zu den B. rechnen vor allem ein Teil der Abschreibung des Anlagekapitals (bewegliche Abschreibung mit Rücksicht auf den durch technischen Verschleiß bedingte Wertminderung), der Kraftstoff- und Schmiermittelverbrauch, der Reifenersatz sowie die Reparatur- und Wartungskosten; sie werden in der Regel auf den gefahrenen Kilometer bezogen.

betriebsnotwendiges Kapital – auch im →Güterkraftverkehr gebräuchlicher Begriff, der sich auf das für den Betrieb eines Fahrzeugs notwendige Betriebskapital bezieht. Das b. K. wird in der Regel ermittelt als Summe des halben Kaufpreises des Fahrzeuges einschließlich Bereifung und der bei der Beschaffung entstehenden Nebenausgaben (z. B. Überführungskosten, Zulassung usw.) und dem →Umlaufkapital. Es dient als Basiswert für die Errechnung der Verzinsung des Anlagekapitals für das betreffende Fahrzeug.

Betriebsprüfung – Befugnis zur B. besitzt die →Bundesanstalt für den Güterfernverkehr zur Durchführung ihrer Überwachungsaufgaben nach § 55 →GüKG. Sie ist

befugt, durch Beauftragte Ermittlungen anzustellen, Einsicht in Bücher und Geschäftspapiere aller am →Beförderungsvertrag oder seiner Abrechnung und Prüfung Beteiligten sowie der gesetzlich an den →Tarif gebundenen Dritten und der →Vermittler von Ladegut oder →Laderaum nehmen zu lassen. Sie kann hierzu Auskünfte über alle Tatsachen verlangen, die für die Durchführung der Überwachung von Bedeutung sind. Die Beauftragten können Grundstücke und Räume der Beteiligten betreten, um Ermittlungen durchzuführen. Hierbei sind ihnen alle notwendigen Auskünfte und Nachweisungen zu erteilen. →Straßenkontrollen (der BAG). →Erlaubnisrücknahme.

Betriebsruhe des Fahrzeugs – →Betrieb eines Fahrzeuges.

Betriebssicherheit – Die Genehmigungsbehörde ist nach § 17 GüKG jederzeit befugt, die Betriebssicherheit der Fahrzeuge auf Kosten des Unternehmens nachprüfen zu lassen. Für eine solche Nachprüfung wäre die zuständige Zulassungsstelle einzuschalten. Diese Vorschrift erweitert die Pflichten des Unternehmers nach § 29 StVZO. Die Behörde darf entsprechende Maßnahmen nur nach pflichtgemäßem Ermessen treffen, d. h. nicht willkürlich verfahren.

Betriebsübertragung – Übertragung eines Betriebes des gewerblichen →Güter- oder Möbelfernverkehrs mit Kfz nach dem Tode des →Unternehmers durch den Erben im ganzen auf einen Dritten (§ 19 →GüKG). Für die Stellung des Antrages auf Übertragung ist eine Frist von 3 Monaten gesetzt. Im Falle der Erwerbs- oder Geschäftsunfähigkeit des Unternehmers oder der für die Geschäftsführung bestellten Person darf ein Dritter, bei dem die Voraussetzungen für die Fortführung des Betriebes noch nicht gegeben sind (z. B. Angehörige) das Unternehmen bis zu 6 Monate weiterführen. In begründeten Fällen kann diese Frist um weitere 3 Monate verlängert werden.

Be- und Entladen – Be- und Entladen ist – mit Ausnahme von Stückgut – Aufgabe des Absenders bzw. Empfängers. Zwischen den Beteiligten können andere Absprachen getroffen werden, wobei entsprechende Ge-

31

bühren fällig werden. →Beladung, →Ladefrist, →Entladung des Gutes. Die betriebssichere Verstauung der Ladung auf dem Fahrzeug ist Angelegenheit des Unternehmers oder seines Beauftragten. Dadurch soll gewährleistet werden, daß die Betriebssicherheit des Fahrzeuges durch die Ladung nicht gefährdet wird.

Bezirksgenehmigung – räumlich begrenzte →Genehmigung im gewerblichen →Güterfernverkehr mit Kfz, beschränkt auf Beförderungen innerhalb eines Umkreises von 150 km, gerechnet vom →Standort des Fahrzeuges aus. Die Bezirkszone wird wie die →Nahzone ermittelt, sie umfaßt daher alle Gemeinden, deren →Ortsmittelpunkt vom Ortsmittelpunkt des Standortes · des Kraftfahrzeuges aus in der →Luftlinie nicht weiter als 150 km entfernt liegen.

Bezirksgüterfernverkehr – gewerblicher →Güterfernverkehr, für den eine verkehrsrechtliche Genehmigung für einen Umkreis von 150 km vorliegt (→Bezirksgenehmigung). Er unterliegt genauso wie der allgemeine Güterfernverkehr mit Kfz den Bestimmungen des →GüKG und der →KVO, d. h. vor allem der →Kontingentierung, der →Genehmigungspflicht und der Einhaltung der Sätze des →RKT.

BIC – Abk. für Bureau International des Containers = Internationales Behälterbüro (englisch: →JCB).

Bilaterale Tarife – Zwischen den Ländern der Europäischen Gemeinschaft wurden zahlreiche Bilaterale Tarifabkommen geschlossen. Diese Tarife sind mit Margen ausgestattet, und Sondervereinbarungen sind unter bestimmten Voraussetzungen zugelassen. Solche Tarifabkommen bestehen mit Belgien (DBST), Frankreich (DFST), Luxemburg (DLST), Niederlanden (DNST) und Italien (DIST). Mit weiteren EWG-Ländern gelten →Referenztarife, die wegen ihres Charakters als unverbindliche Tarifempfehlungen zu sehen sind. Die Tarife werden zwischen den nationalen Gewerbeorganisationen unter Beteiligung der Verladerschaft ausgehandelt und bedürfen der Anerkennung und Veröffentlichung durch die Regierungen der beteiligten Länder. Die Tarife sind verbindlich.

Bilaterale Verkehrsabkommen der Bundesrepublik Deutschland – Solche Abkommen oder Verwaltungsvereinbarungen sind mit einer großen Zahl europäischer und außereuropäischer Länder geschlossen worden. Sie regeln in der Regel die Genehmigungspflicht (Dauer- und Einzelgenehmigungen), Höchstzahlen der auszugebenden Genehmigungen, Ausgabestellen und Verfahren bei der Ausgabe, Zulässigkeit von →Transit- und →Dreiländerverkehr. →Kleiner Grenzverkehr, Zulässigkeit von →Binnenverkehr (Cabotage), Führung von Frachtbriefen, Behandlung des →Werkverkehrs, Leerfahrten, TIR- Zollämter etc., Strafmaßnahmen bei Verstößen und gegenseitige Unterstützung bei ihrer Durchführung. Wegen der Länder, mit denen solche Abkommen geschlossen wurden und der notwendigen Grenzdokumente →Grenzdokumente. Auskünfte im einzelnen →BVM, →BDF und andere Verkehrsverbände.

Binnencontainer – sind Großcontainer, die vorwiegend für den kombinierten Verkehr Schiene/Straße gebaut sind.
Normen: DIN 15190 Teil 101
Binnencontainer
Hauptmaße-Eckbeschläge-Prüfungen
DIN 15190 Teil 102 Binnencontainer
Geschlossene Bauart
Hauptmaße und zulässiges Gesamtgewicht:

Größe	Länge mm	Außenabmessungen		zul. Gesamtgewicht kg
		Breite mm	Höhe mm	
B 3	2 991	2 500	2 600	10 160
B 6	6 058	2 500	2 600	20 320/24 000
B 9	9 125	2 500	2 600	25 400
B 12	12 192	2 500	2 600	30 480

→Container →Behälter.

Binnenverkehr – 1. Verkehr, der sich im Zulassungslande des Fahrzeugs ohne Überschreitung einer fremden Grenze abwickelt. 2. Binnenverkehr in einem Lande, in dem das Fahrzeug nicht zugelassen ist (Cabotage). Solche Cabotagefahrten sind im Straßengüterverkehr bisher nirgends zugelassen.

Blaue Genehmigung – Bezeichnung für die dem →Bezirksgüterfernverkehr mit Kfz erteilte →Genehmigung, so genannt nach der blauen Farbe der →Genehmigungsurkunde.

Blendung – Beeinträchtigung der Sehleistung, wenn durch Darbietung von Leuchtdichten ein unangenehmer Sehzustand eintritt, der bis zur Herabsetzung oder gänzlichen Drosselung der Sehfunktionen reichen kann. Es sind psychologische und physiologische B. zu unterscheiden. Darüber hinaus sprechen wir von der direkten B., sog. Infeldblendung, bei der der blendende und der wahrzunehmende Gegenstand benachbart sind. Bei indirekter B., Umfeldblendung, sind jedoch der blendende und der wahrzunehmende Gegenstand nicht benachbart. Im Kraftverkehr kommt den Gefahren, die sich aus der B. ergeben, große Bedeutung zu. Scheinwerfer und →Abblendlicht können nur richtig funktionieren, wenn sie vorschriftsmäßig eingestellt sind; die Einstellung ist öfter zu überprüfen, um B. auszuschließen. Beim Halten vor Übergängen in Schienenhöhe muß immer abgeblendet werden. Bei starkem Nebel oder Schneefall ist nur mit →Abblendlicht zu fahren. B. kann auch durch Sonnen-, Glüh- oder Bogenlampenlicht herbeigeführt werden. Nasse Straßen, Wasserspiegel, Glasscheiben blenden bei entsprechender Beleuchtung ebenfalls.

Blockbinnenstraßen – verlaufen innerhalb der Häuserblöcke und dienen der Warenan- und -auslieferung an Geschäftshäusern.

Blutprobe – →Alkoholblutprobe. →Trunkenheit am Steuer.

BMT – →Bundesmanteltarifvertrag.

Brand-Gutachten – nach dem Vorsitzer der Gutachterkommission genannte umfangreiche schriftliche Stellungnahme zur Wirtschaftslage der DB, in Auftrag gegeben vom Bundesministerium für Verkehr, vorgelegt im Jahre 1960. Das B. G. zielt vor allem darauf ab, daß sich die DB auf den von ihr mit relativ geringem Kostenaufwand gut abzuwickelnden Verkehr konzentrieren, jede Zersplitterung ihrer Verkehrsaufgaben aber vermeiden sollte. Es knüpft insoweit an vereinzelt in der Literatur schon früher laut gewordene Forderungen gleicher Art und an das innerhalb der DB ausgearbeitete Ottmann-Gutachten an.

Bremsachsen – jene Achsen an einem Fahrzeug, die der Einwirkung einer Bremse unterliegen.

Bremsansprechweg – Strecke, die ein Kraftfahrzeug während der →Bremsansprechzeit zurücklegt.

Bremsansprechzeit – der Zeitraum zwischen dem Beginn der Betätigung des Bremshebels durch den Kraftfahrer und dem Beginn der vollen Bremswirkung.

Bremsbacke – Bremsbelagträger, der durch die Betätigungskraft an die Bremstrommel angelegt wird; meist paarweiser Einbau. Je nach Anordnung der Aufhängung und der Bremszylinder Selbstverstärkung der aufgewendeten Kraft dadurch, daß die drehende Bremstrommel die Backen mitnimmt und stärker an die Trommel anpreßt. (→Simplex-, →Duplex- und →Servobremse).

Bremsen – Nach § 41 StVZO müssen Kraftfahrzeuge 2 voneinander unabhängige Bremsanlagen haben oder eine Bremsanlage mit 2 voneinander unabhängigen Bedienungsrichtungen, von denen jede auch dann wirken kann, wenn die andere versagt. Die voneinander unabhängigen Bedienungseinrichtungen müssen durch getrennte Übertragungsmittel auf verschiedene Bremsflächen wirken, die jedoch in oder auf derselben Bremstrommel liegen können. Mit der einen Bremse (Betriebsbremse) muß eine mittlere Verzögerung von 2,5 m/s erreicht werden. Zwei oder mehrachsige Anhänger müssen eine ausreichende, leicht nachstellbare Bremsanlage haben, ebenfalls eine mittlere Verzögerung von 2,5 m/s erreicht. Auflaufbremsen (Bremsen, deren Wirkung ausschließlich durch die Auflaufkraft erzeugt wird) sind nur bei Anhängern mit einem zulässigen Gesamtgewicht von nicht mehr als 8 t zulässig. Es sind außerdem Unterlegkeile vorgeschrieben für alle Lastwagen über 4 t Gesamtgewicht und Anhänger mit mehr als 750 kg Gesamtgewicht. →Dauerbremse.

Bremskraftregler – gleicht Bremskraft dem Beladungszustand des Fahrzeuges an; verhindert das Blockieren der Räder beim Bremsen des leeren Fahrzeuges.

Bremsleitung – Stahl- oder Kupferrohr zur Aufnahme der →Bremsflüssigkeit.

Bremsleuchten – zeigen das Betätigen der Betriebsbremse nach rückwärts auffällig an. B. sind vorgeschrieben an allen Kfz mit höherer Geschwindigkeit als 20 km/h, ausgenommen Krafträder.

Bremslicht – auf der Rückseite eines Fahrzeuges aufleuchtendes und durch die Fußbremse ausgelöstes Lichtzeichen, das die Betätigung der Bremse anzeigt.

Bremsöl – fälschliche Bezeichnung der →Bremsflüssigkeit.

Bremsspur – der auf der Fahrbahn sichtbare Teil des Bremsweges. Gibt Reifenprofil verzerrt wieder. Beim Blockieren der Räder erfolgt Übergang in Blockierspur.

Bremsstrecke – setzt sich zusammen aus dem Weg während der →Reaktionszeit, der Zeit, bis die Bremsen voll ansprechen, und dem reinen Bremsweg.

Bremstrommel – mit den →Bremsbacken zusammen wirkende, mit der Radnabe vereinigte Bremsvorrichtung, die u. a. bei Kfz Verwendung findet.

Bremsverlustweg – die Strecke, die ein Fahrzeug während der →Bremsverlustzeit zurücklegt.

Bremsverlustzeit – die Zeit zwischen dem Erkennen des Hindernisses durch den Fahrer und dem Beginn der Bremswirkung; sie setzt sich zusammen aus →Reaktionszeit und →Bremsansprechzeit.

Bremsverzögerungsweg – (Bremsweg), die Strecke, die ein Kraftfahrzeug in der →Bremsverzögerungszeit zurücklegt.

Bremsverzögerungszeit – der Zeitraum, innerhalb dessen die Geschwindigkeit eines Kraftfahrzeuges durch Bremsen verzögert

wird, d. i. die Zeit vom Anlegen der Bremsbacken an die Bremstrommel bis zum Stillstand des Kraftfahrzeuges.

Bremsweg – die Strecke, die vom Beginn der Bremswirkung an bis zum Stillstand des Fahrzeuges zurückgelegt wird.

Bremszeit – die Zeit, die vom Erkennen des Hindernisses durch den Kraftfahrer bis zum Stillstand des gebremsten Fahrzeuges vergeht; sie setzt sich zusammen aus →Reaktionszeit, Bremsansprechzeit und →Bremsverzögerungszeit.

Brenner-Hilfsdienst – Der →BDF hat am Brenner-Paß wegen der vielseitigen Störungen und der besonderen Bedeutung des Verkehrs über den Brenner dort einen besonderen Hilfsdienst eingerichtet, der allen Fahrern des Straßengüterverkehrs zur Verfügung steht. →Verkehrsdienstwagen.

Briefspediteur – der Spediteur im →Spediteur-Sammelgut-Verkehr, dem der Empfangsspediteur gemäß Vorschrift des →Verkehrsführers oder eines →Beiladers das in Sammelladung eingehende Gut zu überweisen hat (gegen Überweisungsprovision).

Brummi – Die vom →BDF im Zuge seiner PR-Aktionen und der Gemeinschaftswerbung geschaffene Symbolfigur des gewerblichen Güterfernverkehrs. B. soll die Bedeutung dieses Verkehrszweiges für die Öffentlichkeit herausstellen und im Zusammenhang damit um ein besseres Verhältnis zur Öffentlichkeit sowie für Sympathie werben.

Bruttogewicht – auch →wirkliches Gewicht genannt, Gewicht einer Sendung oder Ladung, die befördert wird, und zwar einschließlich der Verpackung und aller sonstigen Gegenstände und Stoffe, die zusammen mit dem eigentlichen Beförderungsgut ausgeliefert werden. Angefangene Kilogramme werden als volle Kilogramme gerechnet. →Frachtpflichtiges Gewicht, →Ladegewicht, →Ladungsgewicht, →Nettogewicht.

BSL – →Bundesverband Spedition und Lagerei e. V.

Buchführungspflicht – Nach § 29 →GüKG haben →Unternehmer und Spediteure über den Güterfernverkehr Bücher zu führen und in diesen die Beförderungsgeschäfte, insbesondere das Beförderungsentgelt, nach den Grundsätzen ordnungsmäßiger Buchführung aufzuzeichnen. Das gleiche gilt für den gewerblichen Güternahverkehr (§ 85 (3) GüKG). Die Beförderungspapiere und Fahrtenbuchabschnitte, im Nahverkehr die Rechnungen, sind 5 Jahre aufzubewahren.

Bundesanstalt für den Güterfernverkehr (BAG) – Sitz Köln, errichtet als Anstalt öffentlichen Rechts aufgrund des →GüKG mit der Aufgabe, für die Herstellung und Gewährleistung der Ordnung im →Güterfernverkehr innerhalb seiner verschiedenen Zweige und im Verhältnis zu anderen Verkehrsträgern zu sorgen. Der Tätigkeitsbereich der BAG wurde inzwischen auch auf den Güternahverkehr ausgedehnt. Ihre hauptsächliche Tätigkeit besteht in der Beratung des →BVM in verkehrs- und tarifpolitischen Fragen, in der Mitwirkung bei Tarifmaßnahmen, die für den Güterkraftverkehr von besonderer Bedeutung sind, in der Überwachung der Beförderung von Gütern, insbesondere hinsichtlich der Einhaltung der →Tarife und der →Beförderungsbedingungen, der Unterbindung des Betreibens nichtgenehmigten Güterverkehrs, der ordnungsgemäßen Ausfüllung und Mitführung der vorgeschriebenen →Beförderungs- und Begleitpapiere und der Einhaltung der Rechtsvorschriften über die →Arbeitszeit der Kraftfahrzeugführer und Beifahrer, ferner in der Erstellung einer Bundesstatistik über die Leistungen des gewerblichen Güter- und →Möbelfernverkehrs sowie einer Statistik über den Bestand an Fahrzeugen im Güter- und Möbelfernverkehr und der bei der BAG meldepflichtigen Fahrzeuge des gewerblichen Güternahverkehrs und des →Werkfernverkehrs. Die BAG untersteht dem BVM als Aufsichtsbehörde und ist in ihrer Finanzgebarung an die haushaltsrechtlichen Bestimmungen gebunden. Dem Leiter steht zur Beratung ein →Verwaltungsrat zur Seite. Der Haushalt der BAG wird nicht aus Bundesmitteln gespeist, sondern aus →Umlagen und Meldebeiträgen, die von den Unternehmern des gewerblichen Güter- und Möbelfernverkehrs, des Güternahver-

kehrs, für die im Werkfernverkehr eingesetzten Fahrzeuge sowie von den →Abfertigungsspediteuren gezahlt werden, wobei diese so zu bemessen sind, daß Überschüsse nicht erzielt bzw. diese wieder ausgeglichen werden. – Zur Sicherstellung der praktischen, vom Gesetz vorgeschriebenen Überwachungstätigkeit besitzt die BAG 12 →Außenstellen, die in Verbindung mit den →Frachtenprüfstellen die →Tarifüberwachung vornehmen, →Betriebsprüfungen bei den Unternehmern des gewerblichen →Straßengüterverkehrs, den Spediteuren und der verladenden Wirtschaft durchführen und durch →Straßenkontrollen die ordnungsgemäße Abwicklung des Straßengüterverkehrs überwachen. Festgestellte Verstöße gegen die bestehenden Bestimmungen werden den zuständigen Behörden zur Weiterverfolgung gemeldet, soweit die BAG nicht selbst zuständig ist.

Bundesautobahnen und Kraftfahrstraßen – B. dürfen nach § 18 →StVO nur von Kraftfahrzeugen benutzt werden, deren durch die Bauart bestimmte Höchstgeschwindigkeit mehr als 60 km/h beträgt. Das gleiche gilt für Fahrzeuge mit Anhänger. Fahrzeug und Ladung dürfen nicht höher als 4 m und breiter als 2,50 m sein. Auf Autobahnen darf nur an gekennzeichneten Anschlußstellen auf- und abgefahren werden, auf Kraftfahrstraßen nur an Kreuzungen oder Einmündungen. Wenden und Rückwärtsfahren sowie Halten sind auf der B. verboten. Auf der B. braucht die Geschwindigkeit nicht der Reichweite des Abblendlichts angepaßt zu werden, wenn die Schlußleuchten des vorausfahrenden Kraftfahrzeugs klar erkennbar sind und ein ausreichender Abstand von ihm eingehalten wird oder der Verlauf der Fahrbahn durch Leiteinrichtungen mit Rückstrahlern und, zusammen mit fremdem Licht, Hindernisse rechtzeitig erkennbar sind. Bei stockendem Verkehr ist in der Mitte der Fahrbahn eine Gasse für Polizei und Hilfsfahrzeuge freizuhalten. →Reichsautobahnen.

Bundesfachgruppe Schwertransporte und Kranarbeiten (BKS) im Bundesverband des Deutschen Güterfernverkehrs (BDF) e. V., Frankfurt, Breitenbachstr. 1 – Zusammenschluß der Spezialunternehmen für die

Durchführung von überschweren Transporten mit Spezialfahrzeugen sowie, meist im Zusammenhang damit, von Kranarbeiten. Wahrung der hier liegenden Sonderinteressen wie bei sonstigen →Bundesverbänden.

Bundesfernstraßen – →öffentliche Straßen, die ein zusammenhängendes Verkehrsnetz bilden und dem weiträumigen Verkehr dienen; gegliedert in Bundes- →Autobahnen und Bundesstraßen mit Ortsdurchfahrten. Zu den B. gehören der Straßenkörper (Straßengrund, Unterbau, Straßendecke, Brükken, Dämme, Gräben, Böschungen, Mittel- und Sicherheitsstreifen), der Luftraum über dem Straßenkörper, als Zubehör die Verkehrszeichen und Bepflanzung, als Nebenanlagen die Straßenmeistereien, Gerätehöfe und Lagerplätze sowie als Nebenbetriebe an den Autobahnen die Tankstellen, Rast- und Werkstätten, deren Bau dem Bund vorbehalten ist und die zu verpachten sind. – Träger der Baulast für offene Straßen ist der Bund, der diese auf die Länder delegiert hat; für Ortsdurchfahrten haben die Gemeinden mit mehr als 50 000 Einwohnern die →Straßenbaulast. – Hochbauten dürfen längs der B. bei Autobahnen bis zu 40 m, bei Bundesstraßen bis 20 m Abstand nicht errichtet werden. – Straßenaufsicht wird von Ländern im Auftrage des Bundes ausgeübt.

Bundesleistungsgesetz – Das B. stellt die Rechtsgrundlage für die Inanspruchnahme von Kraftfahrzeugen für Zwecke der Landesverteidigung dar. Danach sind die Fahrzeugeigner verpflichtet (→Bereitstellungsbescheid), für die in Anspruch genommenen Fahrzeuge und Einrichtungen bestimmte Meldungen an das Kreiswehrersatzamt zu erstatten, z. B. Veräußerungsanzeigen. Ferner können die Betroffenen verpflichtet werden, im Rahmen von Übungen ihr Fahrzeug/Gerät zu Sicht- und Funktionsprüfungen vorzuführen bzw. es an Ort und Stelle besichtigen zu lassen. Die Nichterfüllung dieser Verpflichtungen gilt als Ordnungswidrigkeit, die mit einer Geldbuße bis zu 50 000,– DM geahndet werden kann.

Bundesmanteltarifvertrag für den Güter- und Möbelfernverkehr – für Kraftfahrer und Beifahrer aller Betriebe des privaten Verkehrsgewerbes, die →Güter- oder →Möbelfernverkehr mit Kfz betreiben. Er enthält Bestimmungen über die Regelung der →Arbeitszeit, die →Kabinenzeit, die →Warte- und Liegezeit, die Pausen und Ruhezeiten sowie Höhe der Spesensätze.

Bundesverbände des Verkehrsgewerbes – Das Verkehrsgewerbe hat sich nach den fachlichen Gruppen →Güterfernverkehr, →Güternahverkehr, →Möbeltransport, Personenverkehr sowie →Spedition und Lagerei organisiert. Die hierfür jeweils gebildeten Bundesverbände gruppieren die angeschlossenen Landesverbände, die wiederum die Transportunternehmer als Einzelmitglieder betreuen. Die Bundesverbände vertreten das jeweilige Gewerbe in allen übergeordneten Fragen insbesondere gegenüber der Bundesregierung, den Organen der →EWG, der →CEMT, der →ECE und anderen internationalen Einrichtungen und Verbänden. Im Inland bestehen enge Kontakte zu den Politischen Parteien und Fraktionen sowie den anderen Spitzenorganisationen und Verkehrsträgern. Die Bundesverbände haben sich zur Wahrung gemeinsamer Interessen in der Zentralarbeitsgemeinschaft des Straßenverkehrsgewerbes (ZAV) zusammengeschlossen.

Bundesverband des Deutschen Güterfernverkehrs e. V. (BDF), Frankfurt a/M. Breitenbachstr. 1 – Spitzenorganisation des Gewerblichen Güterfernverkehrs. Der BDF nimmt die üblichen Aufgaben eines Bundesverbandes (→Bundesverbände) wahr. Als Mitglied der →IRU steht er in ständigem Kontakt mit den Verkehrsverbänden der anderen Länder. Der BDF hat mit fern–schnell–gut und der Symbolfigur Brummi ein Gütezeichen geschaffen. Beides dient einer umfangreichen Gemeinschaftswerbung und der PR-Arbeit. Der BDF ist mit den angeschlossenen Verbänden Ausgabestelle und Garant des →Carnet TIR. Auch der →AMI-Hilfsdienst wird von ihm betreut. Dem BDF obliegt auch die Geschäftsführung der →TKF. Er war maßgebend beteiligt beim Aufbau eines Netzes von Wirtschaftsorganisationen wie →SVG, →BZG, →Kravag, →DTB, →DBD, →Kombiverkehr, →Transfrigoroute etc. Durch die Einrichtung eines Verkehrsdienstes (Einsatz von Verkehrsdienstwagen) leistet er Gewerbeangehörigen, aber auch anderen, Hilfe bei Unfällen und sonstigen Schwierigkeiten im Verkehrsablauf. Mit dem BDF verbunden →Bundesfachgruppe Schwertransporte und Kranarbeiten (BKS).

Bundesverband des Deutschen Güternahverkehrs e. V. (BDN), Frankfurt, Breitenbachstr. 1 – Auch der BDN erfüllt die unter →Bundesverbände dargestellten Aufgaben. Er hat für das Gewerbe eine Verkehrsordnung erarbeitet, die mit der Einführung einer Erlaubnispflicht (Genehmigung für den Liniennahverkehr), der Schaffung von Beförderungsbedingungen (AGNB) und Einführung eines Margentarifsystems (GNT) eine gesunde Grundlage für die Entwicklung darstellt. Der BDN ist Geschäftsführer der Tarifkommission für den Güternahverkehr. Der BDN hat ebenfalls ein Markenzeichen für den Berufsstand geschaffen.

Bundesverband für den gesamten Werkverkehr und Verlader e. V. – Sitz Bonn, Zusammenschluß von Unternehmern der gewerblichen Wirtschaft, die →Werkverkehr betreiben zwecks Vertretung der Interessen dieses Verkehrszweiges.

Bundesverband Spedition und Lagerei e. V. (BSL), Bonn, Weberstr. 77 –Vertritt die übergeordneten Interessen des gesamten Speditionsgewerbes in der Bundesrepublik, d. h. neben der Kraftwagenspedition auch Bahnspedition, Luftfrachtspedition, Binnenumschlagspedition sowie auch das Lagereigewerbe. Im übrigen Aufgabenstellung wie →Bundesverbände. Der BSL ist Mitglied der →FIATA sowie des →C. L. E. C. A. T.

Bundesvereinigung Logistik e. V. – Sitz Bremen. Der Verein hat sich die Entwicklung und Förderung logistischer Systeme sowie insbesondere deren wissenschaftliche und wirtschaftliche Begründung zum Ziele gesetzt. Notwendige strukturelle Anpassungserfordernisse werden ebenso untersucht wie integrierte logistische Abläufe, aus denen sich Anpassungszwänge für Wirtschaft und Verkehr ergeben. Anschrift: BVL, Marktstr. 2, 2800 Bremen 1 (Tel. 04 21/32 43 03)

Bundesverkehrswacht – gemeinnütziger Verein, am 14. 12. 1950 als Arbeitsgemeinschaft der Landesverkehrswachten (→Verkehrswacht) gegründete Selbsthilfeorganisation der Verkehrsinteressenten; Sitz Bonn. Der Bundesverkehrsminister ist Schirmherr der B. Ziel: Unfallverhütung und Verbesserung der Sicherheit im Straßenverkehr, Beratung der zuständigen Behörden, Weckung des allgemeinen Verantwortungsgefühls.

Bundesverkehrswegeplan – Koordiniertes Investitionsprogramm für die Bundesverkehrswege. Z. Z. gültiger fortgeschriebener Plan gilt bis zum Jahre 1985. Die Planung, die die Straße, den Schienenweg und Wasserstraßen umfaßt, zielt auf eine Koordinierung der Investitionsplanungen im gesamtwirtschaftlichen Interesse ab. Als Basis der Entscheidungen werden die Prognosen der voraussichtlichen Verkehrsentwicklung sowie Nutzen-Kosten-Analysen angegeben. Mit öffentlichen Mitteln ausgebaute Verkehrswege sollen statt einer verstärkten Konkurrenz der gegenseitigen Ergänzung der Verkehrsangebote dienen. Höchster Nutzen für die Volkswirtschaft und Verbesserung der Lebensqualität sollen Maßstab sein. In Wirklichkeit weichen die Investitionsplanungen von den erklärten Zielsetzungen ab. Aus politischen Gründen ist dem Ausbau des Schienenweges eine stärkere Priorität eingeräumt, als nach den gültigen Verkehrsprognosen angemessen wäre. Darüber hinaus trägt die Planung nicht ausreichend der Tatsache Rechnung, daß der Straßenverkehr ständig steigende Sonderabgaben für die Benutzung der Verkehrswege aufbringt. Der Straßenbau bleibt damit weiter und in steigendem Umfange hinter der Entwicklung des Straßenverkehrs und der von ihm aufgebrachten Wegeabgaben zurück. Dadurch wächst die Gefahr verstärkter Engpässe, vermehrter Unfälle, volkswirtschaftlicher Verluste durch Verkehrsstauungen etc. →Wegekosten, →Verkehrswegeplan, →Zweckbindung der Sonderabgaben →AASHO-Test.

Bundeszentralgenossenschaft Straßenverkehr eG (BZG) – Sitz Frankfurt/Main, Zusammenschluß der Genossenschaften des →Straßengüterverkehrs (→SVG) einschließlich der →Arbeitsgemeinschaft Deutscher Kraftwagenspediteure (ADEKRA) und der von den Genossenschaften betriebenen →Laderaum-Verteilungsstellen.

Bußgeld bei Verstößen gegen das GüKG – Strafe bei Ordnungswidrigkeiten gegen Bestimmungen des →GüKG und verbindliche EG-Vorschriften. Sie bezieht sich insbesondere auf Tarifverstöße, ungenehmigten oder unerlaubten Verkehr, falsche Angaben in den vorgeschriebenen Papieren, Verstöße gegen die Buchführungspflicht, Diskriminierungen im Sinne der EG-Vorschriften und viele andere Verstöße. Sie sowie die Zuständigkeiten und das anzuwendende Verfahren sind im einzelnen in den §§ 98 bis 102 a GüKG aufgeführt. Das Bußgeld kann bei nachgewiesenem Vorsatz bis zu 50 000,– DM und bei Fahrlässigkeit bis zu 25 000,– DM betragen. Für bestimmte Tatbestände ist es mit 10 000,– bzw. 5000,– DM limitiert. Die Höhe des Bußgeldes soll den wirtschaftlichen Vorteil, den der Täter aus der Ordnungswidrigkeit gezogen hat, übersteigen. Örtlich und sachlich zuständige Verwaltungsbehörde ist für das Verfahren für den Güterfernverkehr die →Genehmigungsbehörde, für den Güternahverkehr die →Erlaubnisbehörde, für den Güterliniennahverkehr die Genehmigungsbehörde, für ausländische Unternehmer und den grenzüberschreitenden Verkehr die →BAG. Bußgeld kann sowohl von einem Transportunternehmer, einem Spediteur oder auch vom Verlader, d. h. jedem an der Ordnungswidrigkeit Beteiligten, erhoben werden.

Die Strafandrohungen richten sich auch gegen den Werkfernverkehr, sofern dieser gegen Bestimmungen des GüKG verstößt. Für die Behandlung von Einsprüchen sind die ordentlichen Gerichte zuständig.

Ist dem Betroffenen nach seinen wirtschaftlichen Verhältnissen nicht zuzumuten, die Geldbuße sofort zu zahlen, so wird ihm eine Zahlungsfrist bewilligt oder gestattet, die Geldbuße in bestimmten Teilbeträgen zu zahlen. Dabei kann angeordnet werden, daß die Vergünstigung, die Geldbuße in bestimmten Teilbeträgen zu zahlen, entfällt, wenn der Betroffene einen Teilbetrag nicht rechtzeitig zahlt (§ 14 OWiG). Die Verfolgung vom Ordnungswidrigkeiten liegt im pflichtgemäßen Ermessen der Verfolgungsbehörde. So lange das Verfahren bei ihr anhängig ist, kann sie es einstellen. Ist das Verfahren bei Gericht anhängig und hält dieses eine Ahndung nicht für geboten, so kann es das Verfahren mit Zustimmung der Staatsanwaltschaft in jeder Lage einstellen. Der Beschluß ist nicht anfechtbar (§ 47 OWiG).

Bußgeld und Verwarnung bei Verstößen gegen Bestimmungen der StVO und StVZO – Verstöße gegen die Bestimmungen der →StVO, die Verordnung über internationalen Kraftfahrzeugverkehr sowie →StVZO sind mit Verwarnungen oder Bußgeld bedroht. Um eine einheitliche Handhabung im Bundesgebiet zu erreichen, hat das Bundesverkehrsministerium mit Zustimmung des Bundesrates einen Bußgeldkatalog für Verkehrsordnungswidrigkeiten sowie eine allgemeine Verwaltungsvorschrift für die Erteilung von Verwarnungen erlassen. Rechtsgrundlage dafür sind die §§ 26 a und 27 Straßenverkehrsgesetz. Hier sind auch die Bestimmungen für das →Verkehrszentralregister enthalten. Eintragungen in Flensburg erfolgen neuerdings erst ab einem Bußgeld in Höhe von 80,– DM. Der geltende Verwarnungsgeldkatalog und Bußgeldkatalog sind in den Anhängen 2 a und 2 b abgedruckt.

BZG – Abk. für →Bundeszentralgenossenschaft Straßenverkehr eGmbH.

BZG-Bundespolice – Eine von der BZG und den ihr angeschlossenen Straßenverkehrsgenossenschaften (SVG) aufgebaute Versicherungspolice zur Abdeckung der gesetzlichen Haftung der Unternehmer des Güterfernverkehrs für bei dem Transport entstehende Güterschäden nach der →KVO. Die Pauschalpolice, deren sich jeder Fernverkehrsunternehmer bedienen kann, wird von maßgebenden deutschen Transportversicherern getragen.

C

Carnet de Passage – →Grenz-Dokument (→Zollpassierschein) für Kraftfahrzeuge zwecks mehrmaligen zollfreien Übertritts in und durch mehrere Länder. Die Gültigkeitsdauer beträgt ein Jahr oder 3 Monate (Feriencarnet), die Ausstellung erfolgt durch die deutschen Automobil- und Touring-Clubs. Innerhalb Westeuropas und auch im Verkehr mit einigen anderen Staaten sind die C. d. P. im Zuge der Liberalisierung des Verkehrs abgeschafft.

Carnet TIR – Ein aufgrund des ,,Zollübereinkommens über den internationalen Warentransport mit Carnets TIR" (Von Transport international de marchandises par la route) ausgestelltes Zollbegleitscheinheft für die beförderte Ware. Das Abkommen wurde 1959 im Rahmen der Wirtschaftskommission für Europa (ECE) abgeschlossen und von einer großen Zahl von Ländern ratifiziert. In dem Übereinkommen wird der Transport von Waren unter Zollverschluß in verschlußsicher hergerichteten und besonders zugelassenen Fahrzeugen und Behältern und von außergewöhnlich schweren oder sperrigen Waren in offenen Fahrzeugen, wenn sie als solche ohne weiteres erkennbar sind, geregelt. Alle diese Fahrzeuge müssen vorn und hinten ein Schild mit der Aufschrift ,,TIR" führen. Das C. T. stellt heute eine entscheidende Grundlage für die Erleichterung des internationalen Straßengüterverkehrs dar. Mit TIR werden z. Zt. rd. 700 000 internationale Transporte jährlich abgefertigt. Es gewährleistet die schnelle Grenzabfertigung der Fahrzeuge ohne Vorführung der beförderten Güter (bei unbeschädigten Plomben und wenn keine fundierte Verdachtsmomente vorliegen). Die Carnet TIR wurden von der →IRU (International Transport Union) Sitz Genf entwickelt. Sie decken je Exemplar Zollforderungen bis 200 000,– sfrs. Das Risiko ist durch einen internationalen Versicherungspool abgedeckt. Die Ausgabe der Carnet TIR erfolgt durch die der IRU angeschlossenen nationalen Verbände. In der BRD ist der →BDF mit seinen Landesverbänden Ausgabestelle. Er haftet auch gegenüber dem Bundesfinanzministerium.

→Transportdokumente. →Verzeichnis der Abgangs- und Bestimmungszollämter in der Bundesrepublik Deutschland (Anhang 5 a) →Verzeichnis der Grenzzollstellen für die TIR Abfertigung an den deutschen Grenzen (Anhang 5 b).

CEMT – Abk. für Ministerrat der Europäischen Konferenz der Verkehrsminister (von Conférence Européenne des Ministres de Transport). Gegründet 1953 als Nachfolgerin des Inland Transport Committee der →OECD. Sitz ist Paris. Der Ministerrat tritt in der Regel ein- bis zweimal jährlich zusammen. Es wird ein ständiges Sekretariat unterhalten. Ziele: Bereich der gesamten Verkehrspolitik mit ihrer Beziehung zu Umweltpolitik, Regionalplanung, Energie, Lebensqualität und sozialen Problemen. Erleichterung des internationalen Verkehrs sowie seine Durchführung und Organisation, finanzielle Situation der Eisenbahnen, ihre Organisation auf nationaler und internationaler Ebene, wirtschaftliche und soziale Probleme des Binnenwasserstraßenverkehrs, Kombinierter Verkehr, Verkehrsinvestitionen, Verkehrsunfallforschung, Entwicklung europäischer Fernsprechverbindungen sowie Verkehrstrends und Prognosen.

CEMT-Genehmigungen – Auf Beschluß der Europäischen Verkehrsminister ausgegebenes Kontingent von Genehmigungen, die zum Verkehr zwischen den in der Konferenz vertretenen Ländern berechtigen. Ihr Gültigkeitsbereich geht also über den der Europagenehmigungen der EWG hinaus. Z. Zt. (1982) gibt es 560 CEMT-Genehmigungen.

CMR – von Convention relative au Contrat de transport international de Marchandises par Route. →Übereinkommen über den Beförderungsvertrag im internationalen Straßengüterverkehr.

Collico – Bundesbahneigene zusammenlegbare Kisten aus Stahlblech oder Leichtmetall als wiederverwendbares Verpackungsmittel. Sie werden durch die Collico GmbH oder durch Kontore am Ort der Bundesbahndirektionen an Bundesbahnkunden vermietet.

Comité de Liaison de l'IRU auprès la Communauté Européenne – Verbindungskommittee der Verbände des gewerblichen Güter- und Personenverkehrs der Europäischen Gemeinschaft bei dem Gemeinsamen Markt. Das C. ist Teil der Weltorganisation →IRU. Sitz ist in Brüssel.

Comité de Liaison Européen des Commissionaires et Auxiliaires de Transports du Marché Commun (C. L. E. G. A. T.) – Verbindungskommittee der Spediteurorganisationen des Gemeinsamen Marktes bei der EWG. Sitz Brüssel.

Container (auch Behälter) – der Container wird nach DIN-ISO 668 wie folgt definiert: Transportbehälter, der

a) von dauerhafter Beschaffenheit und daher genügend widerstandfähig für den wiederholten Gebrauch ist,

b) besonders dafür gebaut ist, den Transport von Gütern mit einem oder mehreren Transportmitteln ohne Umpacken der Ladung zu ermöglichen,

c) für den mechanischen Umschlag geeignet ist,

d) so gebaut ist, daß er leicht be- und entladen werden kann,

e) einen Rauminhalt von mindestens 1 m^3 hat.

Fahrzeuge und Verpackungen sind nicht Container.

Container werden unterteilt:
– nach ihrer Größe
– oder nach ihren Einsatzbereichen
– oder nach speziellen Transporteigenschaften

Größeneinteilung:

Klein-Container (Kleinbehälter) sind Container von einer Größe zwischen 1 m^3 und 3 m^3 Innenvolumen.

Beispiel: A-Behälter, B-Behälter, C-Behälter der Deutschen Bundesbahn

Mittelcontainer (Mittelbehälter) sind Container mit einem Innenvolumen von mehr als 3 m^3 und einer Außenlänge von weniger als 6 m (20')

Beispiel: pa-Behälter der Deutschen Bundesbahn

Großcontainer (Großbehälter) sind Container mit einer Außenlänge von 6 m (20') oder mehr.

Alle Großcontainer werden an ihren Eck-

beschlägen auf Schienen- und Straßenfahrzeugen festgelegt; außerdem werden sie an den Eckbeschlägen von den Umschlaggeräten angehoben. Als Anschlagpunkte für Umschlaggeräte können auch Greifkanten und/oder Gabelstaplertaschen vorgesehen sein. Lediglich die Wechselbehälter können nicht immer an den Eckbeschlägen angehoben werden. – 1981 bestand eine Containerkapazität der Weltflotte von 1 008 335 Einheiten (umgerechnet auf 20-t-Container). Es wurden 1459 Schiffe für den Containerverkehr registriert, davon 610 Vollcontainerschiffe. Über die Deutschen Seehäfen wurden 1 715 000 Container umgeschlagen. Der Containinisierungsgrad betrug dabei rd. 40).

Einteilung nach Einsatzbereichen:

Überseecontainer – sind für den Landverkehr und den Verkehr über hohe See ausgelegt. Der Seetransport erfolgt dabei meist im Containerschiff. Der Container wird dabei auf oder unter Deck transportiert.

ISO-Container – Ein ISO-Container ist ein Container, der alle zutreffenden, zur Zeit der Herstellung bestehenden ISO-Normen erfüllt.

Binnencontainer – ist für den Transport auf Schiene und Straße, nicht aber für den Schifftransport im Stapel gebaut.

Wechselbehälter – ist für den Transport auf Straße und Schiene gebaut und für den Wechsel von Lkw zu Lkw besonders geeignet; er ist nicht stapelbar.

Luftverkehrscontainer – ist für den Transport mit Flugzeugen geeignet sowie für andere Verkehrsmittel.

Contrans Gesellschaft für Containerverkehr m. b. H. (Sitz Hamburg) – Ursprünglich als Studien- und Entwicklungsgesellschaft für den „Übersee-Behälterverkehr" von Reedereien, Hafengesellschaften, Speditionen und Bundesbahn als Contrans-Gesellschaft für Überseebehälterverkehr gegründet. Heute rein kommerziell geführtes Unternehmen zur Vermietung (Leasing) von Containern.(z. Zt. rd. 92 000 Containereinheiten, ca. 160 Mio. DM Umsatz). Das Stammkapital von 45 Mio. DM wird mit 60) von der Hapag-Lloyd AG und zu 40) von

der zur Quandt-Gruppe gehörenden Inda
KG in Berlin gehalten.

CSC – →International Convention for Safe
Containers.

Culemeyer – Prof. Dr.-Ing. Johann,
1883–1951, Konstrukteur der deutschen
Schwerlast-Straßenfahrzeuge (→Straßenrol-
ler) zur Beförderung von Güterwagen und
anderen Schwer- und Schwerstlasten auf der
Straße.

D

Dauerbremse – Nach § 41 (15) müssen Kraftomnibusse mit einem zulässigen Gesamtgewicht von mehr als 5,5 t sowie andere Kraftfahrzeuge und Anhänger mit einem zulässigen Gesamtgewicht von mehr als 9 t zusätzlich zu den sonst vorgeschriebenen Bremsen (41 StVZO) mit einer Dauerbremse ausgerüstet sein. Dauerbremsen an Anhängern müssen vom ziehenden Kraftfahrzeug aus bedient werden können. Für Sattelanhänger gilt das nur dann, wenn das um die Aufliegelast verringerte zulässige Gesamtgewicht 9 t übersteigt. Als Dauerbremse gelten Motorbremsen oder in der Bremswirkung gleichartige Einrichtungen. Die Dauerbremse muß mindestens eine Leistung aufweisen, die der Bremsbeanspruchung beim Befahren eines Gefälles von 7% und 6 km Länge durch das vollbeladene Fahrzeug mit einer Geschwindigkeit von 30 km/h entspricht.

Dauerfaltkisten – Zur mehrmaligen Verwendung bestimmte Behältnisse für den Warenversand, deren Seitenwände zur Raumersparnis bei leeren Rücktransporten zusammengelegt werden können. Ihre Wände, Böden und Deckel bestehen entweder aus Metall oder in Metallschienen gefaßten Sperrholzplatten. D. werden in der Regel von allen Verkehrsträgern vorgehalten. Die Einsatzbedingungen sind dort zu erfragen.

DBD – Abk. für →Deutscher Behälterdienst GmbH.

Deckungssumme – Nach dem Tarif für →Kraftfahrtversicherungen zwischen dem →Versicherungsträger und dem →Versicherungsnehmer vereinbarter Betrag, bis zu dessen Höhe der Versicherer im Schadensfalle Ersatz leistet. Für die Haftung als Fahrzeughalter besteht Versicherungspflicht mit Mindest-Deckungssummen. →Haftung des Fahrzeughalters.

DEGT – Deutscher Eisenbahngütertarif. Enthält die Beförderungsbedingungen der Deutschen Bundesbahn (EVO), ihre Beförderungspreise und Nebengebühren.

Dekra – Abk. für →Deutscher Kraftfahrzeugüberwachungsverein.

Deutsche Automobil-Treuhand GmbH, (DAT) – Wurde 1931 vom Kraftfahrzeughandel und der -industrie zur Durchführung und Überwachung einer freiwillig getroffenen Vereinbarung über Verkaufsbedingungen beim Handel mit neuen Kraftfahrzeugen gegründet. Damit in Verbindung stand der Aufbau einer Schätzungsorganisation für gebrauchte Fahrzeuge. Die DAT-Schätzung hat für den Handel mit Gebrauchtwagen eine große Bedeutung erlangt.

Deutsche Kraftwagen-Spedition GmbH (DKS) – Hauptgeschäftsstelle Düsseldorf, Zusammenschluß von Kraftwagenspediteuren zwecks Wahrnehmung gemeinsamer Interessen, Mitglied des Bundesverband Spedition und Lagerei e. V. und des Bundesverband Güterfernverkehr. Von der →Bundesanstalt für den Güterfernverkehr zugelassene →Frachtenprüfstelle, deren Tätigkeitsbereich sich über das ganze Bundesgebiet einschließlich Berlin (West) erstreckt.

Deutsche Möbeltransport-GmbH (DMG) – Sitz Frankfurt/Main, von der →Bundesanstalt für den Güterfernverkehr zugelassene →Frachtenprüfstelle für die Unternehmer des gewerblichen →Möbelverkehrs mit Kfz. Außerdem andere wirtschaftliche Aktivitäten zur Förderung des Möbeltransportgewerbes wie Entwicklung und Beschaffung von Verpackungsmaterial, Versicherungen etc.

Deutscher Behälterdienst GmbH (DBD) – Von der →Bundes-Zentralgenossenschaft Straßenverkehr (BZG) und den +SVG geschaffene Einrichtung, welche die Entwicklung, den Verkauf und die Vermietung von für den →Güterkraftverkehr geeigneten →Behältern zur Aufgabe hat. Im Gegensatz zu den kundeneigenen Behältern, die auf die speziellen Bedürfnisse der Verlader ausgerichtet sind, handelt es sich hierbei ähnlich wie bei den →Collico-Kisten der DB um Allzweck-Behälter. Der DBD vermietet kurz- oder längerfristig, insbesondere normale Behälter, und →Gitterboxpaletten. An der Entwicklung und dem Vertrieb des →Eurotainers ist er beteiligt.

Deutscher Kraftverkehr, Ernst Grimmke GmbH & Co KG (DKV) – Frühere Vertretung der im Auftrage der Bundesbahn fahrenden Fernverkehrsunternehmer. Heute Vorhaltung von Tankstellen, meist auf vertraglicher Grundlage (auch international), bargeldloses Tankscheinverfahren und andere Serviceleistungen.

Deutscher Kraftfahrzeugüberwachungsverein (Dekra) – Sitz Stuttgart, 1925 gegründeter gemeinnütziger Verein für die Kraftfahrzeug-Überwachung hinsichtlich der Einhaltung technischer Vorschriften und einwandfreier Funktion der Kfz. →Technische Überwachungsvereine.

Deutscher Verkehrssicherheitsrat (DVR) e. V. – Dieser, als gemeinnützige Einrichtung geschaffene Verein befaßt sich mit allen die Verkehrssicherheit berührenden Fragen. Er kann als oberste Einrichtung mit dieser Zielsetzung bezeichnet werden, der auch die anderen Spitzenorganisationen, die sich mit Fragen der Verkehrssicherheit befassen, angeschlossen sind. Der DVR findet eine starke materielle und ideelle Unterstützung der Bundesregierung. Es bestehen 6 Fachausschüsse, für Erwachsenenaufklärung, für Jugendverkehrserziehung, für Öffentlichkeitsarbeit, für Kraftfahrzeugtechnik, für Straßenverkehrstechnik sowie Gesetzgebung und Exekutive. Sitz des DVR ist Bonn, Obere Wilhelmstr. 32.

Deutsche Speditions- und Behälter-Gesellschaft (DSBG) – Eine inzwischen liquidierte Gesellschaft zur Entwicklung und Vermietung von Behältern. Die DSBG war eine Wirtschaftsorganisation des →BSI.

Deutsche Straßenliga – Arbeitsgemeinschaft zur Förderung des deutschen Autobahn- und Straßenwesens e. V. Sitz in Bonn. Die D. S. wurde 1957 als Zusammenschluß industrieller Organisationen und Verkehrsnutzer sowie von Gebietskörperschaften, Städten, Gemeinden und Industrie- und Handelskammern gegründet. Die D. S. vertritt als Mitglied der →International Road Federation (I. R. F.) die deutschen Straßenbau-Interessen auch bei internationalen Organisationen. Sie sieht darüber hinaus ihre vornehmste Aufgabe darin, dem Parlament, der Regierung und der Öffentlichkeit Mängel im deutschen Straßenwesen vor Augen zu führen und Wege aufzuzeigen, die geeignet sind, Abhilfe zu schaffen.

Deutsche Transportbank GmbH (DTB). – Von den →Straßenverkehrsgenossenschaften (SVG) und der →Bundes-Zentralgenossenschaft Straßenverkehr (BZG) unter Beteiligung von →Adekra und →DKS für das Straßenverkehrsgewerbe gegründete Bank, die sich vor allem der Durchführung des →Frachtzahlungsanweisungs-(FAZ-)Verfahrens, der Finanzierung von Fahrzeugkäufen und ähnlichen Aufgaben zur Unterstützung des Transportgewerbes widmet. Die Bank besitzt eine Vollkonzession und ist damit zu allen einschlägigen Bankgeschäften berechtigt.

Deutsche Umschlagsgesellschaft Schiene-Straße mbH – Die Deutsche Umschlagsgesellschaft Schiene-Straße mbH (DUSS) wurde am 8. November 1982 in Frankfurt am Main gegründet. Sitz der Gesellschaft ist Frankfurt am Main. Gesellschafter sind zu 50% die Deutsche Gesellschaft für kombinierten Güterverkehr mbH, zu 40% die Deutsche Bundesbahn sowie zu 10% die Transfracht Deutsche Transportgesellschaft mbH. Die Aufgabe der DUSS ist die Förderung der Kooperation zwischen Schiene und Straße im Umschlagbereich des kombinierten Verkehrs. Sie arbeitet für diejenigen Umschlagplätze, die von den Gesellschaftern zum gemeinschaftlichen Betrieb vorgesehen werden. Ihre Ziele konzentrieren sich auf die sachgerechte Planung, Errichtung, Erweiterung und Finanzierung von Umschlaganlagen sowie die Aufteilung der Investitionen zwischen den am kombinierten Verkehr beteiligten Partnern an den Umschlagplätzen. Die DUSS organisiert den Betrieb leistungsfähiger öffentlicher Umschlaganlagen. Dabei sollen die Arbeitsabläufe in den Umschlagbahnhöfen optimiert und zur Sicherung eines einheitlichen Leistungsangebots koordiniert werden. Als Nebenleistungen sorgt die DUSS für Abstellung, Zwischenlagerung und Reparatur von Transportbehältnissen (z. B. Container). Die DUSS fungiert als eine überregionale Dachgesellschaft für die örtlichen Betreiber der Umschlagplätze. Sie strebt für den Betrieb der einzelnen Umschlaganlagen die Kooperation mit geeigneten regionalen Unternehmen an, wobei die DUSS das Leistungsangebot erstellt.

Deutsche Verkehrswissenschaftliche Gesellschaft – Nach dem zweiten Weltkrieg unter Einbeziehung regionaler verkehrswissenschaftlicher Vereine (wie z. B. des Wissenschaftlichen Vereins für Verkehrswesen W.V.V. in Essen) gegründete Vereinigung, die durch zentrale und bezirkliche Vortragsveranstaltungen und eine alljährlich wiederkehrende wissenschaftliche Großveranstaltung der Förderung des Verkehrswesens besonders in wirtschaftlicher und technischer Hinsicht dienen will. Die DVWG veranstaltet außerdem regelmäßig vielbeachtete Seminare zur wissenschaftlichen Durchdringung wichtiger verkehrswirtschaftlicher Fragenkomplexe. Sie betreut außerdem die Zentrale Informationsstelle für Verkehr (ZIV).

DBST – Deutsch-belgische Straßentarife.

DFST – Deutsch-französische Straßentarife.

DIST – Deutsch-italienische Straßentarife.

DLST – Deutsch-luxemburgische Straßentarife.

DNST – Deutsch-niederländische Straßentarife.

→bilaterale Tarife.

Dieselmotor – →Verbrennungsmotor, bei dem reiner Kraftstoff in verdichtete Luft eingespritzt wird. Die Temperatur der angesaugten und auf etwa 25–35 atü verdichteten Luft beträgt etwa 550–700 ° C. Diese Temperatur reicht aus, um die Verbrennung des Kraftstoffes einzuleiten. Man spricht von Selbstzündung im Gegensatz zur Fremdzündung beim →Ottomotor. Zur Bildung eines zündfähigen Luftstoffgemisches gibt es verschiedene Verbrennungsverfahren. Das hohe Verdichtungsverhältnis ergibt einen günstigen thermodynamischen Wirkungsgrad (gute Ausnutzung der Kraftstoffenergie).

Dieselqualm – Rußnebel, der bei nicht ausreichender Wartung durch schlechte Verbrennung im Dieselmotor entsteht. Ein qualmender Dieselmotor hat meist eine Störung an der Einspritzanlage zur Ursache.

Differential – Dient dem Geschwindigkeitsausgleich der Räder einer Achse; bei einer Kurvenfahrt nehmen die Räder verschiedene Umfangsgeschwindigkeiten an, so daß bei der angetriebenen Achse eines Kfz in der Kurvenfahrt für entsprechenden Ausgleich zu sorgen ist. Diese Aufgabe übernimmt das D. oder Ausgleichsgetriebe.

DIN – Deutsches Institut für Normung e. V.

Direktverkehr – Besondere Art des →Werkverkehrs, besonders bei Handelsunternehmen übliche Verkehrsform. Der D. besteht darin, daß das befördernde Unternehmen die von ihm gekaufte Ware mit seinem eigenen Fahrzeug bei dem Hersteller oder Verkäufer abholt und sie, ohne den eigenen Betriebssitz oder das Lager zu berühren, unmittelbar seinem Abnehmer zuführt. Folgende Voraussetzungen für die Anerkennung des D. als Werkverkehr müssen erfüllt sein: Es muß ein echtes Handelsgeschäft vorliegen, Wareneingang und -ausgang sowie Einkauf und Verkauf einschließlich einer angemessenen Handelsspanne müssen verbucht und zur Umsatzsteuer herangezogen sein. Die Beförderung darf lediglich Hilfstätigkeit sein.

Diskriminierung – Im Sinne der europäischen Verträge (→EWG) eine unerlaubte Differenzierung zwischen Unternehmungen und Waren durch eine andere Unternehmung oder den Staat, weil eine besondere Vertragsbestimmung oder der Grundsatz der Gleichbehandlung entgegensteht. Im →Verkehrswesen ist dabei an die unterschiedliche Behandlung inländischer und ausländischer Verkehrsunternehmen, an die unterschiedliche Behandlung (in Frachten und Beförderungsbedingungen) der verschiedenen Verkehrsnutzer oder Waren, aber auch an mögliche D. der →Verkehrsträger durch den Staat (z. B. Steuer-D.) zu denken.

DKS – Abk. für →Deutsche Kraftwagen-Spedition GmbH.

DKV – Abk. für Deutsche Kraftverkehr GmbH.

DMG – Abk. für →Deutsche Möbeltransport GmbH.

Doppelachse – umfaßt zwei Achsen eines Fahrzeuges, wenn ihr Abstand voneinander mindestens 1 m und weniger als 2 m beträgt.

Drehzahl – Anzahl der Umdrehungen pro Minute einer umlaufenden Welle.

Drehzahlregler – gestattet, eine bestimmte Drehzahl eines Motors konstant zu halten bzw. die Höchstdrehzahl zu begrenzen. Beim mechanischen D. arbeiten umlaufende Fliehgewichte gegen Federn. Die Fliehgewichte steuern über ein Hebelwerk die Kraftstoff- bzw. Luftzufuhr.

Dreiecksentfernungen – Unter Dreiecksentfernungen sind Entfernungen zwischen Gemeindetarifbereichen zu verstehen, die an die gleichen Knoten anstoßen bzw. mindestens einen gemeinsamen Knoten haben und bei denen die Addition der Anstoßkilometer zu einer höheren Tarifentfernung führen würde als über den üblichen Verkehrsweg. →RKT.

Dreiländerverkehr – Als Drei- oder Mehrländerverkehr gelten Fahrten aus einem Lande, in dem das Fahrzeug nicht beheimatet ist, in Drittländer. Solche Fahrten sind regelmäßig nur zugelassen, wenn sie auf normalem Wege über das Heimatland des Fahrzeuges führen.

DSBG – Abk. für →Deutsche Speditions- und BehälterGesellschaft.

DTB – →Deutsche Transportbank GmbH.

Düsseldorfer Verträge – Vereinbarungen zwischen →BDF und →BSL zur Abgrenzung der beiderseitigen Aufgabenbereiche. Es gilt danach, daß die Vertretung und Betreuung der Frachtführerinteressen (auch bei Gemischtbetrieben) ausschließlich dem BDF und entsprechend die Betreuung der Speditionsinteressen (einschl. Gemischtbetriebe) ausschließlich dem BSL zusteht.

DUSS – →Deutsche Umschlagsgesellschaft Schiene–Straße m.b.H.

DVR – →Deutscher Verkehrssicherheitsrat.

DVZ Deutsche Verkehrs-Zeitung – National und international führende Fachzeitung, die sich mit allen Fragen der Verkehrswirtschaft und Verkehrspolitik befaßt.

DU-Tarife – Bezeichnung der Ausnahmetarife für die Ein- und Ausfuhr über deutsche Donauhäfen.

E

ECE – Economic Commission for Europe (Wirtschaftskommission der Vereinten Nationen für Europa). Im Dezember 1946 von der UNO mit Sitz in Genf gegründet. Gleiche Einrichtungen der UNO gibt es auch in den anderen Erdteilen. Die Aufgabe der ECE besteht in der Entwicklung und Koordination der Wirtschaft Europas. Für Fragen des Verkehrs besteht eine besondere Abteilung mit folgenden Referaten: Allgemeine Verkehrspolitik, Eisenbahnwesen, Straßenverkehr und Binnenschiffahrt. Die Transportabteilung erhält ihre Aufgaben vom Inland-Transport-Kommitee zugewiesen. Fragen der Seeschiffahrt und des Luftverkehrs werden nur soweit behandelt, als sie die anderen Verkehrsträger berühren. Die ECE besitzt keine Exekutivrechte. Sie arbeitet Empfehlungen, Resolutionen und Konventionen aus. Eine Konvention tritt erst in Kraft, wenn wenigstens 5 beteiligte Regierungen sie ratifiziert haben. An den Arbeiten der ECE nehmen die maßgebenden Internationalen Interessenvertretungen mit beratender Stimme teil, soweit sie akkreditiert sind. Der Straßenverkehr wird von der ebenfalls in Genf residierenden →IRU vertreten.

Die ECE hat zahlreiche Konventionen abgeschlossen, die den Straßenverkehr betreffen. Z. B. Das allgemeine Übereinkommen über die wirtschaftliche Regelung des internationalen Straßenverkehrs und über das Pflichtenheft, das →Europäische Abkommen über die internationale Beförderung gefährlicher Güter auf der Straße (ADR), das →Übereinkommen über den Beförderungsvertrag im internationalen Straßengüterverkehr (CMR), das →Internationale Übereinkommen über internationale Beförderungen leicht verderblicher Lebensmittel und über die besonderen Beförderungsmittel, die für diese Beförderungen zu verwenden sind (ATP) →Zollübereinkommen über den internationalen Warentransport mit Carnet TIR, das →Europäische Übereinkommen über die Arbeit des im internationalen Straßenverkehr beschäftigten Fahrpersonals (AETR) und viele andere.

Eckbeschläge – International genormte Angriffspunkte an Großcontainern, an denen
– Umschlaggeräte, die Großcontainer angreifen und heben können,
– Großcontainer auf Fahrzeugen festgelegt werden.
Sie sind in DIN-ISO 1161 genormt.
Bei einigen Großcontainern befinden sie sich nicht genau an der Ecke; bei einigen Großcontainern dienen sie lediglich zum Festlegen des Containers und werden dann auch Befestigungsbeschläge genannt.

EG-Kontrollgerät – Nach der EWG-Verordnung Nr. 1463/70 vom 20. Juli 1970 ist das nach Bauart und Baugenehmigung festgelegte Kontrollgerät zu verwenden. Das Kontrollgerät muß für jeden einzelnen Fahrer alle vorgeschriebenen Eintragungen vom Zeitpunkt der Übernahme des Fahrzeuges bis zum Zeitpunkt der Abgabe enthalten. Die Schaublätter müssen folgende Aufzeichnungen enthalten: Lenkzeit, sonstige Arbeits- und Präsenzzeiten, Arbeitsunterbrechungen und Ruhezeiten. Die Fahrer haben außerdem einzutragen: Bei Beginn der Benutzung des Schaublattes Namen und Vornamen, bei Beginn und Ende Zeitpunkt und Ort, die Kennzeichennummer des Fahrzeugs, den Stand des Kilometerzählers bei Fahrtbeginn und Ende, ggf. die Uhrzeit jeden Fahrzeugwechsels. Die Mitglieder des Fahrpersonals müssen die Schaublätter für mindestens sieben Tage zur Verfügung von Kontrollbeamten halten. Der Unternehmer ist verpflichtet, die Schaublätter mindestens ein Jahr aufzubewahren. Das Kontrollgerät dient der Überwachung der Arbeitszeit der Fahrer in Verbindung mit dem vorgeschriebenen →persönlichen Kontrollbuch.

EGT – Abk. für Einheitsgebührentarif.

Eichpflicht – E. besteht im Güterkraftverkehr vor allem für die Meßgeräte an Tankwagen. Die Eich- und Beglaubigungskostenordnung hat dafür bundeseinheitlich bestimmte Gebühren festgelegt, die beim BMW oder auch beim BDF erfragt werden können.

Eigengewicht – Gewicht eines →Kraftfahrzeuges in leerem Zustand, aber ohne Betriebsmittel und Zubehörteile, die zum praktischen Betrieb des Fahrzeuges erforderlich sind (vgl. →Leergewicht). Das E. liegt also grundsätzlich niedriger als das Leergewicht.

Eigenuntersuchung – von Lastkraftwagen →Anerkennung von Kraftfahrzeugwerkstätten, Bremsendiensten und Betrieben für die Eigenüberwachung.

Eigenverkehr – Verkehr (in erster Linie Güterverkehr), der mit eigenen Fahrzeugen und eigenem Personal für eigene Zwecke eines Unternehmens betrieben wird. →Werkverkehr.

Eigenwirtschaftlichkeit – (der →Verkehrsträger), gilt als gegeben, wenn diese ihre gesamten Kosten decken können, auch die anteiligen Kosten für ihre →Verkehrswege. Die darin enthaltene Problematik ist allerdings weder in Deutschland noch im Ausland in allseits befriedigender Weise durchleuchtet oder gar gelöst, insbesondere das Ausmaß der Anteile ist strittig (z. B. Kanalbau). E. ist ein entscheidendes Kriterium für die Herstellung gleicher oder für die Annäherung der Wettbewerbsbedingungen bei den Verkehrsträgern.

Eignung zum Führen eines Kraftfahrzeugs – Zum Führen eines Kraftfahrzeuges ist neben Beherrschung der Fahrtechnik und der Verkehrsregeln eine ausreichende geistige und körperliche Eignung erforderlich. Bestehen Zweifel (z. B. einschlägige körperliche oder geistige Mängel, schwere oder wiederholte Vergehen gegen Strafgesetze, Neigung zu Trunkenheit, zu Rauschgiftsucht oder zu Ausschreitungen, insbes. Roheitsvergehen), so kann die mangelnde Eignung eines Führerscheinbewerbers festgestellt werden. Die Erteilung eines Führerscheines ist für die Dauer der mangelnden Eignung ausgeschlossen (§ 3 u. 9 →StVZO).

Einfahren – bei neuen Motoren in der Regel erforderlich, weil auch an feinst bearbeiteten Lauf- und Gleitflächen Unebenheiten verbleiben können, die geglättet werden müssen. Eine Glättung dieser Unebenheiten, die eine ideale Ausbreitung des Schmierfilms verhindern, erfolgt während der Einfahrzeit selbsttätig. Während der Einlaufzeit darf der Motor nicht zu hoch belastet werden.

Einladestelle – Stelle, an der am Absendeort im gewerblichen →Güter- und →Möbelverkehr mit Kfz das Gut eingeladen werden soll. Die E. muß im →Frachtbrief angegeben sein, da sie für die Ermittlung der →Tarifentfernung des Transportes und die →Frachtberechnung wichtig ist. An der E. hat auch die →Bereitstellung des Fahrzeuges zu erfolgen. →Entladestelle.

Einlagerung von Gütern – Überlagernahme von Gütern im →Güterkraftverkehr, wobei es sich entweder nur um eine vorübergehende, kurzfristige E. (Zwischenlagerung) oder um eine längere E. (Aufbewahrung) handeln kann. Im gewerblichen →Güterfernverkehr mit Kfz ist die (vorübergehende) E. des Gutes vor Ausführung des Transportes noch nicht mit dem Abschluß des →Beförderungsvertrages gleichzusetzen. Für die E. können die tarifmäßigen Gebühren berechnet werden (Ziffer IV des →NGT). Der →Unternehmer ist auch zur E. des wegen Wagenüberlastung abgeladenen Teils des Ladegutes bei einem Spediteur oder öffentlichen Lagerhaus berechtigt, ebenso im Falle der Verweigerung der →Annahme des Gutes wegen Beschädigung durch den Empfänger. Eine E. des Gutes kann ferner erfolgen, wenn durch Verfügung des Absenders das Gut am Bestimmungsort länger als 12 Stunden zurückgehalten wird, diese E. ist dann der Ablieferung gleichzusetzen, sofern der Absender davon benachrichtigt wird. Bei Eintritt von Beförderungs- und Ablieferungshindernissen kann mangels Vorliegen anderer Verfügungen des Absenders ebenfalls eine E. bei einem Spediteur oder einem öffentlichen Lagerhaus erfolgen, bei zoll- oder steuerpflichtigen Gütern allerdings erst nach Vornahme der →Zoll- oder →Steuerbehandlung.

Einlösung des →Frachtbriefes – im gewerblichen →Güterfernverkehr, in der Regel bewirkt durch Zahlung des Frachtbetrages an den →Unternehmer, entweder durch den →Absender bei →Übergabe des Gutes an den Unternehmer, wenn das Gut frei Haus geliefert werden soll, oder durch den Empfänger bei →Abnahme des Gutes, wenn das

48

Gut „unfrei" befördert worden ist. Der Frachtbrief, der das Gut begleitet, muß einen entsprechenden Vermerk enthalten.

Einschränkungsverordnung – (nebst Ausführungsbestimmungen), aus kriegsbedingten Gründen erlassen am 16. 12. 1939 zur Einschränkung des →Güterfernverkehrs mit Kfz. Die E. erklärte die erteilten →Genehmigungen für ruhend, führte Einzelgenehmigungen für jede Fernbeförderung und Dreimonatsgenehmigungen nur für Sonderfälle sowie den Genehmigungszwang für den →Werkfernverkehr mit der Pflicht zur Beförderung auch für Rechnung Dritter ein. Die eigentlich für den Kriegsfall vorgesehene völlige Stillegung des Güterfernverkehrs mit Kfz erwies sich sehr rasch als unmöglich, so daß nur eine Einschränkung als tragbar angesehen wurde; die Verordnung war also trotz ihrer negativen Zielsetzung die Grundlage für die Aufrechterhaltung des Güterfernverkehrs mit Kfz. Die E. ist durch das →Güterfernverkehrs-Änderungsgesetz außer Kraft getreten.

Einspritzmotor – Motor, bei dem der Kraftstoff in den Verbrennungsraum eingespritzt wird (im Gegensatz zum →Vergasermotor). Sämtliche →Dieselmotoren, da sich Dieselkraftstoff nicht vergasen läßt, sind Einspritzmotoren. Bei →Ottomotoren wird der Kraftstoff seltener eingespritzt, da die Einspritzausrüstung teurer ist als ein Vergaser.

Einspruch – →Anfechtungsklage.

Empfänger des Gutes – im gewerblichen →Güterfernverkehr im →Frachtbrief bezeichneter E. einer →Sendung, der mit der Ankunft des Gutes am →Bestimmungsort einen bedingten Anspruch auf →Übergabe von Gut und →Frachtbrief erwirbt, aber nicht zur Annahme von Gut und Frachtbrief verpflichtet ist. Der E. kann nach Erfüllung der sich aus dem Frachtbrief ergebenden Verpflichtungen auch Weisungen über die →Zuführung des Gutes erteilen. Er ist andererseits zum →Entladen verpflichtet, sofern vom →Absender im Frachtbrief nichts anderes bestimmt ist, kann aber Weisung erteilen, das Gut einer anderen als im Frachtbrief bezeichneten →Bestimmungsstelle zuzuleiten, es am →Bestimmungsort einem

Dritten auszuliefern oder mit neuem Frachtbrief nach einem anderen Ort zu senden. Ist der E. nicht zu ermitteln oder verweigert er die →Annahme bzw. löst den Frachtbrief nicht ein, so gilt dies als →Ablieferungshindernis, von dem der →Unternehmer den Absender zu unterrichten hat. Weitere Verpflichtungen und Rechte des E. sind in der →KVO festgelegt. →Abladen des Gutes, →Anweisung des E., →Auslieferung des Gutes. – Auch im gewerblichen →Güternahverkehr mit Kfz gilt der E. i. w. S. als in den →Beförderungs- und Begleitpapieren bezeichnetes Ziel des Transportes bzw. der Sendung. Nach § 22 →AGNB erlöschen mit der Annahme des Gutes durch den Empfänger alle Ansprüche gegen den Unternehmer aus dem Beförderungsvertrag mit Ausnahme der in § 22 (2) bezeichneten Sonderfälle.

Empfängeranweisung – →Empfänger des Gutes.

Empfangsspediteur – (Adreßspediteur), im →Spediteur-Sammelgutverkehr der im Frachtbrief als Empfänger einer Sammelladung angegebene Spediteur, der als Beauftragter und nach Weisung des →Verkehrsführers (Versandspediteur) die Einzelsendungen an die Empfänger oder einen →Briefspediteur weiterleitet. Der E. sorgt für die Entladung und Verteilung sowie für die Weiterbeförderung (Reexpedition) von Nachlaufgütern, die über die Zielstationen hinaus weiterbefördert werden. Entgelt: →Empfangsspediteur-Vergütung, bestehend aus der Entladevergütung und der Verteilervergütung. Außerdem Vergütungen für sonstige Leistungen (Reexpedition, Ausschreiben der Frachtbriefe, Bezetteln, Signieren, Rollgeld, Porto, Papiere und sonstige Sonderleistungen je nach Auslage und Aufwand).

Empfangsspediteurvergütung – Entlade- und Verteilungsvergütung im →Spediteur-Sammelgutverkehr, vom Verkehrsführer an den Empfänger der Sammelladung (→Empfangsspediteur) zu entrichten. E. ist im →Kundensatz bereits enthalten.

Endempfänger – ist derjenige, dem eine Einzelsendung, die im Spediteur-Sammelladungsverkehr befördert wurde, durch den

Empfangsspediteur dieser Sammelladung ausgeliefert wird.

Entfernungsberechnung – im Güterfernverkehr. Für die Ermittlung der Tariffracht ist nicht die im einzelnen zurückgelegte Fahrtstrecke, sondern die →Tarifentfernung maßgebend.

Entfernungsberechnung im Güternahverkehr – Für den Güternahverkehr gilt im →GNT die Zahl der zurückgelegten Lastkilometer. Diese sind nach der kürzesten, für das eingesetzte Fahrzeug verkehrsüblichen Straßenverbindung zwischen der Be- und Entladestelle zu berechnen.

Entfernungsstaffel – auch vertikale Staffel genannt, Begriff aus dem Tarifwesen, der das Fallen der →Streckensätze mit steigender Entfernung beinhaltet, so daß der Preis (Fracht) für den geleisteten →Tonnenkilometer mit zunehmender Entfernung geringer wird. Für den gewerblichen →Güterfernverkehr mit Kfz wurde die E. aus dem →DEGT in den →RKT übernommen.

Entfernungsstufen – Einteilung der Transporte im gewerblichen →Güterfernverkehr mit Kfz bei deren statistischer Erfassung nach bestimmten zusammengefaßten Entfernungen (z. B. 101 bis 120 km, 121 bis 140 km). →Stufenstatistik.

Entfernungswerk – Im Zuge der vollen Loslösung des RKT vom DEGT soll auch die Entfernungsberechnung ausschließlich auf Basis der Straßenentfernungen neu geregelt werden. (Aufgabe der Bindung an Eisenbahnfernungen zwischen Knotenpunkten und statt dessen unabhängiges Entfernungswerk auf Straßenentfernungen). Die Vorarbeiten dafür sind weit vorangeschritten. Wegen der z. T. erheblichen Auswirkungen auf das Tarifniveau konnte bisher aber noch keine endgültige Einigung in der →TKF erzielt werden.

Entladefristen – Die Fristen für das Be- und Entladen der im Güterfernverkehr beförderten Güter sind in der →KVO (§ 19) geregelt. Maßgebend ist der auf dieser Grundvorschrift fußende Erlaß des Bundesmini-

sters für Verkehr vom 29. 10. 40 (RVBl. B S. 321), der folgende Regelung trifft: Die Be- und Entladefrist im Güterfernverkehr beträgt je angefangene 1000 kg 20 Minuten. Sie beginnt mit der Bereitstellung des Fahrzeuges, bei der Beladung frühestens mit dem Zeitpunkt der beantragten Bereitstellung. Sofern an mehreren Stellen für den gleichen Urversender oder Endempfänger be- bzw. entladen wird, so beginnt die Be- und Entladefrist mit der Bereitstellung an der ersten Be- und Entladestelle. Die Be- und Entladefrist ruht an Sonn- und Feiertagen und von 20.00 bis 7.00 Uhr an Werktagen, sofern die Bereitstellung nicht für eine in diesem Zeitraum fallende Stunde beantragt worden ist. Die Be- und Entladefrist ruht auch während der Zeit, in der die Be- und Entladung durch irgendwelche vom Verlader oder Empfänger nicht zu vertretende Umstände unterbrochen wird. Die Be- und Entladefrist ruht nicht, wenn dem Absender bzw. Empfänger bei Vorliegen besonderer Umstände zugemutet werden kann, das Be- und Entladen auch während der Ruhezeit vorzunehmen. Ist die Be- und Entladezeit bei Eintritt der Ruhezeit bereits abgelaufen, so ist Wagen- und Ladestandgeld auch während der Ruhezeit zu zahlen. Für Güter, die aufgrund ihrer Eigenart längere Ladezeiten beanspruchen wie in kleinen Packungen gestapelte Waren (z. B. Zigaretten, Keks, Markenartikel, Konserven etc.) oder Güter, die unverpackt in kleinen Einzelstücken verstaut werden (z. B. Porzellanwaren etc.), können längere Ladefristen vereinbart werden. →Ladefrist.

Entladen des Gutes – Entladen des Gutes ist Aufgabe des Empfängers. Das gilt sowohl für Ladungs- als auch Stückgut. Im Güterfernverkehr kann nach § 11 Abs. 2 f. vereinbart werden, daß der Unternehmer die Entladung übernimmt (Eintragung in den Frachtbrief). Entsprechendes gilt auch für den Güternahverkehr (§ 6 →AGNB). In der Praxis erfolgt die Entladung bei Spezialfahrzeugen überwiegend durch den Unternehmer, sofern diese maschinelle Ladeeinrichtungen oder sonstige unternehmereigene Ladeeinrichtungen besitzen. Bei der Übernahme der Entladung hat der Transportunternehmer einen Anspruch auf eine Gebühr nach Nr. VI →NGT. Eine unentgeltliche Entladung verstößt im Fernverkehr gegen § 22 Abs. 2 →GüKG. Im Güternahverkehr kann der Unternehmer nach § 6 AGNB eine seiner Leistung angemessene Vergütung verlangen.

Entschädigungsansprüche – →Erlöschen der Ansprüche aus dem Beförderungsvertrag im Güterfernverkehr und →Abtretung der Ansprüche aus dem Beförderungsvertrag.

Entziehung der Genehmigung – →Rücknahme der Genehmigung und Erlaubnis.

Entziehung der Abfertigungsbefugnis – →Rücknahme der Bestellung zum Abfertigungsspediteur.

Entziehung der Fahrerlaubnis – 1. Die Verwaltungsbehörde muß einem Kraftfahrer, der sich als ungeeignet zum Führen von Fahrzeugen erwiesen hat, die →Fahrerlaubnis entziehen (§ 4 Straßenverkehrsgesetz). Zur Prüfung der körperlichen oder geistigen Eignung kann sie die Beibringung eines amts- oder fachärztlichen Zeugnisses oder das Gutachten eines amtlich anerkannten Sachverständigen oder Prüfers für den Kraftfahrzeugverkehr oder eines eignungstechnischen Gutachtens einer Untersuchungsstelle anordnen. – 2. In einem Strafverfahren gegen den Inhaber einer →Fahrerlaubnis (z. B. wegen Überschreitung der 0,8‰-Grenze Alkoholgehalt im Blut) kann das Gericht auch E. d. F. für bestimmte Zeit oder für die Dauer anordnen. Nach der E. d. F. ist der von einer deutschen Behörde ausgestellte →Führerschein abzuliefern. Ausländische Führerscheine sind zur Eintragung der Entziehung vorzulegen. – Nach einem Strafverfahren gegen den Inhaber einer →Fahrerlaubnis wegen einer Tat, die bei oder im Zusammenhange mit der Führung eines Kfz oder unter Verletzung der dem →Führer eines solchen obliegenden Pflichten begangen wurde, ist der zuständigen Verwaltungsbehörde Mitteilung zu machen. Dem zuständigen Straßenverkehrsamt sind auch solche rechtskräftigen Verurteilungen mitzuteilen, die die Annahme rechtfertigen, daß der Verurteilte zum Führen von Kfz ungeeignet ist, wenn z. B. brutale, rücksichts- oder verantwortungslose Handlungen be-

gangen worden sind. Das Straßenverkehrsamt hat dann zu prüfen, ob die →Fahrerlaubnis entzogen werden muß. – Wenn in einem Strafverfahren dem Angeklagten der Schuldausschließungsgrund des § 51 Abs. 1 StGB zugebilligt wird, ist ihm nach höchstrichterlicher Entscheidung die Fahrerlaubnis mit Recht zu entziehen. →Verkehrszentralregister.

Erbe eines Güterfernverkehrsunternehmers →Genehmigungsübertragung.

Erfüllungsort – Im gewerblichen Güterfernverkehr mit dem im Frachtbrief angegebenen →Bestimmungsort gleichzusetzen. Für Klagen auf Vertragserfüllung und Schadensersatz gelten die Bestimmungen der Zivilprozeßordnung (ZPO), d. h., grundsätzlich ist der Sitz des Schuldners Gerichtsstand. Die Parteien können jedoch einen anderen Gerichtsstand vereinbaren. Im gewerblichen Güternahverkehr gilt der Sitz des Transportunternehmers als Erfüllungsort und Gerichtstand (§ 24 AGNB).

Erlaubnis – Im →Güternahverkehr, →Güterliniennahverkehr sowie im →Umzugsgutverkehr erforderlich, soweit gewerbsmäßig betrieben und Lastwagen mit einer Nutzlast über 750 kg eingesetzt werden. Die E. wird dem Unternehmer für seine Person, ohne Begrenzung der Fahrzeugzahl und zeitlich unbeschränkt, erteilt. Voraussetzung sind die persönliche Zuverlässigkeit und fachliche Eignung der zur Führung der Geschäfte bestimmten Personen sowie die finanzielle Leistungsfähigkeit des Betriebes. Die Erlaubnis kann zurückgenommen werden. Im Güterliniennahverkehr ist außer der Erlaubnis noch eine →Genehmigung erforderlich. Für die Erteilung dieser Genehmigung ist diejenige höhere Landesverkehrsbehörde zuständig, in deren Bezirk der Linienverkehr ausschließlich betrieben werden soll. →Erlaubnisbehörde, →Erlaubnisrücknahme, →Erlaubnisurkunde, →Erlaubnisverfahren.

Erlaubnisbehörde – diejenige untere →Verkehrsbehörde, die für die Erteilung der →Erlaubnis zur Ausübung des gewerblichen Umzugsgutverkehrs, des →Güternahverkehrs und →Güterliniennahverkehrs zuständig ist, d. h. in deren Bezirk der Unternehmer seinen Sitz oder eine gerichtlich eingetragene Zweigniederlassung hat. Es handelt sich um die Kreisverwaltung, in kreisfreien Städten um die Stadtverwaltung. Die E. kann jederzeit durch die zuständige Zulassungsbehörde die Betriebssicherheit der Kfz nachprüfen lassen. Sie hat ferner dem zuständigen Versicherungsamt die Erlaubniserteilung zwecks Anmeldung des Betriebes zur →Berufsgenossenschaft anzumelden sowie vor der Entscheidung über den Antrag auf Erlaubniserteilung die Vertretungen des Güternahverkehrs, des Umzugstransportes und der →Spedition und Lagerei, die zuständige →Industrie- und Handelskammer und die zuständige →Gewerkschaft zu hören, doch sind deren Stellungnahmen für sie nicht verbindlich.

Erlaubnispflicht – für die Ausübung des gewerblichen →Güternahverkehrs, des →Güterliniennahverkehrs und des Umzugsgutverkehrs mit Lastkraftfahrzeugen mit einer Nutzlast von mehr als 750 kg oder mit Zugmaschinen durch das →GüKG vorgeschrieben. →Erlaubnis.

Erlaubnisrücknahme – Rücknahme einer für den gewerblichen →Güternahverkehr, den →Güterliniennahverkehr und den Umzugsgutverkehr erteilten Erlaubnis. Die E. kann nach § 102 b GüKG zurückgenommen werden, wenn der Unternehmer oder sein Bevollmächtigter über Tatsachen, die für die Erteilung der Erlaubnis erheblich waren, vorsätzlich oder grobfahrlässig unrichtige Angaben gemacht hat. Die Erlaubnis kann ferner widerrufen werden, wenn
1. der Unternehmer die in § 22 Abs. 2, den §§ 27 bis 29, 41 und 85 festgesetzten Verpflichtungen wiederholt gröblich verletzt hat,
2. der Unternehmer des Güterfernverkehrs drei Monate kein Kraftfahrzeug mehr besitzt, das der Voraussetzung des § 12 Abs. 1 Nr. 1 entspricht,
3. ein nach den §§ 27 oder 85 Abs. 2 vorgeschriebenes Versicherungsverhältnis erloschen ist,
4. über das Vermögen des Unternehmers der Konkurs eröffnet oder die Eröffnung des Konkurses mangels einer den Kosten des Verfahrens entsprechenden Konkursmasse abgelehnt wird,
5. der Unternehmer die sozialrechtlichen oder arbeitsrechtlichen Verpflichtungen, die ihm kraft Gesetzes oder Tarifvertrages hinsichtlich der in seinem Betrieb Beschäftigten obliegen, wiederholt nicht erfüllt hat,
6. Personen, die für die Leitung des Unternehmens verantwortlich sind, gegen die Auflagen oder Beschränkungen der Genehmigung oder der Erlaubnis wiederholt in grober Weise verstoßen oder die im Interesse der öffentlichen Sicherheit erlassenen Vorschriften trotz Verwarnung nicht erfüllt haben,
7. Personen, die für die Leitung des Unternehmens verantwortlich sind, wegen Verstoßes gegen Tarifvorschriften mehr als zweimal rechtskräftig verurteilt worden sind,
8. der Unternehmer die ihm obliegenden steuerrechtlichen Verpflichtungen wiederholt nicht erfüllt hat,
9. nach Erteilung der Genehmigung oder Erlaubnis andere schwerwiegende Umstände eintreten, aus denen sich die Unzuverlässigkeit der für die Leitung des Unternehmens verantwortlichen Personen ergibt,
10. der Unternehmer den Fernverkehrsbetrieb nicht binnen drei Monaten nach Erteilung der Genehmigung aufgenommen oder die Genehmigung während einer Dauer von sechs Monaten nicht ausgenutzt hat oder
11. der Unternehmer im Zwangsvollstreckungsverfahren wegen einer Geldforderung in das bewegliche Vermögen eine eidesstattliche Versicherung abgegeben hat.

Erlaubnisurkunde – berechtigt den Unternehmer zur Durchführung des gewerblichen →Güternahverkehrs und des Umzugsgutverkehrs. Eine Ausfertigung der E. ist auf allen Fahrten mitzuführen und auf Verlangen den zuständigen Kontrollorganen (→Bundesanstalt für den Güterfernverkehr) zur Prüfung vorzulegen. →Erlaubnis.

Erlaubnisverfahren – Das E. ist in den §§ 39 und 83 GüKG geregelt. Außerdem finden die in →Allgemeine Verwaltungsvorschriften zum GüKG festgelegten Verfahrensweisen Anwendung. Dem zu stellenden Antrag (auf Formblatt) sind u. a. Unterlagen über die fachliche Eignung (→Sachkunde) der zur Führung der Geschäfte vorgesehenen Personen, ihrer Zuverlässigkeit (pol. Führungszeugnis) und der finanziellen Leistungsfähigkeit des Betriebes beizufügen. Bei Gesellschaften sind außerdem der Gesellschaftsvertrag sowie ein Auszug aus dem Handels- bzw. Genossenschaftsregister (eingetragene Unternehmen) vorzulegen. Die zuständigen Verbände des Verkehrsgewerbes, die Industrie- und Handelskammer sowie die fachlich zuständige Gewerkschaft werden im Erlaubnisverfahren angehört.

erlösabhängige Kosten – im gewerblichen Güterfernverkehr entstehende Aufwendungen, die vom Erfolg, d. h. von der Höhe der erzielten Frachteinnahme, abhängig sind. Zu ihnen zählen insbesondere die Umsatzsteuer (Mehrwertsteuer) sowie eine Reihe von Gebühren und Abgaben wie Aufwendungen für die Frachtenprüfung, die Prämie für die Güterschadenversicherung, die Abfertigungsvergütung, Frachtstundungsgebühren etc.

Erlöschen der Ansprüche aus dem Beförderungsvertrag – im Güterverkehr
Alle Ansprüche aus einem Beförderungsvertrag sind nach der Annahme des Gutes durch den Empfänger erloschen. Ausgenommen davon sind nach § 39 KVO: 1. Entschädigungsansprüche für Schäden, die der Unternehmer vorsätzlich oder grobfahrlässig herbeigeführt hat; 2. Entschädigungsansprüche wegen Lieferfristüberschreitung, wenn sie termingerecht und schriftlich beim Unternehmer gemeldet sind (innerhalb eines Monats, den Tag der Annahme nach den Empfänger nicht mitgerechnet); 3. Entschädigungsansprüche wegen teilweisen Verlustes oder wegen Beschädigung, wenn a) der teilweise Verlust oder die Beschädigung vor der Auslieferung des Gutes festgestellt wurde; b) die Feststellung, soweit sie nach § 37 KVO durch den Unternehmer hätte erfolgen müssen, schuldhaft unterblieb; c) wenn eine Ladung nach § 27 KVO („Nachträgliche Verfügung des Absenders und Anweisung des Empfängers") neu aufgegeben und der teilweise Verlust oder die Beschädigung erst bei Ablieferung an den letzten Empfänger festgestellt wurde; 4. Entschädigungsansprüche wegen eines bei Ablieferung des Gutes beim Empfänger äußerlich nicht erkennbaren Schadens, jedoch nur unter folgenden Voraussetzungen: daß der Empfänger unverzüglich nach Entdeckung des Schadens, spätestens binnen einer Woche nach Annahme des Gutes, schriftlich die Feststellung des Schadens beantragt und beweist, daß der Schaden beim Unternehmer oder einem von diesem Beauftragten entstanden ist (erfolgte die Anzeige des Schadens beim Unternehmer in dieser Frist, genügt es, wenn die Feststellung unverzüglich nach der Anzeige beantragt wird.); 5. Ansprüche auf Rückerstattung von an den Unternehmer gezahlten Nachnahmen.

Ermäßigungen – über die von den Tarifen gesetzten Grenzen hinaus (Fest-, Margen- oder Höchsttarife) sind nach dem →GüKG (§ 22) verboten und strafbar. Die Einhaltung der Tarife wird durch die →BAG und die von ihr zugelassenen Frachtenprüfstellen überwacht. Im Güternahverkehr obliegt die Überwachung der Erlaubnisbehörde. Diese wird von der BAG unterstützt.

Ersatzablieferung – Ablieferung eines Ladegutes im gewerblichen Güterfernverkehr mit Kfz an einer anderen als der im Frachtbrief vorgeschriebenen Stelle →Ablieferungsstelle z. B. bei →Einlagerung des Gutes im Falle eines →Ablieferungshindernisses. Eine solche E. gilt nicht als →Annahme des Gutes durch den Empfänger. Die E. durch Einlagerung bei einem Spediteur oder in einem öffentlichen Lagerhaus steht der eigentlichen Ablieferung in ihren rechtlichen Folgen gleich. Für den gewerblichen Güternahverkehr gelten analoge Bestimmungen (→AGNB).

Ersatzbeförderung – Transport eines Gutes im gewerblichen →Güterfernverkehr mit Kfz im Fall eines Hindernisses (Betriebsstörung, Unfall) auf einem anderen Wege oder auf andere Weise als ursprünglich vorgesehen, um das →Beförderungshindernis zu beheben (in § 28 KVO geregelt). Die E. kann dabei entweder mit einem anderen Fahrzeug des →Unternehmers selbst oder mit einem solchen eines anderen Unternehmers oder mit einem anderen Beförderungsmittel (z. B. der Bahn) ausgeführt werden. Die →Lieferfrist und die →Tarifpflicht bleiben hierdurch unberührt. Die Kosten einer E. gehören nicht zu den Aufwendungen zur Abwendung oder Minderung eines Schadens, wenn sie wegen dieser Betriebsstörung bzw. eines Betriebsunfalles notwendig geworden ist. →Ersatzablieferung.

Ersatzfahrzeuge – Nach § 12 →GüKG müssen die im Güterfernverkehr eingesetzten Fahrzeuge u. a. auf den Namen des Unternehmers zugelassen sein, ihm gehören oder auf Abzahlung gekauft sein. Hieraus können sich Schwierigkeiten für das Unternehmen ergeben, wenn ein Kraftfahrzeug kurzfristig ausfällt. In § 12 (3) GüKG ist der Bundesminister für Verkehr deshalb zum Erlaß einer Rechtsverordnung ermächtigt worden, die Ausnahmen von den obigen Bedingungen zuläßt. Von diesem Recht hat der BMV durch die Verordnung über den Einsatz von Ersatzfahrzeugen im Güterkraftverkehr vom 2. 1. 73 (Fassung vom 2. 3. 79 – BGBl. I S. 285) Gebrauch gemacht. Sie bestimmt, daß die Ersatzfahrzeuge höchstens für die Dauer von 30 Tagen anstelle der ausgefallenen eigenen bzw. gemeldeten (Werkfernverkehr) Fahrzeuge eingesetzt werden dürfen. Eine Fristverlängerung kann in begründeten Fällen erfolgen. Die Ersatzfahrzeuge brauchen also nicht auf den Unternehmer zugelassen zu sein oder ihm gehören, sie können auch geliehen oder angemietet sein. Im übrigen gelten für ihren Einsatz alle Bestimmungen wie für eingesetzte eigene Fahrzeuge.

Ersatzpflicht – →Haftung für Güterschäden, →Haftungsausschlüsse, →Haftungsbeschränkung.

Ersatzpflichtiger Wert – Der ersatzpflichtige Wert bei Verlust oder Beschädigung des beförderten Gutes im Güterfernverkehr ist in § 35 KVO festgelegt. Im allgemeinen gilt der vom Verfügungsberechtigten nachzuweisende Fakturenwert einschl. Gebühren, Spesen und Kosten bis zum Bestimmungsort sowie der entgangene Gewinn bis höchstens 10% des Fakturenwertes. Etwa ersparte Kosten sind abzuziehen. Bei Gütern, die keinen Fakturenwert haben oder nicht Handelsgüter sind, gilt der im Sachverständigenverfahren festzustellende Zeitwert (gemeiner Wert). Bei teilweiser Beschädigung ist

Schadenersatz nur in Höhe des festgestellten Minderwertes zu leisten. Der Unternehmer kann beschädigte Güter gegen volle Ersatzleistung übernehmen. Je kg des in Verlust geratenen oder beschädigten Gutes werden nicht mehr als 80,– DM erstattet. →Haftung für Güterschäden, →Haftungsausschlüsse, →Haftungsbeschränkung

Ersatzzustellung – Die Zustellung von Strafbefehlen/Bußgeldbescheiden kann, wenn der Adressat nicht anzutreffen ist, durch Niederlegung bei der für den Wohnsitz zuständigen Postanstalt erfolgen. Die Einspruchsfrist beginnt dann an dem Tage, an dem das Schriftstück bei der Post niedergelegt ist. Der Zustellempfänger wird dann durch den Zustellbeamten der Post durch Einwurf einer entsprechenden Mitteilung in seinen Briefkasten unterrichtet. Unter bestimmten Voraussetzungen kann der Zustellempfänger die Wiedereinsetzung in den vorherigen Stand beantragen. (§§ 37 StPO und 182 ZPO)

Europäischer Verkehrsausschuß – Beratender Verkehrsausschuß der Europäischen Kommission. Auch 83er Ausschuß genannt, da seine Bildung und Aufgabenstellung in Art. 83 der Römischen Verträge geregelt ist. Ihm gehören je Mitgliedsland 5 Vertreter (je 1 Vertreter der Verkehrsträger Schiene, Straße und Binnenschiffahrt sowie 2 Regierungsvertreter) an. Der Ausschuß berät die Europäische Kommission in Verkehrsfragen.

Europäisches Kontrollgerät (EG-Kontrollgerät) – nach der →EWG-Verordnung Nr. 1463/70 für den grenzüberschreitenden Verkehr vorgeschriebener →Fahrtenschreiber

Europäisches Übereinkommen – über die Arbeit des im internationalen Straßenverkehr beschäftigten Fahrpersonals (AETR) (Accord européen de vehicules effectuant des transports internationaux par route.) (RGBl. II S. 1475/74). Das Übereinkommen wurde durch Bundesgesetz vom 16. Dez. 64 (RGBl. S. 1473) in der Bundesrepublik Deutschland in Kraft gesetzt. Es gilt z. Zt. für 18 Staaten, darunter alle EG-Länder, Das AETR regelt die Arbeitsbedingungen des Fahrpersonals im internationalen

Straßenverkehr. Im Einzelnen sind geregelt: Das Mindestalter, die tägliche und wöchentliche Ruhezeit, die tägliche und wöchentliche Lenkzeit, notwendige Fahrzeitunterbrechungen sowie die Führung eines persönlichen Kontrollbuches. Das Mindestalter für Lastwagenfahrer beträgt generell 21 Jahre. Falls der Fahrer einen anerkannten Befähigungsnachweis (nach erfolgreichem Abschluß einer Ausbildung im Güterverkehr) nachweist, gelten 18 Jahre. Die ununterbrochene Tagesruhezeit beträgt 11 Std. Sie kann am Heimatort zweimal in der Woche auf 9 Std. oder außerhalb des Heimatortes zweimal auf 8 Std. verringert werden. Die höchstzulässige tägl. Lenkzeit beträgt 8 Std., sie darf zweimal in der Woche 9 Std. betragen, ohne die Höchstlenkzeit der Woche mit 48 Std. oder der Doppelwoche mit 92 Std. zu überschreiten. Die Lenkzeit muß nach 4 Std. für 30 Min. unterbrochen werden. Sind 2 Fahrer auf dem Fahrzeug, so ist es ausreichend, daß der Fahrer, der die Lenkzeit unterbricht, von Arbeit freigestellt ist. Die wöchentliche Ruhezeit – außer der Tagesruhezeit – muß mindestens 24 aufeinanderfolgende Stunden betragen. Ihr muß außerdem eine Tagesruhezeit unmittelbar vorausgehen oder nachfolgen. Jeder Fahrer hat ein →persönliches Kontrollbuch nach vorgeschriebenem Muster zu führen und darin alle beruflichen Tätigkeiten und Ruhezeiten einzutragen. Außerdem ist ein →EG-Kontrollgerät vorgeschrieben. →Arbeitszeiten und →Bundesmanteltarifvertrag.

Europäisches Übereinkommen – über die internationale Beförderung gefährlicher Güter auf der Straße (ADR).

Am 30. Sept. 1957 abgeschlossen (BGBl. II S. 1491/57). In der Bundesrepublik in Kraft gesetzt durch „Gesetz zu dem Europäischen Übereinkommen vom 30. Sept. 57" vom 18. 8. 69 (BGBl. II 1489/69). Das ADR enthält detaillierte Sicherheitsvorschriften, die bei der Beförderung gefährlicher Güter im Straßenverkehr zwischen den Vertragsstaaten einheitlich anzuwenden sind. Das Übereinkommen wurde von fast allen europäischen Staaten ratifiziert. Soweit eine Ratifizierung nicht erfolgte, gilt nach dem Territorialitätsprinzip nationales Recht. Aufgrund des ADR war es notwendig, für den Binnenverkehr entsprechende Vorschriften zu erlassen, was in der Bundesrepublik durch die →GGVS erfolgte. Das ADR hat damit zugleich eine Harmonisierung der innerstaatlichen Vorschriften bewirkt. Während das ADR in einem allgemeinen Teil im wesentlichen die Rechtsbeziehungen der Vertragsstaaten untereinander regelt, enthalten die dem Übereinkommen beigefügten Anlagen A und B Vorschriften über die Zulassung gefährlicher Güter zur Beförderung sowie Bau- und Betriebsvorschriften für die bei der Beförderung eingesetzten Fahrzeuge und Behältnisse. Die in Anlage A aufgeführten gefährlichen Stoffe sind in 14 Klassen eingeteilt. Dabei sind die jeweils zur Beförderung zugelassenen Stoffe sowie die Verpackungs- und Beförderungsbedingungen aufgeführt. Zur Anlage A gehören 6 Anhänge, die Prüfverfahren für Stoffe und Verpackungen sowie Vorschriften über Gefahrzettel enthalten. Die Vorschriften der Anlage A wenden sich überwiegend an den Versender gefährlicher Stoffe und Gegenstände. Die Anlage B enthält allgemeine und besondere Bestimmungen über den Bau, die Ausrüstung und den Betrieb der Fahrzeuge sowie der Behälter, der Tanks und der Gefäße, soweit damit gefährliche Stoffe und Gegenstände nach Anlage A befördert werden. Zur Anlage B gehören 5 Anhänge, die insbesondere Bau- und Betriebsvorschriften für Tanks aller Art, die elektrische Ausrüstung der Fahrzeuge und der Genehmigungsbescheinigungen enthalten. Die Vorschriften der Anlage B wenden sich überwiegend an den Beförderer gefährlicher Güter. Der Bundesminister für Verkehr hat im Verkehrsblatt (Heft 16/82) detaillierte Richtlinien zu den Gefahrguttransporten abgedruckt.

Europäische Verkehrsministerkonferenz →CEMT.

Europäische Wirtschaftsgemeinschaft (EWG) – entstanden angesichts der Mängel und Begrenzungen der Montanunion als Zusammenschluß der Staaten Belgien, Bundesrepublik Deutschland, Frankreich, Luxemburg, Niederlande und Italien (zusammen 180 Mill. Einwohner). Das Vertragswerk wurde am 25. März 1957 in Rom unterzeichnet und trat am 1. Januar 1958 in

Kraft. Ziel der EWG ist die Errichtung eines Gemeinsamen Marktes und die schrittweise Annäherung der Wirtschaftspolitik der Mitgliedsstaaten, das gilt vor allem auch für die Verkehrswirtschaft und die Verkehrspolitik. Inzwischen durch den Beitritt von Großbritannien, Dänemark, Irland und zuletzt Griechenland auf 10 Länder erweitert. Die zunächst hochfliegenden Pläne zur Entwicklung auch einer politischen Union haben sich bisher als Illusion erwiesen. Auf dem Gebiete der Wirtschaft kommt der EG jedoch eine sehr große Bedeutung zu. Auch die Europäische Verkehrspolitik im Rahmen der EWG ist weit hinter den Erwartungen zurückgeblieben. So ist es insbesondere noch nicht gelungen, die Wettbewerbsbedingungen, die in vielfältiger Hinsicht verzerrt sind, zu harmonisieren. Das behindert weiterhin eine freizügigere Entwicklung des Verkehrs zwischen den Mitgliedstaaten der Gemeinschaft und den Abbau restriktiver Bedingungen. Auf dem Gebiete der Genehmigungen hat die EWG ein →Gemeinschaftskontingent geschaffen, das aber neben den bilateral festgesetzten Kontingenten noch eine untergeordnete Bedeutung hat. Auf dem Gebiete der Tarifpolitik wurden zwischen den Gründungsstaaten obligatorische Margentarife gebildet. Die neu hinzugekommen Länder waren dagegen nur mit Referenztarifen einverstanden, die praktisch unverbindliche Preisempfehlungen darstellen. →bilaterale Tarife. Mit der VO 543/69 hat die EWG versucht, bestimmte Sozialvorschriften im Straßenverkehr zu harmonisieren. Diese Bestimmungen entbehren jedoch der ausreichenden Flexibilität und es mangelt an der gleichmäßigen Anwendung, Kontrolle und den Sanktionen in den verschiedenen Ländern →Arbeitszeiten.

Europastraßen – umfassen ein von 18 europäischen Staaten im Jahre 1949 festgelegtes Netz von Durchgangsstraßen von rd. 50 000 km Länge, in das fast alle deutschen Autobahnen einbezogen sind. Die E. sind numeriert und durch ein weißes E. in grünem Feld gekennzeichnet.

Eurotainer (Brummi-Eurotainer) – Eine Gemeinschaftsentwicklung der Europa Carton AG und des →DBD. Der E. hat einen Inhalt von 1 m^3 oder 0,7 m^3 und ist als Einwegcontainer gedacht. Er besitzt wegen seiner leichten Handhabbarkeit, seines äußerst geringen Raumanspruchs in zusammengelegtem Zustand, des geringen Gewichts sowie seiner Stabilität eine hohe Wirtschaftlichkeit.

F

Fabrikschild – Alle Kraftfahrzeuge und Kraftfahrzeuganhänger (ausgenommen die in Abs. 2 der DA zum früheren § 61 StVZO) müssen mit Fabrikschildern versehen sein. Die auf dem Schild verzeichneten Angaben müssen vom Hersteller stammen, ebenso wie die Fabriknummer des Fahrgestells vom Hersteller zuzuteilen ist. Beim Fehlen derselben darf die Zulassungsstelle eine Ersatznummer zuteilen (§ 59 StVZO).

Fachliche Eignung – →Sachkunde, →Sachkundeprüfung, →Leistungsfähigkeit des Betriebes, →Zuverlässigkeit

Fahrerflucht – →Verkehrsunfallflucht.

Fahrerlaubnis – I. Bezeichnung für die von einer deutschen Behörde in einem Verwaltungsakt erteilte Ermächtigung zur Führung eines Kraftfahrzeugs. F. wird für folgende Betriebsarten erteilt (§ 5 StVZO), Klasse 1: Krafträder (Zweiräder auch mit Beiwagen) mit einem Hubraum von mehr als 50 cm³ oder mit einer durch die Bauart bestimmten Höchstgeschwindigkeit von mehr als 40 km/h; Klasse 2: Kraftfahrzeuge, deren zulässiges Gesamtgewicht (einschl. dem eines aufgesattelten Anhängers) mehr als 7,5 t beträgt und Züge mit mehr als 3 Achsen ohne Rücksicht auf die Klasse des ziehenden Fahrzeugs; Klasse 3: alle Kraftfahrzeuge, die nicht zu Klasse 1, 2, 4 oder 5 gehören; Klasse 4: Kleinkrafträder, Fahrräder mit Hilfsmotor; Klasse 5: Krankenfahrstühle, Kraftfahrzeuge mit einer durch die Bauart bestimmten Höchstgeschwindigkeit von nicht mehr als 25 km/h, Kraftfahrzeuge mit einem Hubraum von nicht mehr als 50 cm³ mit Ausnahme der zu Klasse 1 und 4 gehörenden Fahrzeuge. Klasse 1, 2 und 3 berechtigen auch zur Führung von Fahrzeugen der Kl. 4 und 5; Kl. 2 gilt auch für Kl. 3, Kl. 4 für Kl. 5. – 2. Nachweis der F. durch →Führerschein – 3. Eine besondere F. ist erforderlich für die Beförderung von Personen durch Droschken oder Kraftomnibusse (§§ 15 d ff. StVZO). II. Entziehung der F.: 1. Durch das Gericht, vor allem bei strafbaren Handlungen, wenn der Täter sich durch die Tat als ungeeignet zum Führen von Kraftfahrzeugen erwiesen hat. Das Gericht bestimmt zugleich eine Frist (6 Monate bis 5 Jahre), vor deren Ablauf keine neue F. erteilt werden darf oder untersagt die Erteilung für immer. Das Gericht kann seine Entscheidung ändern, wenn die Maßnahme nicht mehr erforderlich ist. Einzelheiten in § 42 StGB. – 2. Durch die Verwaltungsbehörde, falls der Inhaber der F. körperlich oder geistig ungeeignet ist, z. B. wegen Gebrechens oder häufiger Verstöße im Straßenverkehr, die sich aus dem →Verkehrszentralregister ergeben (§ 15 b StVZO). 3. Die Wiedererteilung einer entzogenen F. kann ohne besondere Fahrprüfung erfolgen (§ 15 c StVZO).

Fahrgeräusch – bei einem Kfz in →Phon mit einem Phon-Meßgerät in einer Entfernung von 7 m vom vorbeifahrenden Kfz gemessenes Geräusch. F. darf bestimmten festgelegten Höchstwert nicht überschreiten. →Geräuschentwicklung →Geräuschmessung.

Fahrgestell – fahrfertige Einheit von Fahrzeugrahmen und Rädern. Heute wird im Pkw-Bau der Rahmen meist durch einen „selbsttragenden Aufbau" ersetzt, so daß man hier von einem Fahrgestellt im obigen Sinne oft nicht mehr sprechen kann.

Fahrgestell- und Motornummern – dürfen nicht geändert oder entfernt werden. Die Fabriknummern gelten als Urkunden; auf sie sind daher die Vorschriften des Strafgesetzbuches über Falschbeurkundungen und Urkundenvernichtung anzuwenden. Wer die Fabriknummern abändert oder entfernt, kann mit Gefängnis bestraft werden. Wenn in ein Kraftfahrzeug ein neuer Motor mit neuer Nummer eingebaut wird, ist es erforderlich, die Nummer in den Kraftfahrzeugpapieren berichtigen zu lassen. Dies ist besonders wichtig bei Fahrten ins Ausland oder in die DDR. Der Kraftfahrzeugschein wird von der Zulassungsstelle, der Kraftfahrzeugbrief vom Technischen Überwachungsverein berichtigt.

Fahrlässigkeit – Ein Unfall ist fahrlässig verursacht, wenn der Täter die Sorgfalt, zu der er nach den Umständen und nach seinen persönlichen Verhältnissen verpflichtet und imstande ist, außer acht gelassen hat.

Fahrerspesen – →Auslösung.

Fahrtenbuch – Von jedem Unternehmer des gewerblichen Fernverkehrs gem. Verordnung über die Tarifüberwachung im Güterfernverkehr (Tarifüberwachungsverordnung in der Fassung vom 4. Sept. 79 BGBl. I S. 1566/79) zu führendes Buch. Das F. ist bei jeder Fahrt (auch Leerfahrt und Fahrt im Nahverkehr) mitzuführen. Aus seinen Eintragungen muß sich ein Gesamtbild des Einsatzes jedes im gewerblichen Güterfernverkehr eingesetzten Fahrzeuges ergeben. Jede Fahrt ist nach Datum und Uhrzeit mit allen wesentlichen Daten einzutragen, und zwar vor Antritt der Fahrt; auch Reparatur- und Stehtage sind einzutragen. Das F. muß enthalten: Datum, Abgangs- und Zielort, Angabe der beförderten Güter, Bruttogewicht, bei Mitführung eines Anhängers auch dessen amtl. Kennzeichen und Nutzlast. Das F. ist eine Urkunde, die die vollständige Erfassung der durchgeführten Transporte bei der Frachtenprüfung sicherstellen und die →Tarifüberwachung erleichtern soll. Die Form des Fahrtenbuches wird von der →BAG festgelegt. Ausgabe erfolgt durch die zugelassenen →Frachtenprüfstellen.

Fahrtennachweisbuch – →Beförderungs- und Begleitpapiere.

Fahrtenschreiber – geeichte mechanische Vorrichtung (Tachograph), die in Kraftfahrzeuge eingebaut wird und graphische Aufzeichnungen über die Fahr- und Stillstandzeiten des Fahrzeuges, über die zurückgelegte Fahrstrecke und über die gefahrenen Geschwindigkeiten macht. Der Einbau eines F. ist gemäß § 57 a der →Straßenverkehrszulassungsordnung (StVZO) vorgeschrieben für Lastkraftwagen mit einem →zulässigen Gesamtgewicht von mehr als 7,5 Tonnen, für Zugmaschinen mit einer Motorleistung von mehr als 40 KW und für Kraftfahrzeuge, die zur Beförderung von Personen bestimmt sind und mehr als 8 Fahrgastplätze haben. Für den grenzüberschreitenden Verkehr in der EG ist das →EG-Kontrollgerät gemäß EWG-Verordnung Nr. 1463/70 vom 20. Juli 1970 (Amtsblatt Nr. I 164 S. 1 vom 27. Juli 1970) vorgeschrieben. Der F. dient der Kontrolle der →Arbeitszeit, der Fahrgeschwindigkeit, der Fahrweise und des gesamten Fahrtablaufs. Die Kontrollblätter sind vor Antritt der Fahrt mit dem Namen der →Fahrer, dem Ausgangspunkt sowie dem Datum zu bezeichnen; ferner ist der Stand des Wegstreckenmessers bei Beginn und Ende der Fahrt vom Kfz-Halter oder seinem Beauftragten einzutragen. Der F. muß vom Beginn bis zum Ende jeder Fahrt ununterbrochen in Betrieb sein. Die Kontrollblätter sind den zuständigen Kontrollorganen, u. a. auch den Kontrolleuren der →Bundesanstalt für den Güterfernverkehr, auf Verlangen jederzeit vorzuzeigen. Der Kfz-Halter hat sie 1 Jahr lang aufzubewahren.

Fahrtrichtungsanzeiger – Kraftfahrzeuge und ihre Anhänger müssen mit Fahrtrichtungsanzeigern ausgerüstet sein. Diese müssen so angebracht und beschaffen sein, daß die Anzeige der beabsichtigten Richtungsänderung unter allen Beleuchtungs- und Betriebsverhältnissen von anderen Verkehrsteilnehmern, für die ihre Erkennbarkeit von Bedeutung ist, deutlich wahrgenommen werden kann. Fahrtrichtungsanzeiger brauchen ihre Funktion nicht zu erfüllen, so lange sie Warnblinklicht abstrahlen. Als Fahrtrichtungsanzeiger sind zulässig:
an der Vorderseite Blinkleuchten für gelbes Licht, an der Rückseite Blinkleuchten für gelbes Licht. An den vor dem 1. Januar 1970 in den Verkehr kommenden Fahrzeugen dürfen an der Rückseite Blinkleuchten für rotes Licht angebracht sein, wie dies bisher zulässig war.
Fahrtrichtungsanzeiger sind zu benutzen
a) beim Überholen (§ 5 StVO)
b) beim Vorbeifahren (links) an einem haltenden Fahrzeug, einer Absperrung oder einem sonstigen Hindernis, wenn dabei ausgeschert werden muß (§ 6 StVO)
c) bei Fahrstreifenwechsel (§ 7 StVO)
d) beim Abbiegen (§ 9 StVO)
e) beim Einfahren und Anfahren (§ 10 StVO)

Fahrtroute – Linienführung einer Tour oder zurückgelegte Strecke eines Kfz (→Fahrstrecke). Im gewerblichen →Güterfernverkehr mit Kfz nicht maßgebend für die →Frachtberechnung, da diese nach der →Tarifentfernung erfolgt. Von einer zweckmäßigen Einteilung der F., vor allem im

→Lieferdienst, hängt sehr stark eine wirtschaftliche Betriebsführung ab.

Fahrtstrecke – Entfernung, die ein Kfz, gemessen in Kilometern auf der Straße, auf einer bestimmten Fahrt oder zwischen 2 bestimmten Punkten zurücklegt. →Entfernungsberechnung im Güternahverkehr und →Tarifentfernung im Güterfernverkehr.

Fahrzeug-Aufbauten – 1. Fahrzeugaufbauten aller Art müssen nach §§ 30 und 49 StVZO so beschaffen sein, daß sie nicht dröhnen und daß Geräusche durch Klappern, Schlagen oder Scheuern auch bei Vorhandensein von Aufsteckteilen und Aufsatzpendelwänden nicht auftreten. Geeignete Mittel gegen das Dröhnen sind z. B. ausreichende Blechstärken, Sicken oder andere Versteifungen und Entdröhnmittel.
2. Bei Kippern müssen zwischen dem Kippaufbau und seiner Auflage geräuschdämpfende Zwischenlagen vorhanden sein (z. B. Gummi, Kunststoff). Kippaufbauten müssen mit dem Fahrgestell durch mechanische, hydraulische oder druckluftbetätigte Niederspanneinrichtungen oder andere Mittel fest verbunden werden können, falls nicht das Eigengewicht des Kippaufbaus unter allen Betriebsverhältnissen das Entstehen von Geräuschen ausschließt, die nach Absatz 1 Satz 1 unzulässig sind.
3. Durch druckluftbetätigte Niederspanneinrichtungen darf die Funktion der Bremsanlage nicht beeinträchtigt werden.

Fahrzeugabstand – der Längenabstand zwischen dem Hinterende eines sich bewegenden oder stehenden Fahrzeuges und dem Vorderende des nachfolgenden, auf der gleichen Verkehrsspur sich bewegenden oder stehenden Fahrzeuges.

Fahrzeughalter – →Halter eines Kraftfahrzeuges.

Fahrzeugteilversicherung – →Kraftfahrtversicherung.

Fahrzeugüberlastung – Überschreiten des zulässigen Gesamtgewichts eines Kfz. Wird im gewerblichen →Güterfernverkehr eine F. vom →Unternehmer festgestellt, so kann er nach § 17 →KVO das →Abladen des →Übergewichts verlangen, der →Absender hat diesem Verlangen alsbald nachzukommen, andernfalls hat der Unternehmer – auch wenn er ein solches Übergewicht mangels Wiegemöglichkeit am Beladeort erst unterwegs feststellt – das Übergewicht selbst abzuladen. Nähere Bestimmungen über die →Frachtberechnung bei festgestellter F. enthält ebenfalls § 17 KVO. Auch im gewerblichen →Güternahverkehr mit Kfz und im →Werkverkehr hat der Unternehmer bzw. Fahrer dafür zu sorgen, daß eine F. nicht vorkommt, da diese nach der →StVZO strafbar ist. Ähnliche Bestimmungen wie für den Güterfernverkehr enthält für den gewerblichen Güternahverkehr über die F. § 7 der →AGNB.

Fahrzeugversicherung – Bezeichnung für die Versicherung eines Kraftfahrzeuges oder Anhängers gegen an dem Fahrzeug selbst durch Unfall entstandene Schäden, die vom Halter oder Fahrer selbst zu tragen sind (Kaskoversicherung). →Kraftfahrtversicherung.

Fahrzeugvollversicherung – →Kraftfahrtversicherung.

Fakturenwert – →Ersatzpflichtiger Wert.

FAKRA – Fachnormenausschuß Kraftfahrzeugindustrie. Vom Deutschen Normenausschuß (DNA) beauftragtes Gremium zur Erarbeitung von →DIN-Normen im Kraftfahrzeugbereich.

Falschauslieferung – →Ablieferung eines →Ladegutes im gewerblichen →Güterfernverkehr an einen anderen als vom →Absender bestimmten frachtbriefmäßigen →Empfänger, entweder infolge unrichtiger oder fehlender Angaben im →Frachtbrief oder bei →Stückgütern infolge Fehlens der →Signierung. Auch die Auslieferung des Gutes an einen Nichtberechtigten gilt als F. Der Tatbestand der F. ist wichtig für die →Haftung und die →Ersatzpflicht. Kann das Gut bei F. nicht wieder beigebracht werden, so liegt →Verlust des Gutes vor (§ 31 →KVO). Ähnliche Folgen können bei F. im gewerblichen →Güter- oder →Güterliniennahverkehr eintreten (§ 16 →AGNB).

FCR →Forwarding Certificate.

FEDEMAC – Féderation des Entreprises de Déméagements du Marché Commun. Zusammenschluß der Möbeltransportverbände des Gemeinsamen Marktes. Sitz Brüssel.

Féderation Internationale des Associations des Transporteurs et Assimilés (FIATA) – Internationale Vereinigung der nationalen Spediteurorganisationen. Der FIATA gehören z. Zt. 45 Mitglieder aus Europa und den anderen Kontinenten an. Hauptsitz ist Zürich. Es bestehen folgende Kommissionen: Juristische Fragen, Dokumente und Versicherung, Public Relations, berufliche Ausbildung, Eisenbahntransport, Straßenverkehr, Seeschiffahrt und kombinierter Transport, Zollfragen, Facilitation, Luftfracht (Luftfracht-Institut).

Féderation of International Furniture Removers (FIDI) – Internationale Organisation der Möbeltransportverbände. Die FIDI hat 22 europäische und außereuropäische Verbände des Möbeltransports als Mitglieder. Sitz ist Brüssel.

Felge – der Teil des Rades, auf welchem der Reifen aufsitzt. Die Hauptteile der F. sind das Felgenhorn, der seitliche Anschlag für den Reifenfuß (-wulst), die Felgenschulter, der unmittelbar an das Felgenhorn anschließende Teil des Felgenbodens, auf welchem sich der Reifen in radialer Richtung abstützt und das Felgenbett, der Boden der Felge.

Felgenband – Gummiband zur Abdeckung der Speichennippel von Felgen, die mittels Speichen verspannt sind. F. werden verwendet zum Schutz des Luftschlauches gegen Beschädigungen und Scheuerungen.

Ferienreiseverordnung – Eine Verordnung, die es Lastkraftwagen mit einem zulässigen Gesamtgewicht von mehr als 7,5 t untersagt, zu den festgesetzten Ferienzeiten von Samstag 7 Uhr bis Sonntag 22 Uhr den größten Teil des Autobahnnetzes zu benutzen. Das Verbot gilt auch für die Bundesstraßen B 28 und B 31. Es gilt nicht für Fahrten mit Ladung im Berlinverkehr und im Verkehr mit der DDR. Auch der Zu- und Ablaufverkehr

des →kombinierten Verkehrs ist ausgenommen. Ausnahmen sind möglich beim Transport von Frischmilch, bei Kraftstofftransporten zu den Autobahntankstellen sowie für Transporte von Frischfleisch, verderblichem Obst und Gemüse. Als Sperrzeiten gelten: 1982 vom 19. Juni bis 29. August, 1983 vom 18. Juni bis 21. August, 1984 vom 23. Juni bis 19. August.

Fernfahrer – Fahrer im gewerblichen Güterfernverkehr mit Kraftfahrzeugen. Auch „Kapitän der Landstraße" genannt. Außer den erheblichen Anforderungen bei der sicheren Steuerung eines 38-Tonnen-Zuges sind von ihm auch kaufmännische Obliegenheiten zu erledigen, die außerhalb des Heimatstandortes anfallen. Der Fernfahrer ist, wenn er die erforderliche Prüfung abgelegt hat, →Berufskraftfahrer und als solcher anerkannter Facharbeiter.

Fernfahrerschule Rieneck – Eine Anfang 1956 von den Spitzenorganisationen des gewerblichen Güterfernverkehrs ins Leben gerufene Schulungseinrichtung für das Fahrpersonal. In Wochenlehrgängen werden die Fahrer auf allen einschlägigen Gebieten unterrichtet und insbesondere zu fairem Verhalten im Verkehr und zur gegenseitigen Hilfeleistung angehalten. In fachlicher Hinsicht werden gelehrt: →StVO, →StVZO, →GüKG, →RKT, →KVO, Aufgaben und Befugnisse der →BAG sowie Schadens- und Unfallverhütung und Kraftfahrzeugtechnik und Ausrüstung. Auch eine Ausbildung in Erster Hilfe gehört zum Programm. Inzwischen wurde auch die Schulung auf Transportunternehmer und mithelfende Familienangehörige ausgedehnt.

Fern–schnell–gut – Ein vom →BDF geschaffenes Markenzeichen für den gewerblichen Güterfernverkehr, das an den Fahrzeugen des Gewerbes angebracht ist. Es besitzt einen hohen Bekanntheitsgrad und wird in der →Gemeinschaftswerbung sowie bei PR-Aktionen eingesetzt. Zumeist findet es im Verein mit der Symbolfigur des Gewerbes →Brummi Verwendung, die ebenfalls vom BDF geschaffen wurde, um das Image des Gewerbes zu verbessern und seine Bedeutung für die deutsche Wirtschaft und den einzelnen Verbraucher herauszustellen.

Fernverkehr mit Lastkraftfahrzeugen – Bezeichnung für die Beförderung von Gütern über die →Nahzone hinaus oder außerhalb der Nahzone. →Güterfernverkehr, →Werkfernverkehr.

Fernverkehrsstraße – eine in erster Linie dem überörtlichen bzw. überbezirklichen Verkehr dienende Straße. Erstmalig wurden die F. 1930 im Deutschen Reich in einem 29 146 km umfassenden Netz festgelegt und dafür Ausbaurichtlinien erlassen.

feste Bremsen – Fahrzeugbremsen, die während der Fahrt unbeabsichtigt anlegen oder die nach einer Bremsung sich nicht ohne weiteres wieder lösen lassen.

Festentgelt – Begriff aus dem Tarifwesen. F. darf weder über- noch unterschritten werden. →Festtarif, →Beförderungsentgelt.

Festkosten – Aufwendungen, die im →Güterkraftverkehr mit der Haltung eines Fahrzeuges zusammenhängen, für einen bestimmten Zeitraum unveränderlich (fest) und von der →Fahr- oder →Nutzleistung unabhängig sind. Zu den F. rechnen vor allem die Verzinsung des Anlagekapitals (feste Abschreibung pro anno als Ausgleich für die zeitbedingte Wertminderung des Fahrzeuges ohne Rücksicht auf seine Fahrleistung), die →Kraftfahrzeugsteuer, die Prämien für die →Haftpflicht- und →Kaskoversicherung, Aufwendungen für die Unterstellung (Garage) des Fahrzeuges, der Fahrer- und Beifahrerlohn, allgemeine Kosten für Verwaltung und Büro und die →Unternehmervergütung. Die F. werden in der Regel auf ein Jahr bezogen und dann bedarfsweise auf den Monat, die Woche, den Arbeitstag oder die Betriebsstunde umgelegt. →Betriebskosten, →erlösabhängige Kosten, →Gesamtkosten.

Feststellbremse – eine neben der Betriebsbremse für Kfz u. Anhänger vorgeschriebene feststellbare zweite Bremse.

Festtarif – Tarif, der ohne Zu- und Abschlag und für jedermann in gleicher Höhe anzuwenden ist. Die Sätze des RKT waren früher grundsätzlich Festtarife. Seit 1961 ist der →RKT ebenso wie der Möbeltarif ein

→Margentarif. Das gleiche gilt für den →GNT. Im Einzelfalle können die Tarife etwas anderes bestimmen. Die Richtsätze der Margentarife dürfen lediglich in den angegebenen Grenzen über- oder unterschritten werden. Die Einhaltung dieser für alle am Beförderungsvertrag Beteiligten bindenden Vorschrift wird von der →BAG überwacht.

FIATA – →Féderation Internationale des Associations des Transporteurs et Assimilés.

FIDI – →Féderation of International Furniture Removers.

Flächenverkehr – Bedienung der Gebiete außerhalb der Ballungszonen und Hauptverkehrsströme. Der F. ist von großer Bedeutung für die Erschließung der Fläche und Schaffung gleichwertiger Entwicklungsmöglichkeiten. Der Lastkraftwagen ist das ideale Flächenverkehrsmittel. Er bietet praktisch jedem Unternehmen in der Fläche und auch Privaten einen Dienst, der dem Gleisanschlußverkehr mindestens gleichwertig ist. Dadurch wurde die „Fabrik auf der grünen Wiese" und die moderne Entwicklung abgelegener Gebiete überhaupt erst möglich.

Fiktiver Standort – →angenommener Standort.

fixe Kosten – Bezeichnung für denjenigen Teil der Gesamtkosten, dessen Höhe sich bei Veränderung des →Kapazitätsausnutzungsgrades in einem Beschäftigungsbereich nicht verändert. Zu unterscheiden sind: 1. absolut-fixe Kosten: sie entstehen allein durch die Existenz des Betriebes ohne Rücksicht darauf, ob produziert wird oder nicht, sog. Stillstandskosten (Zinsen, Mieten, ein Teil der Abschreibungen, insbes. die für die Betriebsgebäude u. ä.); 2. intervall-fixe Kosten: sie bleiben für bestimmte Beschäftigungsintervalle unverändert und steigen sprunghaft an, sobald ein Beschäftigungsstand erreicht ist, von dem aus eine Vergrößerung der Ausbringungsmenge den Einsatz zusätzlicher nicht beliebig teilbarer Betriebsmittel oder sonstiger Elementarfaktoren erfordert, sog. Sprungkosten.

Fixkostenkoeffizient – Zahl, die den prozentualen Anteil der →fixen Kosten an den Gesamtkosten eines Betriebes angibt.

fliegende Kontrollen – Bezeichnung für →Straßenkontrollen der →Bundesanstalt für den Güterfernverkehr, bei denen die zu kontrollierenden Fahrzeuge des →Güterkraftverkehrs nicht angehalten werden, sondern bei denen vom Kontrollfahrzeug aus das amtliche Kennzeichen oder die Firma des betreffenden Lastkraftwagens oder Lastzuges notiert werden, um später bei der Frachtenprüfung oder einer Betriebsprüfung die Ordnungsmäßigkeit der ausgeführten Fahrt prüfen zu können. Insbesondere gelten die fl. K. auch der Überprüfung von Fahrzeugen des →Nahverkehrs, die in einem Bereich angetroffen werden, der offensichtlich nicht mehr zu der →Nahzone des betreffenden Fahrzeuges gehört.

Flüssigkeitskühlung – Kühlung der →Zylinderwände und der →Zylinderköpfe eines Verbrennungsmotors, um unzulässig hohe Temperaturen zu vermeiden. Bei der F. sind die zu kühlenden Teile mit einer strömenden Flüssigkeit umgeben, die die anfallende Wärme aufnimmt und in einem Kühler an die Außenluft abgibt. →Luftkühlung.

Fördertechnik – Die F. dient der Erleichterung und Beschleunigung der innerbetrieblichen Transportabläufe (Warenfluß). Sie unterliegt einem starken Rationalisierungstrend mit dem Ziele eines rationelleren Personaleinsatzes, Verringerung des in Vorräten gebundenen Kapitals, Verkürzung der Materialdurchlaufzeiten sowie allgemein Verringerung der Kosten. Der Weg hat von der Sackkarre über den handbewegten →Gabelstapler sowie seiner Motorisierung zu automatischen Flurförderzeugen geführt. Die dabei eingesetzten „Transportroboter" sind in der Lage, die Materialtransporte in einem Produktionsbetrieb vom Wareneingang über Teilfertigung, Montage, Fertigproduktlagerung und Versand voll oder zumindest teilweise unter Einsatz der Elektronik automatisch zu steuern. Neben den klassischen Fördersystemen wie Ketten- und Rollenförderern stehen flexible handgesteuerte und automatische Flurförderzeuge und elektrische Hängebahnen zur Verfügung.

Forderungsübergang – →Frachtnachzahlung.

Fortgesetzte Handlung – Einzelne unerlaubte Ferntransporte sind Teilakte einer fortgesetzten Handlung, wenn der Wille des Betroffenen erkennbar dahin ging, trotz nicht vorhandener Genehmigung bzw. Erlaubnis, solche Transporte laufend durchzuführen. Die Verjährung läuft hier vom letzten Handlungsteil ab. Fahrlässige Zuwiderhandlungen können nicht in Fortsetzungszusammenhang begangen werden.

Forwarding Certificate of Receipt (FCR) – Spediteur-Übernahmebescheinigung in der von der →FIATA geschaffenen Fassung. Das FCR-Dokument ist a) eine Empfangsbescheinigung über die näher bezeichnete Sendung, entsprechend den darin gemachten Angaben – in diesem Umfang auch eine Bestätigung des Speditionsauftrages; b) eine Erklärung darüber, daß die Sendung übernommen wurde und der unwiderruflichen Weisung zur Beförderung an den aufgegebenen Empfänger bzw. zur Verfügungstellung an einen Dritten. Diese Weisungen können nur widerrufen werden, wenn das Original des FCR zurückgegeben wird und nur, soweit der ausstellende Spediteur aufgrund des Speditionsvertrages das Recht hat, Weisungen noch zu beachten. In besonderen Bestimmungen sind die Kautelen (Vorbehalte) niedergelegt, unter denen bei Rückgabe des Original-FCR die Weisungsbefugnis wieder auflebt (→Spediteur-Übernahmebescheinigung).

Forwarding Certificate of Transport (FCT) – Spediteur-Dokument in der von der →FIATA geschaffenen Fassung, das den der FIATA angeschlossenen Spediteur-Organisationen zu Einführung empfohlen worden ist. Das FCT-Dokument ist ein Spediteur-Dokument, mit dem der Spediteur die Übernahme des Gutes bescheinigt und bei dessen Aushändigung er die Sendung an den Empfänger oder den Besitzer des ordnungsgemäß indossierten FCT ausliefert.

Fracht – ursprünglich Preis für die Beförderung von Gütern über See, heute auch gebräuchlich im Eisenbahn- und Straßengüterverkehr.

Frachtagent – vermittelt →Ladegut oder →Laderaum im gewerblichen →Güterverkehr. Der F. nach § 32 GüKG hat über seine Geschäfte Bücher zu führen, die Angaben über die Parteien, das beförderte Ladegut, das →Beförderungsentgelt und die Provision enthalten müssen. Die Bücher und sonstige Unterlagen über das Vermittlungsgeschäft sind 5 Jahre aufzubewahren. Die für das Vermittlungsgeschäft gezahlte Provision darf weder ganz noch teilweise in irgendeiner Form an Dritte weitergegeben werden.

Die am Beförderungsvertrag Beteiligten dürfen sich anderer Personen bei der Vermittlung nicht bedienen. Der Vermittler hat nur dann einen Anspruch auf Vermittlungsprovision, wenn der Unternehmer den Vermittler um seine Tätigkeit ersucht hat und wenn der Beförderungsvertrag als Folge dieser Vermittlung zustande gekommen ist. Ist der F. bereits im Auftrage eines Dritten tätig, so hat er gegen den Unternehmer keinen Anspruch; das gleiche gilt, wenn der F. Beteiligter an den der Beförderung zugrunde liegenden Rechtsgeschäften ist. Ein →Abfertigungsspediteur darf neben der →WAV nicht noch eine Vermittlungsprovision fordern. Verstöße sind mit Bußgeld bedroht.

Frachtausgleich – Bezeichnung für den von der →Bundesanstalt für den Güterfernverkehr bei →Tarifunter- bzw. →Tarifüberbietungen im gewerblichen →Güterfernverkehr mit Kfz gem. § 54 →GüKG durchzuführenden Ausgleich zwischen dem tarifmäßigen und dem tarifwidrig berechneten →Beförderungsentgelt. Die Bundesanstalt hat den F. herbeizuführen bei Unterbietungen nach § 23 Abs. 1, bei Überbietungen nach § 23 Abs. 2, bei vorsätzlichen →Tarifverstößen nach § 23 Abs. 3 GüKG durch Einziehung der →Unterschiedsbeträge auf Grund von →Unterschiedsberechnungen. →Frachtausgleichsverfahren, →Tarifüberwachung, →Tarifwidrigkeit.

Frachtausgleichsverfahren – Verfahren, das nach § 23 →GüKG im gewerblichen →Güterfernverkehr von der →Bundesanstalt für den Güterfernverkehr (BAG) durchzuführen ist, wenn das →Beförderungsentgelt unter oder über →Tarif berechnet worden ist.

Gleiches gilt bei tarifwidrigen Zahlungen oder Zuwendungen. Kommt der →Unternehmer der Nachforderung bzw. Beitreibung des →Unterschiedsbetrages oder der Leistende der Rückforderung bzw. Beitreibung innerhalb einer von der BAG festzusetzenden angemessenen Frist nicht nach, so geht die Forderung auf die BAG über. Gleiches gilt, wenn der →Tarifverstoß vorsätzlich erfolgt ist. →Unterschiedsberechnung.

Frachtberechnung – 1. Für den gewerblichen →Güterfernverkehr, geregelt in der KVO. Die F. bezieht sich auf die dem →Unternehmer mit einem →Frachtbrief übergebene →Sendung entsprechend dem über die Beförderung abgeschlossenen →Beförderungsvertrag. Voraussetzungen für die F. sind also: eine Sendung, ein Frachtbrief, ein Beförderungsvertrag. Der F. liegen zugrunde: das →frachtpflichtige Gewicht, die →Tarifentfernung und die →Tarifklasse des Gutes oder der für den fraglichen Fall gültige →Ausnahmetarif. Die anzuwendenden →Frachtsätze sind im →Frachtsatzzeiger →RKT enthalten und dürfen nur im Rahmen der geltenden Margen unter- oder überschritten werden (Margentarife). Für eine Sendung im frachtpflichtigen Gewicht bis 1000 kg wird die ausgerechnete →Fracht der Frachtentafel für →Stückgut entnommen. Für Sendungen im frachtpflichtigen Gewicht von mehr als 1000 kg erfolgt die F. nach den →Frachtsätzen je 100 kg. Für Güter, die als →Wagenladungen aufgeliefert werden, gelten die →Regelklassen oder spezielle Ausnahmetarife. Für jede Klasse bestehen mehrere Gewichtsklassen mit besonderen Frachtsätzen. Für ungleich tarifierte Güter in Wagenladungen, die auf einer Fahrt bzw. einem Frachtbrief befördert werden, muß – außer bei →Sammelsendungen – eine getrennte F. erfolgen.

2. Im Umzugsgutverkehr gelten die Bestimmungen des →Tarifs für den Umzugsverkehr mit Kfz. Das Beförderungsentgelt ist nach dem für die Erfüllung des Vertrages notwendigen Laderaum und der →Tarifentfernung aufgrund der Tabelle der Entgelte (→Tabellenentgelte) für die Beförderung einschl. →Be- und →Entladen zu berechnen.

3. Im gewerblichen →Güternahverkehr gelten die Bestimmungen der Verordnung

TSN 2/81 über einen →Tarif für den Güternahverkehr mit Kfz (GNT) nach den in dieser Verordnung enthaltenen Tafeln I bis V →Richtsätze, die nur im Rahmen der zugelassenen Margen unter- oder überschritten werden dürfen.

Frachtberechnungsvorschriften – →Vorschriften für die Frachtberechnung.

Frachtbrief – 1. Begleitpapier im gewerblichen →Güterfernverkehr mit Kfz, getrennt für jede Sendung vorgeschrieben. Der F. ist auf allen Fahrten mitzuführen und auf Verlangen den mit der Überwachung des Güterfernverkehrs beauftragten Stellen (→Bundesanstalt für den Güterfernverkehr) zur Prüfung auszuhändigen. Er ist mit mindestens drei Durchschriften anzufertigen: Das Original begleitet das Gut, die erste Durchschrift erhält der →Absender, die zweite wird zur Abrechnung mit der →Bundesanstalt für den Güterfernverkehr oder einer von ihr zugelassenen →Frachtenprüfstelle verwendet, die dritte Durchschrift bleibt bei dem Transportunternehmer.
2. F. muß folgende Angaben enthalten: Ort und Tag der Ausstellung: den →Versand- und →Bestimmungsort (nach Möglichkeit unter näherer Angabe der →Einund Ausladestellen); Name, Wohnort und, wenn kein Ausladeplatz angegeben ist, auch Wohnung oder Geschäftsstelle des →Empfängers, an den das Gut ausgeliefert werden soll, sowie nach Möglichkeit seine Drahtanschrift und Fernsprechnummer; Bezeichnung der Sendung nach ihrem Inhalt, ferner die Angabe des →Bruttogewichts oder den Antrag auf Feststellung des Gewichts durch den Unternehmer; außerdem – bei Stückgutsendungen – die Anzahl der Stücke unter Angabe von Zeichen und Nummer oder Adresse, Unterschrift des Absenders mit Namen, Firma sowie seine Wohnung oder Geschäftsstelle, nach Möglichkeit mit Drahtanschrift und Fernsprechnummer; Angabe der durch die Zoll-, Steuer-, Polizei- oder sonstigen Verwaltungsbehörden vorgeschriebenen Begleitpapiere, die dem F. beigefügt sind; Angabe der Kosten, die der Absender übernehmen will (→Freivermerk); Höhe der →Nachnahme, mit der das Gut belastet wird. Außerdem sind die mit dem →Unternehmer getroffenen Vereinba-

rungen, soweit solche getroffen werden dürfen, in dem F. einzutragen. Änderungen im F. und Berichtigungen müssen durch die Unterschrift des Absenders anerkannt werden. Der F. ist als Beurkundung des →Frachtvertrages anzusehen. Der Inhalt des F. gilt als Inhalt des Frachtvertrages.

Frachteinnahme – Entgelt, das der →Unternehmer des gewerblichen →Güterfernverkehrs, des Umzugsgutverkehrs sowie des gewerblichen →Güternah- und Güterliniennahverkehrs für die von ihm durchgeführte →Beförderungsleistung erhält.

Frachtenprüfstellen – Unternehmen auf genossenschaftlicher oder privatwirtschaftliche Basis, die der →Unternehmer des gewerblichen →Güterfernverkehrs für die im →GüKG und in der →Tarifüberwachungsverordnung vorgeschriebene →FrachtenPrüfung in Anspruch nehmen kann, wenn er seine Frachtunterlagen nicht direkt der für ihn zuständigen Außenstelle der →BAG vorlegen will. Die F. müssen nach den →Richtlinien für die Zulassung von F. von der BAG zugelassen sein. Sie arbeiten in diesem Falle im Auftrage der BAG, der nach dem Gesetz die →Tarifüberwachung obliegt, und werden wiederum von dieser daraufhin überwacht, ob die mit der Frachtenprüfung Befaßten persönlich zuverlässig und fachlich geeignet sind und die für die Durchführung der Prüfung gegebenen Richtlinien der BAG eingehalten werden, andernfalls die Einziehung der Zulassung zu erfolgen hat. →Richtlinien für die Zulassung von Frachtenprüfstellen.

Frachtenprüfung – Prüfung, die nach den Bestimmungen des →GüKG im gewerblichen →Güterfernverkehr mit Kfz sowie dem grenzüberschreitenden Güternahverkehr von der →Bundesanstalt für den Güterfernverkehr oder den von ihr zugelassenen →Frachtenprüfstellen durchgeführt wird. Die Einzelheiten der F. sind in der →Tarifüberwachungsverordnung (TÜVO) (Fassung vom 4. 9. 79 – BGBl. I S. 1566) enthalten. Danach hat der →Unternehmer der Bundesanstalt oder einer von ihr beauftragten Frachtenprüfstelle bis zum 10. des dem Beförderungsbeginn folgenden Kalendermonats als Prüfungsunterlagen vorzulegen: die Urschrift' der Fahrtenbuchblätter des vorhergehenden Monats, eine sog. →Monatszusammenstellung, die Urschriften der →Beförderungspapiere (→Frachtbriefe oder der im →Tarif oder vom BMV nach § 28 GüKG angeordneten →Ladelisten und →Begleitpapiere sowie Vorschriften der Empfangsbescheinigungen, sofern nicht im Frachtbrief enthalten) und, soweit →Ladungsgüter nach § 10 der Verordnung zu verwiegen sind, die →Wiegekarten hierfür. Verstöße gegen die Vorlegungspflicht sind →Ordnungswidrigkeiten im Sinne des § 99 GüKG, mit →Bußgeld bedroht. Bei der F. ist jeder →Frachtbrief auf richtige Anwendung des →Tarifs zu prüfen. Es wird insbesondere geprüft, ob a) die →Tarifentfernung richtig berechnet ist, b) der im Frachtbrief angegebene Inhalt der →Sendung der richtigen →Tarifklasse oder dem richtigen →Ausnahmetarif zugeordnet und der richtige →Frachtsatz eingesetzt ist, c) der →Frachtberechnung das frachtpflichtige Gewicht richtig zugrunde gelegt ist, d) die →Fracht rechnerisch richtig ist, e) →Nebengebühren und →Zuschläge tarifmäßig eingesetzt wurden f) die zulässigen Vereinbarungen, die auf die Frachtberechnung Einfluß haben, im Frachtbrief ordnungsgemäß eingetragen sind, g) die →Teilladungsbestimmungen richtig angewandt wurden.

Frachtentgelt – Beförderungsentgelt.

Frachterlös – →Frachteinnahme.

Frachtermäßigung – Ermäßigungen.

Frachtführer – nach § 425 HGB derjenige, der ,,es gewerbsmäßig übernimmt, die Beförderung von Gütern zu Lande oder auf Flüssen oder sonstigen Binnengewässern auszuführen". Weitere Bestimmungen über das Frachtgeschäft enthalten die §§ 426–451 im HGB. F. kann somit die Eisenbahn, ein Kraftverkehrsunternehmer, eine Binnenreederei usw. sein. Wenn der →Spediteur von seinem Selbsteintrittsrecht Gebrauch macht, erhält er nach § 412 HGB nebenher noch die Rechte und Pflichten eines Frachtführers. Bei Übernahme einer Sendung zu einem festen Transportkostensatz (Spedition zu festen Spesen) ist der Spediteur ausschließlich Frachtführer (§ 413 HGB). Die-

selbe Wirkung tritt ein, wenn der Spediteur eine Sendung auf Grund eigenen pflichtgemäßen Ermessens im Sammelladungsverkehr befördert.

Frachtgeschäft – die Beförderung von Gütern gegen Entgelt durch →Frachtführer auf Grund eines →Frachtvertrages. Das F. gehört zu den Beförderungsgeschäften. Auch wenn ein Kaufmann, der nicht Frachtführer ist, im Betrieb seines Handelsgewerbes ein F. abschließt, gelten die Vorschriften des HGB über das F. (§§ 425, 451 HGB).

Frachthilfen – Hilfen für Standortverschlechterungen, die den durch Zonengrenzziehung in den Zonenrandgebieten der Bundesrepublik ansässigen Frachtzahlern von den Ländern (Hessen, Bayern, Niedersachsen und Schleswig-Holstein) für bestimmte Güter und Transporte auf Antrag in Form einer Frachtrückvergütung gewährt werden. F. sind zeitlich begrenzt und werden in amtlichen Anzeigern der Landesregierungen bekanntgemacht.

Frachtklasse – →Tarifklasse.

Frachtmarken- und Frachtstundungsverfahren – ein nach Kriegsende nicht wieder aufgenommenes Frachtzahlungsverfahren im gewerblichen Güterfernverkehr, bei dem die Frachtzahlung durch Frachtmarken erfolgte, die vom Frachtzahler auf eine Frachtmarkenkarte aufgeklebt werden mußten. Mit dem F. war eine Frachtstundung von 2 Wochen verbunden. →Frachtzahlungsanweisungsverfahren.

Frachtnachnahme – →Nachnahme.

Frachtnachzahlung – ist im gewerblichen Güterfernverkehr erforderlich, wenn Beförderungsentgelt unter Tarif berechnet worden ist. Der Unternehmer hat den →Unterschiedsbetrag zwischen dem tariflichen und dem tatsächlichen Beförderungsentgelt nachzufordern sowie erforderlichenfalls gerichtlich geltend zu machen und im Wege der Zwangsvollstreckung beizutreiben. Kommt der Unternehmer dieser Verpflichtung innerhalb einer von der →Bundesanstalt für den Güterfernverkehr festzusetzenden Frist nicht nach, so geht die Forderung auf die Bundesanstalt über, die das zu wenig berechnete Entgelt im eigenen Namen einzuziehen hat. Hat ein Forderungsberechtigter vorsätzlich gehandelt, so geht die Forderung zu dem Zeitpunkt auf die Bundesanstalt über, in dem diese dem Schuldner den Übergang mitteilt (§ 23 GüKG).

frachtpflichtiges Gewicht – Element der →Frachtberechnung im gewerblichen →Güterfernverkehr mit Kfz. Es beinhaltet das nach den Vorschriften des →Tarifs erhöhte oder verminderte →wirkliche Gewicht. Das f. G. wird zur Errechnung der →Fracht aufgerundet, und zwar bei →Stückgutsendungen von mehr als 1000 Kilogramm auf volle 10 kg, bei →Wagenladungen auf volle 100 kg.

Frachtrecht – Gesamtheit der Vorschriften, die sich aus gesetzlichen und tariflichen Bestimmungen zusammensetzen und die Berechnung von →Fracht und →Nebengebühren regeln.

Frachtrückzahlung – im gewerblichen →Güterfernverkehr mit Kfz erforderlich, wenn das →Beförderungsentgelt über →Tarif berechnet ist oder andere tarifwidrige Zahlungen oder Zuwendungen geleistet worden sind. Der Leistende muß diese zurückfordern sowie erforderlichenfalls gerichtlich geltend machen und im Wege der Zwangsvollstreckung beitreiben. Kommt der Leistende dieser Verpflichtung innerhalb einer von der →Bundesanstalt für den Güterfernverkehr festzusetzenden Frist nicht nach, so geht die Forderung auf die Bundesanstalt über, die das zuviel berechnete Entgelt im eigenen Namen einzuziehen hat. Liegt eine vorsätzliche Handlungsweise des Forderungsberechtigten vor, so geht die Forderung in dem Zeitpunkt auf die Bundesanstalt über, in dem diese dem Schuldner den Übergang mitteilt (§ 23 →GüKG). →Frachtnachzahlung.

Frachtsatz – Ein Begriff aus dem Verkehrswesen, der sich auf den Beförderungspreis für eine Gewichtseinheit von 100 kg bezieht (mit Ausnahme der Frachtsätze für Stückgut bis 1000 kg). Sie sind im Teil II 4, Frachtentafel und Frachtsätze (für Stückgut, Güter der allgemeinen Ladungsklassen und

Güter der Ladungsklassen bei Beförderung in Silo- und Tankfahrzeugen) enthalten. Im gewerblichen Umzugsgutverkehre mit Kfz. Tabellenentgelt, im gewerblichen Güternahverkehr →Richtsätze. Die F. können im Rahmen der zugelassenen Margen (Margentarife) über- oder unterschritten werden, soweit die Tarife nichts anderes bestimmen.

Frachtsatzreihen – Die Frachtsätze des →RKT sind nach ausgedruckten F. gebildet, die EDV-gerecht gestaltet sind. Dieses moderne Frachtbildungssystem erleichtert die Frachtbildung ebenso wie die Frachtabrechnung. Im Rahmen der gültigen Margentarife können auch zulässige Abschläge mit Hilfe der F. gestaltet werden. Die F. haben z. Zt. einen Abstand von 0,5); eine Verringerung auf 0,25) ist vorgesehen.

Frachtsatzzeiger – Übliche Bezeichnung für die ,,Frachtentafel und Frachtsätze" des RKT Teil II 4. Der F. enthält für alle vorkommenden Entfernungen ausgerechnete Frachten für Stückgut bis 1000 kg und Frachtsätze je 100 kg im Ladungsverkehr sowie für Stückgüter über 1000 kg. Für Ausnahmetarife (AT) und Ermäßigungen gelten besondere F. Im gewerblichen Umzugsgutverkehr mit Kfz gilt Tabellenentgelt, im Güternahverkehr gelten Richtsätze. Bei allen diesen F. handelt es sich um →Margentarife.

Frachtscheck – Bezeichnung für ein im →Frachtzahlungsanweisungsverfahren verwendetes scheckähnliches Papier. Der F. stellt einen der Barzahlung gleichzusetzenden Ausgleich der Frachtforderung dar, da er in jedem Falle von der Bank einzulösen ist. Die Hingabe eines F. gilt als ordnungsgemäße →Frachtvorlage durch den →Abfertigungsspediteur an den →Unternehmer des gewerblichen →Güterfernverkehrs mit Kfz unter der Voraussetzung, daß der F. nicht vordatiert ist. Der F. wird vom →Abfertigungsspediteur über sein →Frachtstundungskonto bei einer am →Frachtzahlungsanweisungsverfahren beteiligten Bank gekauft und dem Unternehmer in Höhe der Frachtsumme übergeben. Der Unternehmer kann den F. erst einlösen, wenn er das Gut ordnungsgemäß abgeliefert hat. Sind solche →Sendungen mit einer Nachnahme belastet, so muß der Unternehmer erst den Nachweis der Einziehung und Abführung der Nachnahme führen, bevor er den F. einlösen kann.

Frachtvertrag – Werkvertrag (nach §§ 631 ff. BGB und 425–452 HGB) zwischen dem →Absender und Frachtführer über die Beförderung von Gütern. Wesentlicher Inhalt (Hauptleistung) muß die Beförderung des Gutes sein. Die Güter müssen dem Frachtführer zur Beförderung anvertraut sein. Der Empfänger ist nicht am Frachtvertrag beteiligt, es erwachsen ihm hieraus aber Rechte (Vertrag zugunsten eines Dritten) und auch Pflichten. Der F. ist ein Formal- und Realvertrag; erforderlich ist die Erstellung eines Frachtbriefes.

Frachtvorauszahlung – Bezeichnung für Zahlung der Fracht vor Leistung der Beförderung im gewerblichen →Güterfernverkehr mit Kfz. Die F. erfolgt durch den →Absender bei Aufgabe des Gutes, wenn er sich durch Ausfüllung des →Freivermerks im →Frachtbrief zur Zahlung der ganzen Fracht verpflichtet. Der →Unternehmer kann auch F. bei Gütern, die schnell verderben oder die wegen ihres geringen Wertes oder ihrer Natur nach die Fracht nicht sicher decken, verlangen. →Frachtzahlungsanweisungsverfahren. →Frachtvorlage.

Frachtvorlage – Begriff aus dem Speditionswesen, bedeutet Zahlung der →Fracht durch den →Abfertigungsspediteur (Auftraggeber) an den →Unternehmer des gewerblichen →Güterfernverkehrs mit Kfz vor Leistung der Beförderung. Zum Ausgleich der mit der F. verbundenen zusätzlichen Kosten erhält der Abfertigungsspediteur vom Unternehmer eine Vergütung von 0,5 v. H. der F.

Frachtvorteil – Bezahlung einer geringeren Fracht, als die normalerweise anhand eines gültigen Tarifs in Betracht kommt, bzw. die sich durch Anwendung eines erlaubten anderen →Tarifs (z. B. eines →Ausnahmetarifs anstelle des →Regeltarifs) ergibt. Im gewerblichen →Güterfernverkehr mit Kfz erzielbar bei Abfertigung des Gutes im →Spediteursammelgutverkehr (→AT 901; im

Berlinverkehr 990). Im gewerblichen →Güternahverkehr kann z. B. die Anwendung der Tafel III des →GNT F. gegenüber der Abrechnung nach den Tafeln I oder II bringen.

Frachtzahler – →Frachtzahlung.

Frachtzahlung – Im gewerblichen →Güterfernverkehr mit Kfz ist die F. geregelt in § 21 →KVO, wonach der →Absender die Wahl hat, die →Fracht bei →Aufgabe des Gutes zu bezahlen oder auf den →Empfänger zu überweisen. Bei leicht verderblichem Gut kann der →Unternehmer →Frachtvorauszahlung verlangen. Will der Absender nicht den gesamten Frachtbetrag bezahlen, so hat er die Beträge. die er übernehmen will, in der dafür bezeichneten Spalte des →Frachtbriefes anzugeben. Durch Ausfüllung des →Freivermerkes ohne Beifügung einer Beschränkung verpflichtet sich der Absender zur Zahlung der ganzen Fracht und aller übrigen Kosten, die bei der Beförderung entstehen. Frachtbeträge und sonstige Kosten, deren Bezahlung der Absender lt. Frachtbriefvorschrift nicht übernommen hat, gelten als auf den →Empfänger überwiesen. Durch den Abschluß des →Beförderungsvertrages, d. h. durch Übernahme von Gut und Frachtbrief, ist die Frachtforderung des Unternehmers begründet und bei Auslieferung des Gutes an den Empfänger fällig. Hat der Absender die Fracht zur Zahlung auf den Empfänger überwiesen, kann der Unternehmer die Auslieferung des Gutes nach § 25 KVO von der Begleichung der auf dem Gut liegenden Fracht und etwaigen Kosten Zug um Zug abhängig machen. Ist das Gut dem Empfänger ohne Zahlung übergeben und von ihm auch keine Zahlung zu erhalten, so bleibt der Absender zur Zahlung verpflichtet. Ist das Gut mit einer →Nachnahme belastet, dann hat der Unternehmer die Nebenverpflichtung zum Beförderungsvertrag, diese beim Empfänger einzuziehen. Das Gleiche gilt analog für den Güternahverkehr (§ 7 →AGNB).

Frachtzahlungsanweisungsverfahren – Begriff aus dem Spediteurverkehr. Nach § 2, Ziff. 5 der Preisordnung 146/48 in der Fassung der Verordnung PR 3/59 ist der →Abfertigungsspediteur verpflichtet, die

→Frachtzahlung nach dem jeweils geltenden F. abzuwickeln. An diesem Verfahren sind eine Reihe von Großbanken beteiligt. Der Abfertigungsspediteur kauft über sein Frachtstundungskonto →Frachtschecks, die in Teilbeträge von DM 25,– bis DM 1500,– gestückelt sind. Der→Unternehmer erhält solche Schecks in Höhe der Frachtsumme und kann diese erst einlösen, wenn das Gut ordnungsgemäß abgeliefert ist und der Unternehmer die Fracht bei seiner →Straßenverkehrsgenossenschaft abgerechnet hat, d. h. die Versicherung, →BAG-Gebühren, Abrechnungsgebühren etc. bezahlt hat. Sind solche Sendungen mit einer Nachnahme belastet, so muß der Unternehmer auch den Nachweis führen, daß er die Nachnahme ordnungsgemäß abgeführt hat.

Frachtzuschlag – wird im gewerblichen Güterfernverkehr mit Kfz bei unrichtiger und unvollständiger Angabe des Inhalts, Gewichts oder Bestimmungsortes der Sendung oder bei Nichterfüllung der Anwendungsbedingungen eines in Anspruch genommenen ermäßigten Tarifes nach Maßgabe des § 22 →KVO erhoben. Bei Überlastung des Fahrzeuges durch unrichtige Gewichtsangabe des Absenders beträgt der F. das Sechsfache des die zulässige Belastung übersteigenden Gewichts. Zur Zahlung verpflichtet ist der Absender, der Empfänger nur dann, wenn der Absender dies versäumt hat oder der Empfänger die Anwendungsbedingungen eines ermäßigten Tarifes nicht erfüllt. Der F. ist verwirkt mit Abschluß des Beförderungsvertrages. Ein anderer Tatbestand liegt vor, wenn im gewerblichen Güterfernverkehr nach dem →Nebengebührentarif Frachtzuschläge zwischen Absender und Unternehmer vereinbart werden, bei Beförderungen in Sonderfahrzeugen, bei Minderauslastung des Kfz, bei Transport niedrig tarifierender Güter sowie dem Einsatz kleiner Fz. Bei vereinbarter – im Frachtbrief vermerkter – verkürzter Lieferfrist kann entsprechend den Frachtberechnungsvorschriften ebenfalls ein besonderer F. erhoben werden (Schnellieferungszuschlag).

freigestellte Beförderungen – Nach § 4 GüKG sind folgende Beförderungen von den Vorschriften des Gesetzes befreit: Beförderungen öffentlicher Stellen im Rahmen der Erfüllung von Hoheitsaufgaben, die Beförderung von Gütern mit Krafträdern oder Personenwagen, die Beförderung von Leichen in besonders hierfür eingerichteten und ausschließlich solchen Beförderungen dienenden Kraftfahrzeugen, die Beförderung eines einzelnen beschädigten Fahrzeugs, die Beförderung von lebenden Tieren mit Ausnahme von Schlachtvieh. Weitere Befreiungen von den Bestimmungen des GüKG hat die Freistellungsverordnung vom 29. 7. 69 (RGBL 1 S. 1022, Fassung vom 14. 12. 76 – RGBl. I S. 3380, 3384) festgelegt. Das gilt für folgende Tätigkeiten:

1. die Beförderung von Geräten und Zubehör zu oder von Theater-, Musik-, Film-, Sport- und Zirkusveranstaltungen, Schaustellungen oder Jahrmärkten sowie zu oder von Rundfunk-, Film- oder Fernsehaufnahmen sowie Verkehrssicherheitsveranstaltungen. (Anm.: Hierzu gehört auch die Beförderung von Schaufenstermaterial durch Schauwerbegestalter.)

2. die Beförderung von Kunstgegenständen und Kunstwerken,

3. die Beförderung von Gütern mit eigenen oder höchstens gegen Ersatz von Aufwendungen zur Verfügung gestellten fremden Kraftfahrzeugen durch Unternehmen, die mildtätigen oder kirchlichen Zwecken im Sinne der §§ 53 und 54 der Abgabenordnung vom 16. März 76 (BGBl. I S. 613) dienen, für eigene, mildtätige oder kirchliche Zwecke,

4. die gelegentliche Beförderung von Luftfrachtgütern nach und von Flughäfen bei Umleitung der Flugdienste,

5. die Beförderung von Gepäck in Anhängern an Kraftfahrzeugen, mit denen bestimmungsgemäß Reisende befördert werden, und die Beförderung von Gepäck mit Fahrzeugen jeglicher Art nach und von Flughäfen,

6. die Beförderung von Luftfahrzeugen, beschädigten Kraftfahrzeugen oder Anhängern durch Vereine für deren Mitglieder, soweit die Beförderung nicht zu gewerblichen Zwecken durchgeführt wird und soweit nicht mehr als zwei Fahrzeuge zusammen befördert werden,

7. die Beförderung beschädigter oder notgelandeter Luftfahrzeuge,

8. die Beförderung von Gütern durch Privatpersonen mit eigenen Kraftfahrzeugen

oder mit fremden Kraftfahrzeugen ohne Anhänger mit einer zulässigen Nutzlast von weniger als 4000 kg für eigene nichtgewerbliche Zwecke,

9. die Beförderung von Abfällen einschl. Klärschlamm, Fäkalien und ähnlichen Stoffen, nicht jedoch von Erdaushub, Bauschutt und Gestein, das bei der Gewinnung oder Aufbereitung von Bodenschätzen anfällt, von Schlacke, Schrot, Autowracks, Altreifen und Altöl sowie von Produktionsrückständen aus gewerblichen Betrieben, die weiter verwendet werden.

10. die Beförderung von Erde, die durch Öl oder Chemikalien verschmutzt ist.

11. die Beförderung von Tierkörpern zur Tierkörperbeseitigung,

12. die Beförderung von radioaktiven Stoffen,

13. die Beförderung von Geldmitteln, Gold und anderen Edelmetallen, Edelsteinen sowie Wertpapieren in besonders eingerichteten Sicherheitsfahrzeugen, die von der Polizei oder anderen Sicherheitskräften begleitet sind,

14. die Beförderung von Blutkonserven,

15. die Beförderung von Werkzeugen und anderen Geräten sowie von Kleinmaterialien für eigene Zwecke eines Unternehmens, soweit diese Güter für Instandsetzungs- oder Montage-, Demontage- oder Überprüfungsarbeiten benötigt werden, (Anm.: Werkzeuge und andere Geräte in diesem Sinne sind nur solche Gegenstände, mit denen unmittelbar bestimmte Instandsetzungs- oder Montagearbeiten ausgeführt werden können. Zu den Instandsetzungs- und Montagearbeiten gehören im allgemeinen nicht Tätigkeiten im Hoch- und Tiefbau, es sei denn, daß es sich um das Aufstellen oder Ineinanderfügen von Fertigbauteilen oder Teilen einer Stahlkonstruktion handelt. Baubuden und Wohnwagen sind keine Werkzeuge oder Geräte im Sinne der Freistellungsverordnung zum GüKG.)

15a. die Beförderung von Baubuden, Bauhütten und Baustellenwohnwagen von und zu Baustellen.

16. die Beförderung von Auslegern und anderen Teilen selbstfahrender Kräne,

17. das Rücken von Holz,

18. die Beförderung von Knochen und ungegerbten Hautabfällen sowie von tierischen Rohfetten als Schlachtabfall, die nicht zum menschlichen Verzehr bestimmt sind,

19. die Beförderung in besonders eingerichteten Vorführwagen zum ausschließlichen Zweck der Werbung oder Belehrung.

frei Haus – Klausel für die Beförderung von Gütern im gewerblichen →Güterfernverkehr mit Kfz, nach der der →Absender die gesamte →Fracht sowie alle Kosten, die nach dem →Reichskraftwagentarif und dem →Nebengebührentarif entstehen, übernimmt, d. h. im voraus bezahlt. Die f. H.-Lieferung wird im →Frachtbrief durch den →„Freivermerk" gekennzeichnet.

Freiheit der Wahl des Verkehrsmittels – Grundsätzliche Forderung für eine auf Aufgabenteilung über den Markt, d. h. durch Wettbewerb, ausgerichtete Verkehrspolitik. Es bedeutet, daß der Verlader frei darüber entscheiden kann, welchem der gewerblichen Verkehrsträger er seine Transporte anvertrauen will. Die F. bedeutet auch das Recht, die Transporte mit eigenen Verkehrsmitteln auszuführen (Werkverkehr). Beförderungsverbote stehen in krassem Widerspruch zu diesem Grundsatz. Auch einseitige finanzielle, verwaltungsmäßige oder sonstige Eingriffe in die Verkehrswirtschaft können die F. beeinträchtigen.

Freivermerk – Hinweis im →Frachtbrief des gewerblichen →Güterfernverkehrs mit Kfz, daß die →Fracht vom →Absender getragen wird. Der F. kann durch Zusätze bestimmte Kosten einschließen oder ausnehmen sowie die vom Absender zu übernehmende Fracht auf Teilstrecken oder bestimmte Beträge beschränken. →Frei Haus.

Führer – Fahrer, der unter eigener Verantwortung ein Fahrzeug lenkt, d. h., alle die Verrichtungen ausübt, die erforderlich sind, damit die bestimmungsgemäßen Triebkräfte des Fahrzeugs auf dieses zwecks Fortbewegung einwirken (Hans. OLG vom 6. November 1930). Die Führung eines Kfz beginnt nicht erst mit der Fortbewegung durch die eigene Kraft, sondern bereits dann, wenn das Fahrzeug bereitsteht und der F. seinen Platz in der Absicht eingenommen hat, es in Bewegung zu setzen. Die Führung endet grundsätzlich mit der Abstellung des

Motors und dem Stillstand des Fahrzeuges. Während einer Fahrtunterbrechung jedoch geht das Führerschaftsverhältnis nicht verloren, wenn der F. während der Unterbrechung zur baldigen Fortsetzung der Fahrt in unmittelbarer Bereitschaft bleibt. – Werden die Bedienungsverrichtungen von mehreren Personen gleichzeitig ausgeübt, so ist der als F. anzusehen, der den anderen Weisung zu geben hat, denen sie folgen müssen. Im Zweifel gilt als F., wer das Lenkrad bedient, niemals gilt jedoch der Fahrschüler, sondern immer der Fahrlehrer als F. des Kfz. – Der F. muß im Besitze einer →Fahrerlaubnis sein. Er ist verantwortlich für den ordnungsmäßigen Zustand des Fahrzeuges und die Einhaltung der Verkehrsvorschriften. →Führerschein.

Führerhäuser – von Kraftwagen, Zugmaschinen und Arbeitsmaschinen. Die z. Zt. gültige Richtlinie ist im VkBl. 1967 S. 12 bekanntgegeben und hat folgenden Wortlaut:

Allgemeines
(1) Führerhaus und Betätigungsraum müssen so gestaltet und ausgerüstet sein, daß die für das Führen des Fahrzeugs aufzuwendende Arbeit möglichst gering ist und vorzeitige Ermüdung und Körperschäden vermieden werden.
Der Betätigungsraum eines Kraftfahrzeugs ist der Raum, den der Führer zur einwandfreien Lenkung und zur bequemen Betätigung der vorhandenen Einrichtungen benötigt.
(2) Das Führerhaus muß so stabil und so am Fahrzeug befestigt sein, daß die Insassen vor der Gefahr von Verletzungen weitgehend geschützt sind.
(3) Im Rahmen seiner Gesamtkonzeption soll das Fahrzeug so gestaltet sein, daß bei Unfällen möglichst viel Formänderungsarbeit außerhalb des Insassenraums aufgenommen werden kann.
(4) Der Innenraum muß so beschaffen sein, daß auch bei Unfällen die Gefahr oder das Ausmaß von Verletzungen für die Insassen möglichst gering ist. Fahrzeug- und Zubehörteile, gegen die die Insassen prallen könnten, dürfen keine gefährlichen Kanten, Spitzen oder Vorsprünge haben und müssen insbesondere vor den Vordersitzen so beschaffen und angeordnet sein, daß Knieverletzungen nicht zu erwarten sind. Haltegriffe müssen elastisch sein.

Führersitz
(5) Die Breite des Betätigungsraums muß – etwa in Ellenbogenhöhe gemessen – mindestens 600 mm betragen. Fahrzeug- und Zubehörteile, die die Hände des Führers beim Lenken behindern könnten, müssen mindestens 100 mm vom Lenkradkranz entfernt sein.
(6) Der Führersitz muß als Einzelsitz ausgebildet sein.
(7) Der Führersitz muß sich nach vorn und hinten ausreichend verstellen lassen.
(8) Der Führersitz muß sich in seiner Höhe unabhängig von der Längseinstellung ausreichend verstellen lassen.
(9) Die Sitzfläche soll folgende Abmessungen haben:
Tiefe: etwa 400 mm
Breite: mindestens 450 mm
Eine leichte Neigung der Sitzfläche nach hinten kann günstig sein.
(10) Der Sitz muß ausreichend gefedert, gepolstert und gedämpft sein. Eine besondere Einrichtung für die Dämpfung ist nicht erforderlich, wenn der angestrebte Zweck auf andere Weise erreicht wird.
(11) Die Rückenlehne muß in einer Höhe von etwa 150 mm über der Sitzfläche vorgewölbt und im unteren Bereich in der waagerechten Ebene nach innen gewölbt sein. Sie muß ausreichend gepolstert sein. Im Bereich von der Lotrechten nach hinten muß die Rückenlehne in der mittleren Fahrstellung des Sitzes um mindestens 10° stufenlos oder in Stufen von höchstens 4° verstellbar sein. Die Rückenlehne muß auch während der Fahrt leicht verstellbar sein. Die Drehachse der Rückenlehne muß horizontal und senkrecht zur Sitzlängsachse liegen.
(12) Der lichte Abstand zwischen Sitzfläche und Dach muß mindestens 920 mm betragen und ist bei höchster Sitzstellung (Absatz 8) zu messen. Anzustreben ist ein Abstand von 1100 mm.

Liegeplätze
(13) Empfehlung für die Gestaltung von Liegeplätzen:
1. Abmessungen: Breite über alles mindestens: 600 mm, Länge etwa: 1900 mm, Lichte Höhe über der Liegefläche etwa: 550 mm

2. Schutz gegen das Herausfallen aus der Liege
3. Ausreichende Belüftung

Betätigungsteile

(14) Die zur Führung des Fahrzeugs vorhandenen Einrichtungen müssen sich bequem und ohne wesentliche Änderung der Körperhaltung betätigen lassen.

(15) Alle Betätigungsteile müssen so beschaffen und angebracht sein, daß der Führer nicht gefährdet und während der Fahrt nicht behindert wird. Bei ihrer normalen Betätigung müssen Verletzungen ausgeschlossen sein.

(16) Die Mitte des Lenkrades soll etwa in der Körpersymmetrieebene (max. Abweichung 50 mm), die waagerechte Achse des Lenkrades etwa senkrecht dazu liegen (max. Abweichung 7°).

(17) Das Lenkrad muß griffig sein. Es muß so weit von der Rückenlehne entfernt sein und eine solche Winkelstellung haben, daß das Hinsetzen nicht erschwert wird und die Arme und Hände beim Fahren eine günstige Arbeitslage haben.

(18) Der Griff der Handbremse muß so angeordnet sein, daß eine günstige Kraftausübung über den gesamten Betätigungsweg möglich ist.

(19) Bei den Fußbetätigungsteilen soll der Winkel zwischen der Tretkraftrichtung (Verbindungslinie zwischen Fußgelenk und Fußaufstandsfläche) und der Senkrechten so bemessen sein, daß sie möglichst leicht betätigt werden können.

(20) Bei der Anordnung von Kupplungs-, Brems- und Fahrpedal ist DIN 73 001 zu berücksichtigen. Die Entfernungen von Mitte Bremspedal und Mitte Kupplungspedal bis zu der – zwischen beiden liegenden – Körpersymmetrieebene (Führersitz-Mittelachse) sollen 180 mm nicht überschreiten; die Summe beider Entfernungen darf jedoch nicht mehr als 320 mm betragen. Brems- und Fahrpedal sind so anzuordnen, daß eine gleichzeitige Betätigung mit einem Fuß unter normalen Bedingungen nicht zu erwarten ist.

(21) Die Pedalflächen müssen so ausgeführt sein, daß der Fuß während der Betätigung nicht abrutscht. Die Pedalflächen für Kupplung und Bremse sollen etwa senkrecht zur Tretkraftrichtung stehen.

(22) Das Fahrpedal soll so angeordnet sein, daß dem Führer eine bequeme Fußhaltung möglich ist. Beim Betätigen muß die Ferse des Fußes abgestützt werden können.

(23) Für die Ruhestellung des linken Fußes in entspannter Haltung muß ausreichend Raum vorhanden sein.

Betätigungskräfte

(24) Die Betätigungskraft für das Kupplungspedal soll 35 kg nicht überschreiten.

(25) Die Sperre der Handbremse soll sich ohne großen Kraftaufwand lösen lassen. Wenn Griffe oder Klinken verwendet werden, mit denen die Sperre gelöst wird, sollen sie so angeordnet sein, daß eine unbeabsichtigte Betätigung nicht zu erwarten ist.

(26) Für die Betätigungskraft der Bremsen gelten die Richtlinien für die Bremsprüfung von Kraftfahrzeugen und Anhängern.

Ein- und Ausstiege

(27) Die Ein- und Ausstiege müssen sich gefahrlos und bequem nutzen lassen. Radnaben und Radfelgen sind als Triffstufen unzulässig.

(28) Triffstufen – bei mehreren Trittstufen die untere – dürfen nicht höher als 650 mm über der Fahrbahn liegen. Anzustreben ist eine Höhe von nicht mehr als 500 mm. Die Trittstufen müssen gleitsicher sein.

Türen und Fenster

(29) Betätigungseinrichtungen für Türen und Fenster müssen so beschaffen und angebracht sein, daß der Führer nicht gefährdet und während der Fahrt nicht behindert wird.

(30) Der Öffnungswinkel der Tür muß so groß sein, daß gefahrloses Ein- und Aussteigen möglich ist. Fenster, die der Belüftung dienen, müssen leicht verstellbar sein.

Geräusche und mechanische Schwingungen

(31) Die auf den Führer einwirkenden Geräusche und mechanische Schwingungen im Führerhaus oder Führerraum dürfen das nach dem jeweiligen Stand der Technik unvermeidbare Maß nicht übersteigen.

Fahrzeuge ohne festes Führerhaus

(32) Diese Richtlinien gelten sinngemäß auch für Kraftwagen, Zugmaschinen und Arbeitsmaschinen ohne festes Führerhaus.

Eine Neufassung ist in Vorbereitung.

71

Führerschein – Amtliche Bescheinigung über die Erteilung einer →Fahrerlaubnis. Eine Fahrerlaubnis muß haben, wer auf öffentlichen Straßen und Plätzen ein →Kraftfahrzeug führen will. Die Fahrerlaubnis wird durch die Verwaltungsbehörde erteilt; über die Erteilung der Fahrerlaubnis wird eine amtliche Bescheinigung, der F., ausgefertigt. Der F. ist beim Führen von Kfz mitzuführen und auf Verlangen dem zuständigen Beamten zur Prüfung auszuhändigen. Der F. kann eingezogen, die Fahrerlaubnis entzogen werden. Aufwendungen zur Erlangung des Führerscheins (Fahrberechtigung), also Unterrichts-, Fahr-, Prüfungs- und Abnahmegebühren beim →Fahrlehrer und beim →Technischen Überwachungsverein gelten, wenn sie durch den Betrieb eines Beförderungsunternehmens bedingt sind, für ihn als abzugsfähige Betriebsausgaben.

Führerscheinentzug – →Fahrerlaubnis.

Fuhrmannshandel – Eine Bezeichnung, die sich für Verkehre eingebürgert hat, die weithin als Umgehungstatbestand des GüKG gesehen werden. Man bezeichnet solche Verkehre als unechte oder graue Werkverkehre. In der Regel wird dabei pro forma ein Handelsunternehmen gegründet, damit Handelsgeschäfte ausgewiesen werden können, obwohl das wirtschaftliche Ziel überwiegend in der Transportleistung liegt. Vielfach werden Transportunternehmen vom Auftraggeber zu solchem Vorgehen veranlaßt, um die Tarifbestimmungen zu unterlaufen. Befördert werden überwiegend massenhaft anfallende Güter aus dem Bausektor.

Fuhrunternehmer – Begriff des →Straßenverkehrsrechts für den →Halter eines →Fahrzeuges, mit dem er gewerbsmäßig gegen Entgelt die →Beförderung von Personen oder Gütern für eigene Rechnung betreibt. →Güternahverkehrsunternehmer, →Güterfernverkehrsunternehmer, Umzugsgut-Unternehmer, →Möbeltransport-Unternehmer.

Fuhrwerk – Landfahrzeug, das mit tierischer Zugkraft bewegt wird und nicht an Schienen gebunden ist. F. müssen nach § 31 Straßenverkehrszulassungsordnung so gebaut und ausgerüstet sein, daß ihr verkehrsüblicher Betrieb eine Gefährdung oder Schädigung Dritter im →Straßenverkehr ausschließt. Benutzung der Autobahn ist verboten. Sie sind auch im Einsatz auf kürzeste Entfernungen vor allem in den Städten fast ganz vom →Nutzfahrzeug verdrängt worden und werden – außer in der Landwirtschaft, jedoch auch hier in stark zurückgehendem Maße – meist nur noch aus Prestige- oder Werbegründen (z. B. Brauereien) verwendet.

Fuhrwerksverkehr – Begriff für den Betrieb und den Verkehr von Pferdefuhrwerken zur Güterbeförderung für eigene Zwecke und für fremde Rechnung. Sie unterliegen ebenfalls den Vorschriften der →Straßenverkehrszulassungsordnung (StVZO) und der →Straßenverkehrsordnung (StVO). →Fuhrwerk.

Fünfzig-Kilometer-Zone – In der BRD die auf einen Umkreis von 50 km Entfernung (vom Standort des Kraftfahrzeugs nach der Luftlinie gemessen) festgelegte sog. →Nahzone im Güterkraftverkehr.

FZA-Verfahren – →Frachtzahlungsanweisungsverfahren.

G

Gabelstapler – Ladehilfemittel, als Motorfahrzeug mit gabelförmigem Fahrstuhlboden konstruiert, das der Bewegung, dem Heben sowie der Stapelung leerer oder beladener →Paletten sowie schwerer, nicht palettierter Einzelstückgüter und der Ausführung anderer einschlägiger Arbeiten dient. Gabelhandwagen gestatten mit Hilfe hydraulischen Druckes das Anheben von Gütern und das Abfahren. →Fördertechnik.

Gang – bestimmte Übersetzung eines schaltbaren →Getriebes, bestimmt das Verhältnis zwischen der Drehzahl des Motors und derjenigen der angetriebenen Räder eines Kfz.

gebrochener Verkehr – Beförderung von Gütern, bei der das Transportmittel a) den Transportweg wechselt (Zweiwegefahrzeug) oder b) wenn zwei oder mehrere Transportmittel eines oder verschiedener Verkehrsträger an der →Beförderung des Gutes beteiligt sind. Wenn der Transport des zu befördernden Gutes von einem Transportmittel auf dem gleichen Transportweg (kein Umschlag) durchgeführt wird, spricht man von einem ungebrochenen Verkehr.

Gebühren – Für bestimmte Maßnahmen im Straßenverkehr werden Gebühren erhoben. Die Regelung hierfür findet sich in der ,,Gebührenordnung für Maßnahmen im Straßenverkehr" vom 26. 6. 70 (RGBl. I S. 1298) in der Fassung der fünften Änderung vom 20. 1. 82 (BGBl. I/82) sowie in der ,,Kostenordnung für Amtshandlungen nach dem Güterkraftverkehrsrecht" vom 22. 12. 71 (BGBl. I S. 2115) und der ,,Kostenordnung für Amtshandlungen im grenzüberschreitenden Güterkraftverkehr" vom 25. Juni 71 (BGBl. 1 S. 865). Neben den in der Gebührentabelle enthaltenen Gebühren hat der Gebührenschuldner in der Regel folgende Auslagen zu tragen: Fernsprechgebühren im Fernverkehr, Telegrafen- und Fernschreibgebühren; Aufwendungen für weitere Ausfertigungen, Abschriften und Auszüge; Aufwendungen für Übersetzungen auf besonderen Antrag; Kosten der öffentlichen Bekanntmachung; Zeugengelder und Kosten von Sachverständigen; evtl. erforderliche Reisekosten einschl. Kosten für die Bereitstellung von Räumen; Beträge, die anderen beteiligten in- und ausländischen Behörden zustehen; Kosten für die Beförderung von Sachen; evtl. anfallende Mehrwertsteuer sowie Aufwendungen für die Übersendung oder Überbringung der Mitteilung der Zulassungstelle an die Versicherer aufgrund der Versicherungsbestätigung.

Kostenschuldner ist, wer die Amtshandlung veranlaßt oder zu wessen Gunsten sie vorgenommen wird, sofern nicht ein anderer die Tragung der Kosten der Behörde gegenüber übernommen hat. Der Veranlasser ist frei, sofern ein anderer kraft Gesetzes für die Tragung der Gebühren haftet. Bei Amtshandlungen, Prüfungen und Untersuchungen zur Überwachung von Betrieben im Rahmen des gesetzlich Zulässigen ist der Betrieb zur Kostentragung verpflichtet. Mehrere Kostenschuldner haften als Gesamtschuldner. Die Gebühren sind im Anlagenteil abgedruckt. Anhänge 1 a, b und c.

Gebühren für Packmittel, Ladegeräte und Packarbeiten – Stellt der Unternehmer Packmittel – z. B. Verschläge, Packdecken oder Behälter aller Art (Fässer, Kannen, Kisten, Steigen, Töpfe, Ballons und dergleichen), Wellpappe, Holzwolle – oder Ladegeräte (Polsterlatten, Schutzwände, Zwischenböden, Aufhängevorrichtungen usw.) bereit oder führen seine Leute Packarbeiten durch, dann kann er dafür gemäß Ziffer XX des Nebengebührentarifs zum Reichskraftwagentarif (RKT) eine angemessene Gebühr mit dem Auftraggeber vereinbaren. Bezüglich der Durchführung von Packarbeiten darf diese Vorschrift der Ziffer XX nicht mit Ziffer IX d des Nebengebührentarifs verwechselt werden. Die letztgenannte Ziffer bezieht sich auf solche Packarbeiten, die im Zusammenhang mit der Erfüllung der Zoll-, Polizei-, Steuer- und sonstigen verwaltungsbehördlichen Vorschriften stehen.

GdB – →Güterkraftverkehrsunternehmer der Bundesbahn.

Gedekra – Abk. für Gemeinschaft Deutscher Kraftwagenspediteure e. V., Berlin, →Arbeitsgemeinschaft Deutscher Kraftwagenspediteure eGmbH.

Gefährdungshaftung – in verschiedenen Gesetzen geregelt; sie folgt aus Handlungen, die für andere besondere Gefahren mit sich bringen. Es ist daher billig, daß derjenige, der eine solche Gefahr herbeiführt, auch dann für den Schaden Dritter einzutreten hat, wenn er ihn nicht schuldhaft verursacht hat. Obwohl grundsätzlich eine →Haftung für eingetretene Schäden nur bei Verschulden besteht, bildet die G. eine Ausnahme vom Verschuldensgrundsatz. Der Schädiger muß also für den eingetretenen Schaden auch dann aufkommen, wenn ihn kein Verschulden daran trifft. Die G. wird deshalb auch Verursachungs- oder Erfolgshaftung genannt. Die Haftung des Unternehmers für Schäden an den beförderten Gütern ist durchweg eine G.

Gefahrgüter – →gefährliche Güter

Gefahrguttransporte – →GGVS, →ARD, →gefährliche Güter.

Gefahrgutverordnung – →Verordnung über die Beförderung gefährlicher Güter auf der Straße (GGVS) und → Europäisches Übereinkommen über die internationale Beförderung gefährlicher Güter auf der Straße (ARD).

gefährliche Güter – Im gewerblichen Güterfernverkehr sind nach § 8 KVO von der Beförderung ausgeschlossen a) die dem Postzwang unterliegenden Gegenstände, b) Gegenstände, deren Beförderung nach gesetzlichen Vorschriften oder aus Gründen der öffentlichen Ordnung verboten ist, c) Leichen. Bedingungsweise sind zur Beförderung zugelassen a) explosionsgefährliche, b) selbstentzündliche, c) entzündbare, d) giftige, e) ätzende, f) fäulnisfähige, übelriechende oder ekelerregende Stoffe, ferner g) Gold oder Silber, Platin, Geld, Münzen und Papiere mit Geldwert, auch amtliche Wertzeichen, Dokumente, Edelsteine, echte Perlen, besonders wertvolle Spitzen, besonders wertvolle Stickereien sowie andere Kostbarkeiten, Kunstgegenstände, Gegenstände aus Erzguß und Kunstaltertümer, h) lebende Tiere bei Beachtung der für ihre Beförderung getroffenen Vorschriften. →Verordnung über die Beförderung gefährlicher Güter auf der Straße (GGVS) →Europäisches Übereinkommen über die internationale Beförderung gefährlicher Güter auf der Straße (ARD).

Gefälligkeitsfahrt – Eine G. liegt vor, wenn der Halter eines Fahrzeuges aus Gefälligkeit ohne Gewinnabsicht und ausschließlich im Interesse des Fahrgastes diesen mitnimmt. Dabei entstehen keine vertraglichen Beziehungen etwa im Sinne eines Beförderungsvertrages. Ein Unfall begründet daher auch keine auf Vertrag beruhenden Haftungsansprüche seitens des Fahrgastes, so daß eine Haftung nur im Sinne des § 823 BGB unter dem Gesichtspunkt der unerlaubten Handlung in Frage kommt. Inwieweit ein stillschweigender Verzicht des Fahrgastes vorliegt, ist eine Tatfrage (z. B. Mitfahren, obwohl der Fahrer betrunken war, Hinweis des Fahrers auf Mängel am Fahrzeug oder Krankheitszustand). Die Haftung nach § 823 BGB wird nicht dadurch ausgeschlossen, daß durch ein im Wagen angebrachtes Schild auf den Ausschluß der Haftung hingewiesen wird. Hingegen befreit eine ausdrückliche Vereinbarung bzgl. Haftungsausschluß (Formulare ADAC etc.) zwischen Fahrer und Fahrgast in aller Regel von der Haftung. Nimmt der Fahrer ohne Wissen des Halters einen anderen mit, so haftet grundsätzlich der Halter. Er kann sich von der Haftung befreien, wenn er nachweist, daß er bei der Auswahl des Fahrers die erforderliche Sorgfalt aufgewendet hat. Eine Versicherungsmöglichkeit gegen solche Haftungsansprüche ist gegeben.

Gelbe Genehmigung – Bezeichnung für die für den Möbelfernverkehr mit Kraftfahrzeugen erteilte Genehmigung (Möbelfernverkehrsgenehmigung). Diese Genehmigungen sind der Zahl nach ebenso beschränkt (Kontingentierung) wie die übrigen Genehmigungen des Güterfernverkehrs. Die Kontingentierung des Möbelfernverkehrs wurde jedoch 1975 durch ein Urteil des Bundesverfassungsgerichtes für nicht verfassungskonform erklärt, soweit es sich um die Beförderung von Umzugsgut handelt. Daraufhin wurde die Genehmigungspflicht und Kontingentierung für den Umzugsgutverkehr aufgehoben. Die Unternehmer des Möbelfernverkehrs erhielten die Möglichkeit des freiwilligen Umtausches ihrer gelben Genehmigungen in unbeschränkte Genehmigungen (rote Genehmigungen), allerdings mit Nutzlastbeschränkung. Voraussetzung war, daß sie in bestimmtem Umfange schon bisher Neumöbel – also nicht nur Umzugsgut – befördert hatten. Von dieser Umtauschmöglichkeit haben nicht alle Möbeltransportunternehmer Gebrauch gemacht. Um die Rechtseinheit wiederherzustellen, ist jetzt – Anfang 1983 – durch das Dritte Gesetz zur Änderung des Güterkraftverkehrsgesetzes der Umtausch von gelben in rote Genehmigungen noch innerhalb einer Frist von 3 Monaten nach Inkrafttreten des Gesetzes möglich. In solche Anträge müssen sämtliche einem Unternehmen erteilten Genehmigungen für den Möbelfernverkehr einbezogen werden. Voraussetzung für einen Umtausch ist weiter ein Mindestumsatz von 34 000,– DM innerhalb von 12 Monaten vor Antragstellung (ohne Umzugsgutverkehr). Für 34 000,– DM Umsatz wird eine, für je weitere 135 000,– DM Umsatz eine weitere Genehmigung für den allgemeinen Güterfernverkehr erteilt. Diese Genehmigungen sind in der Nutzlast auf jeweils 15 t beschränkt. Ausnahmen sind möglich, wenn nachgewiesen werden kann, daß eine höhere Nutzlast aus betrieblichen Belangen zur Durchführung von Möbelbeförderungen dringend erforderlich ist. Wenn der Unternehmer aus Gründen, die er selbst nicht zu vertreten hat, den für einen Umtausch erforderlichen Umsatz nicht erreichen kann, kann ausnahmsweise eine allgemeine Genehmigung erteilt werden, sofern die Nichterteilung betrieblich, strukturell oder regionalpolitisch eine unzumutbare Härte darstellen würde. Die gelben Genehmigungen laufen danach in 1983 endgültig aus. Soweit es den Umzugsgutverkehr anbelangt, tritt an ihre Stelle eine Erlaubnis, die sowohl für den Möbelnah- als auch -fernverkehr gilt. →Erlaubnis. →Umzugsgut.

Geldbuße – →Bußgeld bei Verstößen gegen das GüKG und →Bußgeld und Verwarnungen bei Verstößen gegen die →StVO und StVZO.

Geldstrafen – Die Bezahlung von Geldstrafen für einen Arbeitnehmer durch den Arbeitgeber, die im Zusammenhang mit dessen Tätigkeit stehen, ist lohnsteuerpflichtig. Unter Umständen kann sich dabei der Arbeitgeber einer Anklage wegen Begünstigung aussetzen.

Gelenkfahrzeuge – kombinierte Fahrzeuge, bei denen die Verbindungen zwischen den einzelnen Teilen (anders als bei Sattelfahrzeugen) nicht mit den üblichen Mitteln, die das Fahrzeug mit sich führt, gelöst werden können. Kfz dieser Art werden verkehrsrechtlich und steuerlich als Einheit angegeben.

Gemeindetarifbereich – Im Entfernungswerk des gewerblichen Güterfernverkehrs tarifbildende Punkte, von denen aus →Anstoßentfernungen zu den →Knotenpunkten festgelegt werden. Entfernung zwischen den zuständigen Knotenpunkten zuzüglich Anstoßentfernungen bilden die →Tarifentfernung. Ein neues Entfernungswerk, das nur auf Straßenentfernungen abgestellt ist, ist in Vorbereitung.

Gemeingebrauch – Gemeingebrauch an öffentlichen Wegen ist nach § 1 StVZO und § 7 Bundesfernstraßengesetz der freie Gebrauch der Wege, der kraft öffentlichen Rechts jedermann für den Verkehr auf ihnen innerhalb der verkehrsüblichen Grenzen und gemäß der besonderen Zweckbestimmung der einzelnen Wege zusteht. Er findet am gleichen Recht aller übrigen seine natürliche Schranke. Sein Umfang steht nicht ein für allemal fest, sondern ist wandelbar und wird von der Entwicklung der Verkehrsverhältnisse, der Verkehrsbedürfnisse und der Technik beeinflußt.

Der Gemeingebrauch verleiht jedermann das Recht, die öffentlichen Wege und Plätze ohne besondere Zulassung frei zu benützen. Die Wegbenutzung darf andere nicht daran hindern, die Wege gleichermaßen in Anspruch zu nehmen in dem Rahmen, der allgemein als üblich und zulässig anerkannt wird. Die Gemeingebräuchlichkeit kann durch Gesetz oder Verwaltung geregelt werden. Der Wegebau- und -unterhaltungspflichtige (Träger der Straßenbaulast) hat gegenüber den Straßenbenutzern die Verpflichtung, die Straßen in einem Gebrauchszustand zu erhalten, der eine gefahrlose Benutzung gewährleistet. Der Gemeingebrauch ist grundsätzlich unentgeltlich.

Der Umfang des Gemeingebrauchs richtet sich nach den örtlichen Verhältnissen. Der Gemeingebrauch hat seine Grenze an der Gemeinverträglichkeit.

Gemeinsame Verkehrspolitik in der EWG – Die römischen Verträge zur Gründung der EWG sehen vor, daß die Ziele des Vertrages durch eine gemeinsame Verkehrspolitik unterstützt werden sollen. Wie diese Politik im einzelnen aussehen soll, wurde in den Verträgen nicht bestimmt, weil darüber schon damals die Meinungen auseinandergingen. Einigkeit bestand u. a. in der Bedingung, daß Diskriminierungen nach der Nationalität unzulässig sind. Die Verkehrspolitik der EWG hat eine größere Zahl von verbindlichen Regelungen getroffen, die ein Zusammenwachsen der Europäischen Verkehrswirtschaft gefördert haben. Der große Wurf ist jedoch nicht gelungen, weil es im Verkehr noch immer zahlreiche und nach Ländern verschiedene Einwirkungen auf die Verkehrswirtschaft gibt, die schwer harmonisiert werden können. Die Wettbewerbsbedingungen sind deshalb noch in erheblichem Umfange verfälscht. Als positive Beiträge zu einer gemeinsamen Verkehrspolitik sind zu erwähnen: die Einführung eines →Gemeinschaftskontingents an Genehmigungen, die Einführung von Tarifregelungen (Margentarife), die gemeinsame Regelung der Arbeitsbedingungen, eine Reihe von Maßnahmen zur technischen Harmonisierung etc. Offen sind aber immer noch so entscheidende Fragen wie die Harmonisierung der Wettbewerbsvoraussetzungen, der höchstzulässigen Abmessungen und Gewichte, der Wegekosten etc.

Gemeinschaftliches Versandverfahren – Das G. V. dient der Erleichterung und Beschleunigung des Warenaustauschs in der Gemeinschaft. Es ist durch die Verordnung des Ministerrats der EWG Nr. 542/69 vom 18. 3. 69 und zahlreiche Ergänzungsverordnungen dazu zur Klärung von Detailfragen geregelt. Seine Anwendung ermöglicht die Beförderung von Waren innerhalb der Gemeinschaft oder aus Drittländern in die Gemeinschaft (einschließlich Transit durch die Gemeinschaft) ohne aufeinanderfolgende einzelstaatliche Zollverfahren. Die zollrechtliche Abfertigung erfolgt ungebrochen vom Abgangs- zum Bestimmungsort. Für den innergemeinschaftlichen Verkehr ist die Benutzung des Vordrucks T 2, für Drittlandgut der Vordruck T 1 vorgeschrieben. Das Verfahren sichert die Beachtung zollrechtlicher, steuerrechtlicher, wirtschaftlicher (z. B. Abschöpfungen), statistischer und sonstiger Regelungen. Es basiert auf einer Bürgschaftsleistung, deren Höhe vom Abgangszollamt festgelegt wird. Die Bürgschaft kann von Fall zu Fall oder als Gesamtbürgschaft geleistet werden. Die Sicherheit kann auch durch selbstschuldnerische Bürgschaft eines Dritten gestellt werden, der als Steuerbürge zugelassen ist. Hierauf basiert ein von der →IRU bzw. dem →BDF entwickeltes globales Bürgschaftsverfahren, von dem jeder Unternehmer Gebrauch machen kann. →Sicherheitstitel.

Gemeinschaftsgenehmigungen – Aufgrund des Beschlusses des Ministerrats der EWG wurde vor Jahren ein Kontingent von Gemeinschaftsgenehmigungen geschaffen. Die Genehmigungen berechtigen zum Verkehr innerhalb der gesamten EWG, d. h. auch zum →Drittländerverkehr. Nach den Vorstellungen der EWG soll dieses Kontingent jährlich angehoben und, wenn notwendig, zugleich die Zahl der →bilateralen Genehmigungen vermindert werden. Als Endziel schwebt der EWG dabei eine Lösung vor, die nur noch G. kennt. Die Mitgliedsländer sperren sich jedoch überwiegend gegen eine solche Lösung, zumindest so lange, als nicht auf anderen Gebieten der →EWG-Verkehrspolitik größere Fortschritte – besonders im Bereiche der Harmonisierung – erzielt sind. Zur Zeit beträgt das EWG-Kontingent (Europagenehmigungen) 3827. Auf Deutschland entfallen dabei 689 Genehmigungen.

Gemeinschaftskontingent – →Gemeinschaftsgenehmigungen.

Gemeinschaftswerbung – Von den Ferntransportunternehmen und Kraftwagenspediteuren finanzierte Werbung für den gewerblichen Güterfernverkehr und die Leistungen der Kraftwagenspedition. Mit den aufgebrachten Mitteln in Millionenhöhe werden auch PR-Aktionen bestritten, die der Verbesserung des Image des Gewerbes ebenso wie der Herausstellung seiner Bedeutung für die Allgemeinheit und jeden Verbraucher dienen. In der G. spielt das Gütezeichen →Fern–schnell–gut ebenso eine Rolle wie die Symbolfigur des Gewerbes →Brummi.

Gemeinwirtschaftliche Verkehrsbedienung – ein Programm, daß jahrzehntelang von der Verkehrspolitik vertreten wurde. Es basierte auf der Vorstellung, daß der Verkehr als Diener der Wirtschaft in erheblichem Maße für die Erfüllung allgemeiner wirtschafts-, sozial- und verteidigungspolitischer Aufgaben etc. eingesetzt werden müsse. Dem Wettbewerb im Verkehr müßten deshalb enge Grenzen gesetzt werden. Dabei stand der Schutz der Staats-Eisenbahn im Mittelpunkt. Jahrzehntelang wurde nach diesem Prinzip verfahren. Durch den steigenden Wettbewerb, bes. des Lkw, wurde die Beibehaltung dieses Systems immer mehr unhaltbar. Endgültig wurde damit durch die Verkehrsnovellen von 1961 gebrochen, die das Prinzip der Aufgabenteilung über den Markt statuierten. Das hatte zur Folge, daß einzelnen Verkehrsträgern auferlegte politische und betriebsfremde Lasten aufgehoben oder vergütet werden mußten. Beide Wege sind inzwischen gegangen worden, nicht zuletzt auch unter dem Druck negativer Wirtschaftsentwicklung der Eisenbahnen und der EWG. Heute erhält die Bahn hohe Ausgleichsleistungen für betriebsfremde Lasten, die den Etat des Bundes mit hohen Milliardenbeträgen belasten.

Gemeinwirtschaftlichkeit – eine dem Begriff der volkswirtschaftlichen Produktivität nahekommende Maxime der modernen →Betriebswirtschaftslehre: der Erfolg der Betriebstätigkeit ist letztlich nur an ihrem Nutzen für die Allgemeinheit zu messen, nicht allein am Nutzen für den Unternehmer (Rentabilität). Die Betriebswirtschaft mißt trotzdem die G. nach der überwiegend technisch gedachten →Wirtschaftlichkeit am privatwirtschaftlichen Gewinn, weil sie die Existenz der marktwirtschaftlichen Ordnung als sinnvoll anerkennt und weil – abgesehen von planwirtschaftlichen Volkswirtschaften – von den Betrieben nur der privatwirtschaftliche Gewinn errechnet wird. G. unterstellt also eine auf die Erfordernisse der

Allgemeinheit ausgerichtete Wirtschaftsform, die keine Gewinne erstrebt und von →öffentlichen Körperschaften getragen wird oder auf andere Weise das Gewinnstreben einzelner Personen ausschließt. In diesem Sinne ist die G. ein wichtiger Begriff der Verkehrswirtschaft und -politik, der praktisch in einigen gemischt-wirtschaftlichen Unternehmungen, wie Versorgungsbetrieben (ehemalige Deutsche Reichsbahn, eingeschränkt auch →Deutsche Bundesbahn, bei der →Deutschen Bundespost) zu beobachten ist, denn hier steht die Wirtschaftsführung nicht im Dienst der Gewinnmaximierung, sondern dient der Erzielung gesamtwirtschaftlicher politischer Ziele; mit Einschränkungen ebenfalls verwirklicht bei einigen Kommunalbetrieben, Genossenschaften, →Anstalten und Stiftungen.

Gemischtbetriebe – Als G. werden im Straßenverkehr solche Betriebe bezeichnet, die neben ihrer Betätigung als Frachtführer zugleich als Spediteure (vornehmlich Kraftwagenspediteure) tätig sind.

Genehmigung – Genehmigung (auch Konzession genannt) ist nach dem →GüKG vorgeschrieben für alle Beförderungen, die im gewerblichen Güterfernverkehr sowie im Güterliniennahverkehr durchgeführt werden. Ausnahmen nach § 4 GüKG →Freigestellte Beförderungen. Die Genehmigung wird dem Unternehmer für seine Person erteilt. Sie ist nicht übertragbar. Die Genehmigung wird auf Zeit, regelmäßig 8 Jahre, im Güterlinienverkehr zeitlich unbegrenzt, erteilt. Während sie früher auf bestimmte Fahrzeuge lautete, kann der Unternehmer heute jedes geeignete Fahrzeug – unter Beachtung der zahlenmäßigen Beschränkung – einsetzen, sofern die Voraussetzungen des § 12 GüKG gegeben sind. Diese Voraussetzungen lauten: Das Kraftfahrzeug muß auf den Namen des Unternehmers zugelassen sein und ihm gehören oder auf Abzahlung gekauft sein. Außerdem muß es auf den in der Genehmigungsurkunde bezeichneten Standort zugelassen sein. Zum Nachweis der Berechtigung sind auf jeder Fahrt, und zwar auf der gesamten Beförderungsstrecke die Genemigungsurkunde sowie das Fahrtenbuch, in das das amtliche Kennzeichen des Fahrzeuges einzutragen ist, mitzuführen. Im Güterliniennahverkehr gilt die G. für die Einrichtung und den Betrieb der Linien und die Streckenführung, ferner für die Art, Zahl und das Fassungsvermögen der Fahrzeuge sowie für den Tarif. Im Güterfernverkehr gibt es beschränkte und unbeschränkte Genehmigungen sowie solche für den grenzüberschreitenden Verkehr. Im Bereiche der →EG gibt es darüber hinaus Europagenehmigungen und im Gebiete der Länder, die der Europäischen Verkehrsministerkonferenz angehören, sogenannte →CEMT-Genehmigungen. →Genehmigungsarten. Die G. wird nur erteilt, wenn der Unternehmer und die für die Führung der Geschäfte bestellte Person zuverlässig sind, der Unternehmer oder die zur Führung der Geschäfte bestellte Person fachlich geeignet und die finanzielle Leistungsfähigkeit des Betriebes gewährleistet ist. Die Genehmigung für den Fernverkehr wird darüber hinaus nur erteilt, wenn das für das betreffende Land zur Verfügung stehende →Kontingent an Genehmigungen nicht überschritten ist. Ein Versagungsgrund liegt auch dann vor, wenn die Ausgabe weiterer Genehmigungen mit dem öffentlichen Interesse an der Aufrechterhaltung eines geordneten Güterfernverkehr nicht vereinbar wäre. Die →fachliche Eignung ist durch eine angemessene Tätigkeit in einem Unternehmen des Güterkraftverkehrs oder in einem Speditionsunternehmen, das Güterkraftverkehr betreibt oder aber durch eine Prüfung nachzuweisen. Diese Prüfung wird von einem bei der zuständigen Industrie- und Handelskammer eingerichteten Prüfungsausschuß abgenommen. Einzelheiten regelt die ,,Zweite Verordnung über den Nachweis der fachlichen Eignung und der Sachkunde zur Führung von Güterkraftverkehrsunternehmen vom 24. April 1973" (BGBl. I S. 331). Der Genehmigungsantrag im Güterfernverkehr ist mittels vorgeschriebenem Formular in sechsfacher Ausfertigung zu stellen (→AVV). →Genehmigungsarten, →Genehmigungserteilung, →Genehmigungsrücknahme, →Genehmigungsübertragung, →Genehmigungsverfahren, →Genehmigungsbehörde.

Genehmigungsablauf – →Genehmigungserneuerung. →Genehmigungsantrag.

Genehmigungsarten – (auch Konzessionen genannt). Das →GüKG unterscheidet folgende Genehmigungsarten: 1. Genehmigungen für den →allgemeinen Güterfernverkehr, auch unbeschränkte oder rote Genehmigungen genannt, 2. Genehmigungen für den →Bezirksgüterfernverkehr, auch Bezirks- oder blaue Genehmigungen genannt. Diese gelten nur in der mit 150 km Luftlinie um den Standort gebildeten Zone. 3. Genehmigungen für den →grenzüberschreitenden Güterfernverkehr. Diese, auch als rosa Genehmigungen bezeichnet, gelten nur für den grenzüberschreitenden Verkehr, wobei in Verbindung mit jeder Auslandsfahrt eine Beförderung mit dem gleichen Fahrzeug im Binnenverkehr durchgeführt werden darf. 4. Zusätzlich zu diesen Genehmigungen für den grenzüberschreitenden Verkehr sind jetzt noch weitere derartige Genehmigungen geschaffen worden (blaßrosa-Genehm.), bei denen jeder Transport im Inlandverkehr unzulässig ist. 5. Genehmigungen für den Möbelfernverkehr, auch als gelbe Genehmigungen bezeichnet. Nachdem die Genehmigungen für den Transport von Umzugsgut entfallen sind, ist ein Umtausch von gelben in rote Genehmigungen vorgesehen und z. T. bereits erfolgt. Diese Genehmigungsart läuft deshalb aus (→Erlaubnis, →Umzugsgutverkehr). 6. Als weitere Genehmigungen sind diejenigen zu nennen, die als →Europagenehmigungen der EWG – jeweils im Umfange des Ministerratsbeschlusses – ausgegeben werden. Diese Gen. berechtigen zum freizügigen Verkehr in der gesamten EWG einschließlich →Drittländerverkehr. 7. →CEMT-Genehmigungen, die ebenfalls in beschränkter Zahl ausgegeben werden und zum freizügigen Verkehr im Bereich der Länder berechtigen – ebenfalls einschließlich Dreiländerverkehr – die der Europäischen Verkehrsministerkonferenz (→CEMT) angeschlossen sind. 8. Genehmigungen für den Güterliniennahverkehr. Alle die vorgenannten Genehmigungsarten sind kontingentiert nach § 9 GüKG bzw. den entsprechenden Beschlüssen der EWG und CEMT. Die Kontingente sind durch die ,,Sechste Verordnung über die Höchstzahlen der Kraftfahrzeuge des Güterverkehrs und der Fahrzeuge des Möbelfernverkehrs vom 3. Juli 70 (letzte Fassung 24. Nov. 78 BGBl. I S.

1909)" auf die Länder aufgeteilt worden. Eine Kontingentierung gilt nicht für die Gen. des Güterliniennahverkehrs. Für die Durchführung von grenzüberschreitenden Verkehren bedarf es außer einer nationalen (Ausnahme EWG und CEMT-Gen. in ihrem Geltungsbereich) noch einer Zusatzgenehmigung aus den bilateral vereinbarten Kontingenten.

Genehmigungsbehörde –Bezeichnung für die für die Erteilung einer →Genehmigung zum Betreiben von gewerblichem →Güterfernverkehr sowie von →Güterliniennahverkehr zuständige höhere Landesverkehrsbehörde, in deren Bezirk das beantragende Unternehmen seinen Sitz oder eine gerichtlich eingetragene Zweigniederlassung hat und das Kraftfahrzeug seinen Standort erhalten soll.

Genehmigungsentzug – →Genehmigungsrücknahme.

Genehmigungserteilung – Erteilung der erforderlichen Genehmigung für das Betreiben von gewerblichem →Güterfernverkehr sowie Güterliniennahverkehr durch die zuständige →Genehmigungsbehörde, sofern die hierfür vorgeschriebenen Voraussetzungen erfüllt sind. →Genehmigung. Für den Antrag auf G. sind bestimmte Formblätter mit den dazu erforderlichen Eintragungen vorgeschrieben. Vor Entscheidung über den Antrag ist die Genehmigungsbehörde verpflichtet, die →Bundesanstalt für den Güterfernverkehr, die beteiligten Verbände des →Verkehrsgewerbes, die fachlich zuständige Gewerkschaft und die zuständige Industrie- und Handelskammer zu hören (→Anhörung). Die Genehmigung wird durch Aushändigung einer →Genehmigungsurkunde erteilt.

Genehmigungserneuerung – Auf die Neuerteilung der Genehmigung nach Ablauf der Geltungsdauer (in der Regel 8 Jahre) besteht ein Rechtsanspruch, wenn die Genehmigung in der Vergangenheit hinreichend ausgenutzt wurde und keine Gründe für eine →Genehmigungsrücknahme gegeben sind. Eine Versagung wegen ungenügender Ausnutzung ist nur dort gerechtfertigt, wo diese aus vom Unternehmer selbst zu vertretenden Gründen gegeben ist. Wenn wegen des Standortes in grenznahen Gebieten oder aus Krankheitsgründen eine unzureichende Ausnutzung gegeben ist, so soll das nicht zum Anlaß genommen werden, die Genehmigung nicht wiederzuerteilen.

Genehmigungshandel – Nach der neuen Rechtslage (§ 10 GüKG) ist nur noch die Übertragung des Unternehmens als Ganzes möglich. Der Verkauf einzelner Genehmigungen ist dagegen unzulässig. Auch der bedingte Verzicht (→Genehmigungsübertragung) ist nicht mehr anwendbar. Damit ist dem Handel mit Genehmigungen, wie er früher üblich war, mit Ausnahme von Betrieben als Ganzes – der Boden entzogen. Nach der Entscheidung des Bundesverfassungsgerichts verstößt der Handel mit Genehmigungen gegen Artikel 12 Abs. 1 und Art. 3 Abs. 3 Grundgesetz. Der in einer Kontingentierung von Genehmigungen liegende Eingriff in das Grundrecht der Freiheit der Berufswahl wäre verfassungswidrig, wenn die Genehmigungen frei übertragbar und Gegenstand von Handelsgeschäften würden.

Genehmigungspflicht – G. besteht für den gewerblichen Güterfernverkehr in allen seinen Formen (unbeschränkter, Bezirks- und grenzüberschreitender Verkehr) sowie im Güterliniennahverkehr. Ausgenommen sind durch das GüKG nicht erfaßte Beförderungen nach § 4 sowie in der →Freistellungsverordnung erfaßte Beförderungen. Der G. unterliegt auch die einmalige oder nur gelegentlich durchgeführte Güterbeförderung im Fernverkehr für Dritte. →Genehmigung.

Genehmigungsrücknahme – Rücknahme einer für den Güterfernverkehr oder Güterliniennahverkehr erteilten Genehmigung. Die Voraussetzungen für die G. sind in § 102 b wie folgt geregelt: Die Genehmigung kann zurückgenommen werden, wenn der Unternehmer oder sein Bevollmächtigter über Tatsachen, die für die Erteilung der Genehmigung erheblich waren, vorsätzlich oder grobfahrlässig unrichtige Angaben gemacht hat. Die Genehmigung kann ferner widerrufen werden, wenn 1. der Unternehmer die in § 22 Abs. 2, den §§ 27–29, 41 und 85 festgesetzten Verpflichtungen wiederholt gröblich verletzt hat, 2. der Unternehmer des Güterfernverkehrs drei Monate kein Kraftfahrzeug mehr besitzt, das der Voraussetzung des § 12 Abs. 1 entspricht, 3. ein nach den §§ 27 oder 85 (2) vorgeschriebenes Versicherungsverhältnis erloschen ist, 4. über das Vermögen des Unternehmers der Konkurs eröffnet oder die Eröffnung des Konkurses mangels einer den Kosten des Verfahrens entsprechenden Konkursmasse abgelehnt wird, 5. der Unternehmer die sozialrechtlichen oder arbeitsrechtlichen Verpflichtungen, die ihm kraft Gesetzes oder Tarifvertrages obliegen, wiederholt nicht erfüllt hat, 6. Personen, die für die Leitung des Unternehmens verantwortlich sind, gegen Auflagen oder Beschränkungen der Genehmigung wiederholt in grober Weise verstoßen oder die im Interesse der öffentlichen Sicherheit erlassenen Vorschriften trotz Verwarnung nicht erfüllt haben, 7. Personen, die für die Leitung des Unternehmens verantwortlich sind, wegen Verstoßes gegen die Tarifvorschriften mehr als zweimal rechtskräftig verurteilt worden sind, 8. der Unternehmer die ihm obliegenden steuerrechtlichen Verpflichtungen wiederholt nicht erfüllt hat, 9. nach Erteilung der Genehmigung andere schwerwiegende Umstände eintreten, aus denen sich die Unzuverlässigkeit der für die Leitung des Unternehmens verantwortlichen Personen ergibt, 10. der Unternehmer den Fernverkehrsbetrieb nicht binnen drei Monaten nach Erteilung der Genehmigung aufgenommen oder die Genehmigung während einer Dauer von sechs Monaten nicht ausgenutzt hat oder 11. der Unternehmer im Zwangsvollstreckungsverfahren wegen einer Geldforderung in das bewegliche Vermögen eine eidesstattliche Versicherung abgegeben hat.

Genehmigungsträger – begrifflich gleichzusetzen mit dem Inhaber (→Unternehmer) einer für das Betreiben von gewerblichem →Güterfernverkehr sowie von →Güterliniennahverkehr vorgeschriebenen →Genehmigung.

Genehmigungsübertragung – Die Übertragung einer für den →gewerblichen Güterfernverkehr erteilten Genehmigung auf einen Dritten ist grundsätzlich nicht möglich. Ausnahmen sind gegeben bei der Veräußerung des Betriebes als Ganzes nach § 10 (4) →GüKG. Auch eine Aufteilung auf mehrere Unternehmen ist bei Übertragung im Ganzen zulässig. Eine weitere Ausnahme gilt für die Umwandlung eines Unternehmens in eine andere Rechtsform nach dem Umwandlungsgesetz sowie im Erbfalle. Beim Tode des Unternehmers darf der Erbe den Betrieb vorläufig weiterführen, muß aber innerhalb 3 Monaten einen Übertragungsantrag stellen. Im Falle der Erwerbs- oder Geschäftsunfähigkeit des Unternehmers oder der für die Führung der Geschäfte bestellten Person darf das Unternehmen bis zu 6 Monate weitergeführt werden. In allen derartigen Übertragungsfällen ist das →Genehmigungsverfahren unter Anhörung der anhörungsberechtigten Stellen durchzuführen. Die Übertragung erfolgt auch, wenn das Landeskontingent überschritten ist. Die übertragenen Genehmigungen gelten für die Restdauer der ursprünglichen Genehmigung. Das früher übliche und tolerierte Institut des ,,bedingten Verzichts", d. h. Verzicht zugunsten eines Dritten, bei dem die Genehmigungsvoraussetzungen gegeben sind, ist nicht mehr möglich.

Genehmigungsurkunde – Urkunde, die den Unternehmer berechtigt, Aufträge zur Beförderung von Gütern im gewerblichen Güterfernverkehr oder Liniennahverkehr durchzuführen. Die Genehmigung muß enthalten a. einen Hinweis auf das GüKG, b. die Bezeichnung des Unternehmers (Unternehmens) ,dem die Genehmigung erteilt wird, c. Sitz des Unternehmers (Standort), d. die Zeitdauer, für die die Genehmigung erteilt wird (im Fernverkehr regelmäßig 8 Jahre, im Güterliniennahverkehr zeitlich unbegrenzt), e. evtl. Bedingungen, Auflagen oder verkehrsmäßige Beschränkungen. Die Genehmigung unterscheidet sich nach den verschiedenen Genehmigungsarten. Eine Ausfertigung der Genehmigungsurkunde ist auf allen Fahrten mitzuführen und den zuständigen Kontrollorganen auf Verlangen zur Prüfung vorzulegen. →Genehmigungsarten, →Genehmigungserteilung, →Genehmigungsrücknahme, →Genehmigungsübertragung, →Genehmigungsverfahren, →Berichtigung der Genehmigungsurkunde.

Genehmigungsverfahren – Verfahren für die →Genehmigungserteilung, das dafür sorgen soll, daß im gewerblichen →Güterfernverkehr nur zuverlässige und fachlich geeignete Unternehmer, bei denen die Leistungsfähigkeit des Betriebes gewährleistet ist, →Genehmigungen für den Güterfernverkehr erhalten. →Genehmigungsbehörden sind die höheren Landesbehörden, also in der Regel die Regierungspräsidenten. Sie haben vor Genehmigungserteilung die zuständigen →Außenstellen der Bundesanstalt für den Güterfernverkehr, den für die beantragte →Genehmigungsart zuständigen Verband, die fachlich zuständige Gewerkschaft und die zuständige →Industrie- und Handelskammer zu hören. Sie haben einen Strafregisterauszug beizuziehen sowie die Zuverlässigkeit und fachliche Eignung und die Leistungsfähigkeit des Betriebes zu prüfen. Sie haben ferner festzustellen, ob dem Antragsteller geeignete Kfz gehören oder von ihm auf Abzahlung gekauft sind (§ 12 GükG), ob ggf. ein →Scheintatbestand vorliegt, ob nach dem vorhandenen Verkehrsbedürfnis nicht eine verkehrsmäßige Beschränkung erfolgen soll (→Bezirksgenehmigung) und ob die vorgeschriebene →Versicherung abgeschlossen ist. Für das G. im gewerblichen →Güterliniennahverkehr gelten ähnliche Bestimmungen, dem Antrag sind hier eine beglaubigte Abschrift der →Erlaubnisurkunde für den Allgemeinen →Güternahverkehr oder der →Genehmigungsurkunde für den Güterfernverkehr, ein Plan über die Streckenführung der Linien mit entsprechenden näheren Angaben – auch über die Bedienungszeiten – sowie ein →Tarif beizufügen. Die Genehmigung ist auf mindestens 8 Jahre (im Güterliniennahverkehr unbegrenzt) zu erteilen. Für die Genehmigungsanträge und die →Genehmigungsurkunde sind bestimmte Formblätter vorgeschrieben.

GNT – →Tarif für den Güternahverkehr.

Geräuschentwicklung – Kraftfahrzeuge und Anhänger müssen so beschaffen sein, daß die Geräuschentwicklung das nach dem jeweiligen Stand der Technik unvermeidbare Maß nicht übersteigt. Besteht Anlaß zur Annahme, daß die Geräuschentwicklung des Fahrzeugs dieses Maß übersteigt, so ist der Führer des Fahrzeugs auf Weisung einer zuständigen Person verpflichtet, die Geräuschentwicklung durch ein Geräuschmeßgerät feststellen zu lassen. Liegt die Meßstelle nicht in der Fahrtrichtung des Fahrzeugs, so besteht die Verpflichtung nur, wenn der zurückzulegende Umweg nicht mehr als 6 km beträgt. Nach der Messung ist dem Fahrer eine Bescheinigung über das Ergebnis der Messung zu erteilen. Die Kosten der Messung fallen dem Halter des Fahrzeuges zur Last, wenn eine zu beanstandende Überschreitung des Geräuschpegels festgestellt wird. (§ 49 StVZO).

Geräuschmessung – Die G. erfolgt nach einem international festgelegten Geräuschmeßverfahren. Als Maßgröße dient der A-Schallpegel nach dezi Bel (Dezibel), abekürzt dB (A). Die Richtlinie für Geräuschmessung an Kraftfahrzeugen (Verkehrsblatt 1966, Seite 351) hat folgende Grenzwerte festgesetzt: (→Phon-System)

Fahrzeugart	Grenzwert
1. Pkw u. Kombinationskraftwagen	
a) mit einer spezifischen Leistung von nicht mehr als 70 DIN-PS je Tonne. Gesamtgewicht	80 dB(A)
b) mit einer spezifischen Leistung von mehr als 70 DIN-PS je Tonne des zul. Gesamtgewichts	84 dB(A)
2. Lkw, Kom. u. Zgm. (ausgen. die in Nr. 3 genannten Zgm.)	
a) mit einem zul. Gesamtgewicht von nicht mehr als 3,5 t	85 dB(A)
b) mit einem zul. Gesamtgewicht von mehr als 3,5 t	89 dB(A)
3. Zgm. in lof. Betrieben u. Arbeitsmaschinen	
a) mit einem zul. Gesamtgewicht von nicht mehr als 2,5 t	85 dB(A)
b) mit einem zul. Gesamtgewicht von mehr als 2,5 t	89 dB(A)
4. Kfz. der Nummern 2 und 3 mit mehr als 200 DIN-PS	92 dB(A)
5. Krad	84 dB(A)

6. Kleinrad
   a) ohne Geschwindigkeitsbegrenzung   79 dB(A)
   b) mit einer durch die Bauart bestimmten Höchstgeschwindigkeit
      von nicht mehr als 40 km/h   73 dB(A)
7. FmH
   a) mit einer durch die Bauart bestimmten Höchstgeschwindigkeit
      von mehr als 25 km/h   73 dB(A)
   b) mit einer durch die Bauart bestimmten Höchstgeschwindigkeit
      von nicht mehr als 25 km/h   70 dB(A)

Für das Motorbremsgeräusch gelten für die einzelnen FzArten Grenzwerte. die um jeweils 2 dB(A) höher als die angegebenen liegen.

Im Rahmen vorgegebener Meßmethoden werden dabei gemessen:
– das Fahrgeräusch
– das Standgeräusch
– das Rundumgeräusch
– das Motorbremsgeräusch.

Auf EG-Ebene wird der Geräuschpegel angesprochen in der ,,Richtlinie des Rates vom 6. Februar 1970 zur Angleichung der Rechtsvorschriften der Mitgliedstaaten über den zulässigen Geräuschpegel und die Auspuffvorrichtung von Kraftfahrzeugen'' (70/157 EWG, zuletzt geändert durch die Änderung vom 13. 04. 1982; 81 334/EWG).

In dieser Richtlinie werden für beschriebene Fahrzeugklassen die folgenden Grenzwerte festgelegt:

		dB(A)
5.2.2.1.1.	Fahrzeuge für die Personenbeförderung mit höchstens neun Sitzplätzen einschließlich Fahrersitz	80
5.2.2.1.2.	Fahrzeuge für die Personenbeförderung mit mehr als neun Sitzplätzen einschließlich Fahrersitz mit einer zulässigen Gesamtmasse von nicht mehr als 3,5 t	81
5.2.2.1.3.	Fahrzeuge für die Güterbeförderung mit einer zulässigen Gesamtmasse von nicht mehr als 3,5 t	81
5.2.2.1.4.	Fahrzeuge für die Personenbeförderung mit mehr als 9 Sitzplätzen einschließlich Fahrersitz mit einer zulässigen Gesamtmasse von mehr als 3,5 t	82
5.2.2.1.5.	Fahrzeuge für die Güterbeförderung mit einer zulässigen Gesamtmasse von mehr als 3,5 t	86
5.2.2.1.6.	Fahrzeuge für die Personenbeförderung mit mehr als neun Sitzplätzen einschließlich Fahrersitz mit einer Leistung von 147 kW oder mehr	85
5.2.2.1.7.	Fahrzeuge für die Güterbeförderung mit einer Leistung von 147 kW oder mehr und einer zulässigen Gesamtmasse von mehr als 11 t	88

Die international fixierte Meßmethode ist der nationalen vergleichbar, so daß die internationalen Grenzwerte eine echte Verschärfung in den Anforderungen an die Fahrzeuge darstellen.

Die deutsche Nutzfahrzeugindustrie prüft, erfüllt und läßt seit Anfang des Jahres 1982 nach EG-Richtlinien zu.

Die Bundesregierung hat in Konsequenz der 205. Sitzung des Bundestages am 06. 03. 1980 die EG-Gremien aufgefordert, für 1985 die folgenden Zielwerte für nachfolgend aufgeführte Fahrzeuge festzusetzen:

Pkw	75 dB(A)
Busse bis 3,5 t	76 dB(A)
Busse über 3,5 t	80 dB(A)
Busse über 200 PS	80 dB(A)
Lkw bis 3,5 t	78 dB(A)
Lkw über 3,5 t	80 dB(A)
Lkw über 200 PS und über 12 t	80 dB(A)

– bei der EG-Kommission darauf hinzuwirken, die Arbeiten für eine weitere fühlbare Senkung der Geräuschgrenzwerte von Krafträdern so bald wie möglich aufzunehmen;
– die Verschärfung der Geräuschvorschriften für Mofas. Mopeds und Kleinkrafträder alsbald in der Straßenverkehrsordnung wie folgt zu regeln:
Mofas von 70 auf 67 dB(A),
Mopeds von 73 auf 68 dB(A),
Kleinkrafträder von 79 auf 74 dB(A);
Eine Realisierung dieser Werte würde nach Auffassung von Sachverständigen auf die Notwendigkeit einer Vollkapselung der Motoren mit allen Nachteilen wie erhöhtes Gesamtgewicht, geringere Nutzlast und höherer Treibstoffverbrauch hinauslaufen. Die Realisierungschancen werden deshalb gering veranschlagt.

Gesamt-Bremsweg – (Fahrer-Bremsweg), die Strecke, die ein Kraftfahrzeug vom Augenblick des Erkennens des Hindernisses durch den Kraftfahrer bis zum Stillstand in der →Gesamt-Bremszeit zurücklegt.

Gesamt-Bremszeit – der Zeitraum, der vom Augenblick des Erkennens eines zum Bremsen Anlaß gebenden Hindernisses durch den Kraftfahrer bis zum Stillstand des gebremsten Kraftfahrzeuges vergeht; er setzt sich zusammen aus Reaktionszeit, Bremsansprechzeit und Bremsverzögerungszeit.

Gesamtgewicht – Bezeichnung für das zulässige Gewicht eines Kraftfahrzeugs oder Kfz-Anhängers, festgelegt in § 34 der →Straßenverkehrszulassungs-Ordnung (StVZO). Es beträgt für ein Einzelfahrzeug (ausgenommen →Sattelanhänger) 16 t (im Saarland für den grenzüberschreitenden Verkehr 19 t), bei Fahrzeugen mit zwei und 22 t bei solchen mit mehr als zwei Achsen. Für →Sattelkraftfahrzeuge (Sattelzugmaschinen und Sattelanhänger zusammen) sowie für →Lastzuge ist das G. mit 38 t begrenzt.

Gesamtkosten – Summe der Aufwendungen (→Festkosten, →Betriebskosten und →erlösabhängige Kosten), die im üGüterkraftverkehr entstehen. Als Bezugsgröße dient in der Regel der gefahrene Kilometer, wobei allerdings zur Umlegung der festen Kosten

die jährlich erreichte Fahrleistung bekannt sein oder angenommen werden muß. Als weitere Bezugsgröße können der geleistete →Tonnenkilometer, die beförderte Mengeneinheit, die einzelne Fahrt u. ä. gewählt werden.

Geschäftliche Niederlassung – Die geschäftliche Niederlassung ist bedeutungsvoll für den Standort der Fahrzeuge nach § 6 GüKG. Der Standort bestimmt weitgehend die Einsatzfähigkeit der Fahrzeuge, besonders im →Bezirksverkehr und →Nahverkehr. Für jedes im Fern- oder Nahverkehr eingesetzte Fahrzeug muß ein Standort bestimmt sein. An diesem Standort muß das Unternehmen seinen Sitz oder eine nicht nur vorübergehende geschäftliche Niederlassung haben. Die Mindestvoraussetzungen hierfür sind in Abs. 2 des § 6 GüKG festgelegt. Erforderlich sind danach auch für eine als Fahrzeugstandort anzuerkennende Niederlassung mindestens ein entsprechend eingerichteter und ständig benutzter Raum, das Vorhandensein einer zu selbständigem Handeln befugten geschäftskundigen Person sowie eine dem Unternehmenszweck entsprechende Tätigkeit von erheblichem Umfang. Der Begriff ist im übrigen in Anlehnung an § 42 Gewerbordnung auszulegen. Die Eintragung der g. N. in das Handelsregister ist nicht erforderlich. Das Gesetz will vom Unternehmer keine im Hinblick auf die Art des Geschäftes unbilligen Aufwendungen statuieren. So kann der notwendige Geschäftsraum auch zusammen mit anderen benutzt werden. U. U. ist auch das Fehlen eines eigenen Telefonanschlusses noch kein Grund für die Verweigerung einer Anerkennung als Niederlassung, wenn die Art des Betriebes ein solches Telefon als entbehrlich erscheinen läßt. Der geschäftskundige Leiter der g. N. kann auch der Unternehmer selbst sein, sofern die räumliche Nähe das gestattet. Die Voraussetzung, daß eine dem Unternehmenszweck entsprechende Tätigkeit von erheblichem Umfang vorliegen muß, bedeutet nicht, daß eine am Sitz des Unternehmens geführte Zentralbuchhaltung oder etwa eine zentralisierte Koordinierung des Fahrzeugeinsatzes der Anerkennung einer geschäftlichen Niederlassung entgegensteht. Die Bestimmungen können deshalb als vage bezeichnet werden. Die

Entscheidung wird stets die Gesamtumstände der geschäftlichen Tätigkeit des Betriebes sowie die allgemeinen organisatorischen Vorkehrungen berücksichtigen. Die Rechtsprechung zu diesem Komplex hat sich ebenfalls weitgehend von solchen Überlegungen leiten lassen und versucht, reine Umgehungstatbestände auszusondern. (Bundesverwaltungsgerichtsbeschluß v. 17. 12. 65 und vom 21. 12. 67 sowie OVVG Koblenz, Urteil vom 10. 12. 73).

Geschäftsführer – Der Unternehmer kann für die Führung der Geschäfte eine andere Person bestellen. Diese muß dann nach §§ 10 und 81 GüKG ebenso wie der Unternehmer selbst zuverlässig sowie fachlich geeignet sein (→Zuverlässigkeit, →Sachkunde, →Sachkundeprüfung). Bei Personengesellschaften genügt es, wenn nur der zum Geschäftsführer bestellte Gesellschafter die Voraussetzungen erfüllt, da in diesem Falle die anderen Gesellschafter von der Geschäftsführung ausgeschlossen sind (§§ 114 bzw. 710 HGB in Verbindung mit §§ 161 und 164). Falls kein Geschäftsführer bestellt ist, sind alle Gesellschafter zur Geschäftsführung berufen und müssen somit auch alle die Voraussetzungen des GüKG erfüllen.

Geschäftssitz – Der Sitz eines Unternehmens nach § 6 GüKG. Dafür sind die im Gesetz festgelegten Mindestvoraussetzungen maßgebend, damit eine Anerkennung als Standort der Fahrzeuge erfolgen kann. →geschäftliche Niederlassung.

Geschwindigkeit (§ 3 StVO) – (1) Der Fahrzeugführer darf nur so schnell fahren, daß er sein Fahrzeug ständig beherrscht. Er hat seine Geschwindigkeit insbesondere den Straßen-, Verkehrs-, Sicht- und Wetterverhältnissen sowie seinen persönlichen Fähigkeiten und den Eigenschaften von Fahrzeug und Ladung anzupassen. Er darf nur so schnell fahren, daß er innerhalb der übersehbaren Strecke halten kann. Auf Fahrbahnen, die so schmal sind, daß dort entgegenkommende Fahrzeuge gefährdet werden könnten, muß er jedoch so langsam fahren, daß er mindestens innerhalb der Hälfte der übersehbaren Strecke halten kann.

(2) Ohne triftigen Grund dürfen Kraftfahrzeuge nicht so langsam fahren, daß sie den Verkehrsfluß behindern.
(3) Die zulässige Höchstgeschwindigkeit beträgt auch unter günstigen Umständen
1. innerhalb geschlossener Ortschaften für alle Kraftfahrzeuge 50 km/h,
2. außerhalb geschlossener Ortschaften
a) für Kraftfahrzeuge mit einem zulässigen Gesamtgewicht über 2,8 bis 7,5 t, ausgenommen Personenkraftwagen mit Anhänger und Lastkraftwagen bis zu einem zulässigen Gesamtgewicht von 2,8 t mit Anhänger und für Kraftomnibusse, auch mit Gepäckanhänger 80 km/h.
b) für Kraftfahrzeuge mit einem zulässigen Gesamtgewicht über 7,5 t, für alle Kraftfahrzeuge mit Anhänger, ausgen. Personenwagen und Lastkraftwagen bis zu einem Gesamtgewicht von 2,8 t 60 km/h.
c) für Personenwagen sowie andere Kraftfahrzeuge bis 2,8 t Gesamtgewicht 100 km/h. Diese G. gelten für Land- und Bundesstraßen, jedoch nicht für Autobahnen. Auf Autobahnen gilt für Pkw. keine Höchstgeschwindigkeit, für Omnibusse eine solche von 100 km/h und für LKW über 7,5 t Gesamtgewicht 80 km/h.

Geschwindigkeitsmesser – auch Tachometer, zeigt die jeweilige Geschwindigkeit des Fahrzeugs in km/std. an. Oft ist der G. mit einem Wegstreckenmesser verbunden, so daß gleichzeitig der zurückgelegte Weg abgelesen werden kann. Alle Kfz, die für eine Geschwindigkeit über 20 km/std. gebaut sind, müssen mit einem G. ausgerüstet sein.

Geschwindigkeitsschreiber – →Fahrtenschreiber.

Geschwindigkeittabelle – Tabelle für die Schnelligkeit, mit der sich ein Körper bewegt, stellt die Zeitspanne dar, die er für einen bestimmten Wegabschnitt benötigt. Fährt z. B. ein Radfahrer in einer Stunde 15 Kilometer weit, dann hatte er eine durchschnittliche Geschwindigkeit von 15 km je Stunde, legte einen Meter in 4,17 Sekunden zurück und benötigte für einen Kilometer vier Minuten, für 100 Meter 24 Sekunden. Es ergibt sich nachstehende Übersicht:

km in einer Stunde	Meter in einer Sek.	1 Kilometer in Min.	Sek.	100 m in Sek.
1	0,28	60	–	360,0
5	1,39	12	–	72,0
10	2,78	6	–	36,0
15	4,17	4	–	24,0
20	5,56	3	–	18,0
25	6,94	2	24	14,4
30	8,33	2	–	12,0
35	9,72	1	43	10,3
40	11,1	1	30	9,0
45	12,5	1	20	8,0
50	13,9	1	12	7,2
60	16,7	1	–	6,0
70	19,4	–	51,4	5,1
80	22,2	–	45	4,5
90	25,0	–	40	4,0
100	27,8	–	36	3,6
110	30,6	–	32,7	3,3
120	33,4	–	30	3,0
130	36,1	–	27,7	2,8
140	38,9	–	25,7	2,6
150	41,7	–	24,0	2,4
160	44,4	–	22,5	2,3
170	47,2	–	21,2	2,1
180	50,0	–	20,0	2,0
190	52,8	–	19,0	1,9
200	55,6	–	18,0	1,8
250	69,4	–	14,4	1,4
300	83,3	–	12,0	1,2
400	111	–	9,0	0,9
500	139	–	7,2	0,7
600	167	–	6,0	0,6
700	194	–	5,1	0,5
800	222	–	4,5	0,5
900	250	–	4,0	0,4
1000	278	–	3,6	0,4

Gesellschaft für Verkehrsbetriebswirtschaft und Logistik e. V. (GVB) – Die GVB befaßt sich schwergewichtig mit der vertieften Anwendung moderner betriebswirtschaftlicher Methoden im Verkehr, bes. im Straßengüterverkehr. Im Zusammenwirken von Wissenschaft und Praxis werden hierzu Untersuchungen angestellt und Modelle entwickelt. Das gilt insbesondere auch für den Bereich logistischer Systeme. Rationalisierung der Transportorganisation, Kosten-

rechnung, verbesserte Einsatzplanung, Entwicklung leistungsfähiger Informatiksysteme. Förderung der betrieblichen Kooperation sowie betriebswirtschaftliche Schulung gehören zu den Zielsetzungen der GVB.

Gesetz über den Güterfernverkehr mit Kraftfahrzeugen – →Güterfernverkehrsgesetz.

Getriebe – technische Anlage, die der Über- oder Untersetzung der Drehzahl einer Antriebswelle dient. Ferner kann mittels eines G. die Drehrichtung geändert werden. Ein Verbrennungsmotor gibt seine max. Leistung nur in einem geringen Drehzahlbereich ab. Damit diese Leistung dem Fahrzeug für alle Geschwindigkeiten zur Verfügung steht, schaltet man zwischen Motor und Achsantrieb ein mehrstufiges G. ein. G. werden ausgeführt als Zahnrad-Wechselgetriebe (Zahnräder mit verschiedenen Zähnezahlen stellen die Übersetzung her), als Keilriemengetriebe oder als →Flüssigkeitsgetriebe.

gewerblicher Güterfernverkehr – →Güterfernverkehr, →gewerblicher Güterkraftverkehr.

gewerblicher Güterkraftverkehr – Beförderung von Gütern für Dritte gegen Entgelt, und zwar sowohl innerhalb der →Nahzone (→Güternah- und →Güterliniennahverkehr) als auch über die Nahzone hinaus (gewerblicher →Güterfernverkehr).

gewerblicher Güternahverkehr →Güternahverkehr, →gewerblicher Güterkraftverkehr.

Gewerbsmäßigkeit – Der Inhalt des Begriftes Gewerbsmäßigkeit nach § 80 GüKG ist gemäß höchstrichterlicher Rechtsprechung (BVerwG Urt. v. 13. 4. 62 – VRS 23, 159) demjenigen des Gewerberechts gleichzusetzen, da das GüKG Teil des Wirtschaftsrechts ist, dem auch die Gewerbeordnung zuzurechnen ist. Danach sind als die wichtigsten Kriterien der Gewerbsmäßigkeit anzusehen: gewisse Dauer, fortgesetzte Tätigkeit sowie die Absicht der Erzielung unmittelbarer oder mittelbarer wirtschaftlicher Vorteile.

Gewicht – Grundlage der Frachtberechnung im Güterverkehr (wirkliches G.). Wegen Gewichtsfeststellung: →Verwiegung. Das wirkliche G. wird in bestimmten Fällen ermäßigt (gebrauchte Packmittel) oder erhöht (sperrige Güter). Tariflich bestimmte Mindestgewichte betragen bei Stückgutversand für Fracht- und Eilstückgut 20 kg, bei Wagenladungen und Anwendung der 5-t-Nebenklassensätze 5000 kg – oder, wenn billiger, 2000 kg nach den Stückgutsätzen –, bei Anwendung der 10-t-Sätze, mindestens 10 000 kg, der 15-t-Sätze mindestens 15 000 kg, der 20-t-Sätze mindestens 20 000 kg, der 23-t-Sätze 23 000 kg und der 24-t-Sätze 24 000 kg. Für →unhandliche Güter gelten besondere Mindestgewichte. Das im Einzelfall der Frachtberechnung zugrunde zu legende Gewicht heißt frachtpflichtiges Gewicht. Es wird bei Stückgutsendungen bis 1000 Kilogramm auf volle 10 kg, in allen anderen Fällen auf volle 100 kg aufgerundet.

Gewichtsbegrenzung – Bezeichnung für die im Bedarfsfalle festgesetzten Werte für die höchstzulässige Belastung von Brücken. Da die Tragfähigkeit von Brücken oft geringer ist als die →zulässigen Gesamtgewichte von Straßenfahrzeugen, zwingt die G. besonders auch den →Straßengüterverkehr in solchen Fällen zu erheblichen Umwegen.

Gewichtsbescheinigung – zollrechtliches Erfordernis für Lastkraftwagen. Auf Antrag kann die zuständige Zollstelle von dem Wiegen eines leeren Lastkraftwagens absehen, wenn sie keine Bedenken hat und der Zollbeteiligte eine zollamtliche Gewichtsbescheinigung nach Muster a der Anlage 2 der Allgemeinen Zollordnung vorlegt.

Gewichtsbeschränkung – Bezeichnung für die in der →Straßenverkehrszulassungsordnung (StVZO) festgelegte Beschränkung des →zulässigen Gesamtgewichts der Fahrzeuge und der →Achslasten.

Gewichtseintragung im Frachtbrief – Der Absender hat in den Frachtbrief entweder das Gewicht der Sendung einzutragen oder im Frachtbrief zu beantragen, daß der Unternehmer das Gewicht feststellen soll (§ 11 KVO).

Nach §16 Abs. 4 KVO ist der Unternehmer auf Antrag des Absenders, der im Frachtbrief gestellt werden muß (§ 11 KVO), verpflichtet, das Gewicht festzustellen, es sei denn, daß die vorhandenen Wiegeeinrichtungen nicht ausreichen oder die Beschaffenheit des Gutes oder die Betriebsverhältnisse diese Feststellung nicht gestatten.

Das Gewicht hat der Unternehmer auch ohne Antrag festzustellen, wenn es im Frachtbrief nicht angegeben ist. Für diese Feststellung wird die tarifmäßige Gebühr erhoben. Kann das Gewicht am Versandort nicht festgestellt werden, so geschieht es an einem anderen Ort.

Nach § 10 der ,,Verordnung über die Tarifüberwachung im Güterfernverkehr'' (TÜVO) hat der Unternehmer bei der Beförderung von Gütern im Ladungsverkehr die Fahrzeuge unverzüglich nach der Beladung auf einer geeigneten Waage wiegen zu lassen, wenn das Gewicht im Frachtbrief nicht oder offenbar unrichtig angegeben ist. Die Verpflichtung des Absenders nach § 11 Abs. 1 e der KVO und seine Verantwortlichkeit für eine richtige Gewichtsangabe im Frachtbrief nach den §§ 28 und 30 des GüKG bleiben unberührt. Die Verwiegung kann nach dieser Bestimmung nicht willkürlich verzögert werden.

Der Unternehmer kann nicht in Anspruch genommen werden bei Feststellung eines Mindergewichts durch den Empfänger, wenn der Spediteur mangels Verwiegung bei Übernahme des Gutes durch den Unternehmer seine Gewichtsangabe nicht Beweis führen kann und ein Antrag gemäß § 16 Abs. 4 KVO nicht gestellt war.

Für den Unternehmer besteht aufgrund der Verordnung über die Tarifüberwachung (siehe unter ,,Frachtenprüfung'') eine öffentlich-rechtliche Verpflichtung zur Verwiegung, sofern das Gewicht im Frachtbrief nicht oder offenbar unrichtig angegeben ist. Dem Unternehmer ist damit eine gewisse Verantwortung insofern übertragen worden, als er sich nicht ohne weiteres auf ein im Frachtbrief angegebenes Gewicht verlassen darf, bzw. dieses Gewicht nicht aufgrund grober oder ungenauer Schätzung eintragen lassen darf, sondern aufgrund seiner fachlichen Eignung, die ja Genehmigungsvoraussetzung für den Betrieb seines

Güterfernverkehrs ist, in der Lage sein muß, das Gewicht der Ladung so abzuschätzen, daß es mit dem im Frachtbrief angegebenen Gewicht etwa übereinstimmt. Eine Überladung von wesentlicher Bedeutung muß auffallen. (Siehe Beschluß AG Stuttgart vom 29. 7. 57 – B 11 Gs [B] 54/57.) Der Spediteur ist nach § 7 a ADSp ohne Auftrag nicht verpflichtet, die Angaben des Absenders nachzuprüfen oder zu ergänzen, es sei denn, daß dies geschäftsüblich ist. Etwaige Folgen falscher oder unvollständiger Angaben fallen dem Auftraggeber zur Last, auch wenn ihn kein Verschulden trifft. Wenn dem Spediteuer dagegen Vorsatz nachgewiesen werden kann (z. B. zur Erlangung unzulässiger Frachtvorteile), ist er mitverantwortlich. Es erscheint nicht abwegig, eine Verpflichtung des Spediteurs zur Verwiegung des Transportgutes grundsätzlich auch dann anzunehmen, wenn er wissen mußte, daß keine Verwiegung erfolgte, weil er zufolge seiner Sorgfaltspflicht als Spediteur dafür zu sorgen hat, daß diesem Mangel abgeholfen wird. Eine Verletzung der Sorgfaltspflicht des Spediteurs kann u. U. auch darin gesehen werden, daß er bei bewußter Unterlassung der Verwiegung seinen Kunden nicht auf die ihm drohende Gefahr hingewiesen hat. →Gewichtsfeststellung, →Verwiegung und →Wiegegeld.

Gewichtsfeststellung – Die G. ist für den gewerblichen →Güterfernverkehr mit Kfz in der →KVO geregelt. Danach ist der →Unternehmer bei →Stückgütern verpflichtet, das Gewicht gebührenfrei festzustellen. Bei →Ladungsgütern ist der Unternehmer auf Antrag des →Absenders, der im →Frachtbrief enthalten sein muß, verpflichtet, das Gewicht festzustellen, es sei denn, daß die vorhandenen Wiegevorrichtungen nicht ausreichen oder die Beschaffenheit des Gutes oder die Betriebsverhältnisse die G. nicht gestatten. Eine G. ist durch den Unternehmer auch dann vorzunehmen, wenn das Gewicht im Frachtbrief nicht angegeben ist. Für diese Feststellung wird die tarifmäßige Gebühr erhoben. Kann das Gewicht am Versandort nicht festgestellt werden, so geschieht es an einem anderen Ort. Die G. hat der Unternehmer auf dem Frachtbrief zu bescheinigen. →Verwiegung.

Gewichtsgrenzen – Für die Frachtberechnung im gewerblichen Güterfernverkehr mit Kfz. gelten nach den →Vorschriften für die Frachtberechnung des →RKT für Ladungsgüter (außer bei Frachtberechnung mit Grundsätzen für Stückgut) die Klassen A/B, E und F. Jede Tarifklasse hat 6 Gewichtsklassen (5, 10, 15, 20, 23 und 24 t). Bei Anwendung der Ladungsklassen gelten die Gewichtsklassenwerte als Mindestgewichte (bei Anwendung der 20-A-Klasse also z. B. 20 000 kg.). Liegt das frachtpflichtige Gewicht einer Sendung zwischen 2 Mindestgewichten, so wird die Fracht für das wirkliche, auf 100 kg aufgerundete Gewicht nach den Frachtsätzen für das niedrigere Mindestgewicht berechnet, sofern die Frachtberechnung nach dem Frachtsatz für das höhere Mindestgewicht unter Zugrundelegung dieses Mindestgewichts nicht eine billigere Fracht ergibt (→Grenzgewicht).

Gewichtsklassen – Im →RKT gelten generell (Ausnahme für 23- und 24-t-Klasse bei Isothermfahrzeugen, wenn Zuschlag zur Berechnung kommt sowie bei Aufteilung auf mehrere Lastzüge nach § 20 KVO) die Gewichtsklassen 5, 10, 15, 20, 23 und 24 t. Die oberste Gewichtsklasse wird in der Regel als Hauptklasse bezeichnet, die niedrigeren Gewichtsklassen gelten als Nebenklassen.

Gewichtstarif – Bezeichnung für einen →Transporttarif, der die →Frachtberechnung nach dem Gewicht des beförderten Gutes vorsieht, wie der →Reichskraftwagentarif (RKT) für Beförderungen im gewerblichen →Güterfernverkehr mit Kfz. (Gegensatz: →Raumtarif. →Stückguttarif).

Gewichtszuschlag – Gewicht.

GFÄG – Abk. für →Güterfernverkehrs-Änderungsgesetz.

GfG – Abk. für →Güterfernverkehrsgesetz.

GIM – Abkürzung für Gruppe internationaler Möbelspediteure in der →AMö.

Gitterboxpaletten – →Paletten.

Glas-Transport – Beim Glas-Transport auf Lastkraftwagen mit Glastransportgestell ist folgendes zu beachten:

1. Das Gestell ist in der Regel Bestandteil des Aufbaus, so daß wegen der Abweichung von § 49 a Abs. 3 StVZO (gleicher Abstand der Beleuchtungseinrichtungen von der Mittellinie der Fahrzeugspur) u. U. Ausnahmen nach § 70 StVZO erforderlich sind.

2. Für die Erkennbarkeit bei Tage ist es angebracht, die seitlich über den Fahrzeugumriß hinausragenden Teile des Gestells mit einem rot-weißen Anstrich zu versehen, nötigenfalls nach Vergrößerung der Fläche durch ein Brett.

3. Die einseitige Belastung des Fahrzeugs durch das Glastransportgestell führt beim Transport schwerer Scheiben zu einem ungünstigen Fahr- und Bremsverhalten. In solchen Fällen ist die Anbringung von Gegengewichten erforderlich.

4. Gelegentlich werden auf rechts angebrachten Gestellen so große Scheiben befördert, daß die Führerhaustür an dieser Seite nicht benutzt werden kann. Dies ist nicht zu beanstanden, wenn die Insassen das Führerhaus im Falle der Gefahr ohne größere Verzögerung durch die andere Tür verlassen können.

GNT – Abk. für Güternahverkehrstarif, vgl. →Tarif des Güternahverkehrs mit Kfz.

Greifkran – Arbeitsgerät vor allem zum Beladen der Fahrzeuge des →Güterkraftverkehrs, insbesondere beim Erdaushub auf Baustellen oder beim Verladen anderer schüttbarer Massengüter (Kohle, Sand, Kies u. dgl.). Die G. sind in der Regel als →Gleisketten-Fahrzeuge ausgebildet und dann nicht straßengängig, sie werden jedoch teilweise auch mit Luftreifen versehen und können dann auch öffentliche Straßen benutzen.

Grenzdokumente →s. Seiten 90/91.

Grenzübergangsstelle – Ort, an dem eine Staatsgrenze überschritten wird. Im →grenzüberschreitenden Güterkraftverkehr findet hier auch die →Zollabfertigung statt. Die G. sind teilweise durchgehend, teilweise nur zu bestimmten Stunden geöffnet. Im grenzüberschreitenden Straßengüterverkehr ist die Frachtberechnung nach der tatsächlich berührten Grenzübergangsstelle vorzunehmen. Eine der →Wegevorschrift entsprechende günstigere Frachtberechnung wird nur anerkannt, wenn 1. der Unternehmer die Wegevorschrift im Rahmen des abgeschlossenen Beförderungsvertrages ohne Schwierigkeiten durchführen kann, 2. der Unternehmer nicht aus zwingenden Gründen, sondern nur aus eigenem Interesse von der erteilten Wegevorschrift abweicht und 3. sich nach der Wegevorschrift tatsächlich eine kürzere Tarifentfernung auf der Gesamtbeförderungsstrecke und nicht nur für einen Teilabschnitt ergibt. Liegen diese 3 Voraussetzungen nicht vor, ist der tatsächlich berührte Grenzübergangspunkt für die Frachtberechung maßgebend. →Carnet de Passage, →Carnet TIR, →Grenzdokumente, →Grenzzollamt, →Zollbehandlung.

grenzüberschreitender Güterfernverkehr – →grenzüberschreitender Güterkraftverkehr.

grenzüberschreitender Güterkraftverkehr – Beförderung von Gütern mit Kfz über die Staatsgrenze eines Landes hinaus in ein anderes Land oder durch dieses oder mehrere Länder hindurch in ein drittes Land (→Transitverkehr). Im Rahmen der →ECE – bis auf die Frage der →Genehmigung – geregelt in der →Convention relative au Contrat de transport international des marchandises par route (CMR). Deutsche Transportunternehmer müssen zur Durchführung des g. G., soweit keine anderslautende →Verwaltungsvereinbarungen (→bilaterale Verkehrsabkommen) bestehen, eine →Genehmigung bei dem Verkehrsministerium des Staates beantragen, in den sie zu fahren beabsichtigen. Ebenso bedürfen ausländische Transportunternehmer, die im g. G. Güter in die BRD oder im Transitverkehr befördern, einer besonderen Genehmigung, wobei diejenige höhere →Landesverkehrsbehörde zuständig ist, in deren Bereich der Unternehmer erstmalig beim Überschreiten der Grenze zollamtlich abgefertigt wird. Ausgenommen hiervon sind diejenigen fremdstaatlichen Unternehmer, mit deren Heimatregierung die deutsche Bundesregierung anderslautende Abkommen geschlossen hat, was in großem Umfang der Fall ist →Grenzdokumente. In solchen Abkommen sind regelmäßig bilaterale Kontingente vereinbart. Darüber hinaus besteht ein Kontingent von →EWG-Genehmigungen und →CEMT-Gen. Binnenverkehre (Kabotage) sind nicht zugelassen. Auch →Drittländerverkehre sind – außer bei EWG – und CEMT-Genehmigungen – unzulässig. →Carnet TIR →kleiner Grenzverkehr, →Masse und Gewichte. G. G. wird laufend statistisch erfaßt und die mit Lastkraftwagen über die Grenzzollstellen beförderten Güter nach Mengen monatlich und jährlich statistisch aufbereitet. Auswertung nach dem Heimatstaat des Fahrzeuges, nach Ein- und Ausladeland und Grenzzollstellen. Gesonderter Ausweis der →Durchfuhr durch das Bundesgebiet nach Versand- und Empfangsländern, Fachliche Gliederung gem. ,,Güterverzeichnis für die Verkehrsstatistiken". Veröffentlichungen durch StBA (,,Verkehr der Bundesrepublik Deutschland") ab 1956 jährl.; durch das Kraftfahrtbundesamt (Statist. Mittlg. mtl.).

grenzüberschreitender Güterverkehr – Bezeichnung für die Beförderung von Gütern über die Grenzen des Bundesgebietes hinaus, und zwar sowohl in eingehender und ausgehender Richtung sowie als Durchgangsverkehr. →Grenzüberschreitender Güterkraftverkehr.

grenzüberschreitender Straßengüterverkehr – →grenzüberschreitender Güterkraftverkehr.

Grenzzollamt – Sitz der →Grenzzollbehörde an einer →Grenzübergangsstelle als Vertretung der Bundesfinanzbehörde.

Grenzzollbehörde – Vertretung der Bundesfinanzbehörde, die mit der hoheitlichen Aufgabe der zollmäßigen Grenzüberwachung betraut ist. Im →grenzüberschreitenden Güterkraftverkehr hat die G. neben der Kontrolle der →Grenzdokumente für das Fahrzeug auch die zollamtliche Abfertigung der geladenen Güter vorzunehmen. →Carnet TIR, →Carnet de Passage, →Triptik, →Zollabfertigung →Grenzdokumente.

Grobe Fahrlässigkeit – Grob fahrlässig handelt, wer die im Verkehr erforderliche Sorgfalt gröblich außer acht läßt, wer nicht

beachtet, was unter den gegebenen Umständen jedem einleuchten müßte (RGZ vom 5. 10. 60). Grob fahrlässig handelt auch derjenige, der schon einfachste, ganz naheliegende Erwägungen nicht anstellt oder die nach Lage des Falles gebotene Sorgfalt in besonders hohem Maße außer acht läßt. (RGZ 136, 106). Der Fuhrunternehmer, der trotz Hinweis seines Fahrers auf den verkehrsunsicheren Zustand der Bremsen seines Lkw diese nicht reparieren und das Fahrzeug weiter fahren läßt oder trotz der Einwendungen des Fahrers, das Fahrzeug nicht zu überladen, dies nicht beachtet, handelt grob fahrlässig.

Grob fahrlässig handelt auch, wer mit 0,8 Promille Blutalkoholgehalt sein Fahrzeug in Betrieb nimmt. Ein Schaden, der durch grobe Fahrlässigkeit des Kaskoversicherten an seinem Fahrzeug entstanden ist, braucht vom Versicherer nicht ersetzt zu werden.

Grüne Versicherungskarte – Versicherungsschutzkarte für Kraftverkehr, beim Übertritt in Länder, in denen Haftpflichtversicherungszwang für einreisende Kraftfahrer besteht. Die internationale Grüne Versicherungskarte wird heute von vielen Ländern nicht mehr verlangt, weil man der Versicherungspflicht vertraut. →Grenzdokumente. Ist die G. K. im Bedarfsfall nicht beschafft worden (bei der Versicherungsgesellschaft des Fahrzeugeigentümers), dann muß in der Regel an der Grenze eine kurzfristige Sonderversicherung im vereinfachten Verfahren abgeschlossen werden.

G-Tarife – Bezeichnung für Ausnahmetarife für die Ein- und Ausfuhr über die trockene Grenze.

Gütegemeinschaft Paletten a. V. (GPal.) – Die Gütegemeinschaft Paletten hat die Aufgabe, die Beachtung der Qualitätsnormen der europäischen Poolpalette zu sichern. Diese Palette ist seit 1960 unter RAL-RG 993 (RAL=Reichsausschuß für Lieferbedingungen und Gütesicherung beim Deutschen Normenausschuß) zur Gütesicherung registriert. Die Gütegemeinschaft stellt einen Zusammenschluß von Palettenherstellern unter maßgebender Mitwirkung der verladenden Wirtschaft, der →Studiengesellschaft für kombinierten Verkehr und der

Grenzdokumente und sonstige Voraussetzungen
die im grenzüberschreitenden Straßengüterverkehr beachtet werden müssen.

	Ägypten	Afghanistan	Algerien	Belgien	Bulgarien	Cypern	Dänemark	DDR	Finnland	Frankreich	Großbritannien	Griechenland	Irak	Iran	Irland	Israel	Italien	Jordanien	Jugoslawien
1. Für den Fahrer																			
Reisepaß	+	+	+	−	+	+	−	+	−	−	−	−	+	+	+	−	+	−	+
Kennkarte	−	−	−	+	−	−	+	−	+	+	+	−	−	−	+	−	+	−	−
Internat. Führerschein	+	+	+	−	+	−	−	−	−	−	−	−	+	+	−	+	−	+	−
Visum	+	+	+	−	+	−	−	+	−	−	−	−	+	+	−	+	−	+	−
2. Für das Fahrzeug																			
Internat. Zulassung	+	+	+	−	−	−	−	−	−	−	−	−	+	+	−	+	−	+	−
grüne Versicherungskarte	+	−	−	+	+	−	−	+	+	+	+	+	−	−	+	+	+	−	+
Tryptik/Carnet de Passage	+	+	+	−	−	−	−	−	−	−	−	−	+	+	+	−	+	−	−
Genehmigung	○	○	○	♦	♦	♦	♦	−	♦	♦	♦	♦	−	−	♦	−	♦	○	♦
3. Für die Ladung																			
Carnet TIR	−	+	−	+	+	+	+	+	+	+	+	+	−	+	+	+	+	+	+
CMR-Frachtbrief	−	−	−	+	+	−	+	+	+	+	+	+	−	+	−	+	−	+	−
4. Sonstiges																			
Transitgenehmigung	+	+	+	+	+	+	+	−	+	+	+	+	−	+	+	−	+	−	+
Binnenverkehr (Kabotage)	−	−	−	−	−	−	−	−	−	−	−	−	−	−	−	−	−	−	−
Grenzabgaben	−	+	+	−	−	+	−	−	−	−	−	−	−	+	−	−	−	+	+
Bilaterales Verkehrsabkommen	−	−	−	+	+	+	+	+	+	+	+	+	+	−	+	−	+	−	+

+ ja   ♦ Genehmigung bei deutscher Behörde
− nein   ○ Genehmigung bei dem ausländischen Verkehrsministerium

Deutschen Bundesbahn dar. Die Gütegemeinschaft hat ihren Sitz in Hagen, Hochstr. 113.

Güter – beliebige, bewegliche zur Beförderung geeignete Gegenstände, auch lebende Tiere. (Gegensatz: Personen, Nachrichten)

Güterbeförderung – Beförderung beweglicher Gegenstände, die weder Bestandteil noch Zubehör des Fahrzeuges sind, mit dem sie befördert werden, und unabhängig von der Art des →Beförderungsmittels. →Güterfernverkehr, →Güterliniennahverkehr, →Güternahverkehr, →Umzugsverkehr, →Werkverkehr, Werkfernverkehr. G. für eigene Zwecke ist →Werkverkehr und unterliegt den dafür geltenden Vorschriften.

Güterbewegung – Die G. ist Gegenstand der statistischen Erfassung des gewerblichen

Libyen	Luxemburg	Malta	Marokko	Niederlande	Norwegen	Österreich	Pakistan	Polen	Portugal	Rumänien	Saudi-Arabien	Schweden	Schweiz	Sowjetunion	Spanien	Syrien	Tschechoslowakei	Tunesien	Türkei	Ungarn
+	−	+	+	−	−	−	+	+	+	+	+	−	−	+	−	+	+	+	−	+
−	+	−	−	+	+	+	−	−	−	−	+	+	−	+	−	−	−	+	−	
+	−	−	+	'	−	−	+	+	+	−	+	−	−	+	+	+	−	+	−	+
+	−	+	−	−	−	+	+	−	+	+	−	−	+	−	+	+	−	−	+
+	−	−	−	−	−	+	−	+	−	+	−	−	+	−	+	−	+	−	−	−
−	+	+	+	−	+	−	+	+	+	+	−	+	+	+	+	−	+	−	+	+
+	−	−	+	−	−	+	−	−	−	+	−	−	−	+	−	−	+	−	
−	−	○	○	◆	◆	◆	−	◆	◆	◆	−	◆	◆	○	◆	○	○	○	◆	○
−	+	+	+	+	+	−	+	+	+	+	−	+	−	+	−	+	+
−	+	−	−	+	+	+	−	+	+	+	+	+	−	+	−	+	+	+
−	−	+	+	+	−	+	−	+	+	+	+	+	+	+	+	+
−	−	−	−	−	−	−	−	−	−	−	−	−	−	−	−	−
−	−	+	+	−	+	+	−	−	+	−	−	−	+	−	+	+	−
−	+	−	+	+	+	+	−	+	+	+	−	+	+	−	+	−	−	−	+	−

Güterfernverkehrs (Güterbewegungsstatistik). Die Statistik wird von der →Bundesanstalt für den Güterfernverkehr unter Einschaltung des →Kraftfahrtbundesamtes nach den Frachtbriefangaben erstellt. Dargestellt wird der Güterverkehr nach Gütergattung und Verkehrsbezirken, unterteilt in Versand und Empfang, z. T. auch gegliedert nach Tarif- und Gewichtsklassen. →Güterverkehrsstatistik.

Gütereinteilung – Die Gütereinteilung für Beförderungen im gewerblichen Güterfernverkehr ist im →RKT Teil II enthalten. Die G. ist für die Tarifierung der Güter nach den verschiedenen →Regelklassen maßgebend.

Güterfernverkehr – Bezeichnung für die Ausübung des gewerblichen →Güterfernverkehrs, d. h. die gewerbliche Güterbeförderung für andere mit Kraftfahrzeugen über die Grenzen der →Nahzone hinaus oder außerhalb dieser Grenzen, gesetzlich geregelt im →Güterkraftverkehrsgesetz. Da G. genehmigungspflichtig ist, muß der Unternehmer eine Genehmigung besitzen, deren Erteilung beschränkt sein soll a) auf zuverlässige und leistungsfähige Unternehmer: b) auf eine festgelegte →Höchstzahl (→Kontingent); c) auf Unternehmer, die sich dem geltenden Tarif (→Kraftverkehrsordnung. →Reichskraftwagentarif) unterwerfen, dessen Einhaltung durch die →Bundesanstalt für den G. bzw. durch →Frachtenprüfstellen überwacht wird.

Güterfernverkehrs-Änderungsgesetz (GFÄG) – Gesetz, das am 2. 7. 1949 zur Beseitigung des aus kriegsbedingten Gründen geschaffenen Rechtszustandes der →Einschränkungsverordnung zum →Güterfernverkehrsgesetz (GFG) vom 6. 12. 1939 erlassen wurde. Hierdurch wurde eine →Neukonzessionierung des gewerblichen →Güterfernverkehrs mit Kfz und des →Möbelfernverkehrs und das Verbot des unechten →Werkfernverkehrs wieder eingeführt, nicht dagegen die endgültige Form der →Tarifüberwachung, die der Neuordnung der Organisationsform dieses Verkehrszweiges durch das →Güterkraftverkehrsgesetz (GüKG) vom 17. 10 1952 vorbehalten blieb.

Güterfernverkehrsgesetz (GFG) – Gesetz, das am 26. 6. 1935 mit Durchführungsverordnung vom 27. 3. 1936 zur Ordnung des gewerblichen →Güterfernverkehrs mit Kfz und des →Werkfernverkehrs erlassen wurde. Schaffung des →Reichskraftwagen-Betriebsverbandes (RKB). Grundzüge des G: Teilung des gesamten Straßengüterverkehrs in den →Güternahverkehr und den →Güterfernverkehr (Festsetzen der →Nahzone); freie wirtschaftliche Betätigung aller Kraftfahrzeuge in der Nahzone; Festsetzung der Bindungen, denen der Güterfernverkehr unterliegen sollte; Recht der Eisenbahn, Güterverkehr mit eigenen oder im Auftrag fahrenden Lastkraftfahrzeugen zu betreiben; keine Bindung für den echten →Werkverkehr. 1952 abgelöst durch das →Güterkraftverkehrsgesetz (GüKG). →Einschränkungsverordnung. →Güterfernverkehrs-Änderungsgesetz.

Güterfernverkehrskonzession →Genehmigung.

Güterfernverkehrunternehmen – natürliche oder juristische Personen, deren Inhaber eine oder mehrere →Genehmigungen zur Ausübung des gewerblichen →Güterfernverkehrs erteilt worden sind. G.-Unternehmer; Einzelpersonen, denen als Inhaber einer Firma ein oder mehrere Genehmigungen zur Ausübung des gewerblichen →Güterfernverkehrs erteilt worden sind. Sie müssen im Antrag zur Erteilung einer Genehmigung und in der →Genehmigungsurkunde mit Vor- und Zuname sowie genauer Anschrift bezeichnet sein. Sie unterliegen bei Ausübung ihrer Tätigkeit den Bestimmungen des →GüKG. →Genehmigungserteilung, →Genehmigungsträger, →Genehmigungsverfahren.

Güterfernverkehrsunternehmer – Güterfernverkehrsunternehmen.

Gütergattungen – Bezeichnung von Güterarten, die zu einer bestimmten →Gütergruppe gehören und im →Güterverzeichnis für die →Verkehrsstatistiken festgelegt sind.

Gütergruppen – Bezeichnung für die Zusammenfassung bestimmter Gütergattungen im Güterverzeichnis für die →Verkehrsstatistiken. Um eine internationale Vergleichbarkeit zu gewährleisten, wurde nicht nur die Gliederung des Güterverzeichnisses für die Verkehrsstatistik der EWG (NST) übernommen, sondern auch eine sehr enge Anlehnung an nationale und internationale Warenverzeichnisse für den Außenhandel vorgenommen. Die einzelnen Positionen sind mit dem Brüsseler Zolltarifschema und der harmonisierten Nomenklatur für die Außenhandelsstatistiken der EWG-Länder abgestimmt. Die Statistik gliedert sich in 10 einstellige Abteilungen, 52 zweistellige Hauptgruppen und 175 dreistellige Gruppen.

Güterklassen – →Wagenladungsklassen, →Wertklassen.

Güterklassifikation – →Tarifklassen.

Güterkraftfahrzeug – Bezeichnung für ein →Kraftfahrzeug, das besonders für die Beförderung von Gütern eingerichtet ist. Es zählen hierzu der →Lastkraftwagen, die →Sattelzugmaschine (unter Mitführung eines →Sattelanhängers zur Güterbeförderung) und die →Straßenzugmaschine (wiederum unter Mitführung von entsprechenden Anhängern). Die Aufbauten der Lkw und Zugmaschinen können für die Beförderung bestimmter Güter speziell eingerichtet sein (→Kraftstoffkesselwagen, →Kühlwagen, →Siloaufbau, →Pkw-Transporter, →Tiefladewagen, Müllabfuhrwagen und ähnliche mehr).

Güterkraftverkehr – Beförderung von Gütern mit Kfz., und zwar sowohl für eigene Zwecke (Werkverkehr) als auch für Dritte (→gewerblicher Güterkraftverkehr) sowie ferner sowohl innerhalb der →Nahzone (→Werknahverkehr sowie gewerblicher Güternah- und →Güterliniennahverkehr) als auch über die Nahzone hinaus (→Werkfernverkehr sowie gewerblicher →Güterfernverkehr).

Güterkraftverkehrsgesetz (GüKG) – Gesetz, das am 17. 10 1952 (Bundesgesetzblatt I S. 593) zur Regelung des gewerblichen →Güter- und →Möbelfernverkehrs mit Kfz, des gewerblichen →Güternahverkehrs einschl. des →Güterliniennahverkehrs und des →Werknah- und →Fernverkehrs erlassen wurde (Heutige Geltung in der Fassung vom 6. 8 75 [BGBl. I S. 2132, 2480] einschließlich Änderung vom 26. 11. 79 [BGBl. I S. 1978] sowie Drittes Gesetz zur Änderung des Güterkraftverkehrsgesetzes vom 9. 3. 83 [BGBl. I S. 249]). Es teilt sich in 8 Abschnitte über allgemeine Vorschriften, den Güterfernverkehr, Vorschriften für besondere Verkehre, Bundesanstalt für den Güterfernverkehr, den Güternahverkehr, Durchführung bestimmter Vorschriften der Europäischen Gemeinschaften, Straf- und Bußvorschriften sowie Schlußbestimmungen. Der dritte Abschnitt enthält auch Sonderbestimmungen über den Umzugsverkehr, den Güterfernverkehr der Deutschen Bundesbahn und den Werkverkehr. Die Aufgaben und Rechte der →Bundesanstalt für den Güterfernverkehr sind in Abschnitt 4 enthalten. Mit dem G. sind u. a. außer

Kraft getreten das →Güterfernverkehrsgesetz vom 26. 6. 1935 mit seiner Durchführungsverordnung vom 27. 3. 1936 und das →Güterfernverkehrs-Änderungsgesetz vom 2. 9. 1949.

Güterkraftverkehrstarif für den Umzugsverkehr und für die Beförderung von Handelsmöbeln in besonders für die Möbelbeförderung eingerichteten Fahrzeugen im Güterfernverkehr und Güternahverkehr (GüKUMT) – Der Umzugsverkehr und die Beförderung von Handelsmöbeln in besonders für den Möbelverkehr eingerichteten Fahrzeugen ist durch das Dritte Gesetz zur Änderung des Güterkraftverkehrsgesetzes vom 9. März 1983 (BGBl. I S. 249) neu geordnet worden. Das bezieht sich auch auf die Tarifregelung. Der Tarif erhält die oben angegebene Bezeichnung. Er gilt für den Verkehr mit Spezialfahrzeugen des Möbelverkehrs für den Nah- und Fernverkehr. Der Tarif umfaßt im Teil I die →Beförderungsbedingungen für den Möbelverkehr und im Teil II die Frachtsätze. Er enthält Tabellen für den Umzugsverkehr, für Handelsmöbel sowie eine Hilfstabelle für Höchstentgelte im Nahverkehr. Die Tarife sind Höchst/Mindesttarife mit Ausnahme des Nahverkehrs. Der Tarif ist nach der Entfernung gestaffelt und bezieht sich bei Umzugsgut auf Möbelwagenmeter und bei Handelsmöbeln auf Kubikmeter. →Umzugsverkehr. Zuständig für die Festsetzung der Tarife ist die →Tarifkommission für den Umzugsverkehr, die auch für die Tarife für die Beförderung von Handelsmöbeln in besonders für den Möbeltransport eingerichtete Fahrzeugen im Nah- und Fernverkehr zuständig ist. Die von der TKU festgesetzten Tarife bedürfen der Genehmigung des BVM im Einvernehmen mit dem BWM. Der BVM kann bestimmen, in welchem Umfange und nach welchem Verfahren Unterlagen zur Tarifüberwachung vorzulegen sind. Er kann auch die statistische Erfassung der Beförderungsleistungen vorschreiben.

Güterkraftverkehrsunternehmer der Deutschen Bundesbahn – Bezeichnung für ›Unternehmer des gewerblichen Güterkraftverkehrs, die mit der DB Beschäftigungsverträge abgeschlossen haben. Sofern sie im Fernverkehr eingesetzt sind, müssen sie eine entsprechende →Genehmigung besitzen. Die G. sind in einer Genossenschaft der GdB – Güterkraftverkehrsunternehmer der Bundesbahn eG mit Sitz in Offenbach – zusammengeschlossen. Die Bezahlung der G. durch die DB erfolgt nach den Sätzen des →RKT unter Abzug von bestimmten Beträgen für die Werbe- und Abfertigungstätigkeit der Bundesbahn, die in der ,,Zweiten Verordnung über die Abzüge vom Entgelt der von der Deutschen Bundesbahn beschäftigten Unternehmen des Güterfernverkehrs" vom 15. 6. 60 festgelegt sind.

Güterliniennahverkehr – gewerbsmäßig zwischen bestimmten Ausgangs- und Endpunkten Linien – und regelmäßig betriebener →Güternahverkehr mit Lastkraftfahrzeugen (Nutzlast über 750 kg) oder Zugmaschinen. →Erlaubnis zur Ausübung des G. und eine besondere →Genehmigung sind erforderlich. Der G. ist gesetzlich geregelt im →Güterkraftverkehrsgesetz (§§ 90 ff). Für die Erteilung der Genehmigung ist diejenige höhere →Landesverkehrsbehörde zuständig, in deren Bezirk der →Linienverkehr ausschließlich betrieben werden soll. Werden die Bezirke mehrerer →Genehmigungsbehörden desselben Landes berührt, so ist die Genehmigungsbehörde zuständig, in deren Bezirk die Linie ihren Ausgangspunkt hat.

Güternahverkehr – Begriff für jede Beförderung von Gütern mit einem Kraftfahrzeug für andere innerhalb der →Nahzone. Der G. ist erlaubnispflichtig, wenn er gewerbsmäßig mit Lastkraftfahrzeugen mit einer Nutzlast von mehr als 750 kg oder mit Zugmaschinen betrieben wird. Die →Erlaubnis wird dem →Unternehmer für seine Person zeitlich unbeschränkt erteilt, jedoch nur dann, wenn der Antragsteller und die für die Führung der Geschäfte bestellte Person fachlich geeignet, zuverlässig und die Leistungsfähigkeit des Betriebes gewährleistet ist. Die Erlaubniserteilung erfolgt durch die untere →Verkehrsbehörde. Die Erlaubnis kann zurückgenommen werden. Gesetzlich geregelt im →Güterkraftverkehrsgesetz (§§ 80 ff). →Güterliniennahverkehr.

Güternahverkehrsgewerbe – →Unternehmer oder Unternehmen, die für Dritte Güter innerhalb der →Nahzone mit Kfz gegen Entgelt befördern, d. h. →Güternah- oder →Güterliniennahverkehr betreiben.

Güternahverkehrstarif (GNT) – →Tarif für den Güternahverkehr mit Kfz.

Güternahverkehrsunternehmen – natürliche oder juristische Personen, deren Inhaber aufgrund einer ihnen erteilten →Erlaubnis gewerblich →Güternah- oder →Güterliniennahverkehr mit Kfz gegen Entgelt betreiben. – G. Unternehmer: Einzelperson als Inhaber einer Firma, die aufgrund einer ihr erteilten →Erlaubnis gewerblich →Güternah- oder →Güterliniennahverkehr mit Kfz gegen Entgelt betreibt.

Güterschäden – Bezeichnung für alle bei Beförderungen im gewerblichen →Güterverkehr mit Kfz an Gütern aller Art einschließlich lebender Tiere entstandenen direkten Schäden und Verluste durch Transportmittel- und Betriebsunfälle (d. s. schadenverursachende Ereignisse, die in unmittelbarem Zusammenhang mit einem Betriebsvorgang der →Güterbeförderung mittels Kraftfahrzeug stehen) sowie Schäden, die durch gänzlichen oder teilweisen Verlust oder durch Beschädigung des Gutes in der Zeit von der →Annahme des Gutes zur Beförderung bis zur →Auslieferung entstehen. →Güterschadenversicherung.

Güterschadenversicherung – Versicherung im gewerblichen →Güterfernverkehr mit Kfz, die in § 27 →GüKG geregelt ist. Danach hat sich der →Güterfernverkehrsunternehmer gegen alle Schäden, für die er nach den Beförderungsbedingungen zu haften hat (§§ 29 ff →KVO), zu versichern. Der Unternehmer hat die Versicherung nach vorgeschriebener →Versicherungsbestätigung nachzuweisen. Vorher darf dem Unternehmer die →Genehmigungsurkunde nicht ausgehändigt werden. Der Unternehmer ist verpflichtet, die Genehmigungsurkunde der →Genehmigungsbehörde zurückzugeben, sobald eine ausreichende Schadensversicherung nicht mehr besteht. Im gewerblichen Umzugsgutverkehr mit Kfz ist die G. in den →Beförderungsbedingungen für den Umzugsgutverkehr geregelt, im gewerblichen →Güternahverkehr in den

→Allgemeinen Beförderungsbedingungen für den gewerblichen Güternahverkehr mit Kfz.

Gütertarife – Bezeichnung für →Tarife, die für die Beförderung von →Gütern alle zur Berechnung des →Beförderungsentgelts (→Fracht und →Nebenleistungen) erforderlichen Angaben sowie alle anderen Beförderungsbedingungen enthalten. Die Gültigkeit der G. setzt eine Veröffentlichung voraus. →Reichskraftwagentarif (RKT), →Tarif für den gewerblichen Umzugsgutverkehr mit Kfz, →Tarif für den →Güternahverkehr mit Kfz. (GNT).

Gütertarifklassen – →Wagenladungsklassen.

Güterumschlagplatz – Ort bzw. Einrichtung (Lager), wo ein Umschlag von Gütern von einem Transportmittel auf ein anderes erfolgt. Hierbei kann entweder eine Überlagernahme des Gutes erfolgen oder es kann ein direkter Umschlag stattfinden (z. B. vom Schiff unmittelbar in den Lkw). In der Regel sind für den Güterumschlag besondere technische Hilfseinrichtungen, vor allem Kräne, vorhanden. Auch die Laderaumverteilungsstellen des gewerblichen →Güterfernverkehrs mit Kfz gehören zu den G.

Güterverkehr – Begriff für die Beförderung von Gütern ohne Rücksicht auf das hierbei benutzte Transportmittel und die zurückgelegte Entfernung. Maßeinheiten für den G. sind die beförderte Menge und – im Schienen-, Straßen- und Binnenschiffsverkehr – der geleistete →Tonnenkilometer. →Güterverkehrsstatistik, gewerblicher →Güterfernverkehr, gewerblicher →Umzugsgutverkehr, gewerblicher →Güternah- und →Güterliniennahverkehr, →Werknah- und -fernverkehr.

Güterverkehrsstatistik – wichtigster Teil der prozeßstatistischen Erhebungen und Darstellungen im Rahmen der amtlichen →Verkehrsstatistik. Erfaßt und ausgewiesen werden die beförderten Güter jeweils nach der Beförderungsleistung der einzelnen →Verkehrsträger, nach →Gütergattungen sowie in regionaler Aufgliederung zur Kennzeichnung der Verkehrsströme. Der Ausweis erfolgt in der Regel nach beförderten Gütern (in 1000 t) und geleisteten →tkm.

Gütezeichen für den Güterfernverkehr – seit Oktober 1965 an Lastkraftwagen und an Lastzügen angebrachte Schilder mit der Aufschrift „Fern-schnell-gut". Das Schild befindet sich in der Regel an der linken Seite der hinteren Bordwand der Fahrzeuge. Es hat sich zu einem von der Öffentlichkeit anerkannten Markenzeichen für Qualitätsleistungen im Güterfernverkehr entwickelt.

GVB →Gesellschaft für Verkehrsbetriebswirtschaft und Logistik e.V.

H

Hafraba – aus den Namen „Hansestädte", „Frankfurt" und „Basel" gewonnene Bezeichnung der ersten quer durch Deutschland geplanten, inzwischen verwirklichten Autobahnverbindung. Der H.-e. V. wurde am 6. November 1926 im „Römer" in Frankfurt/Main gegründet. Auf der ersten Verwaltungsratssitzung am 10. Februar 1927 in Basel berichtete der italienische Straßenbauunternehmer Puricelli über die Herstellung der ersten europäischen Autobahn in Norditalien. Es dauerte aber noch 6 Jahre, bis der erste Spatenstich für die Teilstrecke Frankfurt-Darmstadt erfolgte, die am 19. Mai 1935 eröffnet wurde. Von 1940 bis 1952 ruhten die Bauarbeiten, seit 1962 ist die H. auf ihrer ganzen Länge von 820 km befahrbar.

Haftpflicht des Fahrzeughalters – Jeder Fahrzeughalter ist verpflichtet, sich gegen Personen- und Sachschäden, die aus dem Betrieb des Kraftfahrzeugs erwachsen können, angemessen zu versichern. Dadurch soll der Geschädigte in jedem Falle ohne Rücksicht auf die wirtschaftliche Situation des Schadensverursachers geschützt werden. Das Gesetz über die Pflichtversicherung für Kraftfahrzeughalter (BGBl. I S 213/65 mit Änderungen – zuletzt 11. 5. 76) schreibt als Mindestversicherungssumme für Kraftfahrzeuge einschließlich Anhänger eine Million DM für Personenschäden, 400 000,– DM für Sachschäden und 40 000,– DM für sonstige Schäden vor. In der Praxis des Straßengüterverkehrs haben sich diese Deckungssummen oft als zu niedrig erwiesen. Viele Betriebe gehen deshalb über die genannten Summen hinaus.

Haftung für Güterschäden – ist im gewerblichen Güterfernverkehr mit Kfz geregelt in §§ 29–36 →KVO. Sie bestimmen die Ersatzpflicht des Unternehmers für alle an den beförderten Gütern entstandenen direkten Schäden und Verluste durch Transportmittelunfälle und Betriebsunfälle sowie für die Schäden, die durch gänzlichen oder teilweisen Verlust oder Sachbeschädigung des Gutes in der Zeit von der Annahme zur Beförderung bis zur Auslieferung entstehen. Die

H. aus der KVO ist eine →Gefährdungshaftung, die ohne Rücksicht auf Verschulden besteht und nur entfällt, wenn der entstandene Schaden auf einen der in § 34 KVO genannten Umstände zurückzuführen ist. Die Haftung für beschädigtes oder in Verlust geratenes Gut ist auf 80,– DM/kg beschränkt. →Haftungsausschluß →Haftungsbegrenzung. H. im internationalen Verkehr →CMR. Für den Umzugsverkehr mit Kfz ist die H. geregelt im →Tarif für den Umzugsverkehr mit Kfz. Hiernach haftet der Unternehmer für den gänzlichen oder teilweisen Verlust und die Beschädigung des Gutes, sofern der Verlust oder die Beschädigung während der dem Unternehmer obliegenden Behandlung oder Beförderung des Gutes eintritt. Die Haftung ist auf DM 4500,– je Möbelwagenmeter begrenzt. Eine höhere Haftung kann vereinbart werden. Es besteht Versicherungspflicht. Der Unternehmer haftet ferner für Schäden, die durch Überschreitung einer mit dem Auftraggeber vereinbarten →Lieferfrist eintreten. Im gewerblichen →Güternahverkehr mit Kfz ist die H. entsprechend geregelt in den →Allgemeinen Beförderungsbedingungen für den gewerblichen Güternahverkehr mit Kfz. (AGNB). Der Unternehmer kann die ihm nach den gesetzlichen Vorschriften oder den Beförderungebedingungen obliegende H. weder ausschließen noch beschränken.

Haftung aus der Tätigkeit als Kraftfahrer – Zu der Frage, wer für Schäden aufzukommen hat, die ein Arbeitnehmer bei Ausführung gefahrengeneigter Arbeit verursacht hat, sind von der Rechtsprechung besondere Grundsätze aufgestellt worden.

Gefahrengeneigte Arbeit liegt vor, wenn die Eigenart der vom Arbeitnehmer zu leistenden Dienste es mit großer Wahrscheinlichkeit mit sich bringt, daß auch dem sorgfältigen Arbeitnehmer gelegentlich Fehler unterlaufen, die – für sich allein betrachtet – zwar jedesmal vermeidbar waren, also fahrlässig herbeigeführt worden sind, mit denen aber angesichts der menschlichen Unzulänglichkeit als mit einem typischen Abirren der Dienstleistung erfahrungsgemäß zu rechnen ist. (Bundesarbeitsgericht Großer Senat, Beschluß vom 25. September 1957 in BAG Entscheidungen 5,1 v DB 1958 S. 25).

Die Tätigkeit eines Kraftfahrers ist in aller Regel eine gefahrengeneigte Arbeit (BGH Urteil vom 10. Januar 1955, BGHZ 16, 111 v DB 1955 S. 194 u. a.). Es kommt aber auf die Umstände an, unter denen im konkreten Fall gearbeitet worden ist. So ist nach Auffassung des BAG die Tätigkeit eines Kraftfahrers nicht gefahrengeneigt, wenn er bei gutem Wetter auf einer verkehrsarmen übersichtlichen Nebenstraße mit guter Fahrbahn fährt (BAG Urteil vom 3. März 1960 in DB 1961 S. 311 und 29. September 1961 in DB 1961 S. 1649).

Nach dem bereits zitierten Beschluß des Großen Senats des Bundesarbeitsgerichts vom 25. September 1957 ergibt sich die Beschränkung der Haftpflicht des Arbeitnehmers aus dem das Arbeitsverhältnis beherrschenden Treue- und Fürsorgepflichtgedanken. Folgende Grundsätze lassen sich hieraus herleiten:

a) Schäden, die ein Arbeitnehmer bei gefahrengeneigter Arbeit grobfahrlässig verursacht (schwere Schuld), muß der Arbeitnehmer in aller Regel allein tragen.

b) Schäden, die ein Arbeitnehmer bei gefahrengeneigter Arbeit nicht grobfahrlässig verursacht, sind bei normaler Schuld des Arbeitnehmers in aller Regel zwischen Arbeitgeber und Arbeitnehmer quotal zu verteilen, bei geringer Schuld des Arbeitnehmers in aller Regel vom Arbeitgeber allein zu tragen.

(BAG Urteil vom 19. März 1959 in BAGE 7,290 v DB 1959 S. 948, vom 21. November 1959 in DB 1960 S. 123 und vom 10. März 1961 in DB 1961 S. 744). Folgende Gesichtspunkte sind zu berücksichtigen: Der Grad des Verschuldens des Arbeitnehmers, die Größe der in der Arbeit liegenden Gefahr, der Umfang des vom Arbeitgeber einkalkulierten Risikos, die Möglichkeit, das Risiko durch Versicherung zu decken, die Stellung des Arbeitnehmers im Betrieb, die Höhe des Arbeitsentgelts, die Zahlung und Höhe einer besonderen oder im Arbeitsentgelt enthaltenen Risikoprämie, Höhe des Schadens, Dauer der Betriebszugehörigkeit, Lebensalter des Arbeitnehmers, seine Familienverhältnisse sowie die bisherige Führung. Lösen mehrere Fernfahrer sich in der Lenkung ab, damit, während der eine steuert, der andere sich ausruhen kann, so ist jeder von ihnen aufgrund der sie verbin-

denden Fahrgemeinschaft verpflichtet, im Rahmen des ihm Möglichen und Zumutbaren darauf bedacht zu sein, daß sein Fahrtgenosse die Ruhepause zu seiner Erholung ausnutzt (BGH Urteil vom 10. 7. 59, 4 StR 216/59). Aus der Begründung: Ein Grund, warum der Beschwerdeführer seinem Beifahrer das Steuer nicht überlassen durfte, wenn dieser erkennbar übermüdet war, lag in der Fahrgemeinschaft, die beide während des Transportes verband. Ungeachtet des Verhältnisses der Über- und Unterordnung, in dem der erste Fahrer und ein Beifahrer stehen, trägt jeder von ihnen im Rahmen des ihm Möglichen und Zumutbaren seinen Teil an Verantwortung dafür, daß die beiden gemeinsam aufgetragene Beförderung ohne Gefährdung oder Schädigung anderer durchgeführt wird, daß insbesondere sein Fahrtgenosse den ihm als Lenker des Fahrzeugs obliegenden Pflichten gerecht werden kann. Diese – nicht zuletzt strafrechtliche – Verantwortung umfaßt vor allem die Sorge dafür, daß der andere sich im Zustand geistiger und körperlicher Leistungsfähigkeit befindet, wie sie für die sichere Lenkung eines Fahrzeugs erforderlich ist. Sie wurzelt in der notwendigen Rücksicht aufeinander, auf etwaige Fahrgäste, insbesondere aber auch auf andere Verkehrsteilnehmer außerhalb des eigenen Fahrzeugs, denn diese sind in erster Linie gefährdet. Der Beschwerdeführer mußte deshalb darauf bedacht sein, daß sein Beifahrer die ihm während der Fahrt eingeräumten Pausen der Ruhe und Entspannung zu diesem Zweck ausnutzte. Auf sie war er wie jeder Fernfahrer angewiesen, um, wenn die Reihe an ihn kam, wieder fahrtüchtig zu sein.

Haftungsausschluß – Im gewerblichen Güterfernverkehr bestehen folgende Haftungsausschlüsse nach § 34 →KVO: Schäden durch höhere Gewalt, durch Kriegsereignisse sowie Verfügungen von hoher Hand, Schäden aus Verschulden des Verfügungsberechtigten, Schäden an Edelmetallen, Edelsteinen, Wertpapieren, Dokumenten etc., Schäden an Kunstgegenständen mit Einzelwert über 2500,– DM, körperliche Schäden, Schäden an Umzugsgut durch Bruch von Glas und Porzellan sowie Schrammschäden, Politurrisse, Leimlösungen und Scheuerschäden, Schäden durch

Emaille-Absplitterungen, Fehlmengen und Gewichtsverluste aus der Eigenart des Gutes, innerer Verderb, Einwirkungen von Frost und Hitze, Schäden an lebenden Tieren durch Tod oder Seuchen, Schäden an selbstendzündlichen und explosionsgefährdeten Gütern aus Selbstzündung. Bei Transportmittel- oder Betriebsunfällen gelten diese Ausschlüsse zum Teil nicht. Im Güternahverkehr gelten analoge Bestimmungen. Sie sind in § 15 →AGNB enthalten.

Haftungsbeschränkung – Im gewerblichen →Güterfernverkehr mit Kfz gem. § 30 →KVO bei

a) Schäden und Verlusten durch Diebstahl, Abhandenkommen und Straßenraub an unverpackten Massengütern. „Frei von den ersten 1½ % Verlust",

b) Schäden an unverpackten Gütern, die durch Scheuern und Druck entstanden sind, auf 1000,– DM je Lastzug,

c) Schäden durch Bruch, Bruchschäden infolge von Fabrikations- und Materialfehlern. Bruchschäden an Glasballons, Glas, Glasflaschen, sofern sie nicht in Kisten verpackt sind, Porzellan, Steingut, Steinzeug u. a. auf 150,– DM je Reise eines Lastzuges,

d) Schäden durch gewöhnlichen Rinnverlust bei Flüssigkeiten in Fässern (im Schadensfall werden folgende Freiteile in Abzug gebracht: bei Flüssigkeiten in eisernen Fässern ½ % je Faß, bei Flüssigkeiten in hölzernen Fässern 3% je Faß). Im →Umzugsverkehr mit Kfz bei Verlust oder Beschädigung des Gutes entsprechend den Bestimmungen in § 430 HGB. Die Entschädigung für Verlust oder Beschädigung, die aufgrund eines Vertrages zu leisten ist, beträgt höchstens 4000,– DM für jeden Möbelwagenmeter, der zur Erfüllung des Vertrages notwendig ist. Bei Überschreitung der →Lieferfrist, Falschauslieferung, schuldhafter, nicht ordnungsmäßiger Ausführung des Vertrages, sowie Fehlern bei der Einziehung der Nachnahme ist die →Haftung des →Unternehmers beschränkt auf die Höhe des nach dem Vertrag zu entrichtenden Gesamtentgelts höchstens jedoch 5000,– DM. Im gewerblichen →Güternahverkehr mit Kfz entsprechend den Bestimmungen im gewerblichen Güterfernverkehr. Ein Limit je kg besteht hier nicht, jedoch ist die Ersatzpflicht je Sendung auf einen Höchstbetrag pro Schadensfall von 100 000,– DM und bei Vermögensschäden auf 10 000,– DM festgelegt.

Halter – Wer H. eines Kraftfahrzeuges ist, hat die Pflicht zum Ersatz des beim Kfz-Betrieb entstandenen Schadens. Die Frage nach dem H. ist daher sehr wichtig. Die Halterhaftpflicht ist eine →Gefährdungshaftpflicht, setzt also ein Verschulden nicht voraus. Für die Eigenschaft des H. ist nicht das Eigentum am Fahrzeug das Kriterium. H. ist der, der zur Zeit des die Schadenersatzpflicht begründenden Unfalls das Kfz für eigene Rechnung in Gebrauch hat und die Verfügungsgewalt darüber besitzt. Die Haltereigenschaft ist auch für den zu bejahen, der die Kosten für Treibstoff, die Kfz-Steuern, die Versicherungsprämien und die Reparaturen zu tragen hat. Für die Feststellung der Eigenschaft eines H. kommt es demnach weniger auf Rechtsbegriffe (Eigentum), als auf tatsächliche Merkmale (wirtschaftliche Beziehungen und Verfügungsgewalt) an.

Halterhaftpflicht →Halter.

Halteverbot – Halten ist unzulässig (§ 12 StVO) an engen und unübersichtlichen Straßenstellen, im Bereich von scharfen Kurven, auf Beschleunigungs- und Verzögerungsstreifen, auf Fußgängerüberwegen sowie 5 m davor, auf Bahnübergängen. Halteverbot ist weiter gegeben bei folgenden Verkehrszeichen: Halteverbot, eingeschränktes Halteverbot, Fahrbahnbegrenzung, Richtungspfeile auf der Fahrbahn, rotes Dauerlicht, bis zu 10 m vor Lichtzeichen. Auf Autobahnen besteht striktes Halteverbot (§ 18 StVO); ebenso ist hier Wenden und Rückwärtsfahren verboten →Parkverbot.

Hamburger Verdeck – einfacher Aufbau auf Lastkraftwagen, aufsetzbares und abnehmbares Gestell, das mit Planen bedeckt und ebenso straffs geschlossen werden kann, durch Riemenverschlüsse an den Übergangsstellen gesichert. Andere Bezeichnung: Plane und Spriegel

Handbremse – eine von Hand zu betätigende Fahrzeugbremse. Die →Feststellbremse ist meist als H. ausgebildet.

Handelsgesellschaft für Kraftfahrzeugbedarf GmbH & Co.KG, Düsseldorf (HGK) – Wirtschaftsorganisation des Straßengüterverkehrs zur preiswerten Versorgung der Betriebe des Gewerbes mit Kraftfahrzeugbedarf einschl. Treibstoff, Öl, Reifen etc. Träger der HGK sind die Bundeszentralgenossenschaft Straßenverkehr (BZG) und die Straßenverkehrsgenossenschaften (SVG).

Handelsregister – ein bei den Amtsgerichten geführtes öffentliches Buch, welches Vollkaufleute und Handelsgesellschaften unter ihrer Firma verzeichnet und bestimmte Rechtsvorgänge offenkundig macht. Im HGB finden sich verstreut die Vorschriften über die Pflichten zur Eintragung und zur Anmeldung eintragungspflichtiger Tatsachen. Die Eintragung kann mit Ordnungsstrafen erzwungen, in Ausnahmefällen von Amts wegen vorgenommen werden. Die Eintragungspflicht gilt auch unter den üblichen Voraussetzungen für das Verkehrsgewerbe. Die Bestimmung des H. für die Öffentlichkeit findet darin ihren Ausdruck, daß die Einsicht jedem gestattet ist. Darüber hinaus erfolgt auch die Bekanntmachung der eingetragenen Tatsachen. Den Behörden gegenüber wird ein Zeugnis über Eintragungen oder Fehlen solcher erbracht.

Hanseatische Schule für Außenhandel und Verkehrswirtschaft – Einrichtung der Wirtschaft in Bremen, will in zweijähriger Ausbildung junge Außenhandelskaufleute und Verkehrswirtschaftler heranbilden. Besteht seit 1960. Der Lehrplan sieht neben der Vermittlung des notwendigen Allgemeinwissens in Wirtschafts- und Rechtsfragen eine gründliche Unterrichtung auf allen speziellen Fachgebieten des Außenhandels und des Verkehrswesens mit Besichtigungen und Exkursionen vor.

Harmonisierung der Wettbewerbsvoraussetzungen – Ein Begriff, der in der EWG eine große Rolle spielt. Im Straßengüterverkehr zwischen den Gemeinschaftsländern – aber auch darüber hinaus – gibt es Wettbewerbsverzerrungen der verschiedensten Art, z. B. bei den Abgaben für die Benutzung der Verkehrswege, die Abmessungen und Gewichte der Fahrzeuge, die tatsächliche Handhabung der Arbeitszeitbedingungen, die technische Aufsicht, bestimmte Maßnahmen der Verkehrsordnung etc. Alle diese Wettbewerbsverzerrungen sind kostenträchtig und behindern die organische Aufgabenteilung durch die Marktkräfte. Ihr Weiterbestehen hat auch größere Fortschritte bei der Europäischen Verkehrspolitik verhindert. Auch in der nationalen Verkehrspolitik stellt die H. ein Programm dar. Es geht dabei primär um die Beseitigung oder Vergütung von einseitigen betriebsfremden oder politischen Lasten sowie um eine gerechte Lösung für das Wegekostenproblem. In großem Umfange ist diese H. allerdings in der Bundesrepublik schon durchgeführt. Zumindest im Verhältnis Schiene-Straße kann deshalb nicht mehr von Wettbewerbsverzerrungen zum Nachteil der Schiene gesprochen werden.

Hauptspediteur – im Recht des →Speditionsgeschäfts der erste Spediteur, der den Speditionsauftrag unmittelbar von dem →Versender erhält. Der H. haftet beschränkt für nicht mit der Sorgfalt eines ordentlichen Kaufmannes gewählte →Zwischenspediteure im Rahmen der →Allgemeinen Deutschen Spediteurbedingungen (ADSp).

Hauptuntersuchung der Fahrzeuge – Nach § 29 →StVZO (Anlage VIII) müssen die Fahrzeughalter ihre Fahrzeuge in regelmäßigen Zeitabständen auf ihre Kosten untersuchen lassen. Die unbeanstandete Untersuchung wird durch eine Plakette am Fahrzeug bestätigt. Die vorgeschriebenen Zeitabstände betragen bei Lastkraftwagen bis 2,8 t Gesamtgewicht 24 Monate, bei solchen darüber 12 Monate, bei Zugmaschinen mit einer Höchstgeschwindigkeit bis 40 km 24 und bei allen anderen 12 Monate. Die Hauptuntersuchungen sind von einem amtlich anerkannten Sachverständigen oder Prüfer durchzuführen. Betriebe, die über entsprechende technische Einrichtungen und Personal verfügen, können zur Eigenüberwachung zugelassen werden. Die Zulassung erfolgt durch die oberste Landesbehörde oder eine von ihr bestimmte Stelle. →Anerkennung von Betrieben zur Untersuchung ihrer Fahrzeuge im eigenen Betrieb.

Haus-Haus-Verkehr – Bezeichnung für die speziell im →Straßengüterverkehr vom Haus des Versenders zum Haus des Empfängers ohne Umladung durchgeführte Güterbeförderung Der H.-H.-V. von Betrieben stellt einen echten Wettbewerbsvorteil des Kraftwagens gegenüber der Eisenbahn dar, die aus technischen Gründen keinen direkten H.-H.-V. durchführen kann. Dieser Wettbewerbsvorteil kann von der Eisenbahn nur z. T. durch geeignete organisatorische Maßnahmen ausgeglichen werden, z. B. durch →Behälterverkehr oder Gleisanschlüsse.

Havariekommissar – In § 37 →KVO ist das Verfahren in Schadensfällen geregelt. Danach hat der Unternehmer über den entstandenen Schaden unverzüglich einen Schadensbericht zu erstellen. Bei größeren Schäden ist er verpflichtet, einen Havariekommissar herbeizuziehen. Zu diesem Zwecke haben die →KVO-Versicherer ein Netz von Havariekommissaren im Bundesgebiet aufgebaut. Eine Liste der Havariekommissare ist im →Fahrtenbuch abgedruckt. Die Havariekommissare können im Bedarfsfalle auch die Hinzuziehung weiterer Sachverständiger anordnen. →Verzeichnis der Havariekommissare (Anhang 11)

Hilfeleistung – Bei Unglücksfällen oder gemeiner Gefahr oder Not ist jeder zur Hilfeleistung verpflichtet, wenn dies erforderlich und den Umständen nach zumutbar, insbesondere ohne erhebliche eigene Gefahr und ohne Verletzung anderer wichtiger Pflichten möglich ist. Strafandrohung bis zu 1 Jahr Gefängnis oder Geldstrafe (§ 330 c StGB). Aufwendungen sind nach § 176 BGB zu ersetzen. →Unfallhilfe.

Hilfsarbeiten – Hilfsarbeiten im Sinne der AVO sind das Be- und Entladen (siehe unter „Be- und Entladen").

Hinausragen der Ladung nach hinten – →Überstehende Ladungen.

Hitzeverderb – Der Bundesgerichtshof hat in einem Urteil vom 12. 5. 60 (II ZR 124/58) eine bis dahin strittige Rechtsprechung zu § 34 KVO so geklärt, daß im Zusammenhang mit den übrigen Vorschriften der KVO eine Haftung des Unternehmers sehr wohl gegeben ist, wenn dieser die Schäden schuldhaft verursacht hat. Die in § 34 Satz 1 Buchst. k und 1 KVO bezeichneten Haftungsausschlußgründe (Schäden infolge inneren Verderbs und infolge der Einwirkungen von Frost und Hitze) gelten nicht, wenn der Unternehmer die Schäden schuldhaft verursacht. Wenn der Unternehmer grundsätzlich für die in seinem Einwirkungs- und Gefahrenbereich fallenden Schäden sogar ohne Verschulden ersatzpflichtig ist, so kann seine Ersatzpflicht nicht für solche Schäden entfallen, für die die Zurechnung zu diesem Bereich sich daraus ergibt, daß er sie schuldhaft verursacht hat. Die Ausgestaltung der Ersatzpflicht des Unternehmers nach dem Prinzip der Gefährdungshaftung in § 29 KVO rechtfertigt nicht den Schluß, daß es auch für den Ausschluß seiner Ersatzpflicht auf sein Verschulden nicht ankommen könne. Die Tragweite der Ausschlußgründe des § 34 KVO kann vielmehr nur durch das Zurückgehen auf die ihnen zugrunde liegenden Rechtsgedanken gefunden werden.

HGK →Handelsgesellschaft für Kraftfahrzeugbedarf.

Höchstpreise – gesetzlich oder behördlich u. a. auch im →Verkehrswesen festgesetzte obere Preisgrenzen, die grundsätzlich nicht über-, wohl aber unterboten werden dürfen. H. stellen ein Mittel der staatlichen Wirtschafts- und Verkehrspolitik dar und können u. a. zur Vermeidung sozial oder volkswirtschaftlich unerwünschter Gewinne dienen.

Höchstsätze – →Höchsttarif.

Höchsttarif – für Fahrleistungen im gewerblichen →Güternahverkehr mit Kfz, festgelegt durch § 84 →GüKG. Der geltende Tarif für den gewerblichen Güternahverkehr (→GNT) ist jedoch ein →Margentarif.

Höchstzahlen – festgelegt für das Kontingent an auszugebenden →Genehmigungen im gewerblichen →Güterfernverkehr, zuletzt in der sechsten Verordnung über die Höchstzahlen der Kraftfahrzeuge des Güterfernverkehrs und der Fahrzeuge des Möbelfernverkehrs vom 3. 7. 70 (→Höchstzahlenverordnung).

Höchstzahlenverordnung – Abk. für die Verordnung über die Höchstzahlen der Kraftfahrzeuge des Güterfernverkehrs und der Fahrzeuge des Möbelfernverkehrs (letzte Fassung vom 3. 7. 70). In der H. werden die Höchstzahlen (→Kontingentierung) der →Genehmigungen für den gewerblichen →Güter- und →Möbelfernverkehr festgelegt, und zwar – unter Aufteilung auf die einzelnen Länder der BRD und Berlin (West) – getrennt für den →allgemeinen Güterfernverkehr, den →Bezirksgüterfernverkehr und den Möbelfernverkehr. (Außerdem gibt es Höchstzahlen für grenzüberschreitende Genehmigungen sowie →EWG- und →CEMT-Genehmigungen). Die Gen. für den Güterfernverkehr gelten je Lastzug. Im Möbelfernverkehr braucht auch der Anhänger eine Genehmigung. (Die Kontingentierung für den Möbelfernverkehr mit Spezialfahrzeugen ist inzwischen entfallen.) →Umzugsverkehr.

Höhe des Fahrzeuges – Gesamthöhe für →Kraftfahrzeuge, insbesondere auch für Fahrzeuge des →Güterkraftverkehrs, festgelegt in der →Straßenverkehrszulassungsordnung (StVZO) und hier in § 32 begrenzt mit einer Höhe über alles von 4 m. Die volle Ausnutzung dieser Höhe ist jedoch wegen oft geringerer Durchfahrthöhe in Unterführungen nicht immer möglich. Von besonderer Bedeutung ist die H. d. F. bei Verladung der Fahrzeuge auf der Bahn im →kombinierten Verkehr, da die hier geltenden Profilabmessungen (Durchlaßhöhe und deren Gestaltung) beachtet werden müssen. Ausnahmen sind unter bestimmten Voraussetzungen möglich.

Höhere Gewalt – Höhere G. ist nach ständiger Rechtsprechung ein von außen wirkendes Ereignis, das auch durch äußerste (wirtschaftlich zumutbare) Sorgfalt weder verhindert noch abgemildert werden kann. Bei Schäden aus höherer Gewalt ist die Haftung des Unternehmers zwar generell ausgeschlossen, aber nicht, soweit es sich um Schadensursachen handelt, die der Straße und dem Kraftwagen eigentümlich sind. Als eigentümliche Gefahren der Straße sind u. a. anzusehen: Regen, Schnee, Nebel, Hagel, Glatteis, Sturm. Bei Blitzschlag oder Orkan ist dagegen höhere Gewalt anzunehmen. Das gleiche gilt für große und plötzliche Überschwemmungen.

Holzgaskraftfahrzeuge – Kraftfahrzeuge, die etwa ab 1937 in Deutschland verstärkt in Betrieb genommen wurden, da eine Verknappung von flüssigen Treibstoffen zu erwarten war. Angeblich konnte 1 Liter Benzin durch 2 bis 2½ Kilogramm Holz ersetzt werden. Durch starke Steuerermäßigung und Kostenzuschüsse bei Umbauten wurde die Entwicklung begünstigt. Nach dem Zweiten Weltkrieg verschwanden die Fahrzeuge verhältnismäßig rasch wieder aus dem Verkehrsbild.

horizontale Staffel – →Wertstaffel, im →Tarifsystem des Güterfernverkehrs, entsprechend den Güterklassen (Tarifklassen) des →RKT. So genannt, weil Tarifklassen im →Frachtsatzzeiger in der Kopfspalte von links nach rechts (horizontal) aufgeführt werden.

Hubraum – Raum eines Zylinders, der aus der Kreisfläche mit dem Zylinderinnendurchmesser und dem Hub des Kolbens gebildet wird.

Hubstapler – fahrbares Ladegerät, ausgestattet mit Otto-, Diesel- oder Elektromotor, mit Luft- oder Elastikreifen, das in der Lage ist, Gewichte von mehreren Tonnen zu bewegen und einige Meter hochzuheben; vielseitige Verwendungsmöglichkeiten innerhalb der Betriebe u. a. auch bei Verladungen (z. B. Hochregale)

Huckepackverkehr – →Kombinierter Verkehr.

HUK-Verband – Der Verband der Haftpflicht-, Unfall- und Kraftverkehrsversicherer e. V., Hamburg 1, hat sich die Förderung der gemeinsamen Berufsinteressen der im Gebiete der Bundesrepublik und in Westberlin tätigen privaten und öffentlich-rechtlichen Versicherer im Rahmen der gesetzlichen Bestimmungen zur Aufgabe gemacht. Alle Versicherer (Aktiengesellschaften, Vereine a. G., öffentlich-rechtliche und gemeinnützige Versicherungsanstalten), die die Haftpflicht-, Unfall- und Kraftverkehrsversicherung direkt oder indirekt betreiben, sind im H. zusammengeschlossen. – Der H. unterhält in Köln das Büro: ,,Der Berater für Schadenverhütung", das sich mit der Unfallursachenforschung befaßt, Vorschläge für die Beseitigung von Gefahrenstellen für den Straßenverkehr macht und sie durch Anlage von Musterstraßen, Sicherungs- und Beleuchtungseinrichtungen für den Verkehr auf der Straße praktisch erprobt.

hydraulische Bremse – Fahrzeugbremse, bei der die Bremskraft hydraulisch, d. h. mittels einer Bremsflüssigkeit übertragen wird. Die Fußkraft des Fahrers wirkt über den Fußbremshebel auf den Kolben des sog. Hauptbremszylinders. Der Hauptbremszylinder ist mit Bremsschläuchen und Bremsleitungen mit den Zylindern in den Radbremsen verbunden. Verschiebt sich der Kolben des Hauptbremszylinders, so wird Bremsflüssigkeit in die Radbremszylinder verdrängt und bewegt in diesen wiederum Kolben, die auf die Bremsbacken wirken. Durch entsprechende Auslegung der Kolbenflächen erreicht man durch die H. eine auf die einzelnen Räder gleichmäßig wirkende hohe Bremskraft bei geringer Betätigungskraft.

hydraulisches Getriebe – →Flüssigkeitsgetriebe.

I

Incoterms – (Abkürzung für International Commercial Terms = Internationale Handelsklauseln) Die Incoterms sind Vertragsnormen, die in Kaufverträgen nur dann wirksam werden, wenn sie zwischen beiden Partnern vereinbart und damit Inhalt des Kaufvertrages werden.

Individualisierung des Verkehrs – Kennzeichnung des Strukturwandels im Verkehr, der für Personen- und Güterbeförderung in steigendem Umfang das Kfz benutzt; →individueller Verkehr.

individueller Verkehr – Verkehrsart, bei der die Verkehrsmittel nur von einem einzelnen oder einem beschränkten Personenkreis eingesetzt werden und bei dem der oder die Benutzer völlig frei sind in der Bestimmung der Zeit, des Fahrweges, des Zieles, der Unterbrechung usw. Nachdem der öffentliche Verkehr, insbesondere der der Eisen- und Straßenbahnen, im Laufe der zurückliegenden 100 Jahre eine unvorhergesehene Steigerung des Verkehrsbedürfnisses hervorgerufen hat, ergab sich in den letzten 50 Jahren durch die Individualisierung des Verkehrs in der Personen- und Güterbeförderung auf Grund der neuartigen Möglichkeiten, die das Kfz bot, eine nochmalige ungeahnte Vermehrung des Verkehrsumfanges.

Industrie- und Handelskammer – Die Industrie- und Handelskammern sind Körperschaften des öffentlichen Rechts. Sie haben die Aufgabe, das Gesamtinteresse der ihnen zugehörigen Gewerbetreibenden ihres Bezirks wahrzunehmen, für die Förderung der gewerblichen Wirtschaft zu wirken und dabei die wirtschaftlichen Interessen einzelner Gewerbezweige oder -betriebe abwägend und ausgleichend zu berücksichtigen. Dabei obliegt es ihnen insbesondere, durch Vorschläge, Gutachten und Berichte die Behörden zu unterstützen und zu beraten sowie für Wahrung von Anstand und Sitte des ehrbaren Kaufmanns zu wirken.

Die Genehmigungsbehörde für den Güterfernverkehr ist verpflichtet, ebenso wie die Erlaubnisbehörde für den Güternahverkehr vor der Entscheidung über den Antrag auf Erteilung einer Genehmigung bzw. Erlaubnis unter anderem die zuständige Industrie- und Handelskammer zu hören (§§ 14 Abs. 3 und 83 Abs. 2 GüKG). Das gleiche gilt für das Genehmigungsverfahren im Güterliniennahverkehr (§ 93 Abs. 2 GüKG). Besondere Bedeutung kommt den IHK auch für die Berufsausbildung – auch im Straßengüterverkehr – zu. Die Prüfungen zum →Kraftverkehrsmeister (geprüfter Industriemeister, Fachrichtung Kraftverkehr), →Verkehrsfachwirt →Kaufmann im Straßenverkehr etc. sind bei den IHK abzulegen. Das gleiche gilt für die Sachkundeprüfung zur Erlangung einer Genehmigung für den gewerblichen Güterfernverkehr, einer Erlaubnis für den Umzugsverkehr oder einer Erlaubnis für den Güternahverkehr.

Informatik – Begriff für den umfassenden Informationsfluß im Transportwesen vom Absender über evtl. eingesetzte mehrere Verkehrsträger (Transportkette) zum Empfänger. Dabei sollen alle notwendigen Informationen unter Einsatz modernster elektronischer Mittel (verbundfähige, erweiterbare und änderbare Informationssysteme, bei denen die Programme weitgehend von den verschiedenen Maschinentypen unabhängig sind) über alle Schnittstellen hinweg in genormter Form fließen. Hauptziele: Optimale Gestaltung der Verkehrsabläufe, Optimierung des Kundenservice, Erleichterung der Versand- und Bezugsdispositionen (Lagerhaltung), Präzisierung der Terminabstimmungen, Optimierung des Transportmitteleinsatzes, generell Erhöhung der Produktivität im Verkehr. →Marketing →Logistik.

Informationsstelle für Verkehr – →Zentrale Informationsstelle für Verkehr

Infrastruktur – (engl. infra structure), der Unterbau einer Organisation. 1. Zunächst in der Militärorganisation verwandt: die bodenständigen, militärischen und strategisch wichtigen Anlagen der NATO und der Bundeswehr: Flugplätze, Munitions-, Waffendepots, Kasernen, Verkehrs- und Fernmeldeverbindungen usw. – 2. In der Volkswirtschaft Bezeichnung für die (meist) öffentlichen Einrichtungen, die eine Grundvoraussetzung für das wirtschaftliche Leben sind, so vor allem Straßen, Kanäle und sonstige Verkehrseinrichtungen, Energie- und Wasserbauten, Schulen, Universitäten, Krankenhäuser, Sozialversicherungen usw. Eine gute Infrastruktur in Form von Straßen ist für den Güterkraftverkehr von großer Bedeutung in bezug auf Leistungsfähigkeit und Kosten. Ausbau und Finanzierung der I. sind für die unterentwickelten Länder von vordringlicher Bedeutung.

innerbetrieblicher Verkehr – Verkehr, der alle Beförderungsvorgänge, die sich innerhalb einer geschlossenen Betriebsanlage oder zwischen zwei oder mehreren nahe beieinander gelegenen Betriebsteilen desselben Unternehmens abspielen, umfaßt, wenn die Benutzung einer öffentlichen Straße, außer einer einfachen Überquerung, nicht erforderlich ist. Es handelt sich stets um →nichtöffentlichen Verkehr.

Intercontainer – Internationale Gesellschaft zur Durchführung des auf der Eisenbahn laufenden internationalen Containerverkehrs. Die I. verfügte Ende 1980 über 2500 Containertragwagen. Es wurden 1980 rd. 811 000 →TEU (auf 20-Fuß-Einheiten umgerechneter Verkehr) befördert.

Interfrigo – Internationale Gesellschaft der Eisenbahnen für Kühltransporte, Geschäftssitz Brüssel, Rue de France 85. Generaldirektion in Basel. Betriebsgesellschaft der beteiligten 25 Eisenbahngesellschaften zur Abwicklung des internationalen Kühlverkehrs. 1980 2,7 Mio. t beförderte Kühlgüter und Leistung von 3700 Mio. tkm.

International Convention for Safe Containers (CSC) – Die Internationale Convention (Internationales Übereinkommen über sichere Container) wurde 1972 geschlossen und in der Bundesrepublik und vielen anderen Ländern inzwischen Gesetz (BGBl. II Nr 10/76). Inzwischen einige Überarbeitungen und Ergänzungen. Nach den Vorschriften des Gesetzes sollten alle zugelassenen Container vom 6. Sept. 82 an das vorgeschriebene CSC-Schild tragen. Es hat sich jedoch herausgestellt, daß bis zu diesem Termin die Kennzeichnung nicht voll durchgeführt werden konnte. Es ist nicht eindeutig klar, ob auch Wechselbehälter den CSC-Bestimmungen unterliegen. Die herrschende, auch in der Bundesrepublik vertretene, Auffassung geht dahin, daß Wechselbehälter mit Containereckbeschlägen unter das CSC fallen.

International Road Federation (I. R. F.) – beratende Organisation für das Straßenwesen bei der UNO, der OPEC und der Europäischen Verkehrsminister-Konferenz, Sitz Genf. Die I. R. F. wurde 1948 als gemeinnützige Organisation gegründet mit dem Ziel, die Weiterentwicklung und Verbesserung des Straßenbaues und des Straßenwesens zu fördern. Die I. R. F. hält Verbindung mit 64 nationalen Gesellschaften, in der BRD mit der →,,Deutschen Straßenliga".

International Road Transport Union (IRU) – Sitz Genf, Centre International, 1 rue de Varembé. Dachorganisation der nationalen Kraftverkehrsverbände mit z. Z. rd. 120 Mitgliedern aus 50 europäischen und außereuropäischen Ländern mit der Aufgabe der Wahrung der Interessen des Straßenverkehrs und der Förderung seiner Entwicklung. Sie ist in die Sektionen I Personenverkehr, II Gewerblicher Güterverkehr und III Werkverkehr gegliedert. Die IRU verwaltet das →TIR-System, hat die →AMI-Hilfsdienstverfahren sowie den Internationalen Frachtbrief (IRU-Frachtbrief) geschaffen und führt zahlreiche Untersuchungen zur Förderung des Verkehrs, Informations- und PR-Aktionen durch. Die IRU hat bei der UNO, der →ECE, der →CEMT, →EWG etc. beratenden Status.

Internationale Konventionen über Kraftfahrzeugverkehr – Abmachungen mehrerer Staaten zu verschiedenen Zeiten und an verschiedenen Orten über den Verkehr mit Kraftfahrzeugen. – 1. In Paris kam man am 24. April 1926 über folgende Fragen zu einer Einigung: a) Anforderungen an Kraftfahrzeuge, die zum internationalen Verkehr auf öffentlichen Wegen zugelassen werden sollen (Lenkung, Bremsen, Leergewicht, Gesamtgewicht, Betriebssicherung, Bereifung, Zulassungskennzeichen, Beleuchtung, Warnvorrichtung, Mitfahren von Anhängern, Außenabmessungen). b) Ausstellung und Anerkennung der internationalen Führerscheine und Zulassungsscheine. c) Nationalitätszeichen. d) Anforderung an die Führer von Kraftfahrzeugen, um zur Führung auf öffentlichen Wegen international zugelassen zu werden. e) Beachtung der Landesgesetze und -bestimmungen. f) Kennzeichnung gefährlicher Stellen. g) Austausch von Auskünften. – 2. Vom 28. bis 30. März 1931 wurden in Genf geregelt: a) die Bereinigung nicht gelöschter oder verlorener Triptiks oder Carnets; b) die Steuerfreiheit von im Ausland registrierten Privatkraftfahrzeugen nichtgewerblichen Charakters. (Von der ehemaligen deutschen Reichsregierung wurden diese Abmachungen nicht ratifiziert, aber praktisch angewandt.) c) Vereinheitlichung der Straßenverkehrszeichen. – 3. Vom 22. bis 24. Februar 1932 tagte man in Paris zur Bereinigung von und zu Korrekturen in Grenzdokumenten. – 4. Am 16. Juni 1949 wurde in Genf eine Konvention geschlossen, die generell ab 1. Januar 1950 in Kraft trat. Es handelte sich um eine Vereinbarung über die vorläufige Anwendung der Entwürfe zu den internationalen Zollabkommen über den Touristenverkehr, den Verkehr mit Nutzfahrzeugen und den internationalen Warenverkehr auf der Straße. a) Bestimmungen über den Umfang der persönlichen Effekten, die Menge des Reiseproviants, der Tabakwaren und des Treibstoffs für das Kfz, die ein Reisender vorübergehend zollfrei mit sich führen darf, wurden getroffen. b) Von Einfuhrabgaben wurden befreit: Formulare, Drucksachen, Propagandaplakate, -material (Filme, Klischees, Diapositive usw.) c) Zur Ausstellung von Triptiks und →Carnets de passage, zur Regelung bei Verfall, Verlust und Verlängerung in Fällen höherer Gewalt, bei Geltendmachung und Abwicklung von Zollforderungen wurden die näheren Einzelheiten festgelegt. d) Ein neues Verfahren bei der Einführung eines →Carnet TIR, einer Bürgschaftsleistung international anerkannter Verbände für den Zoll im internationalen Straßengüterverkehr wurde ausgearbeitet. →CMR, →AETR, →ADR und →ATP.

Internationale Straßentransport-Union – deutsche Bezeichnung für →International Road Transport Union (IRU).

Internationale Tarife – →bilaterale Tarife.

Internationaler Beförderungsvertrag – →Übereinkommen über den Beförderungsvertrag im internationalen Straßengüterverkehr.

Internationaler Frachtbrief – Nach dem ,,Übereinkommen über den Beförderungsvertrag im internationalen Straßengüterverkehr – CMR" (seit 5. 2. 62 für die BRD in Kraft) muß der verwendete Frachtbrief die in der CMR vorgeschriebenen Angaben enthalten; außerdem muß ausdrücklich vermerkt sein, daß auf den Beförderungsvertrag die Bestimmungen der CMR Anwendung finden.

Das von der IRU entworfene CMR-Frachtbriefmuster wird empfohlen und findet weitgehend Anwendung, da es die für den Verkehr im EWG-Bereich durch EWG-VO Nr. 11 vorgeschriebenen Angaben enthält.

Internationaler Führerschein – Internationaler Zulassungsschein, besonderer, nur für jeweils ein Jahr ausgestellter, im Ausland anerkannter Führer- bzw. Kraftfahrzeugschein; beide Papiere sind allmählich im Verschwinden begriffen. Immer mehr Staaten gehen dazu über, die nationalen Original-Papiere des Fahrers und des Fahrzeuges anzuerkennen. →Grenzdokumente. 1. F. und I. Z. werden von den zuständigen Polizeidienststellen (Führerscheinstelle, Zulassungsstelle oder Landratsamt) ausgegeben.

Internationaler gegenseitiger Hilfsdienst im Güterverkehr (AMI-Hilfsdienst) – Ein von der →IRU und den angeschlossenen Verbänden eingerichteter Hilfsdienst, um unvorhersehbare Schwierigkeiten bei der Abwicklung internationaler Güterverkehre auf der Straße zu überwinden. Zu diesem Zwecke wurde eine AMI-M-Kreditkarte geschaffen, die unter Einschaltung einer Versicherungsgesellschaft die Zahlung eines Betrages von sfrs 3000,– garantiert. Von einem hilfeleistenden Unternehmen können jedoch nur bis zu 3 Garantiekarten verrechnet werden, d. h. der Höchstbetrag für eine Hilfeleistung durch ein Unternehmen ist auf sfrs 9000,– begrenzt. Die Teilnehmer an dem Verfahren gliedern sich in nutznieβende Unternehmen (Transportunternehmer) und hilfeleistende Unternehmen (Nationale Mitgliedsverbände der IRU, Werkstätten, Abschleppunternehmen, Tankstellen, Automobilunternehmen etc.)! Die AMI-Kreditkarten werden von den nationalen Mitgliedsverbänden der IRU (in der BRD vom →BDF und ihren Mitgliedsverbänden) ausgegeben. Die hilfeleistenden Unternehmen und Verbände sind in einer Liste zusammengefaßt; sie verpflichten sich zur Hilfe in folgender Weise: Fahrzeug-Abschleppdienst oder Behebung von Pannen, Lieferung von Ersatzteilen oder Reifen, die zur Behebung von Pannen benötigt werden, Reparaturen, Ersatzfahrzeuge, Rückbeförderung des beschädigten Fahrzeugs. Personal-Unterbringung, ärztlicher Beistand, Ersatz von Kraftfahrern bei Beeinträchtigung der Einsatzfähigkeit. Güter-notwendige Be- und Entladungen, Weiterbeförderung der Güter, Verbringung der Güter in ein Lager oder einen Zollspeicher, etc. →Reglement für den internationalen gegenseitigen Hilfsdienst im Güterverkehr (AMI-Hilfsdienst) →Anhang 6.

Internationaler Straßengüterverkehr – Jeder Straßengüterverkehr, der eine nationale Grenze überschreitet. Sofern nur ein Grenzübertritt mit dem Heimatland stattfindet, spricht man von Wechselverkehr. Der I unterliegt zahlreichen besonderen Vorschriften, die in →bilateralen oder →internationalen Verkehrsabkommen festgelegt sind. →Carnet de passage, →Carnet TIR (Zollbegleitscheinheft), →Triptik, →CMR (Internationale Beförderungsbedingungen), → AETR (Arbeits-, Ruhezeit etc.), →ADR (Gefährliche Güter), →ATP (Verderbliche Lebensmittel), →Grenzdokumente (Aufstellung der wesentlichen Dokumente etc.), →Internationale Tarife, →Masse und Gewichte, →EG-Kontrollgerät, →AMI-Hilfsdienst, →Transfrigoroute etc.

Internationaler Straßenverkehr – Teilbereich der →Verkehrsstatistik für die Statistik des →grenzüberschreitenden Verkehrs mit Kraftfahrzeugen; sie beruht auf Anschreibungen der Grenzzollstellen und Aufbereitung durch das Kraftfahrt-Bundesamt. Als ,,eingefahren'' gilt ein Fahrzeug, das die Grenze der Bundesrepublik gegenüber dem

Ausland mit dem Fahrtziel Bundesgebiet, Berlin oder DDR passiert hat; als ,,ausgefahren'', wenn es seine Fahrt umgekehrt angetreten und die Auslandsgrenze des Bundesgebietes in Richtung Ausland überschritten hat. ,,Durchgefahren'' sind Fahrzeuge, die aus dem Ausland kommen und das Bundesgebiet in Richtung Ausland passieren (zwischenstaatlicher Verkehr). Nicht nachgewiesen werden der kleine Grenzverkehr (außer bei Lastfahrzeugen, die Waren mit Handelscharakter transportieren), der kleine Transitverkehr, der Verkehr mit Militärkraftfahrzeugen sowie der internationale Straßenverkehr mit Kraftfahrzeugen, der als innerdeutscher Verkehr gilt.

Internationales Abkommen über den Kraftfahrzeugverkehr – Die Vertragspartner verpflichteten sich hier u. a., sich gegenseitig die Auskünfte zu erteilen, die zur Feststellung der Persönlichkeit der Inhaber internationaler Zulassungsscheine oder Führerscheine geeignet sind. Das ist von besonderer Bedeutung, wenn ausländische Kraftfahrzeuge an Unfällen beteiligt waren, solche herbeigeführt oder den Verkehrsbestimmungen zuwidergehandelt haben. Solchen Auskunftsersuchen von Behörden eines Vertragsstaates ist stattzugeben. Der Schriftwechsel wird über die obersten Landesbehörden auf dem diplomatischen Geschäftswege übermittelt. Die Vereinbarungen enthalten auch die Verpflichtung, Namen und Anschrift der Personen mitzuteilen, die einen internationalen Zulassungs- oder Führerschein erhalten haben, und denen das Recht, von genannten Papieren Gebrauch zu machen, aberkannt wurde.

Internationales Behälterbüro (BIC) – Vereinigung der an der Durchführung und Weiterentwicklung des Behälterverkehrs interessierten nationalen und internationalen Stellen; Sitz Paris.

Internationales Übereinkommen über sichere Container (CSC) – International Convention for Safe Containers.

Internationale Tarife – →bilaterale Tarife.

Interstate Commerce Commission (ICC) – in den USA zuständige Behörde zur Überwachung des Eisenbahn- und Straßenverkehrs, der Küsten- und Binnenschiffahrt und der Spedition auf ihre Gesetzmäßigkeit; zuständig für Auslegung und Ausführung der einschlägigen verkehrlichen und tariflichen Bestimmungen. Besitzt gleichzeitig rechtsetzende unrichterliche Funktionen; unmittelbare Verantwortlichkeit gegenüber dem Kongreß und dem Bundesgericht. Die Mitglieder werden auf Vorschlag des Senats vom Präsidenten der USA ernannt.

Interunit – Eine von den nationalen Huckepackgesellschaften gegründete Internationale Huckepackgesellschaft mit dem Ziele, Studien zur Entwicklung des Huckepackverkehrs durchzuführen und evtl. die Bildung eines Waggonpools für Huckepackwagen vorzubereiten. Grundkapital 2,1 Mio. bfrs. Auch eine Beteiligung der nationalen Eisenbahngesellschaften ist vorgesehen.

IRF – Abk. für →International Road Federation = Internationaler Straßenverband.

IRU – Abk. für →International Road Transport Union.

IRU-Frachtbrief – Frachtbriefmuster, das von der →International Road Transport Union gestaltet und zur Verwendung im →grenzüberschreitenden gewerblichen Straßengüterverkehr empfohlen wurde. Er findet breite Verwendung im internationalen Verkehr.

ISO-Container – sind Container, die alle zur Zeit ihres Baues gültigen ISO-Normen erfüllen. Dies sind (Stand: Sommer 1982)

DIN-ISO 668	ISO-Container der Reihe I Klassifikation-Außenma-ße-Gesamtgewichte
ISO 830	Freight Containers Terminology
DIN-ISO 1161	ISO-Container der Reihe I Eckbeschläge Anforderungen
DIN-ISO 1496/1 Entwurf	ISO-Container Spezifikation und Prüfung von ISO-Containern der Reihe I Stückgut-Container
DIN-ISO 1496/2 Entwurf	ISO-Container Spezifikation und Prüfung von ISO-Containern der Reihe I Thermal-Container
ISO 1496/3	Series 1 Freight Containers Specification and testing Part 3:) Tankcontainers for liquids and gases
DIN-ISO 1496/5 Entwurf	ISO-Container Spezifikation und Prüfung von ISO-Containern der Reihe 1 Plattformen
ISO 1496/VIc)	Series 1 Freight containers specification and testing Part VIc):

Außenmaße und Gesamtgewichte von ISO-Containern der Reihe 1

Container-bezeichnung	Länge mm	Breite mm	Höhe mm	max. Gesamt-gewicht
I AA	12 192	2438	2591	30 480
I A	12 192	2438	2438	30 480
I AX	12 192	2438	< 2438	30 480
I BB	9 125	2438	2591	25 400
I B	9 125	2438	2438	25 400
I BX	9 125	2438	< 2438	25 400
I CC	6 058	2438	2591	20 320
I C	6 058	2438	2438	20 320
I CX	6 058	2438	< 2438	20 320
I D	2 991	2438	2438	10 160
I DX	2 991	2438	< 2438	10 160

	Platform based Containers, open sided, with complete superstructure
DIN-ISO 1894	ISO-Container der Reihe 1 Stückgut-Container Mindestinnenmaße
DIN-ISO 3874 Entwurf	ISO-Containers der Reihe 1 Handhabung und Befestigung
ISO 6346	Freight containers Coding, identification and marking

Isotherm-Fahrzeuge – Bezeichnung für →Lastkraftwagen, →Anhänger und →Sattelanhänger, die mit einem gegen die Einwirkungen von Kälte und Wärme isolierenden Kastenaufbau versehen sind und zur Beförderung von wärme- oder kälteempfindlichen Gütern dienen. Es kann sich dabei lediglich um entsprechend isolierte Aufbauten handeln oder auch um die zusätzliche Ausrüstung mit Vorrichtungen zur Aufnahme von Kühlmitteln (Naßeis, Trockeneis) oder mit maschinellen Anlagen zur Erzeugung von Kälte oder Wärme, wobei im Bedarfsfalle Kühltemperaturen bis zu minus 25 bis 28° erzeugt werden können. →Isotherm-Zuschläge. →ATP →Transfrigoroute.

Isotherm-Zuschläge – Zuschläge, die nach dem →RKT im gewerblichen →Güterfernverkehr für die Beförderung von Lebensmitteln im Sinne des Lebensmittelgesetzes und der →ATP in temperaturgeführtem Zustand erhoben werden, wenn der Transport in →Isotherm-Fahrzeugen erfolgt. Gleiches gilt auch für andere Güter, wenn sie auf Antrag des →Absenders in solchen Fahrzeugen befördert werden sollen. Für andere Lebensmittel, die ebenfalls unter das Lebensmittelgesetz fallen, braucht dieser Zuschlag nicht gezahlt zu werden, wenn der Absender im →Frachtbrief ausdrücklich auf einen Temperaturschutz verzichtet. Zu den Isothermfahrzeugen gehören nicht nur solche mit isolierten Wänden, sondern auch solche, die mit Kühlmaschinen oder Kühl-Aggregaten bzw. mit Heizvorrichtungen ausgerüstet sind (mit Ausnahme von Tank- und Kesselfahrzeugen).

Jumbo-Fahrzeuge – Fahrzeuge mit geringem Eigengewicht und geringer Nutzlast aber mit großem Ladevolumen. Solche Fahrzeuge sind besonders geeignet für den Transport großvolumiger, aber leichter Güter. Ihr Einsatz ist in den letzten Jahren erheblich angewachsen. Begünstigt wird diese Entwicklung durch die Möglichkeit des →Splittings nach § 12 a GüKG.

K

Kabinenzeit – Bezeichnung im Güterkraftverkehr für die Zeit, in der sich der →Fernfahrer, der keinen Dienst am Steuer ausübt, in der Schlafkabine des Lastkraftfahrzeuges aufhält. Die K. ist sowohl arbeitsrechtlich als auch lohnrechtlich von Bedeutung. Sie ist im →Bundesmanteltarifvertrag für den →Güter- und →Möbelfernverkehr (BMT) geregelt. Nach § 2 Ziff. 2a des BMT darf die →Arbeitszeit, wenn das Fahrzeug mit einer Schlafkabine oder einer gleichwertigen Einrichtung im Führerhaus ausgestattet ist, innerhalb der Doppelwoche um eine K. von 34 Stunden verlängert werden. Die K. ist mit dem vollen Tariflohn zu bezahlen. →Arbeitszeitordnung, →Arbeitszeitregelung, →Arbeitszeitvorschriften. Hat das Fahrzeug keine Schlafkabine, so ist die Zeit, in der der Arbeitnehmer, der nicht Dienst am Steuer leistet, sich aber während der Fahrt im Führerhaus aufhält, auf die regelmäßige Arbeitszeit anzurechnen sowie mit dem vollen Tariflohn zu bezahlen.

Kabotage – →Binnenverkehr, →Grenzdokumente.

Kältebeständigkeit – wichtige Eigenschaft bei Dieselkraftstoff. Kraftstoffe für Ottomotoren (VK) sind unter allen Umständen kältefest und frostsicher.

Kälteschutzmittel – Gegenstände, durch die witterungsempfindliche Güter gegen Kälte während der Beförderung geschützt werden, wie Filztafeln, Torfmull, Tuchumhüllungen, Heizapparate, Heizöfen, Dünger. Im gewerblichen →Güterfernverkehr mit Kfz werden die Schutzmittel beim Versand mit dem Gut bis zu 10% des →wirklichen Gewichtes des zu schützenden Gutes frachtfrei befördert. Frachtfrei ist auch Eis, auch Trockeneis, in der zum Schutze der Ladung unbedingt erforderlichen Menge. Ist das wirkliche Gewicht des zu schutzenden Gutes niedriger als das der →Frachtberechnung zugrunde zu legende →Mindestgewicht, so wird der frachtpflichtige Teil des Gewichts der Schutzmittel auf dieses Mindergewicht angerechnet. Die Vergünstigung wird nur gewährt, wenn die Fracht nach den Bestimmungen für →Ladungen berechnet wird.

Kaltstart – Ausdruck für das Starten eines kalten Verbrennungsmotors. Wird nach einem K. der Motor sofort hoch belastet, so kondensieren große Kraftstoffmengen an der noch kalten Zylinderwand und bewirken ein Abspülen des Ölfilms. Es besteht zwischen Kolben und Zylinderwand ein schlechter Schmierzustand, der hohen Verschleiß zur Folge hat. Es wird daher allgemein empfohlen, den kalten Motor nicht sofort voll zu belasten oder mit Höchstdrehzahl zu fahren.

Känguruh-Verkehr – französische Bezeichnung für die Beförderung schwerer Lastkraftwagen auf Eisenbahnwaggons, die mit Vertiefungen für die Aufnahme der Räder versehen sind. →Huckepackverkehr.

Kapazität – Eine Bezeichnung für den zur Verfügung stehenden →Laderaum eines →Güterkraftverkehrsunternehmens, der bestimmt wird durch die Summe der →Nutzlasten der vorhandenen →Lastkraftfahrzeuge und →Anhänger, die sich in betriebsbereitem Zustand befinden. Der Begriff Leistungs-K. berücksichtigt zusätzlich die Umlaufzeit der Fahrzeuge mit dem möglichen Ausnutzungsgrad. Je besser die K. ausgenutzt wird, um so niedriger liegen die fixen Kosten je Leistungseinheit. Bei optimaler Ausnutzung der K. erreicht der Betrieb höchste →Wirtschaftlichkeit.

Kapazitätsausnutzungsgrad – Verhältnis zwischen vorhandener und tatsächlich in Anspruch genommener →Kapazität, zu berechnen als Produkt aus Beschäftigungsgrad und Leistungsgrad, im besonderen Bezeichnung für das Verhältnis zwischen vorhandener und tatsächlich in Anspruch genommener Kapazität eines →Verkehrsunternehmens oder eines Fahrzeugs.

Kapitän der Landstraße – volkstümliche Bezeichnung für Fernfahrer.

Kaskoversicherung – →Kraftfahrtversicherung, die die Schäden aus Unfällen am eigenen Fahrzeug deckt. Es kann auch eine Selbstbeteiligung zum Zwecke einer Verbilligung der Prämie vereinbart werden. Auch Teilkaskoversicherung (Brand und Entwendung) ist möglich. Im Gegensatz zur Haftpflichtversicherung ist die K. freiwillig. Nach § 61 Versicherungsvertragsgesetz (VVG) sind die Versicherer nur bei Vorsatz oder grober Fahrlässigkeit von Ihrer Leistungspflicht befreit. Die →Deckung kann unter Umständen auch versagt werden, wenn der Schaden auf den nicht verkehrssicheren Zustand des Fahrzeugs oder Übermüdung des Fahrers infolge einer vom Versicherungsnehmer zu vertretenden Überschreitung der Arbeitszeitbestimmungen zurückzuführen ist. Ein Leistungsausschluß ist auch gegeben bei bestimmten strafrechtlichen Tatbeständen, Beschlagnahmungen und Verfügungen von hoher Hand, Gefahrenerhöhungen usw. Auch bei Schäden als Folge verkehrswidriger Beschaffenheit der Reifen haben Gerichte die Leistungsfreiheit der Versicherer wegen nicht angemeldeter Gefahrenerhöhung statuiert. Leistungsfreiheit kann auch gegeben sein, wenn das Fahrzeug zu einem anderen als in dem Antrag angegebenen Zweck verwendet wird. Die Kaskoversicherung ersetzt die Kosten der Wiederherstellung des Fahrzeugs, jedoch nicht mehr als den Zeitwert am Unfalltage.

Katteneser Sätze – →Frachtsätze, die von der →Deutschen Bundesbahn für die Beförderung von →Straßengüterfahrzeugen oder →Großbehältern im →kombinierten Verkehr (Huckepackverkehr) festgesetzt worden sind (so genannt nach dem Ort Kattenes an der Mosel, wo die entsprechenden Festlegungen getroffen wurden).

Kaufmann – im Sinne des HGB ist jeder, der ein Handelsgewerbe betreibt. Als Handelsgewerbe gilt jeder Gewerbebetrieb, der u. a. die Geschäfte der Kommissionäre, der Spediteure oder der Lagerhalter, sowie die Übernahme der Beförderung von Gütern oder Reisenden zur See, die Geschäfte der Frachtführer zum Gegenstand hat. Von den Verkehrsunternehmern ist also jeder, der Güter befördert, ein Kaufmann im Sinne des HGB.

Kaufmann im Straßenverkehr – Die Ausbildung zum Kaufmann/Kauffrau im Straßengüterverkehr erfolgt wie in anderen Berufen dual, d. h. im Ausbildungsbetrieb (Kraftverkehrsbetrieb) und der Berufsschule.

Voraussetzung ist regelmäßig Hauptschulabschluß, die mittlere Reife oder ein vergleichbarer Schulabschluß. Die Ausbildungsdauer beträgt 3 Jahre. Nach der Hälfte der Ausbildungszeit erfolgt eine Zwischenprüfung, am Ende die Berufsabschlußprüfung vor einem Prüfungsausschuß der zuständigen IHK. Die Schwerpunkte der Berufsausbildung sind Organisation und Verwaltung, Kenntnis des Transportmarktes im allgemeinen und mit seinen regionalen Besonderheiten einschl. internationaler Verkehr, Verkaufen, Kalkulieren, Materialbewirtschaftung, Datenverarbeitung, Statistik und nicht zuletzt auch Personalwirtschaft. Auch die Kenntnis einschlägiger Spezialgesetze gehört dazu. In der 3jährigen Berufsausbildung – bei Abiturienten etc. kann eine Abkürzung der Ausbildungszeit in Abstimmung mit der IHK erfolgen – erhält der Auszubildende die tarifvertraglich vereinbarte Ausbildungsvergütung. Weitere Informationen →BDF, Frankfurt.

„Kavalier der Straße" – eine Nadel, die als Anerkennung für vorbildliches Verhalten im Verkehr verliehen wird. Größere Tageszeitungen haben sich 1959 zu einer Arbeitsgemeinschaft zusammengeschlossen, die sich die Auszeichnung solcher Verkehrsteilnehmer, die sich vorbildlich benommen haben, zum Ziele gesetzt hat. Die Auszeichnung K. d. St. wird von jeder der Arbeitsgemeinschaft angeschlossenen Zeitungen in ihrem Verbreitungsbezirk verliehen. Als Verleihungsgründe gelten insbesondere vorbildlich rücksichtsvolles Verhalten von Kraftfahrern gegenüber gebrechlichen Personen und Kindern, Hilfeleistung bei Verkehrsunfällen, wirksame Unterstützung von Fahndungen nach unfallflüchtigen Verkehrsteilnehmern, unverzügliche Meldung oder Beseitigung von gefährlichen Verkehrshindernissen, geistesgegenwärtiges Verhalten, das einen unabwendbar erscheinenden Unfall verhindert hat.

Kehrmaschinen – (§ 57 a StVZO) sind Arbeitsmaschinen. Kein Fahrtschreiber erforderlich.

Kennzeichen nach der StVZO – Die Zuteilung eines amtlichen Kennzeichens ist Voraussetzung für die Inbetriebnahme eines

Kraftfahrzeugs im Sinne des § 18 StVZO. Das amtliche Kennzeichen wird von der Zulassungsstelle (untere Verwaltungsbehörde) auf Antrag erteilt. Zuständig ist die Zulassungsstelle, in deren Bezirk das Fahrzeug seinen regelmäßigen Standort (Heimatort) haben soll (siehe auch ,,Standort"). Mit dem Antrag ist der Kraftfahrzeug- oder Anhängerbrief vorzulegen (§ 23 ŞtVZO). Wird der Standort für mehr als drei Monate in den Bezirk einer anderen Zulassungsstelle verlegt, so ist bei dieser unverzüglich die Zuteilung eines neuen Kennzeichens zu beantragen (§ 27 StVZO). Gegen den Mißbrauch des amtlichen Kennzeichens sind die erforderlichen Vorkehrungen zu treffen; jedenfalls ist das Kennzeichen zu entstempeln (§ 17 StVZO). Kennzeichenmißbrauch wird nach § 22 StVG, sofern nicht nach den Vorschriften des StGB eine höhere Strafe verwirkt ist, mit Geldstrafe oder mit Gefängnis bis zu 3 Monaten bestraft. Der Führer des Fahrzeugs hat die vorgeschriebenen Kennzeichen stets gut lesbar zu halten (§ 23 Abs. 1 Satz 3 StVO.)

Kilometersätze – in den →Richtsätzen nach Tafel I des →Tarifs für den →Güternahverkehr mit Kraftfahrzeugen (GNT) enthaltene Preistabelle, die sich auf eine Vergütung der dem →Unternehmer entstehenden →Betriebskosten (variable, bewegliche Kosten) des verwendeten Fahrzeuges pro gefahrenen Kilometer bezieht. Zusammen mit den →Tagessätzen stellen die hier festgesetzten Beträge das nach Tafel I des GNT zu berechnende Entgelt dar. Sie sind nach der →Nutzlast des eingesetzten Fahrzeugs gestaffelt, wobei für →Lastzüge die Nutzlast des →Lkw und des →Anhängers zusammengezählt wird.

Kilometerzähler – →Tachometer.

Kipper – Lkw oder Lastanhänger, dessen Ladefläche zum Entleeren gekippt werden kann. Die Ladefläche ist entweder nach hinten, seitlich oder allseitig kippbar. Das Kippen der Ladefläche kann hydraulisch, pneumatisch oder mechanisch erfolgen.

klassifizierte Straßen – sind in der Bundesrepublik Deutschland die →Autobahnen und →Bundesstraßen, die →Landstraßen I. und

II. Ordnung, nicht dagegen z. B. die →Gemeindestraßen, Feldwege, Waldwege usw.

Kleinbehälter – sind Transportbehälter mit einem Innenvolumen von 1–3 m^3; die Kleinbehälter der Deutschen Bundesbahn haben die folgenden Daten:

	Typ A	B	C
Länge innen mm	1460	1660	1900
Breite innen mm	790	940	1100
Höhe innen mm	910	1310	1420
Volumen innen m^3	1	2	3
Ladegewicht kg	1000	1000	1000

Viele andere europäische Bahnverwaltungen verwenden ähnliche Kleinbehälter.

Kleine Lastzüge – →Frachtzuschlag.

Kleiner Grenzverkehr – Von der EG festgesetzte Grenzzone (25 km Luftlinie beiderseits der Grenze), in der erleichterte Bestimmungen gelten. In diese Zone oder aus ihr heraus dürfen Transporte (bis zu einer Gesamtentfernung 100 km Luftlinie) ohne Genehmigung durchgeführt werden. Der Standort der Fahrzeuge spielt dabei keine Rolle. Rückladungen und Leerfahrten sind zulässig.

Klopffestigkeit – Widerstandsfähigkeit eines Kraftstoffs gegen Zerfall durch Selbstentzündung im Verlauf der motorischen Verbrennung. Bei Selbstzündung im Ottomotor tritt so schneller Druckanstieg (hohe Druckbeschleunigung) auf, daß Leistungsabfall, Überhitzung, erhöhte Triebwerksbeanspruchung die Folge sind. Die Druckwelle bringt die Zylinderwände zum Schwingen, was vom menschlichen Ohr als Klopfen oder Klingeln wahrgenommen wird. Messung der K. durch Ermittlung der →Oktanzahl. Steigerung der K. durch Beimischung klopffester Komponenten (Benzol, Aromaten) oder durch Zugabe von Klopfbremsen (Bleitetraäthyl).

Knotenpunktverkehr – Verkehr, der sich (im Gegensatz zum →Flächenverkehr) durch die Zusammenziehung von Verkehrsleistungen auf bestimmte an sich schon durch größeres Verkehrsaufkommen herausragende Plätze (Städte, Bahnhöfe, Häfen) ergibt, wobei diese Konzentration zu einer günstigen Ausnutzung der vorhandenen →Kapazitäten und dadurch zu besonderer Wirtschaftlichkeit im Verkehrsbetrieb führt. Knotenpunkttarife sollen deshalb durch Ermäßigungen die Verkehrsnutzer zu stärkerer Inanspruchnahme des K. veranlassen, eine Benachteiligung der abgelegenen Gebiete müßte durch entsprechende Zusammenarbeit mit dem →Flächenverkehr vermieden werden.

Kolben – ein zylindrischer Körper mit geschlossener Bodenfläche (K.-Boden). Der K. ist ein wichtiges Konstruktionselement zur Umsetzung von Gas oder Flüssigkeitsdruck in mechanische Energie oder umgekehrt. Der K. ist gleitend und gasdicht in einem Zylinder entsprechenden Durchmessers gelagert. Entsteht über dem K.-Boden ein Druck, so verschiebt sich der K. nach unten. Diese nach unten gerichtete Kraft wird mittels einer am K. angelenkten K.-Stange oder eines Pleuels weitergeleitet. Die Abdichtung des K. gegenüber dem Zylinder erfolgt mittels Dichtmanschette oder, wo hohe Drücke und Temperaturen auftreten, wie bei →Verbrennungsmotoren oder →Kompressoren, durch K.-Ringe.

Kolbenfressen – (oder Kolbenreiben), ein örtliches Verschweißen des →Kolbens mit der Zylinderlauffläche. K. tritt ein, wenn der Schmierzustand zwischen Kolben und Zylinder nicht mehr ausreichend ist.

Kolbenhub – der Weg zwischen der unteren und oberen Totlage des Kolbens im Zylinder.

Kolbenring – federnder Ring, der, in den Nuten eines Zylinderkolbens gelagert, den hin- und hergehenden Kolben gegen die Zylinderwand abdichtet.

Kombinierter Verkehr – jeder Verkehr, der mit einem durchlaufenden Transportgefäß (Container, Behälter, Wechselbehälter, Sattelauflieger oder Lastwagen) über mehrere Verkehrsträger durchgeführt wird. Am stürmischsten hat sich der Containerverkehr im Überseeverkehr mit Stückgütern entwickelt. Auch im Landverkehr gewinnt der K. eine immer stärkere Bedeutung. Als Schiene-Straße-Verkehr erfreut er sich einer besonderen Förderung durch die amtliche Verkehrspolitik. Man möchte auf diesem Wege die Position der Bundesbahn stärken, die Straßen entlasten, Energie einsparen, den Verkehrsfluß verbessern, die Verkehrssicherheit erhöhen sowie einen Beitrag zum Umweltschutz leisten. Der kombinierte Verkehr Schiene-Straße wird in Form der Beförderung von →Wechselbehältern (auch Wechselpritschen genannt), Sattelaufliegern und ganzen Lastzügen betrieben. Die mittlere Versandweite der Beförderungen liegt bei rd. 450 km. Z. Zt. werden rd. 5 Mio. t jährlich befördert, was täglich 1300 beladenen Waggons entspricht. Nach der Zielvorgabe des →BVM sollen 1985 6 Mio. t und 1990 etwa 8,2 Mio. t erreicht sein. In der BRD entfallen z. Z. rd. 80% der Verkehre auf Wechselbehälter, gut 18% auf Sattelauflieger und 2% auf Lastzüge. Im stark in der Entwicklung befindlichen K. im grenzüberschreitenden Verkehr lauten die Sätze 22,4, 73,4 und 4,2%. Nach Beschaffung von 200 neuen Eisenbahnwagen für die →Rollende Landstraße durch die DB wird sich dieser Verkehr zweifellos wesentlich verstärken. Die DB bedient im Nachtsprung 30 ausgewählte Bahnhöfe mit von der →Kombiverkehr gecharterten Ganzzügen. Der Auslandsverkehr wird stark ausgeweitet. Hier gibt es allerdings öfters noch technische Probleme wegen der Harmonisierung der Technik, der Bahnprofile etc. Auch im Inland stehen erhebliche zusätzliche Investitionen bei der Bahn im Bereiche des rollenden Materials, der Umschlagbahnhöfe, der Umschlageinrichtungen, Lichtraumprofile etc. an. Die Bundesregierung fördert den K. u. a. durch Steuererleichterungen, Ausnahmegenehmigungen (bis 44 t Gesamtgewicht), Befreiung von Fahrverboten, Fortfall der Genehmigungspflicht im grenzüberschreitenden Verkehr etc. Der Verkehr ist für die DB noch nicht kostendeckend. Durch vorgesehene Rationalisierungsmaßnahmen soll die Rentabilitätsschwelle erreicht werden. Mit der Entwicklung des K. befaßt sich auch die →Studiengesellschaft für den kombinierten Verkehr. Die Deutsche Bundesbahn stellt für den K. V. folgende Wagentypen zur Verfügung:

Containerwagen
Güterwagen mit speziellen Aufnahme-
und Festlegeeinrichtungen für Mittel- und
Großcontainer
Großcontainerwagen
Containerwagen, dessen Aufnahmeein-
richtungen auf dieEckbeschläge ISO-ge-
normter Großcontainer abgestimmt sind
Blockzugwagen
Großcontainerwagen ohne Stoßdämpfer-
einrichtung für den Ganzzugverkehr von
Terminal zu Terminal
Mehrzweckwagen
Großcontainerwagen mit Drehringen und
durchgehendem Fußboden, so daß er sich
auch für den Transport anderer Güter
eignet
Mittelcontainerwagen
Containerwagen, dessen Aufnahme- und
Festlegeeinrichtungen auf das verwendete
Mittelcontainersystem abgestimmt sind
Huckepackwagen
Güterwagen zum Transport von Straßen-
lastfahrzeugen
Wippenwagen
Huckepackwagen mit abwippendem Bo-
den zur Aufnahme des Fahrgestells von
Sattelanhängern
Taschenwagen
Huckepackwagen mit Tasche zur Aufnah-
me des Fahrgestells von Sattelanhängern
Rollende Landstraße
Blockzug-Huckepackwagen mit durchge-
hendem Boden zum Transport von Last-
zügen und Sattelkraftfahrzeugen
SGP-Wagen
Rollende Landstraße mit sehr niedrigem
Boden und Drehgestellen mit sehr klei-
nen Rädern (Hersteller: SGP = Simme-
ring-Graz-Pauker)

Kombiverkehr – Deutsche Gesellschaft für
kombinierten Güterverkehr mbH & Co
KG, Frankfurt. Wurde 1969 mit dem Ziele
gegründet, den kombinierten Güterverkehr
zwischen Schiene und Straße (auch Huckepackverkehr genannt) zu entwickeln und dafür alle erforderlichen Voraussetzungen in
Verbindung mit der Bundesbahn und den
interessierten Transportunternehmern und
Kraftwagenspediteuren zu schaffen. Die K.
darf selbst nicht als Frachtführer oder Spediteur tätig werden. Der K. gehören rd. 170

Kommanditisten (Unternehmer und Spediteure) an. Sie hat ein Kapital von z. Zt. 1,5
Mio. DM. Komplementärin (persönlich
haftend und zur Geschäftsführung berufen)
ist die Deutsche Gesellschaft für kombinierten Güterverkehr GmbH, Frankfurt. Hier
fungieren als Gesellschafter der →BDF
(20,5%), die DB (20,5%), der →BSL
(20,5%), die →BZG (29,5%), die →AMÖ
(4,5%) und die →GdB (4,5%). Die K.
handelt die an die DB zu zahlenden Frachten aus, entwickelt die zu bedienenden Ver-
kehrslinien (national und international),
chartert Ganzzüge für den Verkehr und
sorgt für angemessene Auslastung, setzt die
von den Benutzern des K. zu zahlenden Sätze sowie die sonstigen Bedingungen fest. Sie
führt auch die notwendigen Abrechnungen
mit der Bahn und den Unternehmern und
Spediteuren durch. Sie unterhält eigene
Kräne zur Verbesserung des Fahrzeugum-
schlags, schließt Verträge mit Agenturen an
den Anfangs- und Endplätzen des komb.
Verkehrs und ist bestrebt, gemeinsam mit
der Bahn Kombibahnhöfe zu errichten. Es
besteht eine enge internationale Zusammenarbeit mit ausländischen Gesellschaften
des Kombinierten Verkehrs. →UIRR.
→Anhänge 13 a und b (Kombifahrplan).

Kompression – (oder Verdichtung), das Zu-
sammenpressen eines Gases. Beim Verdich-
ten ändern sich die sogenannten Zustands-
größen des Gases, wie Temperatur, Volumen und Druck. Das Kompressions- oder
Verdichtungsverhältnis gibt das Verhältnis
der Volumina des verdichteten und des ent-
spannten Gases an. Das Verdichtungsverhältnis hat auf den Ablauf der Verbrennung
im Verbrennungsmotor wesentlichen Einfluß. Da sich bei Dieselmotoren der Kraftstoff selbsttätig in der verdichteten Luft ent-
zünden muß, liegen dort die Verdichtungs-
verhältnisse höher als beim Ottomotor.
Heute bei etwa 1:16. Der normale Ottomotor verdichtet das angesaugte Luft-Kraft-
stoff-Gemisch auf etwa 1:8.

**Konferenz der Europäischen Verkehrsmini-
ster** – →CEMT.

Kontingentierung – Festsetzung von bestimmten →Höchstzahlen für die auszugebenden →Genehmigungen im gewerblichen

115

→Güterfernverkehr. →Höchstzahlenverordnung, →EWG-Genehmigungen, →CEMT-Genehmigungen, →Bilaterale Genehmigungen.

Kontrakttarife – Hierbei handelt es sich um Sondertarife für den Transport regelmäßig und massenhaft anfallender Güter. Mit diesen Tarifen soll ein gezielter Wettbewerb zum Werkverkehr ermöglicht werden. Die auf längerfristiger Vertragsgrundlage aufgebauten Tarife enthalten regelmäßig Pauschalentgelte für ein Jahr sowie Kilometerentgelte. Es handelt sich um Tarife im Rahmen des →RKT, doch können sie oft auch im Güternahverkehr angewandt werden und sind dann auch Teil des →GNT. Einige derartige Tarife sind auch im reinen Güternahverkehr zulässig. Im letzteren Falle gilt eine geringere Jahrespauschale. Im Nahverkehr gelten für die Entfernungsberechnungen die kürzesten verkehrsüblichen Straßenverbindungen zwischen Be- und Entladestelle. Z. Zt. (1983) gibt es K. für Zement, Mineralöl, flüssigen Stärkezucker und im Chemiebereich.

Kontrollbuch – →Persönliches Kontrollbuch.

Kontrollgerät – →Fahrtenschreiber und →EG-Kontrollgerät.

Konzernverkehr – Begriff für die Beförderung von Gütern mit werkeigenen Lastkraftfahrzeugen über die →Nahzone hinaus zwischen Unternehmen eines Konzerns, wenn zwischen diesen oder über eine Muttergesellschaft eine Kapitalbeteiligung von mehr als 75 v. H. bestand; K. galt dann als →Werkfernverkehr. Durch das Gesetz zur Änderung des →Güterkraftverkehrsgesetzes (GüKG) vom 3. Juni 1957 ist der Begriff des K. abgeschafft worden.

Konzession – (im Verkehrswesen), besondere staatliche Erlaubnis für den gewerblichen Güterfernverkehr. Wird oft nur unter Auferlegung bestimmter Bedingungen erteilt. Für K. im gewerblichen Güterfernverkehr gibt es z. B. bestimmte Höchstzahlen (→Kontingentierung), die für den allgemeinen und den →Bezirksgüterfernverkehr gelten. K. ist eine nichtamtliche Bezeichnung. →Genehmigung, →Genehmigungsarten.

Konzessionierung – (auch Lizenzierung), eine Beschränkung der Gewerbefreiheit in dem Sinne, daß niemand, der nicht im Besitz einer Konzession (Lizenz) ist, das betreffende Gewerbe ausüben darf (→Güterfernverkehr, Güternahverkehr, Umzugsverkehr).

Konzessionshandel – →Genehmigungshandel.

Kooperation – In allen Wirtschaftsbereichen besteht eine Tendenz zu immer stärkeren Konzentrationen durch Fusionen etc. Diese Tendenz ist auch im Straßengüterverkehr wirksam, wenngleich sich hier auf dem Wege der Konzentration nicht immer Rationalisierungseffekte erzielen lassen. Die individuelle Verkehrsbedienung durch kleine und mittlere Krafttransportunternehmen stellt ein bedeutendes Aktivum des Gewerbes dar. Die Bundesregierung ist interessiert, den mittelständischen Charakter des Straßenverkehrsgewerbes zu erhalten. Die Kooperation ist ein Mittel dazu. Sie soll bewirken, daß sich die Stellung der betroffenen Betriebe am Markt festigt und verbessert. Als Kooperationsziele kommen u. a. in Frage: Verbesserung der Voraussetzungen für eine marktorientierte Unternehmensführung, Senkung der Einkaufspreise und Transport- und Lagerhaltungskosten, Sicherung eines kontinuierlichen Betriebs- und Arbeitsablaufs sowie Verminderung der Leerlaufzeiten, qualitative und quantitative Verbesserung des Angebots, rationelle Auslastung vorhandener Anlagen und abgestimmte Planung neuer Anlagen, Übernahme von Großaufträgen, Rationalisierung des Fahrzeugparks und der Lagerkapazitäten, gemeinsame Werkstätten, Stärkung der Marktposition durch Akquisition und Werbung, Verbesserung der Betriebsorganisation etc. Auf diesem Wege soll und kann eine Verbesserung der Rentabilität, Leistungssteigerung, Wettbewerbsfähigkeit, bessere Anpassung an Marktentwicklungen etc. erreicht werden. Jedes Kooperationsvorhaben bedarf gründlicher Überlegung und Vorbereitung. Grundvoraussetzung ist Vertrauen der Beteiligten zueinander und eine gleichgerichtete Interessenlage. Sonst kann es zu Spannungen und Fehlentwicklungen kommen. In jedem Falle muß volle Bereitschaft zu Offenheit und gegenseitiger Abstimmung ohne den Versuch eines Mißbrauchs bestehen. Die K. wird durch die Bundesregierung in verschiedenen Richtungen unterstützt. Einmal durch entsprechende Auflockerung der einschlägigen Bestimmungen des Kartellgesetzes und zum anderen durch Beratung und finanzielle Unterstützung in Form von Reisekosten und Beratungshonoraren sowie auch Darlehen für Investitionsvorhaben aus dem ERP-Sondervermögen. Auch die zuständigen Verbände haben sich dieser Aufgabe angenommen, um ihre Mitglieder zu unterstützen. Hinweis auf Kooperationsfibel des Bundeswirtschaftsministeriums und Leitfaden für die Kooperation im Transportgewerbe (Herausgeber →BDF, →BDN, →AMÖ).

Kooperationsbörse – Eine vom →BDF vor 10 Jahren geschaffene Einrichtung zur Zusammenführung von kooperationswilligen Unternehmern und Spediteuren. Die K. faßt die Interessenten in etwa monatlich erscheinenden Ausgaben der Veröffentlichung ,,Kooperationsbörsenbrief'' zusammen. Hier finden sich die konkreten Kooperationswünsche. Die Vermittlung und, wenn gewünscht, weitere Betreuung erfolgt durch die K. Im übrigen regeln die Partner alle Angelegenheiten selbst. Auch ausländische Unternehmen arbeiten mit der K. zusammen, so daß sie auch für den grenzüberschreitenden Verkehr bedeutungsvoll ist.

Kraftfahrer – Führer eines Kraftfahrzeuges, entweder ,,nebenberuflich'' als →Halter, Mieter oder sonstiger Benutzer eines Kfz zu beruflichen, geschäftlichen oder privaten Zwecken oder hauptberuflich als angestellter Fahrer (Chauffeur) eines Personenkraftwagens oder Nutzkraftfahrzeuges. K. unterliegen den Bestimmungen der →StVO und dem Führerscheinzwang, K. im ›Güter- und Omnibus-Kraftverkehr auch bestimmten Vorschriften zur Regelung der →Arbeitszeit. →Führerschein.

Kraftfahrlinien – planmäßig zwischen bestimmten Punkten durchgeführte Beförderungen von Personen oder Gütern mit Kraftfahrzeugen, für die mit gewissen Ausnahmen eine behördliche Genehmigung er-

forderlich ist. 1917 wurde erstmalig in einer Bundesratsvorlage der Entwurf für eine Verordnung betr. K. eingebracht, um die Regelung des von Jahr zu Jahr wichtiger werdenden Fragenkomplexes aus der Gewerbeordnung, die nur auf den Ortsbereich abgestellt war, herauszulösen. Das Kraftfahrliniengesetz von 1925 verfeinert und vertieft die Linienregelung unter Außerachtlassung der Tatsache, daß der Kraftwagen vor allem in der Güterbeförderung seine besondere Leistungsfähigkeit immer deutlicher im individuellen Einsatz bewies. Auch die Durchführungsverordnung zum K.-Gesetz, die im Herbst 1928 erschien, ignorierte insoweit diese Entwicklung und brachte nicht viel mehr als eine noch genauere Formulierung des Linienbegriffs. Erst die →Notverordnung von 1931 ging für den →Güterkraftverkehr vom Grundsatz der Linienregelung ab. Das Gesetz zur Beförderung von Personen zu Lande (1934) unterschied erstmalig Linienverkehr und Gelegenheitsverkehr. Heute entscheidet das Transportunternehmen im Güterverkehr selbst darüber, ob es bestimmte Verkehre linienmäßig bedienen will oder ob eine andere Einsatzform zweckmäßiger und rentabler ist. Im →Güterliniennahverkehr wurde allerdings eine besondere Verkehrsform geschaffen, die der Genehmigung bedarf und die an verbindliche Normen bzgl. Linienführung und Fahrplan gebunden ist.

Kraftfahrsachverständigen-Verordnung – →Technische Überwachungsvereine (TÜV), →DEKRA.

Kraftfahrt-Bundesamt – Flensburg, untersteht dem Bundesminister für Verkehr. Es hat folgende Aufgaben: Typprüfung von Kfz und Kfz-Teilen, Sammelstelle für Nachrichten über Kfz, Sammlung und Auswertung der Erfahrungen im kraftfahrtechnischen Prüfungs- und Überwachungswesen, statistische Bearbeitung der bei dem K. gesammelten Meldungen, Eintragung von gegen Kfz-Führer verhängten Strafen wegen Zuwiderhandlung gegen die Straßenverkehrsgesetze (Verkehrssünderkartei).

Kraftfahrthaftpflichtversicherung – →Kraftfahrtversicherung.

117

Kraftfahrtunfallversicherung – →Kraftfahrtversicherung.

Kraftfahrtversicherung – zusammenfassende Bezeichnung für alle Arten von Versicherungen, die sich auf die Haltung und den Betrieb von →Kraftfahrzeugen und damit auch von →Güterkraftfahrzeugen und →Anhängern beziehen. Mit Wirkung vom 31. Dezember 1961 wurde der bis dahin geltende ,,Einheitstarif für Kraftfahrtversicherungen" aufgehoben. Von diesem Zeitpunkt an gelten für die Kraftfahrthaftpflicht-, die Fahrzeugvoll-, die Fahrzeugteil- und die Kraftfahrtunfallversicherung (hier mit Ausnahme der namentlichen Unfallversicherung) →Unternehmertarife, die eine freie Tarifgestaltung ermöglichen, jedoch vom Bundeswirtschaftsministerium bzw. vom Bundesaufsichtsamt für das Versicherungswesen genehmigt werden müssen. Die Tarife sind außer nach den genannten Versicherungsarten nach Fahrzeugarten unterschieden, die festgesetzten Prämien beziehen sich auf den Zeitraum eines Jahres, Teilzahlungen gegen entsprechende Zuschläge sind möglich, ebenso sind besondere Bestimmungen für Kurztarife von ein bis zehn Monaten Dauer vorgesehen. Ferner gelten besondere Tarifbestimmungen für die festen Beitragsermäßigungen bei schadenfreiem Verlauf (→Schadenfreiheitsrabatt). – 1. Haftpflichtversicherung. Sie ist gesetzlich für das Kraftfahrzeug und jeden mitgeführten Anhänger vorgeschrieben und dient zur Deckung von Ansprüchen Dritter, denen durch den Betrieb des Fahrzeuges ein Schaden zugefügt worden ist. Verlust der Versicherungsdeckung hat die Untersagung der Benutzung des Kfz zur Folge. Der Tarif sieht eine dreifache Untergliederung nach der →Deckungssumme sowie eine Staffelung der Prämienhöhe nach kW/PS = Leistung für Fahrzeuge bis 1 t Nutzlast, darüber hinaus nach der Nutzlast vor. Außerdem wird zum Teil nach dem Verwendungszweck der Fahrzeuge im →Werkverkehr, gewerblichen →Güternahverkehr, gewerblichen →Güterfernverkehr und →Umzugsverkehr unterschieden. Besondere Zuschläge gelten für Fahrzeuge zur Beförderung von Treibstoff und Heizöl. →Zugmaschinen und →Sattelzugmaschinen weisen eine Staffelung der Prämiensätze nach der Motorleistung in kW/PS auf, Anhänger und Sattelanhänger eine solche nach der Nutzlast. Die Deckungssummen teilen sich in solche für Personenschäden, Sachschäden und Vermögensschäden. – 2. Fahrzeugvollversicherung (Vollkaskoversicherung). Sie dient zur Abdeckung von Schäden am eigenen Fahrzeug, für die der Halter oder Fahrer selbst aufzukommen hat. Ein Versicherungszwang besteht nicht. Bei grundsätzlich gleicher Staffelung der Prämiensätze für die verschiedenen Fahrzeugarten nach der Nutzlast oder der Motorleistung wie unter 1. sind die Prämien ferner unterteilt nach der Höhe der →Selbstbeteiligung an jedem Schadensfalle in unterschiedlicher Höhe und Abstufung. – 3. Fahrzeugteilversicherung (Teilkaskoversicherung). Sie hat den gleichen Zweck zu erfüllen wie die Versicherung zu 2. und unterliegt der gleichen Einteilung nach Fahrzeugarten und -größen, deckt jedoch lediglich den Verlust oder Schäden des eigenen Fahrzeuges, die durch Diebstahl oder Feuer entstehen. Die Prämiensätze sind dementsprechend verhältnismäßig niedrig. – 4. Kraftfahrunfallversicherung. Ihr Zweck ist die Deckung von Schäden, die den Insassen, dem Fahrer oder Beifahrer eines Kraftfahrzeuges durch einen Unfall des Fahrzeuges zugefügt werden. Die Insassenunfallversicherung kann entweder nach dem Pauschalsystem, bei dem jeder Insasse mit dem der Anzahl der mitfahrenden Personen entsprechenden Teilbetrag der abgeschlossenen Pauschalsumme versichert ist, oder nach dem Platzsystem abgeschlossen werden, bei dem jeder Platz des Fahrzeuges mit der gleichen Summe versichert ist. Die Beiträge unterteilen sich für Entschädigungssummen im Todesfall, bei Dauerfolgen (Invalidität) und für vorübergehende Unfallfolgen (Heilkosten, tägliche Entschädigung). Die gleichen Unterscheidungen werden auch bei der Unfallversicherung für Berufsfahrer und Beifahrer getroffen.

Kraftfahrunternehmer – →Fuhrunternehmer, →Unternehmer.

Kraftfahrzeuganhänger – ein- oder mehrachsiges Fahrzeug ohne eigene Lenkvorrichtung, auch als Sattelanhänger mit Aufliegevorrichtung an den Sattelschlepper, zur Lastenbeförderung.

Kraftfahrzeugbeförderung – Beförderung, die normalerweise im Straßenverkehr auf eigenen Rädern mit eigener Kraft oder – wenn fahrunfähig oder beschädigt – hinter einem anderen, evtl. besonderen →Abschleppwagen mittels Abschleppseil oder sonstiger Spezialvorrichtung, erfolgt. Fabrikneue Kfz werden auf der Straße in entsprechenden Spezialwagen (→Pkw-Transporter) gegen Güterfracht an Händler oder Verteilerstellen befördert.

Kraftfahrzeugbrief – Der Kraftfahrzeugbrief bildet eine Handhabe zur Sicherung des Eigentums an Kraftfahrzeugen und gibt durch die Beschreibung und die Bescheinigung des Sachverständigen, das Fahrzeug entspreche den Vorschriften, die nötigen Unterlagen für die Erteilung der Betriebserlaubnis.

Dem Kraftfahrzeugbrief kann jedoch nicht die Bedeutung beigelegt werden, daß die Eintragungen im privaten Rechtsverkehr die technischen Eigenschaften des Fahrzeugs ausweisen sollen und der Brief somit für den Erwerber ein Gewährleistungspapier darstelle. Der Erwerber muß vielmehr, wie dies im Wirtschaftsleben die Regel ist, selbst auf die Beschaffenheit der Kaufsache achten und sie nötigenfalls durch einen Sachverständigen seinerseits überprüfen lassen. Es ist nicht Sinn der Bescheinigung, den späteren Erwerber vor dem Kauf eines wertlosen Fahrzeugs zu bewahren (Urteil des BGH III ZR 178/53).

Kraftfahrzeuge (Kfz) – im Sinne des →Straßenverkehrsrechts, Bezeichnung für ein maschinell angetriebenes, nicht an Gleise gebundenes Landfahrzeug. K. besteht aus mehreren ungleichartigen, körperlich zusammenhängenden und verbundenen Teilen, wie Motor, Fahrgestell. K. darf auf öffentlichen Straßen und Plätzen nur in Betrieb genommen werden, wenn es konstruktiv und in seiner Betriebsweise den Bestimmungen der →Straßenverkehrszulassungsordnung (StVZO) entspricht, der Nachweis über Abschluß einer →Haftpflichtversicherung erbracht wird und es zum Verkehr zugelassen wird. Die Zulassung erfolgt durch Betriebserlaubnis. Arten der K.: Krafträder, Personenkraftwagen, Omnibusse, →Lastkraftwagen, →Sattelzugmaschinen, →Zugmaschinen, →Arbeitsmaschinen.

Kraftfahrzeuge im Güterfernverkehr – →Lastkraftwagen, →Sattelzugmaschinen oder →Zugmaschinen, die im gewerblichen Güterfernverkehr mit Kfz für den Gütertransport eingesetzt werden. Sie müssen nach Bauart und technischem Zustand für den Güterfernverkehr geeignet sein und die vorgeschriebene Beschriftung tragen.

Kraftfahrzeuge im Güternahverkehr – →Lastkraftwagen, →Sattelzugmaschinen und →Zugmaschinen, die im gewerblichen →Güter- oder →Güterliniennahverkehr mit Kfz für den Gütertransport eingesetzt werden. Für sie gelten – mit Ausnahme derjenigen, der →StVZO – keine besonderen Vorschriften.

Kraftfahrzeuge im Umzugsverkehr – →Lastkraftwagen, →Sattelzugmaschinen und →Zugmaschinen, die im gewerblichen →Umzugsverkehr mit Kfz für die Beförderung von Möbeln eingesetzt werden. Die Lkw (und Anhänger) haben einen mit Polsterung versehenen – ggf. auch abnehmbaren – geschlossenen Kastenaufbau. Sie müssen die vorgeschriebene Beschriftung tragen.

Kraftfahrzeughaftung – besondere Haftung für die durch den Betrieb eines →Kraftfahrzeuges verursachten Schäden. I. Der →Halter des Kraftfahrzeuges unterliegt 1. einer sog. →Gefährdungshaftung gemäß §§ 7 ff. StVG: Wenn beim Betrieb des Kraftfahrzeuges ein Mensch getötet, der Körper oder die Gesundheit eines Menschen verletzt oder eine Sache beschädigt wird, hat er dem Verletzten den daraus entstehenden Schaden zu ersetzen. – 2. Höchstbeträge (§ 12 StVG): a) bei Tötung oder Verletzung eines Menschen Haftung bis zu einem Kapitalbetrage von 500 000 DM oder einer jährlichen Rente von 30 000 DM; b) bei Tötung oder Verletzung mehrerer Menschen durch ein Ereignis i. d. R. insgesamt bis zu einem Kapitalbetrag von 750 000 DM oder einem Rentenbetrag von jährlich 45 000 DM; c) bei Sachbeschädigung bis zu 100 000 DM. – 3. Ausschluß der Haftung, wenn der Unfall durch ein unabwendbares Ereignis verursacht wird, das weder auf einem Fehler in der Beschaffenheit des Fahrzeuges, noch auf einem Versagen seiner Verrichtungen beruht, insbes. wenn er auf das Verhalten des Verletzten, eines nicht bei dem Betrieb beschäftigten Dritten oder eines Tieres zurückzuführen ist und sowohl der Halter als auch der Fahrer des Fahrzeuges jede nach den Umständen des Falles gebotene Sorgfalt beobachtet hat. Der zu erbringende Nachweis für diese Voraussetzungen obliegt dem Halter (aber: Beweis des ersten Anscheins). – 4. Sonderregelung für die Haftung bei Schwarzfahrt. – 5. Wird ein Schaden durch mehrere Kraftfahrzeuge verursacht, so hängen die Ersatzpflicht der haftenden Fahrzeughalter im Verhältnis zueinander und der Umfang des zu leistenden Ersatzes von den Umständen, insbesondere davon ab, inwieweit der Schaden vorwiegend von dem einen oder anderen Teil verursacht ist (§ 17 StVG). 6. Bei Mitverschulden des Verletzten gilt Entsprechendes (§ 9 StVG). – 7. Verwirkung der Schadenersatzansprüche, wenn der Ersatzberechtigte nicht spätestens binnen zweier Monate, nachdem er von dem Schaden und der Person des Ersatzpflichtigen Kenntnis erhalten hat, dem Ersatzpflichtigen den Unfall anzeigt. Anzeige nicht erforderlich, wenn der Ersatzpflichtige innerhalb der Frist anderweitig Kenntnis von dem Unfall erhalten hat (§ 15 StVG). – 8. Verjährung: Es finden die Verjährungsvorschriften für unerlaubte Handlungen des BGB Anwendung.

II. Der Führer eines Kraftfahrzeuges haftet in gleicher Weise wie der Halter. Die Haftung ist aber schon dann ausgeschlossen, wenn er den Nachweis erbringt, daß der Schaden nicht durch sein Verschulden verursacht ist (§ 18 StVG). Im übrigen gilt Entsprechendes wie I.

III. Bei Verschulden haften Halter und/oder Führer, daneben nach den allgemeinen Grundsätzen über unerlaubte Handlungen (§§ 823 ff. BGB). Der Nachweis des Verschuldens obliegt hier dem Verletzten. Die Haftung ist der Höhe nach unbegrenzt.

Kraftfahrzeugschein – amtlicher Nachweis, daß Betriebserlaubnis für ein Kfz vorliegt und Kennzeichen zugeteilt ist. K. wird von der Zulassungsbehörde ausgestellt und ist bei Betrieb des Kfz mitzuführen. Der öffentliche Glaube erstreckt sich auf die Feststellung, daß das Fz. zugelassen ist und der eingetragene Wohnort stimmt. (Urteil Bay. Ob.Lg. vom 19. 9. 58).

Kraftfahrzeug-Statistik – Teilgebiet der amtlichen →Straßenverkehrsstatistik, in der die Zahl der zugelassenen Kraftfahrzeuge nach Art (Pkw, Kombinationskraftwagen, Kraftomnibus, Lkw, Zugmaschinen, Sonderkraftfahrzeuge, Kraftfahrzeuganhänger) dargestellt werden, wobei die Zahl der Lastkraftwagen unterteilt wird nach der Nutzlast: bis 1999 kg, von 2000 kg bis 4999 kg, 5000 kg und darüber. Die Bestände werden einmal jährlich nach dem Gewerbe oder Beruf des Fahrzeughalters aufgeteilt. Diese Bestandsmeldungen werden fortgeschrieben durch Erfassung der Neuzulassungen, wobei der Erwerber, nach der Umsatzsteuerpflicht des Händlers, als selbständige und nicht selbständige Erwerbspersonen unterteilt werden, diese nochmals gruppiert nach Beamten und Angestellten/Arbeiter/Berufslose und nicht bekannt. Auch Besitzumschreibungen werden nach denselben Gruppen erfaßt und fortgeschrieben. (→Halter).

Kraftfahrzeugsteuer – auf Grund des →Kraftfahrzeugsteuergesetzes in der letzten Fassung vom 1. 2. 79 (BGBl. I S. 132) festgesetzte, jährlich an das Finanzamt zu zahlende Beträge für die Haltung eines Kfz. Sie wird bei Zwei- und Dreiradfahrzeugen (außer Zugmaschinen) und Pkw nach dem Hubraum, sonst nach dem Gesamtgewicht berechnet und ist zu zahlen, wenn ein Kfz zum Verkehr auf öffentlichen Straßen gehalten, aber auch wenn ein Kfz widerrechtlich auf öffentlichen Straßen benutzt wird. Es kommt nicht darauf an, in welchem Umfang von dem durch Erteilung der Betriebserlaubnis und durch Zuteilung eines amtlichen Kennzeichens erworbenen Recht zur Kfz-Haltung Gebrauch gemacht wird. →Halter eines Kfz ist, wer Verwaltungs- und Verfügungsrecht über das Kfz besitzt; er ist zur Anmeldung des Kfz beim Finanzamt verpflichtet. Die Steuerpflicht bleibt so lange bestehen, bis das Kfz abgemeldet oder außer Betrieb gesetzt wird. Kfz im Sinne der K. sind alle maschinell angetriebenen, nicht an Gleise gebundenen Landfahrzeuge, die auch nach dem Verkehrsrecht als Kfz gelten. Die K. wird auf Antrag erstattet, wenn die Steuerpflicht vor Ablauf des Zeitraumes endet, für den sie entrichtet wurde; das gilt auch für Verspätungszuschläge. Die K. darf für ein zum Betriebsvermögen gehörendes

Kfz im Jahr der Zahlung oder Entstehung als Betriebsausgabe insoweit abgesetzt werden, als sie dem beruflich genutzten Teil an der Gesamtnutzung des Kfz entspricht; dient das Kfz der Führung eines Beförderungsunternehmens, so ist die K. in vollem Umfang Betriebsausgabe. Halbjährliche oder vierteljährliche Zahlung der Steuer ist gegen Aufgeld (3, 6 v. H.) möglich. Von der Steuer befreit sind Fahrzeuge, die ausschließlich für die Zustellung oder Abholung von Behältern mit einem Rauminhalt von fünf Kubikmetern oder mehr, von auswechselbaren Aufbauten oder von Kraftfahrzeuganhängern verwendet werden, die im Vor- oder Nachlauf mit der Eisenbahn oder einem Binnenschiff befördert worden sind oder werden. Diese Fahrzeuge müssen äußerlich als für diesen Zweck bestimmt kenntlich sein. Im Huckepackverkehr eingesetzte Fahrzeuge erhalten auf Antrag folgende Ermäßigungen: 100%, wenn im Jahr 124 Huckepackfahrten, 75% mehr als 93 Fahrten, 50% weniger als 94 aber mehr als 62 Fahrten und 25% weniger als 63 aber mehr als 31 Fahrten mit den in Frage kommenden Fahrzeugen durchgeführt wurden. Bei Anhängern wird der Steuer auf Antrag nicht erhoben, sofern diese ausschließlich hinter Kfz mitgeführt werden, für die der vorgeschriebene Anhängerzuschlag gezahlt wurde. Befreit von der Steuerzahlung sind u. a. weiter, teilweise unter gewissen Voraussetzungen, Fahrzeuge der Bundeswehr, des Bundesgrenzschutzes und der Polizei, Kommunalfahrzeuge, Obusse, landwirtschaftliche Zugmaschinen und Anhänger, Fahrzeuge von Vertretungen außerdeutscher Staaten und von Körperbehinderten sowie ausländische Pkw, die zu vorübergehendem Aufenthalt in das Bundesgebiet gelangen.

Kraftfahrzeugsteuergesetz – Gesetz über die Bestimmungen zur Zahlung einer →Kraftfahrzeugsteuer für die Haltung von →Kraftfahrzeugen und →Kraftfahrzeuganhängern vom 1. 2. 79 (BGBl. I S. 132).

Kraftfahrzeugsteuer-Karte – Karte, die zum Nachweis der Steuerentrichtung vom Finanzamt dem Steuerpflichtigen ausgehändigt wurde; sie mußte bei der Fahrt mit dem versteuerten Kfz mitgeführt und bei Kon-

trollen vorgezeigt werden. Seit 1960 ist die K.K. fortgefallen.

Kraftfahrzeugstraße – eine Straße, die nur von →Kraftfahrzeugen befahren werden darf.

Kraftfahrzeugverkehr – in der →amtlichen Statistik erfaßt mittels a) Kraftfahrzeug-Statistik, b) Straßenverkehrs-Statistik, c) Statistik des →internationalen Straßenverkehrs; vgl. dazu besonders →grenzüberschreitender Güterverkehr mit Kraftfahrzeugen.

Kraftfahrzeugversicherung – →Kraftfahrtversicherung.

Kraftstoff – Sammelbezeichnung für alle brennbaren Stoffe, die sich zum Betriebe von Verbrennungskraftmaschinen eignen. Der K. gibt seine Energie unmittelbar in einen →Verbrennungsmotor als Arbeit ab. Man unterscheidet gasförmige, flüssige und feste K. Der flüssige K. beherrscht infolge seiner Energiekonzentration und seiner leichten Anwendungsbedingungen den Markt; gasförmige K., wie Methan, Butan und Propan, haben demgegenüber eine nur untergeordnete Bedeutung, feste K. (Torf, Holz, Holzkohle, Braun- und Steinkohle) kommen nur in Notzeiten zur Verwendung. Benzin, Benzol, Alkohol und Gemische davon sind als Vergaserkraftstoffe (VK) für Otto-Motoren bestimmt, Gasöl ist der K. für →Diesel-Motoren (DK). Benzin und Dieselöl werden aus Erdöl, Benzol wird im wesentlichen aus Kohle gewonnen.

Kraftstoffeinspritzanlage – Bezeichnung für eine Einrichtung, die sämtliche Elemente umfaßt, die für die Einspritzung von Kraftstoff in Verbrennungsmotoren erforderlich sind. Sämtliche Dieselmotore sind mit einer K. ausgerüstet, ferner sämtliche Einspritz-Ottomotore. Die K. besteht aus einer Kraftstofförderpumpe, die den Kraftstoff aus dem Tank ansaugt und der Einspritzpumpe zuführt. Die Einspritzpumpe befördert den Kraftstoff unter hohem Druck zu den Einspritzdüsen, und diese spritzen den Kraftstoff in den Verbrennungsraum des Motors. Zur K. gehören ebenfalls Filter, die den Kraftstoff reinigen.

Kraftstoffkesselwagen – →Kraftfahrzeug, das einen →Tankaufbau besitzt und zur Beförderung von flüssigen Kraftstoffen dient. K. sind mit entsprechenden Meß- und Abfülleinrichtungen versehen, sie unterliegen wegen der leichten Brennbarkeit ihres Ladegutes besonderen Vorschriften (s. Verordnung über die Beförderung gefährlicher Güter auf der Straße GGVS).

Kraftstoffnormverbrauch – Kraftstoffverbrauch eines bestimmten Motors unter genau festgelegten Betriebsbedingungen. Für Fahrzeugmotoren sind diese Bedingungen nach DIN 70030 festgelegt. In der Praxis ergeben sich jedoch Verbräuche, die wesentlich über dem Normverbrauch liegen können, so daß der Normverbrauch nur zum Vergleich der einzelnen Motoren untereinander von Bedeutung ist.

Kraftverkehrsmeister – (Geprüfter Industriemeister – Fachrichtung Kraftverkehr). Nach § 46 (2) Berufsbildungsgesetz (BBiG) kann zur Kraftverkehrsmeisterprüfung zugelassen werden, wer – eine mit Erfolg abgelegte Abschlußprüfung als Berufskraftfahrer und eine nachfolgende einschlägige Berufspraxis von 3 Jahren oder – eine mindestens 8jährige einschlägige Berufspraxis nachweist. Die Prüfung bezieht sich 1. auf einen fachübergreifenden (Allgemeinkenntnisse) Teil, 2. einen fachrichtungsspezifischen Teil sowie 3. einen berufs- und arbeitspädagogischen Teil. Die einzelnen Prüfteile können in beliebiger Reihenfolge an verschiedenen Prüfungsterminen abgelegt werden. Auch hier ist die →IHK zuständig. Die für die Vorbereitung auf die Prüfung angesetzten etwa 1000 Unterrichtsstunden umfassen insbesondere Grundlagen für kostenbewußtes Handeln, Grundlagen für rechtsbewußtes Handeln, Grundlagen der Zusammenarbeit im Betrieb, gewisse mathematische und naturwissenschaftliche Grundlagen, Rechtsvorschriften im Kraftverkehr, den Kraftverkehrsbetrieb, die Kraftverkehrstechnik, die Verkehrssicherheit, Grundfragen der Berufsausbildung, Planung und Durchführung der Ausbildung, der Jugendliche in der Ausbildung und Rechtsgrundlagen der Berufsausbildung. Dementsprechend besteht die Funktion des Kraftverkehrsmeisters nicht nur in manueller Arbeit, er soll vielmehr überwachen, organisieren, anweisen, anleiten unter Anwendung moderner Methoden der Menschenführung. Außerdem sollte er auf dem Gebiete des Arbeitsschutzes, der Unfallverhütung, der Verkehrssicherheit sowie der Berufsausbildung und der Fortbildung tätig werden. Die Ausbildung ist nach dem →AfG unterstützungsfähig. Weitere Informationen →BDF. →Berufskraftfahrer.

Kraftverkehrsordnung (KVO) – Beförderungsbedingungen, erstellt in Verfolg des Gesetzes über den Güterfernverkehr mit Kraftfahrzeugen vom 26. 6. 35 (→Güterfernverkehrsgesetz) und veröffentlicht als Teil des →Reichskraftwagentarifs (RKT) vom 30. 3. 36. Letzte Änderung vom 13. 10. 70 (Bundesanzeiger Nr. 192 v. 15. 10. 70). Die Bestimmungen der KVO sind wie der RKT allgemeinverbindlich. Die K. enthält u. a. eingehende Bestimmungen über die →Abfertigung, →Abholung und →Zustellung der Güter, über die Beförderungspapiere, den Abschluß des →Beförderungsvertrages, die Berechnung und Zahlung des →Beförderungs-Entgelts und die →Haftung aus dem Beförderungsvertrag bei der Beförderung von Gütern im gewerblichen →Güterfernverkehr mit Kfz. Gemäß § 20 →GüKG gilt die K. als Teil des →Tarifs.

Kraftverkehrsversicherung – →Kraftfahrtversicherung.

Kraftwagen – mehrspurige →Kraftfahrzeuge zur Beförderung von Personen und/oder Sachen im eigenen Nutzraum oder auf eigener Ladefläche. Wird ein K. ausschließlich betrieblich genutzt, so sind alle damit verbundenen Kosten abzugsfähige Betriebsausgaben, wobei die Anschaffungskosten in der Regel jährlich mit 20 bis 25 Prozent, die fixen und die laufenden Kosten aber im Ausgabejahr voll abgesetzt werden können. Bei betrieblicher und privater Nutzung bietet am besten ein →Fahrtenbuch die Anhaltswerte für die nötige anteilmäßige Aufteilung.

Kraftwagendichte – →Kraftfahrzeugdichte, beschränkt auf den Bestand von →Kraftwagen bezogen auf die Gesamtbevölkerung, das Gesamtgebiet, die Länge des Straßennetzes o. ä.

Kraftwagenfrachtbrief – →Frachtbrief.

Kraftwagenfrachtbrief der DB – Bezeichnung für im →Güterfernverkehr mit bundesbahneigenen oder im Auftrag der Deutschen Bundesbahn fahrenden →Kraftfahrzeuge für jede →Sendung getrennt vorgeschriebenes vierteiliges Begleitpapier, bestehend aus Versandblatt (mit Durchschrift), Empfangsblatt und Annahmeschein. Der K. ist auf allen Fahrten mitzuführen und auf Verlangen den mit der Überwachung beauftragten Stellen (→Bundesanstalt für den Güterfernverkehr) zur Prüfung auszuhändigen. →Frachtbrief.

Kraftwagentarif – →Reichskraftwagentarif, →Umzugstarif und →Güternahverkehrtarif.

Kraftwagenwerbung – Werbung durch Beschriftung und Bemalung meist werkseigener Kraftfahrzeuge, ein in seiner ganzen Bedeutung schwer schätzbarer Vorteil beim Einsatz von Kraftfahrzeugen vor allem im →Kundendienst.

Kravag – Abk. für →Versicherungsverband des Deutschen Kraftverkehrs V. a. G.

Kriechspuren – besondere Fahrbahnen (vor allem bei →Autobahnen) mit größeren, längeren Steigungen für langsame, schwere Lastwagen und -züge. Der schnellere Kraftwagenverkehr, wird an solchen Bergstrecken, die K. haben, nicht von dem langsameren Verkehr behindert, und die Bildung von Fahrzeugschlangen wird vermieden.

K-Tarife – spezielle Ausnahmetarife der ehemaligen Deutschen Reichsbahngesellschaft, die sich gegen die Konkurrenz des Lastkraftwagenverkehrs richteten und meist für bestimmte Güter in bestimmten Relationen starke Frachtermäßigungen bei Beförderung auf der Schiene anboten. Einführung und Wiederaufhebung erfolgten oft sehr kurzfristig, die Anwendungsbedingungen schränkten den Nutzerkreis häufig sehr ein. Der Nutzeffekt dieser vor allem in den Jahren 1928 bis 1931 stark forcierten Tarif-

manipulationen für die Eisenbahn war sehr gering; die Ära der K. wurde mit der →Notverordnung von 1931 abgeschlossen. Ob der Buchstabe K von Kraftwagen, von Konkurrenz oder von Kampf herrührt, ist stets offen geblieben.

Kühltransporte – Durchführung von Beförderungen im →Güterkraftverkehr mit Gütern, die zur Erhaltung ihres erforderlichen einwandfreien Zustandes der Kühlhaltung auch während des Transportes bedürfen. Es müssen hierzu daher besonders eingerichtete →Kühlwagen Verwendung finden, die entweder durch ihre Isolierung allein oder im Bedarfsfalle durch Mitführung von Kühlmitteln (Naß- oder Trockeneis) oder durch Einbau eines besonderen Kühlaggregates die notwendige Kühltemperatur während der ganzen Fahrt garantieren. →Isothermfahrzeuge, →ATP (Übereinkommen über internationale Beförderung leicht verderblicher Lebensmittel und über die besonderen Beförderungsmittel, die für diese Beförderungen zu verwenden sind). →Transfrigoroute Europe.

Kühlfahrzeuge – →Isothermfahrzeuge.

Kündigungsfristen – Die gesetzliche Kündigungsfrist für gewerbliche Arbeiter beträgt nach § 122 Gewerbeordnung 14 Tage. Die Kündigung ist an einen bestimmten Wochentag nicht gebunden. Es können jedoch andere Fristen in den Arbeits- und Tarifvertrag aufgenommen werden. Nach dem →BMT für den Güterfernverkehr kann das Arbeitsverhältnis mit folgenden Kündigungsfristen gelöst werden: im 1. Beschäftigungsjahr 1 Woche; im 2.–5. Beschäftigungsjahr 3 Wochen; im 6.–10. Beschäftigungsjahr 4 Wochen; bei mehr als 10 Jahren 6 Wochen. Die Kündigung ist nur zum Ende der Lohnwoche zulässig.

Kundensatz – Vergütung, die der Zahlungspflichtige für die Beförderung im →Spediteursammelgutverkehr dem →Spediteur (→Verkehrsführer oder →Beilader) zu entrichten hat. Mit dem K. sind abgegolten: die Kosten für die Beförderung der →Sendung vom Haus des →Versenders zur Verladestelle des →Sammelgutes, die Verladekosten des Spediteursammelgutverkehrs, der büromäßige Aufwand des Spediteurs (Verkehrsführers oder Beiladers), die etwaige Beiladevergütung (→Beiladesatz), die anteilige →Fracht und etwaige Weiterabfertigungskosten, die →Empfangsspediteurvergütung, im Verkehr vom Haus des Versenders bis zum Haus des Empfängers (→Haus-Haus-Verkehr) die Kosten der Zustellung von der →Entladestelle des Spediteursammelgutverkehrs bis zum Haus des Empfängers, die allgemeinen Kosten des Spediteursammelgutverkehrs einschl. der Werbungskosten, ein angemessener Nutzen für die beteiligten Spediteure. Nach den vom →BSL herausgegebenen Bedingungen (haben nur empfehlenden Charakter) für den Sammelgutverkehr umfaßt die Leistung des Spediteurs regelmäßig die Übernahme des Gutes vor dem Haus des Versenders und die Übergabe an den Empfänger vor seinem Haus (Haus-Haus-Leistungssätze). Abweichungen gelten bei Selbstabholung und Selbstanlieferung. Die Kundensätze und die Hausfrachttafel haben den Charakter von Empfehlungspreisen, die sich in der Praxis aber weitgehend durchgesetzt haben. Die Hausfrachttafel des Kundensatzeigers enthält gestaffelte Frachten für 12 Ortsklassen entsprechend dem BSL-Hausfracht-Ortsverzeichnis. Bei einer Gegenüberstellung von BSL-Kundensätzen und Stückgutfracht ist zu berücksichtigen, daß den Stückgutfrachten und Frachtsätzen ab 2500 kg des RKT noch das ortsübliche Rollgeld hinzugerechnet werden muß, wenn man die Leistungsbereiche vergleichen will.

Kupplung – verbindet zwei Maschinenteile. Meist wird unter einer K. die Verbindung von zwei Wellen verstanden. Eine K. kann fest oder ausrückbar sein. Verbrennungsmotore müssen über eine ausrückbare K. mit dem Fahrzeugantrieb verbunden sein, da ein Verbrennungsmotor nur Leistung abgeben kann, wenn eine bestimmte Leerlaufdrehzahl überschritten ist. Ist der Motor mit einem mechanischen Getriebe verbunden, so muß beim Wechsel der Getriebeübersetzung (Gänge) die K. getrennt werden. Ausdrückbare K. werden als mechanische oder als Strömungs-K. ausgeführt. Bei der mechanischen Scheiben-K. werden beim Kuppeln Reibscheiben axial durch Federn aneinandergepreßt, so daß bei geringem Druck eine schleifende Verbindung und bei höherem Druck eine feste Verbindung hergestellt ist. Die Strömungs-K. besteht aus einer Pumpe und einer Turbine. Die Pumpe versetzt eine Flüssigkeit in Bewegung, und diese treibt die Turbine an. Hier wird eine Wellenverbindung erst nach Erreichen einer bestimmten Drehzahl erreicht.

KVO – Abk. für →Kraftverkehrsordnung.

KVO-Police – Bezeichnung für eine vom →Versicherer ausgestellte Urkunde über den Abschluß der vom →Güterfernverkehrsgesetz vorgeschriebenen →KVO-Versicherung zur Deckung evtl. entstehender →Güterschäden. →Güterschadenversicherung.

KVO-Versicherung – Bezeichnung für die nach § 27 →GüKG für den →Unternehmer des gewerblichen →Güterfernverkehrs vorgeschriebene →Haftpflichtversicherung (vgl. auch § 38 →KVO). Über den Abschluß der vorgeschriebenen Versicherung ist unter Berücksichtigung der Bestimmungen der Verordnung über das Nachweis- und Meldeverfahren bei der Versicherung von Güterkraftverkehrsunternehmen v. 6. 12. 72 (BGBl. I S. 2263) ein Nachweis in Form einer vom Versicherer zu erteilenden →Versicherungs-Bestätigung nach vorgeschriebenem Muster zu führen; sie ist an die →Genehmigungsbehörde weiterzuleiten, ebenso ist ihr das Erlöschen des Versicherungsverhältnisses unverzüglich anzuzeigen. Besondere Bestimmungen gelten für →Sammelversicherungsverträge, die Wirtschaftsorganisationen des Verkehrsgewerbes oder andere Abrechnungsstellen mit Versicherern für die zu versichernden →Unternehmer abschließen. Im gewerblichen →Umzugsverkehr ist ebenfalls eine →Transportversicherung gegen Feuer, Diebstahl, Transportmittelunfall, Unfall durch höhere Gewalt und Möbelbruch gem. →Umzugstarif abzuschließen. Ebenso soll sich der →Unternehmer des gewerblichen →Güter- und →Güterliniennahverkehrs gem. § 21 der →AGNB gegen alle Schäden versichern, für die er nach den Beförderungsbedingungen der AGNB haftet. Ein Nahverkehrsunternehmer, der keine entsprechende Versicherung besitzt, kann sich nicht auf die Gültigkeit der →AGNB berufen.

L

Ladebrücke – kann im Verkehrsbetrieb als transportables Gerät zur Überbrückung des Zwischenraums zwischen dem Rand der Verladerampe und dem Boden des Transportfahrzeuges verwendet werden, oder es ist auch ein Teil des Güter- oder Lastkraftwagens meist in Form der abklappbaren Seiten- oder Stirnwand.

Ladefähigkeit – das Maß der Ladungsmenge, mit der ein bestimmtes Fahrzeug oder ein gewisser Fahrzeugpark gleichzeitig beladen werden kann. Die L. ist demnach ein Kapazitätsbegriff, der sich auf einen Zeitpunkt bezieht. →Kapazität.

Ladefläche – für die Beladung eines Transportfahrzeuges nutzbare Bodenfläche, z. B. eines →Lastkraftwagens oder →Anhängers zur Lastenbeförderung, soweit sie für die Beladung mit →Gütern zur Verfügung steht. Zusammen mit der ausnutzbaren Ladehöhe des Fahrzeuges ergibt die L. den →Laderaum. Im gewerblichen →Umzugsverkehr mit Kfz dient nicht der Quadratmeter, sondern der Meter als Maßeinheit der Ladefläche. →Möbelwagenmeter.

Ladefrist – Zeitspanne, innerhalb derer das Gut im →Güterkraftverkehr be- und entladen sein muß. Im gewerblichen →Güterfernverkehr geregelt in § 19 →KVO, der auf den heute noch gültigen Erlaß des Reichsverkehrsministers vom 29. 10. 1940 (RVBl. B S. 321) zurückgeht. Hiernach beträgt die L. für je angefangene 1000 kg 20 Minuten. Sie beginnt mit der →Bereitstellung des Fahrzeuges, bei der →Beladung frühestens mit dem Zeitpunkt der beantragten Bereitstellung. Die L. ruht an Sonn- und Feiertagen und an Werktagen zwischen 20 und 7 Uhr. Längere L. können vereinbart werden. Bei Überschreitung der L. hat der →Unternehmer Anspruch auf →Wagenstandgeld, muß auch das Fahrpersonal warten, kann er außerdem Ladestandgeld berechnen. Wird die L. um mehr als 12 Stunden überschritten, darf der Unternehmer das Gut ausladen und einlagern. →Wartezeit im Güternahverkehr.

Ladegebühr – Entgelt für die Ausführung des Ladegeschäfts durch Arbeiter des →Unternehmers des gewerblichen →Güterfernverkehrs gem. Abschnitt IV →NGT des →RKT mit bestimmten Sätzen für schüttbare und andere Güter.

Ladegeräte – Ladegeräte sind Befestigungsmittel und Behelfsvorrichtungen zur betriebssicheren Verladung von Gütern auf oder in Lkw. Sie sollen Verkehrsgefährdungen verhüten, also verhindern, daß die Güter herabfallen, umfallen, durchbrechen oder sich verschieben. Als Ladegeräte gelten auch: Vorrichtungen zur Erhöhung oder Ergänzung der Fahrzeugwände; Bretter, Balken, Stützen, die als behelfsmäßige Zwischenböden verwendet werden, Teil- und Schutzwände; Vorsatzbretter und -gitter für Schüttgüter; behelfsmäßige Vorrichtungen zum Aufhängen von Fleisch. Für die Bereitstellung von Packmitteln durch den Unternehmer sowie für die Ausführung von Packarbeiten durch Leute des Unternehmers kann gemäß Ziff. XX Nebengebührentarif zum RKT (RKT Teil II) eine angemessene Gebühr vereinbart werden.

Ladegewicht – →Nutzlast.

Ladegut – Bezeichnung für das im →Güterkraftverkehr beförderte (geladene) Gut gleich welcher Art.

Ladehilfsmittel – →Ladegeräte.

Ladehöhe – für die Beladung mit →Gütern ausnutzbare Höhe über der →Ladefläche eines →Lastkraftwagens oder →Anhängers zur Lastenbeförderung. Sie kann entweder durch die Art des Aufbaues des Fahrzeuges (Kasten, Koffer, Spriegel und Plane) oder durch die Vorschriften der StVZO bestimmt und begrenzt werden. →Laderaum.

Ladekostenzuschüsse – →Baukostenzuschüsse.

Ladelänge nutzbare Länge der →Ladefläche eines Transportfahrzeuges.

Ladeliste – Aufstellung über die auf einer Fahrt im →Güterkraftverkehr beförderten (verschiedenartigen oder für verschiedene

Empfänger bestimmten) Güter. Im →Werkfernverkehr kann nach § 3 der Verordnung über →Beförderungs- und Begleitpapiere, zusammenfassende Übersichten und die statistische Erfassung der Beförderungsleistungen im Werkfernverkehr (Fassung vom 13. 2. 79 [BGBl. I S. 220]) anstelle der vorgeschriebenen Beförderungs- und Begleitpapiere eine L. geführt werden, die jedoch ebenfalls alle für das Beförderungs- und Begleitpapier vorgeschriebenen Angaben enthalten muß. Werden innerbetriebliche Papiere (z. B. →Lieferschein, →Ladeschein, Rechnung u. a.) mitgeführt, so kann nach den Erläuterungen zu der genannten Verordnung eine vereinfachte L. gem. vorgeschriebenem Muster benutzt werden.

Lademaßüberschreitungen – Wird die Ausnahmegenehmigung von den Vorschriften des § 22 Abs. 2–4 auf Grund von § 46 Abs. 1 Ziffer 5 StVO mit der Auflage erteilt, daß der Transport unter Polizeibegleitung durchzuführen ist, so sind die dadurch erwachsenden Gebühren vom Auftraggeber zu tragen.

Die Übernahme dieser Gebühr durch den Unternehmer würde eine nach § 22 Abs. 2 GüKG unzulässige Zahlung darstellen, die einer Umgehung des tarifmäßigen Beförderungsentgeltes gleichkommt. (Siehe auch „Hinausragen der Ladung nach hinten")

Lademittel – Hilfsmittel für das Ladegeschäft im Transportwesen wie →Elektrokarren, →Gabelstapler, →Paletten, →Stechkarren, →Wagendecken u. dgl.; L. werden auf besonderem Begleitschein, der der Lastsendung beigefügt wird, befördert.

laden – →Be- und Entladen.

Laderampe – (Verladerampe) technische Anlage, über die zur Beförderung aufgelieferte Güter auf Transportfahrzeuge verladen oder daraus entladen werden.

Laderaum – für die Aufnahme von Beförderungsgut bestimmter Raum eines Transportmittels (Liefer- oder Lastkraftwagen, Lastzug, Güterwagen der Eisenbahn, Schiff, Flugzeug); L. im engeren Sinne ist der für die Ladung effektiv nutzbare Raum.

Laderaumverteilungsstellen (LRV) – Bezeichnung für Einrichtungen, die von den Mitgliedsgenossenschaften (SVG) der →Bundeszentralgenossenschaft Straßenverkehr (BZG) eG betrieben werden und den →Unternehmern des gewerblichen →Güterfernverkehrs mit Kfz →Ladungen und der verladenden Wirtschaft →Laderaum vermitteln. Die nach § 34 →GüKG bestellten →Abfertigungsspediteure arbeiten bei der Anforderung benötigten Laderaumes eng mit den L. zusammen. Im Bundesgebiet einschl. Berlin (West) gibt es 35 L. Die ersten L. wurden schon Ende der 20er Jahre eingerichtet. →Verzeichnis der LRV (Anhang 3).

Ladestelle – Stelle (Abholort), an der im gewerblichen →Güter- und →Möbelfernverkehr mit Kfz das Gut geladen (abgeholt) wird. Kann entweder der Wohn- oder Geschäftssitz des frachtbriefmäßigen →Absenders (Lager des →Spediteurs) oder der Wohn- oder Geschäftssitz des →Urversenders (z. B. der Herstellungsbetrieb des Gutes), aber auch jede andere Stelle sein, an der Gut nach den Anweisungen des frachtbriefmäßigen Absenders abzuholen ist. Im gewerblichen →Güter- und →Güterlinien-Nahverkehr ist die L. maßgebend für die Preisberechnung nach →GNT als Grundlage für die Festlegung der →Transportentfernung.

Ladung – 1. Bezeichnung für das von einem →Absender auf einen →Lastkraftwagen oder →Anhänger zur Beförderung auf einer bestimmten Fahrt verladene Gut. Das Höchstgewicht der L. hängt von der zulässigen →Nutzlast des Fahrzeuges ab. – 2. Ladung als →Abfertigungsart im Gegensatz zu →Stückgut. →Wagenladung. – 3. L. der Fahrzeuge: Die L. eines Fahrzeuges muß so verstaut sein, daß sie niemanden gefährdet oder schädigt oder mehr als unvermeidbar behindert oder belästigt. Die Betriebssicherheit des Fahrzeuges darf durch die L. nicht leiden. Die Breite der L. darf nicht mehr als 2,5 m betragen. →Überstehende Ladung.

Ladungsgewicht – →Bruttogewicht einer Ladung, die im →Güterkraftverkehr befördert wird, entweder bezogen auf das Fahrzeug (insgesamt mit dem betreffenden Fahrzeug auf einer Fahrt befördertes Gewicht) oder auf die →Sendung = →Ladung (so daß die Summe der Bruttogewichte mehrerer Sendungen das L. des Fahrzeuges ausmacht).

Ladungsverkehr – Begriff im gewerblichen →Güterfernverkehr mit Kfz, der sich auf die Beladung eines bestellten Fahrzeuges mit →Ladegut durch den →Absender bezieht (Gegensatz: →Stückgutverkehr). Zum L. gehört auch der →Sammelgutverkehr. Kriterium ist also die Beförderung größerer Gütermengen in →Wagenladungen, die als geschlossene →Ladungen auf einen →Frachtbrief aufgegeben werden.

Lagergeschäfte – Sie gehören zu den Geschäften der Spediteure. Die gesetzlichen Bestimmungen über das Lagergeschäft sind in §§ 416–424 HGB und in den §§ 43–49 ADSp festgelegt.

Lagerhalter – ist, wer gewerbsmäßig die Lagerung und Aufbewahrung von Gütern übernimmt (§ 416 HGB).

Lagerkosten – Sie enthalten das Lagergeld (Entgelt für geleistete Lagerung) und die vom Lagerhalter vorgelegten Auslagen für Frachten, Zölle und sonstige Aufwendungen.

Lagerumschlag – wichtige Betriebskennziffer, ausgedrückt durch das Verhältnis vom Umsatz und durchschnittlichem Lagerbestand; bei einem Umsatz von 160 000 DM und einem durchschnittlichen Lagerbestand von 40 000 DM z. B. wird das Lager 4mal umgeschlagen.

Landabsatzgebühren – →Ladekostenzuschüsse.

Landessondertarife – Bezeichnung für Sondertarife im gewerblichen Güternahverkehr mit Kfz, die nach § 15 des →GNT von den →Landesverkehrsbehörden im Benehmen mit den Bundesministern für Verkehr und Wirtschaft mit Rücksicht auf örtliche Besonderheiten erlassen werden können. Dabei können im Einzelfall Entgelte für zulässig erklärt werden, die außerhalb der Mindest-

und Höchstsätze des GNT liegen. Solche Sätze müssen volkswirtschaftlich begründet und mit dem Interesse an einem geordneten Güterverkehr vereinbar sein.

Landesverkehrsbehörde – →Genehmigungsbehörde. Bezeichnung der u. a. für die Regelung des →Güterkraftverkehrs zuständigen Behörden eines jeden Landes der BRD einschl. Berlin (West). Unterscheidung zwischen Oberste L. (Landesministerium), Höherer L. (in der Regel Regierungspräsident) und Unterer L., deren Funktionen in der Regel beim Landratsamt liegen.

Landesverkehrsverbände – Bezeichnung für die den Spitzenorganisationen des →Verkehrsgewerbes auf Länderebene angeschlossenen Verbände, die die Interessen ihrer Mitglieder gegenüber den Länderregierungen vertreten. Die L. wirken gutachtlich bei der Verkehrsgesetzgebung der Länder mit, ferner übernehmen sie die Vertretung der →Unternehmer bei den Länderregierungen, den Regierungspräsidenten, den Städten und Gemeinden in allen Fachfragen.

Landstraße – eine dem zwischen- oder überörtlichen Verkehr dienende außerhalb der städtischen Bebauung verlaufende Straße.

Landstraßen I. und II. Ordnung – (klassifizierte Straßen), öffentliche, durchgehend befestigte Straßen: L. I. Ordnung: für den Verkehr eines größeren Gebietes wichtige Straße, jedoch nicht von der den Bundesstraßen zukommenden Bedeutung für den Fernverkehr; L. II. Ordnung: weniger wichtige Straßen. Neben L. I. und II. Ordnung gibt es Gemeindewege und Stadtstraßen. – Die Einteilung ergibt sich aus dem amtlichen Straßenverzeichnis, das bei den Landesämtern für Straßenbau geführt wird. Sie ist auch wichtig wegen der Straßenbaulast.

Landwirtschaftliche Sonderverkehre – Die Vorschriften über den allgemeinen Güternahverkehr und über den Güterliniennahverkehr sind nach § 89 a GüKG nicht anzuwenden auf die Beförderung von Milch und Milcherzeugnissen für andere zwischen landwirtschaftlichen Betrieben, Milchsammelstellen und Molkereien durch landwirtschaftliche Betriebe mit eigenen oder von ihnen auf Abzahlung gekauften Kraftfahrzeugen und Anhängern. Der Bundesminister für Verkehr kann im Einvernehmen mit den Bundesministern für Wirtschaft und für Ernährung, Landwirtschaft und Forsten Entgelte für Beförderungen nach § 89 a Nr. 1 durch Rechtsverordnung ohne Zustimmung des Bundesrats festsetzen (§ 89 b Abs. 1 GüKG).

Wer solche Beförderungen durchführt, unterliegt wegen der Erfüllung der gesetzlichen Vorschriften der Aufsicht der unteren Verkehrsbehörde, in deren Bezirk der land- und forstwirtschaftliche Betrieb gelegen ist. Außerdem ist die BAG befugt, im Rahmen ihrer Überwachungsaufgaben tätig zu werden (§ 89 c GüKG). →Nachbarschaftshilfe.

Langmaterialtransporte – →Überstehende Ladungen.

Langparker – Begriff aus dem Straßenverkehr zur Kennzeichnung einer über Gebühr ausgedehnten Parkdauer, die bei hoher Verkehrsdichte unzulässig erscheinen mag; in der Regel wird es sich nicht mehr um den Vorgang des →Parkens, sondern bereits um ein →Abstellen des Fahrzeuges handeln, das je nach Ortslage deshalb bedenklich wird, weil es innerhalb des öffentlichen Verkehrsraumes erfolgt.

Lärm – →Geräuschentwicklung, →Geräuschmessung, →Phon-System.

Lärmschutz – Die Verbesserung der Umweltbedingungen ist ein wichtiges Anliegen der Allgemeinheit. Dazu gehört neben einer möglichsten Begrenzung schädlicher Abgase auch die Verminderung von Beeinträchtigungen durch Lärm. Das Lärmschutzgesetz hat hierfür bestimmte Maßnahmen festgelegt, die einmal in der Geräuschminderung an den Fahrzeugen und zum anderen in bestimmten Baumaßnahmen bei der Anlage der Verkehrswege bestehen. (Verkehrsführung, schallmindernde Begrenzungen, Baumaßnahmen an Wohnhäusern etc.). →Geräuschentwicklung, →Geräuschmessung, →Phon-System.

Laster – gebräuchliche Abkürzung für →Lastkraftwagen.

Lastkilometer – →Fahrstrecke, gemessen in Kilometern, die von einem →Güterkraftfahrzeug mit →Ladung zurückgelegt wird. Die L. dienen als Grundlage für die Ermittlung der →Tonnenkilometer. Sie werden im gewerblichen →Güter- und →Umzugsverkehr jedoch nicht für die →Frachtberechnung verwendet, vielmehr werden hierfür die →Tarifkilometer zugrunde gelegt.

Lastkraftfahrzeug – →Lastkraftwagen.

Lastkraftwagen – Sammelbegriff für →Kraftfahrzeuge, die nach Bauart und Einrichtung (Aufbau) zur Beförderung von →Gütern auf Straßen bestimmt sind. Im engeren Sinne werden unter L. solche →Güterkraftfahrzeuge verstanden, deren →Tragfähigkeit (→Nutzlast) etwa zwischen 5 und 9 t beträgt. Konstruktion und Betrieb der L. unterliegen den Vorschriften der →StVZO und der →StVO. →Kleinlaster, →Lieferkraftwagen, →Schnellastwagen, →Schnelltransporter, →Schwerlastwagen.

Lastwagen – →Lastkraftwagen.

Lastzug – Bezeichnung für einen →Lastkraftwagen, der zur Erhöhung der zu transportierenden Nutzlast besonders im Fernverkehr →Anhänger mitführt. Nach den Vorschriften der →StVZO darf das zulässige Gesamtgewicht des Anhängers dasjenige des Zugwagens nicht überschreiten. Auch darf – ausgenommen hinter →Zugmaschinen – jeweils nur ein Anhänger angekoppelt werden. →Sattelzug.

Laternen-Garagen – Darunter versteht man das garagenartige Abstellen von Fahrzeugen auf öffentlichen Straßen. Dies wird als zulässig angesehen. Die Laternengaragen werden dort eingeschränkt werden müssen, wo öffentliche Interessen entgegenstehen und dem Halter die Aufstellung an anderer Stelle oder die Unterbringung in einer Garage zuzumuten ist. So kann z. B. übermäßige Geräuschverursachung beim Anlaufenlassen des Motors in den frühen Morgenstunden unzulässig sein.

§ 17 Abs. 4 der StVO sieht ausdrücklich vor, daß während der Dunkelheit abgestellte Fahrzeuge, die durch andere Lichtquellen ausreichend beleuchtet sind, ihre eigenen Beleuchtungseinrichtungen nicht in Betrieb zu setzen brauchen.

Lebende Tiere – →Beförderung lebender Tiere.

Leereinfahrt – Einfahrt eines leeren →Güterkraftfahrzeuges im →grenzüberschreitenden Verkehr zwecks Beladung in dem betreffenden Land oder – im →Durchgangsverkehr – in einem dritten Land.

Leerfahrten – Bezeichnung für Fahrten, die vor oder nach einer Güterbeförderung ohne Ladung erforderlich werden. →Leerkilometer.

Leergewicht – Bezeichnung für das Gewicht des betriebsfertigen →Kraftfahrzeuges mit vollständig gefüllten eingebauten Kraftstoffbehältern einschl. des Gewichts aller im Betrieb mitgeführten Ausrüstungsteile (z. B. Ersatzräder und -bereifung, Ersatzteile, Werkzeug, Wagenheber, Feuerlöscher, Aufsteckwände, Planengestell usw.), bei anderen Kraftfahrzeugen als Krafträdern und Personenkraftwagen zuzüglich 75 kg als Fahrergewicht.

Leergut – Bezeichnung für leeres Verpackungsmaterial, das vorher zur Umhüllung oder zum Schutz von im →Güterkraftverkehr beförderten Gütern gedient hat und anschließend wieder an den →Versender der Güter zurückbefördert wird. →Packmittel.

Leergutfrachtberechnung – →Packmittel.

Leerkilometer – →Fahrstrecke, gemessen in Kilometern, die von einem →Güterkraftfahrzeug ohne →Ladung (leer) zurückgelegt wird. Im gewerblichen →Güterfernverkehr mit Kfz kann nach dem →Nebengebührentarif des RKT für ein bestelltes Fahrzeug eine besondere Vergütung für die geleisteten L. gefordert werden, soweit sie über 20 km hinausgehen. (→Leerkilometersätze). Auch im gewerblichen →Güternahverkehr können nach dem →GNT bei Abrechnung nach den Tafeln I und II für (leere) An- und Abfahrten die entsprechenden Sätze berechnet werden, bei Anwendung der Tafel III dür-

fen L. nach der Tafel I nur insoweit berechnet werden, als sie die →Lastkilometer übersteigen. Es ist jeweils die kürzeste verkehrsübliche Verbindung zwischen der →Be- und →Entladestelle zugrunde zu legen.

Leerkilometergebühr – →Leerkilometersätze.

Leerkilometersätze – für Leerfahrten im gewerblichen Güterfernverkehr mit Kfz zu zahlende Sätze, die die im Abschnitt XXI des →Nebengebührentarifs des →RKT festgelegten Höchstsätze nicht überschreiten dürfen; sie müssen ferner vor Antritt der Fahrt vereinbart und im Frachtbrief ausgewiesen werden. Die Sätze sind nach der Nutzlast der Fahrzeuge gestaffelt. Bei der Berechnung bleiben 20 km je Leerfahrt außer Ansatz.

Leerlauf – bedeutet, daß der Motor leer läuft, d. h. ohne eingelegten Gang.

Leichenbeförderung – Nach § 4 GüKG finden die Vorschriften des Gesetzes keine Anwendung auf die Beförderung von Leichen in besonders hierfür eingerichteten und ausschließlich solchen Beförderungen dienenden Kraftfahrzeuge.

In Kraftfahrzeugen des Güterfernverkehrs dürfen Leichen nicht befördert werden (§ 8 Abs. 1 c KVO).

Leistungsfähigkeit des Betriebes – Nach § 10 und 81 →GüKG ist neben Zuverlässigkeit und fachlicher Eignung die Leistungsfähigkeit des Betriebes Voraussetzung für die Erteilung einer Genehmigung oder Erlaubnis zum gewerblichen Straßengüterverkehr. Die finanzielle Leistungsfähigkeit wird als gegeben angesehen, wenn die zur Aufnahme und Führung des Betriebes erforderlichen finanziellen Mittel nachgewiesen werden können. Damit soll die Funktionsfähigkeit des öffentlichen Straßengüterverkehrs gewährleistet werden. Die Leistungsfähigkeit wird vor allem dann nicht als gegeben angesehen, wenn erhebliche Rückstände bei fälligen Steuern oder Sozialbeiträgen vorliegen. Der Bundesminister für Verkehr hat eine Empfehlung für die Prüfung der wirtschaftlichen und finanziellen Leistungsfähig-

129

keit der Betriebe herausgegeben. Hier heißt es, daß 25% des Neuwertkaufpreises der für das Unternehmen vorgesehenen Fahrzeuge sowie als Betriebsmittel 550 DM je Tonne zulässiges Gesamtgewicht der Lkw vorhanden sein sollten. Beim Anhänger beläuft sich der entsprechende Betrag auf 225 DM/t und bei Sattelaufliegern auf 775 DM der Hälfte des zulässigen Gesamtgewichtes. Dabei sollten mindestens 50% der obigen Mittel Eigenmittel sein. Wenn besondere Umstände die Gefährdung der finanziellen Leistungsfähigkeit erkennen lassen, können die Bedingungen verschärft werden.

Leistungssätze – in den →Richtsätzen nach Tafel III des →Tarifs für den →Güternahverkehr mit Kraftfahrzeugen (GNT) enthaltene Preistabelle, die sich auf eine Vergütung der dem →Unternehmer entstehenden Gesamtkosten (einschl. eines angemessenen Unternehmergewinns) des benutzten Fahrzeuges pro beförderte →Ladung bezieht. Die hier festgesetzten Beträge sind sowohl nach bestimmten Transportentfernungen (beladen gefahrene Strecke) als auch nach dem Gewicht der Ladung (Gesamtladung einschl. evtl. mitgeführtem →Anhänger) untergliedert. Für →Leerkilometer, soweit sie die →Lastkilometer übersteigen, können die →Kilometersätze nach Tafel I des GNT vergütet werden. Für Güter, die üblicherweise nicht nach dem Gewicht, sondern nach anderen Einheiten abgerechnet werden, gelten die in der Anlage 4 zum GNT aufgeführten →Umrechnungsgewichte, sofern eine Verladung kein anderes Gewicht ergibt. Wird die Stellung eines Fahrzeuges vereinbart, dessen zulässige →Tragfähigkeit nicht ausgenutzt wird, so dürfen die L. nach einem höheren Gewicht als dem wirklichen, äußerstenfalls nach der →Nutzlast (Tragfähigkeit) des Fahrzeuges berechnet werden. Die L. werden überwiegend beim Transport von →Massengütern, vor allem Baustoffen, angewandt. Die Richtsätze dürfen bis zu 10% über- und bis zu 30% unterschritten werden.

Leistungswettbewerb – Begriff des Wettbewerbsrechts für die fairen wettbewerblichen Handlungen: Förderung des eigenen Geschäftsbetriebes mit Mitteln der eigenen besonderen Leistung; (Gegensatz: der als unlauterer Wettbewerb anzusehende Verdrängungswettbewerb). L. ist in der →Verkehrspolitik deutlich zu unterscheiden vom reinen Preiswettbewerb, bei dem durch Preismanipulationen, u. U. im Rahmen einer größeren ausgleichenden Rechnung (→Globalrechnung) durch zu niedrige, d. h. durch die Kostenlage nicht gerechtfertigte Preise in bestimmten Bereichen (Warengruppen oder Verkehrsbeziehung), gegen die bessere Leistung des Konkurrenten angekämpft wird.

Lenkachse – kurvenbewegliches Laufwerk bei Transportfahrzeugen.

Lenkung – (eines Fahrzeugs), sämtliche Teile, die zur sicheren Steuerung eines Kfz erforderlich sind. Die Lenkachsen eines Kraftwagens sind in Achsschenkelbolzen beweglich zur Fahrzeuglängsachse gelagert. Die Bewegung der Achsschenkel erfolgt über Spurstange, Lenkhebel, Lenkgetriebe, Lenksäule und Lenkrad.

Lenkungsdämpfer – dämpft Schwingungen, die durch Fahrbahnunebenheiten über die Räder auf die Lenkung übertragen werden.

Lenkzeit – →Arbeitszeit →Arbeitsschicht.

Liberalisierung – Ausdruck für die Beseitigung von Beschränkungen irgendwelcher Art, im →Verkehrswesen z. B. Beseitigung der Preiskontrolle, der Kontingentierung, der Konzessionierung usw.

Lichthupe – eine Einrichtung, die es gestattet, mit dem Fernlicht Signal zu geben. Das Fernlicht wird mehrmals ein- und ausgeschaltet, so daß der Vorausfahrende das Blinken wahrnimmt. Das Ein- und Ausschalten des Fernlichtes wird von einem Blinklichtgeber gesteuert.

Lichtmaschine – ein Gleichstromerzeuger, der die Aufgabe hat, die gesamte elektrische Anlage eines Fahrzeuges mit Strom zu versorgen.

Lieferdienst – Bezeichnung für die Belieferung von Kunden oder Niederlagen in regelmäßig durchgeführten Fahrten mit bestimmter Tourenführung – ggf. im festen Fahrplan – im →Güterkraftverkehr, wobei in der Regel eine Vielzahl von Abladestellen bedient wird.

Lieferfristen – im gewerblichen →Güterfernverkehr mit Kfz in § 26 KVO geregelt. Danach beträgt die L. für je angefangene 300 km Beförderungsentfernung 24 Stunden. Sie beginnt für die vom →Güterfernverkehrsunternehmen bis 12 Uhr mittags übernommenen Güter um 18 Uhr desselben Tages, für die nachmittags übernommenen Güter um 24 Uhr desselben Tages. Ist der auf den Übernahmetag des Gutes folgende Tag ein Sonn- oder Feiertag, beginnt die L. erst einen Tag später. Ist der letzte Tag der L. ein Sonn- oder Feiertag, läuft diese erst mit der entsprechenden Stunde des darauffolgenden Werktages ab. →Absender und →Unternehmer können eine verkürzte L. vereinbaren, die im →Frachtbrief zu vermerken ist (→Schnelllieferzuschlag). Die L. ist gewahrt, wenn vor ihrem Ablauf das Gut dem →Empfänger zugeführt worden ist oder aus Gründen, die in seiner Person liegen, nicht zugeführt werden konnte. § 26 KVO enthält ferner nähere Bestimmungen über die Voraussetzungen für das Ruhen der L. Danach ruht der Ablauf der Lieferfrist

1. während des Aufenthalts, der durch Zoll oder sonstige verwaltungsbehördliche Maßnahmen oder Überprüfungen der →Bundesanstalt für den Güterfernverkehr (BAG) verursacht wird;

2. während einer durch nachträgliche Verfügung des Absenders hervorgerufenen Verzögerung der Beförderung;

3. während der durch das Abladen eines Übergewichtes erforderlichen Zeit;

4. während einer ohne Verschulden des Unternehmers eingetretenen Betriebsstörung, durch die der Beginn oder die Fortsetzung der Beförderung zeitweilig verhindert wird;

5. während einer behördlich angeordneten Straßensperrung, durch die der Beginn oder die Fortsetzung der Beförderung zeitweilig verhindert wird;

6. während des Aufenthaltes, der ohne ein Verschulden des Unternehmers dadurch entsteht, daß am Gut oder an dessen Verpackung Ausbesserungsarbeiten vorgenom-

men oder vom Absender verladene Sendungen um- oder zurechtgeladen werden mußten.

Lieferkraftwagen – Bezeichnung für leichte →Lastkraftwagen mit einer zulässigen Nutzlast bis zu etwa 3 t, die für die Beförderung leichter Güter auf kürzere Entfernungen verwendet werden. Sie haben entweder einen offenen Pritschen- oder einen geschlossenen Kasten- bzw. Kofferaufbau. Leichte L. oder Kombiwagen von rd. 300 bis 600 kg Tragfähigkeit (einschl. Fahrer) haben Personenkraftwagen-Fahrgestelle.

Lieferzeit – Zeitspanne, innerhalb deren ein →Gut im →Güterkraftverkehr – gerechnet entweder vom Tag der Bestellung bzw. Bestätigung der Bestellung oder von der Abfahrt des Fahrzeuges – dem →Empfänger zugestellt wird.

Liegenbleiben von Fahrzeugen – (§ 15 StVO) Bleibt ein mehrspuriges Fahrzeug an einer Stelle liegen, an der es nicht rechtzeitig als stehendes Hindernis erkannt werden kann, so ist sofort Warnblinklicht einzuschalten. Danach ist mindestens ein auffällig warnendes Zeichen gut sichtbar in ausreichender Entfernung aufzustellen, und zwar bei schnellem Verkehr in etwa 100 m Entfernung; vorgeschriebene Sicherungsmittel, wie Warndreiecke, sind zu verwenden. Darüber hinaus gelten die Vorschriften über die Beleuchtung haltender Fahrzeuge.

Liegezeit – Bezeichnung im gewerblichen →Güterfernverkehr mit Kfz für die Zeit, die infolge Wartens auf Rückladungen oder aus sonstigen Gründen außerhalb des →Standortes des Fahrzeuges oder an diesem entsteht. Ganztägige L. gelten nicht als →Arbeitszeit, sofern die Arbeitnehmer über diese Zeit frei verfügen können. Sie haben aber für diese Zeit, sofern sie sich nicht an ihrem Wohnort befinden, Anspruch auf volle Tagesspesen und auf Anrechnung von 9 Stunden je Liegetag im Rahmen des Tariflohnes. Sofern bei Beginn der L. die regelmäßige Arbeitszeit der laufenden Doppelwoche bereits erreicht oder überschritten ist, kann der erste Tag einer solchen L. von 24 Stunden innerhalb von 2 Doppelwochen einmal auf die freien Tage angerechnet werden.

Linienverkehr – L. im Kraftverkehr liegt vor, wenn eine zwischen bestimmten Ausgangs- und Endpunkten eingerichtete regelmäßige Verkehrsverbindung besteht. Das ist besonders im Sammelladungsverkehr der Kraftwagenspediteure oft der Fall. Ein bestimmter L. im gewerblichen →Güterfernverkehr mit Kfz kann dem →Unternehmer auch durch Auflage aufgegeben bzw. genehmigt werden, oder es kann ihm die →Genehmigung mit der verkehrsmäßigen Beschränkung auf eine Strecke erteilt werden. Die Genehmigung zur Durchführung des L. wird dann auf der →Genehmigungsurkunde zusätzlich vermerkt. Für den L. im Güterfernverkehr besteht keine →Beförderungspflicht. →Güterliniennahverkehr.

LiTG – Abk. für Lichttechnische Gesellschaft e. V.

Logistik – Der Zwang zur Rationalisierung und Erhöhung der Produktivität sind die Motoren der Wirtschaftsentwicklung. Im Produktionsbereich sind die hier liegenden Reserven weitgehend ausgeschöpft. Die bisher etwas vernachlässigten Logistikkosten treten deshalb mehr in den Vordergrund. Krafttransportunternehmer und Kraftwagenspediteure sind immer mehr gezwungen, ganze Dienstleistungspakete (vollständige Problemlösungen) auszuarbeiten und anzubieten. Der Lkw bietet dazu alle notwendigen Voraussetzungen. Zu logistischen Leistungspaketen gehören u. a. neben Übernahme des Transports selbst, je nach Einzelfall, Lagerung, Umschlag, Verpackung, Signierung und Auftragsabwicklung (Planung, Realisierung und Kontrolle). Als zusätzliche Dienstleistungen kommen in Frage Logistikberatung, Preisauszeichnung und Inkasso. Das Logistikdenken findet in Verladerkreisen auch bei uns eine immer stärkere Verbreitung. Das wird gefördert durch Abwälzung der Lagerhaltung auf den Lieferanten, kleinere Auftragsgrößen, kürzere Wiederbeschaffungszeiten, spezielle Auslieferungswünsche etc. Die Erfüllung der hier für das Verkehrsgewerbe liegenden zukunftsträchtigen Aufgaben bietet gute Voraussetzungen für eine enge →Kooperation, nicht zuletzt auch zwischen Unternehmern und Spediteuren. →Marketing →Informatik.

Lohnausfallvergütung – Anspruch auf Lohnausfallvergütung besteht, wenn am Beschäftigungsort Feiertag auch für diejenigen Arbeitnehmer ist, an deren Wohnort dieser Tag nicht gefeiert wird.

Umgekehrt haben Arbeitnehmer, die der Arbeit fernbleiben, weil an ihrem Wohnort Feiertag ist, keinen Anspruch auf Lohnausfallvergütungen, wenn an ihrem Beschäftigungsort kein Feiertag ist und daher im Betrieb gearbeitet wird.

Lohnfuhre – Bezeichnung für eine im →Lohnfuhrvertrag mit einem →Lohnfuhrwerk im gewerblichen →Güternahverkehr mit Kfz durchgeführte Beförderung.

Lohnfuhrvertrag – Begriff aus dem gewerblichen →Güternahverkehr mit Kfz. Ein L. wird dann abgeschlossen, wenn sich →Unternehmer und Auftraggeber darüber einig sind, daß der Unternehmer ein bemanntes →Fahrzeug zur Verwendung nach Weisung des Auftraggebers stellt. Der L. setzt sich zusammen aus einem Mietvertrag über das Fahrzeug, mit dem der Transport ausgeführt wird, und einem Dienstverschaffungsvertrag über die Leute, die dem Mieter des Fahrzeuges von dem Vermieter zur Bedienung des Fahrzeuges auf die Dauer des Vertrages mitgegeben werden. Im L. haftet der Unternehmer nicht für Schäden, die der Auftraggeber verursacht hat. Im übrigen gelten die Bedingungen der →AGNB. Im Güterfernverkehr sind L. nicht zulässig, da sie regelmäßig Tatbestände der Tarifumgehung enthalten und es außerdem Einordnungsschwierigkeiten bzgl. →Werkverkehr und →gewerblicher Verkehr nach den Bestimmungen des GüKG gibt.

Lohnfuhrwerk – Bezeichnung für ein im →Lohnfuhrvertrag mit einem →Fahrer gemietetes und für Beförderungen innerhalb der →Nahzone verwendetes Fahrzeug.

LRV – Abk. für Laderaumverteilungsstelle.

Luftbereifung – von dem Engländer Robert William Thomson erfundene und im Jahre 1845 patentierte Bereifung der Räder. In dieser Patentschrift beschrieben als elastische, luft- und wasserdichte Bandage, welche auf die Felgen der Wagenräder aufgebracht und mit Luft gefüllt wird. Das dadurch geschaffene das Rad umgebende Luftpolster ergibt einen ruhigeren und leichteren Radlauf. Die von Thomson erfundenen Luftreifen wurden an Pferdewagen erprobt, gerieten jedoch wieder in Vergessenheit. Der schottische Tierarzt John Boyd Dunlop hat die Luftbereifung 1888 nacherfunden, und zwar zur Anwendung an Fahrrädern.

Luftdruck – (im Reifen), Überdruck der in einen Reifen eingepreßten Luft. Da die im Reifen eingeschlossene Luft der eigentliche Träger der Last ist, hängt u. a. von der Höhe des Überdruckes, unter dem die Luft in den Reifen gepreßt ist, dessen Tragfähigkeit ab.

Luftfederung – Federung, bei der die Elastizität von Druckluft benutzt wird. Die Luftfederelemente bestehen meist aus einem Kolben und Zylinder. Der Kolben arbeitet federnd gegen die über ihm sich befindliche Druckluft. Die Art der Federung kann durch entsprechende Formgebung des Federelementes weitgehend beliebig gewählt werden. Die Luftfederung ist besonders gut geeignet zur Abfederung von Fahrzeugen und findet deshalb mehr und mehr Eingang im Fahrzeugbau.

Luftkühlung – Die abzuführende Wärme eines Motors wird von der Oberfläche der Zylinder und Zylinderköpfe direkt an vorbeistreichende Luft abgegeben. Eine andere Art der Kühlung Wasserkühlung. Die Kühlwirkung ist abhängig von der Größe und auch der Art der Oberfläche, von der die Wärme abgeführt werden soll, dem Temperaturunterschied zwischen Oberfläche und Kühlluft und der Luftgeschwindigkeit. Um ausreichende Kühlwirkung zu erreichen, ist deshalb die Zylinder- und Zylinderkopfoberfläche mit entsprechend ausgebildeten Kühlrippen versehen. Ferner wird die Luftgeschwindigkeit durch ein Gebläse erhöht. Vorteile der L.: Es werden weder Kühler noch Leitungen für eine Flüssigkeit benötigt, Unempfindlichkeit bei Frost, d. h. geringere Störanfälligkeit. Nachteile: Stärkere Geräuschbildung durch das Gebläse und den fehlenden Wassermantel, der die Verbrennungs- und Kolbengeräusche dämpft.

Luftlinie – Linie, die für die Bestimmung der →Nahzone im →gewerblichen Güternahverkehr und →Werknahverkehr (50 km vom →Ortsmittelpunkt) sowie für die Bezirkszone im gewerblichen →Bezirksgüterfernverkehr (150 km vom Ortsmittelpunkt) maßgebend ist.

Luftreifen – →Reifen, →Luftbereifung.

Luftwiderstand – der Widerstand, den die Luft einem bewegten Fahrzeug entgegensetzt. Der Luftwiderstand steigt an mit dem Quadrat der Geschwindigkeit, mit dem sich ein Fahrzeug bewegt, und ist ferner abhängig von der äußeren Form des Fahrzeuges. Um die Leistung, die der Fahrzeugmotor aufbringen muß, um den L. zu überwinden, möglichst gering zu halten, werden insbesondere schnelle Fahrzeuge mit sogen. stromlinienförmigen Karosserien versehen.

M

Makler – →Frachtagent.

Margentarife – Tarife im gewerblichen →Güterkraftverkehr, deren Frachtsätze sich zwischen einer amtlich festgesetzten oberen und einer ebensolchen unteren Grenze bewegen, innerhalb deren die →Frachtberechnung freizügig oder nach bestimmten Voraussetzungen und Vorschriften erfolgen kann. (Gegenteil: →Festtarif). Ein M. ist der →RKT, der Umzugstarif und der →Güternahverkehrstarif (GNT), sofern der einzelne Tarif nichts anderes bestimmt. Nach den Vorstellungen der EWG-Kommission soll die Bandbreite mindestens 10%, höchstens 30%, von einer Mittellinie nach oben und unten gerechnet, betragen. Im Inlandsfernverkehr beträgt die Marge 8,5% nach beiden Seiten. Die Höchstsätze dürfen nicht über-, die Mindestsätze nicht unterschritten werden. →Tarifüberwachung.

Marketing – Marketing speziell im Verkehr heißt, systematische Erforschung der allgemeinen Marktsituation, insbesondere der Verladerwünsche und etwa insoweit bestehender Trends z. B. Forderung nach logistischen Systemen →Logistik. Ausrichtung aller Unternehmensaktivitäten auf die gewonnenen Erkenntnisse. Der Lieferservice erhält neben Qualität und Preis der Ware eine immer größere Bedeutung. Für die Abnehmer und damit auch für die Produzenten oder den Handel ist er oft entscheidend. Hier liegt die große Chance für den Straßengüterverkehr, die durch konsequentes Marketing und gutes Management genutzt werden muß.

Maße und Gewichte von Lastwagen und Zügen – Die höchstzulässigen Abmessungen und Gewichte von Lastkraftwagen, Anhängern und Lastzügen sind in § 32 →StVZO geregelt. Danach gelten: 1. Breite über alles 2,50 m (Ausnahme Land- u. Forstwirtschaftliche Geräte und Schneeräumung bis 3 m), 2. Höhe über alles 4 m, 3. Länge über alles (ausgenommen Außenspiegel) a. Einzelfahrzeuge (außer Sattelanhänger) 12 m, b. Sattelkraftfahrzeuge (Sattelzugmaschine und Sattelanhänger) 15 m, c. Lastzüge (unter Beachtung der Vorschriften über die Einzelfahrzeuge) 18 m.

Am Umriß der Fahrzeuge dürfen keine Teile so hervorragen, daß sie den Verkehr mehr als unvermeidlich gefährden. Die Kraftfahrzeuge und Züge müssen so gebaut und eingerichtet sein, daß die bei einer Kreisfahrt von 360° überstrichene Ringfläche mit einem äußeren Radius von 12 m keine größere Breite als 6,7 m hat. Dabei muß die vordere – bei hinterradgelenkten Fahrzeugen die hintere – äußerste Begrenzung des Kraftfahrzeuges auf dem Kreis von 12 m Radius geführt werden. Beim Einfahren aus der tangierenden Geraden in diesen Kreis darf kein Teil des Kraftfahrzeugs oder Zuges diese Gerade um mehr als 0,8 m nach außen überschreiten. Die in ausgesuchten anderen Ländern geltenden Maße und Gewichte →Anhang 7.

Markttransparenz – (Marktdurchsichtigkeit), in der modernen Verkehrswirtschaft durch methodische Marktforschung geförderte Überschaubarkeit der Marktbedingungen für alle Marktbeteiligten am ,,unbekannten" Markt. Erkundung und Darstellung der normalen, der vertikalen sowie der Surrogatkonkurrenz zwecks Ermittlung der Aufnahmefähigkeit des Marktes für bestimmte Waren oder Leistungen. M. bezieht sich auch auf den gesamten Bereich der Verkehrswirtschaft, auf die Wettbewerbsbedingungen der Verkehrsmittel, ihre Leistungseigenart und die Beförderungspreise.

Massengüter – Bezeichnung für →Güter, die in zahl- und gewichtsmäßig großen Mengen hergestellt und befördert werden müssen. Im Straßengüterverkehr gelten als Massengüter hauptsächlich Baustoffe (einschl. Sand und Kies), Erze, Eisen und Stahl, Holz, Getreide und Rohschotter. Im gewerblichen Güterfernverkehr überwiegen die sonstigen Kaufmannsgüter. Bei Eisenbahn und Binnenschiffahrt kommen Kohle und Erzen eine besondere Bedeutung zu.

Materialfluß – →Fördertechnik.

Maut – Noch heute in Bayern gebräuchlicher Ausdruck für Zoll, in etwas gewandeltem Sinn neuerdings wieder aufkommend als „Gebühr" bei Mautstraße = gebührenpflichtigen Straßen. Das Wort leitet sich von dem mittelhochdeutschen mute (gotisch: mota) her und ist z. B. auch in der Bezeichnung Mäuseturm (im Rhein bei Bingen) enthalten, der eigentlich Mautturm heißen müßte.

Mehrfracht – Bezeichnung für den Teil des Entgeltes, der bei Beförderungen im gewerblichen →Güterfernverkehr mit Kfz entgegen den Bestimmungen des →Reichskraftwagentarifs (RKT) über →Tarif berechnet worden ist. →Frachtrückzahlung →Unterschiedsberechnung.

Meldebeitrag – →Umlagen.

Meldebestätigung – Bezeichnung für die von der →Bundesanstalt für den Güterfernverkehr an →Werkfernverkehr betreibende Unternehmen gegebene Bestätigung, daß die von diesem Unternehmen ausschließlich für grenzüberschreitende Beförderungen eingesetzten →Kraftfahrzeuge mit einer →Nutzlast von mehr als 4 t und einer Motorleistung über 40 kW gem. § 52 bzw. § 60 GüKG bei ihr gemeldet sind. Die M. ist ständig in dem gemeldeten Fahrzeug mitzuführen und bei Kontrollen vorzuzeigen. Sie ist bei Abmeldung des Fahrzeuges an die Bundesanstalt zurückzugeben. →Umlagen, →Meldepflicht.

Meldepflicht – Unternehmen des gewerblichen Güterfern- und Nahverkehrs sowie des Umzugsverkehrs und Kraftwagenspediteure haben ihr Unternehmen (§ 60) der Bundesanstalt für den Güterfernverkehr zu melden. Unternehmer des Fern- und Nahverkehrs sowie die Deutsche Bundesbahn müssen darüber hinaus die in den entsprechenden Verkehren eingesetzten Fahrzeuge melden. Die BAG hat auf Grund dieser Meldungen ein Register zu führen.

Mengenstaffel – →Gewichtsstaffel, →Tarifsystem, im Güterverkehr, →Nebenklassen.

Mietfahrzeuge – Bezeichnung für →Kraftfahrzeuge, die von einem →Unternehmer, der die →Erlaubnis zum →Güternahverkehr besitzt zur Beförderung innerhalb der →Nahzone an Dritte mit oder ohne Fahrer

gegen Entgelt (in der Regel in Form von Pauschalsätzen) vermietet werden. →Lohnfuhrvertrag, →Vermietung von Güterkraftfahrzeugen.

Militärfrachtbrief – im →Militärgüterverkehr mit →Kraftfahrzeugen für jede →Sendung gesondert vorgeschriebenes vierteiliges Begleitpapier. Der M. ist im Kopf als solcher zu kennzeichnen. Alle Ausfertigungen des M. sind mit dem Dienststempel und der Unterschrift einer Militärdienststelle als →Absender zu versehen. Zusätzlich zu der Bezeichnung der Sendung nach ihrem Inhalt ist der Vermerk „Militärgut" auf allen Ausfertigungen des M. in der Spalte „Inhalt" anzubringen. Die erste Ausfertigung ist für die nach dem →Güterkraftverkehrsgesetz (GüKG) vorgeschriebene →Frachtenprüfung bestimmt, die zweite verbleibt beim →Unternehmer, die dritte erhält der →Empfänger, die vierte der Absender. Der M. ist auf allen Fahrten mitzuführen und den mit der Überwachung des →Güterfernverkehrs beauftragten Kontrollorganen (→Bundesanstalt für den Güterfernverkehr) auf Verlangen vorzuzeigen. →Tarifbestimmungen für den Militärgüterverkehr.

Militärgütertarif – →Militärtarif.

Militärgüterverkehr – Bezeichnung für die im gewerblichen →Güterfernverkehr mit Kfz durchgeführten Versorgungstransporte der Bundeswehr und der in der Bundesrepublik stationierten US-, britischen (einschl. der dänischen und belgischen) und französischen Streitkräfte. Als Versorgungstransporte gelten mit →Militärfrachtbrief ausgelieferte →Sendungen von Gütern aller Art und von lebenden Tieren, die zur Ausrüstung und Versorgung des Militärs dienen und auf dessen Rechnung befördert werden. →Tarifbestimmungen für den Militärgüterverkehr.

Militärtarif – besonderer Tarif für die Beförderung von Militärgut für die Streitkräfte.

Minderauslastung – Bezeichnung für die nicht vollausgenutzte →Nutzlast eines →Kraftfahrzeuges (→Lastzuges). Bei M. kann entsprechend den Bestimmungen des →Nebengebührentarifs des →RKT vereinbart werden, daß die →Fracht für eine im gewerblichen →Güterfernverkehr mit Kfz durchgeführte Beförderung nicht nach dem →wirklichen Gewicht des Gutes, sondern nach einem höheren Gewicht berechnet wird. Das vereinbarte Gewicht darf nicht höher sein als die Nutzlast des verwendeten Kraftfahrzeuges (Lastzuges).

Minderwert von Unfall-Kraftfahrzeugen – Nach Auffassung des LG Lübeck im Urteil vom 13. 1. 56 – 1 S 19/55 – in NJW 1956/553 hat der Schädiger nicht nur die Ausbesserungskosten zu tragen, sondern muß auch den Minderwert ersetzen, der sich daraus ergibt, daß erfahrungsgemäß der Käufer eines unfallbeschädigten, wenn auch reparierten Kraftwagens einen Abzug wegen etwaiger, bei der Reparatur nicht erkannter, verborgener Mängel macht. Dieser Minderwert wird als sogenannter ,,merkantiler Minderwert" bezeichnet.

Mindestalter für die Führung von Kraftfahrzeugen – Nach § 7 →StVZO beträgt das Mindestalter bei Fahrzeugen der Klasse 1 18 Jahre, bei Klasse 2 21 Jahre, bei Klasse 3 18 Jahre (Klasse 4 und 5 16 Jahre). Nach der EWG-Verordnung 543/69 kann der Führerschein für Lkw bis zu 7,5 t Gesamtgewicht (einschl. Anhänger) bereits mit 18 Jahren erworben werden. Das gleiche gilt für Lkw über 7,5 t, sofern der Fahrer einen Befähigungsnachweis über den erfolgreichen Abschluß einer anerkannten Ausbildung für Fahrer im Güterkraftverkehr besitzt und mit sich führt. →Berufskraftfahrer, →Berufsausbildung.

Mindestgewichte – Bezeichnung der Gewichte, die der Frachtberechnung nach dem →Reichskraftwagentarif (RKT) für Beförderungen im gewerblichen →Güterfernverkehr mit Kfz bei Ausnutzung der →Wagenladungsklassen mindestens zugrunde zu legen sind. Die M. betragen bei Anwendung der →Frachtsätze der 24-t-Klasse 24 000 kg, 23-t-Klasse 23 000 kg, 20-t-Klasse 20 000 kg, 15-t-Klasse 15 000 kg, der 10-t-Klasse 10 000 kg und der 5-t-Klasse 5000 kg. →Vorschriften für die →Frachtberechnung, →Hauptklasse, →Nebenklassen.

Mindesthalbmesser – (im Straßenwesen), der kleinste Kurvenhalbmesser einer Straße bei horizontalen und vertikalen Krümmungen. Er ergibt sich bei horizontalen Krümmungen aus der Ausbaugeschwindigkeit und der höchstzulässigen Querneigung der Straße, bei vertikalen Krümmungen aus der Ausbaugeschwindigkeit und der erforderlichen Sichtweite.

Mindest-Höchst-Entgelte – →Margentarife.

Mindest-Höchsttarif – →Margentarife.

Mindestmenge – im →Spediteursammelgutverkehr Bezeichnung für die Gütermenge, die innerhalb von 12 Monaten von einem →Spediteur oder einer →Spediteurgemeinschaft mindestens aufzuliefern ist, um den →Ausnahmetarif 901 oder 990 (→Berlin-Verkehr) anwenden zu können. Im Güterfernverkehr 1973 fortgefallen.

Mindestpreise – gesetzlich oder behördlich auch im →Verkehrswesen festgesetzte untere Preisgrenze, die nicht unterschritten werden darf. Als Mittel der staatlichen Wirtschafts- und Verkehrspolitik sollen die M. zur Vermeidung ruinöser Konkurrenz dienen.

Mindesttarif – Bezeichnung für einen →Tarif, dessen →Frachtsätze nicht unterboten werden dürfen. Im →Straßengüterverkehr ist der reine Mindesttarif unbekannt; hier gelten in der Regel →Mindest-Höchsttarife, →Margentarife. Bei diesen Tarifen hat die untere Linie des Tarifes (Mindesttarif) eine große praktische Bedeutung.

Mineralölsteuer – Eine für den Verkehr als ganzes und den Straßengüterverkehr insbesondere, gravierende steuerliche Belastung. Sie dient in erster Linie der Deckung der →Wegekosten (zusammen mit der Kraftfahrzeugsteuer). Deshalb bestand jahrelang eine entsprechende – wenn auch nur teilweise – Zweckbindung. Inzwischen ist diese Zweckbestimmung weitgehend verlorengegangen, und die M. hat sich mehr und mehr zu einer reinen Finanzsteuer entwickelt. Daraus resultieren für den gewerblichen Straßengüterverkehr deutliche Wettbewerbsverzerrungen.

Mittelbehälter – →Mittelcontainer.

Mittelcontainer – sind Transportbehälter mit einem Innenvolumen von mehr als 3 m³ und einer Außenlänge von weniger als 6000 mm. Am gebräuchlichsten sind die pa-Behälter, die von der Deutschen Bundesbahn und anderen europäischen Bahnverwaltungen für den Kombinierten Verkehr Schiene/Straße eingesetzt werden. Angesichts der Typenvielfalt seien hier nur die Eckdaten aufgeführt:

Länge innen	2200–3000 mm
Breite innen	1590–2290 mm
Höhe innen	1300–2170 mm
Volumen innen	5–12,8 m³
Ladegewicht	4000–8000 kg
Typen: offen	
geschlossen	
Tankbehälter	
Kühlbehälter	

Mitführen von Anhängern – geregelt in § 32 a →StVZO. Danach darf hinter →Kraftfahrzeugen nur ein →Anhänger mitgeführt werden. Lediglich an →Zugmaschinen können zwei Anhänger angehängt werden, wenn die für →Lastzüge mit einem Anhänger zulässige Länge von 18 m nicht überschritten wird. Hinter →Sattelkraftfahrzeugen darf außer dem →Sattelanhänger kein weiterer Anhänger mitgeführt werden.

Mittlere Versandweite – Meßzahl der →Güterverkehrsstatistik auf Schiene und Straße zur Berechnung der →Beförderungsleistung: Quotient aus der Summe der Tarifkm und der Summe des Frachtgewichts (Beförderungsmenge in t). Die m. V. unterscheidet sich demnach von der mittleren Transportentfernung.

Möbelfernverkehrsgenehmigung – im Rahmen der festgesetzten →Kontingentierung von der →Genehmigungsbehörde für ein bestimmtes Fahrzeug erteilte →Genehmigung zur Ausübung des gewerblichen →Möbelfernverkehrs mit Kfz. Die M. kann sowohl für ein →Kraftfahrzeug (→Lkw oder →Zugmaschine bzw. →Sattelzugmaschine) als auch für einen →Anhänger erteilt werden, sofern diese für den Möbeltransport besonders eingerichtet und hierfür bestimmt und die übrigen im →GüKG festgelegten

Voraussetzungen erfüllt sind. Die M. wird räumlich unbegrenzt erteilt. Die Genehmigung für einen →Möbelwagenanhänger darf einem →Unternehmer nur erteilt werden, wenn er auch eine solche für eine motorische Zugkraft des Möbelfernverkehrs (Lkw oder Zugmaschine) oder des gewerblichen →Güterfernverkehrs mit Kfz besitzt. Die Genehmigungsart ist aufgrund einer Entscheidung des Bundesverfassungsgerichts inzwischen entfallen. Unter bestimmten Voraussetzungen erfolgte ein Umtausch in Genehmigungen für den allgemeinen Güterfernverkehr. →gelbe Genehmigung, →Umzugsverkehrs, →Erlaubnis.

Möbelspediteur – Vielfach benutzte Bezeichnung für →Möbelverkehrsunternehmer. M. verfügen zumeist auch über Lagereinrichtungen.

Möbeltarif – Güterkraftverkehrstarif für den Umzugsverkehr und für eine Beförderung von Handelsmöbeln in besonders für die Möbelbeförderung eingerichteten Fahrzeugen im Güterfernverkehr und Güternahverkehr (GüKUMT).

Möbelverkehr – Die Beförderung von Umzugsgut in Fahrzeugen, die für den Möbeltransport besonders eingerichtet sind, ist – und zwar für Nah- und Fernverkehr – durch das Dritte Gesetz zur Änderung des Güterkraftverkehrsgesetzes vom 9. März 1983 (RGBl. I S 249) neu geregelt worden. Die §§ 37–44 enthalten die entsprechenden Bestimmungen. Der Verkehr ist erlaubnispflichtig. Für den Umzugsverkehr wird eine Tarifkommission gebildet, die auch Tarife für den Transport von Handelsmöbeln mit Spezialfahrzeugen festsetzt. Der Unternehmer unterliegt der Aufsicht der Erlaubnisbehörde und der BVM kann die Vorlage der Beförderungsunterlagen zur Tarifkontrolle bei der BAG sowie die statistische Erfassung der Beförderungsleistungen bestimmen. Der M. unterliegt im übrigen weitgehend den allgemeinen Bestimmungen des →GüKG einschließlich der im Gesetz enthaltenen Sanktionen bei Verstößen (Geldbußen, Rücknahme der Erlaubnis). →Erlaubnis, Erlaubnisurkunde, →Erlaubnisrücknahme, →Erlaubnisbehörde, →Erlaubnisverfahren. →Umzugverkehr, →Beförderungsbedingungen für den Möbelverkehr, →Güterkraftverkehrstarif.

Möbelverkehrsunternehmer – Einzelperson, der als Inhaber eines Unternehmens die Erlaubnis zum →Umzugsverkehr erteilt ist. Er führt Umzugstransporte und, sofern er über eine entsprechende Genehmigung verfügt, Transporte von Handelsmöbeln mit besonders für den Möbelverkehr eingerichteten Fahrzeugen durch. Der M. verfügt über entsprechend geschultes Fachpersonal für Verpackung und pflegliche Behandlung des Umzugsgutes und der Handelsmöbel. Die Erlaubnis ermächtigt ihn zu Beförderungen mit Spezialfahrzeugen im Nah- und Fernverkehr. Für die Beförderung von Handelsmöbeln in Fahrzeugen mit oder ohne Spezialeinrichtungen wird eine →Genehmigung gefordert. →Umzugsverkehr, →Beförderungsbedingungen, →Güterkraftverkehrstarif für den Umzugsverkehr.

Möbelwagenaufbau – Spezial-Kastenaufbau für einen →Lastkraftwagen, →Anhänger oder →Sattelanhänger, der besonders für die Beförderung von neuen Möbeln oder →Umzugsgut eingerichtet ist, d. h. dessen Seitenwände innen mit einer Polsterung zum Schutz gegen die Beschädigung des Transportgutes versehen sind. →Möbelwagenanhänger, →Möbelfahrzeuge.

Möbelwagenauflieger – →Möbelsattelanhänger.

Möbelwagenmeter – Maßeinheit für die →Frachtberechnung im gewerblichen Möbelverkehr mit Kfz. Ein Möbelwagenmeter entspricht 5 m³. Der Frachtberechnung wird mindestens ein halber M. zugrunde gelegt. →Güterkraftverkehrstarif für den Umzugsverkehr mit Kraftfahrzeugen.

Monatszusammenstellung – Bezeichnung für eine Zusammenstellung über die im Verlaufe des Vormonats durchgeführten oder begonnenen Beförderungen im gewerblichen →Güterfernverkehr mit Kfz. Die M. ist in zweifacher Ausfertigung gemäß einem von der →Bundesanstalt für den Güterfernverkehr veröffentlichten Formblatt auszustellen. (Verordnung über die Tarifüberwachung im Güterfernverkehr und im grenz-

überschreitenden Güterkraftverkehr vom 4. 9. 79 [BGBl I S. 1566]). Sie ist bis zum 10. des dem Beförderungsbeginn folgenden Kalendermonats der Bundesanstalt oder einer von ihr zugelassenen Frachtenprüfstelle zum Zwecke der →Frachtenprüfung vorzulegen.

Montangütertarif – Bezeichnung für den im →Reichskraftwagentarif (RKT), Teil II, Abs. c, für Beförderungen im gewerblichen →Güterfernverkehr mit Kfz enthaltenen →Frachtsatzzeiger für →Ladungen der Klassen I bis V, der für Montangütertransporte anzuwenden war. Er besteht nicht mehr und wurde voll in das allgemeine Güterverzeichnis der RKT integriert.

Montanunion – die zur wirtschaftlichen und politischen Vereinigung Europas auf Grund eines Plans des französischen Außenministers Schuman vom 9. 5. 1950 geschaffene ,,Europäische Gemeinschaft für Kohle und Stahl", deren wirtschaftliches Ziel die Einrichtung eines ,,gemeinsamen Marktes" für die Erzeugnisse der Montanindustrie war, ohne irgendwelche Zollschranken und Diskriminierungen. Die M. trat in Kraft nach Ratifizierung des Vertrages vom 18. 4. 1951 mit Wirkung vom 25. 7. 1952. Die M. ist in den Gemeinsamen Markt (EWG) integriert worden.

Motorleistung – Bei Lastkraftwagen und Kraftomnibussen, bei Sattelkraftfahrzeugen zur Güter- oder Personenbeförderung sowie bei Lastkraftwagen- und Kraftomnibuszügen muß die Motorleistung von mindestens 8 PS, bei Zugmaschinen und Zugmaschinenzügen – ausgenommen für land- oder forstwirtschaftliche Zwecke – von mindestens 3 PS je Tonne des zulässigen Gesamtgewichts des Kraftfahrzeugs und der jeweiligen Anhängelast vorhanden sein; das gilt nicht für die mit elektrischer Energie angetriebenen Fahrzeuge sowie für Kraftfahrzeuge – auch mit Anhänger – mit einer durch die Bauart bestimmten Höchstgeschwindigkeit von nicht mehr als 20 km/h.

N

Nachbarschaftshilfe – Nach § 89 a (2) GüKG sind die Bestimmungen über den allgemeinen Güternahverkehr und den Güterliniennahverkehr nicht anzuwenden, wenn Nachbarschaftshilfe zwischen land- und forstwirtschaftlichen Betrieben vorliegt oder solche Transporte im Rahmen von Maschinenringen oder vergleichbaren Zusammenschlüssen stattfinden und Zugmaschinen oder Sonderfahrzeuge zum Einsatz kommen, die von der Kraftfahrzeugsteuer befreit sind. Was als Nachbarschaftshilfe anzusehen ist, haben der Bundesminister für Ernährung, Landwirtschaft und Forsten und der Bundesminister für Verkehr in gemeinsamen Richtlinien vom 10. 8. 66 festgelegt. Danach muß eine nachbarschaftliche Verbundenheit (Dorfgemeinschaft oder Gemeinde) gegeben sein, und die Beförderung soll lediglich zum Ausgleich oder in Erwartung gleichwertiger land- und forstwirtschaftlicher Leistungen erbracht werden. Nachbarschaftshilfe liegt nicht mehr vor, wenn die Hilfeleistung zum Gewerbe wird. Landwirtschaftliche Bezugs- und Absatzgenossenschaften oder genossenschaftliche Spar- und Darlehnskassen sind keine land- oder forstwirtschaftlichen Betriebe.

Nachforderungspflicht – Bezeichnung für die Pflicht des Güterfernverkehrs-Unternehmers, den →Unterschiedsbetrag zwischen dem tarifmäßigen und dem tatsächlich berechneten Entgelt – bei Berechnung des →Beförderungsentgeltes unter →Tarif – vom Frachtzahler nachzufordern und erforderlichenfalls gerichtlich geltend zu machen und im Wege der Zwangsvollstreckung beizutreiben. Die N. ist in § 23 →GüKG geregelt. →Frachtnachzahlung.

Nachlagerung – Bezeichnung für die Lagerung von →Gütern, die im Anschluß an einen Transport im gewerblichen →Güterfernverkehr mit Kfz vor Auslieferung an den →Empfänger beim →Spediteur oder →Unternehmer, auch im Auftrag eines Spediteurs, bei einem →Lagerhalter stattfindet.

Nachlaufachse – →Kfz-Anhänger.

Nachlaufsendung – Begriff aus dem →Spediteursammelgutverkehr und Bezeichnung für das Einzelgut (aus einer →Sammelladung), das im gewerblichen →Güterfernverkehr mit Kfz über eine bestimmte Beförderungsstrecke (Nachlauf) vom →Empfangsspediteur (der Sammelladung) zum Endempfänger befördert wird. →Vorlaufsendung.

Nachnahme – gebührenpflichtige Anweisung, dem Empfänger das Beförderungsgut nur gegen Zahlung der N. zu übergeben. Im gewerblichen Güterfernverkehr geregelt in § 24 →KVO. Danach kann der Absender das Gut bis zur Höhe seines Wertes mit einer Nachnahme belasten. Diese ist jedoch erst von einem Mindestbetrag von DM 20,– an zulässig, es sei denn, daß es sich um die N. von Roll- oder →Ladegebühren handelt. Für die Belastung einer →Sendung mit N. werden vom →Unternehmer die im →Nebengebührentarif (NGT) festgesetzten Gebühren erhoben. Der →Nachnahmeauftrag ist Bestandteil des →Beförderungsvertrages. Die →Auslieferung des Gutes muß von der Einlösung des gesamten Nachnahmebetrages (ausschließlich in bar, Scheck nur mit Zustimmung des Absenders) abhängig gemacht werden. Im gewerblichen →Umzugsverkehr und →Güternahverkehr mit Kfz gelten entsprechende Bestimmungen.

Nachnahmeauftrag – im gewerblichen →Güterfernverkehr mit Kfz Bezeichnung für den vom →Absender an den →Unternehmer im →Frachtbrief schriftlich erteilten Auftrag, die auf dem beförderten Gut liegende →Nachnahme vom →Empfänger einzuziehen. Der N. ist Bestandteil des →Beförderungsvertrages.

Nachnahme(begleit)schein – Schein, der im Güterverkehr der Abwicklung einer vom Absender auferlegten →Nachnahme dient.

Nachprüfpflicht – →Frachtenprüfung, →Frachtausgleich, →Frachtausgleichsverfahren und →Frachtnachzahlung.

Nachtfahrverbot – →Sonntagsfahrverbot.

Nachtparkverbot – →Parkverbot.

nachträgliche Verfügung – Verfügung des →Absenders, die im gewerblichen →Güterfernverkehr mit Kfz in § 27 →KVO geregelt ist. Danach kann der Absender über das vom →Güterfernverkehrsunternehmer beförderte Gut eine sog. n. V. erlassen, d. h. er kann bis zu dem Augenblick, in dem der →Empfänger die Fracht oder andere auf der →Sendung lastende Kosten bezahlt hat, oder wenn Fracht oder andere Kosten vom Empfänger nicht zu entrichten sind, bis zur Auslieferung der Sendung an den Empfänger nachträglich verfügen, daß u. a. 1. das Gut am →Versandort zurückgegeben werden soll, 2. das Gut unterwegs angehalten werden soll, 3. die →Ablieferung des Gutes an den Empfänger ausgesetzt werden soll, 4. das Gut bei einem anderen Empfänger abzuliefern ist, 5. das Gut zum Versandort zurückzubringen ist. 6. nachträgliche Auferlegung, Erhöhung, Herabsetzung oder Aufhebung einer Nachnahme, 7. daß überwiesene Beträge von ihm selbst statt vom Empfänger eingehoben werden, 8. daß Teile der Ladung – im gleichen Gemeindetarifbereich – an verschiedenen Ausladestellen oder an anderen als im Frachtbrief bezeichneten ausgeladen werden sollen, 9. daß das Gut nach einem anderen Bestimmungsort weiterzuleiten ist. In den Fällen 4., 5., 8. und 9. kann der Absender auch bestimmen, daß das Gut mit einem anderen Verkehrsmittel weiter- oder zurückbefördert wird. Verfügungen anderer Art sind unzulässig. Der Unternehmer darf die n. V. nur ablehnen, hinausschieben oder in veränderter Weise vornehmen, wenn a. die Verfügung nicht mehr durchführbar ist, b. durch ihre Befolgung der regelmäßige Beförderungsdienst gestört würde, c. ihrer Ausführung gesetzliche oder sonstige Bestimmungen entgegenstehen und d. der Wert des Gutes die entstehenden Mehrkosten nicht deckt und diese nicht sofort entrichtet oder sichergestellt werden. In solchen Fällen ist der Absender unverzüglich zu unterrichten. Nach der Erfüllung des Vertrages am Bestimmungsort kann der Empfänger anweisen, daß ihm das Gut am im Frachtbrief bezeichneten Bestimmungsort an einer anderen Stelle zugeleitet wird; daß das Gut mit dem Frachtbrief gegen Zahlung der Fracht und sonstigen Beträge am Bestimmungsort einem Dritten ausgeliefert wird, daß ihm der Frachtbrief, das Gut aber gegen Zahlung der Fracht am Bestimmungsort einem Dritten ausgeliefert wird, daß das Gut nach Zahlung oder gegen Nachnahme der Fracht mit neuem Frachtbrief an einen anderen Ort gesandt wird, und schließlich, daß Teile der Ladung an verschiedenen oder anderen Ausladestellen als im Frachtbrief vorgeschrieben ausgeladen werden sollen. Für die Frachtberechnung gelten die allgemeinen Bestimmungen in § 20 GüKG. Die in Nr. XIV →NGT vorgesehenen Gebühren für n. V. oder Empfängersanweisungen sind nur zu erheben, wenn eine Neuabfertigung des Gutes erfolgt.

Nachzählung von übernommenen Gütern – Bei der Übernahme von Stückgütern ist der Unternehmer verpflichtet, die Anzahl gebührenfrei festzustellen. Geschieht das am Versandort, ist es ratsam, den Absender hinzuzuziehen. Bei Ladungsgütern ist der Unternehmer nur auf Antrag des Absenders verpflichtet, die Stückzahl festzustellen. Das muß im Frachtbrief beantragt werden. Die sich aus dem Antrag ergebende Verpflichtung entfällt, wenn die Beschaffenheit des Gutes oder die Betriebsverhältnisse das nicht gestatten.

Der Absender kann verlangen, daß ihm Gelegenheit geboten wird, der Feststellung der Stückzahl beizuwohnen, wenn dies am Versandort geschieht. Verlangt er das nicht oder versäumt er die ihm angebotene Gelegenheit, muß er die tarifmäßige Gebühr (s. ,,Zählgebühr")⋅ nochmals zahlen. Die Feststellung der Stückzahl ist auf dem Frachtbrief zu bescheinigen. Erfolgte am Versandort, muß auch die beim Absender verbleibende Frachtbriefdurchschrift quittiert werden.

Hat der Absender im Frachtbrief die Nachzählung am Bestimmungsort beantragt oder verlangt dies der Empfänger, so hat der Unternehmer dem Antrag bzw. Verlangen nachzukommen, falls die Eigenart des Gutes es gestattet. Dafür wird die tarifmäßige Gebühr erhoben.

Nahverkehr – Begriff des Verkehrsrechtes für die →Beförderung von Gütern mit →Kraftfahrzeugen für andere innerhalb der Grenzen eines Gemeindebezirks oder innerhalb der →Nahzone. →Güternahverkehr.

Nahverkehrspreisordnung (NVP) – durch den →Güternahverkehrstarif (GNT) am 1. 2. 1959 abgelöste Verordnung über Höchstpreise für Fuhrleistungen mit Kraftfahrzeugen (PR Nr. 45/51), die als Entgelt für Beförderungen im Rahmen des gewerblichen →Güternahverkehrs bestimmte Höchstsätze vorsah, die zwar unter- aber nicht überschritten werden durften. Die N. enthielt drei verschiedene Berechnungsweisen (Teil I bis III), die sich auf Tages- und Kilometersätze, Stundensätze und Leistungssätze bezogen.

Nahverkehrstarif – →Tarif für den Güternahverkehr.

Nahzone – das Gebiet innerhalb eines Umkreises von 50 km Luftlinie, gemessen vom →Ortsmittelpunkt des →Standortes des Kfz; erstmalig gesetzlich eingeführt durch das →Güterfernverkehrsgesetz von 1935 (heute in § 2 GüKG geregelt). In Großstädten können mehrere Ortsmittelpunkte bestimmt werden, die bei Festlegung der N. zu berücksichtigen sind. Dasselbe gilt bei Eingliederung oder Zusammenschluß mehrerer Gemeinden (z. B. Gebietsreform), wobei höchstens 3 bezirkliche Ortsmittelpunkte zulässig sind. Nur die Orte gehören zur N., deren Ortsmittelpunkte noch innerhalb des 50-km-Kreises liegen. Alle Güterbeförderungen, die sich innerhalb der N. abspielen, sind →Nahverkehr. Im grenzüberschreitenden Güterkraftverkehr ausländischer Unternehmer gilt für die Berechnung der N. die Grenzübergangstelle als →Standort. Die Abgrenzung der N. wird für jede Gemeinde von der unteren Verkehrsbehörde bestimmt und öffentlich bekanntgegeben. Vgl. →Güternahverkehr.

Nationalitätszeichen (§ 60 Abs. 7 StVZO) – Es darf nur das vorgeschriebene deutsche Nationalitätszeichen, das aus einem länglich-runden Schild von 30 cm Breite und 18 cm Höhe mit einem daraufgemalten schwarzen D besteht (§ 7 I Satz 2 der VO über internationalen Kraftfahrzeugverkehr vom 12. 11. 1934 i. V. mit Art. 5 und Anlage C des Internationalen Abkommens über den Verkehr mit Kraftfahrzeugen vom 24. 4. 1926), geführt werden (OLG Neustadt/Weinstraße, Urteil vom 29. 5. 57/Ss 66/57 MDR 10/57 Seite 630).

§ 60 Abs. 7 StVZO verbietet Einrichtungen, die zu Verwechslungen „mit amtlichen Kennzeichen" führen können. Er schützt danach alle amtlichen Kennzeichen; nicht nur diejenigen, die angebracht sein müssen, sondern ebenso diejenigen, die angebracht werden dürfen. Er will die Klarheit der amtlichen Kennzeichnung nicht nur für bestimmte räumliche Gebiete sondern schlechthin schützen.

Nebelscheinwerfer – (siehe auch unter „Beleuchtung")
Kraftfahrzeuge müssen mit zwei gleichartig und gleich stark nach vorn wirkenden Scheinwerfern ausgerüstet sein (§ 50 StVZO). Außer diesen Scheinwerfern können zur Beleuchtung der Fahrbahn ein oder zwei Nebelscheinwerfer mit weißem oder schwach gelbem Licht verwendet werden (§ 52 Abs. 1 StVZO).
Nebelscheinwerfer dürfen nur bei Nebel, Regen oder Schneefall und nur in Verbindung mit dem Abblendlicht eingeschaltet werden, wenn die Sicht erheblich behindert ist (§ 17 StVO).

Nebelschlußleuchte – Nebelschlußleuchten sind durch die 13. Ausnahme VO zur StVO vom 27. 7. 66 (BGBl. I S. 456) zugelassen. Sie sind keine Nebelscheinwerfer im Sinne des § 17 Abs. 3 StVO.
Die Benutzungsvorschrift für Nebelschlußleuchten ist ähnlich motiviert wie die für Warnblinklicht. Dort heißt es in der Begründung zu § 16 Abs. 2: „Fahrzeugführer, deren Fahrzeuge mit Warnblinkanlage ausgerüstet sind, neigen zu deren übertriebener Benutzung. Deshalb sind eingehende Benutzungsvorschriften geboten." Bei der Nebelschlußleuchte kommen überzeugende Sicherheitsgründe hinzu. Ihre Lichtstärke liegt an der Blendstörgrenze, sie darf deshalb nur außerhalb geschlossener Ortschaften und nur dann benutzt werden, wenn der Nebel so stark ist, daß der Führer eines in gebotenem Sicherheitsabstand hinterherfahrenden Fahrzeugs durch die Nebelschlußleuchte nicht belastet wird. Deshalb wird die durch Nebel gezogene Grenze der Sichtweite auf fünfzig Meter festgesetzt.
Ordnungswidrig handelt, wer eine an seinem Kraftfahrzeug angebrachte Nebel-

schlußleuchte im öffentlichen Straßenverkehr bei einer anderen Witterung als Nebel oder Schneefall (z. B. bei Regen) einschaltet. (BayObLG Beschluß vom 20. 2. 70, VkBl. 1970 Seite 867).

Nebengebührentarif (NGT) – Bezeichnung für den →Tarif, der die Gebühren für Leistungen, die nach dem →RKT nicht unmittelbar zu einer Beförderung im gewerblichen →Güterfernverkehr mit Kfz gehören und nicht regelmäßig vorkommen, besonders festlegt. Die im NGT angegebenen Gebühren sind Höchstsätze. U. a. sieht der NGT Entgelte für folgende Leistungen vor: →Wiegegeld, →Ladegebühr, →Standgeld, Gebühr für Leerfahrten, Gebühr für die Entladung von Silofahrzeugen, Gebühren für die Ausführung →nachträglicher Verfügungen, für die Unbestellbarkeitsmeldung und für die Ausführung von →Anweisungen des →Absenders bei →Ablieferungshindernissen sowie für die Ausführung von Anweisungen des →Empfängers, Gebühren für →Packmittel, →Ladegeräte und Packarbeiten. Diese Gebühren sind grundsätzlich vor Durchführung der →Beförderungsleistung zu vereinbaren und im →Frachtbrief besonders auszuweisen.

Nebenklassen – (im Gütertarif), aus dem Prinzip des Wagenraumsystems (→Tarifsystem) im →Reichskraftwagentarif neben den Frachtsätzen der Hauptklassen gebildete Frachtsätze.

Nebenleistungen – Bezeichnung für solche Leistungen, die nicht unmittelbar zur Beförderung im gewerblichen →Güterfernverkehr mit Kfz gehören. →Nebengebührentarif.

Neukonzessionierung – Bezeichnung für die Neuerteilung (Verlängerung) von Konzessionen (Genehmigungen) im gewerblichen Güterfernverkehr. Die Genehmigungen werden grundsätzlich für die Dauer von 8 Jahren erteilt. Nach Ablauf dieser Frist erfolgt eine N. Hierbei findet ein sonst vorgeschriebenes Ausschreibungsverfahren nicht statt. Der bisherige Inhaber der Genehmigung hat einen Rechtsanspruch auf Wiedererteilung, sofern keine Gründe für eine Rücknahme der Genehmigung vorliegen.

Eine Versagung der Wiedererteilung erfolgt z. B., wenn die Genehmigung aus von dem Unternehmer zu vertretenden Gründen in der Vergangenheit nicht ausreichend ausgenutzt wurde. Mangelnde Ausnutzung wegen Krankheit oder Lage in Zonenrandgebiet ist kein Grund für die Nichtwiedererteilung der Genehmigung. →Genehmigungsarten, →Genehmigungsrücknahme, →Genehmigungsverfahren.

Neurosa-Genehmigungen – →rosa Genehmigungen.

Nichtbeladung von Fahrzeugen – von Bedeutung bei Gestellung von Fahrzeugen im gewerblichen →Güterfernverkehr mit Kfz, wo in § 14 der →KVO bestimmt wird, daß für ein Fahrzeug – wird dieses nach der →Bereitstellung unbeladen vom Besteller zurückgegeben oder nach Ablauf der →Beladefrist wegen N. dem Besteller wieder entzogen – vom Zeitpunkt der Bereitstellung an das tarifmäßige →Wagenstandgeld nach dem →NGT zu zahlen ist. Auch im gewerblichen Güternahverkehr mit Kfz steht dem →Fuhrunternehmer bei N. für die vergebliche →An- und →Abfahrt und den damit verbundenen Zeitaufwand die volle Vergütung zu, wie sie für den Auftrag selbst vereinbart ist. Mangels einer solchen Vereinbarung darf der Unternehmer Anspruch auf eine Vergütung nach den Richtsätzen der Tafeln I oder II des →GNT.

nichtgenehmigter Güterfernverkehr – die Güterbeförderung mit Kfz für andere außerhalb der →Nahzone, wenn eine Fernverkehrsgenehmigung nach dem GüKG nicht vorliegt. N. ist verboten und unterliegt den Strafbestimmungen des GüKG.

nichtgenehmigter Güterliniennahverkehr – Ausführung von Transporten im gewerblichen →Güterliniennahverkehr ohne die erforderliche →Genehmigung.

Niederlassung – →geschäftliche Niederlassung.

niedrig tarifierte Güter – im gewerblichen →Güterfernverkehr mit Kfz Bezeichnung für Güter der →Tarifklassen E und F oder der →Ausnahmetarife des →Reichskraftwagentarifs (RKT), deren →Frachtsätze auf der Höhe der Tarifklasse E oder darunter liegen. Für diese Güter können →Zuschläge vereinbart werden. Die Fracht einschl. des vereinbarten Zuschlages darf den Betrag nicht übersteigen, der sich aus der →Frachtberechnung nach den Frachtsätzen der Tarifklasse A/B ergibt. →Hauptklasse, →Nebenklassen, →Nebengebührentarif. Der in Anlehnung an die Werttarifierung (→Werttarif) entstandene Begriff versteht sich auch als Gegensatz zu den hochtarifierten Gütern und hat so allgemein Eingang in die verkehrspolitische Fachsprache gefunden.

NIWO – Abk. für →Nederlandsche Internationale Wegvervoer Organisatie. Ein öffentlich-rechtlicher Zusammenschluß der niederländischen Unternehmer des internationalen Straßenverkehrs.

NIWO-Frachtbrief – Frachtpapier, das im grenzüberschreitenden gewerblichen Güterfernverkehr mit Kfz niederländischer →Unternehmer, die in der →NIWO zusammengeschlossen sind, mitgeführt wird. Es enthält alle für die →Frachtberechnung und deren Kontrolle notwendigen Angaben.

Normaltarif – andere Bezeichnung für den bei Beförderungsleistungen anzuwendenden →Regeltarif; →Tarif.

Normalverbrauch – Bezeichnung für den Kraftstoffverbrauch eines Kfz-Motors, der unter bestimmten im einzelnen festgelegten Bedingungen gefahren wird.

Nutzfahrzeug – Bezeichnung für ein Fahrzeug (Lkw, →Sattelzugmaschine, →Zugmaschine, Kraftomnibus, →Anhänger, →Sattelanhänger), das zur Beförderung von Gütern oder Personen (hier mit Ausnahme der normalen Pkw und der Krafträder) bestimmt und geeignet ist.

Nutzladefähigkeit – Bezeichnung für die gewichtsmäßige Tragfähigkeit eines →Nutzfahrzeuges, die nach Abzug des →Leergewichts des Fahrzeuges für das zu befördernde →Ladegut verbleibt. U. U. kann die N. auch auf den zur Verfügung stehenden →Laderaum (→Ladefläche und ausnutzbare →Ladehöhe) bezogen werden.

Nutzlast – 1. gewichtsmäßige Beladung eines →Kraftfahrzeuges oder →Anhängers zur →Güterbeförderung auf einer bestimmten Fahrt, berechnet in der Regel als →Bruttogewicht (einschl. →Verpackung oder Tara), in bestimmten Fällen auch auf das →Nettogewicht bezogen (z. B. Kaffee in Säcken ohne Sackgewicht, Margarine in Kartons ohne Gewicht der Kartons und der Umhüllung der Stücke). Zur „Bestimmung der Nutzlast" hat der BVM Richtlinien erlassen.

Danach ist Nutzlast die Höchstlast, das das betriebsfertige Fahrzeug tragen kann, ohne daß die zulässigen Achslasten und das zulässige Gesamtgewicht überschritten werden.

Bei der Bestimmung der Nutzlast wird von gleichmäßiger Lastverteilung ausgegangen, es sei denn, daß wegen der Bauart des Fahrzeugs (z. B. Sonderfahrzeuge zur Beförderung von Kabelrollen) eine gleichmäßige Lastverteilung nicht möglich ist. Wenn die Summe aus der so errechneten Nutzlast und dem Leergewicht kleiner ist als das zulässige Gesamtgewicht, kann auf Antrag für den Fall der ungleichmäßigen Lastverteilung der Wert vermerkt werden, bei dem die Summe aus Nutzlast und Leergewicht das zulässige Gesamtgewicht erreicht; in diesem Fall ist im Vermerk darauf hinzuweisen, daß die zulässigen Achslasten durch die ungleichmäßige Lastverteilung nicht überschritten werden dürfen. 2. Auf einer Fahrt beförderte Menge im →Güterkraftverkehr mit Kfz in anderen Einheiten (in der Regel netto) gemessen (z. B. Benzin in Liter, Mineralwasserflaschen in Stück).

Nutzleistung – Bezeichnung für die tatsächliche Transportleistung, die von einem Fahrzeug des →Güterkraftverkehrs vollbracht wird, im →Nahverkehr in der Regel ausgedrückt durch Angabe der beförderten Menge, im Fernverkehr unter weiterer Einbeziehung der →Fahrstrecke (→Tonnenkilometer). Alle übrigen Fahrleistungen (→Leerfahrten, Probefahrten und dgl. mehr) zählen nicht zur eigentlichen N. eines Kfz.

NVP – Abk. für →Nahverkehrspreisverordnung.

O

OECD – Organisation für Wirtschaftliche Zusammenarbeit und Entwicklung. 1960 gegründeter Zusammenschluß von 20 westlichen Ländern (inzwischen weitere Mitglieder) mit dem Ziele der Förderung des Wirtschaftswachstums der Mitgliedsländer, Unterstützung der Mitglied- und Nichtmitgliedsländer, die in wirtschaftlicher Entwicklung begriffen sind sowie Ausweitung des Handels in der ganzen Welt. Nachgeordnete Organe: Die internationale Energieagentur; die Atomenergie-Agentur; das OECD-Entwicklungszentrum; das Zentrum für Forschung und Innovation im Bildungswesen sowie die Europäische Verkehrsministerkonferenz.

öffentliche Straßen und Wege – Straßen und Wege, die nach der Bestimmung aller rechtlich Beteiligten (Eigentümer, Wegebaubehörde) dem allgemeinen Verkehr dienen sollen (Widmung). Öffentlich benutzt wird ein Weg auch dann, wenn er nur für bestimmte Verkehrsarten zugelassen ist. Die Benutzung geschieht in Ausübung des Gemeingebrauchs. Für den weiträumigen Verkehr sind die →Bundesstraßen von besonderer Bedeutung. Träger der Straßenbaulast bei solchen öffentlichen, nicht klassifizierten Straßen (weder Autobahn, noch Bundesstraße oder Landstraße 1. und 2. Ordnung), die dem Verkehr innerhalb der Gemeinde dienen, ist die Gemeinde.

öffentliche Verkehrsmittel – Begriff des Verkehrsrechts für Einrichtungen zur →Beförderung von Personen und →Gütern, die nach ihrer Zweckbestimmung von jedermann und zu gleichen Bedingungen benutzt werden können. Hierunter sind also nicht nur die öffentlich-rechtlichen, sondern auch die privatwirtschaftlich organisierten gewerblichen Verkehrsträger zu zählen.

öffentliche Wege – die Gesamtheit der für den Straßenverkehr zur Verfügung stehenden →öffentlichen Straßen und Wege.

Offenbarungspflicht – (beim Kraftfahrzeugverkauf)

Der Bundesgerichtshof hat in seinem Urteil vom 8. 10. 1954 (VRS Heft 6/54 Seite 401) zu der Frage, inwieweit der Verkäufer dem Käufer Tatsachen und Umstände mitteilen muß, bei deren Verschweigen arglistige Täuschung vorliegen würde, Stellung genommen.

Der Verkäufer hatte, während er im Besitz des Wagens war, einen Unfall mit diesem Wagen. Der BGH führt aus, daß etwa dann, wenn der Wagen zu einem stark reduzierten Preis angeboten wird, ein allgemein gehaltener Hinweis auf den Unfall genügen könne. Es könne dann dem Käufer überlassen werden, nach näheren Einzelheiten sich zu erkundigen. In aller Regel seien aber, da für die Entschließung des Käufers die Art und Schwere des Unfalls von bestimmendem Einfluß sein könne, strengere Anforderungen zu stellen. Wem es darauf ankommt, ein einwandfreies, neuwertiges Fahrzeug zu erhalten und dies dem Verkäufer erkennbar ist (wenn also zum Beispiel ein Preis geboten wird, der nur wenig niedriger ist als der Preis für einen fabrikneuen Wagen), hat Anspruch darauf, daß der Verkäufer von sich aus vollen Aufschluß gibt. Mitteilungen über Einzelheiten, die den Unfall verkleinern, genügen keinesfalls. Solche Mitteilungen können geeignet sein, den Käufer irrezuführen. (S. auch BGH Urteil v. 18. 12. 56 – VIII ZR 19/56)

Ordnungsnummern – Nummern, die für die zur Ausübung des gewerblichen →Güterfernverkehrs mit Kfz erteilten →Genehmigungen in den →Allgemeinen Verwaltungsvorschriften zum →GüKG vorgeschrieben sind. Die Numerierung erfolgt für die Verkehrsarten (Allgemeiner Güterfernverkehr, Bezirksgüterfernverkehr) und für jedes Land getrennt, wobei vor die Nummer in abgekürzter Form die Bezeichnung des Landes zu setzen ist, in dessen Bereich die Genehmigung erteilt wurde (z. B. BW = Baden-Württemberg). Sind in einem Land mehrere →Genehmigungsbehörden vorhanden, so kann dessen oberste Verkehrsbehörde anordnen, daß hinter die O. ein weiteres Unterscheidungszeichen in Form eines kleinen Buchstabens oder mehrerer kleiner Buchstaben gesetzt wird. Die O. sind auch in die →Genehmigungsurkunde einzutragen.

Ordnungswidrigkeiten – Verstöße gegen die Bestimmungen des →GüKG sind als Ordnungswidrigkeiten mit den im Gesetz festgelegten Strafen bedroht. Die einzelnen, mit Geldbußen belegten Tatbestände sind in den §§ 98, 98 a, 99 aufgeführt. Rechtsgrundlage für die angedrohten Geldbußen ist das Wirtschaftsstrafgesetz (WiStG) und für Geldbußen das Ordnungswidrigkeitengesetz (OWiG). Vorsätzliche Tarifverstöße werden mit bis zu 50 000,– DM und fahrlässige Verstöße mit bis zu 25 000,– DM bedroht. Daneben ist zu beachten, daß, sofern der durch die Tarifwidrigkeit erzielte Vorteil die in Frage kommende Geldbuße übersteigt, das vorgesehene Höchstmaß auch überschritten werden kann. Das Bußgeld für andere als Tarifverstöße (§§ 99 und 99 a GüKG) ist mit Bußgeld bis zu 10 000,– DM bzw. 5000,– DM bedroht. Bei fahrlässig begangenen Verstößen können diese Sätze halbiert werden. Zuständige Verwaltungsbehörde für das Bußgeldverfahren ist im Güterfernverkehr die Genehmigungsbehörde, für den Güternahverkehr die Erlaubnisbehörde, für den Güterliniennahverkehr die Genehmigungsbehörde, für ausländische Unternehmer und für Verstöße im grenzüberschreitenden Verkehr die Bundesanstalt für den Güterfernverkehr. →Bußgeld. →Tarifverstoß.

Organisationen des Verkehrsgewerbes – →Bundesverbände des Verkehrsgewerbes.

Ortsmittelpunkt – Der Ortsmittelpunkt ist der Mittelpunkt des Standorts des Kraftfahrzeugs, von dem aus die Nahzone und die Zone für den Bezirksgüterfernverkehr bestimmt wird. Gemeinden, deren Ortsmittelpunkt nicht innerhalb der Zone für den Nah- oder Bezirksfernverkehr liegt, gehören nicht mehr zu dem Nahverkehrs- bzw. Bezirksfernverkehrsbereich. Die Ortsmittelpunkte sind von der nach Landesrecht zuständigen Behörde zu bestimmen. Gemeinden mit über 100 000 Einwohnern können in Bezirke eingeteilt werden. In Gemeinden mit über 100 000 bis 400 000 Einwohnern sollen nicht mehr als vier Bezirke, in Gemeinden mit über 400 000 Einwohnern nicht mehr als sechs Bezirke gebildet werden (AVV vom 25. November 1968, §§ 2, 13 und 16 GüKG). Jeder der bezirklichen Orts-

mittelpunkte gilt als Ortsmittelpunkt für das gesamte Gemeindegebiet (§ 2 Abs. 3 GüKG). Der Ortsmittelpunkt muß ein verkehrswirtschaftlicher Schwerpunkt der Gemeinde oder des Bezirks sein. Die nach § 2 Absatz 3 für die Bestimmung des Ortsmittelpunktes zuständige Behörde hat vor der Bestimmung des Ortsmittelpunktes die BAG anzuhören. Der Ortsmittelpunkt braucht nicht der geografische Mittelpunkt der Gemeinde zu sein. Jede Änderung und jeder Fortfall eines Ortsmittelpunktes, zum Beispiel durch Eingemeindung sowie die damit verbundene neue Nahzonenbeschreibung sind unter Angabe des Zeitpunkts des Inkrafttretens öffentlich bekanntzugeben; die unteren Verkehrsbehörden, in deren Bereich Randgemeinden der Nahzone sich befinden, auch in anderen Bundesländern, sind unverzüglich zu unterrichten. Werden Gemeinden oder Gemeindeteile in andere Gemeinden eingegliedert oder zu einer neuen Gemeinde zusammengeschlossen, so können für die in ihrem Gebietsumfang geänderte oder neu gebildete Gemeinde bis zu 3 bezirkliche Ortsmittelpunkte bestimmt werden, wenn es für die befriedigende Bedienung eines bestimmten Gebietes erforderlich ist, eingerichtete Verkehrsverbindungen aufrechtzuerhalten, die bisher im Nahverkehr bedient werden konnten. Soweit im Rahmen der kommunalen Neugliederung selbständige Gemeinden aufhören zu bestehen oder in ihrem Gebietsstand geändert werden, kann die Landesregierung durch Rechtsverordnung anordnen, daß die bis zur Neugliederung bestehenden Gemeinden bis zu 6 Jahren weiterhin im bisherigen Sinne als standortbildende Gemeinden im Sinne des GüKG gelten (§ 107 GüKG).

P

pa-Behälter – →Mittelcontainer.

Packmaterial – →Packmittel.

Packmittel (gebrauchte) – Bezeichnung für Verpackungsmaterial, das zur Umhüllung oder zum Schutz von im Güterverkehr beförderten Gütern gedient hat. Das Frachtrecht bestimmt hinsichtlich der gebrauchten P. in den →,,Vorschriften für die Frachtberechnung'', daß hierfür bei Aufgabe als →Stückgut die Fracht für das halbe wirkliche Gewicht berechnet wird, wenn die mit den P. zuletzt verpackten Güter innerhalb eines Jahres vor Aufgabe der P. vom gleichen Verkehrsträger befördert worden sind. Ladegeräte gehören nicht zu den gebrauchten Packmitteln. Das Eigengewicht beladener Paletten und Behälter ist nicht frachtpflichtig. Das schließt aber Vereinbarungen über eine entgeltliche Beförderung nicht aus. Für das Eigengewicht unbeladener gebrauchter Paletten und Behälter wird bei Abrechnung als Stückgut nach den Bestimmungen für gebrauchte Packmittel verfahren, bei Ladungen nach den Frachtsätzen der Klasse F 15, mindestens 5 t. Es kann vereinbart werden, daß die Fracht ermäßigt wird, sofern ein Volltransport vorausging, bei dem der Gewichtsanteil der Paletten 10% des Gütergewichts nicht überstieg oder das darüber liegende Palettengewicht bezahlt wurde. Bei Containern ist ebenfalls eine Ermäßigung oder gar Verzicht auf Vergütung zulässig, sofern derselbe Unternehmer in unmittelbarer Folge einen beladenen Container, einen unbeladenen Container und wieder einen beladenen Container befördert, sofern für eine der angrenzenden Beförderungen die Fracht für mindestens 10 000 kg berechnet wurde. Beträgt jedoch die Tarifentfernung für den unbeladenen C. mehr als die Hälfte des beladenen C. (mindestens 10 000 kg), so ist mindestens die Fracht für die Mehrentfernung zu berechnen. Die Vereinbarung ist nicht zulässig, wenn die Beförderung des unbeladenen C. in einem Seehafen beginnt oder endet.

Packmittelgebühr – Bezeichnung für ein Entgelt, das für die Bereitstellung von Pack-

mitteln durch den →Unternehmer bei Beförderungen im gewerblichen →Güterfernverkehr mit Kfz sowie für die Ausführung von Packarbeiten durch Leute des Unternehmers in angemessener Höhe vereinbart werden kann. Geregelt im →Nebengebührentarif des →RKT. Im gewerblichen →Umzugsverkehr mit Kfz wird die P. entsprechend den Bestimmungen des →Güterkraftverkehrstarifs für den Umzugsverkehr berechnet.

Paletten – Paletten sind mit Sockeln zum Unterfahren durch Gabelstapler oder Gabelhubwagen ausgestattete genormte Platten, auf denen das Gut gestapelt werden kann. Man unterscheidet Flachpaletten, Boxpaletten und Gitterboxpaletten. Letztere sind mit, in der Regel zusammenlegbaren, Seitenwänden versehen. Von den →Behältern unterscheiden sich die P. dadurch, daß sie oben offen, also ohne Deckel, sind und Füße oder Kufen aufweisen. Die normale Abmessung der Paletten beträgt 800 x 1200 (Pool-Palette) oder 1000 x 1200 mm (Industrie-Palette). Kundensonderpaletten weisen auch andere Abmessungen und Ausstattungen aus. Im Jahre 1980 wurden in der BRD 50 Mio. Paletten hergestellt. Die Verwendung von Paletten bedeutet geringere Kosten für Verpackung, bessere Lagermöglichkeiten, rascheres Be- und Entladen der Fahrzeuge sowie insgesamt rationelleren Umschlag und Einsparung von Personalkosten. Für die Verkehrsträger ist damit allerdings in der Regel frachtfreies Mehrgewicht sowie das Problem des Leerrücklaufs verbunden. Die Eisenbahnen versuchen dieses Problem mit der austauschbaren →Poolpalette zu lösen. Organisatorisch ist das durch weitgehende Qualitätsnormung (→Gütergemeinschaft Paletten e. V., Hochstr. 113, Hagen) gelungen. Es gibt jedoch noch eine Reihe von ungelösten Fragen, z. B. erheblichen Schwund und Einbringen von minderwertigen Paletten in den Pool. Entsprechende Bestrebungen im Güterkraftverkehr sind wegen der großen Schwierigkeiten in den Anfängen steckengeblieben. Hier werden jedoch Lösungen im Wege einer überbetrieblichen Kooperation gesucht und z. T. auch in zufriedenstellender Form praktiziert. Im Güterfernverkehr werden gewerbeigene und Kundenpaletten verwendet. Sie können auch vom Deutschen Behälterdienst GmbH, Frankfurt, Breitenbachstr. 1, gemietet werden. Dieser vermietet Kraftwagenbehälter und Boxpaletten an Unternehmer des Güterfernverkehrs und der Kraftwagenspeditionen. Die Mieter werden durch Rundschreiben über die Mietvorschriften unterrichtet. Im Güterfernverkehr werden am häufigsten Boxpaletten mit Drahtgitter (Gitterboxpaletten), zusammenlegbar und mit Kufen versehen, verwendet. Sie haben in der Regel einen Rauminhalt von dreiviertel Kubikmeter und Abmessungen von 1000 x 1200 mm. Die Palette ist entsprechend ihrem Verwendungszweck als Packmittel zu betrachten. Nach § 18 Abs. 1 KVO ist der Absender verpflichtet, das Gut, soweit dessen Natur eine Verpackung erfordert, zum Schutz gegen Verlust oder Beschädigung sicher zu verpacken. Hierbei sind die nicht vermeidbaren und natürlichen Einwirkungen des Kraftwagentransports (Erschütterungen, plötzliches Bremsen) zu beachten. Güter sind demnach auf Paletten entsprechend zu stapeln und zu befestigen. Liegt ein Verpackungsmangel vor, dann ist der Unternehmer nach § 34 Abs. 1 c KVO von der Ersatzpflicht frei.

Palettenpool – Der Europäische Palettenpool ist von den im Internationalen Eisenbahnverband (UIC) zusammengeschlossenen nationalen Eisenbahngesellschaften geschlossen worden. Er gilt für die Europäische Vierweg-Flachpalette mit den Abmessungen 800 x 1200 mm und die Europäische Vierweg-Box-Palette ,,Y" aus Stahl, ebenfalls mit den Abmessungen 800 x 1200 mm. Es gelten für die Flachpaletten das UIC-Merkblatt Nr. 435-2 (5. Ausgabe) und für die Gitterboxpaletten das UIC-Merkblatt 435-3 (5. Ausgabe) sowie DIN 15 155 (Abmessungsnorm) und DIN 15 156 (Gütenorm). Die Tauschpaletten müssen von der Gütegemeinschaft Paletten zugelassen, von der Controll-Co mbH abgenommen sein und die vorgeschriebenen Brandzeichen (FP) bzw. Beschriftungsschilder (GP) tragen. Voraussetzung für die Zulassung zum Tausch ist im Einzelfalle die Gebrauchsfähigkeit. Sie ist z. B. nicht gegeben bei Verschmutzungen, Behaftung mit intensiven Gerüchen, größeren Roststellen, völliger Durchnässung etc. Auch P., die Schäden am

Gut anrichten können oder reparaturbedürftig sind, sind vom Tausch ausgeschlossen. Es gelten bestimmte Tauschfristen, bei deren Überschreitung Verzögerungsgebühren anfallen können. Die vom BSL empfohlenen Tauschgebühren haben sich weitgehend durchgesetzt.

Palettenverkehr – Bezeichnung für den mit Hilfe von →Paletten mechanisierten →Stückgutverkehr mit Eisenbahn und →Lastkraftfahrzeugen. Der P. bietet sowohl der verladenden Wirtschaft als auch den →Verkehrsträgern eine rationelle Verlademöglichkeit, die es gleichzeitig zuläßt, daß die zu befördernden Kleingüter auch bei Umladungen in andere Transportgefäße nicht erst wieder umgepackt werden müssen.

Pannenschutzkleidung – →Schutzkleidung.

Parität – Gleichheit, Gleichstellung, Begriff, der in der Tarifpolitik (besonders im Güterverkehr) eine große Rolle gespielt hat. →Tarifparität.

Parken – Wer sein Fahrzeug verläßt oder länger als 3 Minuten hält, der parkt. (§ 12 StVO). P. immer nur in Fahrtrichtung, Ausnahmen nur dort gestattet, wo Straßenbahnschienen auf der →Fahrbahn verlegt sind. P. gehört zum Gemeingebrauch der Straße, es ist überall dort gestattet, wo es nicht ausdrücklich verboten ist. P. auf Bürgersteigen ist nur erlaubt für Fahrzeuge mit einem zulässigen Gesamtgewicht von nicht mehr als 2500 kg, wenn die Parkstellen besonders gekennzeichnet sind. Die für das P. zugelassenen öffentlichen Plätze sind durch das amtliche Parkplatzschild bezeichnet. Auf Bundesautobahnen ist Parken – auch auf Seitenstreifen – generell verboten. An Stellen, an denen →Parkuhren aufgestellt sind, ist das P. nur für eine bestimmte, auf der Parkuhr angezeigte Dauer und nur nach Einwurf eines entsprechenden Geldstückes gestattet. – Man unterscheidet zwischen Kurz- und Lang- oder Dauer-P., wobei die Grenze in der Regel bei einer oder zwei Stunden gezogen wird. Das Abstellen von Fahrzeugen gilt nicht mehr als P., auch das Einstellen in Garagen fällt nicht mehr unter diesen Begriff, wohl aber die Inanspruchnahme von Parkhausplätzen. →Parkverbot, →Abstellen von LKW.

Parkuhren und Parkscheiben – (§ 13 StVO). (1) An Parkuhren darf nur gehalten werden 1. zum Ein- oder Aussteigen, 2. zum Be- oder Entladen oder 3. während des Laufes der Uhr. Die längste auf der Uhr angegebene Parkzeit darf nicht überschritten werden. Das Halteverbot kann durch Aufschrift auf der Uhr auf bestinmte Stunden oder Tage beschränkt sein. (2) Im Bereich eines Zonenhalteverbots oder wo durch ein Zusatzschild die Benutzung einer Parkscheibe vorgeschrieben ist, ist das Parken nur erlaubt, 1. für die Zeit, die angezeigt ist und 2. wenn das Fahrzeug eine von außen gut lesbare Parkscheibe hat und wenn der Zeiger der Scheibe auf den Strich der halben Stunde eingestellt ist, der dem Zeitpunkt des Anhaltens folgt. Wo in der Halteverbotszone Parkuhren aufgestellt sind, gelten deren Anordnungen. Da die Parkzeit auf die Dauer des Laufs der Uhr beschränkt wird, ist die Ausnutzung der Restparkzeit erlaubt. Wenn der zweite Satz sagt, daß die längste auf der Uhr angegebene Parkzeit nicht überschritten werden dürfe, so ist damit auch erlaubt, dann nachzuwerfen, wenn bei einer Uhr, die auf mehrere Parkzeiten (z. B. 1/2, 1 und 2 Std.) eingerichtet ist, die höchstzulässige Parkzeit noch nicht ausgenutzt ist.

Parkverbot – Nach § 12 →StVO parkt derjenige, der sein Fahrzeug verläßt oder länger als 3 Minuten hält. Parken ist unzulässig bis zu 5 m vor und hinter Kreuzungen und Einmündungen; wenn es die Benutzung gekennzeichneter Parkflächen verhindert; vor Grundstücksein- und -ausfahrten (auf schmalen Fahrbahnen auch ihnen gegenüber); bis zu 15 m vor und hinter Haltestellenschildern; an Taxenständen; vor und hinfer Andreaskreuzen in geschlossener Ortslage 5 m, außerhalb 50 m; über Schachtdeckeln und anderen Verschlüssen. Weitere Verbote nach § 12 (1) Ziff. 8 bei besonderen Kennzeichen. Kraftfahrzeuge mit einem zulässigen Gesamtgewicht über 7,5 t sowie Anhänger über 2 t dürfen innerhalb geschlossener Ortschaften in der Zeit von 22 bis 6 Uhr sowie an Sonn- und Feiertagen nicht regelmäßig parken, wenn es sich um

folgende Gebiete handelt: reine und allgemeine Wohngebiete; Sondergebiete, die der Erholung dienen; Kurgebiete und Klinikgebiete. Das gilt nicht für entsprechend gekennzeichnete Parkplätze. Eine Ausnahmegenehmigung zum Parken kann nach § 46 →StVO erteilt werden, wenn die Betroffenen über keine eigenen Betriebshöfe oder Abstellflächen verfügen und sich solche Möglichkeiten nicht in zumutbarer Weise beschaffen können und sie auch keine öffentlichen Parkplätze in näherer Umgebung befinden und auch nicht geschaffen werden können. Wirkt sich regelmäßiges Parken schwerer Kraftfahrzeuge oder Anhänger in anderen Gebieten nachhaltig störend aus, können örtlich und zeitlich begrenzte Parkverbote ausgesprochen werden. →Halteverbot.

Pauschalierung – Bezeichnung für ein von der →Bundesanstalt für den Güterfernverkehr angewandtes Verfahren zur Herbeiführung des →Tarifausgleichs. Die P. kann von der Bundesanstalt zur Vereinfachung des Verfahrens zur Herbeiführung des Tarifausgleichs dann angeregt werden, wenn sie bei der ihr übertragenen →Tarifüberwachung oder bei einer durchgeführten →Betriebsprüfung eine größere Anzahl gleichartiger, sich laufend wiederholender →Tarifverstöße festgestellt hat, zu deren Ausgleich jeweils derselbe Schuldner verpflichtet ist. Erklärt sich der Zahlungsverpflichtete zur P. bereit, so erfolgt diese durch Abschluß einer Pauschalierungsvereinbarung, in der beide Partner den festgestellten Pauschalbetrag als richtig und der Schuldner seine Verpflichtung zur Zahlung anerkennen. Lehnt der Schuldner die P. ab, so ist die Bundesanstalt infolge des bei der vorangegangenen Prüfung erlangten Anhalts zur weiteren genauen Prüfung aller Beförderungsvorgänge und Aufstellung einer Vielzahl von →Unterschiedsberechnungen verpflichtet. Die Forderung der BAG entspringt nicht einem von der Bundesanstalt geschlossenen Vertrag, sondern sie beruht einmal auf dem →Beförderungsvertrag oder den Vorschriften über die ungerechtfertigte Bereicherung, zum anderen auf dem Verwaltungsakt gemäß § 23 Abs. 3 →GüKG.

Pausen – →Ruhepausen.

Persönliches Kontrollbuch – Nach § 12 →AETR ist ebenso wie nach § 14 der EWG-Verordnung Nr. 543/69 über die Harmonisierung bestimmter Sozialvorschriften im Straßenverkehr ein P.K. zur Überwachung der Einhaltung der Arbeitszeitbestimmungen zu führen. In das P.K. sind die Tagesruhezeiten, Arbeitszeitunterbrechungen, Lenkzeiten und die anderen Zeiten der Anwesenheit am Arbeitsplatz einzutragen. Weiter kann die Eintragung von Wartezeiten, der während der Fahrt neben dem Fahrer zugebrachten Zeit sowie aller sonstigen Arbeitszeiten durch die nationalen Regierungen verlangt werden. Erleichterungen gelten für solche Fahrten bei denen ein vorgeschriebener →Fahrtenschreiber benutzt wird. Mit Erlaß vom 28. 8. 70 (VKBl. S. 612) hat die Bundesregierung bestimmt, daß das P.K. bei Fahrten im Güternahverkehr ganz entfällt, sofern das Fahrzeug mit vorgeschriebenem Fahrtschreiber ausgerüstet ist. Im Bundesgebiet zugelassene Fahrzeuge auch des Fernverkehrs sind davon befreit, im innerdeutschen Verkehr die Zeiträume in das P. K. einzutragen, die von dem im Fahrzeug befindlichen mechanischen Kontrollgerät in geeigneter Weise aufgezeichnet werden. Wer diese Erleichterungen in Anspruch nimmt, muß am Ende eines jeden Tages in die Tageszeile des vorgeschriebenen Wochenberichts die dort vorgesehenen Eintragungen machen. Beifahrer (nicht zweite Fahrer, bei dem das Schaublatt die jeweilige Lenkzeit ausweisen muß) müssen das Tageskontrollblatt vollständig ausfüllen.

Pfändbarkeit eines LKW oder PKW – Ein LKW oder PKW ist nur dann unpfändbar (§ 811 ZPO), wenn bei der Erwerbstätigkeit des Schuldners die persönliche Arbeitsleistung im Vordergrund steht und der Einsatz von sächlichen Betriebsmitteln demgegenüber zurücktritt. Der Schuldner soll vor dem Verlust seines ,,Arbeitsgeräts'' bewahrt bleiben, wenn dieses notwendiges Hilfsmittel einer im Vordergrund stehenden persönlichen Arbeitsleistung ist. Auch ein LKW oder PKW kann ein solches Hilfsmittel sein. Voraussetzung ist aber, daß der Erwerb mehr auf der körperlichen und geistigen Leistung des Schuldners und seiner Familienangehörigen beruht als auf dem Einsatz von sächlichen Betriebsmitteln.

Pfandrecht des Güterfernverkehrs – Vom Pfandrecht des Güterfernverkehrsunternehmers ist in der Praxis kaum die Rede. Wenn der Güterfernverkehrsunternehmer die Auslieferung des Guts verweigert, weil sein Anspruch auf die Fracht noch nicht erfüllt ist, pflegt er sich meist nicht auf das Pfandrecht zu berufen. Im Streitfalle ist in der Regel die Verweigerung der Auslieferung des Guts wegen der noch offenen Frachtforderung nicht notwendig mit dem Pfandrecht zu begründen. Dem Absender, der die Auslieferung des Guts fordert, kann der Güterfernverkehrsunternehmer das Zurückbehaltungsrecht gemäß § 273 BGB entgegensetzen. Der Empfänger, der die Auslieferung nach Ankunft am Bestimmungsort fordert, muß sich das gegenüber dem Absender begründete Zurückbehaltungsrecht entgegenhalten lassen: denn er kann nur die kraft Frachtvertrags entstandenen Rechte des Absenders geltend machen. Von Bedeutung wäre das Pfandrecht, wenn der Güterfernverkehrsunternehmer das Gut, dessen Auslieferung er verweigert, wegen seiner offenen Frachtforderung veräußern will. Das erlaubt das Zurückbehaltungsrecht gemäß § 273 BGB nicht, das kaufmännische Zurückbehaltungsrecht nur kraft eines vollstreckbaren Titels (§ 371 HGB). Solche Fälle sind aber selten. Hat der Güterfernverkehrsunternehmer das Gut übernommen mit der ausdrücklichen Vereinbarung, daß er sein Pfandrecht oder Zurückbehaltungsrecht wegen der Frachtforderung gegen den Absender nicht geltend machen werde, so wäre die Geltendmachung des Pfandrechts oder Zurückbehaltungsrechts auch gegenüber dem Empfänger unzulässig. Der Freivermerk kann diese Bedeutung haben! In der Regel wird ihm diese Bedeutung beigelegt. Verweigert der Güterfernverkehrsunternehmer die Auslieferung des Gutes an den Empfänger, so schuldet er dem Spediteur oder dem Empfänger Ersatz des Schadens, der diesem dadurch entsteht, daß der Güterfernverkehrsunternehmer das Gut oder nicht sofort nach Ankunft am Bestimmungsort aushändigt. Der Spediteur kann in solchem Falle auch den Schaden des Empfängers oder seines Auftraggebers geltend machen. Wegen mit dem Gut nicht zusammenhängenden Frachtforderungen aus anderen früheren Frachtgeschäften steht dem Güterfernverkehrsunternehmer nicht das gesetzliche Pfandrecht zu, in der Regel auch nicht das Zurückbehaltungsrecht gemäß § 273 BGB, wohl aber kann ihm das kaufmännische Zurückbehaltungsrecht zustehen. Auch das Geltendmachen des kaufmännischen Zurückbehaltungsrechts wegen unzusammenhängender Forderungen kann der vereinbarte Freivermerk hindern. Die Rechtslage ist also durchaus übersichtlich. Jedoch pflegen gegen die Ausübung des Pfandrechts und des Zurückbehaltungsrechts des Güterfernverkehrsunternehmers außer den erwähnten Gründen auch andere Gründe, z. B. aus Eigentum, geltend gemacht zu werden. Wenn auch dem Güterfernverkehrsunternehmer bewiesen werden müßte, daß er den Spediteur nicht nur für den Eigentümer des Guts, sondern auch nicht als befugt zur Versendung des Guts gehalten hat, so pflegt doch die Beantwortung solcher Fragen meist mehr Rechtskenntnisse vorauszusetzen, als vom Güterfernverkehrsunternehmer billigerweise verlangt werden kann. Jedoch schneidet dies nicht seine Haftung ab für die Ausübung eines ihm nicht zustehenden Pfandrechts oder Zurückbehaltungsrechts oder dafür, daß der Ausübung solchen Rechts ein Hindernis entgegenstand.

Pflichtversicherung für Kraftfahrzeughalter – Im Gesetz über die Pflichtversicherung für Kraftfahrzeughalter (Pflichtversicherungsgesetz) vom 5. 4. 65 geregelt (BGBl. I S. 213). →Haftpflichtversicherung. Da der Ersatzpflichtige für Schäden in unbegrenzter Höhe aufkommen muß, ist es notwendig, zu prüfen – besonders im gewerblichen Verkehr –, ob die im Gesetz vorgeschriebenen Mindestversicherungssummen ausreichen. Die meisten Transportunternehmer schließen deshalb weit höhere Versicherungssummen ab als die vorgesehenen Mindestsätze (Millionendeckung). Nicht in allen Ländern gibt es eine Pflichtversicherung. Mit Kfz Einreisende aus solchen Ländern müssen in der Regel einen ausreichenden Versicherungsschutz nachweisen oder an der Grenze eine Versicherung abschließen. Einen Nachweis des Versicherungsschutzes stellt normalerweise die von den Versicherungsgesellschaften ausgegebene Internationale Grüne Versicherungskarte dar. Von Kraftfahrzeughaltern aus Ländern mit Pflichtversicherung wird dieser Nachweis in der Regel nicht mehr verlangt.

Phon – ein Maß für die Lautstärke eines Geräusches, ist der Lautempfindung des menschlichen Ohres angepaßt. 0 Phon bezeichnet man z. B. als Hörschwelle, 130 Phon als Schmerzschwelle. →Lärm.

Phon-System – auf dem subjektiven Empfinden aufbauendes Lautstärken-System, soweit es sich um jeweils gleiche Lautstärken und um einzelne Töne, nicht aber um einen kumulierten Schallvorgang handelt. Als neue Maßeinheit für die tatsächlich empfundene Lautstärke wurde der Sone-Wert festgelegt, wobei sich eine Skala ergibt, die folgenden Verlauf zeigt:

1 Sone = 40 Phon
10 Sone = 70 Phon
100 Sone = 100 Phon

Für die Phon-Einheiten als mittlere Lautstärken gilt nachstehende Tabelle:

0 = Hörschwelle
10 = Blätterrauschen
15 = leichtes Flüstern
20 = stille Wohnung
30 = ruhige Wohnstraße
40 = leise Unterhaltung, Uhrticken
50 = normale Unterhaltung
60 = Schreibmaschine, Staubsauger
70 = Straßenbahn, verkehrsreiche Straße
80 = Autohupe, starker Straßenlärm, laute Musik, Untergrundbahn
100 = stärkster Straßenlärm, Motorrad, Preßlufthammer
110 = D-Zug auf freier Strecke bei 5 m Abstand
120 = Flugzeugmotor, laufender Propeller bei 5 m Abstand
130 = Düsenflugzeug, Artillerie aus nächster Nähe, Schmerzschwelle des Ohres.

Die Lautstärkenmessungen erfolgen ab 13. 9. 66 nach Dezibel (deziBel = dB) →Geräuschmessung.

Die zulässigen Werte lauteten: Höchstzul. Lautstärkewerte in DIN-Phon.

FzArt	bei der Erstzulassung von Fz in der Zeit				
	bis 14. 9. 53	vom 14. 9. 53 bis 20. 5. 56	vom 21. 5. 56 bis 31. 12. 56	vom 1 1. 57 bis 31. 12. 58	vom 1. 1. 59 bis 12. 9. 66
a) FmH und Kleinkrafträder bis 40 km/h	80	78	76	75	75
b) Krafträder mit Zweitakt-motor, so weit nicht unter a) genannt	90	85	82	80	80
c) Krafträder mit Viertakt-motor					
über 250 cm³	90	87	84	82	82
bis 250 cm³	88	85	82	80	80
d) Kfz mit mehr als 2,5 t zu-lässigem Gesamtgewicht, Zgm und Arbeits-maschinen	90	90	90	90	87
e) alle übrigen Fz	88	85	85	85	82

Physical distribution – →Logistik.

Pkw-Transporter – Bezeichnung für einen Spezial-→Lastkraftwagen mit Anhänger oder einen →Sattelzug, der besondere Einrichtungen für die Aufnahme von fertigen →Personenkraftwagen (meist in zwei Etagen übereinander) besitzt. Die Fahrzeuge dienen zur direkten Beförderung von Pkw vom Herstellerwerk zum Händler (Auslieferungsläger) und werden überwiegend im gewerblichen →Güterfernverkehr eingesetzt.

Planen – wasserdichte Decken, die die Fahrzeugladung vor Witterungs- und Temperatureinflüssen schützen. P. können, wenn sie nicht sorgfältig und sachgemäß befestigt sind, für den Verkehr unter Umständen eine Gefahr bedeuten →Hamburger Verdeck.

Plattform – ein Lkw- oder Anhängeraufbau, der nur aus einem Boden besteht und keine Seitenwände besitzt.

Poolpalette – →Palettenpool.

Prüfung – →Sachkunde, →Sachkundep.

Prüfung der Kraftfahrzeuge – periodische Überprüfung durch amtlich anerkannte Sachverständige, die von den Zulassungsstellen in angemessenen Zeitabständen angeordnet werden (§ 29 StVZO). Die Fahrzeuge sind zur Prüfung an dem in der Anordnung bestimmten Ort vorzustellen (→Technische Überwachungs-Vereine). Alle für die Sicherheit wichtigen Teile und Einrichtungen einschließlich der amtlichen Kennzeichen, der Beleuchtung, der Geräusch- und Rauchentwicklung werden kontrolliert. Dafür ist von dem Kraftfahrzeugeigentümer eine Gebühr zu entrichten. – Wer im eigenen Betrieb über entsprechend geschultes Personal und die notwendigen technischen Einrichtungen verfügt, kann widerruflich die Prüfung der Kraftfahrzeuge und Anhänger selbst vornehmen und widerruflich von der Vorführung befreit werden. Wer den Nachweis erbringt, daß seine Fahrzeuge regelmäßig von anerkannten Kunden- oder Bremsdiensten der Fahrzeugfabriken oder Bremsenherstellern oder sonstigen anerkannten Stellen überwacht werden, dem können Erleichterungen hinsichtlich der amtlichen Prüfung gewährt werden. →Technische Überwachungsvereine, →Anerkennung von Kraftfahrzeugwerkstätten, Bremsendiensten und Betrieben für die Eigenüberwachung.

Prüfungsausschuß der Industrie- und Handelskammer – Auf Grund der Zweiten Verordnung über den Nachweis der fachlichen Eignung und der Sachkunde zur Führung von Güterkraftverkehrsunternehmen (vom 24. April 1973 – BGBl. I S. 331) wurde unter Hinweis auf § 10 Abs. 2 und § 83 Abs. 1 sowie § 93 Abs. 1 des Güterkraftverkehrsgesetzes (GüKG) bestimmt, daß die in § 10 Abs. 2 des GüKG vorgeschriebene Prüfung, die zur Führung des Nachweises für die fachliche Eignung als selbständiger Güterkraftverkehrsunternehmer verlangt wird, vor einem Prüfungsausschuß der Industrie- und Handelskammer abgelegt wird. Die jeweilige Industrie- und Handelskammer bestellt die Mitglieder des Prüfungsausschusses und ihre Vertreter. Der Vorsitzende und seine Vertreter sollen zur Vollversammlung der Industrie- und Handelskammer wählbar oder bei einer Industrie- und Handelskammer beschäftigt sein. Will ein Antragsteller Güternahverkehr betreiben, so muß ein Beisitzer in einem Nahverkehrsunternehmen tätig sein. Entsprechendes gilt, wenn der Antragsteller Güterfernverkehr oder Umzugsverkehr betreiben will. Die Beisitzer und ihre Vertreter werden auf Vorschlag der Landesverbände des Verkehrsgewerbes bestellt. Die Prüfungsausschüsse der Industrie- und Handelskammern müssen entsprechend dem Wortlaut der o. a. Verordnung mindestens einmal im Vierteljahr tätig werden. Die von ihnen festzulegenden Prüfungstermine geben sie der für sie zuständigen höheren Verkehrsbehörde rechtzeitig bekannt.

Prüfungskosten – Bezeichnung für die bei →Betriebsprüfungen der →Bundesanstalt für den Güterfernverkehr entstehenden Kosten. Die Prüfungskosten sind von dem Betroffenen zu tragen, wenn die Beauftragten der Bundesanstalt einen bußgeldfähigen Tatbestand festgestellt haben. →Bußgeld.

Prüfzeichen – in allen Fahrzeugteilen angebrachte Zeichen, die nach § 22 a StVZO nur in einer bauartgenehmigten Ausführung hergestellt und feilgeboten werden dürfen. P. werden vom Kraftfahrtbundesamt erteilt und bestehen aus einer Wellenlinie und einer Nummer.

Q

Qualmgrenze – Rauchgrenze des Dieselmotors, →Rauchgasprüfer.

Quellverkehr – der Teil des an einer einzelnen Stelle oder insgesamt aus einem bestimmten Gebiet herausfließenden Verkehrs, dessen Fahrtausgangspunkte in diesem Gebiet liegen.

Querlenker – Hebel, die bei der Federung einzeln aufgehängter Räder eine Parallelführung der Räder bewirken. →Radaufhängung.

Querneigung – 1. Bezeichnung für die Neigung eines Fahrzeugs, die beim Durchfahren einer Kurve auftritt. Die Q. wird hervorgerufen durch die Fliehkraft und ist abhängig von der Höhe des Fahrzeugschwerpunktes und der Federung. 2. Neigung (das Gefälle) der Fahrbahnoberfläche rechtwinklig zur Straßenachse.

R

Radaufhängung – die Gesamtheit der Teile, die zur Aufnahme der Radkräfte dienen. Von den Laufrädern müssen Antriebs-, Brems-, Seitenführungs- und Federkräfte aufgenommen werden. Zur Federung des Fahrzeugs ist es erforderlich, daß die ungefederten Massen, d. h. die Räder einschließlich der R. möglichst klein gehalten werden. Für die gelenkten Räder besteht weiterhin die Forderung, daß sich beim Durchfedern die Spur und der Sturz möglichst nicht ändern. →Radeinstellung.

Raddruck – Druck, der auf einem in Ruhestellung befindlichen Fahrzeugrad lastet und von ihm nach unten an die Straßenoberfläche weitergegeben wird; bei gleichmäßiger Gewichtsverteilung ergibt sich der R. aus dem Eigengewicht und der Belastung des Fahrzeugs, geteilt durch die Zahl der Räder. →Radlast.

Radeinstellung – bestimmte Stellung der gelenkten Räder, um gute Lenkeigenschaften, Straßenlage und geringen Reifenverschleiß zu haben. Die gelenkten Räder müssen in einem bestimmten Winkel zur Fahrzeuglängsachse (Spur) und zur Fahrbahn (Sturz) stehen. Ferner muß der Achsschenkelbolzen eine bestimmte Lage einnehmen (Spreizung und Nachlauf). Diese Winkel werden durch R.-geräte eingestellt und überprüft.

Radieren der Reifen – Vorgang, der während des Abrollens auf der Fahrbahn bei falscher →Radeinstellung auftritt. Das R. führt zu erhöhtem Reifenverschleiß.

Radlager – Lager, die sich auf den Achsen befinden und zur Lagerung der Radnaben dienen. R. sind meist als Wälzlager oder auch Kugellager ausgebildet.

Radlast – senkrechter Druck des Rades auf die Straßenoberfläche; waagerechte Kräfte in Längs- und Seitenrichtung ergeben sich insbesondere aus gewissen Schlingerbewegungen, aus dem Reibungswiderstand der Treibräder, aus dem Rollwiderstand der anderen Räder, aus der Bremsung des Fahrzeugs (d. h. einzelner oder aller Räder).

Radstand – das Maß von Mitte der Vorderachse bis zur Mitte der Hinterachse eines Fahrzeugs.

Radsturz – (oder Sturz), Bezeichnung für den Winkel, den die Radebene zur Fahrbahn bildet. Der R. beträgt meist 2–3° und hat die Aufgaben, die Nabe gegen den Lagerbund zu drücken, um Lagerspiel auszuschalten.

Rahmen – (eines Fahrzeuges), der Träger des gesamten Aufbaues des Fahrzeuges. Der R. stützt sich auf den Achsen ab, er ist aus Profilträgern derart zusammengefügt, daß alle auftretenden Kräfte aufgenommen werden können. Im modernen Pkw-Bau verwendet man häufig keinen R. ursprünglicher Konstruktion, sondern bildet den Aufbau so aus, daß dieser imstande ist, sich selbst zu tragen (selbsttragende Karosserie).

Rail-Route-System – →Huckepackverkehr.

Rauchentwicklung – Fahrzeuge müssen so gebaut und ausgerüstet sien, daß ihr verkehrsüblicher Betrieb niemanden schädigt oder mehr als unvermeidbar gefährdet, behindert oder belästigt (§ 30 StVZO). Jeder Teilnehmer am öffentlichen Straßenverkehr hat sich so zu verhalten, daß kein anderer gefährdet, geschädigt oder mehr als nach den Umständen unvermeidbar behindert oder belästigt wird (§ 1 StVO). Rauchentwicklung ist eine Belästigung, die vermeidbar ist. Sie ist als Ordnungswidrigkeit zu ahnden. Nach § 47 StVZO müssen Kraftfahrzeuge so beschaffen sein, daß die Verunreinigung der Luft durch Abgase das nach dem jeweiligen Stand der Technik unvermeidbare Maß nicht übersteigt.

Rauchgasprüfer – (oder Rauchgastester) – Geräte, die zum Messen der im Abgas eines Dieselmotors enthaltenen Rußmenge dienen. Der am häufigsten verwendete R. besteht aus einer Absaugpumpe, die eine genau dosierte Menge Abgas absaugt und durch ein Filterblättchen leitet. Der Ruß bleibt in Filterblättchen haften und schwärzt dieses. Die Schwärzung wird anschließend durch ein photoelektrisches Auswertegerät gemessen.

Rauchgrenze – Grenze, die für die meisten Dieselmotoren die höchste Leistung bestimmt. Wird bei dieser Leistung noch mehr Kraftstoff pro Arbeitstakt eingespritzt, so tritt eine unzulässige und unzumutbare Schwärzung des Abgases ein. Die Rauchgrenze eines Dieselmotors wird mittels eines →Rauchgasprüfers bestimmt.

Raumgewicht – →Eigengewicht des Fahrzeugs bezogen auf seinen Rauminhalt.

Raumtarif – Bezeichnung für einen →Tarif, dessen →Frachtsätze ausschließlich nach dem Volumen der Güter gebildet werden. Dabei bleibt der Wert der Ware unberücksichtigt. Grundlage für die Bemessung der →Fracht ist vielmehr die räumliche Wagenausnutzung (z. B. Möbelwagenmeter im Umzugsverkehr). Typische Frachtberechnungsmethode für sperrige Güter in der Seeschiffahrt.

Raupenfahrzeug – Kfz, bei dem sich die Räder auf einer angetriebenen endlosen Kette bewegen. Durch die große Auflagefläche der Kette verringert sich der spezielle Anpreßdruck auf die Fahrbahn. R. sind besonders für unwegsames Gelände geeignet, sie werden dadurch gelenkt, daß die kurveninnere Kette gebremst und die äußere Kette angetrieben wird. R. werden vor allem in Baubetrieben und bei Kranfahrzeugen verwendet.

Reaktionsweg – der Weg, der vom Kraftfahrzeug in der Zeit zurückgelegt wird, die vergeht, bis die bei Erkennen einer drohenden Gefahr eingeleiteten Gegenmaßnahmen wirksam werden.

Reaktionszeit – Zeitraum zwischen Erkennen einer Verkehrssituation und der Einleitung der ihr entsprechenden Maßnahme. Die R. ist nicht bei allen Menschen gleich und von ihrer körperlichen und geistigen Verfassung abhängig, sie liegt normalerweise unter einer Sekunde.

Refaktien – im Verkehrswesen Frachtrückvergütungen; nach deutschem und internationalem Frachtrecht nur zulässig, wenn sie in den Tarifen vorgesehen und veröffentlicht sind.

Referenztarif – Sonderform des →Margentarifs im Beförderungswesen, die eine freie Preisbildung auch außerhalb der Margen grundsätzlich zuläßt; obere und untere Grenze für die Höhe der Tarifsätze sind dabei nicht bindend. R. kommen also einer freien Preisbildung nahe. Solche Tarife bestehen im Verkehr mit Großbritannien (DGBST), Dänemark (DDST) und Irland (DIRST). Auch mit Griechenland ist ein solcher Tarif in Vorbereitung.

Regelklassen – Einteilung der Güter des →Regeltarifs oder Normaltarifs (→DEGT) in Tarifklassen (Regelklassen) entsprechend ihrem Wert.

Regeltarif – Bezeichnung für die im Gütertarif (→Regelklassen) enthaltenen →Frachtsätze, die für die →Frachtberechnung bei Beförderungen von →Stückgut, →Wagenladungen der Klassen A/B, C/D, E im gewerblichen Güterfernverkehr anzuwenden sind. Gegensatz: →Ausnahmetarif. →Entfernungsstaffel, →Güterklasse, →Tarifklasse, →Wagenladungsklasse.

Registervergaser – Mehrstufenvergaser, bei dem mehrere Vergaser hintereinander geschaltet sind. Der nächstfolgende Vergaser öffnet erst, wenn der vorhergehende voll geöffnet ist. Durch R. wird ein gutes Beschleunigungsvermögen erreicht.

Regler – (der Einspritzpumpe) regelt den Kraftstoffbedarf eines →Einspritzmotors je nach Drehzahl und Belastung. Ferner regelt der R. die höchste und niedrigste Drehzahl.

Reichsautobahnen (RAB) – Amtliche Bezeichnung für die seit 1934 in Deutschland geschaffenen →Autobahnen. Zur vorbereitenden Planung wurde 1933 eine Gesellschaft zur Vorbereitung der R. („Gezuvor") in Berlin gegründet, für den Bau durch Gesetz vom 27. Juni 1933 eine besondere Körperschaft öffentlichen Rechts („Unternehmen R.") als Zweigunternehmen der →Deutschen Reichsbahn mit einem von dieser zur Verfügung gestellten Kapital von 50 Mill. RM geschaffen, zu Beginn des Krieges verselbständigt, 1945 aufgelöst, jedoch nicht liquidiert. Die R. gingen am 24. Mai 1949 in das Eigentum der

BRD über, in der DDR wurden sie durch die Verfassung Eigentum des Staates, →Autobahnen. Als erste Teilstrecke wurde die R. von Frankfurt/Main-Süd nach Darmstadt am 19. Mai 1935 dem Verkehr übergeben, Ende 1935 waren insgesamt bereits 108 km, ein Jahr später 1087 km, Ende 1937 2140 km und Ende 1938 3065 km fertiggestellt. 1942 waren 3859 km in Betrieb, dann wurden während der weiteren Kriegszeit die Bauarbeiten eingestellt. – Von den fertiggestellten Autobahnen lagen 1945 2110 km im Gebiet der Bundesrepublik Deutschland (54,8)), 1378 km im Gebiet der DDR (35,5)), 372 km (9,7)) jenseits der Oder-Neiße-Linie. →Bundesautobahnen.

Reichs-Kraftwagen-Betriebsverband (RKB) – auf Grund des Gesetzes über den Güterfernverkehr mit Kraftfahrzeugen vom 26. 6. 1935 geschaffener öffentlich-rechtlicher Verband als zwangsweiser Zusammenschluß aller →Unternehmer, die eine →Genehmigung zur Ausübung des gewerblichen →Güter- oder →Möbelfernverkehrs besaßen. Aufgaben: Berechnung, Einziehung und Auszahlung der →Beförderungsentgelte, Einziehung und Abführung der →Beförderungsteuer, Einrichtung und Unterhaltung von →Laderaumverteilungsstellen (LRV), Abschluß einer →Güterschadensversicherung für seine Mitglieder, Mitwirkung bei der Genehmigungserteilung, Tarifkontrolle und Überwachung der Einhaltung der gesetzlichen Bestimmungen durch alle am →Beförderungsvertrag Beteiligten sowie bei der statistischen Erfassung der Beförderungsleistungen. Seit dem 19. November 1937 war dem R. eine besondere Wirtschafts-GmbH angeschlossen, deren Aufgabe es war, alle wirtschaftlichen Maßnahmen, deren Durchführung im Interesse der Ordnung und Ausbildung des Güterfernverkehrs mit Kraftfahrzeugen notwendig erschien, zu treffen und durchzuführen, vornehmlich Errichtung, Erhaltung und Verwaltung von →Autohöfen mit Rast-, Erholungs- und Schlafgelegenheit für die Fernfahrer mit den dazu gehörigen technischen Einrichtungen. Nach Beendigung des Krieges hat der R. 1945 aufgehört zu existieren, seine Aufgaben wurden 1953 weitgehend von der →Bundesanstalt für den Güterfernverkehr übernommen. Zur Wahrnehmung der Interessen der Mitglieder und deren Betreuung ist bald nach Kreigsende die →Arbeitsgemeinschaft Güterfernverkehr zunächst in Bielefeld, dann mit Sitz in Frankfurt/M. gegründet worden. Heute →Bundesverband des Deutschen Güterfernverkehrs (BDF) e. V., Frankfurt.

Reichskraftwagentarif – Bezeichnung für den auf Grund des →Güterfernverkehrsgesetzes vom 26. 6. 1935 vom →Reichskraftwagenbetriebsverband im Einvernehmen mit der →Deutschen Reichsbahn aufgestellten und im Reichs-Verkehrsblatt B Nr. 13 vom 6. 4. 1936 veröffentlichten →Tarif für Beförderungen im gewerblichen →Güterfernverkehr mit Kfz. Der R. wurde mit Inkrafttreten des →GüKG am 19. 10. 1952 nochmals für verbindlich erklärt. Heutige Rechtsgrundlage die Verordnung TS Nr. 12/58 vom 23. 12. 58 BAnz. Nr. 249). Er enthält entsprechend den Vorschriften des § 20 GüKG sowohl die →Frachtsätze für die Beförderung (Tarif im engeren Sinne v üMindest-Höchsttarif [Margentarif]), als auch die Gebührensätze für →Nebenleistungen sowie die Beförderungsbedingungen (→KVO) und besteht aus vier Teilen. Teil I: →Kraftverkehrsordnung (KVO); Teil II: →Vorschriften für die →Frachtberechnung, →Gütereinteilung, Entfernungen, Frachttafel und →Frachtsätze, Nebengebührentarif. Teil III: Allgemeine Bestimmungen für die →Ausnahmetarife. Teil IV: Tarifbestimmungen für den →Militärgüterverkehr.

Reichsverkehrsgruppe Kraftfahrgewerbe – Vereinigung, die auf Grund der Verordnung über den organischen Aufbau des Verkehrs im Jahre 1935 geschaffen wurde. Sitz Berlin. Sie umfaßte mehrere Fachgruppen, u. a. eine solche über den Güterfernverkehr, die als →Reichskraftwagenbetriebsverband (RKB) verkehrspolitisch besondere Bedeutung erlangte. 1945 aufgelöst.

Reifenabnutzung – (Reifenabrieb), Abnutzung der Reifenlauffläche infolge von Schlupf bei der Kraftübertragung vom Fahrzeug auf die Fahrbahn. Die R. ist neben der verwendeten Gummiqualität abhängig von konstruktiven Eigenheiten des Fahrzeuges, der Beschaffenheit der Fahrbahn sowie ihrer Streckenführung, der Fahrweise und der Temperatur. Ebenfalls von Einfluß auf den Abrieb eines Reifens ist die Gestaltung des Laufflächenprofils; hierbei wird man jedoch in erster Linie auf die Erzielung guter Fahreigenschaften achten und erst in zweiter Linie auf geringe Abnutzung.

Reifenbesohlung – Erneuerung nur der Lauffläche eines abgefahrenen Reifens. Zu diesem Zweck werden die Reste der Lauffläche gleichmäßig abgeschliffen und mit neuem Material belegt, welches in geheizten Formen durch Vulkanisation fest mit dem Reifen verbunden und gleichzeitig mit einem Profil versehen wird. Die R. wird vorwiegend für Reifen von Lastkraftwagen angewendet.

Reifenerneuerung – Erneuerung der gesamten oder eines Teiles der Oberfläche des Reifens, welche im Gebrauch direktem Verschleiß unterworfen ist. Die Reifenlauffläche nutzt sich infolge Schlupf bei der Übertragung der Kräfte zwischen Fahrzeug und Fahrbahn ab, und die Seitenwand des Reifens wird durch Anstoßen an Fahrbahnbegrenzungen und andere Hindernisse abgerieben. Je nach Zustand des abgenutzten Reifens kommt in Frage eine →Runderneuerung (Erneuerung der gesamten Oberfläche von Wulst zu Wulst), eine Erneuerung von Schulter zu Schulter (Erneuerung der Reifenlauffläche einschließlich des Profilauslaufes in die Seitenwand) und eine Besohlung (Erneuerung der Reifenlauffläche). Die R. wird in der Regel von handwerklichen Vulkanisierbetrieben durchgeführt. Reifen von Pkw sollen nicht mehr als einmal erneuert werden, da infolge der Heizeinwirkung bei der Vulkanisation des mit neuem Material belegten Reifens das Gewebe des Reifenunterbaues etwas geschwächt wird. Reifen von Lkw dagegen mit ihrem im Verhältnis zu Pkw-Reifen sehr dicken Gewebeunterbau können gegebenenfalls mehrmals runderneuert werden. Von besonderer wirtschaftlicher Bedeutung ist die R. bei Reifen für Lastkraftwagen, Lastanhänger und Omnibusse, da bei diesen Fahrzeugen die Bereifung ein wesentlicher Kostenfaktor ist.

Reifenlauffläche – (Lauffläche), äußere Gummischicht des Reifens, auf welcher er auf der Fahrbahn abrollt. Zur besseren Kraftübertragung ist die Lauffläche der Reifen in der Regel mit einem auf den jeweiligen Einsatzzweck des Reifens abgestellten Profil versehen. Die Lauffläche ist der Teil des Reifens, der unmittelbar dem Verschleiß unterworfen ist. Nach den Straßenverkehrsvorschriften ist der Reifen eines Kraftfahrzeuges nur so lange verkehrstüchtig, als er über dem ganzen Umfang und der ganzen Breite ein Profil von mind. 1 mm (besser 2 mm) Tiefe aufweist.

Reifenlaufflächenerneuerung (von Schulter zu Schulter) – Erneuerung der Lauffläche sowie ihres seitlichen Überganges bis zur Seitenwand eines abgefahrenen Reifens. In dem zu erneuernden Teil der Reifenoberfläche werden die Reste des alten, abgenutzten Materials abgeschliffen und die Reifen mit neuem Material belegt, welches in geheizten Formen durch Vulkanisation fest mit dem Reifen verbunden und gleichzeitig mit einem Profil versehen wird.

Reifenrunderneuerung – Erneuerung der äußeren, auf dem Gewebeunterbau aufgelegten Gummischicht des abgenutzten Reifens. Zu diesem Zweck werden die noch vorhandenen Reste des Laufflächenprofils sowie die Gummi auf der Reifenseitenwand abgeschliffen. Der abgeraute Reifen wird mit neuem Material belegt und dieses durch Vulkanisation fest mit dem Reifenunterbau verbunden. Die Vulkanisation erfolgt wie bei der Neureifenfertigung in Heizformen.

Reklamebeleuchtung – An Kraftfahrzeugen und Anhängern dürfen nur die vorgeschriebenen und die für zulässig erklärten Beleuchtungseinrichtungen angebracht werden. Damit ist jede Beleuchtungsreklame mit direkter oder indirekter Leuchtwirkung verboten (§ 49 a StVZO – VkBl. 1953/64).

Restumzugsgut – Der Unternehmer darf Restgut (Gegenstände aus Keller- und Bodenräumen) bei Ausführung eines Umzugstransportes auch auf dem als Zugkraft verwendeten Kraftfahrzeug und in einem nicht besonders für Möbelbeförderung eingerichteten Anhänger befördern. Als Restumzugsgut gilt ein Prozentsatz bis zu vierzig vom Hundert des Gesamtumzugsguts. Insoweit kann also Umzugsgut auf nicht für den Möbelverkehr eingerichteten Anhängern befördert werden.

Richtlinien für die Zulassung von Frachtenprüfstellen – Vom 5. 6. 1953 (BAnz. Nr. 147) regelt in Verbindung mit § 59 GüKG die Voraussetzungen für die Zulassung und die Arbeitsweise von →Frachtenprüfstellen des gewerblichen →Güter- und →Umzugsverkehrs. Für die Zulassung durch die →BAG ist ein Antrag nach einem bestimmten Formblatt notwendig. Als Voraussetzungen gelten das Vorhandensein von Prüfungsaufträgen für wenigstens 100 Genehmigungen, die persönliche Zuverlässigkeit und die fachliche Eignung. Die Frachtenprüfstellen sind zur Geheimhaltung verpflichtet, wofür ein Verpflichtungsschein vorgeschrieben ist. Sie können Nebenstellen errichten, die der BAG zu melden sind.

Richtsätze – Bezeichnung für die →Tarifsätze des →Tarifs für den →Güternahverkehr mit Kfz (GNT), die in gewissen Grenzen über- oder unterschritten werden dürfen. →Margentarife. (Gegensätze: →Festtarife, →Höchstpreise).

Rieneck – Dorf im Spessart, bekannt u. a. durch die von der →Bundeszentralgenossenschaft Straßenverkehr (BZG) dort regelmäßig durchgeführten Lehrgänge für Fernfahrer, für Unternehmer und Unternehmersöhne, bei denen die Hebung der Verkehrssicherheit, die Schulung in betriebswirtschaftlichen Fragen u. dgl. im Vordergrund stehen.

Riesenluftreifen – fabrikatorisch bedingte Bezeichnung für Luftreifen ab einer gewissen Größe. R. werden in Einzelformen vulkanisiert.

RGW – Rat für gegenseitige Wirtschaftshilfe ✳

RKB – →Reichs-Kraftwagen-Betriebsverband.

RKT – →Reichs-Kraftwagen-Tarif

rollen – Beförderung auf Lastkraftwagen oder Fuhrwerken auf kurzen Strecken; meist im Zusammenhang mit der An- und Abfuhr der Güter von und zu den Ladestellen der Verkehrsträger (Eisenbahn, gewerblicher Güterfernverkehr, Binnenschiffahrt, Luftverkehr) sowie im Ortsverkehr angewandt. →Rollgeld usw.

Rollende Landstraße – Eine spezielle Form des →Kombinierten Verkehrs Schiene-Straße, bei der auf besonderen Niederflurwagen ganze Lastzüge oder Sattelzüge (in der Regel mit Fahrer) befördert werden. Die DB hat nach erheblichen Neubeschaffungen jetzt rd. 250 Spezialwaggons, so daß sich der bisher mit 2% geringe Anteil der Rollenden Landstraße am Kombinierten Verkehr vergrößern dürfte. Die Rollende Landstraße findet auch im grenzüberschreitenden Verkehr Verwendung. Sie hat für den Transportunternehmer den Vorteil, daß er keinerlei besonderer Einrichtungen am Fahrzeug bedarf und in seinen Dispositionen weitgehend frei bleibt.

Rollfuhrversicherungsschein (RVS) – Versicherung für Warenschäden aus Rollfuhraufträgen im Orts- und Nahverkehr, die der →Spediteur nach den Allgemeinen Deutschen Spediteurbedingungen (ADSp) abschließen muß. Die Versicherung ist in Anlage 2 zu den ADSp näher geregelt und verweist auf den →Speditionsversicherungsschein. Sie tritt nach den ADSp weitgehend an die Stelle der Haftung des Spediteurs. RVS und SVS sind jetzt in einer Police zusammengefaßt.

Rollgeld – frühere Bezeichnung für Hausfrachten (Zu- und Abrollung) für Stückgut des →DEGT Teil I Abt. C. Wird für die Zustellung und Abholung von Stückgutsendungen ab Haus des Absenders bzw. für die Zustellung bis zum Haus des Empfängers berechnet. Im Anhang II zum DEGT Teil I Abt. C enthält Hausfrachten bis 4000 kg. Die der DB-Stückgutbedienung angeschlossenen Orte sind in 12 Ortsklassen aufgeteilt. Die Hausfrachten haben, abweichend von § 6 (1) EVO, Höchstpreischarakter. Neben den Hausfrachten für Stückgut gibt es auch solche für Expreßgut. Im gewerblichen Güterfernverkehr gilt hinsichtlich der Abholung und Zustellung von Stückgütern und Teilen von Ladungen im Gewicht bis 2500 kg § 5 →KVO. Da der Einheitsgebührenta-

✳ Sowjetunion, Polen, Tschech., Ungarn, Rumän., Bulg.

rif für die Rollfuhr mit VO 3/67 vom 8. 6. 67 aufgehoben wurde, werden nach vorherrschender Meinung im gewerblichen Güterfernverkehr ortsübliche Hausfrachten berechnet.

Roll on/Roll off-Verkehr – Kombinierter Verkehr Straße-Seeschiffahrt, bei dem die Landfahrzeuge mit eigener Kraft auf das Schiff (Fährschiffe) auffahren und es wieder verlassen. Diese Verkehrsart hat im Güteraustausch europäischer Kontinent – Großbritannien, mit den skandinavischen Ländern, aber auch mit dem vorderen und mittleren Orient und Afrika eine immer mehr steigende Bedeutung erlangt.

Ro-Ro-Verkehr – →Roll on/Roll of-Verkehr.

Rosa Genehmigungen – Genehmigungen für den gewerblichen Güterfernverkehr mit Kraftfahrzeugen, die nur für den grenzüberschreitenden Verkehr gelten. Sie sind ebenso wie die anderen Genehmigungen zum gewerblichen Güterfernverkehr zahlenmäßig begrenzt. Für ihre Ausgabe gelten die allgemeinen Bestimmungen für die Erteilung von →Genehmigungen. Die Inhaber von rosa Genehmigungen dürfen im Zusammenhang mit einer Fahrt im grenzüberschreitenden Verkehr je einen Vor- und/oder Nachtransport im Inlandsverkehr durchführen. Dieses Privileg gilt nur für die alten Genehmigungen (rosa Genehmigungen) und nicht für die neuen Genehmigungen (sogen. neurosa Gen.). Diese berechtigen ausnahmslos nur für grenzüberschreitende Transporte. Inlandsverkehre sind ausgeschlossen.

Rote Genehmigung – Bezeichnung für die für den →allgemeinen Güterfernverkehr mit Kfz erteilte →Genehmigung, →Genehmigungsarten, →Genehmigungserteilung, →Genehmigungspflicht, →Genehmigungsrücknahme, →Genehmigungsträger, →Genehmigungsübertragung, →Genehmigungsverfahren.

Rückfahrleuchten – Rückfahrscheinwerfer, die zum Beleuchten der rückwärtigen Fahrbahn beim Rückwärtssetzen des Fahrzeuges dienen. R. müssen so geschaltet sein, daß sie nur bei eingeschalteter Zündung und ein-

gelegtem Rückwärtsgang einzuschalten sind.

Rückforderungpflicht – nach § 23 →GüKG die Pflicht des Frachtzahlers, das für Beförderungen im gewerblichen →Güterfernverkehr mit Kfz entgegen den Bestimmungen des →Reichskraftwagentarifs (RKT) zuviel berechnete Entgelt zurückzufordern und erforderlichenfalls gerichtlich geltend zu machen und im Wege der Zwangsvollstreckung beizutreiben. Kommt der Frachtzahler dieser Verpflichtung innerhalb einer von der →Bundesanstalt für den Güterfernverkehr festzusetzenden angemessenen Frist nicht nach, so geht die Forderung auf die Bundesanstalt über, die das zuviel berechnete Entgelt im eigenen Namen einzuziehen hat. →Nachforderungspflicht, →Tarifüberwachung, →Tarifverstoß, →Tarifwidrigkeit.

Rückbeförderung – Nach § 28 →KVO kann der Absender bei →Beförderungshindernissen oder →Ablieferungshindernissen Anweisung geben, daß das Gut zum Absender zurückzufördern ist. Bei Beförderungshindernissen hat der Transportunternehmer einen Anspruch auf Zahlung der Fracht bis zu dem Beförderungshindernis und etwa angefallener Nebengebühren, sofern ihn selbst an dem Hindernis kein Verschulden trifft. Für den Rücktransport selbst hat der Unternehmer – unverständlicherweise – keinen Anspruch auf Vergütung. Anders sieht es bei Rückbeförderungen wegen Ablieferungshindernissen aus. Hier steht dem Unternehmer die volle Tariffracht für Hin- und Rücktransport zu. Nach einer Entscheidung des OLG Düsseldorf vom 17. 1. 62 (7 U 127/61) kann der Frachtführer unter Umständen auf Grund eigener Entscheidungen das Gut gegen Frachtzahlungsanspruch an den Absender zurückbefördern, sofern der Empfänger die Annahme des Gutes ablehnt, weil es mit Fracht belastet ist.

Rücknahme der Bestellung zum Abfertigungsspediteur – Nach § 34 (3) muß die R. erfolgen, wenn der Spediteur oder sein Bevollmächtigter wissentlich oder grobfahrlässig zu wesentlichen Punkten falsche Angaben gemacht hat oder der Konkurs über das Vermögen des Spediteurs eröffnet wurde. Die Zurücknahme kann erfolgen, wenn Personen, die für die Leitung des Unternehmens verantwortlich sind, mehr als zweimal wegen Tarifverstößen rechtskräftig verurteilt sind oder nach der Bestellung schwerwiegende Umstände eintreten, aus denen sich die Unzuverlässigkeit der leitenden Personen ergibt.

Rücknahme der Genehmigung →Genehmigungsrücknahme.

Rücknahme der Erlaubnis – →Erlaubnisrücknahme.

Rückspiegel (zu §§ 56, 66 StVZO) – Kraftfahrzeuge müssen Rückspiegel haben, die so beschaffen und angebracht sind, daß der Führer des Fahrzeugs nach rückwärts alle für ihn wesentlichen Verkehrsvorgänge beobachten kann. Es sind erforderlich: 1. ein Innenspiegel und ein Außenspiegel bei allen Kraftfahrzeugen außer bei den unter den Nummern 2 und 3 aufgeführten. 2. zwei Außenspiegel an Kraftfahrzeugen, bei denen die Beobachtung der Fahrbahn nach rückwärts durch Innenspiegel nicht oder nur bei unbeladenem Fahrzeug möglich ist. Lastfahrzeuge müssen einen Spiegel für die Beobachtung der Fahrbahn nach rückwärts haben. Dies gilt nicht, wenn eine zweckentsprechende Anbringung des Rückspiegels an einem Fahrzeug technisch nicht möglich ist (§ 66 StVZO). Größe bei Planspiegeln mindestens 300 cm² ∅ 19,5 cm, gekrümmte Spiegel mindestens 150 cm² ∅ 14,0 cm. Bei Fahrzeugen mit Planen soll der Außenspiegel auf der Fahrerseite nicht höher als die Planenbefestigung angebracht sein. (Richtlinien für die Ausführung und Anbringung von Rückspiegeln VkBl 8 v. 30. 4. 57).

Rückstrahler – Nach § 53 StVZO dürfen nur Anhänger mit 2 dreieckigen roten Rückstrahlern ausgestattet sein. Seitenlänge mindestens 150 mm. Sie dürfen nicht mehr als 400 mm von der breitesten Stelle des Fahrzeugumrisses entfernt und höchstens 700 mm über der Fahrbahn angebracht sein.

Rückvergütung – Bezeichnung für unzulässige Vergünstigungen und Zuwendungen im Sinne des § 22 Abs. 1 →GüKG, die ein Unternehmer des gewerblichen →Güterfern-

verkehrs mit Kfz dem Auftraggeber bzw. ein →Spediteur dem Frachtzahler gewährt. →Rückforderungspflicht →Tarifüberwachung, →Tarifverstoß, →Tarifwidrigkeit. R., die nicht ordnungsgemäß veröffentlicht sind und unter Erfüllung der gleichen Bedingungen nicht jedermann in gleicher Weise zugute kommen, sind verboten und nichtig.

Ruhepausen – Ruhepausen sind Zeiten, in denen die Arbeitnehmer von jeder Arbeitsleistung befreit sind. Die R. sind in der →AZO geregelt. Kraftfahrer des Verkehrsgewerbes müssen nach 4 Std. Lenkzeit eine Ruhepause von 30 Min. bzw. 1 Std. einlegen. Letzterer Wert gilt für Fz. mit einem Gesamtgewicht von mehr als 20 t. An die Stelle von einer Std. können 2 Pausen von 30 Min. treten. →Arbeitszeit →Arbeitsschicht →Bundes-Mantel-Tarifvertrag.

Ruhezeiten – Ruhezeiten sind arbeitsfreie Zeiten zwischen 2 Schichten oder Wochenruhezeiten. →Arbeitszeiten.

ruinöse Konkurrenz – extreme Auswirkungen des freien Wettbewerbs in der →Marktwirtschaft, Preisstellung unter den Gestehungskosten, die zur Ausschaltung von Mitbewerbern führen soll und gleichzeitig volkswirtschaftlich schädigend ist. Soll im Verkehr durch Tarifordnungen und Tarifgenehmigung möglichst ausgeschaltet werden.

Rundfahrttarif – Bezeichnung für einen besonderen Tarif im gewerblichen →Güterverkehr mit Kfz, welcher der Eigenart des →Rundfahrtverkehrs, d. h. der Ablieferung oder der Aufnahme von Gütern an zahlreichen Stellen während einer Fahrt (Rundfahrt) Rechnung trägt. Trotz schon langjähriger Behandlung dieser Frage konnte bisher ein solcher R. nicht geschaffen werden.

Rundfahrtverkehr – Begriff für die Beförderung von Gütern durch Kraftfahrzeuge auf der Straße, bei der die Ladung auf einer Rundfahrt an mehr oder weniger zahlreichen Stellen abgeladen bzw. an mehreren Stellen aufgeladen wird, die entweder im selben Ort auch in mehreren verschiedenen Orten liegen können. Der R. ist u. a. besonders ausgeprägt im Rollfuhrdienst und bei der Belieferung von Filialen oder Kunden durch Großfilialbetriebe, Herstellerwerke der Nahrungs- und Genußmittelindustrie und Handelsunternehmen.

Rundholztransporte – Bezeichnung für die Beförderung von Rundholz im gewerblichen →Güterverkehr mit Kfz. R. bedürfen einer Ausnahmegenehmigung nach § 70 →StVZO, außerdem sind nach § 22 StVO und § 19 StVZO die Bestimmungen über das Herausragen von Ladungen zu beachten, die u. U. ebenfalls die Einholung einer Ausnahmegenehmigung bei der Straßenverkehrsbehörde notwendig machen. Zuständig ist diejenige Straßenverkehrsbehörde, in deren Bezirk der erlaubnis- oder genehmigungspflichtige Verkehr beginnt. →überstehende Ladung.

RVS – Abk. für →Rollfuhrversicherungsschein.

S

Sachkunde – nach §§ 10 und 81 →GüKG Voraussetzung zur Führung von →Güterkraftverkehrsunternehmen und für die Erteilung einer →Genehmigung des gewerblichen →Güterfernverkehrs mit Kfz sowie der →Erlaubnis für den gewerblichen →Güternahverkehr und Umzugsverkehr. Entsprechend der zweiten Verordnung über den Nachweis der fachlichen Eignung und der S. zur Führung von Güterkraftverkehrsunternehmen vom 24. 4. 73 (BGBl. I S. 331) ist die S. durch eine mindestens dreijährige nicht untergeordnete Tätigkeit in einem oder mehreren Unternehmen des →Güterkraftverkehrs oder der →Spedition und Lagerei nachzuweisen. Die Tätigkeit muß alle den Güterkraftverkehr berührenden Zweige des Betriebes und besonders das Gebiet der Gewerbevorschriften, →Tarife, →Beförderungsbedingungen, →Buchführung, Kostenberechnung, Werbung von Aufträgen, des Ladegeschäfts, des Steuer- und Sozialwesens sowie Arbeitszeit und Straßenverkehrsvorschriften umfassen. Kann der Nachweis über eine solche Tätigkeit durch die Vorlage von Zeugnissen nicht erbracht werden, ist die S. durch eine Prüfung vor einem Prüfungsausschuß nachzuweisen. →Sachkundeprüfung →Leistungsfähigkeit →Zuverlässigkeit.

Sachkundeprüfung – ist erforderlich, wenn der schriftliche Nachweis über eine ausreichende praktische Ausbildung →Sachkunde, nicht erbracht werden kann. Die Prüfung ist vor einem Prüfungsausschuß der Industrie- und Handelskammer abzulegen. Der Prüfungsausschuß besteht aus einem Vorsitzer und 2 Beisitzern. Der Vorsitzende und sein Vertreter sollen zur Vollversammlung der IHK wählbar oder bei einer IHK beschäftigt sein. Will der Antragsteller Güternahverkehr betreiben, so muß ein Beisitzer aus einem Nahverkehrsunternehmen, bei Fernverkehr aus einem Fernverkehrsunternehmen stammen. Für den Umzugsverkehr gilt entsprechendes. Die höheren Verkehrsbehörden können Beauftragte zu den Prüfungen entsenden, die bei der Prüfung nicht mitwirken. Durch die Prüfung soll der erforderliche Wissensstand (fachliche Eignung und Sachkunde) nachgewiesen werden. →Prüfungsausschuß der Industrie- und Handelskammer.

Sackungskosten – Getreide wird üblicherweise lose behandelt und insbesondere im Binnenschiffsverkehr in loser Schüttung verladen und lose befördert. Seiner Art nach bedarf das Getreide keiner Verpackung. Es kann auch im Güterkraftverkehr lose verladen werden, wenn für solchen Transport geeignete Fahrzeuge gestellt sind.

Die BAG weist in einer im März 1955 erlassenen Anweisung darauf hin, daß es sich bei Getreide nicht um ein Gut im Sinne des § 18 KVO handelt, wonach für die Verpackung eines Gutes, dessen Natur eine solche zum Schutz gegen gänzlichen oder teilweisen Verlust oder gegen Beschädigung erfordert, der Absender zu sorgen und die damit verbundenen Kosten zu tragen hat (§ 18 Abs. 1 und 2 KVO).

Vielmehr muß beim Transport von Getreide von den Bestimmungen des § 17 KVO ausgegangen werden. Danach ist die betriebssichere Verladung Aufgabe des Unternehmers (§ 17 Abs. 1 Satz 3 KVO). Bestehen also durch die Beschaffenheit seines Fahrzeuges Gefahren für das zu befördernde Gut und ist dieses zum Transport von Getreide in losem Zustand nicht vollständig geeignet, ist es Pflicht des Unternehmers, die Einsackung zu veranlassen und die damit verbundenen Kosten zu tragen. Zu diesem Schluß kommt das Urteil des Amtsgerichts Hamburg vom 26. 2. 1957 – 31 C 726/56 –.

Aus diesem Entscheid muß gefolgert werden, daß die Einsackungskosten dann zu Lasten des Unternehmers gehen, wenn sein Interesse, das sich aus seiner Verantwortlichkeit ergibt, die Einsackung verlangt. Oder umgekehrt gesagt, muß der Unternehmer die Einsackungskosten nicht tragen, wenn 1. der Unternehmer ein zur Beförderung von Getreide in loser Schüttung geeignetes Fahrzeug stellt, 2. der Unternehmer bereit ist, den Transport in loser Schüttung auszuführen, 3. die Einsackung auf Wunsch des Absenders oder Empfängers vorgenommen wird.

Wird der Unternehmer in diesen Fällen dennoch mit den Einsackungskosten belastet, liegt eine Frachtunterbietung vor, die einen Differenzfrachtanspruch der BAG gemäß § 23 Abs. 3 GüKG auslöst. Dieses Urteil des Amtsgerichts Hamburg vom 6. 3. 1958 – 30 C 323/56 – wurde durch das Urteil des Landgerichts Hamburg vom 27. 6. 1958 – 22 S. 3/58 – bestätigt. Stellt also der Unternehmer z. B. ein für die Verladung von Getreide in loser Schüttung geeignetes Fahrzeug, so darf er sich nicht dazu bestimmen lassen, die Einsackungskosten zu tragen, weil er sich dann eines Tarifverstoßes schuldig macht.

Daher ist es bedenklich, wenn in Frachtbriefen von Großverladern die gedruckte Bestimmung aufgenommen wurde: ,,Getreide als Schüttgut übernommen, im Auftrage des Unternehmers vom Spediteur zur betriebssicheren Verladung des Gutes eingesackt." Denn das wird nicht in jedem Falle zutreffend sein. Häufig sind weder Verlader noch der Empfänger auf die Verladung oder für die Empfangnahme von losem Getreide eingerichtet. Sie wünschen und wollen daher die Einsackung. Zumindest müssen in solchen Fällen der Empfänger oder Verlader die Einsackungskosten tragen, wenn das Fahrzeug des Unternehmers eine betriebssichere Verladung und Durchführung des Transports von losem Getreide gewährleistet haben würde. Übernimmt der Unternehmer dennoch die Sackungskosten, macht er sich einer Tarifunterbietung schuldig.

Daher sollten der Unternehmer oder seine Angestellten die mit obigem Zusatz versehenen Frachtbriefe im Hinblick auf den einzelnen Fall genau prüfen, ob sie diese ohne Streichung des o. a. Passus unterschreiben können.

Sammelgut – →Sammelgutverkehr.

Sammelgutverkehr – (Spediteur-Sammelgutverkehr). I. Begriff und Bedeutung: S. ist die Beförderung von Sammelgütern in →Sammelladung. Sammelgüter sind Einzelsendungen, die von verschiedenen Versendern stammen, vom Spediteuren gesammelt, in Sammelladungen versandt und an den Zielstationen oder Zielorten von Empfangsspediteuren an die Empfänger der einzelnen Sendungen ausgeliefert werden. Die Zusammenfassung der einzelnen (Stückgut-) Sendungen zu Wagenladungen macht es den

Spediteuren wirtschaftlich möglich, den Versendern für die einzelnen Sendungen einen Frachtvorteil gegenüber der direkten Stückgutbeförderung einzuräumen. S. ist von den Spediteuren von zahlreichen Orten mit größeren Versandgüteraufkommen nach zahlreichen Empfangsorten eingerichtet worden. Zur rationellen Durchführung des S. haben die Spediteure an vielen Versandorten Ladegemeinschaften gebildet (Zweck: häufige Abladungen, optimale Auslastung der Kraftwagen). Je nach dem verwendeten Verkehrsmittel spricht man von Bahnsammelverkehr (Bahnsammelgutverkehr) und Kraftwagensammelverkehr.

II. Spediteur – S. im Güterfernverkehr mit Kraftfahrzeugen: Hierfür besteht ein Ausnahmetarif →AT 901 und für Berlinverkehre 990 (früher 24 B 109), dessen Anwendung an besondere Vorschriften gebunden ist.

III. Spediteur-S. und Versender: Der Spediteur hat dem Versender bei der Beförderung von Sammelgut in Sammelladungen einen angemessenen Frachtvorteil einzuräumen (ADSp; 14). In dem innerdeutschen S. einschl. dem S. nach den deutschen Seehäfen und im grenzüberschreitenden Verkehr über die trockenen Grenzen gelten die vom →BSL empfohlenen →Kundensätze. →Empfangsspediteurvergütung, →Beiladersatz.

Sammelladung – Begriff aus dem →Spediteur-Sammelgutverkehr, Bezeichnung für zusammengefaßte →Teilsendungen, die von mindestens drei verschiedenen →Urversendern herrühren, dem absendenden →Spediteur →Spediteurgemeinschaft übergeben worden sind und vom →Empfangsspediteur an mindestens drei verschiedene Endempfänger verteilt werden. Das Gewicht der Sendungen eines Urversenders darf insgesamt höchstens 80% des →Gesamtgewichts der S. und höchstens 8 t betragen. →Sammelladungsspediteur, →Sammelladungsspedition, →Spediteur-Sammelgut.

Sammelladungsspediteur – Sonderform des Speditionsgeschäftes, bei dem der →Spediteur das Gut zusammen mit Gütern anderer →Versender auf Grund eines mit dem →Frachtführer auf eigene Rechnung geschlossenen →Beförderungsvertrages versendet. Der Spediteur hat ausschließlich die Rechte und Pflichten eines Frachtführers. Er kann angemessene anteilige Fracht, höchstens Stückgutfracht, verlangen. →Sammelladung, →Sammelgutverkehr.

Sammelladungsspedition – Form des →Speditionsgeschäfts, bei dem der →Spediteur das Gut zusammen mit Gütern anderer Versender auf Grund eines mit dem →Frachtführer auf eigene Rechnung geschlossenen →Frachtvertrags versendet.

Sammelversicherungsvertrag – Bezeichnung für Versicherungsverträge, die bei der Versicherung von →Unternehmern des gewerblichen →Güterkraftverkehrs gegen alle Schäden, für die sie nach den →Beförderungsbedingungen haften, von Wirtschaftsorganisationen des →Verkehrsgewerbes oder anderen Abrechnungsstellen mit →Versicherern abgeschlossen werden. Für diese gelten nach § 3 der →,,Verordnung über das Nachweis- und Meldeverfahren bei der Versicherung von Güterkraftverkehrsunternehmen und über Ausnahmen von § 39 des →Güterkraftverkehrsgesetzes" vom 30. 7. 1953 besondere Bestimmungen.

Sattelanhänger – Bezeichnung für ein Anhängerfahrzeug, bei dem nach seiner Bauart ein wesentlicher Teil seines Gewichts und seiner Last auf dem ziehenden Fahrzeug (→Sattelzugmaschine) ruht. Länge, Breite, Höhe, →Achslast und →zulässiges Gesamtgewicht unterliegen den einschlägigen Bestimmungen der →StVZO. S. werden ohne Rücksicht auf den →Sattelschlepper unter Abzug der Sattellast mit dem höchstzulässigen Gesamtgewicht zur Kfz-Steuer herangezogen. Für die in Berlin West zugelassenen S. wird seit dem 1. Juli 1950 Kfz-Steuer nicht erhoben. →Anhänger, →Sattelkraftfahrzeug, →Sattelzugmaschine, →Sattelzug.

Sattelauflieger – →Sattelanhänger.

Sattelkraftfahrzeug – nach § 34 → StVZO Bezeichnung für den →Sattelzug.

Sattelschlepper – Zugmaschine, die besonders konstruierte aufsattelbare Anhänger mit sich führen kann, die den S. durch ihren Druck (sog. Sattellast) belasten. Der S. bildet mit dem Sattelanhänger verkehrsrechtlich ein Fahrzeug, das aus zwei Teilen besteht, von denen steuerrechtlich jeder Teil für sich behandelt wird. Der S. wird nach dem höchstzulässigen Gesamtgewicht einschl. der Sattellast zur Kfz-Steuer herangezogen. →Sattelzugmaschine.

Sattelzug – Bezeichnung für eine →Sattelzugmaschine mit aufgesatteltem →Sattelanhänger, in der →StVZO auch →Sattelkraftfahrzeug und Sattelfahrzeug genannt. Die Länge über alles darf nicht mehr als 15,0 m, das →zulässige Gesamtgewicht nicht mehr als 38,0 t betragen.

Sattelzugmaschine – →Sattelschlepper.

Schadenabwendung – im gewerblichen →Güterfernverkehr mit Kfz Verpflichtung für die am →Beförderungsvertrag Beteiligten, drohende oder zur Minderung des Gutes eingetretene Schäden nach Möglichkeit abzuwenden. Diese Verpflichtung ergibt sich aus allgemeinen Grundsätzen, insbesondere aus dem Bürgerlichen Gesetzbuch, aber auch aus dem Beförderungsvertrag. Sie gilt für den →Güterfernverkehrsunternehmer auch für solche Schäden, die nicht unter seine →Ersatzpflicht fallen. Liegt diese Voraussetzung jedoch vor, dann gehen die Aufwendungen zur Abwendung dieser Schäden nach § 32 →KVO zu seinen Lasten. Entsprechende Vorschriften gelten auch für Beförderungen im gewerblichen →Güternahverkehr mit Kfz, während im gewerblichen →Umzugsverkehr keine besonderen Bestimmungen über die Sch. bestehen. →Schadenfeststellung, →Schadenhöhe, →Schadenanzeige. →Schadenursachen, →Güterschadenversicherung.

Schadenanzeige – Pflicht des →Güterfernverkehrsunternehmers (gem. §§ 37 und 39 →KVO), äußerlich erkennbare Schäden am Beförderungsgut grundsätzlich bei →Ablieferung festzustellen und dem Versicherer anzuzeigen. Über den Schaden ist ein Unternehmerbericht zu erstellen. Bei großen Schäden ist auch ein →Havariekommissar beizuziehen. Äußerlich nicht erkennbare Schäden können nur innerhalb einer Woche (Anzeigefrist) nach Ablieferung vom

169

→Empfänger schriftlich beim Unternehmer geltend gemacht werden. Entsprechende Bestimmungen über die Sch. treffen auf Beförderungen im gewerblichen →Güternahverkehr auf Grund der →AGNB und für den Umzugsverkehr auf Grund der →Beförderungsbedingungen für den Umzugsverkehr zu.

Schadenanzeigefrist – →Schadenanzeige.

Schadenersatz – Ausgleich des Schadens, der einem anderen durch einen vom Ersatzpflichtigen zu vertretenden Umstand erwachsen ist. Allgemeine Grundsätze über Sch. sind in den §§ 249–255 des Bürgerlichen Gesetzbuches, spezielle Bestimmungen über den Sch. bei →Güterschäden im gewerblichen →Güterverkehr in den §§ 29–40 der →Kraftverkehrsordnung (KVO), im gewerblichen →Umzugsverkehr in den §§ 8–15 Beförderungsbedingungen für den Umzugsverkehr mit Kfz und im gewerblichen →Güternahverkehr mit Kfz in den §§ 14–22 der →Allgemeinen Beförderungsbedingungen für den gewerblichen Güternahverkehr mit Kfz (AGNB) enthalten.

Schadenersatzanspruch – Anspruch des Geschädigten an den Schädiger auf Ersatz von materiellen, zuweilen auch immateriellen Schäden (z. B. Schmerzen). Es kommen dabei hauptsächlich in Frage: schuldhafte Verletzung vertraglicher Pflichten, unerlaubte Handlungen, Gefährdungshaftung, Eingriff in fremde Rechtskreise, vertragliche Übernahme einer Ersatzpflicht bei Schadenseintritt. →Schadenfeststellung.

Schadenfeststellung – gem. § 37 →KVO Pflicht des →Güterfernverkehrsunternehmers, bei den von ihm entdeckten oder vom Verfügungsberechtigten behaupteten Schäden am Gut die Ursache, die Art, nach Möglichkeit den Zeitpunkt und auch die Höhe des Schadens festzustellen und schriftlich zu fixieren (Unternehmerbericht). Die Kosten dieser Sch. gehen zu Lasten des Unternehmers, wenn er für den Schaden haftet. Für Beförderungen im gewerblichen →Güternahverkehr gelten entsprechende Bestimmungen auf Grund der →AGNB,

während der →Tarif für den Umzugsverkehr mit Kfz keine besonderen Bestimmungen über die Sch. enthält.

Schadenfreiheitsrabatt – Begriff aus der →Kraftfahrtversicherung, der sich auf feste Beitragsermäßigungen bezieht, die bei schadenfreiem Verlauf von der Versicherung gewährt werden. Sie sind in ihrer Höhe nach Rabattklassen, d. h. nach der Zahl der schadenfreien Kalenderjahre gestaffelt.

Schadenhöhe – Höhe des Geldbetrages, bis zu der ein bei Beförderungen im →Straßengüterverkehr verursachter →Güter- oder Vermögensschaden eingetreten ist.

Schadenursachen – Bezeichnung für schadenverursachende Ereignisse, die in unmittelbarem Zusammenhang mit einem Betriebsvorgang der →Güterbeförderung mit Kfz stehen.

Schadenverhütung – →Schadenabwendung.

Schadenversicherung – →Güterschadenversicherung.

Schalldämpfer – Die Betriebserlaubnis für Kraftfahrzeuge nach § 19 StVO erstreckt sich auch auf die Anlage zur Schalldämpfung. Wird der Schalldämpfer während der Betriebszeit des Kraftfahrzeugs ersetzt, so ist zu unterscheiden: 1. Wird der Schalldämpfer gegen eine Anlage desselben Typs ausgetauscht, so bleibt die Betriebserlaubnis für das Kraftfahrzeug unberührt. 2. Wird der Schalldämpfer durch eine Anlage anderen Typs ersetzt, so gilt folgendes: Ist für diese Anlage eine besondere Betriebserlaubnis nach § 22 StVZO erteilt, die sich auf das Kraftfahrzeug oder dessen Typ erstreckt, so bleibt die Betriebserlaubnis für das Kraftfahrzeug ebenfalls unberührt. Der Ersatz des Schalldämpfers braucht in den Kraftfahrzeugpapieren nicht eingetragen zu werden. Das Kraftfahrt-Bundesamt hat für Schalldämpfer bereits eine Anzahl von Allgemeinen Betriebserlaubnissen nach § 22 StVZO erteilt; ihre Wirksamkeit ist nicht von einer Abnahme des Einbaues abhängig gemacht worden. Dem Inhaber der Allgemeinen Betriebserlaubnis ist auferlegt, an jedem Schalldämpfer, auf den sich die Allgemeine Betriebserlaubnis erstreckt, ein Fabrikschild anzubringen, das folgende Angaben enthält:

Hersteller:—————————————
Typ des Kraftfahrzeugs:————————
Fabriknummer des Schalldämpfers:

vom KBA zugeteiltes Typenzeichen:———

Scheibenbremsen – Bremsen moderner Bauart, die sowohl im Fahrzeug- als auch im Flugzeugbau Verwendung finden. Bei der gebräuchlichsten Ausführung einer Sch. rotieren ebene Scheiben zwischen zwei Bremsbelägen. Gegenüber einer Trommelbremse besitzt die Sch. den Vorteil großer Bremsfläche bei guter Kühlung, da die Scheiben frei im Luftstrom rotieren. Ferner sind alle Reibungsflächen eben, wodurch eine gleichmäßige Wirkung der einzelnen Scheiben gewährleistet ist.

Scheintatbestand – im Verkehrswesen u. a. die Bezeichnung für einen Tatbestand, der geschaffen worden ist, um die Vorschriften des →Güterkraftverkehrsgesetzes (GüKG) zu umgehen. Die Schaffung derartiger Sch. ist gem. § 5 GüKG verboten. Sch. ist z. B. in folgenden Fällen gegeben: Übereignung des Gutes an den →Unternehmer, damit die Beförderung als →Werkverkehr nicht der →Genehmigung zum →Güterfernverkehr oder der →Erlaubnis zum →Güternahverkehr unterliegen soll; gebrochene →Abfertigung innerhalb der →Nahzone, damit die zwei aneinander stoßenden Beförderungen im →Nahverkehr nicht als →Fernverkehr behandelt werden sollen, sowohl um den Genehmigungszwang als auch den Tarifzwang zu umgehen; Vortäuschung eines →Standorts, um die →Nahzone für den erlaubten Nahverkehr zu verschieben; Scheinsitz zur Erlangung einer Genehmigung für den Güterfernverkehr in einem Land, dessen Genehmigungshöchstzahl noch nicht ausgeschöpft ist; Anmieten eines zum Güterfernverkehr zugelassenen →Kraftfahrzeuges eines Dritten zur Beförderung eigener Güter, um mit der Miete den Tarifzwang zu umgehen.

Schichtenbuch – →Persönliches Kontrollbuch.

Schiene-Straße-Behälter – Private Klein-Behälter zur wahlweisen Verwendung im Bahn- oder Kraftwagentransport. Sie müssen den Bedingungen für die Zulassung und Benutzung von Privatbehältern entsprechen und bei der Bahn eingestellt werden können. Für die Frachtberechnung gelten die Bestimmungen des →RKT und des →DEGT. Kleinbehälter können bei dem →DBD oder auch der Bahn angemietet werden. Leere Schiene-Straße-Behälter werden wie →gebrauchte Packmittel behandelt, wenn die hierfür geltenden Voraussetzungen erfüllt sind.

Schiene-Straße-Verkehr – →Huckepackverkehr, →Kombinierter Verkehr.

Schlachtviehbeförderung – Bezeichnung für die Beförderung von Schlachtvieh mit →Kraftfahrzeugen, die den Bestimmungen über den →Werkverkehr unterliegt, wenn sie zu Viehmärkten und (auch zu) Verladestellen mit eigenen Kraftfahrzeugen der Viehhändler und der genossenschaftlichen Viehverwertung durchgeführt wird. Das Vieh muß im Rahmen des üblichen Geschäftsbetriebes zum Verkauf für fremde Rechnung übernommen sein; es muß ein Kommissionsgeschäft im Sinne des HGB vorliegen, der Kommissionär muß Viehhändler oder eine Viehverwertungsgenossenschaft sein. Die Beförderung fremden Viehs darf nicht Hauptzweck des Unternehmens sein, sonst liegt gewerblicher →Güterkraftverkehr vor, für den →Genehmigungs- oder →Erlaubnispflicht sowie →Tarifbindung besteht.

Für die Beförderung gelten im Interesse der viehseuchenpolizeilichen Bestimmungen und des Tierschutzes besondere Bestimmungen, die das Bundesverkehrsministerium in einem „Merkblatt über Aufbauten von Viehtransportfahrzeugen" zusammengestellt hat. Die Bestimmungen differieren teilweise von Land zu Land.

Schmerzensgeld – Schmerzensgeld kann der Verletzte im Fall der Verletzung des Körpers oder der Gesundheit (§ 847 BGB) beanspruchen, soweit dem Kraftwagenführer nach § 823 BGB ein Verschulden nachgewiesen werden kann. Der Halter kann sich nach § 831 BGB entlasten, d. h. es trifft ihn kein Verschulden, wenn er nachweisen kann, daß er bei Einstellung seines Fahrers die erforderliche Sorgfalt angewandt und ihn auch genügend beaufsichtigt hat. Nach Hans. OLG Bremen – Urteil vom 13. 11. 57 – 3 U 382/56 – sind bei der Bemessung der Höhe des Schmerzensgeldes in erster Linie zu berücksichtigen Größe, Heftigkeit und Dauer der Schmerzen als die bestimmenden Faktoren für das Maß der Lebensbeeinträchtigung bei dem Verletzten, daneben die Umstände, die dem Schadensfall sein besonderes Gepräge geben, wie Grad des Verschuldens des Schädigers, der Anlaß des Unfalls und die wirtschaftlichen Verhältnisse des Verletzten wie des Schädigers.

Schneeketten – meist Stahlketten, die über die Reifen von Kfz gezogen werden und bei verschneiten und vereisten Fahrbahnen das Durchrutschen der Räder verhindern. Eine Verpflichtung für die Benutzung von Schneeketten kann sich aus der allgemeinen Sorgfaltspflicht ergeben, Fahrzeuge so auszurüsten, daß jede Verkehrsbehinderung nach Möglichkeit vermieden wird. Nach § 41 StVO ist das Gebotszeichen 268 eingeführt (Rad mit Schneeketten auf blauem Grund), das Auflegepflicht für Schneeketten bedeutet. Werden Sch. bei schneefreier Fahrbahn nicht wieder abgenommen, so können Beschädigungen der Fahrbahn verursacht werden. Aus diesem Grunde verwendet man heute auch teilweise Sch., die mit Gummistollen (Gleitschutzketten) versehen sind. Diese können auch bei schneefreier Straße auf den Rädern verbleiben. Man unterscheidet heute zahlreiche Arten von Sch., so insbesondere Kanten-, Kreuz-, Leiter-, Netz-, Rollen-, Spur-, Steg- und Zickzack-Sch.

Schnellastwagen – Bezeichnung für leichtere →Lastkraftwagen mit einer Tragfähigkeit zwischen 1³/₄ und 5 t, die – meist ohne →Anhänger – im →Werk- und gewerblichen →Güternahverkehr und gelegentlich auch im Güterfernverkehr eingesetzt werden. Der Antrieb erfolgt überwiegend durch →Dieselmotore, als Aufbau findet der →Pritschenaufbau mit oder ohne Spriegel und Plane oder der Kasten- bzw. Kofferaufbau Verwendung. →Splitting der Genehmigungen.

Schnellieferzuschlag – Bezeichnung für einen bei Beförderungen im gewerblichen →Güterfernverkehr mit Kfz erhobenen →Frachtzuschlag, der bei vereinbarter – im →Frachtbrief vermerkter – verkürzter →Lieferfrist erhoben wird. Es darf keine Verkürzung der Lieferfrist vereinbart werden, die mehr als 50% beträgt, ebenso ist die Vereinbarung einer bestimmten Ablieferungsstunde unzulässig. Die Zuschläge betragen bei einer vereinbarten Verkürzung der Lieferfrist bis auf 18 Stunden für je angefangene 300 km 25% der tarifmäßigen Fracht und bei einer Verkürzung der Lieferfrist bis auf 12 Stunden für je angefangene 300 km 50% der tarifmäßigen Fracht.

Schnittgewichte – Als Schnittgewichte werden die Grenzen im Gütertarif bezeichnet bei denen sich bei Zugrundelegung der Mindestgewichte einer höheren Gewichtsklasse niedrigere Frachten ergeben. So wird bei der Frachtberechnung bei Stückgut über 1000 kg die Fracht für 5 t nach dem 5-Tonnen-Satz gerechnet, sofern sich dabei eine niedrigere als die Stückgutfracht ergibt. Entsprechend wird auch im Ladungsverkehr verfahren. Liegt hier das frachtpflichtige Gewicht zwischen den jeweiligen Mindestgewichten, so erfolgt die Frachtberechnung nach den Frachtsätzen der höheren Gewichtsklasse, sobald das unter Zugrundelegung der Mindestgewichts dieser Gewichtsklasse eine niedrigere Fracht ergibt. Der RKT enthält in Teil II Abschnitt 4 eine Schnittgewichtstabelle, die sonst erforderliche Alternativrechnungen überflüssig macht. Auch der →GNT enthält eine Tabelle der Schnittgewichte für Tafel IV.

Schrecksekunde – Begriff des Straßenverkehrsrechts für die Zeitspanne, die auch bei gesunden Menschen vom Augenblick der Wahrnehmung einer Gefahr bis zur Entschließung, diese durch ein Handeln abzuwenden, vergeht. Die Sch. ist bedeutsam, wenn bei einem →Verkehrsunfall die Frage des Verschuldens geklärt werden muß. Anders als die →Reaktionszeit wird eine Sch. einem →Verkehrsteilnehmer nur dann zugebilligt, wenn es sich um ein nicht zu vermutendes Ereignis, eine nach der Verkehrslage ganz unerwartete besondere Gefahr handelt.

Schutzkleidung – Zur Sicherung der Fahrer und sonstiger Hilfskräfte des Straßengüterverkehrs bei Reparaturarbeiten auf öffentlichen Wegen schreibt die →Berufsgenossenschaft für Fahrzeughaltungen zur Nachtzeit oder bei schlechter Witterung eine Schutzkleidung nach DIN-Norm 30 711 vor. Es muß eine seitlich geschlossene Weste, Jacke oder Latzhose angelegt werden. Der Unternehmer ist gehalten, seinem Fahrpersonal eine der DIN-Norm entsprechende Warnkleidung zur Verfügung zu stellen. Die den Vorschriften entsprechende Schutzkleidung kann u. a. bei allen →SVG bezogen werden.

Schwer- und Großraumverkehr – Fahrzeuge und Züge, deren Abmessungen, Achslasten oder Gesamtgewichte die nach den § 32 und 34 StVZO zulässigen Grenzen überschreiten oder bei denen das Sichtfeld (§ 35 StVZO) eingeschränkt ist, bedürfen einer Ausnahmegenehmigung nach § 70 StVZO. Die Abmessungen eines Fahrzeuges oder Zuges sind auch dann überschritten, wenn die Vorschriften über die Kurvenläufigkeit (§ 32 StVZO) nicht eingehalten werden. Eine Erlaubnis darf nur erteilt werden, wenn der Verkehr nicht – wenigstens zum größten Teil der Strecke – auf der Schiene oder auf dem Wasser möglich ist oder wenn durch einen Verkehr auf dem Schienen- oder Wasserweg unzumutbare Mehrkosten (auch andere als reine Transportkosten) entstehen würden und für den ganzen Weg Straßen zur Verfügung stehen, deren baulicher Zustand durch den Verkehr nicht beeinträchtigt wird und für deren Schutz keine besonderen Maßnahmen erforderlich sind, oder wenn wenigstens die spätere Wiederherstellung der Straßen oder die Durchführung jener Maßnahmen vor allem aus verkehrlichen Gründen nicht zu zeitraubend oder zu umfangreich ist. Eine Erlaubnis darf außerdem nur erteilt werden, a. für die Überführung eines Fahrzeuges oder Zuges, dessen tatsächliche Abmessungen, Achslasten oder Gesamtgewichte die nach § 32 und 34 StVZO zulässigen Grenzen überschreiten oder b. für die Beförderung folgender Ladungen: einer unteilbaren Ladung; einer aus 2 Teilen bestehenden Ladung, wenn die Teile aus Festigkeitsgründen nicht als Einzelstücke befördert werden können und diese unteilbar sind; mehrere einzelne Teile, die je für sich wegen ihrer Länge, Breite oder Höhe die Benutzung eines Fahrzeuges mit Ausnahmegenehmigung erforderlich machen und unteilbar sind; Container und Wechselaufbauten bis zu einem Gesamtgewicht von 44 t bei Zügen und Sattelkraftfahrzeugen, jedoch nur im kombinierten Verkehr und unter Einhaltung der zulässigen Achslasten (beschränkt auf Verkehr zum und vom nächstgelegenen Ver- und Entladebahnhof); Zubehör zu unteilbaren Ladungen bis zu 10% des Gesamtgewichts der Ladung. Sollen solche Schwertransporte im Nahverkehr außerhalb der eigenen Nahzone durchgeführt werden, so kommt eine vorübergehende Standortverlegung nach § 6 GüKG in frage. Die untere Verkehrsbehörde kann solche vorübergehende Standortverlegungen genehmigen, wenn das aus wirtschaftlichen Gründen geboten und mit dem öffentlichen Interesse vereinbar ist. Bei vorsätzlicher oder grobfahrlässiger Durchführung solcher Fahrten ohne Genehmigung oder Verstoß gegen erteilte Auflagen soll für eine angemessene Zeit keine Erlaubnis mehr erteilt werden. Die näheren Bestimmungen bzgl. Verfahren, Inhalt des Erlaubnisbescheides sowie Erteilung einer evtl. Dauererlaubnis Hinweis auf die Verwaltungsvorschrift des BMV zu § 29 StVO in der Fassung vom 22. 6. 79.

Selbstadressierung – Begriff aus dem Speditionswesen und Bezeichnung für die dem →Spediteur als →Absender gegebene Möglichkeit, für verschiedene Endempfänger bestimmte →Sendungen zu einer Gesamtsendung zusammenzufassen, indem er sie an einen Verteilungsort zu seiner Verfügung adressiert und von dort aus mit neuen →Beförderungsverträgen weiterleitet. Die S. setzt voraus, daß der →Empfänger mit dem Absender personengleich ist, was beim Spediteur im →Selbsteintritt gegeben ist.

Selbstbeteiligung – nach dem Tarif für →Kraftfahrtversicherungen bei der Fahrzeugvollversicherung zwischen dem →Versicherungsträger und dem →Versicherungsnehmer vereinbarter Betrag, den der Versicherungsnehmer im Schadenfalle selbst tragen muß.

173

Selbsteintritt – nach § 412 Handelsgesetzbuch Bezeichnung für die Möglichkeit des →Spediteurs, wenn nichts anderes vereinbart ist, die Beförderung des Gutes mit eigenen →Kraftfahrzeugen, also selbst auszuführen. Dadurch nimmt der Spediteur eine Doppelstellung ein: er bleibt →Spediteur und wird gleichzeitig →Frachtführer. Als Spediteur kann er die →Provision und die Erstattung der beim Speditionsgeschäft sonst regelmäßig anfallenden Kosten verlangen, als →Frachtführer hat er Anspruch auf die →Fracht. Beim S. bleibt der Vertrag →Speditionsvertrag und wird nicht →Beförderungsvertrag. →Selbstadressierung.

Selbstlader – Ein Unternehmer, der ohne Vermittlung eines Spediteurs unmittelbar beim Verlader lädt und als Frachtführer selbst um Ladung wirbt, ohne gleichzeitig Spediteur zu sein.

Selbstzündung – im Dieselmotor notwendiger und deshalb durch hohe Verdichtung der Luft und gute Zündwilligkeit des Kraftstoffes angestrebter Effekt: eingespritzter bzw. eingeblasener Kraftstoff entzündet sich von selbst an der durch hohe Verdichtung stark erhitzten Luft. (Gegensatz: Fremdzündung – beim Ottomotor).

Sendung – Im Sinne der →Kraftverkehrsordnung (KVO) bei Transporten im gewerblichen Güterfernverkehr mit Kfz angewandte Bezeichnung für Güter, die dem →Güterfernverkehrsunternehmer von einem →Absender aufgeliefert und zur Auslieferung an einen →Empfänger übergeben werden, wobei von einer geschlossenen Übergabe der Güter auszugehen ist. Die Übergabe der Güter liegt vor bei Aushändigung des →Frachtbriefes. Damit wird die Möglichkeit nicht ausgeschlossen, daß die Güter an mehreren Stellen ein- oder ausgeladen werden müssen. Voraussetzungen für die Behandlung der Güter als eine S. ist aber dann, daß sämtliche →Ein- und →Entladestellen innerhalb desselben →Bestimmungsortes liegen, oder daß für sämtliche Ein- und Ausladestellen, auch wenn sie an verschiedenen Orten gelegen sind, dieselben →Gemeindetarifbereiche für die →Frachtberechnung maßgebend sind.

Servobremse – die meist verwendete Art einer Radbremse. Bei der S. sind die →Bremsbacken in der →Bremstrommel so angeordnet, daß sie beim Bremsen von der drehenden Trommel mitgenommen und dadurch zusätzlich an diese angepreßt werden. Hierdurch tritt eine willkommene Verstärkung der Bremskraft ein.

Servolenkung – Kfz-Lenkung, bei welcher die Lenkkräfte durch Druckluft oder hydraulischem Druck unterstützt werden. S. findet man häufig in schweren Kraftfahrzeugen, da hier zum Lenken ein sehr hoher Kraftaufwand erforderlich wird.

SGKV – →Studiengesellschaft für den Kombinierten Verkehr.

Sicherheit des Fahrzeugs – Der Kraftwagenführer muß sich sowohl vor Antritt der Fahrt von dem vorschriftsmäßigen Zustand seines Fahrzeugs überzeugen, als auch unterwegs hierauf ständig achten. Das gilt u. a. für die Überwachung des am Armaturenbrett angebrachten Anzeigegerätes für den Luftdruck im Kesselspeicher von Lkw, die mit Druckluftpumpen ausgerüstet sind.

Pflichtwidrig und daher schuldhaft handelt ein Fahrer, der sich mit einem Fahrzeug in den Verkehr begibt, das allgemein verwahrlost ist. Der Fahrer muß in diesem Fall mit Schäden rechnen, die beim Fahren nicht unmittelbar in Erscheinung treten, sofern sie nur auf mangelnder Pflege und Abnutzung beruhen (OLG Köln, Urteil vom 25. 6. 57 – Ss 85/57 – in VRS 14/36 und siehe Urteil des Bundesgerichtshofs vom 23. 6. 59 – VI ZR 130/58). Der Fahrer ist ferner für die Verkehrssicherheit der Ladung verantwortlich. Der Bundesgerichtshof stellt in seinem Urteil vom 23. 10. 59 – StR 328/59 – fest, man werde einem Lkw-Fahrer nicht immer und ohne weiteres zumuten können, daß er die Ordnungsmäßigkeit und Verkehrssicherheit der Ladung während der Fahrt mit aller Gründlichkeit überwacht. Anderes müsse jedoch dann gelten, wenn der Fahrer besonderenAnlaß zu dieser Vorsichtsmaßnahme hat. In dieser Hinsicht darf sich ein Fahrer nicht auf die Sachkunde der das Beladen des Fahrzeugs ausführenden Arbeitskräfte verlassen. In diesem Urteil fordert der BGH ferner, daß ein Lkw-

Fahrer, der eine Empfindlichkeit des Ladegutes gegenüber Erschütterungen feststellt, zumindest nach der Überquerung holpriger Bahnübergänge anhält und den ,,Sitz" der Ladung überprüft.

Siehe auch § 23 StVO und AVV hierzu: Bei Kraftwagen, die neben dem Innenspiegel nur einen Außenspiegel haben, ist gegen sichtbehinderndes Bekleben und Verstellen der Rückfenster mit Gegenständen einzuschreiten. Zu beanstanden ist das Fehlen eines zweiten Außenspiegels auch dann, wenn ein mitgeführter Anhänger die Sicht beim Blick in den Außen- oder Innenspiegel wesentlich beeinträchtigt. Auch der sichtbehindernde Zustand der Fenster (z. B. durch Beschlagen oder Vereisung) ist zu beanstanden.

Sicherheitsgurte – Sicherheitsgurte müssen bei den Vordersitzen der Fahrzeuge angelegt sein (§ 21 a StVO). Das Nichtanlegen kann zu Nachteilen bei der Deckung evtl. Schäden führen.

Sicherheitstitel – Zur Sicherstellung der Zahlung von Abgaben im →gemeinschaftlichen Versandverfahren. Die Sicherheitstitel wurden ursprünglich von der IRU über ihre Mitgliedsorganisationen ausgegeben. Wegen Kündigung der Versicherung wurde dieses Verfahren teilweise eingestellt. Der →BDF hat jedoch eine eigene Versicherungsdeckung aufgebaut und gibt jetzt die S. in eigener Verantwortung aus. Die deutschen Transportunternehmer können von diesem Verfahren vollen Gebrauch machen.

Sicherung des Kraftfahrzeugs – (§ 14 StVO)
(1) Wer ein- oder aussteigt, muß sich so verhalten, daß eine Gefährdung anderer Verkehrsteilnehmer ausgeschlossen ist.
(2) Verläßt der Führer sein Fahrzeug, so muß er die nötigen Maßnahmen treffen, um Unfälle oder Verkehrsstörungen zu vermeiden. Kraftfahrzeuge sind auch gegen unbefugte Benutzung zu sichern.

Ein Kraftfahrer ist grundsätzlich verpflichtet, nicht nur den Zündschlüssel zu entfernen, sondern auch die Türen zu verschließen, wenn er sein Fahrzeug unbeaufsichtigt abstellt. Läßt er diese Maßnahme außer acht, so verletzt er damit ein Schutzgesetz und macht sich einer unerlaubten

Handlung schuldig, die ihn zum Schadensersatz verpflichtet. Diese Grundsätze stützen sich auf die Bestimmungen der StVO, die den Kraftfahrer anhält, eine unbefugte Benutzung seines Kraftfahrzeugs zu verhindern und zu diesem Zweck die dafür bestimmten Vorrichtungen in Wirkung zu setzen. Das Türschloß stellt eine Vorrichtung dar, die üblicherweise zur Verhinderung unbefugter Benutzung bestimmt und daher nach der Straßenverkehrsordnung beim Verlassen des Fahrzeugs zu betätigen ist.

Signierung – Beschriftung von →Stückgütern bei Beförderungen im gewerblichen →Güterfernverkehr mit Kfz, geregelt in § 18 →KVO. Danach müssen Stückgüter vom →Absender haltbar, deutlich und in einer Weise, die Verwechslungen ausschließt, mit Nummern, Buchstaben o. ä. gezeichnet werden. Die Signaturen müssen im →Frachtbrief gleichfalls angegeben werden, um →Falschauslieferungen zu vermeiden. Es steht dem →Güterfernverkehrsunternehmer frei, ihm unsigniert zur Beförderung übergebene Stückgüter selbst zu signieren, er ist dazu aber nicht verpflichtet. Übernimmt er die S. von Gütern, dann kann er dafür Gebühren nach dem →Nebengebührentarif (NGT) verlangen.

Siloaufbau – Bezeichnung für Spezialaufbauten für →Lastkraftwagen, →Anhänger und →Sattelanhänger, die zur Beförderung von staubförmigem (Zement, Mehl, u. ä.) und körnigem (z. B. Getreide) Gut dienen. Sie werden entweder in Form von Kesseln, die den ganzen Fahrgestellrahmen einnehmen, oder als kleinere (runde) Behälter ausgeführt, von denen zwei bis drei auf einem Fahrzeug montiert werden. Für staubförmiges Gut sind mit Druckluft betätigte Ausblasvorrichtungen eingebaut. →Silowagen.

Silowagen – Bezeichnung für einen →Lastkraftwagen oder →Anhänger bzw. →Sattelanhänger, der einen →Siloaufbau zur Beförderung staubförmigen (Zement, Mehl) oder körnigen Gutes (Getreide) besitzt.

Sonderabmachungen – Nach § 22 a →GüKG sind Sonderabmachungen im Verkehr von und nach deutschen Seehäfen zulässig, sofern es sich um Güter handelt, die

175

über diese ein- oder ausgeführt werden. Hiermit soll die Wettbewerbsfähigkeit der deutschen Seehäfen, insbes. gegenüber den Beneluxhäfen gestärkt werden. S. sind nur zulässig, wenn der Wettbewerb gegenüber anderen Verkehrswegen oder Verkehrsträgern sie erfordert und ein entsprechender Wettbewerbstarif nicht besteht. Außerdem muß eine Gütermenge von mindestens 500 t in 3 Monaten für dieselbe Verkehrsverbindung oder denselben Urversender oder Empfänger vorliegen. Die S. muß das finanzielle Ergebnis des Unternehmers erhalten oder verbessern. Der Abschluß von S. ist unverzüglich der →BAG mit allen begründenden Unterlagen vorzulegen. Spätestens 3 Monate nach Einführung eines Wettbewerbstarifes für die in Frage stehenden Verkehre laufen die S. aus. Bei vorliegenden Marktstörungen kann der BMV durch Rechtsverordnung bestimmen, daß S. der vorherigen Genehmigung unterworfen werden. Die BAG veröffentlicht die S. unverzüglich im Amtsblatt der Bundesminister für Verkehr (Verkehrsblatt) mit Name des Unternehmers, Verkehrsverbindungen, Güterart, Gütermenge, Beförderungsentgelt, Abschlußtag, Dauer der S. und wichtige Sonderbedingungen. Die S. unterliegen der Tarifüberwachung. Auch im EWG-Verkehr sind Sondervereinbarungen unter bestimmten Bedingungen zulässig.

Sonderaufbauten – Bezeichnung für Aufbauten von →Lastkraftwagen und →Anhängern (auch →Sattelanhängern), die auf die Beförderung von Gütern abgestellt sind, deren Beschaffenheit und Eigenart den Transport mit normalen Pritschen- oder Kastenaufbauten nicht zulassen oder zum mindesten erschweren. Zu den S. können gerechnet werden: Tank- und Kessel-Aufbauten, →Silo-Aufbauten, →Pkw-Transporter, Isotherm-Aufbauten, Fahrzeuge zum Pferdetransport, kommunale Spezialfahrzeuge (z. B. Müllwagen, Sprengwagen, Feuerwehrfahrzeuge) und dgl. mehr. Aber auch Kasten- und Kofferaufbauten mit Spezial-Inneneinrichtung (Gestellen, Fächern, Haken usw.) rechnen zu den S. Grundsätzlich gelten auch für S. hinsichtlich ihrer Abmessungen und Gewichte die Bestimmungen der →StVZO, doch sind gewisse Ausnahmeregelungen möglich. Für Sonderaufbau-

ten können zusätzliche Entgelte erhoben werden oder sind vorgeschrieben (z. B. Kühlfahrzeuge, Tankzüge).

Sonderfahrzeuge – Bezeichnung für →Lastkraftwagen und →Anhänger, die im allgemeinen mit dem Fahrzeug fest verbundene Spezialaufbauten, Arbeitsmaschinen oder -geräte tragen (z. B. Straßenreinigungsmaschinen, Feuerwehrdrehleitern) oder die nach ihrer Bauart und Einrichtung nur zur Beförderung bestimmter Güter (z. B. Kraftstoffkesselwagen, Silofahrzeuge, →Isothermfahrzeuge, →Pkw-Transporter) geeignet und vorgesehen sind.

Sonn- und Feiertags-Fahrverbot – Nach § 30 → StVO dürfen an Sonn- und gesetzlichen Feiertagen in der Zeit von 0 bis 22.00 Uhr zur Beförderung von Gütern bestimmte →Kraftfahrzeuge mit einem →zulässigen Gesamtgewicht von 7 t und darüber sowie →Anhänger hinter →Lastkraftwagen auf öffentlichen Straßen nicht verkehren. Für Fahrten im Verkehr mit Berlin und der DDR gilt dieses Verbot nicht. Nähere Vorschriften über mögliche Ausnahmen in Einzelfällen enthält § 46 Abs. 2 der StVO, die sich hauptsächlich auf lebenswichtige Transporte erstrecken und von den →obersten Landesverkehrsbehörden oder den von diesen bestimmten Stellen gewährt werden können, wobei diese Ausnahmen für das ganze Bundesgebiet Gültigkeit haben.

Spediteur: – I. Begriff: Derjenige, der gewerbsmäßig Güterversendungen durch →Frachtführer oder →Verfrachter von Seeschiffen, auch durch Luftfrachtführer für Rechnung eines anderen (des →Versenders) im eigenen Namen besorgt (§ 407 HGB), ist S. Außer durch Besorgung der Versendung und des Empfangsgeschäfts kann der S. den Speditionsauftrag durch Beförderung des Guts selbst ausführen (→Selbsteintritt). Der S. betreibt ein Grundhandelsgewerbe und ist Mußkaufmann. Er ist nicht lediglich →Frachtführer, sondern bleibt S., wenn er mit dem Versender einen festen Satz der Versendungskosten (Übernahmesatz) vereinbart hat, haftet aber wie ein Frachtführer, insbesondere für Dritte; die ADSp beschränken aber auch in diesem Falle die Haftung des S. für Dritte auf Verschulden bei Auswahl und Anweisung des Dritten. Der S. übernimmt außer der Versendung des Gutes und dem Empfangsgeschäft als Nebengeschäfte auch die Besorgung der erforderlichen Dokumente (Frachtbriefe), Konnossemente, Zolldeklarationen), die Prüfung des Guts bei Übernahme, das Umpacken, die Besorgung der Versicherung und Lagerung.

. II. Arten: 1. Nach der rechtlichen Stellung gegenüber dem Auftraggeber: a) Haupt-S.: der vom Versender beauftragte S., der sich zur Durchführung des Auftrags anderer S. bedient; b) Zwischen-S.: erhält vom Haupt-S. Auftrag über Versendungs-, Empfangs- und Nebengeschäfte für Rechnung des Haupt-S.; er ist nicht Erfüllungsgehilfe des Haupt-S., sondern selbständiger S. – 2. Nach der Funktion bei Abwicklung des Beförderungsauftrages: a) Versand-S.: ggf. mit der Aufgabe, das Gut heranzuschaffen; b) Empfangs-S. (evtl. auch Abroll-S.): mit der Aufgabe der Übernahme des Guts vom Beförderungsunternehmer und der Ablieferung an den Empfänger, ggf. auch der Zurollung des Guts. – 3. Nach der vom Standort ausgehenden Spezialisierung: a) Grenz-S. (Zoll-S., evtl. auch Umschlags-S.): mit dem Sitz an der Grenze, daher besonders für Zollangelegenheiten; b) Seehafen-S., Umschlag-S. von Land- und Seeverkehrsmittel und umgekehrt; bei Transitverkehr zugleich Grenz-S. vielfach noch vom Heimathafen aus spezialisiert auf Bezugs- oder Lieferländer (England-S., Italien-S.) oder nach Warenarten (Getreide-, Wolle-, Wein-S.). – 4. Nach den vorwiegend behandelten Wirtschaftsgütern: a) Möbel-S., b) nach Warenarten wie unter 3b). – 5. Nach der Art der vorwiegend ausgeführten Transporte: a) Expreßgut-S.; b) Sammelladungs-S.; c) Roll-S., insbesondere als bahnamtlicher Rollfuhrunternehmer oder als Vollmacht-S. 6. Nach dem Schwergewicht der Geschäftsausrichtung auf bestimmte Verkehrsträger: Bahnspediteur, →Kraftwagenspediteur, Binnenschiffahrtsspediteur und Luftfrachtspediteur. Überwiegend werden mehrere oder alle Sparten betrieben.

III. Pflichten: 1. Gesetzliche Regelung: Der S. hat die Besorgung der Güterversendung mit der Sorgfalt eines ordentlichen Kaufmanns auszuführen (§ 408 HGB): Abschluß des Frachtvertrages, Übernahme des Guts vom Beförderungsunternehmer, Verwahrung und Auslieferung des Speditionsguts, Beschaffung der →Begleitpapiere, gehörige Auswahl des Frachtführers, Verfrachters, Zwischen-S., Versicherers, Zollagenten, Befolgung der Weisungen des Auftraggebers. Haftung für jedes Verschulden und für Erfüllungsgehilfen, nicht aber für Frachtführer, Verfrachter, Zwischen-S., Versicherer, Zollagenten bei sorgfältiger Auswahl und Anweisung. – Die Ansprüche gegen den S. wegen Verlust, Beschädigung oder verspäteter Ablieferung des Guts verjähren in einem Jahr, bei →Vorsatz des Spediteurs in 30 Jahren (§ 414 HGB). Wegen Haftung des S. ü Allgemeine Deutsche Spediteurbedingungen (ADSp).

IV. Rechte des S.: 1. Recht auf Provision und Aufwendungsersatz: Der Anspruch auf Provision wird fällig mit der Übergabe des Gutes an den Frachtführer oder Verfrachter (§ 409 HGB). Fracht-, Lagergeld- und sonstige Auslagen sind zu erstatten, sobald sie aufgewendet sind oder vom S. geschuldet werden. Der S. darf keine höhere als die wirklich verauslagte oder geschuldete Fracht berechnen. Eingehende Regelung des Anspruchs auf Entgelt und Auslagenersatz und der Leistungsfreiheit bei Hindernissen in den §§ 18, 20 ff. ADSp. Kein Provisions- und Auslagenersatz, soweit durch festen vereinbarten Satz abgegolten. – 2. Sicherungsrechte: a) Pfandrecht am Speditionsgut, solange der S. es im Besitz hat oder sonst als mittelbarer Besitzer darüber verfügt, insbesondere durch →Traditionspapiere; b) neben gesetzlichem →Pfandrecht und →Zurückbehaltungsrecht gilt auch Vertragspfandrecht nach § 50 a ADSp für alle auch mit dem Gute nicht zusammenhängenden Forderungen gegen den Auftraggeber. Pfandrecht und Zurückbehaltungsrecht gemäß § 50 a ADSp gelten auch gegenüber Nichtkaufleuten.

Spediteurbedingungen – →Allgemeine Deutsche Spediteurbedingungen (ADSp).

Spediteur-Bordero – (auch bordereau), Anweisungen eines →Spediteurs an einen anderen in übersichtlicher Formularform, üblich im →Spediteur-Sammelgutverkehr (hier auch Frachtkarte genannt). S.-B. enthalten neben technischen Einzelheiten über die Sendungen Anweisungen über deren Weiterbehandlung, Belastungen des Versandspediteurs an den →Empfangsspediteur oder →Briefspediteur über Frachtbeträge und Wertnachmahmen; Originale oder Durchschriften können die Funktion eines →Speditionsbuches erfüllen.

Spediteur-Offerte – Angebot des →Spediteurs. Die S.-O. umfaßt namentlich aufgeführte eigene Leistungen und/oder Leistungen Dritter und bezieht sich, wenn nichts anderes schriftlich vereinbart ist, auf Güter normalen Umfangs, normalen Gewichts und normaler Beschaffenheit; vorausgesetzt sind normale unveränderte Beförderungsverhältnisse, ungehinderte Verbindungswege, Möglichkeit unmittelbarer sofortiger Weiterversendung sowie Weitergeltung der bisherigen Frachten, Valutaverhältnisse und Tarife; Sondergebühren und Sonderauslagen werden zusätzlich berechnet, sofern der Auftraggeber darauf hingewiesen wurde (etwa: ,,zuzüglich der üblichen Nebenspesen'').

Spediteur-Pfandrecht – ein nach § 50 ADSp dem →Spediteur wegen aller fälligen und nicht fälligen Ansprüche gegenüber dem Auftraggeber zustehendes Pfandrecht an den in seiner Verfügungsgewalt befindlichen Gütern oder sonstigen Werten. – Soweit das S.-P. über das gesetzliche Pfand- oder Zurückbehaltungsrecht hinausgeht, ist es Einschränkungen unterworfen. – Spediteur erlangt das S.-P. auch, a) wenn ein →Zwischenspediteur oder Frachtführer für ihn den Besitz erlangt; b) vom Nichteigentümer, wenn er glauben darf, daß der Auftraggeber Eigentümer oder befugt ist, für den Eigentümer zu versenden. Frist zwischen Androhung und Versteigerung (BGB § 1234: 1 Monat) abgekürzt für S.-P. auf 1 Woche gem. ADSp. – Beschlagnahmungen von Gütern beim Spediteur durch Dritte lassen das S.-P. des Spediteurs grundsätzlich unberührt.

Spediteurprovision – Entgelt für Tätigkeit von Speditionsgeschäften (→Schiffahrtsspediteur, Binnenumschlagsspediteur).

Spediteursammelgut – →Sammelgutverkehr

Spediteur-Sammelguttarif – →AT 901 u. 909.

Spediteursammelgutverkehr – →Sammelgutverkehr.

Spediteur-Übernahmebescheinigung – auf Anforderung durch den →Spediteur seinem Auftraggeber – oder auf dessen Weisung einem Dritten – erteilte Bescheinigung über Erhalt einer bestimmten Ware, die er entweder unwiderruflich an einen bestimmten Dritten versendet oder unwiderruflich zur Verfügung eines bestimmten Dritten hält. Ohne Rückgabe der S.-Ü. darf in solchen Fällen der Spediteur einen Widerruf des Auftrages durch seinen Auftraggeber nicht beachten. – Der ausstellende Spediteur haftet nach Maßgabe des Textes der S.-Ü. und im übrigen nach den →Allgemeinen Deutschen Spediteurbedingungen – S.-Ü. bewirkt: 1. Vereinfachung der Zahlungsabwicklung beim Exportgeschäft, insbesondere wenn eine Sammelverladung vorgenommen wurde. 2. Ersatz für den im Kraftwagentransport nicht existierenden Duplikat-Frachtbrief →FCR (Forwarding Certificate of Receipt).

Spedition – die Ausführung von →Speditionsgeschäften.

Speditionsauftrag – Bezeichnung für den Auftrag des →Versenders (Auftraggebers) an den →Spediteur, das ihm übergebene Gut an einen bestimmten Ort zu befördern. Der Auftrag, der an den Spediteur erteilt wird, muß alle Angaben enthalten, die zur Durchführung der Beförderung erforderlich sind. Der S. soll grundsätzlich schriftlich erteilt werden. Mündliche, fernmündliche oder telegrafische Aufträge, die nicht schriftlich bestätigt sind, werden vom Spediteur ohne Gewähr übernommen. Für unrichtige Inhaltsangabe des S. haftet grundsätzlich der Versender (Auftraggeber). Auch wenn der Spediteur die Beförderung des Gutes selbst ausführt, liegt in der Regel nicht ein Frachtgeschäft vor, sondern ein Speditionsgeschäft (Selbsteintritt). Die Versicherung des Auftraggebers gilt außer für Speditions- auch für Fracht- und Lagergeschäfte des Spediteurs. Einzelheiten sind in § 7 der →Allgemeinen Deutschen Spediteur-Bedingungen (ADSp) geregelt.

Speditionsfehler – Handlungen und Unterlassungen des →Spediteurs oder seiner Leute (nicht seiner →Zwischenspediteure, →Frachtführer), mit denen die Speditionssorgfalt verletzt wird, wie Wahl eines falschen Beförderungsweges oder -mittels, einer falschen Beförderungsweise, Fehlverladungen durch Güterverwechslungen, Ausstellung falscher oder fehlerhafter Papiere, falsche Verzollung, Verletzung von Beförderungsvorschriften, versäumte Benachrichtigung, fehlerhafte oder unterlassene Versicherungsanmeldung, Unterlassung von Nachnahmeerhebungen, fehlerhafte Geltendmachung des Pfandrechts u. ä. – Haftung des Spediteurs für S. gemäß →Allgemeinen Deutschen Spediteurbedingungen, →Speditionsversicherungsschein und →Rollfuhrversicherungsschein.

Speditionsgeschäft – ursprünglich ein Nebengeschäft des Handels, im 19. Jahrhundert verselbständigtes Gewerbe. Rechtlich ist das S. ein gegenseitiger, auf eine Geschäftsbesorgung i. S. des § 675 BGB gerichteter Vertrag, für den die Vorschriften des Speditionsrechtes des HGB gelten.
I. Begriff: 1. Nach geltendem Recht: Ein Vertrag, durch den ein →Spediteur im Betrieb seines Handelsgewerbes es übernimmt, die Güterversendung für Rechnung eines anderen (des →Versenders) im eigenen Namen durch →Frachtführer oder →Verfrachter zu besorgen. – 2. Zum S. im wirtschaftlichen Sinne rechnen ferner die Nebengeschäfte des Spediteurs, auch das Empfangsgeschäft, die Beförderung durch den Spediteur kraft Selbsteintritts und die Zwischenlagerung.
II. Rechtsgrundlagen: §§ 407–415 HGB und einzelne Vorschriften des Kommissionsrechts, geändert, erläutert und ergänzt durch die →Allgemeinen Deutschen Spediteurbedingungen (ADSp)
III. Es ist zu unterscheiden: 1. Der Speditionsvertrag zwischen Spediteur und Versender (Geschäftsherr), dessen Weisungen der Spediteur zu befolgen hat. – 2. Der Fracht- (Beförderungs-) Vertrag zwischen Spediteur und Frachtführer. Der Spediteur als →Absender wird allein berechtigt und verpflichtet, der Versender aber geschützt: a) Der Spediteur kann im eigenen Namen von den von ihm beauftragten Dritten den Schaden seines Auftraggebers ersetzt verlangen (Liquidation des Drittschadens im fremden Interesse). b) Im Verhältnis zwischen Spediteur und seinem Auftraggeber gelten die Ansprüche aus dem Frachtvertrag schon vor deren Abtretung als Forderungen des Auftraggebers.
IV. Übernahmesatz: Wenn der Spediteur sich mit dem Versender über einen festen Satz der Versendungskosten (Übernahmesatz) geeinigt hat, bleibt er zwar Spediteur, haftet aber wie ein Frachtführer, insbesondere für die von ihm beauftragten Dritten. Jedoch beschränken die ADPs die Haftung des Spediteurs für Dritte auf Verschulden bei der Auswahl und Anweisung des Dritten.

Speditionsgewerbe – die Geschäfte der →Spediteure; sie gehören zu den Grundhandelsgeschäften, der Spediteur ist daher Kaufmann kraft Art des Geschäfts. →Speditionsgeschäft.

Speditionskonto – in der →Buchführung der →Spediteure wichtigstes Konto, wie das Warenkonto im Handel oder das Fabrikationskonto in der Industrie, über das fast alle Buchungen, die mit der Abwicklung von Speditionsaufträgen unmittelbar in Zusammenhang stehen, direkt oder indirekt laufen, nämlich die durchgeführten Speditions-, Lager- und Transportumsätze sowie die getätigten Nebenleistungen. Im Soll des gemischten Kontos erscheinen die ,,durchlaufenden Speditionsaufwendungen'' oder externen Speditionsauslagen sowie sonstige direkte Kosten, die den einzelnen Aufträgen unmittelbar zugerechnet werden können, im Haben die Bruttoerträge für alle ausgeführten betrieblichen Leistungen. Der Saldo heißt Brutto-Speditionsgewinn. Nach dem neuen Speditions-Kontenrahmen wird das S. der besseren Übersicht halber aufgelöst: Die durchlaufenden Speditions-Aufwendungen werden in Klasse 7 und die Speditionserträge in Klasse 8 verbucht.

Speditionsnahverkehr – auf Grund der ,,Verordnung über die Tarifkommissionen und ihre beratenden Ausschüsse für den Güterkraftverkehr'' vom 11. 10. 1961 neu geschaffener Begriff, der die Durchführung von Beförderungen in der Nahzone als

Stückgut im Sammel- und Verteilerverkehr erfaßt. →Tarifkommission für den Speditionsnahverkehr (TKS).

Speditions- und Rollfuhrversicherungsschein – (SVS/RVS). Versicherungsschein über die Speditions- und Rollfuhr-Versicherung, die der →Spediteur gemäß § 39 a ADSp auf Kosten des Auftraggebers zu nehmen hat als Voraussetzung der Anwendung der →ADSp. – 1. Versicherungsnehmer ist der Spediteur, Versicherter nicht der Spediteur, sondern der Auftraggeber, Empfänger, Eigentümer des Guts, welches Gegenstand des Speditions-, Fracht- oder Lagergeschäfts ist. Die (laufende) Versicherung gilt nur, wenn der Auftraggeber nicht →Verbotskunde ist. – 2. Versichert ist der Schaden, für den der Spediteur kraft Speditions-, Fracht- oder Lagergeschäfts verantwortlich ist, sofern auf diese Geschäfte die ADSp anzuwenden sind. Die Speditions- und Rollfuhrversicherung gilt auch für Rollgeschäfte des Spediteurs, aber nicht für die bahnamtliche Rollfuhr. – 3. Umfang: Für den auf Grund des SVS/RVS versicherten Schaden gelten nicht die Haftungsbeschränkungen und Haftungsausschlüsse der §§ 54 ff. ADSp. §§ 2 und 3 SVS/RVS. Dagegen sind vom SVS/RVS alle Gefahren, die durch eine Transportversicherung gedeckt sind sowie bei Transporten, soweit sie nicht den innerdeutschen Verkehr betreffen, alle Gefahren, die durch eine Transportversicherung allgemein üblicher Art hätten gedeckt werden können, ausgeschlossen. Insbesondere ist also Schaden versichert, der durch Verwechslung von Gütern, verzögerte Auslieferung, Nachnahmefehler, fehlerhafte Besorgung der Transport- oder Lagerversicherung oder sonstige Fehler bei der Durchführung von üblichen Nebenaufträgen entsteht. – 4. Die Geltendmachung der Ansprüche auf die Versicherungsleistung im Versicherungsfall ist Sache des versicherten Auftraggebers, Empfängers, Eigentümers. Die Schadensanzeige, für die Schriftform vorgesehen ist, kann auch über den Spediteur erfolgen. Der verantwortliche Hauptspediteur ist als Versicherungsnehmer gegenüber den Versicherern zur Beteiligung an der Versicherungsleistung (Selbstbeteiligung) verpflichtet. Der für einen Schaden verantwortliche Zwi-schenspediteur hat dem Hauptspediteur die Selbstbeteiligung zu erstatten. – 5. Haftung: Die Versicherer gleichen alle aus dem SVS/RVS auf ein Schadenereignis hin angemeldeten Ansprüche bis zu einem Betrag von 1 Million DM aus, auch wenn mehrere Versicherte desselben versicherungnehmenden Spediteurs durch diesen Schaden betroffen werden. Versehen des Spediteurs bei der Versicherungsanmeldung oder bei der Weitergabe einer höheren Versicherungssumme als DM 5000,– außer bei der Schätzung, gereichen dem Versicherten nicht zum Nachteil.

Speditionsvertrag – Bezeichnung für einen gegenseitigen, auf Geschäftsbesorgung gerichteten Vertrag zwischen →Spediteur und →Versender. In dem S. verpflichtet sich der Spediteur, die Beförderung von Gütern zu besorgen, der Versender (Auftraggeber), die dafür zu leistende Vergütung zu entrichten. Zur Besorgung gehört eine Anzahl von Leistungen, die mit der Versendung notwendig verbunden sind, wie die Wahl des Beförderungsweges und des Beförderungsmittels, die Besorgung der →Verpackung, die →Übernahme, →Abnahme oder Verwahrung des Gutes.

Sperrige Stückgüter – Nach Ziffer 14 der Vorschriften für die Frachtberechnung im gewerblichen Güterfernverkehr gilt für sperrige Stückgüter folgendes: Liegt das Gewicht der Stückgutsendung unter 150 kg je Kubikmeter, so ist der Frachtberechnung 1,5 kg je angefangene 10 dm^2 zugrunde zu legen. Der Rauminhalt wird aus größter Länge, größter Breite und größter Höhe des Frachtstücks, rechtwinklig zueinander gemessen, gerechnet.

Spesen – Bezeichnung für eine Vergütung, die u. a. der →Kraftfahrer erhält, wenn er mit seinem Fahrzeug länger als während der normalen täglichen →Arbeitszeit von seinem Heimatort abwesend ist. Die S. beziehen sich in der Regel auf den Ersatz von verauslagten Verzehrskosten unterwegs, können begrifflich aber auch die Auslagen für Übernachtung mit einschließen. Ihre Höhe ist tariflich festgesetzt, sie unterliegen nicht der Lohnsteuer. →Bundesmanteltarif.

Spezialbaulastwagen – nach ihrer Bauart und Einrichtung zur Beförderung von Abraum und Baumaterial bestimmte Kfz, die innerhalb der Baustellen oder auf öffentlichen Straßen auf nicht größere Entfernung als 1 km im Umkreis eingesetzt werden, unterliegen einer um 50% ermäßigten Kfz-Steuer. Werden sie ausschließlich in geschlossenen Betriebsanlagen verwendet oder handelt es sich um →Arbeitsmaschinen, dann entfällt die Kfz-Steuer ganz.

Spezialfahrzeuge – →Sonderfahrzeuge, →Sonderaufbauten.

Splitting der Genehmigung – Um im Rahmen der Kapazitätsregelung im gewerblichen Güterfernverkehr eine größere Flexibilität zu erreichen, ist mit § 12 a →GüKG die Möglichkeit eingeführt worden, anstelle einer erteilten Genehmigung mehrere solche Genehmigungen für kleinere Fahrzeuge zu erhalten. Die Gesamtnutzlast der neuen Genehmigungen darf diejenige des oder der Fahrzeuge nicht überschreiten, die auf die umzutauschenden Genehmigungen tatsächlich zugelassen war. Es ist die Kapazität maßgebend, die zum Zeitpunkt der Antragstellung tatsächlich vorhanden war. Die gesplitteten Genehmigungen sind auf eine bestimmte Nutzlast begrenzt. Etwa beim Umtausch entstehende Reste verfallen und können nicht übertragen werden. Mehrere gestückelte Genehmigungen können nicht für eine Güterbeförderung zusammengefaßt werden. Rechtlich ist jede derartige Genehmigung selbständig. Selbstverständlich wird bei Ausgabe der gesplitteten Genehmigungen die alte Genehmigung eingezogen.

Stafettenverkehr – Bezeichnung für eine besondere Betriebsform im →Güterkraftverkehr, bei der für die Zurücklegung großer Entfernungen a) unter Verwendung von →Lastzügen unterwegs das Fahrpersonal ausgewechselt wird, b) unter Einsatz von →Sattelzügen ein Austausch der →Sattelzugmaschine erfolgt, c) an bestimmten Ort eine Umladung des Gutes auf andere Fahrzeuge zur Weiterbeförderung vorgenommen wird. Die Durchführung von St. mit dem Zweck, bei Transporten, welche die →Nahzone überschreiten, durch Einsatz mehrerer Fahrzeuge hintereinander, die bei

ihren Beförderungen dann innerhalb ihrer Nahzone bleiben, die gesetzlichen Bestimmungen über den →Werk- oder gewerblichen →Güterfernverkehr zu umgehen, ist nicht gestattet. Diese Maßnahme stellt einen →Scheintatbestand dar und gilt als Betrieb ungenehmigten Güterfernverkehrs bzw. als Werkfernverkehr. § 12 Abs. 2 GüKG gestattet jedoch St. unter Vor- oder Nachschaltung eines Nah- oder Bezirksverkehrsfahrzeuges, sofern auf der Hauptstrecke ein Fahrzeug zum Einsatz kommt, das von einer Genehmigung begleitet ist, die die gesamte Beförderungsstrecke deckt. – Besonders unter Verwendung von Sattelzügen oder →Wechselbehältern kann die St. eine sehr erwünschte Rationalisierungsmaßnahme darstellen, sofern die Voraussetzungen für einen reibungslosen Wechsel der Zugmaschinen gegeben sind.

Staffeltarif – Bezeichnung für einen →Tarif, der nach dem Wert (Belastbarkeit) der Güter, nach der →Transportentfernung und (oder) der verladenen Gütermenge gestaffelt ist. Typische Beispiele für die St. sind der →Deutsche Eisenbahn-Gütertarif (DEGT), der →Reichskraftwagentarif (RKT). St. im engeren Sinne ist ein Gütertarif, dessen →Frachtsätze mit zunehmender Entfernung einen degressiven Verlauf nehmen. Daher sprach man bei der Einführung der allgemeinen Entfernungsstaffelung in 1920 von der Schaffung eines St.

Standgeld – Im gewerblichen →Güterfernverkehr mit Kfz Bezeichnung für eine Gebühr, die zu entrichten ist, wenn ein →Lastkraftwagen, ein →Lastzug oder ein →Anhänger auf Grund eines Verschuldens, das zu Lasten des Vertragspartners des →Güterfernverkehrsunternehmens oder zu Lasten des →Empfängers geht, vom Zeitpunkt der Gestellung an warten muß und dadurch die Abwicklung des Beförderungsvorganges oder des →Be- und →Entladens in einem nicht in den Beförderungsbedingungen vorgesehenen Umfang verzögert wird. St. kann berechnet werden bei der Überschreitung der →Be- und →Entladefristen, beim Rücktritt des →Absenders vom →Beförderungsvertrag, wenn das vom Güterfernverkehrsunternehmer gestellte Fahrzeug zurückgeschickt wird; bei einer →nachträglichen

181

Verfügung des Absenders, wenn dieser verlangt, daß die →Sendung am →Bestimmungsort zurückgehalten werden soll und dabei das noch beladene Fahrzeug über die Be- und Entladefristen hinaus warten muß. Das St. wird geregelt in der →Kraftverkehrsordnung (KVO) und nach dem →Nebengebührentarif (NGT) berechnet. Der →Tarif für den →Umzugsverkehr enthält keine besonderen Vorschriften für die Berechnung des St. Für den gewerblichen Güternahverkehr vgl. →Wartezeit.

Standort – Bezeichnung für den Ort, an dem ein →Kraftfahrzeug, das im gewerblichen →Güterfernverkehr, im Umzugsverkehr oder im →Güternahverkehr verwendet werden soll, stationiert ist. Nach § 6 GüKG muß für diese Fahrzeuge ein solcher (regelmäßiger) St. bestimmt werden, an dem der →Unternehmer den Sitz seines Unternehmens oder eine nicht nur vorübergehende geschäftliche Niederlassung hat. Wenn Kraftfahrzeuge des Güternahverkehrs oder Spezialfahrzeuge des →Schwerlastverkehrs außerhalb der →Nahzone vorübergehend im →Nahverkehr eingesetzt werdern, so kann die →untere Verkehrsbehörde vorübergehend einen anderen Ort als St. erklären), sofern dies aus wirtschaftlichen Gründen geboten und mit dem öffentlichen Interesse an der Aufrechterhaltung eines geordneten →Güterkraftverkehrs vereinbar ist (vorübergehender St.). Im grenzüberschreitenden Güterkraftverkehr gilt für ein Kraftfahrzeug, das im Ausland zugelassen ist, die Gemeinde des Grenzüberganges als St. Die Bestimmungen über den St. gelten ferner entsprechend auch für den →Werkverkehr. Eine amtliche Bescheinigung über den St. ist bei allen Fahrten mitzuführen. Der St. hat daher im Güterkraftverkehr und hier insbesondere für die Unterscheidung zwischen Nah- und →Fernzone mit allen hierauf beruhenden gesetzlichen Bestimmungen ganz besondere Bedeutung. Allgemein kann ein angenommener Standort außerhalb des Sitzes oder einer Niederlassung des Unternehmens bestimmt werden, wenn dieser Standort nicht mehr als 30 km entfernt ist. Der angenommene Standort gilt dann für alle Fahrzeuge. Besondere Möglichkeiten zur Verlegung des Standortes bestehen im →Zonenrandgebiet, in einem Teil von Schleswig-Holstein (§ 6 a GüKG). →Angenommener St. darf im Zonenrandgebiet und Schleswig-Holstein nicht weiter als 50 km sowohl vom Zonenrand oder der Westküste als auch vom Sitz oder der Niederlassung entfernt sein. Diese Regelung gilt nun auch für den →Werkverkehr. →Angenommener St., →St.-Bescheinigung, →St.-Bestimmung, →St.-Verlegung.

Standortbescheinigung – nach den →Allgemeinen Verwaltungsvorschriften (AVV) zum →Güterkraftverkehrsgesetz (GüKG) vom 31. 12. 75 als Muster festgelegtes Formblatt, auf dem für ein bestimmtes, im →Güterkraftverkehr eingesetztes Fahrzeug dessen regelmäßiger →Standort festgelegt wird. Die St. ist auf allen Fahrten mitzuführen und auf Verlangen den zuständigen Kontrollorganen zur Prüfung vorzulegen. Sie verliert ihre Gültigkeit und ist der ausstellenden Behörde (→unteren Verkehrsbehörde) zurückzugeben, wenn der Sitz des Unternehmens oder die nicht nur vorübergehende geschäftliche Niederlassung infolge Sitzverlegung nicht mehr mit dem Standort übereinstimmt oder wenn das Fahrzeug von dem Antragsteller nicht mehr im →Güterkraftverkehr oder →Werkverkehr verwendet wird. →Angenommener Standort, →Standortbestimmung, →Standortverlegung, →geschäftliche Niederlassung.

Standortbestimmung – Bezeichnung für die nach § 6 →GüKG für alle →Kraftfahrzeuge, die im gewerblichen →Güterfernverkehr, im Umzugsverkehr oder im →Güternahverkehr eingesetzt sind, vorgeschriebene Festlegung eines →Standortes. An die St. sind auch die Steuerbehörden gebunden. →Angenommener Standort, →Standortbescheinigung, →Standortverlegung.

Standortverlegung – im →Güterkraftverkehr gebrauchter Begriff für die vorübergehende Verlegung des (regelmäßigen) →Standortes eines →Nutzkraftfahrzeuges, wenn hierfür ein wirtschaftliches Bedürfnis vorliegt (z. B. bei Großbauvorhaben). Der St. muß außerdem mit dem öffentlichen Interesse an der Aufrechterhaltung eines geordneten Güterkraftverkehrs vereinbar sein. Sie ist zulässig bei Kraftfahrzeugen des →Güternahverkehrs und bei Spezialkraftfahrzeugen des →Schwerlastverkehrs. Die vorübergehende St. ist bei der unteren Verkehrsbehörde, in deren Bezirk der →Standort des Kraftfahrzeuges liegt, zu beantragen. →Angenommener Standort, →Standortbescheinigung.

S-Tarife – Bezeichnung für Ausnahmetarife bei der Ein- und Ausfuhr über See.

Stechkarre – meist eiserne Karre mit zwei Rädern, auf der Kisten, Pakete, Säcke u. ä. Gegenstände auf kurze Entfernung im Verladegeschäft bewegt werden. Elektrokarren, →Gabelstapler und →Paletten verdrängen die S., die nur noch unter einfachen Verhältnissen verwendet wird.

Stehzeit – Bezeichnung für den Zeitaufwand, während dessen ein →Nutzkraftfahrzeug nicht fährt, sondern zum Zwecke des →Be- und Entladens, zur Ausführung von Reparaturen, aus Mangel an Beschäftigung oder anderen Gründen steht. Da – streng genommen – lediglich das Fahren (und hier wieder das Fahren mit Ladung = Befördern) eine nutzbringende Tätigkeit darstellt, kommt dem Verhältnis St.: Fahrzeit für die Frage der Wirtschaftlichkeitsgestaltung des Nutzfahrzeugbetriebes ganz erhebliche Bedeutung zu. Die Summe der St. ist oft größer als vermutet, und es liegen in deren Verkürzung häufig erhebliche Reserven zur Leistungs- und Wirtschaftlichkeits-Verbesserung.

Straßenbaulast – die einer Behörde obliegende Wegebau-, Unterhalts-, und Aufsichtspflicht über öffentliche Straßen. 1. Die St. obliegt: a) bei Bundesstraßen dem Bund, der sie durch die Länder ausübt, auf die er die Trägerschaft delegiert hat, soweit sie nicht als Ortsdurchfahrten in Gemeinden mit mehr als 80 000 bzw. ausnahmsweise 60 000 Einwohnern von diesen selbst zu tragen ist; b) bei →Landstraßen I. Ordnung dem Land; c) bei →Landstraßen II Ordnung den Landkreisen. – 2. Die St. umfaßt: a) Anlegen, Bauen, Unterhalten und Ausbessern, b) bei Schnee und Eis im allg. Räum- und Streupflicht. c) Aufstellung von Hinweisen durch Verkehrszeichen bei nicht verkehrssicherem Zustand einer Straße, soweit nicht die →Straßenverkehrsbehörden eine Anordnung getroffen haben. d) Die Straßenaufsicht erstreckt sich neben der Prüfung der →Verkehrssicherheit im allgemeinen auch auf die Bauaufsicht: Hochbauten dürfen längs der Bundesstraßen (bis zu 40 m Abstand bei Autobahnen und bis zu 20 m bei Bundesstraßen) nicht errichtet werden. Zur St. gehört auch die Verkehrssicherungspflicht (Tragung der Kosten für Aufstellung und Unterhaltung der Verkehrszeichen und -einrichtungen. →Streupflicht). Der Verkehr auf Hochstraßen, an steilen Hängen und an abschüssigen Stellen muß durch Geländer, Leitplanken, Prellsteine usw. gesichert werden. In welchem Ausmaß eine →Straßenbeleuchtung eingerichtet werden muß, hängt von der Leistungsfähigkeit des Trägers der St. und dem Einzelfall ab.

Straßenbenutzungsgebühren – Bezeichnung für Gebühren, die von den Behörden der DDR für die Benutzung ihrer Straßen durch →Kraftfahrzeuge, die in der Bundesrepublik bzw. Berlin (West) beheimatet sind, erhoben werden. Die Bundesregierung hat mit der DDR eine pauschale Abgeltung vereinbart. Die Verkehrsteilnehmer sind damit von der Zahlung befreit. Bedauerlicherweise gehen immer mehr Länder zur Erhebung von Straßenbenutzungsgebühren über und verlassen damit das Prinzip der pauschalen Abgeltung der Wegebenutzungsabgaben durch Kraftfahrzeug- und Mineralölsteuer. Das wird vielfach als Rückfall auf mittelalterliche Verfahren gesehen.

Straßenentfernung – im Gegensatz zur →Tarifentfernung Angabe der Entfernung, die als Fahrstrecke auf der Straße von einem →Kraftfahrzeug zurückgelegt werden muß, um von einem bestimmten Ort an einen anderen bestimmten Ort zu gelangen. Hierbei kann die St. entweder auch die durch Umleitungen oder ähnliche Umstände erforderlich werdenden Umwege mit berücksichtigen oder sich nur auf die aus einschlägigem Kartenmaterial zu entnehmende Entfernungsangabe beziehen. Im gewerblichen Güterfernverkehr ist ein neues Entfernungswerk auf Basis reiner Straßenentfernungen in Vorbereitung.

Straßengüterfahrzeug – Bezeichnung für einen →Liefer- oder →Lastkraftwagen, einen →Anhänger oder →Sattelanhänger, der – mit eigenem motorischen Antrieb ausgerüstet oder von einem motorisch angetriebenen →Kraftfahrzeug gezogen – zur Beförderung von Gütern auf der Straße dient. Konstruktion und Betrieb unterliegen den Vorschriften der Straßenverkehrszulassungsordnung (StVZO) und der Straßenverkehrsordnung (StVO).

Straßengüterverkehr – Bezeichnung für die Durchführung von Gütertransporten auf der Straße, die ganz überwiegend heute nur noch durch →Kraftfahrzeuge erfolgt. Er unterliegt grundsätzlich nicht nur den Bestimmungen der →Straßenverkehrszulassungsordnung (StVZO) und der →Straßenverkehrsordnung (StVO), sondern auch besonderen Vorschriften, die im →Güterkraftverkehrsgesetz (GüKG) enthalten sind. Dies gilt insbesondere für den gewerblichen →Güterfernverkehr, den →Umzugsverkehr, den →Güternahverkehr und den →Werkfernverkehr.

Straßenkontrollen – (früher vom Reichs-Kraftwagen-Betriebsverband) heute von der →Bundesanstalt für den Güterfernverkehr auf Grund von § 55 Abs. 1 Nr. 4 →GüKG durchzuführende Kontrollen auf der Straße, auf Autohöfen und Tankstellen, bei denen die Ladung und die →Begleitpapiere der Fahrzeuge des →Straßengüterverkehrs überprüft werden. In diese St. sind alle am →Güterkraftverkehr teilnehmenden Fahrzeuge einzubeziehen. Sie dienen auch zur Überwachung erforderlicher Genehmigungen, der vorgeschriebenen →Schichtenbücher und damit der Einhaltung der →Arbeitszeitvorschriften. Die St. werden überwiegend zusammen mit der Verkehrspolizei durchgeführt, die bei dieser Gelegenheit die technische Überprüfung der Fahrzeuge vornimmt. Häufig finden dabei auch transportable Wiegegeräte Verwendung, die zur Kontrolle der Einhaltung der Bestimmungen über die zulässigen Achslasten und →Gesamtgewichte, aber auch zur Überwachung der →Tarifvorschriften im gewerblichen →Güterfernverkehr dienen (Übereinstimmung des im →Frachtbrief angegebenen →Ladungsgewichts mit dem tatsächlich geladenen Gewicht). Die Bediensteten der Bundesanstalt tragen bei Ausübung ihrer Tätigkeit eine graue Uniform.

Straßennagel – ein kleiner, in die Fahrbahndecke eingelassener, überfahrbarer Markierungskörper von runder oder vieleckiger, flach über die Fahrbahnoberfläche herausragender Form, oft mit Rückstrahleffekt.

Straßennetz – wird aus Straßen verschiedener Güte und Leistungsfähigkeit innerhalb eines Landes gebildet; es ist an wichtigen Punkten verknotet und mit den Netzen anderer Verkehrsträger verbunden. Das St. gehört zu den wirtschaftlichen und gesellschaftlichen Grundlagen des Lebens und darf als eine der wichtigsten Voraussetzungen aller Kultur angesehen werden; es dient der allgemeinen Kommunikation, ohne die ein modernes Staatswesen undenkbar wäre. Der Staat verwaltet daher das St. und unterhält die Straßen treuhänderisch für die Bürger und betätigt sich dabei nicht als erwerbswirtschaftlicher Unternehmer.

Straßenverkehrsbehörde – Behörde, zu deren Aufgabengebiet die gesetzliche Ordnung und Überwachung des gesamten →Straßenverkehrs gehört. →Bundesverkehrsministerium, oberste Landesverkehrsbehörde, höhere Landesverkehrsbehörde, untere Landesverkehrsbehörde.

Straßenverkehrsgenossenschaft (SVG) – Zusammenschluß von →Unternehmern des gewerblichen →Güterfernverkehrs mit Kfz auf genossenschaftlicher Basis. Die SVG fungieren gleichzeitig als von der →Bundesanstalt für den Güterfernverkehr zugelassene →Frachtenprüfstellen. Es bestehen 17 SVG die z. T. noch Außenstellen unterhalten und der →Bundes-Zentralgenossenschaft Straßenverkehr (BZG) eG als Spitzenorganisation angehören. Neben der →Frachtenprüfung unterstützen die SVG ihre Mitglieder durch Beratung in Fragen des →Tarifs, durch den Ausbau des →Frachtzahlungsanweisungsverfahrens unter Einschaltung der →Deutschen Transportbank GmbH und Übernahme des Inkassos, durch Einrichtung von →Laderaumverteilungsstellen (LRV), durch Übernahme des Versicherungsschutzes für Fahrzeughaltung über den von den SVG und anderen gegründeten →Versicherungsverband des deutschen Kraftverkehrs V. a. G. KRAVAG sowie Schaffung eines Versicherungspools für die Haftung für Güterschäden nach der →KVO und →AGNB, durch Finanzierung von Fahrzeugkäufen über die →Deutsche Transportbank, durch Beschaffung von Treibstoffen, Reifen, Ersatzteilen und Zubehör zu ermäßigten Preisen, durch Schaffung von →Autohöfen, durch Einrichtung eines Betriebsberatungsdienstes und der →Fernfahrerschule in Rieneck sowie durch Übernahme der Abführung der →Umlage für die →Bundesanstalt für den Güterfernverkehr und der KVO-Versicherungsprämien. Rund 90 v. H. des gesamten Frachtaufkommens im gewerblichen Güterfernverkehr werden über die SVG abgerechnet. →KVO-Versicherung.

Straßenverkehrsgesetz (StVG) – Gesetz vom 19. 12. 1952 (Fassung vom 18. 9. 80 BGBl I S. 1729), eine der wichtigsten Grundlagen des →Straßenverkehrsrechts, insbesondere mit Vorschriften über die Zulassung der Fahrzeuge, Fahrerlaubnis und Entziehung der Führerscheine sowie eingehender Sonderregelung der →Kraftfahrzeughaftung. Außerdem Bestimmungen über die 8‰-Alkoholgrenze, das Verkehrszentralregister in Flensburg etc.

Straßenverkehrsgewerbe – Sammelbezeichnung für Unternehmen, die sich mit der Beförderung von Personen oder Gütern auf der Straße auf gewerblicher Basis (für Dritte) befassen. Spitzenorganisationen des St.: →BDF, →BDN, →AMÖ, →BSL, →BZG, BDO, →BDP, →ZAV.

Straßenverkehrsordnung (StVO) – das Grundgesetz des →Straßenverkehrsrechts. Hier sind Verhalten aller Teilnehmer am öffentlichen Verkehr sowie die Verkehrszeichen geregelt. Die letzte Neufassung wurde unter dem 16. 11. 70 (Fassung vom 21. 7. 80 BGBl. I S. 1060) veröffentlicht.

Straßenverkehrsrecht – ein verhältnismäßig junges Rechtsgebiet, dessen Entwicklung wegen des Fortschreitens der Technik, der Zunahme an →Kraftfahrzeugen, der sich

steigernden Belastung des Straßennetzes und der notwendigen Bekämpfung der →Verkehrsunfälle eine besondere Dynamik aufweist, und das heute von besonderer Bedeutung ist. – 1. Wichtigste Rechtsgrundlagen: a) →Straßenverkehrsgesetz (StVG) vom 19. 12. 1952 (Fassung vom 18. 9. 80 BGBl. I S. 1729): Enthält allgemeine Vorschriften über Zulassung von Kraftfahrzeugen (→Betriebserlaubnis), →Fahrerlaubnis sowie deren Erteilung und Entzug, eingehende Bestimmungen über die →Haftpflicht des →Halters und Führers von Kraftfahrzeugen, den Ausschluß und Umfang der →Kraftfahrzeughaftung. – b) →Straßenverkehrs-Ordnung (StVO): Regelt das Verhalten der →Verkehrsteilnehmer im Straßenverkehr. Sie will die Motorisierung fördern, geht vom Gedanken der Verkehrsgemeinschaft und den gleichen Pflichten aller Verkehrsteilnehmer aus, enthält die Rechte und Pflichten der Verkehrsteilnehmer untereinander und soll verkehrsfremde, den Verkehr störende Einflüsse fernhalten. Nichtbeachtung der Vorschriften der StVO ist als Ordnungswidrigkeit strafbar (§ 49 StVO). – c) →Straßenverkehrs-Zulassungs-Ordnung (StVZO) vom 15. 11. 74 (BGBl. I S. 3193). Bestimmt die Voraussetzungen für die Teilnahme am Verkehr, enthält Vorschriften über die Zulassung zum Verkehr, das Führen von Kraftfahrzeugen und die Zulassung insbes. von Kraftfahrzeugen, Pflichtversicherung sowie eingehende Bau- und Betriebsvorschriften; Straf- und Bußgeldvorschriften (Ordnungswidrigkeiten) für Zuwiderhandlungen in 69 a bis 69 b StVZO. – 2. Verkehrsrechtliche Nebengesetze nach ihrer verkehrswirtschaftl. Bedeutung: a) →Güterkraftverkehrsgesetz (GüKG) vom 6. 8. 75 (BGBl. I S. 2132) in der Fassung der Bekanntmachung vom 10. 3. 83 (BGBl. I S. 256); Gesetz über die Beförderung von Personen zu Lande (→Personenbeförderungsgesetz) vom 21. 3. 61 (BGBl. I S. 241). – 3. Von Bedeutung sind ferner das Bundesfernstraßengesetz (FStrG) vom 1. 10. 74 und das Pflichtversicherungsgesetz (PflVG) vom 5. 4. 65 (BGBl. I S. 213).

Straßenverkehrsstatistik – Die besondere Struktur des Straßenverkehrs kompliziert die notwendigen statistischen Erhebungen, die sich teilweise überschneiden:

185

I. Bestand an Verkehrsmitteln: 1. Der Kraftfahrzeug- und Anhängerbestand und seine Veränderung wird jährlich nach den beim →Kraftfahrt-Bundesamt eingehenden Meldungen der Zulassungsstellen ausgezählt und für Viertel- und Halbjahresstatistiken fortgeschrieben. Dargestellt werden Kraftfahrzeug- und Anhängerbestand nach Fahrzeugart und Größenklasse, jährlich außerdem nach Antriebsart, Baujahr und sonstigen technischen Einzelheiten. 2. Kraftfahrzeugbestand nach Beruf bzw. Gewerbe des Fahrzeughalters. 3. Zulassung fabrikneuer Kraftfahrzeuge und Anhänger, monatlich nach Fahrzeugart und Größenklasse, halbjährlich mit zusätzlichen Merkmalen. 4. Löschung von Zulassungen: jährlich nach Fahrzeugart, Größenklasse und Baujahr. 5. Besitzumschreibungen von gebrauchten Kraftfahrzeugen mit Anhängern.

II. Institutionelle Gliederung des gewerblichen Straßenverkehrs: erfaßt durch Zusatzerhebung zur Zählung nichtlandwirtschaftlicher Arbeitsstätten: 1. als gemeindliche Betriebseinheiten; gewerbliche Straßenverkehrsbetriebe nach Zahl der Erwerbstätigen und deren Stellung im Betrieb, nach dem Fuhrpark (Fahrzeugarten), nach den Verkehrsleistungen der Lastfahrzeuge im Personenkraftverkehr und Güterfernverkehr. 2. Als wirtschaftliche Einheiten (Unternehmen) mit ihren Haupt- und Zweigniederlassungen (gleiche Gliederung).

III. Erfassung des im Güterfernverkehr und Werkfernverkehr eingesetzten Fahrzeugparks: In zweijährigem Abstand wird seit 1955 der Bestand der meldepflichtigen Fahrzeuge wie folgt erhoben: 1. für den gewerblichen Güterfernverkehr: Fahrzeuge nach Genehmigungsart, Nutzlastklassen, Ladekapazität, Fahrzeugart, Baujahr, Aufbauten, Antriebsart, Hersteller und Type. 2. Für den Werkfernverkehr: Lastkraftwagen über 4 t Nutzlast und Zugmaschinen über 55 PS sowie deren Anhänger nach Gewerbebereich. Nutzlastklasse, Lade- und Einsatzkapazität. 3. Einmalige Strukturuntersuchung des Güterfernverkehrs auf Grund von Untersuchungen zur Aufteilung der Konzessionen im gewerblichen Güterfernverkehr auf die Länder des Bundesgebietes aus dem Karteimaterial der →Bundesanstalt für den Güterfernverkehr.

IV. Verkehrsleistungen im Personenverkehr: Erfassung der Beförderung von Personen mit öffentlichen Straßenverkehrsmitteln: Die genehmigungspflichtigen Straßenbahn-, Stadtschnellbahn-, Obus- und Kraftomnibusunternehmungen melden monatlich den Verkehr nach folgenden Merkmalen: beförderte Personen, Einnahmen, Zahl und Art der Fahrzeuge, Wagen-km; der Verkehr mit Kraftomnibussen wird außerdem nach Zahl und Länge der betriebenen Linien und nach Unternehmungen getrennt erfaßt.

V. Verkehrsleistungen im Güterverkehr: Neben gelegentlichen Repräsentativerhebungen über Lastkraftwagen und -anhänger nach Nutzlastarten, Nutzlastklassen und Gewerbebereichen und ihren Leistungen, Einsatz- und Nichteinsatztagen usw. bestehen sekundärstatistische Erhebungen für die Verkehrsleistungen 1. im gewerblichen Güternahverkehr auf Grund besonderer periodischer Erhebungen, 2. im gewerblichen Güterfernverkehr mit Kraftfahrzeugen auf Grund der Frachtbriefe, 3. im Werkfernverkehr mit Kraftfahrzeugen auf Grund der von den Unternehmungen eingereichten Nachweisungen. Darstellung der Verkehrsleistungen nach t, tkm, Tarifklassen usw. fachlich untergliedert im Zuge der Güterbewegungsstatistik nach Güterarten (vgl. dazu →Güterverzeichnis für die Verkehrsstatistik).

VI. Besonders erfaßt wird der →grenzüberschreitende Verkehr mit Kraftfahrzeugen, und zwar sowohl für Personen- als auch für Güterverkehr. Befragt werden die Fahrzeugführer bzw. die Grenzzollstellen. Auswertung erfolgt nach Verkehrsbezirken bzw. Zielland der zurückgelegten Reise. Im Güterverkehr wird die →Durchfuhr durch das Bundesgebiet nach Versand- und Empfangsländern getrennt erfaßt. Besondere Erfassung des Straßenverkehrs mit Berlin und der DDR durch die Grenzkontrollstellen bzw. bei Berlinverkehr über den Senator für Verkehr und Betriebe in West-Berlin. Insoweit ergänzt die St. die Ergebnisse der Interzonenhandels-Statistik: die über die innerdeutsche Grenze ein- und ausgefahrenen Fahrzeuge werden nach Fahrzeugen und Fahrtrichtung registriert; bei Lastkraftwagen wird erfaßt, ob sie beladen oder leer die Grenzkontrollstellen passieren.

VII. Als besonderer Teil der St. gilt die Statistik der →Straßenverkehrsunfälle.

Straßenverkehrsunfälle – Jedes Ereignis, das im Verkehr zur Verletzung oder zum Tode von Menschen oder zur Beschädigung oder Vernichtung von Sachen führt.

Straßenverkehrs-Unfallstatistik – Amtliche Statistik zur Erfassung der Unfälle, bei denen infolge des Verkehrs auf öffentlichen Wegen und Plätzen Personen verletzt oder getötet bzw. Sachschäden verursacht worden sind. Die St. liefert wichtige Daten für die Verkehrsunfallforschung und daraus herzuleitende Maßnahmen zur Verbesserung der Verkehrssicherheit. Die Entwicklung wurde und wird wesentlich beeinflußt durch die Verkehrsdichte, Fortschritte im Straßenbau, Entwicklung der Verkehrstechnik und Ausbildung der Fahrzeugführer. Eine Überblick über die Entwicklung der an Unfällen mit Personenschäden beteiligten Verkehrsteilnehmer gibt nachstehender Auszug aus der amtlichen St. Sie zeigt u. a., daß der Anteil der Fahrzeuge des Güterkraftverkehrs an Unfällen mit Personenschäden (auch anderen Unfällen) relativ niedrig ist. Außerdem ist der ständige, erhebliche, relative und z. T. auch absolute Rückgang der Beteiligungsquote bemerkenswert (s. Tabelle auf Seite 188).

Straßenverkehrs-Zulassungs-Ordnung (StVZO) – setzt die Voraussetzungen für die Teilnahme am Verkehr für Menschen und Fahrzeuge fest. Eine neue Bekanntmachung erfolgte am 16. 11. 70 (BGBl. I S. 1565). Der technische Fortschritt, die Erfahrungen mit Neukonstruktionen und die Entwicklung besserer Sicherheitseinrichtungen haben bewirkt, daß die Bestimmungen öfter durch Ergänzungen dieser Entwicklung angepaßt werden mußten. Letzte Änderung 3. 12. 80 (BGBl. I S. 2231).

Straßenwetter- und Warndienst – Sammelbegriff für eine Zusammenfassung aller Einzelmeldungen, die den Straßenzustand betreffen. Das Bundesverkehrsministerium, die Straßenbauverwaltungen der Länder, der deutsche Wetterdienst und die deutschen Rundfunkanstalten wirken hierbei zusammen. Die Straßenzustandsberichte dienen der Erleichterung und Sicherung des →Straßenverkehrs im Winter. Die Bekanntgabe soll die Öffentlichkeit auf evtl. notwen-

dig werdende Verkehrsbeschränkungen hinweisen. Außerhalb der Winterwetterperiode werden Straßenzustandsberichte nur veröffentlicht, wenn durch außergewöhnliche Wetterereignisse und ihre Folgen Straßen unbefahrbar geworden sind oder der Verkehr auf ihnen stark behindert ist. Die Straßenzustandsberichte enthalten Angaben über die Fahrbahnbeschaffenheit, Fahrbahnwartung und etwaige Verkehrsbehinderungen. Wenn die regelmäßige Meldung durch den Rundfunk nicht genügt, kann einem Wetteramt ein Einzel- oder Dauerauftrag gegen Gebühr erteilt werden. Der Interessent erhält dann jederzeit schriftlich oder mündlich Auskunft über den Straßenzustand.

Straßenwinterdienst – Träger der Straßenbaulast. Aus einer Stellungnahme des Bundesministers für Verkehr:

1. ,,Das Räumen der Fahrbahn mit Schneepflügen oder Lastkraftwagen, die mit Vorsatzgeräten versehen sind, und das Verteilen des Streugutes vom Lkw aus mit Schaufeln oder Spezialgeräten sind keine Beförderungsvorgänge im Sinne des Güterkraftverkehrsgesetzes. Es handelt sich vielmehr um Nebenleistungen zu Arbeitsvorgängen, die nicht der Erlaubnispflicht nach § 80 GüKG unterliegen.

2. Wird Schnee in unmittelbarem Zusammenhang mit der Räumung der Fahrbahn und von demselben Unternehmer weggefahren oder wird das Streugut zum Zwecke der Verteilung auf der Fahrbahn und von demselben Unternehmer angefahren, der die Streuarbeiten ausführt, handelt es sich um erlaubnisfreien Werkverkehr im Sinne des § 48 GüKG.

Das gleiche gilt auch für den Fall, daß ein Unternehmer, der die Streuarbeiten für einen bestimmten Straßenabschnitt vertraglich übernommen hat, das für diese Arbeitsleistung erforderliche Streumaterial schon länger vor Beginn der Arbeiten, z. B. im Sommer, anfährt.

3. In allen Fällen, in denen das Räumen der Fahrbahn oder die Verteilung des Streumaterials von einem Unternehmer (oder dem Straßenbau-Unterhaltungspflichtigen), die Abfuhr des Schnees und die Anfuhr des Streumaterials von einem anderen Unternehmer ausgeführt wird, handelt es sich bei

Straßenverkehrsunfälle im Bundesgebiet
An Unfällen mit Personenschaden beteiligte Verkehrsteilnehmer

Art der Verkehrsteilnehmer	Unfallbeteiligte Verkehrsteilnehmer Anzahl				Vergleich 1980 geg. 1979 in vH	Index 1980 (1965 = 100)	1980 Anteil in vH
	1970	1975	1979	1980			
	1	2	3	4	5	6	7
Mofas, Mopeds	20 670	34 787	52 127	53 285	+ 2,2	210,5	7,3
Krafträder, Kraftroller	26 127	34 846	39 428	42 238	+ 7,1	144,4	5,8
Personenkraftwagen	480 328	407 908	447 208	461 101	+ 3,1	128,4	63,5
Busse	6 658	5 974	6 642	6 523	− 1,8	109,7	0,9
Güterkraftfahrzeuge[1]	54 023	34 191	36 671	35 214	− 4,0	69,1	4,8
Landwirtschaftliche Zugmaschinen	3 342	2 613	2 622	2 698	+ 2,9	91,4	0,4
Sonderkraftfahrzeuge nicht zur Lastenbeförderung		1 228	1 886	1 908	+ 1,2		0,3
Andere Fahrzeuge	4 559	6 323	5 683	5 487	− 3,4	108,1	0,8
Kraftfahrzeuge zusammen	595 707	527 870	592 267	608 454	+ 2,7	127,1	83,8
Fahrräder	44 874	44 617	52 138	55 421	+ 6,3	119,5	7,6
Fußgänger	85 193	65 587	61 186	61 448	+ 0,4	78,1	8,5
Andere Personen	873	520	616	455	− 26,1	49,1	0,1
Verkehrsteilnehmer insgesamt	726 647	638 594	706 207	725 778	+ 2,8	120,0	100,0

[1] Bis 1974 Güterkraftfahrzeuge einschl. Sonderkraftfahrzeuge nicht zur Lastenbeförderung.

Quelle: Statistisches Bundesamt, Wiesbaden

der Abfuhr des Schnees und der Anfuhr des Streumaterials um erlaubnispflichtigen Güternahverkehr im Sinne der §§ 80 ff. Das gleiche gilt für die Anfuhr von Streumaterial, das am Straßenrande zur Verwendung für die Verkehrsteilnehmer zur Verfügung gehalten wird.
4. Fahren Firmen, die Streumaterial liefern, das Material in eigenen Lastkraftwagen an, so handelt es sich gleichfalls um Werkverkehr im Sinne des § 48 GüKG.
Das gleiche gilt für die Abfuhr des Schnees und die Anfuhr von Streumaterial durch Fahrzeuge des Straßenunterhaltungspflichtigen, sofern es sich nicht insoweit um Hoheitsverkehr handelt und die Anwendung des Güterkraftverkehrsgesetzes deswegen überhaupt ausgeschlossen ist."

Straßenzugmaschine – Bezeichnung für ein →Kraftfahrzeug ohne (oder zur Erhöhung des Adhäsionsdruckes mit nur kleiner) Ladefläche, das zum Ziehen von →Anhängern auf der Straße geeignet und bestimmt ist. Konstruktion und Betrieb unterliegen den Vorschriften der →StVO. Soweit die zulässige Gesamtlänge eines Zuges von 18 m nicht überschritten wird, dürfen auch zwei Anhänger mitgeführt werden.

Streckengeschäft – hauptsächlich im Baustoffhandel übliche Geschäftsabwicklung, bei der Kauf und Verkauf mit dem Transport und der Anlieferung kombiniert werden. Wird der Handel im St. nur zum Schein betrieben, um die Erlaubnis- oder Tarifpflicht zu unterlaufen, dann ist Bestrafung nach den Vorschriften des →GüKG zu erwarten.

Streckenhandel – (Streckengeschäft), eine Form des →Handels. Der Großhändler sendet eine Kundenbestellung an den Lieferanten, der die Ware direkt an den Kunden abgibt. Der Großhändler hat bei St. also nur eine disponierende und vermittelnde Funktion.

Streckensatz – Bezeichnung für die mit steigender Entfernung je Transporteinheit absinkende Vergütung für die →Beförderungsleistung, wie sie der →Deutsche Eisenbahngütertarif seit 1920 und u. a. auch der →Reichskraftwagentarif für den gewerbli-

chen →Güterfernverkehr mit Kfz enthält. Neben der →Abfertigungsgebühr stellt der St. den zweiten Faktor zur Bildung des →Frachtsatzes dar.

Stückgut – Im gewerblichen Güterfernverkehr mit Kfz. Bezeichnung für Sendungen, deren Umfang und Gewicht es nicht erforderlich macht, daß der Absender für deren Beförderung einen Lastwagen oder Lastzug bestellt. In der →KVO als eine der beiden Abfertigungsarten genannt, bei der die Übergabe des St. durch den Absender ohne Anforderung eines Fahrzeuges erfolgt. Das St. wird also in der Regel zusammen mit anderen Gütern zu einer Ladung vereinigt. Das Stückgut wird vom Absender oder einem von ihm beauftragten Dritten der Annahmestelle des Güterfernverkehrsunternehmens oder Spediteurs übergeben. Im Sammelladungsverkehr muß es einem dafür zugelassenen →Sammelladungsspediteur oder hierfür eingerichteten Annahmestellen übergeben werden.
Für die Abholung und Zustellung von Stückgütern und Teilen von Ladungen im Gewicht bis zu 2500 km im gewerblichen Güterfernverkehr gilt § 5 (4) KVO. Da der Einheitsgebührentarif für die Rollfuhr mit VO 3/67 vom 8. 6. 67 aufgehoben wurde, sind nach vorherrschender Meinung im gewerblichen Güterfernverkehr ortsübliche Hausfrachten zu berechnen.

Stückgutsendung – →Stückgut.

Stückguttarif – Bezeichnung für den in den Gütertarifen enthaltenen →Frachtsatzzeiger für →Stückgut, der für die Ermittlung der →Frachtsätze in 2 Gewichtsklassen 1000 kg und über 1000 kg sowie in bestimmte →Entfernungsstufen aufgeteilt ist. Im Gegensatz zum →Regeltarif weist der St. keine →Wertstaffel, wohl aber eine →Entfernungsstaffel auf.

Studiengesellschaft für den Behälterverkehr – Vorläufer der →Studiengesellschaft für den kombinierten Verkehr, Frankfurt (Main).

Studiengesellschaft für den kombinierten Verkehr – Frankfurt (Main), Unterlindau 21–29, ab 27. 8. 1959 Bezeichnung für die am 9. Dezember 1958 auf Veranlassung des Bundesministers für Verkehr gegründete „Studiengesellschaft für den Behälterverkehr", die als Institut für die Förderung des Kombinierten Verkehrs. Organe der Gesellschaft sind der Vorstand, der Verwaltungsrat, der Beirat und die Mitgliederversammlung. Getragen wird sie durch Mitglieder aus Wirtschaft und Verkehr, die am kombinierten Verkehr besonders interessiert sind, den entsprechenden Verbänden und Wirtschaftsorganisationen sowie den einschlägigen Regierungsstellen, wie Bundesministerien für Verkehr, für Wirtschaft, für Ernährung, Landwirtschaft und Forsten, für Forschung und Technologie sowie Bundeswehr, Bundespost etc. Die S. erarbeitet fundierte Stellungnahmen zu allen den Kombinierten Verkehr betreffenden Fragen und veröffentlicht dieselben in einer umfangreichen Schriftenreihe. Außerdem sammelt sie alle Informationen über diese Verkehrsart und dient insoweit auch als Auskunftsstelle für die Mitglieder und andere. Die im öffentlichen Interesse liegende Arbeit der S. wird durch staatliche Zuschüsse unterstützt. Im übrigen erfolgt die Finanzierung aus Mitgliederbeiträgen und bestimmten Forschungsarbeiten, die von interessierten Wirtschaftskreisen oder staatlichen Forschungsstellen bezuschußt werden. Die S. vertritt die deutschen Interessen im Internationalen Behälterbüro und unterstützt die Bundesregierung bei allen den kombinierten Verkehr berührenden Fragen.

Stufenstatistik – verkehrsstatistische Aufschreibungen, die für Eisenbahn und →gewerblichen Güterfernverkehr nach Entfernungsstufen geordnet einen Überblick darüber geben, welche Güter und Gütermengen auf welche Entfernungen befördert worden sind; weitere Angaben über die angewendeten →Tarife und die dabei erzielten Einnahmen erhöhen den Aussagewert der St. Sie ist vorwiegend für den internen Gebrauch der Verkehrsträger bestimmt.

Stundensätze – in den Richtsätzen nach Tafel II des →Tarifs für den →Güternahverkehr mit Kraftfahrzeugen (GNT) enthaltene Preistabelle, die sich auf eine Vergütung der dem →Unternehmer entstehenden Gesamtkosten (einschl. eines angemessenen Unternehmergewinnes) des benutzten Fahrzeuges pro Einsatzstunde bezieht. Die hier festgesetzten Beträge umfassen neben den fixen Kosten auch eine Entschädigung für →Betriebskosten. Die St. sind nach der →Nutzlast des verwendeten Fahrzeuges gestaffelt, wobei für →Lastzüge die Nutzlast des Lkw und des →Anhängers zusammengezählt wird. →Leistungssätze, →Kilometersätze, →Tagessätze.

StVO – Abk. für →Straßenverkehrs-Ordnung.

StVZO – Abk. für →Straßenverkehrs-Zulassungs-Ordnung.

SVG – Abk. für →Straßenverkehrsgenossenschaft.

SVS – Abk. für →Speditionsversicherungsschein.

T

Tabellenentgelt – Frachtbetrag für Beförderungen im gewerblichen →Umzugsverkehr mit Kfz, der nach dem für die Erfüllung des →Beförderungsvertrages benötigten →Laderaum und der →Tarifentfernung auf Grund der dem →Tarif für den Umzugsverkehr mit Kfz beigefügten Tabelle zu berechnen ist.

Tachograph – →Fahrtenschreiber.

Tachometer – ein Meßgerät, das die Geschwindigkeit eines Kfz anzeigt. T. sind vorgeschrieben für sämtliche Kfz, deren Höchstgeschwindigkeit mehr als 25 km/h beträgt.

Tagegelder – abgesehen von dem bekannten Begriff im Sinne der →Reisekosten eine Vergütung, die ein →Kraftfahrer erhält, wenn er mit seinem Fahrzeug länger als während der normalen täglichen →Arbeitszeit von seinem Heimatort abwesend ist. Die T. beziehen sich auf den Mehraufwand an Verzehrkosten, die ihm unterwegs entstehen. Ihre Höhe ist tariflich festgesetzt, sie unterliegen nicht der Lohnsteuer. →Bundesmanteltarifvertrag.

Tagessätze – in den →Richtsätzen nach Tafel I des →Tarifs für den →Güternahverkehr mit Kraftfahrzeugen (GNT) enthaltene Preistabelle, die sich auf eine Vergütung der dem →Unternehmer entstehenden →fixen Kosten pro Einsatztag bezieht. Zusammen mit den →Kilometersätzen sind die hier festgesetzten Beträge die nach Tafel I des GNT zu berechnenden Entgelte. Sie sind nach der →Nutzlast des verwendeten Fahrzeugs gestaffelt, wobei für →Lastzüge die Nutzlast des →Lkw und des →Anhängers zusammengezählt wird. →Leistungssätze, →Stundensätze.

Tankanhänger – Tankwagen.

Tankaufbau – Aufbau für einen →Lastkraftwagen oder →Anhänger (auch →Sattelanhänger) zur Beförderung von flüssigen Gütern, meist in (runder) Kesselform. Der T. ist mit Abfüll- und ggf. auch mit Meßein-

richtungen versehen. Als Material wird in der Regel Stahl, Aluminium oder Kunststoff verwendet. Sowohl T. für die Beförderung von flüssigen Nahrungs- oder Genußmitteln (Milch, Bier, Wein und dgl. mehr) als auch für den Transport von Mineralölerzeugnissen der verschiedensten Art unterliegen bestimmten Vorschriften, die eine Beeinträchtigung des Ladegutes verhindern bzw. dessen Gefährlichkeit (leichter Brennbarkeit) Rechnung tragen sollen. →Kraftstoffkesselwagen. →Tankwagen. →Gefährliche Güter, →ADR.

Tankauflieger – →Sattelanhänger mit →Tankaufbau, →Tanklastzug, →Tankwagen.

Tanklastzug – →Lastzug oder →Sattelzug mit →Tankaufbau zur Beförderung von flüssigen Gütern im Straßenverkehr. Für Mineralölerzeugnisse, bei denen zur Entleerung des Tanks eine Meßeinrichtung benötigt wird, tritt der Sattelzug immer mehr in den Vordergrund, weil er im Gegensatz zum Lkw mit Anhänger bei gleichem Fassungsvermögen nur eine der sehr teuren Apparaturen benötigt. →Tankaufbau, →Tankwagen.

Tankscheckverfahren – von den →Straßenverkehrs-Genossenschaften des gewerblichen →Güterverkehrs mit Kfz eingerichtetes Verfahren zur bargeldlosen Betankung von Fahrzeugen ihrer Mitglieder und der Abrechnung der getankten Mengen. Verbund mit ähnlichem Verfahren des →DKV.

Tankwagenfahrer – (Gefahrguttransporte). Nach § 12 →GGVG müssen Fahrer, die Transporte von gefährlichen Gütern in mit dem Fahrzeug fest verbundenen Tanks, Aufsetztanks, Gefäßbatterien oder Tankcontainern senden eine Bescheinigung der IHK über die erfolgreiche Teilnahme an einer Schulung über die besonderen Anforderungen bei Gefahrguttransporten mit Tankfahrzeugen erwerben. Jeweils nach Ablauf von 5 Jahren muß die Teilnahme an einem Fortbildungslehrgang durch Eintrag auf der Bescheinigung bestätigt werden. Auf Antrag kann die Schulung und Bescheinigung auf besondere Kenntnisse bei bestimmten gefährlichen Gütern beschränkt

191

werden. Voraussetzung für den Erwerb der Bescheinigung ist eine mindestens 2jährige Fahrpraxis als Fahrer von Lastkraftwagen der Klasse 2 oder, soweit nur Fahrzeuge mit einem zulässigen Gesamtgewicht bis 7,5 t gefahren werden sollen, der Klasse 3. Die Schulung erfolgt durch die IHK nach einem Musterkursplan, der einer vom BMV erlassenen Richtlinie für die Anerkennung entspricht. Die Schulung bezieht sich auf 1. die für die Gefahrgutbeförderung maßgebenden allgemeinen Vorschriften, 2. die Gefahreneigenschaften der gefährlichen Güter, 3. die Unfallverhütung, 4. das Verhalten nach einem Unfall (Erste Hilfe, Verkehrssicherung und andere Maßnahmen), 5. Gefahrenkennzeichnung, 6. die besonderen Pflichten des Fahrzeugführers bei Gefahrguttransporten, 7. Zweck und Bedienung der technischen Ausrüstung an den Fahrzeugen und 8. das besondere Fahrverhalten von Tankfahrzeugen (→Kommentar von Heinz Quester zu GGVS im Fischer-Verlag, Düsseldorf). →GGVS →ADR.

Taragewicht – Bezeichnung für das Gewicht der →Verpackung (Tara) eines im →Güterkraftverkehr beförderten →Ladegutes. Das T. gehört in der Regel mit zum →frachtpflichtigen Gewicht, das der →Frachtberechnung zugrunde gelegt wird.

Tarif – Das Wort T. leitet sich von dem Namen der Stadt Tarifa bei Gibraltar her. Hier wurden zur Zeit der Maurenherrschaft erstmalig von allen durchlaufenden Schiffen Abgaben erhoben, die nach dem Wert der Ladungen gestaffelt waren. Im engeren Sinne versteht man unter Tarif ein Verzeichnis der Beförderungspreise und Nebengebühren. Im weiteren und eigentlichen Sinne gehören dazu auch die Beförderungsbedingungen und wenn notwendig besondere Vorschriften für die Frachtberechnung, Gütereinteilung, Tarifentfernungen, Frachtentafel und Frachtsätze, Nebengebühren, Sonderbestimmungen für den Militärgutverkehr. →Reichskraftwagentarif (RKT), →KVO, →Umzugstarif, →Güternahverkehrstarif (GNT) und AGNB und BefBMÖ (neu GüKUMT).

Tarifantragsrecht – mit Bildung der →Tarifkommissionen auf Grund des § 21 →GüKG

und der Verordnung über die Tarifkommissionen und ihre beratenden Ausschüsse vom 11. Oktober 1961 für den gewerblichen →Straßengüterverkehr geschaffenes Recht, Tarife festzusetzen. Die Tarifanträge können von einzelnen Betrieben des Straßenverkehrsgewerbes, von ihren Organisationen, von einzelnen Verladern oder Verladerverbänden kommen. Die Tarife werden in gemeinsamen Beratungen (ggf. schriftlich) behandelt. Die Beschlüsse bedürfen der Genehmigung des BMV und des Einvernehmens des BMW. →Tarifkommissionen.

Tarifausgleich – →Frachtausgleich. →Frachtausgleichsverfahren.

Tarifautonomie – Berechtigung eines →Verkehrsträgers, über die Ausgestaltung der eigenen Tarife selbst zu bestimmen. Die Tarifhoheit läßt eine solche T. nur in beschränktem Umfange zu. Die moderne Forderung nach mehr Wettbewerb im Verkehr setzt wenigstens eine gewisse T. bei den Verkehrsträgern voraus, die im Rahmen der Gesetzesänderungen vom 1. August 1961, BGBl. I S. 1157 ff., im Interesse einer gesunden Aufgabenteilung im Verkehr auch über den Preis eingeführt wurde. →Tarifkommissionen.

Tarifbahnhof – jeder nach dem Tarif mit Abfertigungsbefugnis ausgestattete →Bahnhof. Außerdem galten die im →DEGT Heft D enthaltenen T. auch für die →Frachtberechnung für Beförderungen des gewerblichen →Güterfernverkehrs mit Kfz. Jetzt Gemeindetarifbereiche.

Tarifbestimmungen für den Militärgüterverkehr – Tarifvorschriften, die in Teil I des →Reichskraftwagentarif (RKT) enthalten sind, soweit sie den gewerblichen →Güterfernverkehr betreffen. Die T. gelten für Versorgungstransporte der Bundeswehr und der in der Bundesrepublik stationierten US-, britischen, belgischen, dänischen und französischen Streitkräfte. Danach muß jede Sendung mit einem →Militärfrachtbrief aufgeliefert werden. Die Fracht wird entweder als →Stückgut oder als →Ladung berechnet. Für Ladungen gilt die in den T. enthaltene →Gütereinteilung mit 2 Militärtarifklassen – M 1 und M 2 – es sei denn, daß die

→Frachtberechnung für Stückgut unter Beachtung der angegebenen →Mindestgewichte eine billigere Fracht ergibt. Für jede M-Klasse bestehen sechs Gewichtsklassen mit je besonderen →Frachtsätzen: 24-, 23-, 20-, 15-, 10- und die 5-Tonnen-Klasse.

Tarifbindung – →Tarifzwang.

Tarifdifferenzierung – bewußte Abweichung von globaler Tarifierung sowie auch von einer →Tarifparität, um einen bestimmten verkehrspolitischen Effekt z. B. eine gesunde →Aufgabenteilung im Verkehr zu erzielen. →Arteigene Tarife.

Tarifentfernung – Im gewerblichen Güterfernverkehr erfolgt die Berechnung der Transportentfernung im Tarif nach folgendem System: Es wurde ein Knotenpunktsystem gebildet zwischen dem im Prinzip – mit einigen Korrekturen – die Eisenbahntarifentfernung gilt. An diese Knoten wird die jeweilige Entfernung zu Gemeindetarifbereichen (Ladestelle im Gemeindetarifbereich) angestoßen (Anstoßentfernung). Früher war die reine Eisenbahntarifentfernung maßgebend. Eine volle Umstellung auf Straßenentfernungen ist in Vorbereitung (→Entfernungszweck).

Tarife im grenzüberschreitenden Verkehr – →bilaterale Tarife.

Tariffracht – Entgelt, das der →Unternehmer des gewerblichen →Güterfernverkehrs, des →Umzugsverkehrs sowie des gewerblichen →Güternah- und →Güterlinienverkehrs mit Kfz entsprechend den für diese →Verkehrsarten gültigen →Tarifen für die durchgeführte →Beförderungsleistung erhalten.

Tarif für den Güterfernverkehr – →RKT.

Tarif für den Güternahverkehr mit Kraftfahrzeugen (GNT) – am 29. 12. 1958 erlassene Verordnung über die Tarifregelung im gewerblichen Güternahverkehr mit Kfz (TS 11/58 in der Fassung der VO. TS 2/81), durch welche die →Nahverkehrspreisverordnung (NVP) abgelöst wurde. Im Gegen-

satz zu dieser, die für die durchgeführten Fuhrleistungen →Höchstpreise vorsah, handelt es sich beim GNT um einen Margentarif, dessen Sätze in bestimmten Grenzen über- oder unterschritten werden können. Der GNT enthält 5 Preistafeln mit →Richtsätzen, die sich in Tafel I auf →Tages- und →Kilometersätze, in Tafel II auf →Stundensätze, in Tafel III auf →Leistungssätze, in Tafel IV für Getreide und in Tafel V für schüttbare Güter beziehen. Diese Richtsätze dürfen bei den Tafeln I, II, III und V bis zu 10 v. H. überschritten und bis zu 30 v. H. unterschritten werden. Die Richtsätze der Tafel IV dürfen um nicht mehr als 20% über- oder unterschritten werden. Bei Dauervertragsverhältnissen können die vereinbarten Entgelte bei Abrechnung nach Tafel III und V bis zu 40 v. H. niedriger liegen als die Richtsätze, sofern der Vertrag der Erlaubnisbehörde unverzüglich vorgelegt wird. Weitere Bestimmungen betreffen →Geländezuschläge, Vergütungen für →An- und →Abfahrten, für →Wartezeiten, Zuschläge für Nacht-, Sonn- und Feiertagsarbeit, →Abwesenheitsgelder, die Stellung zusätzlichen Personals und sonstige Nebenleistungen (Ladearbeiten, Stellung zusätzlicher Geräte, Schmutzzuschläge u. ä.). Für →Sonderfahrzeuge (→Kipper, Langholz- und Langeisen-Fahrzeuge, Fahrzeuge mit Allradantrieb) werden bestimmte Gewichtszuschläge berechnet. Für andere Sonderfahrzeuge können der Eigenart der Fahrzeuge entsprechende Zuschläge vereinbart werden. Der GNT gilt nicht für Sendungen mit einem Gewicht von 4000 kg und darunter, die →An- und Abfuhr von Gütern innerhalb eines Gemeindebezirks, wenn diese mit einer vorangegangenen oder nachfolgenden Beförderung zusammenhängt, für Fahrzeuge mit einer Nutzlast bis 4 t sowie für Landessondertarife, welche die oberste Landesbehörde im Einvernehmen mit dem Bundesminister für Verkehr und Wirtschaft festsetzen kann. Die Landesverkehrsbehörde kann außerdem im Einvernehmen mit den genannten beiden Bundesministerien Entgelte außerhalb der geltenden Margen zulassen, wenn dies aus übergeordneten Gründen notwendig erscheint.

Tarif für den Umzugsverkehr – →Güterkraftverkehrstarif für den Umzugsverkehr.

193

Tarifgleichheit – verlangt gleiche Anwendung der Tarife und Tarifermäßigungen gegenüber jedermann, durch EVO § 6 (1 u. 2) in Deutschland für die Eisenbahnen des allgemeinen Verkehrs zwingend vorgeschrieben. Entsprechendes gilt durch das GüKG für den gewerblichen →Güterfernverkehr. →Tarif, →Tarifzwang.

Tarifgleichheit im Raum – verkehrspolitischer Grundsatz, nach dem die Ausgestaltung der Beförderungstarife in verschiedenen Bezirken und Landesteilen keine unterschiedlichen Preisverhältnisse im Angebot desselben Verkehrsträgers schaffen darf. Angeblich handelt es sich dabei um ein Prinzip mit dem die →gemeinwirtschaftliche Verkehrsbedienung steht oder fällt; dabei bleibt meist unberücksichtigt, daß zahlreiche →Ausnahmetarife bewußt zu dem Zwecke eingeführt wurden, um solche Unterschiedlichkeiten zu schaffen. Die T. i. R. ist in der verkehrspolitischen Auseinandersetzung der jüngsten Zeit als Grundsatz nicht mehr unumstritten.

Tarifhoheit – Bezeichnung für das alleinige Recht des Staates zur Regelung der Tarifpolitik sowohl der staatlichen als auch der privaten →Verkehrsträger. Die T. entsprang ursprünglich der früheren Monopolsituation der Eisenbahnen und bedeutete eine Kontrolle dieser Monopolsituation zur Vermeidung ihrer Ausnutzung durch die Eisenbahnen. Sie hat sich aber auch bis in die Zeiten erhalten, wo dies Monopol durch den Kraftwagen weitgehend beseitigt ist. Die T. ist nunmehr zu einem staatlichen Ordnungsinstrument geworden, jetzt weniger zum Schutze der Verkehrsnutzer, als zum Schutze der Verkehrsträger selbst vor einem zerstörenden und die Gesamtfunktion des Verkehrs gefährdenden rücksichtslosen Wettbewerb.

Tarifkilometer – →Tarifentfernung, für die Berechnung der Fracht maßgebende Entfernung.

Tarifkommission der →BAG – Kommission, die auf Grund des § 24 →GüKG vom 17. Okt. 1952 gebildet wurde, aufgelöst nach Schaffung der →„Tarifkommissionen und ihrer beratenden Ausschüsse für den

→Güterkraftverkehr" auf Grund § 21 GüKG und der entsprechenden Verordnung vom 11. Oktober 1961. Die T. hatte die Aufgabe, Tariffragen zu beraten, zu denen der Bundesminister für Verkehr die Stellungnahme der Bundesanstalt erbeten hatte.

Tarifkommissionen – Nach § 21, 40 und 84 →GüKG werden für die verschiedenen Zweige des Straßengüterverkehrs Tarifkommissionen gebildet, die die Aufgabe haben, die Beförderungsentgelte festzusetzen (begrenzte →Tarifautonomie), die anschließend der Genehmigung durch den Bundesminister für Verkehr bedürfen. Der BMV entscheidet im Einvernehmen mit dem Bundesminister für Wirtschaft. Die so festgesetzten, genehmigten und amtlich verkündeten Tarife sind allgemeinverbindlich. Die Tarifkommissionen sind verschiedenartig zusammengesetzt. Immer aber wirken neben berufenen Vertretern des Gewerbes selbst, Vertreter der verladenden Wirtschaft und zwar entweder als Berater oder als Vollmitglieder der TK mit. Für den gewerblichen Güternahverkehr und den Speditionsnahverkehr ist zusätzlich je eine Erweiterte Tarifkommission eingerichtet, die in Aktion tritt, wenn eine Einigung in der TK selbst nicht erzielt werden kann.

Tarifkommission des allgemeinen Güternahverkehrs (TKN) – Die Rechtsgrundlage für die TKN stellt § 84 GüKG dar. Sie hat die Aufgabe, marktgerechte Beförderungsentgelte zu bilden (§ 84 a). Die TKN besteht insgesamt aus 38 Mitgliedern, von denen je 19 dem Nahverkehrsgewerbe oder der verladenden Wirtschaft angehören. Die Mitglieder werden auf Vorschlag der zuständigen Verbände vom Bundesminister für Verkehr berufen. Der Bundesminister für Verkehr und der Bundesminister für Wirtschaft haben das Recht, zu den Sitzungen Vertreter zu entsenden. Die Tarifkomm. gibt sich eine Geschäftsordnung, die der Genehmigung des BMV bedarf. Einzelheiten der Zusammensetzung und Arbeitsweise sind durch die Tarifkommissionen-Verordnung vom 21. 11. 69 (B. Anz. Nr. 222) geregelt. Einvernehmlich getroffene Entscheidungen über Beförderungspreise gelten als marktgerecht, was den Ermessensspielraum der Genehmigungsbehörden deutlich einschränkt. Kommt eine Einigung nicht zustande, so wird die in § 84 e GüKG statuierte Erweiterte Tarifkommission (ETKN) tätig. Sie besteht aus einem unabhängigen Vorsitzenden, je einem von der Gruppe der Unternehmer und Verlader benannten unabhängigen Beisitzer und den Gruppen der Unternehmer und Verlader. Der BMV beruft den Vorsitzenden und die beiden Beisitzer sowie ihre Stellvertreter. Die Gruppe der Verlader und Unternehmer haben ebenso wie die Beisitzer und der Vorsitzende je eine Stimme. Beschlossen ist dabei das Entgelt, das mindestens 3 Stimmen erhält. Eine Abstimmung in der ETKN ist nicht erforderlich, wenn es zu einer Einigung der Gruppe der Unternehmer und Verlader kommt. Die TKN hat den Vorsitzenden der ETKN innerhalb 2 Wochen über eine Nichteinigung in der TKN zu unterrichten. Dieser hat die ETKN dann innerhalb 4 Wochen einzuberufen. Auch die Beschlüsse der ETKN bedürfen zu ihrem Wirksamwerden der Genehmigung der beteiligten Ministerien.

Tarifkommission für den →Güterfernverkehr (TKF) – Kommission, die auf Grund der Bestimmungen des § 21 →GüKG und der ,,Verordnung über die Tarifkommissionen und ihre beratenden Ausschüsse für den →Güterkraftverkehr" vom 11. Oktober 1961 (jetzt gültige VO. vom 27. 11. 69 BAnz. Nr. 222) gebildet wurde. Die TKF setzt sich zusammen aus 18 Tarifsachverständigen der beteiligten Zweige des →Güterfernverkehrs und ihren Stellvertretern, die vom Bundesminister für Verkehr auf die Dauer von drei Jahren aus dem Kreis der Personen berufen werden, die ihm von Angehörigen oder Verbänden des Güterfernverkehrsgewerbes vorgeschlagen werden. Der bei der TKF errichtete beratende Ausschuß besteht aus ebenfalls 18 Mitgliedern, davon entfallen 7 auf Vertreter der Industrie, 6 auf den Handel, 1 auf die Spedition, 1 auf das Handwerk und 3 auf die Landwirtschaft. Der Bundesminister für Verkehr kann an den Sitzungen der TKF teilnehmen oder sich vertreten lassen. Er kann Bedienstete der →Bundesanstalt für den Güterfernverkehr als Beauftragte entsenden. Aufgabe der TKF ist es, die →Frachtsätze und alle anderen zur Bestimmung des Entgeltes

für Beförderungen im gewerblichen Güterfernverkehr erforderlichen Bedingungen festzusetzen. Die Beschlüsse der TKF bedürfen der Genehmigung des Bundesministers für Verkehr. Er entscheidet im Einvernehmen mit dem Bundesminister für Wirtschaft. →Tarifkommission für den allg. →Güternahverkehr, →Tarifkommission für den Umzugsgutverkehr, →Tarifkommission für den Speditionsnahverkehr.

Tarifkommission für den →Speditionsnahverkehr (TKS) – Kommission, die auf Grund des § 84 in Verbindung mit § 21 →GüKG und der ,,Verordnung über die Tarifkommissionen und ihre beratenden Ausschüsse für den →Güterkraftverkehr" vom 11. Okt. 1961 (Fassung vom 21. 11. 69 BAnz. Nr. 222) gebildet wurde. Zusammensetzung: Die TKS umfaßt 36 Mitglieder wovon je 18 auf die Gruppe der Spediteure und der Verlader entfallen. Die Mitglieder werden auf Vorschlag der zuständigen Verbände vom BMV auf 3 Jahre bestellt. Die Industrie schlägt 8, der Handel 6, das Handwerk 2 und die Landwirtschaft ebenfalls 2 Vertreter vor. Kommt es in der TKS nicht zu einer Einigung, so ist auch hier eine Erweiterte Tarifkommission (ETKS) vorgesehen, die in gleicher Weise aufgebaut ist wie die Erweiterte Tarifkommission im Nahverkehr →TKN. Aufgabe der TKS ist es, die Entgelte für den Speditionsnahverkehr sowie die →Spediteurbedingungen festzusetzen. Sie bedürfen der Genehmigung durch den Bundesminister für Verkehr im Einvernehmen mit dem Bundesminister für Wirtschaft. Der Bundesminister für Verkehr ist berechtigt, an den Sitzungen der TKS teilzunehmen oder sich vertreten zu lassen. →Tarifkommission für den allg. Güternahverkehr, →Tarifkommission für den Güterfernverkehr, →Tarifkommission für den →Umzugsverkehr.

Tarifkommission für den Umzugsverkehr (TKU) – früher TKM – – Kommission, die auf Grund des § 40 →GüKG und der ,,Verordnung zur Änderung der Verordnung über die Tarifkommissionen und ihre beratenden Ausschüsse für den →Güterkraftverkehr" vom 7. 4. 83 (Bundesanzeiger v. 12. 4. 83) gebildet wurde. Sie wird gebildet aus 8 Tarifsachverständigen des Möbelverkehrs- und Umzugsgutgewerbes und ihren Stellvertretern, die vom Bundesminister für Verkehr auf die Dauer von drei Jahren aus dem Kreis der Personen berufen werden, die ihm von Angehörigen oder Verbänden der Gewerbezweige vorgeschlagen werden. Der bei der TKU errichtete beratende Ausschuß setzt sich aus ebenfalls 8 Mitgliedern zusammen, davon entfallen 2 auf die Industrie, 2 auf den Handel, 1 auf die →Spedition, 2 auf das Handwerk und 1 auf die Verbraucher. Der Bundesminister für Verkehr ist berechtigt, an den Sitzungen der TKU und ihrer beratenden Ausschüsse teilzunehmen oder sich vertreten zu lassen. Er kann Bedienstete der →Bundesanstalt für den Güterfernverkehr als Beauftragte entsenden. Aufgabe der TKU ist es, die →Frachtsätze und alle anderen zur Bestimmung des Entgeltes für Beförderungen im Umzugsgutverkehr erforderlichen Bedingungen festzusetzen. Die TKU ist auch zuständig für die Festsetzung von Tarifen für die Beförderung von Handelsmöbeln in besonders für die Möbelbeförderung eingerichteten Fahrzeugen im Nah- und Fernverkehr. Die Beschlüsse der TKU bedürfen der Genehmigung des Bundesministers für Wirtschaft. →Tarifkommission für den →Güterfernverkehr, →Tarifkommission für den allg. →Güternahverkehr, →Tarifkommission für den Speditionsnahverkehr.

Tarifparität – Bezeichnung für die Tarifgleichheit des Deutschen Eisenbahngütertarifs (DEGT) und des Reichskraftwagentarifs (RKT). Um den Preiskampf zwischen Schiene und Straße weitgehend auszuschalten wurde die T. in den dreißiger Jahren eingeführt ohne gesetzlich verankert zu sein. Der RKT übernahm wesentliche Bestandteile des DEGT und zwar die Gütereinteilung, das Güterverzeichnis, die Frachtentafel, die Frachtsatzzeiger einschl. der Tarifentfernung. Auch ein großer Teil der Ausnahmetarife wurde übernommen. Das gleiche gilt für wesentliche Bestandteile der Eisenbahnverkehrsordnung (EVO), die die Grundlage der →KVO darstellen. Die Tarifparität hat die an sie geknüpften Erwartungen nur zum Teil erfüllt. Seit 1958 hat sich der gewerbliche Güterfernverkehr Schritt für Schritt von der Tarifparität gelöst und einen mehr kosten- und leistungsge-

rechten Tarif entwickelt. Die entsprechenden Bemühungen wurden nicht zuletzt durch die Verkehrsnovellen von 1961 forciert.

Tarifpflicht – →Tarifzwang.

Tarifpolitik – im →Verkehrswesen die Gesamtheit der Maßnahmen auf Grund einer gewissen Zielsetzung, die sich auf die Festsetzung und Ausgestaltung der Beförderungstarife beziehen. T. umfaßt das tarifliche Marktverhalten der →Verkehrsunternehmer ebenso wie die Maßnahmen des Staates, anderer öffentlich-rechtlicher Körperschaften, halböffentlicher Körperschaften und Privater, die das Marktverhalten der Verkehrsunternehmen beeinflussen sollen. Auch die teilweise Gewährung von Tariffreiheit (Preisfreiheit) ist im Rahmen einer zielbewußten T. denkbar. →Verkehrspolitik.

Tarifschema – Tarifsystem.

Tarifsystem – 1. im Güterverkehr Gesamtheit der Grundsätze, nach denen der →Tarif gebildet und die Bedingungen der Anwendung bestimmt werden; Komponenten sind der Wert des Gutes (→Wertstaffel), die Schnelligkeit der Beförderung (→Eilgut), die Beförderungsweite (→Entfernungsstaffel) und der Wagenraumbedarf (→Wagenladungsklassen). Den äußeren Aufbau des Tarifs nennt man Tarifschema. 2. Bezeichnung für die Art und Weise, nach der die →Tarifklassen und →Frachtsätze gebildet und abgestuft und die Bedingungen für die Anwendung der →Beförderungstarife der verschiedenen Verkehrsträger festgelegt sind. →Mengenstaffel, →Tarif für den →Umzugsverkehr mit Kfz (→DEGT →RKT und →GNT).

Tariftafeln – Bezeichnung für die im →Tarif für den →Güternahverkehr mit Kraftfahrzeugen (GNT) enthaltenen Tafeln mit Preisen für Beförderungen im gewerblichen Güternahverkehr. Die in den T. aufgeführten Sätze sind →Richtsätze, (von Ausnahmen abgesehen), die um nicht mehr als 10 v. H. über- und um nicht mehr als 30 v. H. unterschritten werden dürfen (→Margentarife).

Tariftonnenkilometer – Begriff aus dem Gütertransportwesen, der die Beförderung einer →Tonne Ladegut (→frachtpflichtiges Gewicht) auf einem →Tarifkilometer beinhaltet. Es handelt sich also nicht um den tatsächlich geleisteten →Tonnenkilometer, sondern um eine Rechnungsgröße, die der Frachtermittlung (z. B. bei der Eisenbahn und im gewerblichen →Güterfernverkehr mit Kfz) zugrunde gelegt wird.

Tariftreue – (im Verkehrswesen), bedeutet, daß →Frachtführer, →Spediteure und →Verlader bereit sind, die im allgemeinen und im Einzelfall geltenden Tarifvorschriften richtig anzuwenden, keine geheimen →Refaktien zu gewähren und anzunehmen oder sonstige →Sonderabmachungen zu treffen.

Tarifüberbietung – im gewerblichen →Güterfernverkehr mit Kfz übliche Bezeichnung für eine Überbietung der Obergrenze des →Reichskraftwagentarifs (→Margentarife). Die T. ist gem. § 22 →GüKG verboten. Die Verletzung dieses Verbots ist eine Zuwiderhandlung i. S. des Wirtschaftsstrafgesetzes und wird gem. § 98 GüKG mit →Bußgeld bis zu einer Höhe von DM 10 000,– bedroht. Der Leistende (Frachtzahler) hat den →Unterschiedsbetrag zwischen dem tarifmäßigen und dem tatsächlich berechneten →Beförderungsentgelt zurückzufordern. Hat der Forderungsberechtigte vorsätzlich gehandelt, geht der Unterschiedsbetrag auf die →Bundesanstalt für den Güterfernverkehr über, die den →Tarifausgleich herbeizuführen hat.

Tarifüberwachung – Gesamtheit der Maßnahmen einer Behörde oder eines Organs der →Verkehrsträger, die der Überprüfung der Tarifeinhaltung dienen, einschließlich der praktischen Handhabung. Hauptaufgabe der ›Bundesanstalt für den Güterfernverkehr, geregelt im § 58 →GüKG in Verbindung mit § 54 GüKG. Danach hat die Bundesanstalt dafür Sorge zu tragen, daß die →Tarife und Beförderungsbedingungen für Beförderungen im gewerblichen →Güterfernverkehr mit Kfz eingehalten werden. Um diese Aufgabe durchführen zu können, hat der →Unternehmer des gewerblichen Güterfernverkehrs die Pflicht, der Bundes-

anstalt oder einer von ihr beauftragten →Frachtenprüfstelle die für die T. notwendigen Unterlagen monatlich vorzulegen. Auch der gewerbliche Güternahverkehr unterliegt der Tarifüberwachung. Das gilt nicht nur für den grenzüberschreitenden Güternahverkehr, sondern auch den sonstigen Güternahverkehr. Die T. bezieht sich sowohl auf den GNT als auch die Landessondertarife. Zuständig für die Tarifüberwachung ist grundsätzlich die Erlaubnisbehörde. Durch das Änderungsgesetz vom 6. 8. 75 (BGBl. I S. 2127) ist die →BAG beauftragt worden, die Erlaubnisbehörden bei der Erfüllung ihrer Aufgabe zu unterstützen (§ 54 GüKG). Sie wird dabei durch Ermittlungen in Einzelfällen, insbes. aufgrund von Hinweisen der Erlaubnisbehörde tätig. Einzelheiten der T. sind in der Verordnung über die Tarifüberwachung (TÜVO) festgelegt. →Tarifüberbietung, →Tarifunterbietung, →Tarifverstoß, →Tarifwidrigkeit.

Tarifüberwachungsverordnung – Verordnung über die Tarifüberwachung im Güterfernverkehr und grenzüberschreitenden Güterkraftverkehr. Enthält alle für die Frachtenprüfung wichtigen Bestimmungen wie die vorzulegenden Prüfungsunterlagen, ihre Aufbewahrung, Richtlinien für die Überwachung, Verwiegung, Anwendung im Güternahverkehr etc. Gültige Fassung vom 4. 9. 79 (BGBl. I S. 1566).

Tarifunterbietung – Nichteinhaltung des veröffentlichten Beförderungstarifs durch billigeres Angebot des Verkehrsträgers. Die T. ist gem. §§ 22 und 87 →GüKG verboten. Die Verletzung dieses Verbots ist eine Ordnungswidrigkeit im Sinne des Wirtschaftsstrafgesetzes und wird gem. § 98 GüKG mit →Bußgeld bis zu einer Höhe von DM 10 000,– bedroht. Im Güterfernverkehr hat der →Unternehmer den → Unterschiedsbetrag zwischen dem tarifmäßigen und dem tatsächlich berechneten →Beförderungsentgelt nachzufordern. Hat der Unternehmer vorsätzlich gehandelt, geht der Unterschiedsbetrag auf die ›Bundesanstalt für den Güterfernverkehr über, die den →Tarifausgleich herbeizuführen hat.

Tarifverstoß – Abschluß von →Beförderungsverträgen in Abweichung von den verbindlichen Bedingungen und →Tarifen. Zu ahndende T. sind Unterbietung und Überschreitung der Frachten des →Reichskraftwagentarifs (RKT), des →Tarifs für den →Umzugsverkehr mit Kfz, des →Tarifs für den →Güternahverkehr mit Kfz über das zulässige Maß hinaus sowie die Überschreitung der →Höchstsätze des →Nebengebührentarifs. Der T. ist eine Ordnungswidrigkeit im Sinne des Wirtschaftsstrafgesetzes. →Tarifüberbietung, →Tarifunterbietung, →Tarifvergünstigung, →Tarifzwang.

Tarifvorschriften – Bedingungen für die Anwendung der →Tarife für die Durchführung von →Beförderungsleistungen im Güterfernverkehr (Teil I des →RKT: →Kraftverkehrsordnung), im gewerblichen →Umzugsverkehr (Teil I der →Beförderungsbedingungen für den Umzugsverkehr mit Kfz) und im gewerblichen →Güternahverkehr (→Allg. Beförderungsbedingungen für den gewerblichen Güternahverkehr).

Tarifzwang – Verpflichtung eines →Verkehrsträgers durch den Gesetzgeber, seine Beförderungspreise und -bedingungen in Form eines →Tarifs, der alle für die Beförderung von Gütern maßgebenden Bestimmungen und alle zur Berechnung des →Beförderungsentgeltes notwendigen Angaben enthalten muß, zu veröffentlichen und gegenüber jedermann in gleicher Weise anzuwenden. Der T. verbietet jede nicht ausdrücklich zugelassene Preisermäßigung oder sonstige Begünstigung gegenüber den Tarifen.

Technische Prüfstelle für den Kraftfahrzeugverkehr – →Technische Überwachungsvereine.

Technische Überwachungs-Vereine (TÜV) – amtlich anerkannte Überwachungsorganisationen mit dem Rechtsstatus eines eingetragenen Vereins. Solche Vereine wurden in den Jahren 1866 bis 1874 in fast allen deutschen Bundesstaaten als Selbsthilfe-Organisationen der gewerblichen Wirtschaft gegründet. Sie waren ein Zusammenschluß von Dampfkesselbesitzern, um Fachkräfte anzustellen, welche die Kesselanlagen regelmäßig prüfen und überwachen und die Mitglieder in allen einschlägigen Fragen bera-

ten sollten. Ihre Mitglieder wurden schon bald durch die Aufsichtsbehörde von der amtlichen Prüfpflicht ihrer Dampfkessel befreit. Zu Beginn des 20. Jahrhunderts wurde die neben der Vereinsüberwachung noch bestehende amtliche Dampfkesselüberwachung der Gewerbeaufsichtsbeamten ganz eingestellt, ausgenommen Hamburg und Hessen, wo auch heute noch die Aufgaben der Technischen Überwachung durch staatliche Ämter (TÜA) durchgeführt werden. Im Laufe der Jahre, insbesondere zwischen 1900 und 1910, wurden die Vereine durch die staatlichen Behörden mit weiteren Aufgabengebieten betraut. Die gesetzliche Grundlage bildet das Gesetz über amtlich anerkannte Sachverständige und amtlich anerkannte Prüfer für den Kraftfahrzeugverkehr vom 22. 12. 71 (BGBl. I S. 469 Fassung vom 2. 3. 74). Neben den TÜV haben auch andere Gruppierungen die Anerkennung, z. B. die DEKRA = Deutscher Kraftfahrzeug-Überwachungsverein, Stuttgart, der für Nutzfahrzeuge eine besondere Bedeutung erlangt hat. – Heute beschäftigen sich die TÜV mit folgenden Arbeitsgebieten: Überwachung von Dampfkesseln und Druckgefäßen sowie Tankanlagen, Gas- und Öl-Fernleitungen einschl. Heizöllagerbehälter, Seilfahrtanlagen, wärmetechnische Untersuchungen, Ermittlung der Luftverunreinigung durch Industrie und gewerbliche Anlagen, Lärmbekämpfungsmessungen, Kernenergie- und Strahlenschutzfragen, Elektrotechnik und Aufzüge sowie Bauüberwachungen und Werkstoffprüfungen an obigen Anlagen. Den technischen Prüfstellen des Kraftfahrzeugverkehrs bei den TÜV sind die Prüfung von Kraftfahrzeugführern und Fahrlehrern, Typprüfungen und Einzelprüfungen von Kraftfahrzeugen und Anhängern und regelmäßige Überprüfungen von Kraftfahrzeugen und Anhängern auf Verkehrssicherheit übertragen worden. Den technischen Prüfstellen angeschlossen sind Medizinisch-Psychologische Institute, die Eignungsuntersuchungen und Begutachtungen von Kraftfahrern durchführen und sich mit Fragen der Objekt-Psychologie beschäftigen.

Teilkaskoversicherung – Versicherung nur für Brand und Entwendung. →Vollkaskoversicherung ist die Deckung eines jeden

Schadens an einem Fahrzeug, den der Fahrer selbst zu vertreten hat. Diese Versicherung kann ohne oder mit Selbstbeteiligung in verschiedener Höhe abgeschlossen werden. Die →Prämie ist ohne irgendeine Selbstbeteiligung am höchsten, sie stuft sich nach der Höhe der Selbstbeteiligung ab.

Teilladungen – Bezeichnung für zusammengehörende →Sendungen, die aufgrund des § 20 →Kraftverkehrsordnung (KVO) auf mehrere Fahrzeuge zur Beförderung im gewerblichen →Güterfernverkehr verteilt werden können, wenn sie vom Verlader binnen eines Tages angeboten werden und auch tatsächlich verladebereit sind. Entsprechend der Vorschrift des § 20 KVO, daß im →Ladungsverkehr höchstens 25 t Gut auf einen →Frachtbrief angeliefert werden dürfen, können Sendungen über 25 t nicht als T. behandelt werden. Bei der Verteilung einer Sendung auf mehrere Fahrzeuge ist auf jedem Fahrzeug oder →Lastzug eine Ausfertigung des Frachtbriefes mitzuführen; auf jeder Ausfertigung ist zu vermerken, daß die Sendung auf mehrere Fahrzeuge verteilt ist. →Teilladungserklärung.

Teilladungserklärung – Bezeichnung für eine Erklärung im gewerblichen →Güterfernverkehr, mit der die Anwendung höherer →Gewichtsklassen mit günstigeren →Frachtsätzen begründet werden soll. Die materielle Voraussetzung zur Abgabe einer T. besteht darin, daß die auf mehrere Fahrzeuge verteilten zusammengehörenden →Sendungen binnen eines Tages angeboten und verladebereit sein müssen. Für den Begriff der zusammengehörenden Sendung gilt auch hier das Erfordernis des § 20 →KVO, daß das Gut von einem →Absender zur Auslieferung an einen →Empfänger mit einem →Frachtbrief aufgeliefert worden sein muß. Die T. muß die Versicherung enthalten, daß am Tage der Verladung weitere x kg von dem gleichen frachtbriefmäßigen Absender und →Versandort für den gleichen frachtmäßigen Empfänger und →Bestimmungsort verladebereit waren und durch den →Unternehmer X mit Kfz (amtl. Kennzeichen) am . . . befördert worden sind. Dabei ist zu beachten, daß bei der Verteilung einer Sendung auf mehrere Fahrzeuge auf jedem Fahrzeug bzw. →Lastzug eine

Ausfertigung des Frachtbriefes, der die T. enthalten muß, mitzuführen ist. Die Einzelheiten regeln die Vorschriften für die Frachtberechnung im RKT Ziffer 10 a.

Telma-Bremse – →Wirbelstrombremse.

TEU – von Twenty foot equivalent unit (20-Fuß-Einheit). Übliche Umrechnung von Transporten im Containerverkehr mit verschiedenen Containereinheiten auf 20-Fuß-Container.

Thermoswagen – →Isothermfahrzeuge, →Kühltransporte.

Tiefladeanhänger – Tieflader.

Tieflader – →Anhänger für Schwer- und Schwersttransporte auf der Straße, die – mit einer Vielzahl von Achsen und Rädern versehen – →Tragfähigkeiten von 60 t und mehr aufweisen können. Vielfach sind die T. mit ausfahrbaren Achsen und Hebewerk ausgerüstet, die es gestatten, die Ladebrücke zum →Be- und Entladen abzusenken. Die Räder der T. sind entweder mit Hochelastik- oder mit →Luftreifen versehen. Die T. werden in der Regel von schweren →Straßenzugmaschinen gezogen, die Transporte bedürfen u. U. besonderer Genehmigung oder gar polizeilicher Begleitung. →Schwerlastverkehr, →Schwertransporte.

Tierbeförderung – →Beförderung lebender Tiere.

TIR – →Carnet TIR.

TKF – Abk. für →Tarifkommission für den →Güterfernverkehr.

tkm – Abk. für →Tonnenkilometer.

TKN – Abk. für →Tarifkommission für den allgemeinen →Güternahverkehr.

TKS – Abk. für →Tarifkommission für den Speditionsnahverkehr.

TKU – Abk. für →Tarifkommission für den Umzugsverkehr.

Tourenführung – Begriff aus dem Bereich des →Güterkraftverkehrs, der vor allem im →Lieferdienst gebräuchlich ist und sich auf die Reihenfolge der von dem Fahrzeug anzufahrenden Ablade- oder Aufladestellen (Kunden, Filialen) bezieht. Von einer zweckmäßigen T., die auf der einen Seite die kürzeste Fahrstrecke und den geringsten Zeitverbrauch, auf der anderen Seite aber auch eine Reihe anderer Faktoren (z. B. Eilbedürftigkeit bestimmter Lieferungen, termingebundene Lieferungen, Straßen- und Verkehrsverhältnisse) zu berücksichtigen hat, hängt ausschlaggebend die Wirtschaftlichkeit derartiger Fahrten ab.

Träger der Straßenbaulast – haben nach ihrer Leistungsfähigkeit die →Straßen in einem dem regelmäßigen Verkehrsbedürfnis genügenden Zustande zu bauen, zu unterhalten, zu erweitern oder zu verbessern. Soweit sie hierzu unter Berücksichtigung ihrer Leistungsfähigkeit außerstande sind, haben sie auf einen verkehrsunsicheren Zustand durch →Verkehrszeichen hinzuweisen. Die T. d. St. sollen nach besten Kräften über die ihnen obliegenden Aufgaben hinaus die Bundesstraßen bei Schnee und Eisglätte räumen und streuen. Der →Straßenwinterdienst sorgt bei starkem Schneefall für die Offenhaltung einer Fahrbahn, bei Glätte für deren Beseitigung mit abstumpfenden Mitteln dort, wo erfahrungsgemäß immer Vereisung eintritt, oder für Kennzeichnung solcher gefährlicher Stellen. Die Bereithaltung von →Streugut, Schneepflügen und -fräsen und die Aufstellung von Schneezäunen zur Verhinderung von Verwehungen sind ebenfalls Aufgabe des T. d. St. – Der Bund ist T. d. St. für die →Bundesstraßen, soweit nicht die Baulast anderen nach gesetzlicher Vorschrift oder öffentlich-rechtlicher Verpflichtung obliegt. →Ortsdurchfahrt.

Tragfähigkeit – Bezeichnung für die →Nutzlast (in kg), die ein →Kraftfahrzeug oder →Anhänger zur Güterbeförderung nach den amtlichen Festsetzungen befördern darf. Sie errechnen sich aus der Differenz zwischen dem →zulässigen Gesamtgewicht und dem →Leergewicht des Fahrzeuges. Eine Überschreitung der zulässigen T. führt zu einer →Überladung des Fahrzeuges.

Trampfahrer – Bezeichnung für einen →Unternehmer des gewerblichen →Güterfernverkehrs, der nicht ständig zwischen zwei bestimmten Orten hin- und herfährt oder von einem bestimmten →Standort Fahrten ausführt, sondern der jeweils dort Ladung aufnimmt, wo er sich gerade mit leerem Fahrzeug befindet oder Gelegenheit zur Ladungsübernahme hat. Der T. kommt oft wochenlang nicht an seinen Heimatort, doch ist sein Anteil im gesamten gewerblichen Güterfernverkehr rückläufig.

Transfracht – Transfracht Deutsche Transportgesellschaft mbH, Gutleutstr. 160–164, Frankfurt a.M. Eine Tochter der Deutschen Bundesbahn zur Organisierung und Durchführung des Containerverkehrs der DB. Das Leistungsangebot besteht aus dem Binnencontainerverkehr, dem Überseecontainerverkehr, dem grenzüberschreitenden europäischen Containerverkehr mit Quelle oder Ziel in der Bundesrepublik Deutschland und einem Serviceangebot. 1980 wurden 430 000 Containertransporte durch die T. mit einer Tonnage von 2 762 000 und einem Umsatz von 227 Mio. DM durchgeführt.

Transfrigoroute Deutschland e. V. – der →Transfrigoroute International angeschlossene Vertretung der deutschen →Unternehmer des gewerblichen →Güterfernverkehrs mit Kfz, die sich mit der Durchführung von Kühltransporten befassen. Sitz der T. D. ist Frankfurt a.M., Breitenbachstr. 1.

Transfrigoroute International – Zusammenschluß von nationalen Organisationen Transfrigoroute sowie →Unternehmern des (internationalen) gewerblichen Straßengüterfernverkehrs mit Kfz, die sich mit der Durchführung von →Kühltransporten befassen. Der T. I. gehören 23 Mitgliedsländer an, die über rund 600 Spezialzüge verfügen. Hauptaufgabe der T. I. ist die technische Weiterentwicklung der entsprechenden →Isothermfahrzeuge und die Schaffung der Voraussetzungen für eine möglichst reibungslose Abwicklung der grenzüberschreitenden Transporte dieser Art.

Transitverkehr – Als Transitverkehr gilt jeder Verkehr, bei dem ein oder mehrere Länder durchfahren werden, in denen das

Fahrzeug nicht beheimatet ist und das weder Abgangs- noch Bestimmungsland des Transportes ist. Manipulationen an dem Durchfuhrgut oder dem Fahrzeug sind dabei ebensowenig zulässig wie Unternehmerwechsel. Transitfahrten sind im Straßengüterverkehr regelmäßig genehmigungspflichtig, aber nicht kontingentiert.

Transportbeton – von besonderen Firmen in einbaufertigem Zustand hergestellter Beton, der an der Baustelle angeliefert wird; gelegentlich wird auch die Bezeichnung Lieferbeton verwendet. Erste Versuche reichen in Deutschland über 50 Jahre zurück; größere Bedeutung gewann die Neuerung trotz älterer Erfahrungen im Ausland erst im Zuge der Wiederaufbauarbeiten nach dem Zweiten Weltkrieg. Vorteile: Örtliche Betoniereinrichtungen werden weitgehend überflüssig, Lärmentwicklung an der Baustelle verringert, Einschränkungsmaßnahmen für den Straßenverkehr können auf ein geringes Maß reduziert werden. Die Verwendung von T. ist daher besonders im innerstädtischen Bereich vorteilhaft.

Transportentfernung – Abstand zwischen der →Be- und →Entladestelle, gemessen in Kilometern, zwischen denen ein Transport im →Güterkraftverkehr ausgeführt wird. Die T. kann sich entweder auf die tatsächlich zurückgelegte →Fahrstrecke (Straßenkilometer) oder auf die →Tarifentfernung beziehen, die der →Frachtberechnung zugrunde gelegt wird.

Transportfähigkeit – zusammenfassende Bezeichnung für die Tragfähigkeit industrieller Produkte für Transportkosten sowie für physische Transporteignung (Affinität). Transporteignung ist durch Fortschritte des Konservierungs- und Verpackungswesens bei zahlreichen Gütern gegeben; T. umfaßt deshalb überwiegend Transportkosten-Tragfähigkeit, die um so größer ist, je geringer Gewicht und Rauminhalt im Verhältnis zum Warenwert sind. – T hat Bedeutung für die Wahl des →Standorts und für die Aufgabenteilung im Verkehr. Bei unterschiedlicher T. von Teilen und Fertigprodukt sind zentrale Herstellung (z. B. von Automobileinzelteilen) und dezentrale Montage zweckmäßig.

Transport International de Marchandises par la Route (TIR) – Übereinkommen vom 5. 1. 1959 zur Durchführung eines erleichterten Verfahrens für Transporte unverzollter Waren über eine oder mehrere Grenzen, bei der die Waren ohne Umladung von einer Abgangszollstelle eines Teilnehmerstaates bis zu einer Bestimmungszollstelle eins anderen oder desselben Teilnehmerstaates durch Straßenfahrzeuge und in Behältern im internationalen →Straßengüterverkehr befördert werden. →Carnet TIR →Grenzdokumente.

Transportkette – Der Begriff der Transportkette ist in DIN Nr. 30780 wie folgt festgelegt worden: Folge von technisch und organisatorisch miteinander verknüpften Vorgängen, bei denen Personen oder Güter von einer Quelle zu einem Ziel bewegt werden. T. ist als System aufzufassen. Die technische Verknüpfung setzt Systemverträglichkeit der eingesetzten Sachmittel voraus. Die organisatorische Verknüpfung wird erreicht durch Koordinierung der Informations- und Steuerungssysteme sowie der rechtlichen und kommerziellen Bereiche. Das System T. steht in Beziehung zu Nachbarsystemen, z. B. Gütererzeugung und Güterverwendung. Diese Definition soll noch durch Unterbegriffe erweitert werden. Wesentliche Voraussetzungen einer rationellen T. sind also Systemverträglichkeit, Koordinierung der Informations- und Steuerunssysteme sowie eine das System umfassende Organisation.

Transportmittelgarantie – aufgrund besonderer ,,Allgemeiner Bedingungen" gewährte Garantie des Landes Berlin zur Deckung von Schäden, die beim Einsatz von Binnenschiffen, Lastkraftwagen, Zugmaschinen nebst Anhänger und Spezialfahrzeugen infolge bestimmter politischer Maßnahmen oder Ereignisse im Verkehr zwischen Berlin (West) und der Bundesrepublik Deutschland entstehen. Garantien werden nur auf Antrag übernommen. Ein Rechtsanspruch auf Gewährung einer Garantie besteht nicht. Die Hermes Kreditversicherungs-Aktiengesellschaft, Hamburg/Berlin und die Deutsche Revisions- und Treuhand-Aktiengesellschaft, Frankfurt (Main)/Berlin sind beauftragt und ermächtigt, alle diese Garantien betreffenden Erklärungen namens und im Auftrage des Landes Berlin abzugeben und entgegenzunehmen. Federführend ist die Hermes. Die Gewährung der Transportmittelgarantie ist in jedem Falle gebührenpflichtig. →Warengarantie für den Berlinverkehr.

Transporttarif – meist amtlich festgesetztes Entgelt (→Tarif) für die Ausführung von Transportleistungen. Im →Güterkraftverkehr gelten als T. der ,,Tarif für den Güternahverkehr mit Kraftfahrzeugen" (GNT), der →Reichskraftwagentarif (RKT) für den gewerblichen →Güterfernverkehr und der →,,Tarif für den Umzugsverkehr mit Kraftfahrzeugen".

Transportversicherung – ist eine Versicherung von Gütern gegen die Gefahren, die bei der Beförderung zu Lande, über See oder in der Luft entstehen können. Der Versicherer trägt dabei alle Gefahren, denen die Güter ausgesetzt sind. Eine Haftung besteht nicht für Schäden, die der Versicherungsnehmer vorsätzlich oder fahrlässig verursacht. Dasselbe gilt für den Absender und Empfänger (§§ 130 u. 131 VVG). Die Versicherung beginnt mit der Annahme der Güter zur Beförderung oder, wenn die Beförderung nicht sogleich erfolgt, zur einstweiligen Verwahrung. Sie endet mit dem Zeitpunkt der Ablieferung des Gutes am Ablieferungsort. Bei Vorliegen eines Ablieferungshindernisses endet die Versicherung mit der rechtmäßigen Hinterlegung oder der Veräußerung. Es besteht eine gewisse Überschneidung mit der KVO und der AGNB-Versicherung, die ja die Schäden am Gut entsprechend der weitgehenden Unternehmerhaftung beim Straßentransport decken. Die T. geht aber in Teilbereichen über diese Deckung hinaus, z. B. beim Be- und Entladen, beim Umschlag des Gutes etc.

Trilex-Felge – Ausführungsform einer geteilten Felge für Lkw-Reifen, bei der die Felge nicht in Umfangsrichtung, sondern quer dazu in drei Teile geteilt ist; während Felgen in der Regel aus Stahlblech gerollt und zu einem endlosen Ring zusammengeschweißt sind, sind T. gegossen.

Triptik (Triptyk) – Ein Grenzdokument (Zollpassierschein) für Kraftfahrzeuge und Anhänger für den zollfreien Grenzübertritt. Das T. kann für einmaligen oder wiederholten Grenzübertritt gelten. Ausgabe in Deutschland durch die Automobil- und Touringklubs. Bei Reisen in mehrere Länder wird das →Carnet de Passage verwendet. Für den Grenzübertritt in zahlreiche europäische und auch außereuropäische Länder ist ein T oder Carnet de passage nicht mehr erforderlich. →Grenzdokumente.

Trucking – ,,Trucking" ist ein Begriff der nordamerikanischen Verkehrswirtschaft, der zunehmend auch in der Bundesrepublik verwendet wird. Gemeint ist das Schleppen beladener oder unbeladener Ladungsträger, z. B. Sattelanhänger, im Straßengüterverkehr durch einen Transportunternehmer nach Weisung des Auftraggebers. Die dispositive Tätigkeit des Transportunternehmers ist prinzipiell reduziert auf den Einsatz der Sattelzugmaschine als Schleppkraft. Er hat für deren Betriebssicherheit und Fahrpersonal zu sorgen und ist an ihrem regelmäßigen und wirtschaftlichen Umlauf interessiert. Er hat keinen Einfluß mehr auf die Wahl der aufgeladenen Güter und die Zusammenstellung der bei einer Fahrt beförderten Sendungen. Er übernimmt den von einem Dritten disponierten Ladungsträger als Ladeeinheit.

Verkehrswirtschaftlich bedeutsam ist das Trucking in erster Linie beim kombinierten Verkehr in seinen verschiedenen Erscheinungsformen, nämlich im See-/Straßenverkehr, Schiene-/Straßenverkehr und in gewissem Umfange auch im Binnenschiffs-/Straßenverkehr.

Trunkenheit am Steuer – wird wegen der damit verbundenen Gefahr für Leben und Gut Dritter mit besonders schweren Strafen bedroht. Wer mehr als 0,8‰ Alkohol im Blut hat und trotzdem ein Kraftfahrzeug führt, handelt nach § 24 a Straßenverkehrsgesetz ordnungswidrig und setzt sich damit einer Geldbuße bis zu 3000,– DM und der Entziehung des Führerscheines aus. Auch Fahrlässigkeit löst die Bestrafung aus. Wesentlich härtere Strafen sieht § 316 Strafgesetzbuch für Trunkenheit im Verkehr vor. Danach setzt sich der, der ein Fahrzeug führt, obwohl er infolge des Genusses alkoholischer Getränke oder anderer berauschender Mittel nicht in der Lage ist, ein Fahrzeug sicher zu führen, einer Freiheitsstrafe bis zu einem Jahr aus. Bei akuter Gefährdung des Straßen- oder auch Bahn-, Schiffs- oder Luftverkehrs kann sogar auf eine Freiheitsstrafe bis zu fünf Jahren erkannt werden. →Verkehrsgefährdung.

TÜV – bei den Kraftfahrern der BRD allgemein üblich gewordene Kurzbezeichnung für den →Technischen Überwachungsverein.

Typenschild – Schild, das an allen Kfz und Anhängern an zugänglicher Stelle am vorderen Teil der rechten Seite mit folgenden gut lesbaren Angaben befestigt sein muß: Hersteller des Fahrzeugs, Fahrzeugtyp, Baujahr (nicht bei zulassungspflichtigen Fahrzeugen), Fabriknummer des Fahrgestells, zulässiges Gesamtgewicht und zulässige Achslasten (nicht bei Krafträdern). Die Angaben müssen vom Hersteller stammen.

TZA-Verfahren – Abk. für →Tankscheckverfahren.

U

Überbreite Ladungen – →überstehende Ladungen.

Überbreite Straßenfahrzeuge – →Schwer- und Großraumverkehr.

Übereinkommen über den Beförderungsvertrag im internationalen Straßengüterverkehr – (CMR von: Convention relative au Contrat de transport international de Marchandises par Route). Das Ü. wurde im Mai 1956 im Binnenverkehrsausschuß der Europäischen Wirtschaftskommission (→ECE) in Genf abgeschlossen. Die Bundesrepublik setzte das Abkommen am 5. 2. 62 endgültig in Kraft. (BGBl. II/62 S. 12). Das CMR ist damit mit Gesetzeskraft ausgestattetes innerstaatliches Recht geworden. Es findet Anwendung auf alle Verträge über die entgeltliche Beförderung von Gütern auf der Straße, wenn der Ort der Übernahme des Gutes und der Ablieferungsort in 2 verschiedenen Staaten liegen, von denen mindestens einer Vertragsstaat des CMR ist. Das gilt ohne Rücksicht auf den Wohnsitz und die Staatsangehörigkeit der Parteien. Das CMR stellt die rechtliche Regelung der Beziehungen zwischen den beiden Vertragspartnern Absender und Frachtführer dar, wobei einige weitere Bestimmungen auch den Empfänger betreffen, der nicht Vertragspartei ist. Materiell handelt es sich schwergewichtig um die Vereinheitlichung der Beförderungspapiere (Inhalt des obligatorisch vorgeschriebenen Frachtbriefes), die Verpflichtung des Absenders, die erforderlichen Urkunden einschl. solcher für die Zollabfertigung etc. auszuhändigen, sowie die Haftungsgrundlagen (25 Goldfranken je fehlendes oder beschädigtes kg Rohgewicht) und die Durchsetzung von Schadensersatzansprüchen. Eine gesetzliche Verpflichtung zur Versicherung gegen Güterschäden, wie sie nach dem GüKG besteht, enthält das CMR nicht. In der Bundesrepublik ist aber durch vertragliche Vereinbarungen mit den →KVO-Versichern Vorsorge getroffen, daß internationale Straßentransporte deutscher Unternehmer in aller Regel bzgl. der Frachtführerhaftung voll versichert sind. Das gilt z. B. für alle Unternehmer, die eine →SVG mit der →Frachtenprüfung beauftragt haben und die Versicherung nicht ausdrücklich ausgeschlossen haben.

Übereinkommen über internationale Beförderungen leicht verderblicher Lebensmittel und über die besonderen Beförderungsmittel, die für diese Beförderungen zu verwenden sind (ATP) – Die Abkürzung ATP kommt aus dem französischen Text des Abkommens = Accord relatif aux transports international de denrées périssables et aux engins speciaux áutiliser pour ces transports. Es wurde in der Bundesrepublik Deutschland mit Gesetz vom 26. 4. 74 eingeführt (BGBl. II S 565/74). Das Ü. verfolgt das Ziel, im Interesse der Volksgesundheit den Gütezustand leicht verderblicher Lebensmittel bei Beförderungen zu sichern. Zu diesem Zwecke werden besondere, im Ü. und seinen Anhängen im einzelnen festgelegte strenge Anforderungen an die zugelassenen Fahrzeuge gestellt. Fahrzeuge, die diesen Anforderungen nicht entsprechen, sind zum Transport der in den Anhängen 2 und 3 des Ü. genannten Güter nicht zugelassen. Im Anhang 2 sind folgende Höchsttemperaturen der beförderten Waren beim Transport (einschließlich Be- und Entladen) vorgeschrieben: Speiseeis und konzentrierte Fruchtsäfte, gegoren oder tiefgefroren $-20°C$, Fisch, gefroren oder tiefgefroren $-18°C$; alle anderen Lebensmittel tiefgefroreren $-18°C$; Butter und andere Fette, gefroren $-14°C$; frische genießbare Schlachtnebenprodukte, Eigelb, Geflügel oder Wild, gefroren $-12°C$; Fleisch gefroren $-10°C$; alle anderen Lebensmittel, gefroren $-10°C$. Nach Anhang 3 dürfen bei den genannten Lebensmitteln folgende Temperaturen beim Transport nicht überschritten werden: frische genießbare Schlachtnebenprodukte $+3°C$; Butter $+6°C$; Wild $+4°C$; Milch (frisch oder pasteurisiert) zum raschen Verbrauch, in Kesseln $+4°C$; Industriemilch $+6°C$; Milcherzeugnisse (Joghurt, Kefir, Rahm und Frischkäse) $+4°C$; Fisch (muß immer unter Eis befördert werden) $+2°C$; Erzeugnisse auf der Grundlage von Fleisch $+6°C$; Fleisch (mit Ausnahme von frischen genießbaren Schlachtnebenprodukten) $+7°C$; Geflügel und Kaninchen $+4°C$. Die zugelassenen Fahrzeuge gliedern sich in folgende 4 Gruppen: 1. Beförderungsmittel mit Wärmedämmung (normale oder verstärkte); 2. Beförderungsmittel mit Kältespeicher, Klasse A mit Höchstwerten von 7°, Kl. B c10°, Kl. C −20°C, jeweils bei 30° Außentemperatur; 3. Beförderungsmittel mit Kältemaschine, unterteilt in Klassen A–F mit variabler oder konstanter Kälteführung von +12 bis −20°C bei 30° Außentemperatur; 4. Beförderungsmittel mit Heizanlage, die eine Temperatur von nicht weniger als 12°C gewährleistet. (Kl. A bei Außentemperatur von −10°, Kl. B bei −20°C). Die Fahrzeuge unterliegen bzgl. ihrer Eignung einer strengen Kontrolle. Sie müssen die vorgeschriebenen Unterscheidungszeichen (dunkelblaue lateinische Buchstaben mit Mindestgröße 12 cm) tragen. Die Fahrzeuge müssen außerdem eine Bescheinigung mitführen, die die Übereinstimmung mit den vorgeschriebenen Normen nachweist. Die Abnahme der Spezialfahrzeuge und die Ausstellung der vorgeschriebenen Bescheinigung erfolgt in der BRD durch den →TÜV Bayern in München. →Transfrigoroute Deutschland und →Transfrigoroute International.

Übergewicht – Gewicht einer Ladung im →Güterkraftverkehr, das entweder die zulässige →Nutzlast übersteigt (→Überladung) oder das – im gewerblichen Güterkraftverkehr – höher ist als das in den Frachtunterlagen angegebene. Abgesehen von den Maßnahmen, die in erstgenanntem Fall von der Polizei oder den Kontrolleuren der →Bundesanstalt für den Güterfernverkehr getroffen werden (→Abladen, →Umladung, Zurückweisung beim →Grenzübertritt ausländischer Fahrzeuge), kann der →Unternehmer nach § 17 →KVO bei einer vom →Absender verladenen →Sendung die Abladung des Ü. verlangen. Geschieht das nicht alsbald oder wird das Ü. erst unterwegs festgestellt, so hat es der Unternehmer auf Gefahr des Absenders abzuladen. Der abgeladene Teil wird dem Absender zur Verfügung gestellt. Bei gegenüber den Frachtunterlagen festgestelltem Ü. wird eine →Frachtnachzahlung verlangt.

Überholen – Nach § 5 StVO gilt folgendes:
(1) Es ist links zu überholen.
(2) Überholen darf nur, wer übersehen kann, daß während des ganzen Überholvorganges jede Behinderung des Gegenverkehrs ausgeschlossen ist. Überholen darf ferner nur, wer mit wesentlich höherer Geschwindigkeit als die zu Überholende fährt.
(3) Das Überholen ist unzulässig:
1. bei unklarer Verkehrslage oder
2. wo es durch Verkehrszeichen (Zeichen 276, 277) verboten ist.
(4) Wer zum Überholen ausscheren will, muß auf den nachfolgenden Verkehr achten. Das Ausscheren ist rechtzeitig und deutlich anzukündigen; dabei sind die Fahrtrichtungsanzeiger zu benutzen. Der Überholende muß sich sobald wie möglich wieder nach rechts einordnen. Er darf dabei den Überholten nicht behindern.
(5) Außerhalb geschlossener Ortschaften darf das Überholen durch kurze Schall- oder Leuchtzeichen angekündigt werden. Wird mit Fernlicht geblinkt, so dürfen entgegenkommende Fahrzeugführer nicht geblendet werden.
(6) Wer überholt wird, darf seine Geschwindigkeit nicht erhöhen. Der Führer eines langsameren Fahrzeuges muß seine Geschwindigkeit an geeigneter Stelle ermäßigen, notfalls warten, wenn nur so mehreren unmittelbar folgenden Fahrzeugen das Überholen möglich ist.
(7) Wer seine Absicht, nach links abzubiegen, ankündigt und sich eingeordnet hat, ist rechts zu überholen. Schienenfahrzeuge sind rechts zu überholen. Nur wer das nicht kann, weil die Schienen zu weit rechts liegen, darf links überholen. Auf Fahrbahnen für eine Richtung dürfen Schienenfahrzeuge auch links überholt werden.
Der Linksabbiegende darf rechts überholt werden. Ist der Verkehr so dicht, daß sich auf den Fahrbahnstreifen für eine Richtung Fahrbahnschlangen gebildet haben, darf rechts schneller als links gefahren werden (§ 7 StVO). Zu beachten ist, daß bei solchen Begebenheiten nach rechts nur ausscheren darf, der dort halten, nach rechts abbiegen oder einer durch Pfeile auf der Fahrbahn vorgeschriebenen Fahrbahn folgen will. Dieses absolute Verbot, nach rechts zu wechseln (abgesehen unter den genannten Voraussetzungen), soll die besonders gefährliche Unsitte des „Springens" unterbinden. Außerdem ist hieraus die Tendenz zu erkennen, sich, so lange es nur geht, möglichst weit rechts zu halten, weil man

von hier aus die größte Bewegungsfreiheit auf der Fahrbahn behält (siehe auch Begründung zu § 7 StVO-VkBl. 1970 S 805).

In der AVV heißt es: An Teilnehmern des Fahrbahnverkehrs, die sich in der gleichen Richtung weiterbewegen wollen, aber warten müssen, wird nicht vorbeigefahren; sie werden überholt. Wer durch die Verkehrslage oder durch eine Anordnung aufgehalten ist, wartet. Wer an einem haltenden Fahrzeug, einer Absperrung oder einem sonstigen Hindernis auf der Fahrbahn links vorbeifahren will, muß entgegenkommende Fahrzeuge durchfahren lassen. Muß er ausscheren, so hat er auf den nachfolgenden Verkehr zu achten und das Ausscheren wie beim Überholen anzukündigen (§ 6 StVO). Aus der Rechtsprechung: Im Schnellverkehr auf der Autobahn muß jeder Kraftfahrer mit erheblichen Geschwindigkeiten nachfolgender Verkehrsteilnehmer rechnen und sich beim Überholen oder beim Umfahren von Hindernissen danach richten. Seine Sorgfaltspflicht verletzt gröblich, wer knapp vor einem schnellen Fahrzeug auf die Überholfahrbahn ausbiegt, so daß dem Fahrer dieses Wagens nur noch die Möglichkeit einer Gefahrenbremsung bleibt (BGH-Urteil v. 19. 1. 56 – 4 StR 427/55 in MDR 11/1956). Die Verpflichtung, dem Überholten eine unbehinderte Weiterfahrt zu belassen und ihn dabei nicht zu gefährden, geht dem Interesse des Überholenden an einer zügigen Durchführung einer eingeleiteten Überholung und an einer schnellen Weiterfahrt vor. Der Fahrer eines Lastzuges darf zum Überholen z. B. eines Mopedfahrers, in dessen Fahrbahn ein rechts parkender Pkw steht, nur dann ansetzen, wenn er bis zum Pkw den Überholungsvorgang abschließen oder an dem Pkw in einem solchen Abstand vorbeifahren kann, daß zwischen diesem und dem Pkw auch der Mopedfahrer ungefährdet weiterfahren kann (OLG Hamm, Urteil 18. 1. 57 – 3 Ss 1670/56 – in VkBl. 17/57).

Nach einem Urteil des OLG Hamburg (7 W 10/54 in „Verkehrsrundschau" Nr. 36/54 Seite 566) ist aus dem Gesichtspunkt der Gefährdungshaftung der Kraftfahrer, der einen anderen überholen wollte, grundsätzlich immer für den größeren Teil des mit dem Überholungsvorgang im Zusammenhang stehenden Schadens verantwortlich,

weil er die gefährliche Lage geschaffen habe.

Ein Kraftfahrer, der zwar noch außerhalb des Überholverbots mit dem Überholen beginnt, den Überholvorgang jedoch nicht vor der Überholverbotszone beenden kann, macht sich strafbar (OLG Frankfurt – 1 Ss 944/56 – in „Lastauto und Omnibus" Nr.2/58).

Überholsichtweite – die Sichtweite, die der Fahrer eines Fahrzeuges benötigt, um ein anderes Fahrzeug sicher und bequem zu überholen, ohne dabei ein mit der Ausbaugeschwindigkeit der Straße entgegenkommendes Fahrzeug zur Verringerung seiner Geschwindigkeit zu zwingen, wenn es erst nach Beginn des Überholvorganges in Sicht kommt. Man spricht von einer kritischen Ü., wenn der Fahrer den Überholvorgang aus der Geschwindigkeit des zu überholenden Fahrzeuges beginnt. Der Überholvorgang wird hierbei aus einer Position hinter dem zu überholenden Fahrzeug gerechnet. Eine reduzierte Ü. nennt man die kritische Überholsichtweite, bei der der Überholvorgang erst von dem Punkt an gerechnet wird, an dem sich der Überholer bereits auf der Gegenfahrspur in Bug/Heck-Stellung mit dem zu überholenden Fahrzeug befindet.

Überladung – Überschreitung der für das betreffende Güterfahrzeug amtlich festgestellten →Tragfähigkeit. Eine Ü. kann sowohl verkehrsrechtliche als auch frachtrechtliche Folgen haben. →Übergewicht.

Überleitung eines Nach- oder Rückforderungsanspruches – →Frachtausgleich, →Frachtnachforderung.

Übermüdung am Steuer – Der Fahrer, der trotz Übermüdung weiterfährt, verletzt seine Sorgfaltspflicht. Er muß aber seine Übermüdung erkannt haben. Ein Verschulden liegt auch dann vor, wenn er erkennbare Anzeichen einer einsetzenden Übermüdung und somit die Gefahr des Einschlafens am Steuerrad unbeachtet läßt. Durch Übermüdung herbeigeführtes Schlafen schaltet zwar das Bewußtsein aus, bedeutet aber keine Störung des Bewußtseins im Sinne der Versicherungsbedingungen. Es kann nicht angenommen werden, daß ein Unfall, der die Folge naturbedingten Schlafes ist, von dem Versicherungsschutz ausgeschlossen sein soll (OLG Oldenburg – 1 U 46/53). Voraussetzung ist, daß es sich um eine natürliche Übermüdung handelt, nicht um eine durch künstliche Mittel, durch Alkohol oder anomale Anlagen bedingte Übermüdung.

Übernachtungsgelder – Bezeichnung für eine Vergütung, die ein →Kraftfahrer erhält, wenn er mit seinem Fahrzeug länger als während der normalen täglichen →Arbeitszeit von seinem Heimatort abwesend ist. Die Ü. beziehen sich auf die Auslagen, die dem Kraftfahrer unterwegs für Übernachtungen entstehen. Ihre Höhe ist tariflich geregelt, sie unterliegen nicht der Lohnsteuer. →Abwesenheitsgelder, →Spesen, →Tagegelder.

Übernahme des Gutes – →Annahme des Gutes.

Übernahmesatz – Entgelt, das die Kosten der Beförderung und des Umschlages für Transporte enthält, zu deren Durchführung mehrere Verkehrsträger bzw. Verkehrsmittel nacheinander eingeschaltet werden müssen (mehrstufige Transporte). Ü. wird im Rahmen von Speditionsgeschäften von Spediteuren aufgestellt und angeboten (Spedition zu festen Spesen). Gesonderte Berechnung einer Speditionsprovision entfällt, sofern nichts Gegenteiliges vereinbart ist. Bei vorherigem generellem Hinweis können die üblichen Sondergebühren erhoben werden. Ü. gilt für die bezeichneten bzw. abgegrenzten Leistungen und im allgemeinen nur unter der Voraussetzung, daß die zugrunde liegenden Verkehrs- und Tarifverhältnisse unverändert weiter in Kraft sind. (Soweit der Ü. reicht, haftet der Spediteur gemäß HGB wie ein →Frachtführer. Diese Frachtführerhaftung wird indessen durch die →Allgemeinen Deutschen Spediteurbedingungen wieder auf die Spediteurhaftung beschränkt.)

Überstehende Ladung – Nach § 22 →StVO darf die Ladung nach vorn nicht über das Fahrzeug hinausragen. Nach hinten ist ein Hinausragen bis 1,50 m (bis zu 100 km Transportentfernung bis 3 m) zulässig unter der Voraussetzung, daß 20 m Gesamtlänge nicht überschritten werden. Bei Hinausragen von mehr als 1 m über die Rückstrahler hinaus sind folgende Sicherungen vorgeschrieben: eine hellrote, nicht unter 30mal 30 cm große, durch eine Querstange auseinandergehaltene Fahne, ein gleich großes, hellrotes, quer zur Fahrtrichtung pendelndes Schild oder ein senkrecht angebrachter zylindrischer Körper gleicher Farbe und Höhe mit einem Durchmesser von mindestens 35 cm. Die Sicherungen dürfen nicht höher als 1,5 m über der Fahrbahn angebracht werden. Wenn nötig (Dämmerung, Dunkelheit oder schlechte Sichtverhältnisse), ist mindestens eine rote Leuchte an gleicher Stelle und ein roter Rückstrahler nicht höher als 90 cm anzubringen. Ragt die Ladung seitlich mehr als 40 cm über die Lichtaustrittsflächen der Begrenzungs- oder Schlußleuchten hinaus, so ist sie kenntlich zu machen, und zwar seitlich höchstens 40 cm von ihrem Rand und 1,50 m über der Fahrbahn nach vorn durch eine Leuchte mit weißem, nach hinten mit rotem Licht. Einzelne Stangen oder Pfähle, waagerecht liegende Platten und andere schlecht erkennbare Gegenstände dürfen seitlich nicht herausragen. Für eine Überschreitung der angegebenen Maße sind Sondergenehmigungen erforderlich, die möglichst beschränkt werden sollen. Die Sondergenehmigung kann mit bestimmten Auflagen, z. B. Verbot des Verkehrs bei Dunkelheit und Nebel, verbunden werden.

Übertragung einer Genehmigung – →Genehmigungsübertragung.

Überwachung der Fahrer – Der Kraftfahrzeughalter muß seinen Fahrer ausreichend überwachen. An die Pflicht zur Überwachung müssen im Interesse der Sicherheit des Verkehrs hohe Anforderungen gestellt werden. Dabei ist den besonderen Verhältnissen des einzelnen Fahrers Rechnung zu tragen (BGH 21. 6. 51 – III ZR 5/50 – in DAR 1951/176 = VRS 3/401). Dabei wird an Großbetriebe, vor allem an die Unternehmen öffentlicher Kraftverkehrsbetriebe einen strengeren Maßstab anlegen und von ihnen meist fordern müssen, daß sie ihr Fahrpersonal gelegentlich durch unvermutete Stichproben unauffällig überprüfen.

Das gleiche kann aber nicht von jedem Kraftfahrzeughalter, der einen Fahrer in seinen Diensten hat, verlangt werden. So kann von einem Halter nicht stets gefordert werden, daß er ohne besonderen Anlaß hinter seinem seit langem bewährten Fahrer herfährt, um dessen Fahrweise zu überwachen. Ob eine unauffällige Kontrolle gefordert werden kann, hängt von den besonderen Verhältnissen des Einzelfalles ab (BGH v. 22. 11. 57 – VI ZR 185/56). Der Unternehmer hat seine Fahrer über deren Pflichtenkreis und Einsatzmöglichkeiten zu belehren und zu unterrichten. Im Falle der Unterlassung kann er für eine etwaige Ordnungswidrigkeit des Fahrers verantwortlich gemacht werden (OLG Hamm, 7. 2. 57 Erster Strafsenat).

UIRR – Internationale Vereinigung der Huckepackgesellschaften. Aufgabe: Entwicklung des grenzüberschreitenden Huckepackverkehrs sowie Abstimmung und gemeinsame Vertretung der Interessen der Huckepackgesellschaften. Z. Zt. Geschäftsführung bei der HUPAC Schweiz.

UKV – Es handelt sich um Umschlagsgesellschaften für den kombinierten Verkehr. Sie wurden von den →SVG eingerichtet, um – evtl. gemeinsam mit der DB – örtliche Umschlagsplätze für den kombinierten Verkehr auszubauen und zu betreiben. Die UKV sind zur absoluten Neutralität bei der Durchführung ihrer Arbeit verpflichtet.

Umladung – 1. Umladen von Gütern bei Beförderungen im →Güterkraftverkehr auf dem Fahrzeug selbst oder von einem Fahrzeug auf ein anderes. Die U. kann erforderlich werden durch unsachgemäße →Beladung durch den →Absender im →Ladungsverkehr. In diesem Fall kann der →Unternehmer des gewerblichen →Güterfernverkehrs dem Absender Gebühren für die U entsprechend dem →Nebengebührentarif (NGT) berechnen. Ist eine U. infolge Transportmittelunfalls oder Motorschadens notwendig, trägt der Unternehmer die hieraus entstehenden Kosten und haftet für die bei der U. aufgetretenen Schäden. Entsprechendes gilt für U. bei Beförderungen im gewerblichen →Güternah- und →Umzugsverkehr. – 2. Umladen von Gütern im →grenzüberschreitenden Straßengüterverkehr von einem Fahrzeug auf ein anderes. Die U. ist nur dann statthaft, wenn das Gut aus zwingenden Gründen (Transportmittelunfall, Motorschaden u. dgl.) nicht mit dem ursprünglichen Fahrzeug weiterbefördert werden kann. Sie ist von der Zollstelle zu überwachen. – 3. Umladen von Gütern bei festgestellten →Überladungen. Bei Überladungen von mehr als 10% des zulässigen →Gesamtgewichtes des Fahrzeuges, die von den Kontrolleuren der →Bundesanstalt für den Güterfernverkehr in Zusammenarbeit mit der Verkehrspolizei durch →Verwiegung festgestellt werden, muß das →Übergewicht entweder um- oder abgeladen werden, um die Genehmigung zur Weiterfahrt zu erhalten.

Umlage – Umlagen und Meldebeiträge.

Umlagen und Meldebeiträge – Bezeichnung für die Abgaben, die nach §§ 75 →GüKG von den →Unternehmern des gewerblichen →Güternahverkehrs, des Güterfernverkehrs, den Unternehmern des Umzugsverkehrs, von den →Werkverkehr treibenden Unternehmern, den bestellten →Abfertigungsspediteuren und der →Deutschen Bundesbahn zur Finanzierung des Haushaltes der →Bundesanstalt für den Güterfernverkehr zu leisten sind. Der Etat der Bundesanstalt ist also nicht aus dem Bundeshaushalt zu bestreiten, sondern durch U. und M., zu deren jeweiliger Höhe der →Verwaltungsrat der BAG Vorschläge beschließt. Die Höhe der U. wird bei den Unternehmern des gewerblichen Güterfernverkehrs nach dem Frachtumsatz bemessen. Werden die Frachtunterlagen von einer von der Bundesanstalt beauftragten →Frachtenprüfstelle vorgeprüft (→Frachtenprüfung), so ermäßigt sich die an die Bundesanstalt abzuführende U. um einen angemessenen Satz. Es kann eine jährliche Mindestumlage für jede Genehmigung für den Güterfernverkehr festgesetzt werden. Von den Abfertigungsspediteuren werden jährlich bestimmte M. erhoben. Entsprechendes gilt für den Güternahverkehr, den Umzugsverkehr sowie die Unternehmen, die Werkfernverkehr betreiben, für jedes bei der Bundesanstalt anmeldepflichtige Kraftfahrzeug sowie für die im Güterfernverkehr eingesetzten Kraftfahrzeuge der DB. Der Festsetzung der Höhe der U. und M. sind die im Haushaltsplan der Bundesanstalt vorgesehenen Ausgaben zugrunde zu legen. Überschüsse aus dem Geschäftsbetrieb sind durch eine Senkung der U. u. M. auszugleichen. Die endgültige Festsetzung der Höhe der U. u. M. erfolgt jeweils durch Rechtsverordnung.

Umlaufkapital – Bezeichnung für den Kapitalbedarf, der zum Betrieb eines →Nutzfahrzeugs notwendig ist. Das U. bezieht sich auf vorzulegende Beträge für Betriebsmittel (Kraftstoff, Öl, Reifen u. dgl.), Löhne, Steuern, Versicherungsprämien, Miete usw. U. wird kalkulatorisch in der Regel berechnet mit einem bestimmten Betrag je Tonne Tragfähigkeit, Aufsatteldruck oder Gesamtgewicht, um hierdurch dem vermehrten Aufwand für größere Fahrzeuge Rechnung zu tragen. Außerdem sind die Sätze nach Fahrzeugarten untergliedert. →Betriebsnotwendiges Kapital.

Umlaufzeit – Wirtschaftlichkeitsfaktor der Fahrzeugausnutzung, berechnet sich von einer Verwendung bis zur Bereitstellung zur nächsten Verwendung, spielt auch bei →Behältern, →Paletten, →Wagendecken usw. eine Rolle. Die U. wird bei steigendem Bedarf zunächst vor selbst geringer, und mit dieser erhöhten Ausnutzung der Ladekapazität ergibt sich eine verbesserte Wirtschaftlichkeit. Darüber hinaus kann durch betriebliche Maßnahmen die U. zusätzlich verkürzt werden; mit zunehmender Intensität dieser Maßnahmen erwachsen dem Betrieb jedoch vermehrte Kosten, die über einen bestimmten Punkt hinaus stärker ansteigen als die finanziell meßbaren Vorteile aus der immer schwieriger zu erzielenden Kapazitätssteigerung. Die U. als Wirtschaftlichkeitsfaktor hat also einen Optimum, über das sich jedes Verkehrsunternehmen Klarheit verschaffen muß.

Umleitung – 1. an Baustellen und bei großen Unfällen notwendige verkehrsregelnde Maßnahme; 2. Begriff aus der →Kraftverkehrsordnung, wonach im gewerblichen →Güterfernverkehr mit Kfz bei Eintreten von →Beförderungshindernissen, die durch U. oder durch eine →Ersatzbeförderung be-

hoben werden können, das Gut dem →Empfänger über die Umgehungsstraßen oder mit der möglichen Ersatzbeförderung zuzuführen ist (§ 28 KVO). Hierbei wird jedoch die Lieferfrist über den ursprünglichen Beförderungsweg errechnet. Eine Mehrfracht nach der wirklich ausgeführten Beförderung kann nur erhoben werden, wenn das Gut über eine Umgehungsstraße zugeführt wird und der →Absender vor Annahme des →Frachtbriefes und des Gutes von dem →Unternehmer auf die Notwendigkeit einer U. hingewiesen war.

Umrechnungsgewichte – Gewichtsangaben, die im →Tarif für den Güternahverkehr mit Kfz (GNT) als Anlage 4 zur Umrechnung von anderen Maßeinheiten in Gewichtseinheiten enthalten sind. Bei Benutzung dieses Schlüssels darf auch eine Abrechnung nach anderen Einheiten als nach dem Gewicht erfolgen, wenn dies für die Beförderung bestimmter Güter üblich ist (§ 7 GNT). Die in Anlage 4 aufgeführten U. gelten jedoch nur dann, wenn nicht nach einer Verwiegung ein anderes Gewicht festgestellt wird. Die U. beziehen sich auf Güter, die entweder nach Kubikmetern, Festmetern oder nach Stückzahl verladen werden.

Umwege – Geringe Umwege außerhalb der Nahzone können dann nicht als ungenehmigter Güterfernverkehr angesehen werden, wenn sie unvermeidbar sind, um einen Ort innerhalb der Nahzone zu erreichen (AG Stuttgart, Beschluß 20. 3. 56 – B 11 Gs (B) 27/56).

Umwegfrachthilfe – Bezeichnung für die ab 1. Oktober 1957 neben der →Frachthilfe für Zonenrandgebiete für den gewerblichen →Güterfernverkehr einschl. →Möbelfernverkehr gezahlte Frachthilfe. Sie wird ohne Anerkennung eines Rechtsanspruchs gewährt, soweit die Zonengrenzziehung ein Umfahren der DDR notwendig macht und damit eine Erhöhung der →Tarifentfernung im Vergleich zur Vorkriegszeit verbunden ist. Die U. besteht in der →Frachtberechnung nach den kürzeren Vorkriegsentfernungen. Die verladende Wirtschaft erhält hierdurch einen vollen →Tarifausgleich. Die dadurch entstehenden Frachtausfälle werden dem Güterfernverkehr sowie dem

Möbelfernverkehr auf Antrag aus Bundesmitteln vergütet.

Umzugsgut – tariflicher Begriff für die Gesamtheit aller Gegenstände, die nach den Bestimmungen des →GüKG als U. befördert werden dürfen. Es umfaßt nicht nur Wohnungseinrichtungen, sondern auch Büro-, Betriebs- und Theaterausstattungen, die Einrichtung von Schulen, Kinderheimen, Krankenhäusern, Museen u. ä.

Umzugsrestgut – →Umzugsgut, das bei Ausführung eines Umzugstransportes aus Gründen der Auslastung nicht mehr mit dem Möbelfahrzeug befördert werden kann. Dieses Restgut darf dann auch auf dem als Zugkraft verwendeten Kfz und in einem nicht besonders für Möbelbeförderung eingerichteten Anhänger befördert werden.

Umzugsverkehr – Begriff für Beförderungen von Umzugsgut, Erbgut und Heiratsgut mit besonders für diesen Zweck eingerichteten Kraftfahrzeugen durch Transportunternehmer (für andere) im Nah- und Fernverkehr. Dieser Verkehr ist nach §§ 37 ff. GüKG erlaubnispflichtig. Die Erlaubnis wird dem Unternehmer für seine Person zeitlich und bezüglich der einzusetzenden Fahrzeugzahl unbeschränkt erteilt. Voraussetzungen sind jedoch der Nachweis der Zuverlässigkeit der für die Führung der Geschäfte bestellten Person, die →fachliche Eignung sowie die finanzielle Leistungsfähigkeit des Betriebes. Zuständig für die Erteilung der Erlaubnis ist die untere Verkehrsbehörde, in deren Bezirk der Unternehmer seinen Sitz oder eine gerichtlich eingetragene Niederlassung hat. Es gelten Mindest-/Höchstentgelte, sofern der Tarif nichts anderes bestimmt. Die Tarife werden von einer →Tarifkommission für den Umzugsverkehr (TKU) festgesetzt und bedürfen der Genehmigung des Bundesministers für Verkehr im Einvernehmen mit dem Bundesminister für Wirtschaft. Die TKU ist auch zuständig für die Festsetzung von Tarifen, für die Beförderung von Handelsmöbeln, soweit die zum Einsatz kommenden Fahrzeuge für die Beförderung von Möbeln besonders eingerichtet sind. Die Verkehre werden nach den →Beförderungsbedingungen für den Möbelverkehr mit Kraftfahrzeugen

(BefBMö, jetzt GüKUMT) durchgeführt. Es besteht Versicherungspflicht zur Abdeckung der in den BefBMö festgelegten Haftungsbestimmungen. Der U. unterliegt der Aufsicht der Erlaubnisbehörde, die bei ihrer Tätigkeit von der →BAG unterstützt wird. Eine Ausfertigung der Erlaubnisurkunde ist bei allen Fahrten mitzuführen. Die Unternehmer haben der BAG ihre Unternehmen und auf Verlangen auch die eingesetzten Fahrzeuge anzumelden. Der BMV kann auch bestimmen, in welchem Umfange und nach welchem Verfahren Unterlagen zur Tarifüberwachung der BAG vorzulegen sind. Auch die statistische Erfassung kann angeordnet werden. Bei Verstößen finden die Strafvorschriften des GüKG Anwendung. →Erlaubnis, →Erlaubnisbehörde, →Erlaubnisrücknahme, →Erlaubnisurkunde, →Erlaubnisverfahren, →Möbelverkehrsunternehmer, →Beförderungsbedingungen für den Möbelverkehr, →Güterkraftverkehrstarif für den Umzugsverkehr und Handelsmöbel in Spezialfahrzeugen.

Umzugsvertrag – Bezeichnung für einen zwischen dem Auftraggeber und dem →Unternehmer des gewerblichen →Umzugsverkehrs abgeschlossenen Vertrag, der auf die Durchführung eines Umzuges gerichtet ist und alle Leistungen beinhaltet, die mit der Durchführung eines Umzuges verbunden sind. Bestandteile des U. sind die →Beförderungsbedingungen des Umzugsverkehrs (GüKUMT, früher BefBMö). Der U. gilt als abgeschlossen, wenn er vor Beginn der Beförderung vom Auftraggeber und Unternehmer unterzeichnet worden ist. Ein Vertrag ist für jede Sendung abzuschließen, die für einen Auftraggeber von einem Versandort an einen Empfänger nach einem Bestimmungsort befördert wird. Drei Durchschriften des Vertrages sind vorgeschrieben (für Tarifüberwachung, Empfänger, Auftraggeber und Unternehmer). Der U. muß folgende Angaben enthalten: Ort und Tag des Vertragsabschlusses, Name und Anschrift des Unternehmers, Tag der Übernahme des Gutes zur Beförderung, die für die Berechnung des Beförderungsentgeltes notwendigen Angaben, Art des Gutes, den benötigten Laderaum in Möbelwagenmetern, Vereinbarungen über die zu erbringenden Leistungen, die mit der Beförderung verbundenen Kosten (Beförderungsentgelt, Entgelte für Nebenleistungen, Zölle und andere Kosten), ggf. Sendungswert, Betrag einer evtl. Nachnahme, Kosten, die der Auftraggeber zu übernehmen hat, im grenzüberschreitenden Verkehr die Grenzübergangsstellen und das Bruttogewicht der Sendung, amtliches Kennzeichen, Art des Aufbaues und Laderaum in Möbelwagenmetern für das Kfz und Anhänger, Name und Anschrift des Auftraggebers und Empfängers, Versandort mit Postleitzahl, Bestimmungsort mit Postleitzahl und Entladestelle. Das Fehlen oder Mängel des U. berühren weder die Gültigkeit noch den Inhalt des Vertrages. →Güterkraftverkehrstarif für den Umzugsverkehr.

unanbringliches Gut – Beförderungsgut, für das bei Vorliegen eines →Ablieferungshindernisses vom Absender keine ausführbare Anweisung zu erlangen ist. Aufforderung zur Anweisung, Unbestellbarkeitsmeldung. U. G. kann ggf. auf Kosten des Absenders auf Lager genommen, in einem öffentlichen Lagerhaus hinterlegt, an Absender zurückgesandt, bestmöglich verkauft oder (nötigenfalls) vernichtet werden. →Einlagerung

unbeschränkter →**Güterfernverkehr** – Bezeichnung für die Ausübung des gewerblichen Güterfernverkehrs mit Kfz aufgrund einer Genehmigung für den allgemeinen Güterfernverkehr, die weder einer räumlichen noch einer sonstigen Beschränkung unterliegt, wie dies z. B. bei der Bezirksgenehmigung der Fall ist. →Genehmigungsarten.

Unbestellbarkeitsmeldung – Bei Ablieferungshindernissen im gewerblichen →Güterfernverkehr mit Kfz ist U. in § 28 →Kraftverkehrsordnung (KVO) geregelt. Danach hat der →Güterfernverkehrsunternehmer den →Absender unverzüglich zu benachrichtigen und seine Weisungen einzuholen, wenn der →Empfänger die →Annahme des Gutes verweigert, wenn dieser den →Frachtbrief nicht einlöst oder er am →Bestimmungsort nicht zu ermitteln ist und ferner, wenn sich vor →Einlösung des Frachtbriefes ein sonstiges Ablieferungshindernis ergibt. Die Gebühren für die U. sind im →Nebengebührentarif (NGT) festgesetzt.

Sie sind vom Absender zu tragen, wenn den Unternehmer kein Verschulden trifft. Entsprechende Bestimmungen gelten im gewerblichen →Güternah- und →Umzugsverkehr. →Ablieferung des Gutes, →Annahmeverweigerung, →Anweisung des Absenders, →Beförderungshindernis.

unechter Werkverkehr – umstrittener Begriff aus dem Güterkraftverkehr, dient zur Kennzeichnung von Fremdtransporten mit Kfz des →Werkverkehrs. Tatsächlich handelt es sich um →nichtgenehmigten Güterfernverkehr oder sonstigen Güterkraftverkehr. Die Bezeichnung u. W. dürfte nur angewandt werden für Transporte im Güterkraftverkehr, die ihrem Wesen nach →Werkverkehr (also Beförderungen für eigene Zwecke eines Unternehmens) darstellen, bei denen aber eine der im GüKG verlangten Voraussetzungen (z. B. Bedienung der Kfz durch eigene Leute) nicht gegeben ist.

Unerlaubter Güternahverkehr – Unerlaubten Güternahverkehr betreibt, wer weder den Nachweis der Altunternehmereigenschaft (§ 106 Abs. 4 GüKG) in der gesetzlich vorgeschriebenen Frist erbracht hat noch Inhaber einer Erlaubnis ist (OLG Hamm, Beschluß Mai 1955 – 1 Ws 67/55).

Wer ein Nahverkehrsfahrzeug zusammen mit einem Fahrer einem Dritten zur Verfügung stellt, hat den Fahrer über das Verbot der Nahzonenüberschreitung zu unterrichten, andernfalls er sich des ungenehmigten Güterfernverkehrs schuldig macht (OLG Hamm 7. 2. 57 – 1 Ws 541/56).

Unfallflucht – →Vergehen (§ 142 StGB). Wer sich nach einem →Verkehrsunfall (Sachschaden genügt) der Feststellung seiner Person, seines Fahrzeuges oder der Art seiner Beteiligung an einem Unfall vorsätzlich durch Flucht entzieht, obwohl nach den Umständen in Frage kommt, daß sein (auch unverschuldetes) Verhalten zur Verursachung des Unfalles beigetragen hat, wird mit Freiheitsstrafe bis zu 3 Jahren bestraft; dies gilt für jeden Verkehrsteilnehmer.

Unfallhilfe – (§ 34 StVO) Nach einem Verkehrsunfall hat jeder Beteiligte sofort zu halten, sich über die Unfallfolgen zu vergewissern, Verletzten zu helfen und den Verkehr zu sichern. Unberührt bleiben die Pflichten, die sich aus den Vorschriften über die Hilfeleistung bei Unglücksfällen (§ 323 c des Strafgesetzbuches) und über die Verkehrsunfallflucht (§ 142 des Strafgesetzbuches) ergeben. Unfallspuren dürfen nicht beseitigt werden.

Unfallschutzkarte – vom Arzt auszustellende, immer mitzuführende viersprachige Karte (deutsch, englisch, französisch, italienisch), die bei Unfällen den zugezogenen Arzt über die Blutformel (insbesondere Blutgruppe), bereits verabfolgte Tetanus- und Seruminjektionen, Insulinbehandlung, Rhesusfaktor usw. unterrichtet, damit sofortige Behandlung ermöglicht wird. Insbesondere für Kraftfahrer und Arbeitnehmer unfallgefährdeter Berufe ist die U. wichtig. Die U. kann durch das Deutsche Grüne Kreuz, 355 Marburg, Schuhmarkt 4, bezogen werden.

Unfallstatistik – 1. Teilgebiet der Bevölkerungs- und Sozialstatistik zur Ermittlung der aus Unfällen sich ergebenden Minderung der Erwerbsintensität oder der Zahl der durch Unfall getöteten Erwerbstätigen. Erfassung im Wege der Sekundärstatistik bei Versicherungsträgern. – 2. Teilgebiet der →Verkehrsstatistik: Straßenverkehrsunfälle werden sekundärstatistisch nach den polizeilichen Meldungen erfaßt. →Straßenverkehrsunfall-Statistik.

Unfallverhütung – 1. Verpflichtung der →Versicherungsträger, im Rahmen der gesetzlichen →Unfallversicherung durch fachlich vorgebildete und erfahrene technische Aufsichtsbeamte die Durchführung der Vorschriften zur technischen U., psychologischen U. und unfallverhütende Betriebsregelungen durch den Unternehmer zu überwachen. Größere Unternehmungen gehen mehr und mehr dazu über, ,,Sicherheitsingenieure" einzustellen, die für alle Forderungen der U. zuständig sind. – 2 Vielfältige Bemühungen zur Hebung der Sicherheit im →Straßenverkehr, die von amtlicher Seite und zahlreichen Zweckorganisationen finanziell gefördert und in unmittelbarer Einflußnahme auf die →Verkehrsteilnehmer, Erwachsene und Jugendliche, an-

gestellt werden. →Deutscher Verkehrssicherheitsrat.

Ungenehmigter Güterfernverkehr – Wer vorsätzlich oder fahrlässig Güterfernverkehr ohne die erforderliche Genehmigung betreibt, kann mit einer Geldbuße bis zu 10 000 DM belegt werden (§§ 8, 99 GüKG). Dasselbe gilt für den Fall des unerlaubten Güternahverkehrs, des Umzugsverkehrs oder des ungenehmigten Güterliniennahverkehrs (§§ 8, 80, 90 i. Verb. mit § 99 GüKG). Der Teilnahme am ungenehmigten Güterfernverkehr macht sich der Absender (Spediteur oder Verlader) schuldig, der einen Frachtführer beauftragt, welcher nicht die erforderliche Genehmigung für den Güterfernverkehr besitzt (vgl. hierzu § 9 OWiG). In diesem Fall kann sich der Absender wegen Anbietens eines Beförderungsvertrags in Abweichung von den Bestimmungen der §§ 21, 22 GüKG schuldig machen (siehe auch AG Koblenz, 2. 10. 56 in ,,Verkehrsrundschau" Nr. 15/57 Seite 228). Nach einem Urteil des BGH vom 19. 4. 55 – I ZR 76/53 – sind auch Unternehmer, die ohne Genehmigung Güterfernverkehr betreiben, dem Tarif unterworfen. Wer gegen den Genehmigungszwang verstößt, hat also damit zu rechnen, daß er sich wegen eines Tarifverstoßes verantworten muß. Darüber hinaus ist den Frachtausgleichsmaßnahmen der BAG unterworfen. Die verbotene Güterbeförderung (z. B. Güterfernverkehr durch ein Nahverkehrsfahrzeug) bedeutet jedoch nicht den Verlust des Versicherungsschutzes.

Union Internationale des Transports Routiers – französische Bezeichnung für →International Road Transport Union (IRU).

Unterfahrschutz – Nach § 32 b/StVZO müssen Kraftfahrzeuge und Anhänger mit einer bauartbedingten Höchstgeschwindigkeit von mehr als 25 km/h mit einem Unterfahrschutz versehen sein, wenn der Abstand der hinteren Begrenzung zur Hinterachse mehr als 1000 mm und die lichte Höhe über der Fahrbahn bei unbeladenem Fahrzeug mehr als 700 mm beträgt. Der Unterfahrschutz muß mit seiner Unterkante enger als 700 mm vom Boden entfernt sein (unbeladen), er darf die Fahrzeugbreite nicht über- und an keiner Stelle mehr als 100 mm unterschreiten. Der U. muß soweit wie möglich hinten am Fahrzeug angebracht sein und darf an keiner Stelle mehr als 600 mm von der hinteren Begrenzung entfernt sein. Die Enden des U. dürfen nicht nach hinten umgebogen und mit den Fahrzeuglängsträgern oder mit anderen an deren Stelle vorhandenen Bauteilen fest verbunden sein. Ausnahmen gelten für land- und forstwirtschaftliche Zugmaschinen, für Arbeitsmaschinen, Sattelzugmaschinen, zweirädrige Anhänger, die zum Transport von Langmaterial bestimmt sind sowie für Fahrzeuge, bei denen das Vorhandensein eines Unterfahrschutzes mit dem Verwendungszweck unvereinbar ist. Der U. dient zur Minderung von Schäden bei Auffahrunfällen.

Unterfrachtführer – Der Frachtführer kann zur Ausführung der von ihm übernommenen Beförderung das Gut einem anderen Frachtführer übergeben. Der nachfolgende Frachtführer ist Unterfrachtführer. Er übernimmt das Gut von dem zuerst beauftragten Frachtführer mit dem ursprünglichen Frachtbrief und tritt somit in den Frachtvertrag zu den Bedingungen des vorhandenen Frachtvertrages ein (§ 432 HGB). Ein Unterfrachtvertrag entsteht also nur zwischen dem Hauptfrachtführer und dem von ihm beauftragten U., wenn dieser in den ursprünglichen Beförderungsvertrag eintritt.

Unterlegkeile – Auf Kraftfahrzeugen – ausgenommen Kettenfahrzeuge – mit einem zulässigen Gesamtgewicht von mehr als 4 t und auf Anhängern mit einem zulässigen Gesamtgewicht von mehr als 750 Kilogramm ist mindestens ein Unterlegkeil für die Räder mitzuführen. Unterlegkeile müssen ausreichend wirksam, leicht zugänglich und sicher zu handhaben sein (§ 41 Abs. 14 StVZO). Das BVM hat für die Unterbringung von Unterlegkeilen und Ersatzrädern an Kraftfahrzeugen und deren Anhängern, ausgenommen Personenkraftwagen und Krafträdern, am 4. Juli 1968 folgende Richtlinien erlassen: (1) Unterlegkeile dürfen nicht lose im Führerhaus oder auf der Ladefläche mitgeführt werden. Sie müssen am Fahrzeug leicht zugänglich und stets greifbar untergebracht sein. (2) Zur Aufnahme der Unterlegkeile müssen am Fahrzeug geeignete Hal-

terungen vorhanden sein, die ein Verlieren und Klappern ausschließen. Das Anhängen an gewendelten Haken oder an Ketten gilt nicht als ausreichende Sicherung gegen Verlieren. (3) Unterlegkeile dürfen mit dem Fahrzeug zusätzlich durch Ketten oder Seile verbunden sein, die verhindern, daß die Keile beim Anfahren auf der Fahrbahn liegenbleiben.

Ersatzräder – (4) Ersatzräder müssen so zugänglich am Fahrzeug untergebracht sein, daß sie bei Bedarf schnell entnommen, wieder angebracht und befestigt werden können, ohne daß dabei der fließende Verkehr behindert wird. (5) Das Ersatzrad muß von einer Person entnommen und wieder angebracht werden können. Bei Radgewichten über 80 kg müssen geeignete Vorrichtungen vorhanden sein, die das Entnehmen und Wiederanbringen der Ersatzräder unter zumutbarem Kraftaufwand gestatten. (6) Halterungen für Ersatzräder müssen allen betriebsüblichen Beanspruchungen gewachsen sein und das betriebsfähige oder luftleere Ersatzrad sicher aufnehmen können. (7) Ersatzräder müssen gegen Verlieren durch zwei voneinander unabhängige Sicherungen gesichert sein. Eine der beiden Sicherungen muß noch wirksam sein, wenn die andere durch Bruch, Versagen oder Bedienungsfehler ausfällt. (VkBl. 1968 S. 355)

Unternehmensberatung – Unternehmensberatung Spedition und Lagerei USL GmbH, Reuterstr. 125, Bonn.

Unternehmenstarife – 1. Ab 1. Januar 1961 durch die „Verordnung PR Nr. 15/59 zur Auflockerung der Preisbindung in der Kraftfahrtversicherung" vom 19. 12. 1959 eingeführte Tarife der einzelnen Kraftfahrt-Versicherungs-Gesellschaften, die den bisherigen „Einheitstarif für →Kraftfahrtversicherungen" abgelöst haben, jedoch der Genehmigung des Bundeswirtschaftsministeriums bedürfen. – 2. Im Rahmen der Verkehrspolitik der Europäischen Wirtschaftsgemeinschaft angestrebte Tarife, die von jedem Verkehrsunternehmen selbst aufgestellt werden können. U. sollen die Endstufe der Liberalisierung der Frachten in der EWG sein.

Unternehmer – Bezeichnung für den Inhaber von →Genehmigungen zur Ausübung des gewerblichen →Güterkraftverkehrs. Es kann sich dabei um natürliche oder juristische Personen handeln. Begriff auch im gewerblichen →Güternahverkehr gebräuchlich.

Unternehmergewinn – Reingewinn des →Unternehmers im gewerblichen Güterkraftverkehr als Differenz zwischen der Summe der erzielten Erträge und der Summe der Kosten. Kalkulatorisch wird der U. in der Regel ermittelt mit 10 v. H. des →betriebsnotwendigen Kapitals (je Fahrzeug).

Unternehmerlohn – kalkulatorischer Kostenfaktor im gewerblichen →Güterkraftverkehr, der sich auf ein Entgelt für die Mitarbeit des →Unternehmers bei der Verwaltung des Fahrzeugbetriebes bezieht. Es handelt sich also nicht um den →Unternehmergewinn. Der U. wird in der Regel mit 10 v. H. von der Summe der festen Aufwendungen des Fahrzeuges angesetzt.

Unternehmungsformen – Im Güterkraftverkehr unterscheiden wir Einzelunternehmer und Firmen verschiedener Rechtsform sowie Zusammenschlüsse mit Speditionsfirmen (Gemischtbetriebe). Dabei gibt es bei allen U. vertragliche Bindungen an Verladerfirmen, an Spediteure und an die DB, die für die Beschaffung des Ladegutes von ausschlaggebender Bedeutung sind. Sonderformen stellen vor allem die Werkverkehrsfirmen dar.

Unterschiedsberechnung – Begriff aus dem Bereich des gewerblichen →Güterfernverkehrs mit Kfz. U. werden nach § 11 der →Tarifüberwachungsverordnung (TÜVO) von den →Außenstellen der →Bundesanstalt für den Güterfernverkehr oder von den zugelassenen →Frachtprüfstellen dann ausgestellt und dem Forderungsberechtigten und dem Zahlungsverpflichteten übersandt, wenn die Prüfung der vorgelegten Unterlagen eine Abweichung des →Beförderungsentgeltes vom →Tarif ergeben hat. Bei vorsätzlicher Handlungsweise hat die Frachtprüfstelle lediglich den →Unterschiedsbetrag zu errechnen und die Prüfungsunterlagen der Außenstelle der Bundesanstalt vorzulegen. Es kann sich im Falle der Ausstellung einer U. entweder um eine →Tarifüberbietung oder eine →Tarifunterbietung handeln, die ggf. nicht oder nicht nur in einer unmittelbaren Differenz zwischen der vorgeschriebenen →Tariffracht und dem in die Frachtunterlagen eingesetzten →Frachtentgelt bestehen kann, sondern auch in Zuwendungen oder Vergünstigungen anderer Art. →Frachtenprüfung, →Frachtnachzahlung, →Frachtrückzahlung.

Unterschiedsbetrag – Begriff aus dem gewerblichen →Güterfernverkehr, der sich auf eine bei der →Frachtenprüfung festgestellte Abweichung des →Beförderungsentgelts vom →Tarif bezieht.

Unterstützungstarife – Bezeichnung für →Tarife, die der Unterstützung oder dem Schutz eines oder mehrerer Unternehmen oder ganzer Industrien dienen. Die →Frachtsätze der U. liegen – wie die der →Ausnahmetarife – unter den Frachtsätzen des →Regeltarifes. Die U. haben – im Gegensatz zu den Ausnahmetarifen, denen betriebsökonomische Interessen der einzelnen →Verkehrsträger zugrunde liegen – ausschließlich den Vorteil des →Verkehrsnutzers zum Ziel und stellen darum eine Art Subvention zugunsten der Verkehrsnutzer dar. Das Problem der U. ist u. a. bei der Durchführung einer gemeinsamen Verkehrspolitik im Rahmen der Europäischen Wirtschaftsgemeinschaft in den Vordergrund getreten. Da die U. eine ungleiche Behandlung von Verkehrsnutzern, die sich verkehrsmäßig in vergleichbarer Lage befinden, zur Folge haben, verbietet der EWG-Vertrag grundsätzlich die Anwendung derartiger Tarife.

Unterwegsabladung – Begriff aus dem →Güterkraftverkehr, der sich auf Transporte bezieht, bei denen die geladenen Güter nicht nur an einer Stelle am Endpunkt der Fahrt abgeladen werden, sondern bei denen Teilabladungen an verschiedenen Stellen erfolgen.

Unterwegstarif – Bezeichnung für festgesetzte Entgelte für die Beförderung von Gütern im →Unterwegsverkehr des gewerblichen →Güterfernverkehrs mit Kfz. Bisher ist es zur Schaffung eines besonderen U. nicht gekommen, obwohl bei der verladen-

215

den Wirtschaft hierfür ein starkes Interesse besteht.

Unterwegsverkehr – Bezeichnung für eine Art des gewerblichen →Güterfernverkehrs mit Kfz, bei der auf einer Zielfahrt →Unterwegsabladungen von Gütern erfolgen. Der U. unterscheidet sich vom →Rundfahrtverkehr dadurch, daß die Fahrzeuge nach Beendigung der Fahrt nicht zum Ausgangspunkt zurückzukehren brauchen, um dort etwa unterwegs ausgeladene Güter (z. B. gebrauchte Verpackungen, Emballagen, defekte bzw. Austauschteile u. a.) wieder zum Auftraggeber am Abgangsort zurückzubringen, sondern daß sie am Zielort zu anderen Beförderungen nach anderen Richtungen eingesetzt werden können. →Unterwegstarif.

Unzuverlässigkeit – Unzuverlässigen Unternehmern kann die Genehmigung oder Erlaubnis zurückgenommen werden, wenn nach Erteilung der Genehmigung schwerwiegende Umstände eintreten, aus denen sich die Unzuverlässigkeit der für die Leitung des Unternehmens verantwortlichen Personen ergibt (§ 102 b GüKG), insbesondere wenn Personen, die für die Leitung des Unternehmens verantwortlich sind, gegen die Bedingungen oder Auflagen der Genehmigung wiederholt in grober Weise verstoßen oder die im Interesse der öffentlichen Sicherheit erlassenen Vorschriften trotz Verwarnung nicht erfüllt haben. Unzuverlässigkeit ist als solche nur von Bedeutung, wenn sie auch in Zukunft die Handlungen des Unternehmers beim Betrieb seines Unternehmens bestimmt (OLG Münster VII A 934/55). Unzuverlässig ist auch, wer seine Genehmigung einem Dritten zur Ausnützung überläßt; ein solcher Unternehmer verstößt gegen das Übertragungsverbot (§§ 10–11 GüKG). Allgemeine charakterliche Unzuverlässigkeit kann auch zur Entziehung der Fahrerlaubnis führen (BGH, Urteil vom 5. 11. 53, 3. StR 542/53) Die gewerbliche Zuverlässigkeit ist dann zu verneinen, wenn aus bestimmten Tatsachen, z. B. strafgerichtlichen Verurteilungen, zu schließen ist, daß der Antragsteller in Zukunft nicht die Gewähr für eine einwandfreie Ausübung seines Gewerbes und die Erfüllung der für dieses Gewerbe bestehenden beson-

deren Anforderungen bietet. Dabei sind der Sicherungszweck des Gesetzes und die allgemeine Gefahrenlage bei der Bemessung der Anforderungen zu berücksichtigen. Die wirtschaftlichen Auswirkungen der Versagung der Erlaubnis auf den Kläger können keine Berücksichtigung finden (Hess. VGH v. 22. 3. 57 – OS II 68/55 und OVG Rheinland-Pfalz Koblenz v. 10. 1. 56) →Zuverlässigkeit.

Urverlader – →Urversender.

Urversender – im →Spediteur-Sammelladungsverkehr Bezeichnung für die Auftraggeber, deren Güter der →Spediteur sammelt und zu einer →Wagenladung zusammenfaßt. Der U. schließt mit dem Spediteur einen →Speditionsvertrag ab. →Absender, →Versender.

V

Ventilierte Kfz – Hierunter versteht man geschlossene Transportmittel, deren Kästen außer den Eingangs- und Ladeöffnungen entweder Lufteintritts- und Luftaustrittsöffnungen oder Ventilationseinrichtungen mit Kraftantrieb besitzen. Die Stundenleistung der Lüftungsöffnungen oder sonstiger Lüftungseinrichtungen muß wenigstens 100mal so groß sein wie der Innenraum des Kastens ohne jegliche Ladung, wenn das Fahrzeug mit einer Geschwindigkeit von 35 km per Stunde fährt. Das Durchlüftungssystem muß von außen am Transportmittel abgesperrt und geregelt werden können. Dieser Fahrzeugtyp wird von Unternehmen verwendet, die der Transfrigoroute International und deren Länderorganisationen angehören. →Transfrigoroute.

Verband der Automobilindustrie (VDA) – Nachfolgeorganisation des ehemaligen Reichsverbandes der Deutschen Automobilindustrie (RDA), Berlin, mit Sitz in Frankfurt/Main. Dem VDA sind alle deutschen Automobilfabriken sowie zahlreiche Herstellerbetriebe von Kfz-Zubehör angeschlossen, nicht dagegen die Zweirad-Industrie. Der VDA vertritt die Interessen der Automobil- und Zubehörindustrie, berät die Mitgliedbetriebe, nimmt aber auch häufig zu verkehrspolitischen Grundsatz- und Tagesfragen Stellung. Er veranstaltet alle zwei Jahre die große Internationale Automobil-Ausstellung (IAA) in Frankfurt/Main.

Verbände des Verkehrsgewerbes – →Bundesverbände.

Verbandskasten – Behälter mit den für die Erste Hilfe notwendigen Medikamenten, Verbandsstoffen und Instrumenten. Ein V. nach vorgeschriebenem Muster muß nach § 35 b StVZO in jedem →Kraftfahrzeug vorhanden sein (Muster DIN 13 164 Blatt 1, Ausgabe April 68). Man muß aber auch wissen, was nach Unglücksfällen auf keinen Fall getan werden darf. Der richtige Gebrauch des V. setzt die Ausbildung in Erster Hilfe voraus. Die ausgebildeten Helfer müssen, um tätig werden zu können, andererseits das nötige Handwerkszeug zur Verfügung haben.

Verbotsirrtum – Handelt der Täter ohne das Bewußtsein, etwas Unerlaubtes zu tun, namentlich weil er das Bestehen oder die Anwendbarkeit einer Rechtsvorschrift nicht kennt, und ist ihm dies nicht vorzuwerfen, so handelt er nicht ordnungswidrig (§ 6 Abs. 3 OWiG).. Der Betroffene kann sich auf einen im Sinne des § 6 Abs. 3 OWiG unverschuldeten und daher schuldausschließenden Verbotsirrtum nur dann berufen, wenn er sich sein Urteil erst aufgrund sorgfältiger Erkundigungen bei den maßgeblichen Stellen, notfalls auch bei der Bundesanstalt für den Güterfernverkehr oder sach- und rechtskundigen Personen gebildet hatte (OLG Stuttgart 29. 11. 62 2 Ws (B) 159/62 zu § 12 OWiG und die darin erwähnte Rechtsprechung BGH St 4,5, 352; 5, 118; OLG Bremen NJW 60/163). In ähnlichem Sinn hat sich auch das Bayerische Oberste Landesgericht in seinem Beschluß vom 22. 4. 58 – 4 St 19/58 – ausgelassen.

Verbotskunde – beim →Speditionsauftrag der Auftraggeber des →Spediteurs (Versender), der die Anmeldung eines Verkehrs- oder selbständigen Rollauftrages zum → Speditionsversicherungsschein/Rollfuhrversicherungsschein wirksam verboten hat. Der Spediteur haftet dem V. gegenüber nur im Rahmen der →Allgemeinen Deutschen Spediteurbedingungen (ausgenommen bei →Vorsatz).

Verdienstausfall – wird grundsätzlich so ermittelt, daß von den durchschnittlichen Frachteinnahmen diejenigen Selbstkosten und Abgaben abzusetzen sind, die bei einem Stillstand des Fahrzeugs fortfallen, also Gebühren, bewegliche Kosten und meist auch die Fahrerspesen.

Vereinigung deutscher Kraftwagenspediteure (VKS) e. V. Zusammenschluß von Kraftwagenspediteuren, die der →Adekra und →DKS als Wirtschaftsorganisationen angehören. Die VKS will gemeinsame Fragen der sie tragenden beiden Wirtschaftsorganisationen behandeln.

Vergleich – Verfahren, das im →Güter-kraftverkehrsgesetz (GüKG) sowie in der Verordnung über die →Tarifüberwachung (TÜVO) geregelt ist. Danach bedarf ein gerichtlicher oder außergerichtlicher V. über eine Tarifausgleichsforderung, die aufgrund einer Beförderung im gewerblichen →Güterfernverkehr entstanden ist, der Zustimmung der →Bundesanstalt für den Güterfernverkehr. Hierbei ist davon auszugehen, daß die Allgemeinverbindlichkeit des →Reichskraftwagentarifs der vergleichsweisen Regelung von Frachtforderungen grundsätzlich widerspricht. Nur in besonderen Ausnahmefällen wird daher die Bundesanstalt einem V. zustimmen können. →Frachtausgleich, →Frachtausgleichsverfahren.

Verjährung – im Güterkraftverkehr. 1. Für den gewerblichen →Güterfernverkehr mit Kfz ist die V. in § 40 →Kraftverkehrsordnung (KVO) geregelt. Danach verjähren die Ansprüche aus dem →Beförderungsvertrag in einem Jahr. Die Verjährungsfrist beträgt jedoch drei Jahre bei Ansprüchen des →Absenders auf Auszahlung einer →Nachnahme, die der →Unternehmer vom →Empfänger eingezogen hat, ferner bei Ansprüchen auf Auszahlung des Erlöses eines vom Unternehmer vorgenommenen Verkaufs und bei Ansprüchen wegen eines durch Vorsatz verursachten Schadens. 2. Für den gewerblichen Güternahverkehr mit Kfz ist die V. in den Allgemeinen Beförderungsbedingungen für den gewerblichen Güternahverkehr mit Kfz (AGNB) geregelt. Danach verjähren alle Ansprüche aus Beförderungs- und Lohnfuhrverträgen in sechs Monaten. 3. Für den gewerblichen Umzugsverkehr ist die V. in den →Beförderungsbedingungen des Umzugsverkehrs (§ 14) geregelt. Hier verjähren die Schadensersatzansprüche aus dem Vertrag nach einem Jahr. Die V. anderer Ansprüche aus dem Vertrag richtet sich nach den allgemeinen gesetzlichen Vorschriften (Bes. §§ 19 b und 225 BGB).

Verkehrsarten – im →Straßengüterverkehr Bezeichnung für die verschiedenen Einsatzformen der →Lastkraftwagen, wie gewerblicher →Güternah- und →Güterfernverkehr, gewerblicher →Umzugsverkehr, →Werknah- und →Werkfernverkehr.

Verkehrsbehörden – Behörden des Bundes, der Länder und der Gemeinden, die für die Gesetzgebung bzw. Aufrechterhaltung der Ordnung im Verkehrswesen, insbesondere im →Straßenverkehr, zuständig sind. →Bundesministerium für Verkehr, →Bundesanstalt für den Güterfernverkehr, →Landesverkehrsbehörde.

Verkehrsdienstwagen – Vom →BDF eingesetzte Fahrzeuge, die mit allen erforderlichen Einrichtungen für Erste Hilfe und technische Unterstützung bei Unfällen und Pannen ausgerüstet sind. Die Fahrzeuge patrouillieren auf den Straßen, bevorzugt Autobahnen, können durch Funk dirigiert werden und verfügen über Telefon zur Verständigung des betroffenen Unternehmers, einer Werkstatt, Angehöriger der Verkehrspolizei, der Zollbehörden etc. Ein geländegängiger V. mit Vierradantrieb ist ständig am Brenner stationiert, um bei dort ständig auftretenden Schwierigkeiten zur Verfügung zu stehen. Das dort stationierte Personal ist bestens über die Abfertigungssituation am Zoll, die Straßenverhältnisse sowie alle Besonderheiten des Verkehrs über diesen Paß informiert. In ständiger Verbindung mit dem Zoll, der Polizei und den Verkehrsfunksendern leistet es einen wesentlichen Beitrag zur Abwicklung des dort besonders anfälligen Straßenverkehrs. Die Hilfsstelle steht allen Angehörigen des Verkehrsgewerbes und darüber hinaus allen Verkehrsteilnehmern zur Verfügung. Anschrift: BDF, Gries am Brenner, Tel. 00 43 52 74/3 33.

Verkehrsfachwirt – Die Fortbildung zum Verkehrsfachwirt (IHK) basiert auf § 46 (1) Bundes-Bildungsgesetz (BBiG). Der Verkehrsfachwirt ist aufgrund seiner Ausbildung zur Erfüllung qualifizierter Sachaufgaben und zu Leistungsaufgaben der mittleren bis höheren Ebene befähigt. Seine Ausbildung ist darauf abgestellt, Gesamtzusammenhänge zu erkennen und sie betrieblich zu verwerten. Es werden Vorbereitungslehrgänge angeboten, die etwa 600 Unterrichtsstunden umfassen. Der Lehrstoff und die Prüfung beziehen sich auf Personalwirtschaft und Unternehmensführung, Verkehrsbetriebslehre, Finanz- und Rechnungswesen, Tarifrecht und Preisbildung, Haftung und Versicherungen, Absatz, Beschaffung und Anlagenbewirtschaftung, Verkehrswirtschaft und Verkehrspolitik sowie volkswirtschaftliche Grundfragen. Voraussetzung für die Zulassung zur Prüfung sind der Berufsabschluß in einem anerkannten kaufmännischen Ausbildungsberuf oder ein sonstiger Ausbildungsabschluß in einem Verkehrsberuf und eine weitere Berufspraxis von mindestens 3 Jahren in einem kaufmännischen Bereich der Verkehrswirtschaft. Eine individuelle finanzielle Förderung nach dem AfG ist möglich. Die Prüfungen werden von den Industrie- und Handelskammern abgehalten. Diese bieten auch Vorbereitungslehrgänge an. Auch die Akademie für Welthandel in Frankfurt (bei IHK) bietet einen solchen 4-semestrigen Lehrgang (Abendstunden) an. Weitere Informationen →BDF, Frankfurt.

Verkehrsführer – im →Sammelgutverkehr Speditionsfirma, der das Sammeln der Einzelsendungen, das Zusammenfassen zu Wagenladungen, die Auflieferung und Frachtabrechnung mit den Kunden obliegt.

Verkehrsgefährdung – strafrechtliches →Vergehen (§ 315 a StGB): Beeinträchtigung der Sicherheit des Straßenverkehrs und Herbeiführung einer Gemeingefahr u. a. dadurch, daß der Täter a) ein →Fahrzeug führt, obwohl er infolge des Genusses alkoholischer Getränke oder anderer berauschender Mittel nicht in der Lage ist, das Fahrzeug sicher zu führen, oder b) in grob verkehrswidriger und rücksichtsloser Weise die Vorfahrt nicht beachtet, falsch überholt oder an unübersichtlichen Stellen, an Straßenkreuzungen oder -einmündungen zu schnell fährt oder verbotene Richtungsänderungen oder Wendemanöver vornimmt. Strafe: Gefängnis; die Bestrafung wird im Strafregister eingetragen. →Trunkenheit am Steuer.

Verkehrsgenossenschaften – Zusammenschluß mittelständischer Unternehmer des Straßenverkehrs. Gesetzlicher Prüfungsverband ist der 1929 gegründete Prüfungsverband der deutschen Binnenschiffer- und Verkehrsgenossenschaften, Sitz Hamburg-Wandsbek. →Straßenverkehrsgenossenschaft.

Verkehrshilfsdienst – →Verkehrsdienstwagen.

Verkehrshindernis – Nach § 32 StVO ist es verboten, die Straße zu beschmutzen oder zu benetzen oder Gegenstände auf Straßen zu bringen oder dort liegen zu lassen, wenn dadurch der Verkehr gefährdet oder erschwert werden kann. Der für solche verkehrswidrigen Zustände Verantwortliche hat sie unverzüglich zu beseitigen und sie bis dahin ausreichend kenntlich zu machen, wenn nötig (§ 17 Abs. 1), durch Leuchten mit rotem Licht; erstreckt sich ein solches Hindernis nicht über die gesamte Breite der Fahrbahn, kann gelbes Licht verwendet werden. Nach der Begründung zu § 32 StVO ist der Begriff ,,Gegenstände" weit auszudehnen; auch Fahrzeuge, die betriebsunfähig oder nicht zugelassen sind, fallen darunter.

Verkehrskaufmann – →Kaufmann im Straßenverkehr. →Verkehrsfachwirt.

Verkehrskontrolle – Im Bereich des →Güterfernverkehrs mit Kfz wurde V. erstmalig vom →Reichskraftwagenbetriebsverband für die Bezirke West, Ost und Süd eingeführt, sie wird heute von der →Bundesanstalt für den Güterfernverkehr wahrgenommen.

Verkehrskoordination – wichtige Aufgabe der nationalen und internationalen →Verkehrspolitik, das Zusammenspiel der →Verkehrsträger zu sichern. Das Allg. Eisenbahngesetz, das Binnenschiffahrtsrecht und das Güterkraftverkehrsgesetz bilden die Ordnungsrahmen für den Arbeitsbereich der einzelnen Verkehrsträger. Dieser wurde durch die Verkehrsnovellen von 1961 in dem Sinne neu gefaßt, daß sich eine Aufgabenteilung im Verkehr durch mehr marktwirtschaftliche Elemente ergibt. Deshalb wurden der Grundsatz der Eigenwirtschaftlichkeit, die begrenzte Tarifautonomie sowie Preisspielräume in einem Margentarifsystem eingeführt. Die Verkehrskoordination hat damit ihre frühere Bedeutung verloren. Die Aufsicht des Staates bezieht sich heute mehr auf die Einhaltung des gesetzlichen Ordnungsrahmens und Abwendung volkswirtschaftlicher Fehlentwicklungen.

Verkehrsmarkt – die Gesamtheit der Beziehungen zwischen den →Verkehrsnutzern und den Unternehmungen, die →Verkehrsleistungen anbieten und durchführen. Teilmärkte für verschiedene Verkehrsleistungen stehen nur insoweit in engerem oder losem Zusammenhang, als die betr. Leistungen substituierbar sind oder nicht.

Verkehrsnutzer – Personen oder Unternehmungen, die als Nachfrager von öffentlich durch →Verkehrsträger angebotenen Verkehrsleistungen auftreten.

Verkehrsordnung – Gesamtheit der gesetzlichen Reglementierungen im Verkehr, die einen geordneten Wettbewerb zwischen den Verkehrsträgern und eine volkswirtschaftlich sinnvolle Aufgabenteilung zum Ziele haben. Es gilt der Grundsatz, daß im Rahmen der gesetzten Grenzen die Kräfte des Marktes darüber entscheiden, welcher Verkehrsträger jeweils zum Einsatz kommt. Die freie Wahl des Verkehrsnutzers und Verzicht auf behördliche Verkehrslenkungen sind wesentliche Elemente einer solchen Verkehrsordnung. Auch die Beseitigung von Wettbewerbsverzerrungen, die Vergütung oder Beseitigung von einseitigen politischen oder betriebsfremden Lasten sowie eine gerechte Wegekostenrechnung gehören hierher.

Verkehrspolitik – I. Begriff: V. gilt begrifflich als eine spezielle Volkswirtschaftspolitik und ist als solche eine national-ökonomische Disziplin, die Lehre von der volkswirtschaftlichen Ordnung des Verkehrs. Sie umfaßt die Gesamtheit der hoheitlichen Ordnungs- und Eingriffstätigkeit in das →Verkehrswesen, die im Interesse des allgemeinen Wohls bemüht ist, den Verkehr möglichst im Sinne der gegebenen gesamtwirtschaftlichen Konzeption einer funktionsfähigen Ordnung zu unterwerfen.
II. Ihrem Wesen nach geht die V. als staatliche Ordnungspolitik davon aus, daß der Verkehr aus vielen Gründen zu den Bereichen der Wirtschaft gehört, die sich nicht selbständig über den Marktautomatismus regeln. Das beruht nicht zuletzt auf den vielen außerwirtschaftlichen (staats-, kultur-, sozialpolitischen) Aufgaben, die dem Verkehr obliegen und seiner infrastrukturellen

Bedeutung. V. als Spezialgebiet der Wirtschaftspolitik muß berücksichtigen, daß der Verkehr im Staate eine Basisfunktion zu erfüllen hat. Über den zweckmäßigen Grad staatlicher Interventionen bestehen Meinungsverschiedenheiten. Die V. kann sich umfassenden Zwanges bedienen und die Mittel der Planung, Lenkung und Überwachung streng anwenden. Die Entscheidungsfreiheit der →Verkehrsträger und Verkehrsnutzer wird dabei zugunsten einer weitgehenden, u. U. sogar absoluten Zuständigkeit des Staates aufgehoben. Vielfach werden sog. marktinkonforme Maßnahmen angewandt. Die Verstaatlichung des Verkehrs stellt insoweit die Ultima ratio dar. Auf der anderen Seite kennen wir die V. in der Form, daß die Betriebsgebarung der Verkehrsträger, ihre Investitionsentscheidungen, ihr quantitatives und qualitatives Leistungsangebot, großenteils auch ihre Preisstellung nur indirekter staatlicher Beeinflussung unterliegen. Preisvorschriften (staatliche Tarifhoheit), Besteuerung, arbeitsrechtliche Bestimmungen, technische und verwaltungsmäßige Vorschriften u. dgl. bestehen und werden gehandhabt; im übrigen wird dem Wettbewerb weitgehend Raum gegeben. Das individuelle Eigentumsrecht an den Verkehrsmitteln und die freie Wahl des Verkehrsmittels (einschl. des Werkverkehrs) durch den Nachfrager werden dabei grundsätzlich respektiert. In der Praxis tritt eine Vielzahl von Kompromissen und Zwischenstufen auf, die ihr Gepräge in starkem Maße aus traditionsgebundenen Vorstellungen sowie durch die in langen Zeiträumen in einem Staatsgebiet gewachsene Verkehrsstruktur erhalten. Deren Wandlungen richtig und rechtzeitig zu erkennen und sich ihnen im Interesse des größtmöglichen volkswirtschaftlichen Nutzens stets anzupassen, gehört zu den wesentlichen Voraussetzungen einer gesunden und auf die Dauer dem allgemeinen Wohl dienenden V.
III. Geschichte: Ansätze zu staatlicher V. sind schon in frühester Zeit, vor allem durch Straßen- und Kanalbau zu erkennen; daß diese Einrichtungen oft auf machtpolitische Zwecke ausgerichtet waren, ist dabei grundsätzlich unerheblich. Erst als zu Beginn der Neuzeit der Verkehr selbständige ökonomische Funktionen erhielt, traten die überwiegend militärpolitisch ausgerichteten Interes-

sen relativ zurück. Der Merkantilismus brachte eine starke Förderung des Verkehrs aus handelspolitischer Sicht. Für eine V. im heutigen Sinne war die Zeit noch nicht reif. Erst in der zweiten Hälfte des 18. und in den ersten Jahrzehnten des 19. Jahrhunderts ergaben sich im Zeichen des Liberalismus die wirtschaftspolitischen und technischen Voraussetzungen (Dampfkraft) für eine weiträumige, umfassende und revolutionäre Verkehrsentwicklung. Die verkehrspolitische Einflußnahme des Staates wuchs besonders in den Industriestaaten mit steigender Dichte der Eisenbahnnetze und mit wachsender Nachfrage nach Verkehrsleistungen. Die Ansichten über die Aufgaben der V., die bis zum Ersten Weltkrieg in erster Linie Eisenbahnpolitik war, schlugen sich schon in der Reichsverfassung von 1871 nieder: Probleme der Raumordnung, industrielle Standortbildung, Staffelung der Eisenbahntarife u. dgl. wurden schon damals ins Auge gefaßt. Der als notwendig erkannte Gleichklang zwischen Handels- und Verkehrspolitik führte endlich zur Verstaatlichung der Eisenbahnen. – In der neuesten Zeit stellte die Motorisierung des Straßenverkehrs und die damit ermöglichte Individualisierung des Verkehrs die V. vor neue und weit schwierigere Aufgaben, die bis heute nicht in allen Teilbereichen befriedigend gelöst sind. Die gegenwärtig zweifellos schwierige und besonders problematische verkehrspolitische Lage ist die Folge durchgreifender Strukturveränderungen, die insbesondere durch die Motorisierung des →Straßenverkehrs, aber auch durch die Ausdehnung des Wasserstraßennetzes und das Vordringen der Energietransporte in Leitungen gekennzeichnet sind. Hinzu kommt, daß durch den →EWG-Vertrag eine supranationale Behörde mit eigenen verkehrspolitischen Dispositionsrechten geschaffen worden ist. Die Bemühungen um eine gemeinsame europäische V. sind erschwert durch starke unterschiedliche Auffassungen der beteiligten Staaten über Mittel und Ziele der V. Internationale Zusammenarbeit im Verkehr ist darüber hinaus erschwert durch Rückfälle in Protektionismus und Diskriminierungspraktiken, insbesondere in der Seeschiffahrt und im Luftverkehr. Die Individualisierung des Personen-, Güter- und Nachrichtenverkehrs gewinnt gegenüber dem bisherigen öffentlichen Verkehrsdienst ständig an Gewicht. Vor allem die ,,Renaissance der Landstraße" verlangt hohe Investitionen zur Verbesserung der Leistungsfähigkeit des Straßennetzes und Einordnung des Kraftwagens in den Gesamtverkehr entsprechend seiner besonderen Eignung für den schnellen, nicht an Fahrpläne gebundenen und flächenmäßigen Verkehr, soweit er nicht Massenverkehr ist. Die Marktstellung des öffentlichen Verkehrsträgers Eisenbahn, die über viele Jahrzehnte einem Monopol gleichkam, hat sich demgegenüber verschlechtert. Versuche, sie durch Besitzstandspolitik und durch gewaltsame Zurückdrängung der Konkurrenten wieder zu verbessern, waren zum Scheitern verurteilt. Sie gingen aus von der Forderung nach Beibehaltung der →gemeinwirtschaftlichen Verkehrsbedienung, die wichtigste Richtschnur für die V. war. Sie beruhte im wesentlichen auf der Verpflichtung der Eisenbahn und anderer öffentlicher Verkehrsträger, hinsichtlich Tarifpolitik und Betriebsgebaren schwächere Nachfragegruppen gegenüber den stärkeren zu schonen, so daß dem Verkehr dadurch eine gewisse Ausgleichsfunktion zukam. In der Folge suchte man jedoch der Konkurrenz des Kraftwagens mit tarifpolitischen Kampfmaßnahmen zu begegnen, die, finanziert aus der Globalrechnung der Eisenbahn, die Basis für die gemeinwirtschaftliche Tarifpolitik zerstörte, ohne daß daraus die Folgerung einer Neuordnung der V. gezogen wurde. Die neuere V. in der BRD (seit 1961) hat das Prinzip der Gemeinwirtschaftlichkeit weitgehend aufgehoben und der Aufgabenteilung über den Markt mehr Spielraum eingeräumt.

IV. Das verkehrspolitische Instrumentarium besteht heute im wesentlichen aus Kostenharmonisierung, Marktregulierung (Konzessionspolitik), Preis- und Tarifpolitik sowie Investitionspolitik. Alle diese Mittel müssen ineinandergreifen. Kostenverzerrungen erschweren ökonomische Leistungsvergleiche, freier Zugang zum Markt führt häufig zu Überangebot. Der freie Preis hat wegen der besonderen Markt- und Kostenstruktur des Verkehrs im allgemeinen keine ausreichende Lenkungsfunktion. Preispolitik und Marktregulierung müssen insbesondere auf denjenigen Teilmärkten aufeinander abgestimmt sein, auf denen aus Kosten-

221

gründen ein relativ unelastisches Angebot besteht und in denen aufgrund der an eine gemeinwirtschaftliche Ausrichtung der öffentlichen Verkehrsbedienung (Personenverkehr) zu stellenden Anforderungen stärkere Preisschwankungen, überhöhte oder zu niedrige Preise, nachteilig wären. Schließlich ist Abstimmung zwischen staatlichen und privaten Investitionen (insbesondere auch zwischen Fahrzeug- und Wege-Investitionen) wünschenswert, weil sie oft die Grundlage für den Ausgleich der Verkehrsinteressen bilden. Notwendig erscheint im ganzen eine gesunde →Aufgabenteilung unter den binnenländischen Verkehrsträgern, die Rücksicht auf volkswirtschaftliche Belange nimmt. Es empfiehlt sich für die Eisenbahn eine Konzentration auf die für die kostengünstigen Verkehrsleistungen bei entsprechender Reduzierung des Netzes. Alle Verkehrsträger müssen nach Leistungseigenart und Kostenlage ihre Dienste aufeinander abstimmen und im übrigen zusammenarbeiten. Das setzt Angleichung der Wettbewerbsbedingungen und stärkere Beachtung der →Eigenwirtschaftlichkeit und betriebswirtschaftlichen Selbstverantwortung der Verkehrsunternehmungen voraus: Befreiung von sog. betriebsfremden Lasten, andererseits Heranziehung zu allen Aufwendungen entsprechend ihrer Verursachung durch die Verkehrsträger. Das gilt insbesondere für die →Wegekosten, die nur die Schienenverkehrsmittel direkt aufkommen, während die Kosten für Anlage und Unterhaltung der Straßen- und Wasserwege, aber auch stationärer Luftverkehrsanlagen von der öffentlichen Hand getragen werden, die hierfür das auf den Verkehr entfallende Entgelt von den Wegebenutzern fordern darf. Zweckbindung dieser Abgaben für den Wegebau ist daher notwendig; sie gewährleistet z. B. volle Aufbringung der Straßenkosten heute schon für den Kraftfahrzeugverkehr. – Durch Verbesserung des Leistungsangebots der Verkehrsträger im Wege der Aufgabenteilung und durch Verfeinerung der Tarifstruktur (um die vielfältigeren Einsatzmöglichkeiten marktwirksam zu machen) läßt sich der →Eigenverkehr (Werkverkehr) auf die betriebsnotwendige Betätigung beschränken. Der →Binnenschiffahrt sollte auf ihrem Fluß- und Kanalsystem die Standardisierung

der Schiffsgrößen und der Umschlagsanlagen ermöglicht werden. Insoweit besteht auch hier ein Investitionsbedarf. Kanalneubauten sind ökonomisch umstritten, werden aber vielfach aus politischen Gründen und zur Meliorierung schlecht erschlossener Gebiete dennoch vorgenommen. Der →Leitungsverkehr bedarf der Einordnung in das herkömmliche Verkehrssystem. Der →Luftverkehr ist trotz notwendiger öffentlicher Förderung näher an die Rentabilitätsschwelle heranzubringen. Aufgabenteilung und Vermeidung von unwirtschaftlicher Konkurrenz ist vor allem zwischen bundeseigenen Verkehrsunternehmen, DB, BP und →Deutsche Lufthansa, notwendig. Im übrigen verlangt die Wirtschaftlichkeit z. B. des →Stückgutverkehrs organisatorische Verbesserungen in Zusammenarbeit mit Schiene und Straße. Neue Formen des →Knotenpunktverkehrs könnten aber auch bei den Massenguttransporten Rationalisierungserfolge bringen. Von der Tarifseite her könnten Anreize gegeben werden. Besondere Bedeutung kommt auch der Entwicklung des kombinierten Verkehrs zwischen Schiene und Straße unter Einsatz moderner Technik zu.

V. V. in der Bundesrepublik: Im ganzen gewährt die neuere verkehrspolitische Grundlinie in der BRD den Verkehrsträgern größere tarifliche Eigeninitiative. Dem Staat verbleibt die Aufgabe der Tarifgenehmigung und Tarifaufsicht. Gegenüber der früheren Praxis wird damit einem gewissen Preiswettbewerb im Verkehr Raum gegeben. ,,Unbilliger Wettbewerb" soll jedoch vermieden werden; dazu bedarf es einer Wettbewerbsordnung und der Beachtung der Marktmacht, z. B. der Eisenbahn. Auf wirtschaftsschwache und verkehrsungünstig gelegene Gebiete soll Rücksicht genommen werden. Stärkere Kostenorientierung der Verkehrspreise wird angestrebt; sie wurde durch die Einführung der begrenzten Tarifautonomie der Verkehrsträger und Bildung von →Tarifkommissionen realisiert. Die volkswirtschaftlich sinnvolle Aufgabenteilung wird vom Verkehrsgesetzgebe neuerdings ausdrücklich als Ziel des V. bezeichnet. Innerhalb eines solchen großen Rahmens muß dem Verkehrsnutzer freie Wahl des Verkehrsmittels gewährleistet bleiben und ihm gleichzeitig ermöglicht werden, seine individuellen Verkehrswünsche unter Beachtung der notwendigen Sicherheitsanforderungen zu befriedigen. Die V. sucht in diesem Sinne eine Verkehrsverfassung zu verwirklichen, die sich, so weit möglich, am ökonomischen Prinzip orientiert, soweit nötig, aber auch außerökonomischen Faktoren Rechnung trägt und entsprechende Interventionen im Interesse des allgemeinen Wohls vornimmt. Zusammengefaßt handelt es sich dabei um eine kontrollierte Wettbewerbsordnung.

Verkehrspolizei – Zweig der Ordnungspolizei mit der Aufgabe, die Einhaltung der Straßenverkehrsvorschriften zu überwachen und die Sicherheit des →Straßenverkehrs zu gewährleisten.

Verkehrsprognose – (im Straßenwesen), zahlenmäßige Berechnung oder Schätzung des künftigen Verkehrs in einem vorhandenen oder geplanten Straßensystem auf der Grundlage des derzeitigen und des voraussichtlichen künftigen Verkehrsumfanges.

Verkehrsrecht – I. Allgemeines: Besonderer Teil der Rechtsordnung – überwiegend dem öffentlichen Recht zugehörig – zur Regelung der Rechte und Pflichten der Verkehrsträger und Verkehrsnutzer und ihrer Beziehungen zueinander.
II. Gesetzliche Grundlagen: Bestimmungen des Verkehrsrechts in vielen Einzelgesetzen und in Einzelbestimmungen allgemeiner Gesetze (z. B. HGB §§ 407 ff.). Allgemeiner Grundsatz der Vertragsfreiheit im Verkehrsrecht zum Teil eingeengt (z. B. Güter- und Personentarife).
III. Rechtsquellen: Grundgesetz, Bundesgesetze und Rechtsverordnungen des Bundes einschließlich internationaler Übereinkommen, Länderverfassungen, Ländergesetze und Rechtsverordnungen der Länder, Allgemeine Geschäfts- und Beförderungsbedingungen (z. B. →Allgemeine Deutsche Spediteurbedingungen). Die wichtigsten Rechtsquellen für den Straßenverkehr →Straßenverkehrsrecht.

Verkehrsregelung – Die Vielfalt der Verkehrssituationen kann nicht durch allgemeine Verkehrsvorschriften allein erfaßt werden. Dieser Erkenntnis trägt die Vorschrift

des § 36 StVO Rechnung, in der festgelegt ist, daß die Zeichen und Weisungen der Polizeibeamten zu befolgen sind. Sie gehen allen anderen Anordnungen und sonstigen Regeln vor, entbinden den Verkehrsteilnehmer jedoch nicht von seiner Sorgfaltspflicht. Weisungen und Zeichen der Polizeibeamten unterscheiden sich im Grundsatz dadurch, daß jene sich nur an einzelne bestimmte Verkehrsteilnehmer richten (Einzelverfügungen), diese aber an alle, die es angeht (Allgemeinverfügung). Den Rechtsgedanken, wonach der Verkehrsteilnehmer von seiner eigenen Sorgfaltspflicht hierbei nicht entbunden wird, hat die Rechtsprechung entwickelt. Man darf nicht blindlings den Zeichen und Weisungen der Polizeibeamten folgen, sondern muß zusätzlich Umschau halten. (Begründung zu § 36 StVO in VkBl. 1970 Seite 817.) Eine Verkehrsregelung durch Aufstellen amtlicher Verkehrsschilder ist keine Rechtsvorschrift.
Die Verkehrsbehörde ist berechtigt, von der durch Aufstellung amtlicher Verkehrszeichen getroffenen allgemeinen Verkehrsregelung Ausnahmen durch Aufstellung zusätzlicher, in der StVO nicht vorgesehener Schilder zuzulassen. Das gilt insbesondere für die Bestimmung einer Straße als Einbahnstraße (Hess. VGH, Urteil vom 6. 10. 55 – OS II 176/52 – in DVBl. 1957/870 und in ,,Gewerbearchiv" 1957/118). →Verkehrszeichen.

Verkehrssicherheit – Im gesamten Verkehrswesen anzustrebender Idealzustand, der sich aber, da Unfälle nie völlig verhindert werden können, leider nur in der Theorie denken läßt. Die Verkehrsunternehmen auf der Schiene, dem Wasser, der Straße und in der Luft und die einschlägige Industrie sind schon im eigenen Interesse (die Sicherheit für Personen und Güter bei der Beförderung wird von Kunden sehr hoch bewertet) darum bemüht, V. in größtem Umfange zu bieten, die staatliche Aufsicht sorgt unmittelbar und mittelbar für die Einhaltung umfangreicher und vielfältiger Sicherheitsvorschriften, und zahlreiche halbamtliche und private Organisationen und Institutionen (→Deutscher Verkehrssicherheitsrat →Verkehrswacht, Versicherungsgesellschaften, Verbände der Verkehrswirtschaft, Automobilklubs u. dgl.) verfolgen ein vielgestaltiges Programm zur nachhaltigen Beeinflussung des Verkehrsgeschehens im Sinne der Unfallverhütung. Auch die nachhaltigen Bemühungen der Verkehrsbetriebe selbst dürfen nicht übersehen werden. Folge ist ein ständiger Rückgang der Unfallbeteiligung der Nutzfahrzeuge →Straßenverkehrs-Unfallstatistik.

Verkehrssicherungspflicht – Wer auf seinem Grund und Boden einen Verkehr für andere eröffnet, haftet aus der allgemeinen Vorschrift des § 823 Abs. 1 BGB. Er ist wegeunterhaltspflichtig und hat als solcher für den verkehrssicheren Zustand der öffentlichen Straßen zu sorgen, sobald diese durch Widmung oder tatsächliche Benutzung dem öffentlichen Verkehr zu dienen bestimmt sind. Die Verkehrssicherungspflicht für eine öffentliche Straße beruht zwar auf dem öffentlichen Recht. Ihre Erfüllung stellt jedoch keine Amtspflicht, sondern eine nach privatrechtlichen Grundsätzen zu beurteilende Verpflichtung dar. (BGH, Urteil vom 8. 5. 52 III ZR 40/51 in DAR 9/52 Seite 133).

Die Rechtsprechung anerkennt angesichts der Entwicklung und Bedeutung des Straßenverkehrs eine Verpflichtung zum Räumen und Streuen der Fahrbahnen innerhalb von Gemeinden mindestens für verkehrswichtige Straßen und die Verkehrssicherheit besonders gefährdende Straßenstellen. Außerhalb geschlossener Ortschaften ist eine Räum- und Streupflicht grundsätzlich verneint worden (wirtschaftliche Unzumutbarkeit und Unmöglichkeit der Erfüllung). Auch hier kann es für bestimmte Gefahrenpunkte Ausnahmen geben. Bei Glatteis besteht eine Streupflicht auf öffentlichen Straßen außerhalb geschlossener Ortschaften nur an besonders gefährlichen Stellen. Gefährlich ist eine Straßenstelle, die wegen ihres Zustandes die Möglichkeit eines Unfalles auch für den Fall nahelegt, daß der Verkehrsteilnehmer die im Verkehr erforderliche Sorgfalt walten läßt. Eine besonders gefährliche Stelle liegt erst dann vor, wenn der Verkehrsteilnehmer bei der für Fahrten auf winterlichen Straßen zu fordernden schärferen Beobachtung des Straßenzustandes und der damit zu fordernden erhöhten Sorgfalt den die Gefahr bedingenden Zustand der Straße nicht oder nicht rechtzeitig

erkennen und deshalb die Gefahr nicht meistern kann. Für die Autobahnen wird die Räum- und Streupflicht von der Rechtslehre zumindest auf kurvenreichen Gefällstrecken bejaht. Sie müssen auch bei winterlicher Witterung als Schnellverkehrsstraßen dem Verkehr offen gehalten werden. Die Verkehrssicherungspflicht für Ortsdurchfahrten der Bundesstraßen durch größere Gemeinden obliegt den Gemeinden (BGH v. 7. 2. 57 – III ZR 190/55). Politische Gemeinden haben für den verkehrssicheren Zustand der Ortsstraßen und Plätze zu sorgen, soweit sie dem öffentlichen Verkehr übergeben sind. Diese Verkehrsicherungspflicht umfaßt auch das Streuen der Bürgersteige und Straßenübergänge bei Glatteis (OLG Hamm, 11. 11. 49 – VkBl. S. 104). Der Verkehrssicherungspflichtige wird von seinen Verpflichtungen nicht deshalb frei, weil ein anderer in erster Linie oder neben ihm zur Beseitigung eines Hindernisses oder einer Gefahr auf der Straße verpflichtet ist (BGH v. 30. 9. 57 – III ZR 62/56).

Verkehrsstatistik – Gesamtheit der volks- und betriebswirtschaftlich sowie betriebstechnisch wichtigen statistischen Nachweisungen über die Leistungen der →Verkehrsträger. →Straßenverkehrsstatistik.

Verkehrssünderkartei – volkstümliche Bezeichnung für das →Verkehrszentralregister, die aufgrund des § 28 StVG beim →Kraftfahrt-Bundesamt eingerichtete Zentralkartei über Versagung und Entziehung der →Fahrerlaubnis, über Verbot des Führens von Kraftfahrzeugen und über Verurteilungen wegen Verkehrsstraftaten und Ordnungswidrigkeiten. Nicht eingetragen werden jedoch gebührenpflichtige →Verwarnungen.

Verkehrstarif – Zusammenstellung der Beförderungspreise oder deren Berechnungsformeln sowie der Beförderungsbedingungen, die ein Verkehrsunternehmen und die verschiedenen Güter, Mengen, Verkehrsverbindungen und →Verkehrsnutzer anwendet. Der V. ist in der Regel öffentlich und bedarf der Genehmigung durch die zuständige Behörde.

Verkehrsträger – zusammenfassende Bezeichnung für die Unternehmen des →öffentlichen Verkehrs einer →Verkehrsart. In der →Verkehrsstatistik Bezeichnung für sämtliche öffentlich-rechtliche, gemischtwirtschaftliche und private Unternehmungen sowie Bundesbahn und Bundespost, die im öffentlichen Personen- und Güterverkehr tätig sind. Es werden folgende V. unterschieden: Eisenbahnverkehr, Straßenbahnverkehr, Omnibuslinienverkehr, Binnenschiffahrt, Straßenfernverkehr mit Lastkraftfahrzeugen, Güternahverkehr mit Lastwagen, Luftverkehr, Seeschiffahrt.

Verkehrsunfall – Begriff. Ein mit dem Straßenverkehr (auch den anderen Verkehrsträgern) und seinen Gefahren zusammenhängendes Ereignis, das zur Tötung eines Menschen oder Verletzung seines Körpers oder seiner Gesundheit oder zu nicht gänzlich belanglosen Sachschädigungen führt. →Straßenverkehrsunfall-Statistik. Die Zunahme der →Straßenverkehrsunfälle in vielen Ländern, besonders aber in der BRD, steht mit dem Ansteigen der Zahl der zugelassenen und in Betrieb befindlichen Kraftfahrzeuge, mit der erhöhten Geschwindigkeit sowie dem Ausbauzustand der Straßen in Zusammenhang.

Verkehrsunfallflucht – Vergehen nach § 142 StGB. Wer sich nach einem →Verkehrsunfall (Sachschaden genügt) der Feststellung seiner Person, seines Fahrzeuges oder der Art seiner Beteiligung an einem Unfall vorsätzlich durch Flucht entzieht, obwohl nach den Umständen in Frage kommt, daß sein (auch unverschuldetes) Verhalten zur Verursachung des Unfalles beigetragen hat, wird mit Gefängnis bis zu zwei Jahren, Haft oder Geldstrafe bestraft; das gilt für jeden →Verkehrsteilnehmer (auch Fußgänger). Dem Fahrzeugführer wird grundsätzlich die →Fahrerlaubnis entzogen.

Verkehrsunternehmen – ein Unternehmen, das Beförderungen gegen Entgelt durchführt, wenn diese Leistungen nicht eine Nebentätigkeit darstellen. Speditionstätigkeit ist →Hilfsbetrieb des Verkehrs. Ein Unternehmen, das →Werkverkehr unterhält, zählt nicht zu den V.

Verkehrsunterricht – im besonderen ein Wochenendunterricht für denjenigen, der Verkehrsvorschriften nicht beachtet hat. Er ist nach § 48 StVO auf Vorladung der Straßenverkehrsbehörde oder der von ihr beauftragten Beamten verpflichtet, an einem Unterricht über das Verhalten im Straßenverkehr teilzunehmen. Die Heranziehung zu einem solchen V. ist keine Strafe wegen Nichtbeachtung der Verkehrsvorschriften, sondern vorbeugende behördliche Tätigkeit bei Personen, die durch ihr Verhalten im Verkehr (z. B. Mehrfachtäter) beweisen, daß sie die Verkehrsvorschriften nicht genügend kennen, zur Abwehr von Gefahren für die Allgemeinheit. Wer auf eine Vorladung zum V. ohne triftigen Grund nicht erscheint, begeht eine Ordnungswidrigkeit nach § 49 StVO.

Verkehrsverbände – 1. regionale Zusammenschlüsse von →Industrie- und Handelskammern, Stadt- und Landkreisen, großen Firmen u. dgl. zur Förderung der Verkehrsinteressen eines Bezirkes, meist unter Vorsitz und Federführung einer Industrie- und Handelskammer, z. B. Verkehrsverband Industriebezirk in Essen. Eigene Spitzenorganisation ist nicht vorhanden. – 2. Regionale Zusammenschlüsse von Gemeinden, Verkehrsvereinen, Hotel- und Gastwirtsgewerbe u. dgl. zur Förderung der Fremdenverkehrsinteressen eines Bezirkes mit eigener Geschäftsführung, z. B. Landesverkehrsverband „Rheinland" in Bad Godesberg. Spitzenorganisation: Bund Deutscher Verkehrsverbände in Frankfurt/Main. →Bundesverbände des Verkehrsgewerbes.

Verkehrsverbot – an Sonn- und Feiertagen: Nach § 30 StVO dürfen Lkw über 7,5 t Gesamtgewicht und Anhänger hinter Lkw an Sonn- und Feiertagen von 0–22 Uhr nicht verkehren. Ausnahme Berlin-Verkehr.

Verkehrsverlagerung – Abwanderung von Verkehrsaufgaben von einem Verkehrsträger auf einen anderen, von bestimmten Beförderungen auf ein anderes (u. U. im Zuständigkeitsbereich ein und desselben Verkehrsunternehmens) oder von einer Strecke auf eine andere.

Verkehrswacht – →Bundesverkehrswacht.

Verkehrswege – I. Begriff der Verkehrswirtschaft für die künstlich geschaffenen bzw. unterhaltenen Bahnen, auf denen sich die Beförderung von Personen, Gütern oder Nachrichten über große Netze hinweg vollzieht. 1. Im weiteren Sinne: a) die Fahrbahnen der Eisenbahn und Straßenbahn, die durch Eisenschienen auf künstlich befestigtem Unter- und Oberbau gebildet werden. Die Breite der Fahrbahn (Spurweite) bemißt sich nach der Entfernung der beiden Schienenstränge voneinander; sie ist maßgeblich für die Krümmungsfähigkeit und damit bis zu gewissem Grade für die Fähigkeit zur Raumüberwindung. Die Ausrüstung des Unterbaus und der Signal- und Schutzanlagen ist entscheidend für die Eignung der Strecke als Haupt- oder als Nebenbahn. – b) Die aus korrigierten Flußläufen und künstlich angelegten Kanälen gewonnenen Binnenwasserstraßen, deren Tiefe und Breite maßgeblich für die Tragfähigkeit ist. – c) Die für den Festlandverkehr bestimmten und gebrauchsfähigen Straßen, deren Anlagen und Ausbau seit Durchsetzung des Kraftverkehrs wieder zu der Bedeutung zurückgelangten, die ihnen vor Erfindung der Eisenbahn und der Dampfmaschine seit dem Altertum zukamen. – d) Die Netze von Drahtleitungen und Kabeln (auch Überseekabeln), die den telegrafischen und telefonischen Nachrichtenverkehr aller Teile der Welt untereinander ermöglichen. e) Rohrleitungen zur Beförderung von flüssigem Massengut. – 2. Im engeren Sinne: Die Einrichtungen des öffentlichen Rechts, die kraft obrigkeitlicher Widmung für den nicht an Schienengleise gebundenen öffentlichen Landverkehr bestimmt und dieser Bestimmung dauernd zu erhalten sind: a) →Bundesfernstraßen, →Autobahnen. – b) →Landstraßen I. und II. Ordnung (sog. klassifizierte Straßen). c) Gemeindewege, Gemeindeverbindungswege, Stadtstraßen und Plätze. – Nach Art der bestimmungsmäßigen Benutzung werden unterschieden: Fahr-, Reit-, Fuß- und Radfahrwege.
II. Aufgabenbereich der →Verkehrspolitik ist die Herstellung eines Ausgleichs zwischen den Verkehrsträgern bezüglich ihres Beitrags zu den Anlage- und Unterhaltungskosten der V. (→Eigenwirtschaftlichkeit der Verkehrsträger). Für die Diskussion ist maßgeblich der Anteil des Kostenbeitrags der einzelnen Verkehrsträger für die von ihnen benutzten V. Die Schwierigkeit ergibt sich aus dem unterschiedlichen Nutzungsgrad der V. durch die Verkehrsträger. 1. Nur die Eisenbahn ist unbestritten alleiniger Träger der Kosten und alleiniger Nutzer ihrer Anlagen. In Rohrleitungen dagegen können verschiedene Auftraggeber verschiedenartige Güter (allerdings nicht gleichzeitig) befördern lassen. – 2. Die →Binnenschiffahrt trägt in geringerem Maße, bei natürlichen Wasserstraßen gar nicht, zur Kostendeckung bei; die Binnenwasserstraßen dienen aber auch in großem Ausmaß verkehrsfremden Aufgaben, z. B. solchen der Landeskultur und der Wasserversorgung. – 3. Die endgültige Regelung der Wegekostenfrage im Straßenverkehr steht noch aus. Fest steht jedoch, daß der Straßenverkehr höhere Sonderabgaben leistet, als den ihm anrechenbaren Straßenkosten entsprechen würde. Das gilt auch für den Straßengüterverkehr. Eine Subventionierung der Straße – oft behauptet – gibt es also nicht. Dagegen trägt der Staat mit dem Defizit der Bahn auch erhebliche Wegekostenanteile des Schienenverkehrs.

Verkehrswegeplan – Eine Planung der Bundesregierung über mehrere Jahre hinweg zum auf die jeweiligen Verkehrsbedürfnisse abgestellten (Kosten-Nutzenanalyse) Ausbaubedürfnis der öffentlichen Verkehrswege. Die Wegebaupolitik soll sich an den so festgesetzten Grundlagen orientieren. Wenngleich im Grundsatz so verfahren wird, ist doch nicht übersehbar, daß es erhebliche Abweichungen in der Praxis aus rein politischen Gründen gibt. So muß bedauerlicherweise festgestellt werden, daß der Ausbau des Straßennetzes erheblich hinter den festgestellten Bedürfnissen zurückbleibt, obwohl der Straßenverkehr weit höhere Mittel für die Benutzung der Verkehrswege aufbringt als ihm zugerechnet werden können. Daraus entsteht bei wachsendem Straßenverkehr die Gefahr verstärkter Verkehrsbehinderungen, vermehrter Unfälle und auch ein neues Element der Wettbewerbsverzerrung. →Bundesverkehrswegeplan.

Verkehrswerbung – Alle Verkehrsträger sind bestrebt, ihre Leistungsfähigkeit und besonderen Vorzüge den potentiellen Kunden und der Öffentlichkeit vorzustellen. Dieses Bemühen tritt im Straßengüterverkehr besonders deutlich zutage. Hier geht es außer um die Werbung im engeren Sinne besonders um die Aufklärung der Öffentlichkeit über die Bedeutung des Lkw für die Erfüllung der täglichen Bedürfnisse praktisch von jedermann. Damit sollen zugleich Aversionen abgebaut werden, die aus der gemeinsamen Teilnahme am Straßenverkehr entstehen können. Besonders der →BDF hat sich mit seiner Gemeinschaftswerbung und seinen PR-Aktionen – unter Einsatz des Gütezeichens fern–schnell–gut und der Symbolfigur Brummi – hervorgetan.

Verkehrswirtschaft – V. ist Gesamtheit aller Unternehmungen und Tätigkeiten im Dienste der Personen-, Güter- und Nachrichten-Beförderung. →Verkehr, →Verkehrsgewerbe, →Verkehrspolitik, →Verkehrsstatistik.

Verkehrszeichen – I. Amtliche V. der →Straßenverkehrs-Ordnung sind nach Art, Maß, Schrift, Farbe und Werkstoff in Abschnitt II StVO (§§ 36 ff.) genau bestimmt. 1. Arten: a) Warnzeichen zur Kennzeichnung gefährlicher Stellen (z. B. allgemeine Gefahrenstelle, Querrinne, Kurve usw.). b) Gebots- und Verbotszeichen zur Bekanntgabe behördlicher Anordnungen (Park- und Halteverbot, Überholverbot, Geschwindigkeitsbeschränkung, durchgezogene weiße Linie auf der Fahrbahn). Positive Vorfahrtszeichen gewähren, negative nehmen die Vorfahrt. c) Hinweiszeichen (wie Parkplatz, Ortstafeln, Wegweiser, Hinweis auf Werkstätten, Fernsprecher oder Tankstellen, Laternen, Kennzeichnung von Laternen, die die ganze Nacht hindurch brennen, weiße Pfeile und weiße unterbrochene Linien auf der →Fahrbahn). – 2. Rechtsvorschriften: a) Die Aufstellung und Anbringung von V. wird in der Regel durch die Straßenverkehrsbehörde angeordnet; Beschaffung und Anbringung obliegen dem →Träger der Straßenbaulast. b) Die Besitzer von Grundstücken und Baulichkeiten aller Art sind unter bestimmten Voraussetzungen verpflichtet, das Anbringen oder Errichten von V. zu dulden. Entschädigung kann gewährt werden, wenn dem Betroffenen dadurch ein Schaden entsteht, den selbst zu tragen ihm billigerweise nicht zugemutet werden kann. II. In der Werbung dürfen Einrichtungen aller Art, die durch Form, Farbe, Größe sowie Ort und Art der Anbringung zu Verwechslungen mit V. Anlaß geben oder deren Wirkung beeinträchtigen können, an öffentlichen Straßen und Wegen nicht verwendet werden. Werbeeinrichtungen an oder auf amtlichen V. sind unzulässig (§ 33 StVO).

Verkehrszentralregister – Eine aufgrund des § 28 Straßenverkehrsgesetz (StVG) beim →Kraftfahrt-Bundesamt in Flensburg (KBA) eingerichtete Kartei über Versagung und Entziehung der →Fahrerlaubnis, über Verbote zur Führung von Kraftfahrzeugen sowie über Verurteilungen wegen Verkehrsstraftaten und Ordnungswidrigkeiten. Das V. wird meist als Verkehrssünderkartei bezeichnet. Dem V. sind zu melden: alle Verkehrsstraftaten (rechtskräftige Verurteilungen), alle Bußgeldbescheide über 80 und mehr DM. Danach werden z. B. immer eingetragen: Verurteilungen wegen Überschreitung der Höchstgeschwindigkeit, Überholen bei Unübersichtlichkeit oder unklarer Verkehrslage und Nichtbeachtung des Überholverbotszeichens, Wenden, Rückwärtsfahren oder Fahren entgegen der Fahrtrichtung auf Autobahnen, Fahrzeugmängel an Bremsen oder Lenkung (viele Reifen), Überschreiten der Gewichts(achs)last, Ladungsmängel, Überschreiten der zulässigen Abmessungen sowie Führen eines Kraftfahrzeuges bei mehr als 0,8‰ Blutalkohol. Die dem V. gemeldeten Entscheidungen werden nach Punkten bewertet, die in § 15 StVZO festgelegt sind. Danach werden Verkehrsstraftaten mit 7 bis 5 Punkten und Ordnungswidrigkeiten mit 4 bis zu 1 Punkt bewertet. Bei Vorliegen von insgesamt 9 Punkten ist der Betroffene zu verwarnen. Bei 14 Punkten ist zu prüfen, ob der Betroffene genügend Kenntnisse der Verkehrsvorschriften, der Verkehrsgefahren und der erforderlichen Verhaltensweisen besitzt. Bei 18 Punkten innerhalb von 2 Jahren ist der Führerschein wegen mangelnder Eignung einzuziehen. Die Eintragungen werden nach Ablauf bestimmter Fristen getilgt. Die Fristen staffeln sich nach den einzelnen Tatbeständen und lauten auf 2 Jahre bei leichteren Verstößen. Nach der Neuregelung werden alle Eintragungen nach 5 Jahren gelöscht. Das gilt auch dann, wenn zwischenzeitlich neue Verstöße hinzugekommen sind. In das V. können auch Personen eingetragen werden, die noch keinen Führerschein besitzen. Das kann für einen beabsichtigten späteren Erwerb des Führerscheines von Bedeutung sein. Das →KBA muß nämlich in jedem Falle die zuständige Heimatbehörde der Betroffenen unterrichten, sobald 9 Punkte eingetragen sind.

Verladung – Bezeichnung für das Aufladen von Gütern auf Fahrzeuge des →Straßengüterverkehrs, für den gewerblichen →Güterfernverkehr mit Kfz, insbesondere geregelt in § 17 →KVO. Hiernach hat die V. vom Absender zu erfolgen, mit Ausnahme von →Stückgütern, die vom →Unternehmer zu verladen sind. Zur V. rechnet auch die Befestigung der Güter, die Sicherung des Gutes, das Stapeln und Verstauen des Gutes. Weitere Bestimmungen betreffen die →Haftung des Unternehmers im Zusammenhang mit der V. – Auch im gewerblichen →Güternahverkehr, im →Werknah- und -fernverkehr sowie im gewerblichen →Umzugsverkehr wird mit dem Begriff V. das Aufladen der Güter auf die Fahrzeuge bezeichnet. →Verstauen der Ladung.

Verlust der Genehmigungsurkunde – Wird der Verlust einer Genehmigungsurkunde gemeldet, so teilt dies die Genehmigungsbehörde der Außenstelle der Bundesanstalt mit. Dem Unternehmer ist eine zweite Ausfertigung der Genehmigungsurkunde zu erteilen, wenn der Verlust glaubhaft gemacht worden ist. Sie ist als solche zu bezeichnen und darf dem Genehmigungsinhaber frühesten mit der Absendung der Mitteilung an die Bundesanstalt ausgehändigt werden.

Verlust des Gutes – frachtrechtlicher Begriff für das Abhandenkommen eines im →Güterkraftverkehr beförderten Gutes durch Diebstahl, durch vollständige Zerstörung, als Folge einer Falschlieferung, in Form eines Sachschadens oder durch Beschlagnahme (→Haftung, →Haftungsbeschränkung).

Vermietung – von →Güterkraftfahrzeugen: Bezeichnung für die Zurverfügungstellung eines Güterkraftfahrzeuges gegen Entgelt an einen Dritten mit oder ohne Fahrer. 1. Im gewerblichen →Güterfernverkehr aufgrund der Bestimmungen des →Güterkraftverkehrsgesetzes (GüKG) unzulässig, für Beförderungen außerhalb der →Nahzone (also für eine Beförderung im Fernverkehr). Er verletzt damit die Vorschriften über den Genehmigungszwang und ggf. auch den →Tarifzwang, wenn er eine geringere Miete berechnet, als der auf eine bestimmte Entfernung entfallende Satz des anzuwendenden Gütertarifs beträgt. 2. Im gewerblichen →Güternahverkehr und Umzugsverkehr ist die V. dann unzulässig, wenn der Unternehmer sein Nahverkehrsfahrzeug für eine Beförderung außerhalb der Nahzone vermietet. Er verletzt damit ebenfalls die Genehmigungspflicht und auch den Tarifzwang, wenn die vereinbarte Miete geringer ist als das Entgelt gem. dem auf den →Beförderungsvertrag anzuwendenden Güterferntarif. 3. Die V. ist dann zulässig, wenn ein Unternehmer, der die →Erlaubnis zum →Güternahverkehr oder Umzugsverkehr besitzt, sein Fahrzeug zur Beförderung innerhalb der Nahzone an einen Dritten mit oder ohne Fahrer gegen Entgelt vermietet. →Mietfahrzeuge.

Vermietung von Lastwagen – Nach § 12 GüKG müssen die im gewerblichen Güterfernverkehr eingesetzten Fahrzeuge auf den Namen des Inhabers der Genehmigung zugelassen sein und ihm gehören oder auf Abzahlung gekauft sein. Genehmigter Güterfernverkehr kann demnach nur mit eigenen und nicht mit gemieteten Fahrzeugen betrieben werden. Dies gilt nicht bei Einsatz eines Ersatzfahrzeuges für die Dauer eines kurzfristigen Ausfalls des eigenen Kraftfahrzeugs. (Ersatzfahrzeug-Verordnung vom 2. 1. 73 – VkBl. I S. 1 mit Änderung v. 2. 3. 79 VkBl. I S. 285). Die gleiche Vorschrift ist anzuwenden für den Werkfernverkehr, mit der Einschränkung „für Lastwagen ohne Anhänger mit einer zulässigen Nutzlast von weniger als 4000 Kilogramm". Das BVM bestimmt durch Rechtsverordnung mit Zustimmung des Bundesrats die höchstzulässige Dauer eines solchen Einsatzes sowie das seiner Überwachung dienende

Verfahren. Im Güternahverkehr kommt es auf das Eigentum des Kraftfahrzeugs nicht an. Der Nahverkehrsunternehmer kann auch gemietete Kraftfahrzeuge verwenden. Soweit der Güternahverkehrsunternehmer Mietfahrzeuge verwendet, die nicht auf seinen Namen zugelassen sind, ist der Standort nach § 6 Abs. 1 GüKG zu bestimmen und eine amtliche Bescheinigung über den Standort bei allen Fahrten mitzuführen.

Vermittler – →Frachtagent.

Vermittlungsprovision – Bezeichnung für das Entgelt, das u. a. der →Frachtagent für die Vermittlung von →Ladegut oder →Laderaum im gewerblichen →Güternah- und →Güterfernverkehr mit Kfz erhält. Die Höhe der dem Frachtagenten zustehenden V. ist gesetzlich nicht geregelt. Der Frachtagent bewirkt aber seine Bestrafung, wenn eine wucherische V. vereinbart oder gezahlt wird. Ihm ist außerdem verboten, die für das Vermittlungsgeschäft gezahlte V. ganz oder teilweise in irgendeiner Form an Dritte weiterzugeben. →Frachtagent

Verordnung über das Nachweis- und Meldeverfahren bei der →Versicherung von →Güterkraftverkehrsunternehmen (§ 27 GüKG) – am 30. 7. 1953 (Fassung vom 6. 12. 72 BGBl. I S. 2263) zum Nachweis gegenüber den →Genehmigungsbehörden für den gewerblichen →Güterfernverkehr und Umzugsverkehr mit Kfz über den Abschluß der vorgeschriebenen Versicherung gegen Güterschäden gem. § 27 GüKG erlassene Verordnung. Hierzu ist eine Versicherungsbestätigung nach vorgeschriebenem Formblatt zu verwenden, die vom →Versicherer bei Beginn des Versicherungsschutzes kostenlos erteilt wird und vom →Versicherungsnehmer an die zuständige Genehmigungsbehörde weiterzuleiten ist.

Verordnung über die Beförderung gefährlicher Güter auf der Straße. – GefahrgutVStr. – GGVS (BGBl. I S. 449/73) – Die starke Zunahme der Beförderung gefährlicher Güter auf der Straße machte es notwendig, für diese Transporte besondere Bestimmungen zum Schutze der Allgemeinheit, des Fahrpersonals sowie der Umwelt zu erlassen. Die GGVS beruht in ihrem wesentlichen Inhalt auf den Bestimmungen der →Europäischen Vereinbarung über die internationale Beförderung gefährlicher Güter auf der Straße (ADR). Die SSGV ist seit dem 10. 5. 73 in Kraft und gilt für den Verkehr in der Bundesrepublik und Berlin, während die Bestimmungen der ADR im grenzüberschreitenden Verkehr Anwendung finden. Soweit eine Ratifizierung des ADR nicht erfolgt ist, gelten die jeweiligen nationalen Bestimmungen. Die GGVS gliedert sich in 5 Hauptteile: Rahmenverordnung, Anlage A, Anhänge der Anlage A, Anlage B und Anhänge der Anlage B. Die Rahmenverordnung bestimmt u. a., was gefährliche Güter sind und unter welchen Bedingungen sie befördert werden dürfen. Gefährliche Güter dürfen nur befördert werden, wenn dies die Sondervorschriften der Anlage A und B erlauben. Außerdem trifft die Rahmenverordnung Bestimmungen über die Kennzeichnung der Fahrzeuge mit Warntafeln und Kennzeichennummern sowie über Unfallmerkblätter. In der Anlage A sind die 15 Gefahrgutklassen aufgezeichnet, während ein Anhang dazu die vorgeschriebenen Gefahrzettel erläutert und bildlich darstellt. Die Anlage B enthält u. a. spezielle Anforderungen an die Fahrzeuge, Transportmittel und die Durchführung des Transports. Die GGVS teilt die gefährlichen Güter in die folgenden 15 Gefahrenklassen ein: 1. Explosive Stoffe und Gegenstände (Klasse 1a), 2. Mit explosiven Stoffen geladene Gegenstände (Klasse 1b), 3. Zündwaren, Feuerwerkskörper und ähnliche Güter (Klasse 1c), 4. Verdichtete, verflüssigte oder unter Druck gelöste Gase (Klasse 2), 5. Entzündbare flüssige Stoffe (Klasse 3), 6. Entzündbare feste Stoffe (Klasse 4.1), 7. Selbstentzündliche Stoffe (Klasse 4.2), 8. Stoffe, die in Berührung mit Wasser entzündliche Gase entwickeln (Klasse 4.3), 9. Entzündend wirkende Stoffe (Klasse 5.1), 10. Organische Peroxide (Klasse 5.2), 11. Giftige Stoffe (Klasse 6.1), 12. Ekelerregende oder ansteckungsgefährliche Stoffe (Klasse 6.2), 13. Radioaktive Stoffe (Klasse 7), 14. Ätzende Stoffe (Klasse 8), 15. Sonstige gefährliche Stoffe und Gegenstände (Klasse 9). Um allen Beteiligten am Transport gefährlicher Güter auf der Straße, den Rettungsmannschaften, Kontrollorganen etc. jederzeit rasch Aufschluß über die Besonderheit des Gefahrguttransports zu geben, müssen die Fahrzeuge entsprechend gekennzeichnet und folgende Papiere mitgeführt werden: das Begleitpapier, Unfallmerkblätter, eine gültige Prüfbescheinigung für das Fahrzeug, der Erlaubnisbescheid, wenn besonders gefährliche Güter nach Anhang B 8 befördert werden, der Bescheid über die Ausnahmegenehmigung, wenn von den Vorschriften der GGVS abgewichen wird, die Bescheinigung der Industrie- und Handelskammer über die erfolgreiche Teilnahme des Fahrers an der →Tankwagenfahrerschulung. Die Unfallmerkblätter müssen in knapper Form enthalten: die Bezeichnung des gefährlichen Gutes, die Art der Gefahr und die erforderlichen Sicherheitsmaßnahmen; die Maßnahmen und Hilfeleistungen, wenn Menschen durch die gefährlichen Güter zu Schaden gekommen sind; die Maßnahmen bei Brand, vor allem die Mittel, die zur Brandbekämpfung verwendet oder nicht verwendet werden dürfen; die Maßnahmen beim Auslaufen der gefährlichen Stoffe, insbesondere auf der Straße; die Sofortmaßnahmen bei der Gefährdung von Gewässern durch Auslaufen von gefährlichen Stoffen sowie ggf. zusätzliche Angaben. Ein Exemplar des Unfallmerkblattes ist im Führerhaus mitzuführen und ein weiteres Exemplar ist in dem vorgeschriebenen Behältnis an der Rückseite der Warntafeln aufzubewahren, sofern die Warntafeln nicht eine Kennzeichnungsnummer tragen. In dem geprüften Fahrzeug dürfen nur solche gefährlichen Güter befördert werden, die in der Prüfbescheinigung an der Bescheinigung der besonderen Zulassung aufgeführt sind. (Lit. Gefahrgut Transport. Lehrbuch für den Tankfahrzeugführer. Vogel-Verlag München). →Europäisches Übereinkommen über die internationale Beförderung gefährlicher Güter auf der Straße (ADR). →Tankwagenfahrer (Gefahrguttransporte).

Verordnung über Höchstpreise für Fuhrleistungen – mit Kraftfahrzeugen, →Nahverkehrspreisverordnung.

Verpachtung einer Güterfernverkehrsgenehmigung – Die Genehmigung wird dem Unternehmer erteilt. Sie ist an die Person gebunden (ein höchstpersönliches Recht)

und keine allgemeine Betriebserlaubnis. Sie kann nicht auf einen anderen übertragen oder einem anderen zur Ausübung überlassen werden. Somit ist auch eine Verpachtung der Genehmigung rechtlich nicht möglich und nach § 306 BGB als nichtig anzusehen.

Versagen einer →Genehmigung – Nichterteilung einer beantragten Genehmigung für die Ausübung des gewerblichen →Güterfernverkehrs mit Kfz durch die zuständige →Genehmigungsbehörde. Gründe für das V. können sein die Erschöpfung des dem betreffenden Land zugeteilten →Kontigents an Genehmigungen, die Unvereinbarkeit mit dem öffentlichen Interesse an der Aufrechterhaltung eines geordneten Güterfernverkehrs, eine mangelnde Zuverlässigkeit und fachliche Eignung des Antragstellers oder die fehlende Leistungsfähigkeit des Betriebes. →Genehmigungsart, →Genehmigungserteilung, →Genehmigungspflicht, →Genehmigungsrücknahme, →Genehmigungsverfahren.

Versagen einer Güternahverkehrserlaubnis – Vorstrafen können die Versagung einer Güternahverkehrserlaubnis rechtfertigen. Dies gilt insbesondere bei strafbaren Handlungen, die in engem Zusammenhang mit der Ausübung des Güternahverkehrsgewerbes stehen (OVG Lüneburg, Beschluß vom 14. 6. 55 – III B 69/55).

Versandabfertigung – im Ausfuhrverfahren (auch bei Beförderungen im →grenzüberschreitenden Straßengüterverkehr) Begriff für die Gestellung oder Anmeldung einer Warensendung in das Ausland bei der zuständigen Binnenzollstelle. Die V. erfolgt durch den Ausführer oder →Versender der Ware. →Versandanzeige.

Versandanzeige – Bezeichnung für eine Mitteilung des Verkäufers eines Gutes an den Käufer, daß die bestellte Ware abgeschickt worden ist. Die V. enthält den Versandtag, die Art und Menge des versandten Gutes sowie die Versandart (z. B. gewerblicher Güterfernverkehr). →Versandabfertigung. →Versender.

Versandweite – statistischer Begriff zur Beurteilung des Güterverkehrs, kennzeichnet die verkehrliche Nutzleistung und stimmt nicht mit der →Transportweite überein, weil die tatsächliche Versandentfernung sehr oft anders ist als die →Tarifentfernung. Das Verhältnis der Tariftonnenkilometer zu den beförderten →Gütertonnen ergibt die mittlere V.

Verschuldenshaftung – →Gefährdungshaftung.

Versender – beim →Speditionsgeschäft derjenige, für dessen Rechnung der →Spediteur die Versendung durch →Frachtführer oder durch →Verfrachter im eigenen Namen besorgt (§ 407 HGB). Der Spediteur ist im Verhältnis zum Frachtführer →Absender.

Versicherungsbestätigung – →Verordnung über das Nachweis- und Meldeverfahren bei der Versicherung von Güterkraftverkehrsunternehmen.

Versicherungsfall – der Zustand oder das Ereignis, mit dessen Eintritt die Leistungspflicht des Versicherers bzw. des →Versicherungsträgers ausgelöst wird. Im →Güterkraftverkehr ist V. der Begriff für den Zustand oder das Ereignis, mit dessen Eintritt die Leistungspflicht des →Versicherungsträgers ausgelöst wird, z. B. Transportmittelunfall. →Güterschadensversicherung, →Kraftfahrtversicherung, →KVO-Versicherung, →Transportversicherung.

Versicherungsnehmer – Bezeichnung für denjenigen, der den →Versicherungsvertrag mit dem →Versicherungsträger abschließt. Im →Güterkraftverkehr wird als V. der Halter des Kraftfahrzeuges, der→Spediteur oder der Unternehmer bezeichnet.

Versicherungspflicht – im →Straßengüterfernverkehr und im Umzugsverkehr gesetzliche Pflicht des →Unternehmers, die →Ladung gegen alle Schadensfälle zu versichern, für die er ersatzpflichtig ist.

Versicherungspolice – vom →Versicherer ausgestellte Urkunde über den Abschluß des →Versicherungsvertrages. Die V. enthält meist Quittung über Zahlung des Erstbetrages. Inhaber der V. kann vielfach vom Versicherer zur Verfügung über das Vertragsverhältnis und zum Empfang der Versicherungsleistung als berechtigt angesehen werden. Auf Kosten des →Versicherungsnehmers ist bei Verlust der V. eine Ersatzurkunde auszufertigen, bei Verlust eines Lebensversicherungsscheines ist Glaubhaftmachung oder Aufgebotsverfahren bzw. Kraftloserklärung nötig.

Versicherungsprämie – im →Güterkraftverkehr Bezeichnung für den Beitrag, den der →Versicherungsnehmer an den →Versicherungsträger für den Versicherungsschutz des Fahrzeuges bzw. der →Ladung zu bezahlen hat. Die V. für das Fahrzeug ist im allgemeinen für ein Jahr bemessen. Prämienzahlung in Raten gegen Zuschlag möglich. Die V. für Güterschäden richtet sich zumeist nach dem Frachtumsatz.

Versicherungsschein – →Versicherungspolice, →KVO-Police.

Versicherungssumme – vereinbarter Betrag, der im Versicherungsfall (Schaden) ausgezahlt oder von dem ausgehend die Versicherungsleistung berechnet wird. Die V. soll bei der Sachversicherung dem tatsächlichen Wert des versicherten Objekts entsprechen. Im →Güterkraftverkehr wird die V. bei Eintritt eines →Versicherungsfalles gezahlt oder von ihm ausgehend die Leistung des Versicherungsträgers berechnet.

Versicherungsträger – Bezeichnung für das Versicherungsunternehmen, das →Versicherungsverträge abschließt, in denen es sich zu bestimmten Versicherungsleistungen verpflichtet. Vertragspartner ist der →Versicherungsnehmer.

Versicherungsverband des Deutschen Kraftverkehrs V. a. G. (KRAVAG) – Sitz in Hamburg, Verband, der alle Arten des Kraftfahrzeug-Versicherungsgeschäftes tätigt. Er wurde 1951 als Selbsthilfeorganisation des →Verkehrsgewerbes gegründet. Als Versicherungsverband auf Gegenseitigkeit erstrebt er keine Gewinnmaximierung, vielmehr werden die Überschüsse an die Mitglieder dieses Verbandes in Form von

Prämien-Rückvergütungen ausgeschüttet. Hierzu treten weiterhin alle Überschüsse aus dem Versicherungslauf selbst. Die Mitgliedschaft wird durch Abschluß eines →Versicherungsvertrages erworben. Irgendwelche Verpflichtungen finanzieller Art aus der Mitgliedschaft außerhalb der Prämienzahlung bestehen nicht. Der V. steht allen →Versicherungsnehmern des →Kraftverkehrs offen.

Versicherungsvertrag – Vertrag, der im →Straßengüterverkehr in der Regel durch die Stellung eines Antrages auf →Versicherung des Fahrzeuges oder der →Ladung durch den →Versicherungsnehmer und die Annahme dieses Antrages durch den →Versicherungsträger zustande kommt. Über den V. stellt der Versicherungsträger eine →Versicherungspolice aus. →Kraftfahrzeugversicherung.

Versicherungszwang – →Versicherungspflicht.

Verstauen der Ladung – Außer im Stückgutverkehr – hier mit Ausnahme sperriger und schwerer Stückgüter, zu deren Verladung technische Hilfsmittel erforderlich sind – ist der Absender für die Beladung, Verstauung, Sicherung des Gutes sowie ggf. Befestigung auf dem Fahrzeug verantwortlich. Der Absender hat das Gut so zu verladen, daß das Gut ausreichend gegen die normalen Einwirkungen einer Kraftwagenbeförderung gesichert ist und nicht infolge mangelhafter Verladung beschädigt wird (BGH II ZR 21/58 OLG Düsseldorf v. 18. 1. 67 – 2 St 574/66). Der Unternehmer ist allerdings in dieser Hinsicht nicht von der Verantwortung frei. Sofern sein Fahrer bei der Beladung hilft, ist er Verrichtungsgehilfe des Verladers, dessen Haftung dadurch nicht berührt wird (LG Köln v. 6. 12. 66 – 210 138/64). Allerdings kann in einem solchen Falle evtl. ein Mitverschulden des Unternehmers mit der Folge einer Haftungsverteilung gemäß § 254 BGB in Frage kommen (LG Münster v. 19. 12. 74 – 76 o 369/74). Der Unternehmer ist in jedem Falle für die betriebssichere Verstauung verantwortlich und insoweit auch sein Fahrer. Es handelt sich hierbei um die Erfüllung einer öffentlichen, verkehrsrechtlichen Verpflichtung

nach §§ 7 und 19 StVG. Diese Verpflichtung gilt sowohl für Stückgut wie Ladungsgut (BGH v. 12. 4. 67 – Ib ZR 8/65). Danach muß der Fahrer eines Kraftfahrzeuges dafür sorgen, daß sein Fahrzeug betriebssicher ist und die Ladung so verstaut ist, daß sie niemanden gefährdet oder schädigt oder mehr als unvermeidbar belästigt oder behindert. Der Unternehmer ist insoweit nicht nur nach den strafrechtlichen Vorschriften des StVG und der StVO verantwortlich, sondern er haftet darüber hinaus auch aus dem Beförderungsvertrag. Infolgedessen sollte sich der Unternehmer bzw. sein Fahrer rechtzeitig beim Ladegeschäft einfinden, um erforderlichenfalls Anweisungen für die betriebssichere Verladung geben zu können (OLG Düsseldorf v. 18. 1. 67 – 2 Ss 574/68).

Versuch einer Ordnungswidrigkeit – (siehe auch „Ordnungswidrigkeit")

Nach § 8 OWiG kann der Versuch einer Ordnungswidrigkeit nur geahndet werden, wenn das Gesetz dies ausdrücklich bestimmt. Da das Güterkraftverkehrsgesetz keine derartige Bestimmung enthält, kann der Versuch einer Zuwiderhandlung gegen die Bestimmungen des GüKG im Bußgeldverfahren nicht abgerügt werden.

Ein Nahverkehrsunternehmer, der einen Auftrag hatte, Güter aus einem außerhalb der Nahzone liegenden Ort abzuholen, die Güter aber dort nicht erhält und mit leerem Lastzug wieder zurück fährt, begeht demnach keine Ordnungswidrigkeit.

Der Versuch einer Zuwiderhandlung im Sinn des § 18 WiStG ist strafbar (§§ 43 StGB u. 22 Abs. 3 WiStG).

Der Versuch eines Tarifverstoßes ist somit strafbar bzw. als Ordnungswidrigkeit mit Geldbuße abrügbar.

Verteilerverkehr – Begriff aus dem →Güterkraftverkehr, der sich auf Fahrten im →Nah- oder →Fernverkehr bezieht, bei denen das geladene Gut nicht an einer Stelle geschlossen, sondern bei einer Mehrzahl von →Empfängern abgeladen (verteilt) wird. Üblich ist der V. im →Rollfuhrdienst, bei der Belieferung von Filialen oder Kunden mit Sendungen geringeren Gewichts u. ä. m. →Rundfahrtverkehr, →Unterwegsabladung, →Unterwegsverkehr.

vertikale Staffel – →Entfernungsstaffel im →Tarifsystem der Eisenbahn und des Güterfernverkehrs mit Kfz. Bezeichnung v. S., weil im →Frachtsatzzeiger die Entfernungsangaben von oben nach unten (vertikal) dargestellt sind (nach der Entfernung geordnetes Spannungsverhältnis der →Streckensätze des Gütertarifs), und im allgemeinen (so seit 1920 im →DEGT) als fallende Tarifstaffel ausgebildet sind, bei der die Streckensätze mit zunehmender Entfernung niedriger werden.

Vertragserfüllung – Ein Schuldner kann an einer Verpflichtung nicht festgehalten werden, wenn er durch Umstände, die außerhalb seines Einfluß- und Risikobereichs liegen, unverschuldet in eine solche Notlage geraten ist, daß ihm nach den Grundsätzen von Treu und Glauben die Erfüllung oder eine vollständige Erfüllung seiner Verbindlichkeit schlechterdings nicht mehr zugemutet werden kann (BGH Urteil 15. 12. 1955 – II ZR 130/54 – in ‚Verkehrsrundschau‘ Nr. 3/57 S. 45).

Vertragsfahrer – →Vertragsunternehmer.

Vertragsspediteur – Bezeichnung für einen →Spediteur, der aufgrund eines Vertrages dauernd oder vorwiegend für einen bestimmten Auftraggeber tätig ist.

Vertragsunternehmer – Bezeichnung für →Unternehmer des gewerblichen →Güterfernverkehrs mit Kfz (Selbstlader), die mit einem Verlader einen länger befristeten Vertrag über die ständige Durchführung von Transporten abgeschlossen haben. Dieser Vertrag gibt eine Sicherheit für eine gute Ausnutzung ihrer Fahrzeuge, so daß daraufhin u. U. neue, für die in Betracht kommenden Transporte besonders geeignete und hergerichtete Fahrzeuge beschafft und diese auch mit einer Reklamebeschriftung für den betreffenden Verlader versehen werden können. Auch im gewerblichen ›Güternahverkehr sind häufig die Voraussetzungen für den Abschluß derartiger Beschäftigungsverträge gegeben. Beschäftigungsverträge bestehen auch zwischen Kraftwagenspediteuren und Unternehmern sowie mit der DB.

Verwaltungsentscheidung (Verwaltungsakt) – Verwaltungsakte, die in einem Verfahren über die Erteilung der Erlaubnis zur Ausübung eines Berufs ergehen und diese versagen, haben nicht die Wirkung, daß die Erteilung der Erlaubnis fortan für alle Zeiten ausgeschlossen ist. Durch die Versagung wird nur festgestellt, daß zur Zeit des Ausspruchs Gründe vorlagen, welche der Erteilung der Erlaubnis entgegen standen. Sie hindern aber grundsätzlich nicht die Wiederholung des einmal abgelehnten Antrags, und zwar ohne Rücksicht darauf, ob sich die Sach- und Rechtslage inzwischen geändert hat oder nicht (Urteil des BVerwG vom 24. 1. 57 – I C 195/54 – in ‚Gewerbe-Archiv‘ Aug. 57 Seite 90).

Zeugnisse sind dann anfechtbare Verwaltungsakte, wenn sie gleichzeitig Entscheidungen treffen, die für die allgemeine, insbesondere die äußere Rechtsstellung des Beurteilten von Bedeutung sind, z. B. Zeugnisse, die im Rechtsleben Wirkungen haben, weil auf ihnen die Berechtigung zum Besuch bestimmter Schulen ruht oder weil sie den Zugang zu bestimmten Berufen eröffnen.

In diesem Zusammenhang ist auch das Ergebnis von →Sachkundeprüfungen zu erwähnen, das unter diesem Gesichtspunkt ebenfalls als anfechtbarer Verwaltungsakt anzusehen ist. Die Auskunft einer Behörde, die nur die Mitteilung eines Wissens der Behörde zum Gegenstand hat, ist kein Verwaltungsakt (OVG Münster v. 18. 12. 57 – III A 793/57 in JZ 1958/754). Verwaltungsakt ist eine Maßnahme, die von einer zuständigen Verwaltungsbehörde zur Regelung eines Einzelfalles auf dem Gebiete des öffentlichen Rechts getroffen wird (VG Karlsruhe AZ I 124/57 vom 13. 2. 59).

Verwaltungskosten – →Gebühren.

Verwaltungsrat – wichtiges Organ der →Bundesanstalt für den Güterfernverkehr (BAG). Der V. besteht aus 27 (ehrenamtlich tätigen) Mitgliedern, und zwar aus 6 Vertretern des →Bundesverband des Deutschen Güterfernverkehrs (BDF), je 1 Vertreter des →Bundesverband des Deutschen Güternahverkehrs (BDN) und der →Arbeitsgemeinschaft Möbeltransport Bundesverband (AMö), 2 Vertetern des Bundes-

233

verband Spedition und Lagerei (BSL), je 1 Vertreter der Deutsche Bundesbahn, des Deutschen Industrie- und Handelstages, des Bundesverbandes der Deutschen Industrie, des Zentralausschusses der Deutschen Landwirtschaft, des Zentralverbandes des Handwerks und des Gesamtverbandes der Versicherungswirtschaft, 5 Vertretern der obersten →Landesverkehrsbehörden. Die Mitglieder werden auf 3 Jahre vom Bundesminister für Verkehr auf Vorschlag ernannt. Aufgabe des V. ist die Beratung des Leiters der Bundesanstalt bei der Durchführung der Geschäfte. Er beschließt u. a. über die Geschäftsordnung des V. und des Leiters, den Haushaltsplan und den Jahresabschluß, die Vorschläge zur Erhebung der →Umlagen und Meldebeiträge, die Aufnahme von Krediten und die Richtlinien für die Zulassung von →Frachtenprüfstellen.

Verwaltungsvorschriften – →Allgemeine Verwaltungsvorschriften (AVV).

Verwarnung – Bei geringfügigen Verstößen gegen die bestehenden Gesetze und Verordnungen kann eine Verwarnung ausgesprochen und ein Verwarnungsgeld erhoben werden (§ 27 StVG). Die Höhe des Verwarnungsgeldes ist auf 40 DM begrenzt. Um eine möglichst gleichartige Anwendung des Verwarnungsverfahrens sicherzustellen, hat der BMV mit Zustimmung der Länder eine Verwaltungsvorschrift erlassen, die festlegt, in welchen Fällen unter welchen Voraussetzungen eine Verwarnung erteilt und in welcher Höhe Verwarnungsgeld erhoben werden soll. →Anhang 2a.

Verwiegung – im →Straßengüterverkehr Feststellung des →Gesamtgewichts des Fahrzeuges auf einer geeichten Waage zur Feststellung des →Gewichts der →Ladung aus Gründen der →Frachtberechnung und der →Tarifüberwachung sowie zur Vermeidung von →Überladungen. Im gewerblichen →Güterfernverkehr ist die V. geregelt in der →Kraftverkehrsordnung (KVO) und in der Verordnung über die Tarifüberwachung (TÜVO). →Verwiegungspflicht.

Verwiegungspflicht – Pflicht, die für Beförderungen im gewerblichen →Güterfernverkehr in der →Kraftverkehrsordnung (KVO)

und der Verordnung über die →Tarifüberwachung (TÜVO) geregelt ist. Danach muß der →Absender das →Gewicht des Gutes feststellen. Hat er keine Möglichkeit hierzu, muß er die Verwiegung des Gutes durch den →Unternehmer im →Frachtbrief beantragen. Die V. geht dann automatisch auf den Unternehmer über. Darüber hinaus hat der Unternehmer die Pflicht, das Gewicht des Gutes auch dann unverzüglich festzustellen, wenn es im Frachtbrief nicht oder offenbar unrichtig angegeben ist. In diesem Falle ist vom Unternehmer die tarifmäßige Gebühr entsprechend dem →Nebengebührentarif (NGT) zu erheben. Bei →Stückgütern ist der Unternehmer verpflichtet, Anzahl und Gewicht gebührenfrei festzustellen. →Verwiegung.

Verzeichnis der sperrigen Stückgüter – →Sperrige Stückgüter.

Vielstoffmotor – Varianten von Dieselmotoren, in denen neben dem eigentlichen Dieselkraftstoff (DK) auch andere Kraftstoffe bis zu Petroleum und Benzin verwendbar sind. Bedeutung vorläufig nur für Notzeiten erkennbar, in denen Versorgung mit oder Nachschub von einer Kraftstoffsorte einfacher sein kann als für eine andere.

Vollfracht – Begriff aus dem ab 26. 5. 1955 gültigen und vom →Tarif für den →Möbelverkehr mit Kfz am 7. 8. 1961 abgelösten →Möbeltransporttarif, in dem er nicht mehr enthalten ist; gleichzusetzen mit dem →Beförderungsentgelt (→Tariffracht) im gewerblichen →Güterfernverkehr laut →Reichtskraftwagentarif (RKT).

Vollkaskoversicherung – →Kaskoversicherung.

Vorfahrt – Nach § 8 StVO hat an Kreuzungen und Einmündungen die Vorfahrt, wer von rechts kommt. Das gilt nicht, wenn die Vorfahrt durch Verkehrszeichen besonders geregelt ist oder für Fahrzeuge, die aus einem Feld- oder Waldweg auf eine andere Straße kommen. Wer die Vorfahrt zu beachten hat, muß rechtzeitig durch sein Fahrverhalten, insbesondere durch mäßige Geschwindigkeit, erkennen lassen, daß er warten wird. Er darf nur weiterfahren, wenn er übersehen kann, daß er den, der die Vorfahrt hat, weder gefährdet noch wesentlich behindert. Kann er das nicht übersehen, weil die Straßenstelle unübersichtlich ist, so darf er sich vorsichtig in die Kreuzung oder Einmündung hineintasten, bis er die Übersicht hat. Auch wenn der, der die Vorfahrt hat, in die andere Straße abbiegt, darf ihn der Wartepflichtige nicht wesentlich behindern.

Vorlageprovision – Bezeichnung für eine Vergütung, die dem →Abfertigungsspediteur für die →Frachtzahlung an den von ihm eingesetzten →Unternehmer des gewerblichen →Güterfernverkehrs mit Kfz vor Leistungen der Beförderung zusteht. Die V. darf in Höhe von 0,5% berechnet werden, wenn der Abfertigungsspediteur dem Unternehmer die Fracht bei Aufgabe des Gutes im Wege des →Frachtstundungsverfahrens bar oder in anderer Weise bezahlt. →Frachtvorlage, FZA-Verfahren.

Vorlaufsendung – Begriff aus dem →Spediteursammelgutverkehr und Bezeichnung für das Einzelgut, das im gewerblichen →Güterfernverkehr mit Kfz eine bestimmte Beförderungsstrecke vom →Urversender bis zum Sammelplatz, an dem die →Sammelladung zusammengestellt und verladen wird, zu befördern ist. →Nachlaufsendung.

Vorprüfung – →Frachtenprüfung.

Vorschriften für die Frachtberechnung – 1. Für den gewerblichen Güterfernverkehr sind die V. als Teil II Bestandteil des →Reichskraftwagentarifs (RKT). Die V. enthalten neben allgemeinen Bestimmungen über die →Frachtberechnung von →Stückgut und →Ladungen besondere Bestimmungen für die Berechnung der Fracht bei Beförderungen von gebrauchten →Packmitteln, Reklamemitteln, außergewöhnlich langen Gegenständen, →sperrigen Stückgütern, anerkanntem Saatgut, →Ladegeräten, Behältern und Paletten, Containern und Wechselaufbauten, →Wärme- und Kälteschutzmitteln sowie über →Isotherm- und →Schnellieferzuschläge. – 2. Für den gewerblichen →Umzugsverkehr sind die V. Bestandteil des →Tarifs für den Umzugsverkehr mit Kraftfahrzeugen. Er enthält neben allgemeinen Vorschriften über die Berechnung der Fracht im Umzugsverkehr auch Bestimmungen über die Berechnung von →Nebenleistungen. – 3. Für den gewerblichen →Güternahverkehr sind V. im →Tarif des Güternahverkehrs mit Kfz (GNT) ohne spezielle Einteilung enthalten.

vorübergehender Standort – →Standort.

Vor- und Abschlußarbeiten – sind
1. Arbeiten zur Reinigung und Instandsetzung, soweit sich diese Arbeiten während des regelmäßigen Betriebes nicht ohne Unterbrechung oder erhebliche Störung ausführen lassen,
2. Arbeiten, von denen die Wiederaufnahme oder Aufrechterhaltung des vollen Betriebs arbeitstechnisch abhängt,
3. Zu-Ende-Bedienen der Kundschaft einschließlich der damit zusammenhängenden Aufräumungsarbeiten.
4. Das Gewerbeaufsichtsamt kann bestimmen, welche Arbeiten als Vor- und Abschlußarbeiten gelten. Unter Vor- und Abschlußarbeiten sind beim Kraftfahrer und Beifahrer zu rechnen: das Reinigen des Fahrzeugs und die Pflege und Wartung der Maschine (dazu gehören auch kleinere Instandsetzungsarbeiten, die der Fahrer in der Regel selbst ausführen kann). →,,Arbeitszeit"

W

Wärme- und Kälteschutz – Im gewerblichen Güterfernverkehr werden Wärme- und Kälteschutzmittel beim Versand mit dem zu schützenden Gut frachtfrei befördert, und zwar im allgemeinen bis zu 10% des wirklichen Gewichts der Sendung. Eis – auch Trockeneis – genießt Frachtfreiheit, soweit es zum Schutze der beförderten Ware unbedingt erforderlich ist.

Wärmewagen – →Isothermfahrzeuge, →ADR.

Wagengestellungsvertrag – Geregelt in § 14 KVO. Danach hat der Unternehmer die Verpflichtung, bei Annahme der Fahrzeugbestellung fristgemäß ein geeignetes Fahrzeug zu stellen. Kann die Gestellung erst verspätet erfolgen, ist der Besteller zu befragen, ob er mit der späteren Gestellung einverstanden ist. Geschieht das nicht, so hat der Unternehmer dem Besteller die nachgewiesenen Kosten, höchstens den Betrag des Wagenstandgeldes für einen Tag zu ersetzen. Wird ein Fahrzeug vor der Bereitstellung wieder abbestellt, so wird die tarifmäßige Abbestellgebühr fällig. Bei unbeladener Rückgabe des rechtzeitig gestellten Fahrzeuges ist vom Zeitpunkt der Bereitstellung an das tarifmäßige Wagenstandgeld zu bezahlen. →Beförderungsvertrag.

Wagenladung – Im gewerblichen Güterfernverkehr mit Kfz Bezeichnung für eine größere Gütermenge, die als geschlossene →Ladung auf einen →Frachtbrief aufgegeben wird und für deren Verladung der →Absender ein Fahrzeug bestellt hat. Für Güter, die als W. aufgeliefert werden, bestehen im →Reichskraftwagentarif (RKT) die →Wagenladungsklassen A/B E und F sowie die ›Gewichtsklassen 5 t, 10 t, 15 t, 20, 23 und 24 t. Der →Frachtberechnung werden die im RKT enthaltenen →Frachtsätze für W. zugrunde gelegt, die sich nach der Wagenladungsklasse, der Gewichtsklasse und der Entfernung richten. →Mindestgewicht, →Wagenladungsgut.

Wagenladungsgut – im gewerblichen →Güterfernverkehr mit Kfz Bezeichnung für das Gut, zu dessen Verladung und Beförderung der →Absender ein Fahrzeug bestellt hat und das als geschlossene →Ladung mit einem →Frachtbrief aufgegeben wird. Das W. ist vom Absender zu verladen. Der →Unternehmer ist bei der →Abfertigung eines Gutes als W. grundsätzlich nur auf Antrag des Absenders, der schriftlich im Frachtbrief gestellt werden muß, zur Nachprüfung von Stückzahl und →Gewicht verpflichtet. Die →Frachtberechnung erfolgt nach den zuständigen →Gewichtsklassen sowie den →Wagenladungsklassen bzw. den Ausnahmetarifen des →Reichskraftwagentarifs (RKT). Dabei geht die Zugehörigkeit des Gutes zu den Klassen E und F aus der →Gütereinteilung für W., die Bestandteil des RKT ist, hervor. Die darin nicht genannten Güter fallen unter die Klasse A/B.

Wagenraumsystem – Bezeichnung für ein →Tarifsystem, das für die Bildung der Frachtsätze den benötigten Wagenraum (= →Laderaum) ohne Rücksicht auf den Wert des Gutes zugrunde legt. Dem W. entspricht die Staffelung der →Frachtsätze nach den Gewichtsklassen (5-t-, 10-t-, 15-t-, 20-t- 23-t- und 24-t-Klasse). Das W. bildet mit dem →Wertklassensystem unter Berücksichtigung der →Entfernungsstaffel die Grundlage der Gütertarife und der Frachtberechnung.

Wagenstandgeld – Im gewerblichen →Güterfernverkehr mit Kfz Bezeichnung für eine Gebühr, die zu entrichten ist, wenn ein →Lastkraftwagen, →Lastzug oder →Anhänger durch Verschulden des Vertragspartners (→Besteller), des →Güterfernverkehrsunternehmers oder des →Empfängers vom Zeitpunkt der Wagengestellung an warten muß und dadurch die Abwicklung des Beförderungsvorganges oder des →Be- und →Entladens in einem nicht in den →Beförderungsbedingungen vorgesehenen Umfang verzögert wird. Das W kann berechnet werden bei Überschreitung der →Be- und Entladefristen; beim Rücktritt des →Absenders vom →Beförderungsvertrag, wenn der von ihm angeforderte und vom →Unternehmer gestellte Wagen unbeladen zurückgeschickt wird; bei einer →nachträglichen Verfügung des Absenders, wenn diese besagt, daß die →Sendung am

237

→Bestimmungsort zurückgehalten werden soll und dabei das noch beladene Fahrzeug über den Zeitraum hinaus warten muß, den die Be- und Entladefristen begrenzen (geregelt in der →Kraftverkehrsordnung, KVO); das W. wird entsprechend den Bestimmungen des →Nebengebührentarifs (NGT) berechnet.

Warenbegleitschein – Bezeichnung für ein Begleitpapier, das im →Interzonenverkehr in Deutschland und im →Berlin-Verkehr mit Lastkraftfahrzeugen auf Verlangen der Organe der DDR mitgeführt werden muß. Im gewerblichen →Güterfernverkehr mit Kfz ist es Sache des →Absenders, den W. auszustellen und dem →Güterfernverkehrsunternehmer bei Abschluß des →Beförderungsvertrages zusammen mit dem →Frachtbrief zu übergeben. Der W. ist in sechsfacher Ausfertigung auszustellen und von dem zuständigen Regierungspräsidenten zu genehmigen.

Warenerklärung – Bezeichnung für Begleitpapiere, die der →Absender bei Beförderungen im gewerblichen →Güterfernverkehr mit Kfz für Güter, die zur Einfuhr nach dem deutschen Zollgebiet oder zur Durchfuhr durch das deutsche Zollgebiet bestimmt sind, auszustellen und gem. § 12 der →Kraftverkehrsordnung (KVO) dem →Frachtbrief in doppelter Ausfertigung offen beizulegen ist. Die Beigabe ist auf dem Frachtbrief zu vermerken.

Warneinrichtungen zur Sicherung haltender Fahrzeuge – →Beleuchtung.

Warnzeichen – (§ 16 StVO) Schall- und Leuchtzeichen darf nur geben 1. wer außerhalb geschlossener Ortschaften überholt (§ 5 Abs. 5) oder 2. wer sich oder andere gefährdet sieht. Schallzeichen dürfen nicht aus einer Folge verschieden hoher Töne bestehen.

Wartezeiten – Wartezeiten sind →Arbeitsbereitschaft und damit Arbeitszeit, wenn das Fahrpersonal anwesend sein muß, um bei etwaigem Bedarf sofort die Tätigkeit aufnehmen zu können. W., in denen das Fahrpersonal frei über seine Zeit verfügen kann und sich nicht zur sofortigen Arbeitsaufnahme bereithalten muß, stellen keine

Arbeitsbereitschaft dar und können danach nicht als Arbeitszeit gewertet werden. Im gewerblichen →Güternahverkehr ist die W. geregelt in § 10 des →Tarifs für den Güternahverkehr mit Kraftfahrzeugen (GNT) und § 8 →AGNB. Hiernach darf für zusammenhängende W. von mehr als einer halben Stunde bei Abrechnung nach Tafel III und V des GNT für jede angefangene halbe Stunde $1/16$ des Tagessatzes nach Tafel I, jedoch höchstens der volle Tagessatz für den Kalendertag berechnet werden. Bei Abrechnung nach den Tafeln I und II kommt die Berücksichtigung besonderer W. nicht in Betracht, da diese in der zu berechnenden Einsatzzeit bereits mit enthalten sind. – Für den gewerblichen →Güterfernverkehr mit Kfz: →Ladefrist. →Standgeld.

WAV – Werbe- und Abfertigungsvergütung, die dem →Abfertigungsspediteur im Güterfernverkehr für seine Tätigkeit zusteht, wenn er gewerbliche →Frachtführer für die Beförderung seiner Güter einsetzt (§ 35 GüKG). Die Höhe der WAV ist in der AO PR Nr. 146/48 in der Form der VO PR Nr. 1/58 vom 31. 10. 58 (BAnz. Nr. 23) und AO PR Nr. 3/59 vom 22. 1. 59 (BAnz. Nr. 15) festgelegt. Die WAV setzt sich zusammen aus der Abfertigungsvergütung sowie der Werbe- und Vermittlungsvergütung. Sie wird in bestimmten v.H.-Sätzen, die nach der Tarifklasse des beförderten Gutes variieren, von der Fracht berechnet. Die W. stellt das pauschale Entgelt für eine Vielzahl von Tätigkeiten des Abfertigungsspediteurs dar, die in den genannten AO näher umschrieben sind. Die W. oder Teile davon dürfen an beteiligte Spediteure (Tarifunterbietung), jedoch nicht an Verlader (Tarifunterbietung) weitergegeben werden. Ein Abfertigungsspediteur kann neben der W. nicht auch noch eine Vermittlungsgebühr fordern.

Wechselbehälter – auch Wechselpritsche genannt. W. sind Ladegefäße, die mit genormten Befestigungsbeschlägen versehen sind. Sie dienen in erster Linie der Rationalisierung des Straßenverkehrs (wahlweiser Einsatz verschiedener Aufbauten) und können auch im kombinierten Verkehr mit der Schiene befördert werden. Die Beschläge sind in ihren Anschlußabmessungen identisch mit denen von →ISO-Containern gleicher Größenklassen. In den Außenabmessungen sind sie speziell auf den Straßentransport zugeschnitten. Die Größen I und II sind in der Regel mit fahrzeugeigenen Mitteln auf mitgeführte Stützen abstellbar und wieder aufnehmbar. Die Hauptabmessungen sind: Größe I Länge 6250 mm, Breite 2500 mm, Höhe 2600 mm, bei Größe II Länge 7150 mm, Breite 2500 mm, Höhe 2600 mm. Die Größe III bei sonst gleichen Abmessungen eine Länge von 12 190 mm. Die für den Transport von W. bestimmten Fahrzeuge (Motorfz., Anhänger und Sattelkraftfahrzeuge) brauchen eine spezielle Ausrüstung zur Aufnahme der W. und ISO-Container, in der Regel eine Zentriereinrichtung, Längsabschlag sowie eine Ausrüstung für das Absetzen und Aufnehmen der W. ohne fremde Hilfe. (DIN 70013 – FAKRA/BDF-Norm) Der →BDF hat ergänzende Festlegungen für die W. getroffen, die eine volle Austauschbarkeit auch von Einzelteilen der W., unabhängig vom Fabrikat, gewährleisten sollen. →Container.

Wegekosten – Kosten der Infrastruktur des Verkehrs. Das Prinzip der →Eigenwirtschaftlichkeit der Verkehrsträger (verkehrspolitisch postuliert, aber bisher weitgehend noch nicht realisiert) schließt die logische Forderung ein, daß jeder Verkehrsträger auch die von ihm verursachten Wegekosten zu tragen hat. Dieses Prinzip ist heute allgemein anerkannt, in der Praxis aber weitgehend noch nicht verwirklicht. Im Straßenverkehr fehlt immer noch eine exakte Wegekostenrechnung, und bei der Bahn wird diese Frage durch die Staatszuschüsse überdeckt, die ohne Zweifel auch Wegekostenanteile enthalten. Für die Wegekostenrechnung der Straße gibt es zahlreiche Untersuchungen und Vorschläge (z. B. des BVM, der EWG, der Schweizer Regierung etc.). Der deutsche Straßenverkehr und speziell auch der Schwerlastverkehr, kann davon ausgehen, daß er seine Wegekosten deckt. Dieses Ergebnis läßt sich nicht nur aus den Ergebnissen der vorliegenden Untersuchungen, sondern auch aus einem einfachen Vergleich der aufgebrachten Sonderleistungen (Kraftfahrzeugsteuer, Mineralölsteuer u. ä.) und den Verkehrswegeaufwendungen von Bund, Ländern und Gemeinden herleiten. Da der Schwerlastverkehr in der Bundesrepublik den höchsten derartigen Belastungen in Europa ausgesetzt ist, liegt hier eine deutliche Benachteiligung im internationalen Wettbewerb. Auch im nationalen Verkehr kann man zunehmend von einer Verzerrung des Wettbewerbs zu Lasten der Straße sprechen, da immer wachsende Teile der Sonderabgaben des Straßenverkehrs für allgemeine Haushaltsausgaben in Anspruch genommen werden. →AASHO-Road-Test →Zweckbindung der Sonderabgaben.

Wegevorschrift – vom Absender im →Frachtbrief gegebene Anweisung (soweit zulässig), über welchen Weg das Beförderungsgut befördert werden soll.

Weiterabfertigung – im gewerblichen →Güterfernverkehr mit Kfz Bezeichnung für die Tätigkeit eines →Empfangsspediteurs, der als Beauftragter des →Absenders im →Sammelgutverkehr die Einzelsendungen oder auch →Nachlaufsendungen an die Empfänger weiterabfertigt. →Weiterbeförderung.

Weiterbeförderung – im gewerblichen →Güterfernverkehr mit Kfz Bezeichnung für Beförderungen nach einem anderen als ursprünglich im →Frachtbrief angegebenen →Bestimmungsort aufgrund einer →nachträglichen Verfügung des →Absenders. Erfolgt die W. über den maßgebenden Gemeindetarifbereich hinaus, sind nach den Vorschriften des →Reichskraftwagentarifs (RKT) eine neue →Frachtberechnung sowie die Ausstellung eines Anschlußfrachtbriefes erforderlich. →Anschlußbeförderung, →Weiterabfertigung.

Werbe- und Abfertigungsvergütung (WAV) – →WAV.

werkeigener Fuhrbetrieb – Bezeichnung für die Beförderung von Gütern für eigene Zwecke des Unternehmens durch dem Unternehmen gehörende Fahrzeuge, die von eigenem Fahrpersonal gesteuert werden. →Werkverkehr.

Werkspedition – W. sind formal-rechtlich selbständige Speditionsbetriebe, die sich faktisch in den Händen eines Versenders befinden, in dessen Abhängigkeit sie diesem

239

zum Zwecke der speditionellen Abwicklung eigener Beförderungsaufträge vorgeschaltet sind. Die Zielsetzung besteht dabei zweifellos oft in Ersparnissen bei der gesetzlich vorgeschriebenen Fracht. Rechtsgrundlage für die Abfertigungsspedition bilden die §§ 33 ff. des →GüKG und die →PR 146/48 über Vergütungen für den Abfertigungsdienst des Güterfernverkehrs mit Kraftfahrzeugen, die auch das Aufgaben- und Tätigkeitsfeld eines Abfertigungsspediteurs umschreibt. Nur der öffentlich-rechtlich bestellte Abfertigungsspediteur ist danach berechtigt und verpflichtet, die festgelegte →WAV zu berechnen. Er darf diese Provision – mit Ausnahme an andere, an dem Transport beteiligte Spediteure – an Dritte weder ganz noch teilweise weitergeben. Hier liegt die Problematik der W., da die Ergebnisse ihrer Tätigkeit regelmäßig in der einen oder anderen Form an den Eigentümer, der zugleich Auftraggeber für die Beförderungsverträge ist, zurückfließen. Auch die W. bedarf der Bestellung zum Abfertigungsspediteur. In welchen Fällen und unter welchen Voraussetzungen eine solche Bestellung erfolgen kann, ist nicht einwandfrei klar. Nach den früheren →AVV war die Bestellung zum Abfertigungsspediteur ausdrücklich verboten, wenn die Tätigkeit auf die Abfertigung von Transporten eines bestimmten Unternehmens gerichtet war, dem die eingehobene WAV aufgrund vermögensrechtlicher Verflechtungen wirtschaftlich wieder zugute kam. In gleicher Richtung liegt auch ein Beschluß des Bundesverwaltungsgerichts vom 28. Februar 1969 (VII B 39.66). Danach ist in der Regel einem Speditionsunternehmen die Bestellung zum Abfertigungsspediteur zu versagen, wenn es mit einem bestimmten Versender ständig zusammenarbeitet, der es zugleich wirtschaftlich beherrscht. Hierdurch sollen indirekte Tarifumgehungen verhindert werden. Die Verwaltungspraxis hat diese höchstrichterlichen Erkenntnisse allerdings nicht durchsetzen können, da die wirklichen wirtschaftlichen Zusammenhänge oft schwer durchschaubar sind. Es werden deshalb regelmäßig auch solche rechtlich selbständigen Speditionsfirmen zu Abfertigungsspediteuren bestellt, die einem Verlader gehören und für ihn tätig sind. Voraussetzung ist aber in jedem Falle, daß die einschlägigen

Bestimmungen des GüKG und der Pr. 146/48 erfüllt sind und Abfertigungsleistungen tatsächlich erbracht werden. Es ist dann auch unerheblich, ob eine zugelassene W. für die Muttergesellschaft, ein Konzernunternehmen oder für Dritte tätig wird.

Werkverkehr – W. ist jede Beförderung von eigenen Gütern für eigene Rechnung. (Im Ausland spricht man von Eigenverkehr oder von Verkehr für eigene Rechnung.) Er ist vom öffentlichen oder gewerblichen Verkehr als Eigenverkehr zu unterscheiden. Das →GüKG enthält in den §§ 48 ff. ins einzelne gehende Bestimmungen für den W. Danach müssen folgende Voraussetzungen gegeben sein: 1. die zu befördernden Güter müssen dem Werkverkehrsunternehmen gehören, 2. die Beförderung muß der Heranschaffung der Güter zum Unternehmen, ihrer Fortschaffung vom Unternehmen oder ihrer Überführung innerhalb des Unternehmens oder dem Eigengebrauch außerhalb des Unternehmens dienen, 3. die Kraftfahrzeuge müssen von Angehörigen des Werkverkehrsbetriebes bedient werden, 4. die Kraftfahrzeuge müssen auf den Namen des Unternehmens zugelassen sein, ihm gehören oder auf Abzahlung gekauft sein, 5. die Beförderung darf nur eine Hilfstätigkeit im Rahmen des Gesamtunternehmens darstellen. – Der Werkverkehr unterliegt nicht der Genehmigungs- und Tarifpflicht. Auch hier wird unterschieden zwischen Werkfernverkehr und Werknahverkehr. Die Abgrenzung entspricht derjenigen im gewerblichen Verkehr, d. h. Verkehr innerhalb der Nahzone (50 km Umkreis um den Standort) ist Nahverkehr, darüber hinaus handelt es sich um Werkfernverkehr. Für diesen gelten besondere Bestimmungen; sie benötigen eine Beförderungsbescheinigung; es besteht für alle Fahrzeuge über 4 t Nutzlast bzw. mit mehr als 40 kW Leistung Meldepflicht bei der →BAG; es sind für alle Fahrten (auch mit Fahrzeugen unter 4 t Nutzlast) Beförderungs- und Begleitpapiere nach vorgeschriebenem Muster zu führen (Verordnung über Beförderungs- und Begleitpapiere – Fassung v. 13. 2. 79 – BGBl. I S. 220) und der →BAG ist monatlich eine Übersicht aller im Werkfernverkehr durchgeführten Beförderungsleistungen vorzulegen. Die genannten Unterlagen dienen der Überwachung und der statistischen Erfassung des Werkfernverkehrs. Die notwendigen Beförderungsbescheinigungen werden auf Antrag von der BAG erteilt. Sie gelten für ein bestimmtes Fahrzeug und sind auf Zeit erteilt, jedoch höchstens 5 Jahre. Der Antrag muß auf vorgeschriebenem Formblatt gestellt werden. Die BAG veröffentlicht den wesentlichen Inhalt der Anträge in einem wöchentlich auszugebenden Verzeichnis zur Einsichtnahme durch Interessenten, d. h. Bundesbahn, nichtbundeseigene Eisenbahnen, Unternehmen des Güterfernverkehrs, Abfertigungsspediteure und Gewerbetreibende der Binnenschiffahrt. Gegen Erstattung der Kosten kann auch Übersendung der Verzeichnisse durch die Berechtigten beantragt werden. Das Verfahren dient der Feststellung, ob die gewerblichen Verkehrsträger bereit sind, die in Frage stehenden Verkehre zu für das Werkverkehrsunternehmen annehmbaren Bedingungen auszuführen. Liegt ein annehmbares Angebot von Seiten der Bundesbahn oder der nichtbundeseigenen Eisenbahn innerhalb einer Frist von 2 Monaten nicht vor, so wird die Beförderungsbescheinigung erteilt. Die Erteilung erfolgt auch, wenn sie für weniger als 3 Monate beantragt wird. Die Praxis hat gezeigt, daß die durch die Bestimmungen des GüKG angestrebte Begrenzung des Werkfernverkehrs nur in unzureichendem Umfange erreicht wurde. Die Durchführung von Transporten für Dritte ist dem Werkverkehr verboten.

Wettbewerb – Verdeutschung des Begriffs Konkurrenz (Wettlauf) zur Kennzeichnung des Leistungskampfes zwischen Wirtschaftseinheiten am Markt, auch in der Verkehrswirtschaft unter den →Verkehrsträgern. W. als Leistungskampf bietet Gewähr für bessere Marktleistung zu niedrigsten Preisen: Nachfrage wandert zum leistungsfähigsten Angebot. Der W. fördert den technischen Fortschritt, weil jeder Betrieb versuchen muß, zur Sicherung seiner Position seine Leistungen immer mehr zu verbessern. W. als Machtkampf des Kapitals (Einsatz von Kapital zur Ausschaltung von Konkurrenten usw.), reiner Preiswettbewerb, ruinöse Konkurrenz. Unlauterer Wettbewerb: Machtkampf und unlauterer Wettbewerb zerstören den freien Leistungskampf und damit die Marktwirtschaft. In oligopolistischen und monopolistischen Marktformen geht die Marktautomatik verloren. Der W. als verkehrspolitisches Prinzip ist im Laufe der letzten Jahre immer mehr in den Vordergrund getreten. Um schädliche Auswüchse und volkswirtschaftlich unerwünschte Entwicklungen zu vermeiden, gilt in der Bundesrepublik Deutschland das Prinzip des geordneten Wettbewerbs. Auch in den meisten anderen Ländern gelten für den Verkehr Wettbewerbsordnungen, die Auswüchse eines völlig liberalisierten Wettbewerbs ausschalten sollen.

Wettbewerbsverzerrungen – Unter W. im Verkehr versteht man alle durch Außeneinflüsse, in der Regel die Gesetzgebung oder Verwaltungspraxis, bewirkten einseitigen Belastungen oder Begünstigungen einzelner Verkehrsträger im Wettbewerb. Solche W. bestehen noch immer besonders im internationalen Wettbewerb im Verkehr, da die Bemühungen um eine Harmonisierung – auch im Rahmen der EWG – bisher weitgehend erfolglos waren. Das gilt für die Regelung der Frage →Abmessungen und Gewichte der Fahrzeuge, die Kraftfahrzeugsteuer, Mineralölsteuer, Sozialvorschriften, Verkehrsüberwachung u. ä. Diese W. wirken sich sehr nachteilig, speziell für die deutschen Unternehmer, aus, da sie unter den höchsten Sonderlasten zu leiden haben. Auch im nationalen Verkehr bestehen noch Wettbewerbsverzerrungen z. B. bei den →Wegekosten →Zweckbindung.

Widerspruch – Als Vorverfahren vor der verwaltungsgerichtlichen Klage ist nach den Vorschriften des 8. Abschnitts der Verwaltungsgerichtsordnung (VwGO) §§ 68 ff. vom 21. 1. 60 (BGBl. I S. 17 ff.) das Widerspruchsverfahren vor den Verwaltungsbehörden einzuhalten. Der W. ist innerhalb eines Monats, nachdem der Verwaltungsakt dem Beschwerten bekanntgegeben worden ist, schriftlich oder zur Niederschrift bei der Behörde zu erheben, die den Verwaltungsakt erlassen hat. Die Frist wird auch gewahrt, wenn der W. bei der Behörde eingelegt wird, die den Widerspruchsbescheid zu erlassen hat (§ 70 VwGO).

Wiedererteilung der Genehmigung – →Genehmigungserneuerung.

Wiegegeld – Bezeichnung für die Gebühren, die u. U. im Rahmen eines →Beförderungsvertrages des gewerblichen →Güterfernverkehrs mit Kfz durch den →Unternehmer entsprechend den Bestimmungen des →Nebengebührentarifs (NGT) zu erheben sind. Ein W. wird nur erhoben, wenn der →Absender das →Gewicht im →Frachtbrief nicht angegeben hat oder das Gewicht auf Antrag des Absenders festgestellt wird. Ferner auch dann, wenn das Gewicht nach der →Verwiegung durch den Unternehmer auf Antrag des Absenders erneut festgestellt wird oder auf Antrag des →Empfängers des Gutes festzustellen ist. Für das Verwiegen des Gutes werden nach NGT Gebühren erhoben, für das Vorwiegen der Fahrzeuge sind die Auslagen zu ersetzen. →Verwiegungspflicht.

Wiegekarte – Bezeichnung für einen Beleg über eine auf einer stationären Waage durchgeführte Wägung eines Fahrzeuges des →Güterkraftverkehrs zur Feststellung des →Gewichts des Fahrzeuges und des →Gewichts der →Ladung. Im gewerblichen →Güterfernverkehr mit Kfz sind die W., soweit im →Frachtbrief Antrag auf →Verwiegung gestellt war oder sonst eine Verwiegung vorgenommen worden ist, der →Bundesanstalt für den Güterfernverkehr oder einer von ihr zugelassenen →Frachtenprüfstelle zusammen mit allen übrigen für die →Tarifüberwachung erforderlichen Prüfungsunterlagen vorzulegen. →Verwiegungspflicht.

Winterzuschläge – Im →Güternahverkehr können gemäß den Bestimmungen der →AGNB witterungsbedingte Zuschläge vereinbart werden.

wirkliches Gewicht – im gewerblichen →Güterfernverkehr mit Kfz Bezeichnung für das →Gewicht einer →Sendung, das alles umfaßt, was zur Beförderung aufgeliefert wird. Zum w. G. einer Sendung gehört somit auch die →Verpackung und alle sonstigen Gegenstände und Stoffe (wie z. B. Kisten, Verschläge, Kartons, Flaschen, Fässer), die zusammen mit dem eigentlichen Beförderungsgut aufgeliefert werden. Angefangene Kilogramm werden als volle Kilogramm gerechnet. Das w. G. dient als

Grundlage der →Frachtberechnung sowohl im gewerblichen →Güterfernverkehr nach dem →Reichskraftwagentarif (RKT) als auch im gewerblichen →Güternahverkehr nach dem →Tarif des Güternahverkehrs mit Kraftfahrzeugen (GNT) bei Anwendung der Leistungssätze der Tafel III. →Frachtpflichtiges Gewicht.

Wirtschaftsstrafrecht – →Tarifverstöße.

Wohnsitz – Wer sich an einem Ort ständig niederläßt, begründet hier seinen Wohnsitz. Dieser Ort muß Mittelpunkt seines beruflichen und persönlichen Lebens sein.

Mehrere Wohnsitze können dadurch begründet werden, daß die berufliche Betätigung und der Aufenthalt an mehreren Orten etwa gleichen Umfang hat.

Die Polizeianmeldung selbst begründet noch keinen Wohnsitz.

Z

Zählgebühr – im gewerblichen →Güterfernverkehr mit Kfz Bezeichnung für eine Gebühr, die vom →Güterfernverkehrsunternehmer für die Feststellung der Stückzahl entsprechend den Vorschriften der →Kraftverkehrsordnung (KVO) erhoben wird: 1. bei →Stückgütern, wenn der →Absender durch Eintragung im →Frachtbrief die Feststellung der Stückzahl am Bestimmungsort beantragt, 2. bei Ladungsgütern, wenn der Absender durch Eintragung im Frachtbrief die Feststellung der Stückzahl am Versand oder Bestimmungsort beantragt. Die Z. wird nach dem →Nebengebührentarif (NGT) berechnet.

ZAV – Abk. für →Zentralarbeitsgemeinschaft des Straßenverkehrsgewerbes.

Zeitwert des Fahrzeugs bei Unfall – Der Zeitwert eines durch einen Unfall beschädigten Fahrzeugs errechnet sich aus den Faktoren, die für die Preisbildung auf dem Gebrauchtwagenmarkt für derartige Fahrzeuge maßgebend sind. Wenn die unfallbedingten Reparaturkosten diesen Zeitwert übersteigen, erfolgt z. B. die Abrechnung eines Kasko-Schadens auf Totalschadenbasis, wobei der Wert der Restteile des unfallgeschädigten Fahrzeugs auf die Entschädigungsleistung angerechnet wird.

Zementsilowagen – →Lastkraftwagen oder →Anhänger, der mit Kessel- oder siloähnlichen Aufbauten versehen ist, die für die Beförderung von losem Zement eingerichtet sind. Die Behälter sind staubdicht abgeschlossen, werden mechanisch gefüllt und in der Regel mit einer sogenannten Ausblasvorrichtung, die auf pneumatischem Wege die Entleerung vornimmt, ausgerüstet. Die Verwendung ist stark im Zunehmen begriffen.

Zentralarbeitsgemeinschaft des Straßenverkehrsgewerbes. V. (ZAV). Frankfurt – Spitzenorganisation des Straßenverkehrsgewerbes in der Bundesrepublik Deutschland. Mitglieder sind die Bundesverbände für den Güternahverkehr, den Güterfernverkehr, den Möbeltransport, den Personenverkehr

sowie der Spedition und Lagerei. Der ZAV gehört ferner die Bundeszentralgenossenschaft Straßenverkehr als Mitglied an. Aufgabe der ZAV ist es, die über die Zuständigkeit der angeschlossenen Verbände hinausgehenden gemeinsamen Aufgaben wahrzunehmen.

Zentrale Informationsstelle für nicht zuordnungsfähige Sendungen (ZINS) – Eine vom →BSL eingerichtete Erfassungsstelle für Güter, die nicht zuordnungsfähig sind. Beispiel: Kettenmesser für Traktorenmähbalken oder Papageienkäfige mit Plastikunterböden.

Zentrale Informationsstelle für Verkehr (ZIV) – die →Deutsche Verkehrswissenschaftliche Gesellschaft e. V., Köln, sammelt das gesamte Schrifttum aus dem Verkehrswesen und dokumentiert es. Alljährlich listet die ZIV im Band A der Schriftenreihe der →DVWG die Neuerscheinungen aus dem Verkehrsbereich auf. Sie erteilt jede Art von Auskünften aus dem einschlägigen Literaturbereich und erstellt Übersichten zu bestimmten angefragten Themen. Die ZIV wird vom Bundesministerium für Verkehr finanziert. Sie arbeitet eng mit der Deutschen Gesellschaft für Dokumentation (DGD) in Frankfurt zusammen. Die Einrichtung soll über die Information über alle Fragen des Verkehrs erleichtern und den interessierten Stellen die Einrichtung umfassender eigener Dokumentationsstellen ersparen.

Zeugnis – Der Arbeitnehmer hat privatrechtlichen Anspruch (mit zwingender, unabdingbarer Wirkung) auf Erteilung eines Zeugnisses bei Dienstbeendigung. (§ 630 BGB; § 113 GewO und § 73 HGB) Der Arbeitnehmer muß es beantragen. Bei Lehrlingen ist die Ausstellung eines Zeugnisses zwingend vorgeschrieben. Das Zeugnis stellt grundsätzlich eine Holschuld dar; es ist schriftlich zu erteilen. Das einfache Zeugnis beschränkt sich auf Art und Dauer der Beschäftigung. Der Arbeitgeber kann sich zunächst auf ein solches beschränken. Auf Verlangen des Arbeitnehmers ist das Zeugnis auf Führung und Leistung auszudehnen (qualifiziertes Zeugnis). Der Inhalt des Zeugnisses muß der Wahrheit entsprechen,

d. h. er muß objektiv richtig sein. Mit der Frage, ob das Zeugnis eine Bemerkung enthalten darf, wonach die Führung im Dienst mehrfach Anlaß zu Beanstandungen gab, haben sich zuständige Gerichte mehrfach befaßt. Zurückhaltung ist hier zu empfehlen.

ZINS – →Zentrale Informationsstellle für nicht zuordnungsfähige Güter.

Zollbegleitschein – Zollurkunde, durch die bei der Zollbeförderung die Wiedergestellung des Zollanweisungsgutes bei einer anderen Zollstelle im Zollanweisungsverfahren gesichert wird.

Zollbegleitscheinheft – Carnet TIR.

Zollbehandlung – im →grenzüberschreitenden Güterkraftverkehr Bezeichnung für die Gesamtheit aller Maßnahmen der Zollbehörde, welche die Voraussetzung zur Weiterbeförderung über die jeweilige Grenze bilden. Im →gewerblichen Güterfernverkehr mit Kfz kann der →Absender durch Eintragungen im Frachtbrief den →Unternehmer anweisen, die Z. bei einer bestimmten Zollstelle vornehmen zu lassen und einen von ihm Bevollmächtigten zur Z. hinzuzuziehen, →Carnet TIR.

Zollpapiere – zusammenfassende Bezeichnung für alle einer zollpflichtigen Sendung für die →Zollabfertigung beizugebenden →Begleitpapiere; sie sind im →Frachtbrief zu vermerken und fest damit zu verbinden.

Zollpassierschein – →Carnet de Passage, →Carnet TIR.

Zollverschluß – Ausdruck der Zolltechnik, der besagt, daß die betreffende Ware gemäß den Bestimmungen der Zollvormerkordnung sich im Zollgewahrsam befindet. Über sie kann nur mit besonderer Genehmigung des zuständigen Zollamtes verfügt werden.

Zollverschlußanerkenntnis – Ein Z. ist eine Zulassungsbescheinigung für Fahrzeuge und Behälter zur Warenbeförderung unter zollamtlichem Raumverschluß. Die Ausstellung für Straßenfahrzeuge und Behälter erfolgt von dem Hauptzollamt, das für den Geschäfts- oder Wohnsitz des Eigentümers oder Transportunternehmers zuständig ist. Verschlußanerkenntnisse werden nur für solche Fahrzeuge und Behälter erteilt, die in ihrer Bauweise und Einrichtung den hierzu erlassenen Zollvorschriften entsprechen. Sie geben jedoch keinen Rechtsanspruch auf Zollabfertigung mit Raumverschluß. Die Vorschriften über die zollsichere Einrichtung und das Zulassungsverfahren für Straßenfahrzeuge und Behälter enthalten die Anlagen 6 und 7 der Allgemeinen Zollordnung. Der Vorteil der Zollabfertigung unter Raumverschluß liegt u. a. in der verkürzten Abfertigungsdauer bei der Abgangszollstelle. Für die Abfertigungen im →TIR-Verfahren ist ein Zollverschlußanerkenntnis Voraussetzung.

Zonenrandgebiet – Nach § 6 (2) GüKG können Unternehmer, die einen Sitz oder eine Niederlassung im Zonenrandgebiet haben, einen →angenommenen Standort bestimmen, an dem der Unternehmer nicht ansässig ist. Der angenommene Standort darf nicht mehr als 30 km in der Luftlinie vom Sitz oder der Niederlassung oder 50 km vom Zonenrand entfernt sein.

Zug – Unter einem Zug (Lastzug) versteht man eine Mehrzahl von Fahrzeugen, die planmäßig miteinander verbunden sind. Ein geschlepptes Fahrzeug bildet mit dem ziehenden Fahrzeug keinen Zug (siehe auch ,,Abschleppen'').

Zum Führen eines Zuges mit mehr als drei Achsen ohne Rücksicht auf die Klasse des ziehenden Fahrzeugs – das Mitführen der nach § 18 Abs. 2 Nr. 6 StVZO zulassungsfreien Anhänger bildet keinen Zug im Sinne dieser Vorschrift – ist die Fahrerlaubnis der Klasse 2 notwendig (§ 5 StVZO und § 31 StVZO).

Zugmaschinen – (siehe auch ,,Sattelkraftfahrzeug'')

Zugmaschinen sind Kraftfahrzeuge ohne Ladefläche, die zum Ziehen von Anhängern geeignet und bestimmt sind.

Der Begriff der Zugmaschine ist in dem Erlaß des BVM vom 6. 6. 1962 (VkBl. 1962 S. 309) folgendermaßen bestimmt:

Im Sinne des Verkehrsrechts sind Zugmaschinen Kraftfahrzeuge, deren wirtschaftlicher Wert im wesentlichen in der Zugleistung besteht und bei denen schon die äußere Gestaltung erkennen läßt, daß der etwa vorhandene Laderaum in seiner wirtschaftlichen Bedeutung hinter der Zugleistung weit zurücksteht oder nur geringe Bedeutung hat.

Wann diese Voraussetzungen zutreffen, war bisher zweifelhaft. Die Praxis betrachtete ein vorwiegend zum Ziehen geeignetes Kraftfahrzeug in der Regel als Zugmaschine, wenn die Ladefläche 3 m² und die zulässige Nutzlast 1,5 t nicht überschritten.

Diese Festlegung ist technisch und rechtlich unbefriedigend. Ladeflächengröße und Nutzlast müssen jeweils der Größe der Zugmaschine angepaßt sein. Das BVM empfiehlt daher, nach folgenden Grundsätzen zu verfahren:

Zugmaschinen sind ausschließlich oder überwiegend zum Ziehen von Anhängern gebaute Kraftfahrzeuge. Eine Hilfsladefläche ist zulässig. Die auf ihr zu befördernde Nutzlast darf nicht mehr als das 0,4fache des zulässigen Gesamtgewichts, die Länge der Hilfsladefläche 1. bei zweiachsigen Fahrzeugen nicht mehr als das 1,4fache der Spurweite der Vorderachse, bei dreirädrigen Fahrzeugen der mehrspurigen Achse, 2. bei Fahrzeugen mit mehr als 2 Achsen nicht mehr als das zweifache der Spurweite der Vorderachse und nicht mehr als die Hälfte der Fahrzeuglänge betragen. Bei veränderlicher Spurweite gilt der größere Wert. Doppelachsen gelten als 2 Achsen.

zulässige Achslast – →Achslast.

zulässige Belastung – Differenz zwischen zulässigem Gesamtgewicht und →Leergewicht, aus dem Kraftfahrzeugschein und dem Anhängerschein ersichtlich. Eine Überschreitung der z. B. ist unzulässig. Verantwortlich dafür, daß das Fahrzeug bei der →Beladung nicht überlastet wird, ist in erster Linie der →Unternehmer. Bei Beförderungen im gewerblichen →Güterverkehr muß also der Unternehmer den →Absender ggf. darauf hinweisen, daß das →Gewicht der vom Absender zur Beförderung vorgesehenen →Ladung die Belastungsgrenze des Fahrzeuges überschreitet, andernfalls der Unternehmer die sich aus der Überlastung ergebenden Folgen zu vertreten hat. Kann der Unternehmer die Fahrzeugüberlastung nicht erkennen, wenn z. B. der Absender ein zu niedriges Gewicht im →Frachtbrief angegeben hat und es infolgedessen zu einer Fahrzeugüberlastung gekommen ist, so hat der Absender die sich hieraus ergebenden möglichen Folgen zu vertreten. →Nutzlast, →Überladung, →Gesamtgewicht.

zulässige Geschwindigkeit – im Verkehrswesen die obere Geschwindigkeitsgrenze, die allgemein festgelegt sein kann (z. B. in geschlossenen Ortschaften 50 km, auf Landstraßen 100 km.) oder von Fall zu Fall (z. B. Straßenbaustellen) festgelegt wird. Für den Lkw gelten z. Zt. folgende Höchstgeschwindigkeiten: Landstraße 60, Autobahn 80 km.

zulässige Nutzlast – →zulässige Belastung.

zulässiges Gesamtgewicht – →Gesamtgewicht.

Zulassung im Güterkraftverkehr – →Genehmigung, →Erlaubnis.

Zulassung von Kraftfahrzeugen – die für die Teilnahme von Kraftfahrzeugen am öffentlichen Verkehr vorgeschriebene Erlaubnis durch die zuständige Polizeibehörde. Erforderlich: Antrag des Verfügungsberechtigten bei der Zulassungsstelle, in deren Bezirk das Fahrzeug seinen regelmäßigen Standort haben soll. Der Antrag muß enthalten: Namen, Geburtstag, Ort und Anschrift dessen, für den das Fahrzeug zugelassen werden soll, Nummer des beizufügenden →Kraftfahrzeugbriefs. Nachzuweisen ist ausreichende Kraftverkehrsversicherung (Haftpflichtversicherung). – Bei Erfüllung der gesetzlichen Voraussetzungen wird Betriebserlaubnis erteilt, der →Kraftfahrzeugschein ausgefertigt und das amtliche Kennzeichen zugeteilt. Zur Abstempelung ist das Fahrzeug vorzufahren.

Zurücknahme der Genehmigung – →Genehmigungsrücknahme, →Erlaubnisrücknahme.

Zuschläge für Sonderaufbauten – →Sonderaufbauten.

Zuständigkeit –
A: Güterfernverkehr
B: Güternahverkehr und Umzugsverkehr
C: Güterliniennahverkehr
D: Zuwiderhandlungen

Zu A: Für die Erteilung der Genehmigung für den Güterfernverkehr ist diejenige höhere Landesverkehrsbehörde zuständig, in deren Bezirk das Unternehmen seinen Sitz oder eine gerichtlich eingetragene Zweigniederlassung hat. Hat ein Unternehmen keinen Sitz im Inland, so entscheidet diejenige höhere Landesverkehrsbehörde, in deren Bezirk der Beladeort liegt (§ 14 Abs. 1 u. 2 GüKG).

Zu B: Für die Erteilung der Erlaubnis ist diejenige untere Verkehrsbehörde zuständig, in deren Bezirk das Unternehmen seinen Sitz oder eine gerichtlich eingetragene Zweigniederlassung hat (§ 82 GüKG).

Zu C: Für die Erteilung der Genehmigung für den Güterliniennahverkehr ist diejenige höhere Landesverkehrsbehörde zuständig, in deren Bezirk der Linienverkehr ausschließlich betrieben werden soll.

Soll der Linienverkehr in den Bezirken mehrerer Genehmigungsbehörden desselben Landes betrieben werden, so ist die Genehmigungsbehörde zuständig, in deren Bezirk die Linie ihren Ausgangspunkt hat. Bestehen Zweifel über den Ausgangspunkt, so wird die zuständige Genehmigungsbehörde von der obersten Landesverkehrsbehörde bestimmt. Die zuständige Genehmigungsbehörde trifft ihre Entscheidung im Einvernehmen mit den an der Linienführung beteiligten Genehmigungsbehörden. Kommt ein Einvernehmen nicht zustande, so entscheidet die oberste Landesverkehrsbehörde.

Soll der Linienverkehr in mehreren Ländern betrieben werden, so findet diese Regelung entsprechende Anwendung. Im Zweifel entscheidet auf Antrag einer beteiligten obersten Landesverkehrsbehörde für die Bundesregierung der Bundesminister für Verkehr (§ 92 GüKG).

Zu D: Bei Verstößen gegen Bestimmungen, die den Güterfernverkehr betreffen, ist die zuständige Verwaltungsbehörde im Sinne des Gesetzes über Ordnungswidrigkeiten die Genehmigungsbehörde (§ 101 GüKG). Dies gilt auch für den Werkfernverkehr, was sich sinngemäß aus § 48 (3) GüKG ergibt.

Bei Verstößen gegen Bestimmungen, die den allgemeinen Güternahverkehr betreffen, ist die zuständige Verwaltungsbehörde im Sinne des Gesetzes über Ordnungswidrigkeiten die Erlaubnisbehörde (§ 82), bei Verstößen, die den Güterliniennahverkehr betreffen, die Genehmigungsbehörde, bei Verstößen, die landwirtschaftliche Verkehre betreffen, die in § 89 c Satz 1 bezeichnete Behörde.

Wird ein Verstoß in einem Unternehmen begangen, das im Inland weder seinen Sitz noch eine geschäftliche Niederlassung hat, und hat auch der Betroffene im Inland keinen Wohnsitz, so ist Verwaltungsbehörde im Sinne von § 36 Abs. 1 des Gesetzes über Ordnungswidrigkeiten die Bundesanstalt für den Güterfernverkehr (§ 102 a GüKG)

Zustellung – (von Gütern an den Empfänger), durch den →Unternehmer des gewerblichen →Güterfernverkehrs mit Kfz, wenn →Stückgüter oder →Ladungsgüter von mehr als 2,5 t Gewicht mangels anderweitiger Verfügung des →Absenders für einen →Empfänger nach einer →Ausladestelle zuzuführen sind. Stellt der Unternehmer Güter bis zu 2,5 t zu, werden hierfür →Rollgebühren erhoben. Abholung und Zustellung der Güter.

Zuverlässigkeit – Nach § 10 GüKG muß der Bewerber um eine Genehmigung zum gewerblichen Straßenverkehr zuverlässig sein. (neben der fachlichen Eignung, Sachkunde und Leistungsfähigkeit des Betriebes). Hierzu hat die Genehmigungsbehörde eine Auskunft aus dem Verkehrszentralregister einzuholen sowie die Vorlage eines Führungszeugnisses zu fordern (bei Personengesellschaften für alle Gesellschafter und bei Erbengemeinschaften für die Miterben). Bei juristischen Personen müssen die Voraussetzungen für die gesetzlichen Vertreter gegeben sein. Auch für jede zur Führung der Geschäfte bestellte Person müssen die gleichen Voraussetzungen gegeben sein. Die Unzuverlässigkeit kann sich vor allem aus folgenden Tatbeständen ergeben: erhebliche Vorstrafen, wesentliche oder wiederholt geahndete Verstöße gegen im Interesse der Verkehrssicherheit erlassene Vorschriften, wesentliche oder wiederholte Verstöße gegen die Bestimmungen des Güterkraftverkehrsgesetzes oder darauf beruhender Rechtsvorschriften sowie Steuergesetze, Verstöße gegen Verpflichtungen aus der Kraftfahrzeug-Haftpflichtversicherung sowie wiederholte Verstöße gegen soziale oder arbeitsrechtliche Verpflichtungen. Persönliche Zuverlässigkeit gilt als unbestimmter Rechtsbegriff und ist daher im Verwaltungsstreitverfahren nachprüfbar. Sie ist ein subjektives Zulassungserfordernis, dessen Erfüllung im Gegensatz zu der objektiven Voraussetzung des Bedürfnisses in der Regel in der Willenssphäre des Bewerbers liegt. Dieses Erfordernis ist ein Eingriff in das Grundrecht des Art. 12 Abs. 1, der nur bei zwingender Notwendigkeit vorgenommen werden darf, wobei dem Grundrecht so weit wie möglich Raum gelassen werden muß. Da die Zuverlässigkeit nur in Bezug auf den Gewerbebetrieb verlangt wird, ist dafür Sorge zu tragen, daß die Behörde nur dasjenige Maß von Zuverlässigkeit fordern kann, das der Bedeutung des in Betracht kommenden Gewerbes für die Allgemeinheit adäquat ist. Unzuverlässige, die Gemeinschaft schädigende Elemente von der Gewerbeausübung fernzuhalten, liegt durchaus im Rahmen der verfassungsmäßigen Ordnung und tastet mithin nicht das Grundrecht der freien Berufswahl in seinem Wesensgehalt an, verstößt also nicht gegen Art. 19 Abs. 2 GG. (OVG Lüneburg, 8. 6. 55 – IV OVG A 6/66 in DVBl. 1955/778). →Sachkunde, →Sachkundeprüfung, →Leistungsfähigkeit des Betriebes.

Zuwiderhandlungen – Zuwiderhandlungen gegen das GüKG sind Ordnungswidrigkeiten, die in einem Bußgeldverfahren abgerügt werden können. →Ordnungswidrigkeiten.

Zwangshaftpflichtversicherung – in der BRD und vielen anderen Ländern für alle →Kraftfahrzeuge gesetzlich vorgeschriebene Haftpflichtversicherung. →Kraftfahrtversicherung.

Zwangsmaßnahmen der Bundesanstalt – Die BAG kann nach § 56 GüKG die Durchführung der im Rahmen ihrer Überwachungsaufgaben erforderlichen Verwaltungsmaßnahmen nach den für die Durchsetzung von Verwaltungsmaßnahmen allgemein geltenden Bestimmungen erzwingen.

Zweckbindung der Sonderabgaben des Kraftverkehrs – Der Kraftverkehr wird in der Form der Kraftfahrzeugsteuer, der Mineralölsteuer, Anliegerbeiträge etc. zur Deckung der von ihm verursachten Wegekosten herangezogen. Zu diesen Wegekosten gehören auch die Kosten der Verkehrspolizei, der Ampelanlagen, Verwaltung etc. Der Grundsatz, daß jeder Verkehrsträger zur Verwirklichung des Prinzips der Eigenwirtschaftlichkeit (Deckung aller Kosten durch eigene Einnahmen) auch den gesamten Wegekosten tragen muß, ist logisch. Er wurde aber bisher nur teilweise verwirklicht. →Wegekosten. Der Forderung nach Deckung der Wegekosten durch die Erhebung entsprechender Sonderabgaben entspricht unausweichlich die Verpflichtung, diese Sonderabgaben auch voll in die Wegekostenrechnung eingehen zu lassen. Das bedeutet, daß solche Sonderabgaben nur in dem Umfange erhoben werden dürfen, als sie zur Deckung der Wegekosten erforderlich sind. Das bedeutet auch die Zweckbindung der Sonderabgaben, eine Forderung, die bisher nur in völlig unzureichender Weise erfüllt ist. Die zweckfremde Verwendung von für Bau und Unterhaltung der Straßen erhobenen Sonderabgaben nimmt leider immer größere Ausmaße an. Das geschieht auch dadurch, daß die Sonderabgaben laufend erhöht und die Straßenbauleistungen vermindert werden. Die Wegekostenrechnung wird dadurch ad absurdum geführt und ein neuer Tatbestand von Wettbewerbsverzerrungen zu Lasten des Kraftverkehrs geschaffen.

Zweigniederlassung – →Geschäftliche Niederlassung.

Zwischenlagerung – (oder Einlagerung) von Sendungen kostenlos oder eine unangemessene, niedrige Berechnung dieser Leistungen stellt eine unzulässige Vergünstigung im Sinne von § 22 GüKG in Verbindung mit § 98 GüKG und § 1 Nr. 8 WiStrG dar.

Zwischenspediteur – ein vom →Hauptspediteur beauftragter →Spediteur, der von einem bestimmten Punkt der Transportabwicklung ab gewisse Speditionsleistungen für fremde Rechnung zu übernehmen bzw. Frachtverträge abzuschließen hat. Der Z. ist nicht Erfüllungsgehilfe des Hauptspediteurs. Speditions- und Rollfuhrversicherungsschein decken auch den vom Z. zu vertretenden Schaden, selbst wenn der Z. seinen Sitz im europäischen Ausland hat.

Anhang 1a

Allgemeine Gebühren im Straßenverkehrsrecht
(Bundesgesetzblatt, Jahrgang 1982, Teil I)

2. Abschnitt
Gebühren der Behörden im Landesbereich

A. Straßenverkehrs-Zulassungs-Ordnung

Gebühren-Nr.	Gegenstand	Gebühr DM
	1. Fahrerlaubnis und Führerschein	
201	Prüfung eines Antrags auf Erteilung einer Fahrerlaubnis durch die örtliche Behörde	6,60
202	Erteilung einer Fahrerlaubnis und Ausfertigung des Führerscheins	
202.1	erstmalig	25,30
202.2	nach vorangegangener Versagung, nach vorangegangener Entziehung oder Verhängung einer Sperrfrist	27,50–77,00
203	Erweiterung einer Fahrerlaubnis	
203.1	bei gleichzeitiger Ausfertigung eines Führerscheines	25,30
203.2	bei Eintragung in den vorhandenen Führerschein	14,30
204	Ortskundeprüfung	5,50–27,50
205	Verlängerung einer Fahrerlaubnis zur Fahrgastbeförderung und Eintragung im Führerschein zur Fahrgastbeförderung	14,30
206	Änderung oder Ergänzung eines Führerscheins (ausgenommen Erweiterungen und Verlängerungen)	4,40
207	Ausfertigung eines Führerscheins als Ersatz für einen verlorenen oder unbrauchbar gewordenen, außer den Kosten einer etwaigen öffentlichen Ungültigerklärung	16,50
208	Versagung der Erteilung oder Erweiterung einer Fahrerlaubnis; Versagung der Verlängerung einer Fahrerlaubnis zur Fahrgastbeförderung; Entziehung einer Fahrerlaubnis; Untersagen des Führens von Fahrzeugen oder Tieren wegen geistiger oder körperlicher Mängel des Betroffenen	16,50–110,00
209	Zwangsweise Einziehung des Führerscheins bei Entziehung der Fahrerlaubnis Die Gebühr ist auch fällig, wenn die Voraussetzung für die zwangsweise Einziehung erst nach Einleiten der Zwangsmaßnahmen beseitigt worden ist.	11,00–66,00
210	Ungültigerklärung eines Führerscheins	11,00
211	Entscheidung über die Erteilung eines Internationalen Führerscheins	7,70

Gebühren-Nr.	Gegenstand	Gebühr DM
212	Entscheidung über die Erteilung eines Internationalen Führerscheins als Ersatz für einen verlorenen oder unbrauchbar gewordenen, außer den Kosten einer etwaigen öffentlichen Ungültigerklärung	7,70
213	Änderung oder Ergänzung eines Internationalen Führerscheins	4,40
214	Entscheidung über eine Ausnahme von den Vorschriften über das Mindestalter der Kraftfahrzeugführer	11,00–33,00
215	Entscheidung über die Genehmigung einer Ausnahme von den Vorschriften über Fahrerlaubnisse und Führerscheine	5,50–44,00

2. Zulassung von Kraftfahrzeugen und Anhängern

221	Entscheidung über die Erteilung einer Betriebserlaubnis für ein Einzelfahrzeug oder für ein Fahrzeugteil, das nicht zu einem genehmigten Typ gehört	4,40
222	Ausgabe eines Fahrzeugbriefes	3,30
223	Berichtigung eines Fahrzeugsbriefes und/oder der Erfassungsunterlagen	
223.1	wegen Halterwechsels	6,60
223.2	aus anderem Anlaß	4,40
224	Ausfertigung eines Fahrzeugbriefes als Ersatz	4,40
224.1	für einen unbrauchbar gewordenen oder vollgeschriebenen, außer der Gebühr für die Zuteilung des Briefes	16,50
224.2	für einen verlorenen, außer den Kosten für die Zuteilung des Briefes und für die Aufbietung	16,50
225	Aufbietung eines verlorenen Fahrzeugbriefes	11,00
226	Ausfertigung eines Fahrzeugscheins	13,20
227	Erneuerung des Fahrzeugscheins bei Änderung der Bauart des Fahrzeugs, beim Wechsel des Standorts des Fahrzeugs oder beim Wechsel des Halters, einschl. der Prüfung der notwendigen Unterlagen	15,40
228	Berichtigung des Fahrzeugscheins oder eines Nachweises über eine Betriebserlaubnis für ein zulassungsfreies Fahrzeug	4,40
229	Entscheidung über die Berechtigung zum Führen des Schildes ,,Arzt Notfalleinsatz``, gegebenenfalls einschl. der Eintragung im Fahrzeugschein	12,10
230	Ausfertigung	
230.1	eines Fahrzeugscheins als Ersatz für einen verlorenen oder unbrauchbar gewordenen, außer den Kosten für eine etwaige öffentliche Ungültigerklärung	16,50
230.2	einer Betriebserlaubnis als Ersatz für eine verlorene oder unbrauchbar gewordene – in Abbildung oder Abdruck erteilte – Allgemeine Betriebserlaubnis für betriebserlaubnispflichtige Fahrzeuge	16,50

Gebühren- Nr.	Gegenstand	Gebühr DM
231	Ungültigerklärung eines verlorenen Fahrzeugscheins	11,00
232	Ausstellung eines Anhängerverzeichnisses	
232.1	für die Erstschrift	12,10
232.2	für jede weitere Ausfertigung	1,10
233	Berichtigung oder Ergänzung eines Anhängerverzeichnisses	
233.1	für die Erstschrift	3,30
233.2	für jede Ausfertigung	1,10
234	Aufstellung der Erfassungsunterlagen für ein zulassungsfreies Fahrzeug	4,40
235	Zuteilung der Erkennungsnummer eines Kennzeichens	5,50
236.1	Abstempelung eines Kennzeichens, außer der Gebühr für die Zuteilung einer Stempelplakette	4,40
236.2	Prüfung der Identität eines zugelassenen Fahrzeugs bei Umschreibung innerhalb des Zulassungsbezirks wegen Halterwechsels	4,40
237	Zuteilung einer Stempelplakette	0,55
238	Ausfertigung eines besonderen Fahrzeugscheins für Probe- und Überführungsfahrten sowie Zuteilung eines roten Kennzeichens für ein einzelnes bestimmtes Fahrzeug	15,50
239	Ausfertigung eines besonderen Fahrzeugscheins für Probe- und Überführungsfahrten ohne Bezeichnung eines bestimmten Fahrzeugs	
239.1	bis zu vier Seiten	6,60
239.2	für jede weitere Seite	1,10
240	Entscheidung über die Zuteilung eines roten Kennzeichens zur wiederkehrenden Verwendung	30,80
241	Zuteilung einer Prüfplakette nach den Vorschriften über Hauptuntersuchungen	0,55
243	Untersagung des Betriebs eines Fahrzeugs; Aufforderung zur Stillegung eines Fahrzeugs	11,00
244	Stillegung eines Fahrzeugs	
244.1	Vorübergehende oder endgültige Stillegung eines Fahrzeugs einschl. der Entstempelung des Kennzeichens und der Einziehung des Fahrzeugscheins oder der amtlichen Bescheinigung über die Zuteilung des Kennzeichens sowie des Stillegungsvermerks im Fahrzeugbrief; entsprechende Maßnahmen nach Untersagung des Betriebs	7,70
244.2	Ausfertigung einer Bescheinigung über die vorübergehende Stillegung eines Fahrzeugs, auch als Ersatz für eine verlorene oder unbrauchbar gewordene	2,20

Gebühren-Nr.	Gegenstand	Gebühr DM
244.3	Verlängerung der Einjahresfrist, nach deren Ablauf stillgelegte Fahrzeuge als endgültig aus dem Verkehr gezogen gelten	5,50
245	Zwangsweise Einziehung und Entstempelung	
245.1	Aufforderung an den Fahrzeughalter, den Fahrzeugschein, das Anhängerverzeichnis oder den Nachweis über eine Betriebserlaubnis für ein zulassungsfreies Fahrzeug abzuliefern und das Kennzeichen entstempeln zu lassen	11,00
245.2	Zwangsweise Einziehung des Fahrzeugbriefes, des Fahrzeugscheins und Entstempelung des amtlichen Kennzeichens, zwangsweise Einziehung von Anhängerverzeichnissen oder eines Nachweises über eine Betriebserlaubnis für ein zulassungsfreies Fahrzeug	11,00–110,00
	Die Gebühr ist auch fällig, wenn die Voraussetzungen für die zwangsweise Einziehung erst nach Einleiten der Zwangsmaßnahme beseitigt worden sind.	
246	Aushändigung eines Fahrzeugscheins bei Wiederinbetriebnahme eines Fahrzeugs nach vorübergehender Stillegung einschl. der Abstempelung des Kennzeichens und der Streichung des Stillegungsvermerks im Fahrzeugbrief, außer der Gebühr für die Zuteilung einer Stempelplakette	9,90
247	Aufforderung, das Fahrzeug zu einer vorgeschriebenen Untersuchung vorzuführen oder Fristsetzung zur Behebung von Mängeln ohne solche Aufforderung, Anordnung der Beibringung eines Sachverständigengutachtens über ein Fahrzeug	7,70
248	Nachprüfung der Mängelbeseitigung an einem Fahrzeug durch die Zulassungsstelle	5,50
249	Übersendung eines Fahrzeugbriefes an einen Kreditgeber, Sicherungseigentümer oder in anderen Fällen, einschl. der damit zusammenhängenden Verwahrung	4,40
250	Bescheid der Zulassungsstelle an den Versicherer auf Grund der Versicherungsbestätigung nach § 29 a Abs.2 oder auf Grund der Anzeige nach § 29 c Abs.2 StVZO	gebührenfrei
251	Bearbeitung der Mitteilung über die Sicherungsübereignung eines Kraftfahrzeugs oder Anhängers und Bestätigung des Eingangs	4,40
252	Auskunft der Zulassungsstelle über ein Fahrzeug	
252.1	bei Verrechnung über eine Zentralstelle der Versicherer	3,30
252.2	in anderen Fällen	4,40
253	Entscheidung über die Erteilung eines Internationalen Zulassungsscheins	7,70
254	Entscheidung über die Erteilung eines Internationalen Zulassungsscheins als Ersatz für einen verlorenen oder unbrauchbar gewordenen, außer den Kosten einer etwaigen öffentlichen Ungültigkeit	7,70

Gebühren-Nr.	Gegenstand	Gebühr DM
255	Änderungen oder Ergänzungen eines Internationalen Zulassungsscheins	3,30
258	Entscheidung über eine Ausnahme vom Verbot des Schleppens von Kraftfahrzeugen	
258.1	für eine Einzelgenehmigung	12,10
258.2	für eine Dauergenehmigung	27,50–55,00
259	Entscheidung über eine andere Ausnahme von den Vorschriften der StVZO über die Zulassung, die Bauart, die Ausrüstung und den Betrieb von Fahrzeugen	11,00–330,00

3. Amtliche Anerkennung und Überprüfung von Betrieben und Organisationen im Bereich der Überwachung

261	Entscheidung über die Erteilung, die Versagung, die Rücknahme oder den Widerruf einschl. der etwaigen Überprüfung an Ort und Stelle und im Falle der Anerkennung einschl. der Ausfertigung einer Anerkennungsurkunde	
261.1	Anerkennung einer Kraftfahrzeugwerkstatt	88,00–363,00
261.2	Anerkennung eines Bremsendienstes, Erlaubnis für Betriebe, ihre Fahrzeuge im eigenen Betrieb zu untersuchen (Eigenüberwacher)	60,50–242,00
261.3	Anerkennung eines Fahrtschreiber- oder Kontrollgeräteherstellers oder eines Fahrzeugherstellers nach § 57 b Abs. 4 StVZO	88,00–363,00
262	Überprüfung	
262.1	einer anerkannten Kraftfahrzeugwerkstatt	88,00–363,00
262.2	eines anerkannten Bremsendienstes oder eines Eigenüberwachers	60,50–242,00
262.3	einer anerkannten Überwachungsorganisation	121,00–550,00
262.4	eines Fahrtschreiber- oder Kontrollgeräteherstellers oder eines Fahrzeugherstellers nach § 57 b Abs. 9 StVZO	88,00–363,00

4. Sonstige Maßnahmen im Bereich der StVZO

271	Ablehnung eines Antrags auf Tilgung einer Eintragung im Verkehrszentralregister nach § 13 a Abs. 4 Nr. 2 StVZO	11,00–49,50
272	Anordnung zum Führen eines Fahrtenbuches einschl. der Prüfung der Eintragung	16,50–55,00

Gebühren-Nr.	Gegenstand	Gebühr DM

B. Straßenverkehrsordnung

281	Anordnung nach § 45 Abs.6 StVO über Maßnahmen der Unternehmer an Arbeitsstellen	16,50–143,00
282	Anordnung zur Teilnahme am Verkehrsunterricht	12,10
283	Entscheidung über eine Erlaubnis nach der StVO	11,00–330,00
284	Bereitstellung einer Parkuhr, je angefangene halbe Stunde der Inanspruchnahme	entfällt
285	Entscheidung über eine Ausnahme von den Vorschriften der StVO	11.00–330,00

C. Ferienreiseverordnung

291	Ausnahmegenehmigung von dem Verkehrsverbot für Lastkraftwagen	13,20

D. Fahrlehrergesetz

301	Fahrlehrerprüfung	
301.1	für Klasse 3	264,00
301.2	für die Klassen 3 und 1	330,00
301.3	für die Klassen 3 und 2	396,00
301.4	für die Klassen 3, 2 und 1	462,00
301.5	für die Erweiterung von der Klasse 3 auf die Klasse 1	132,00
301.6	für die Erweiterung von der Klasse 3 auf die Klasse 2	198,00
301.7	für die Erweiterung von der Klasse 3 auf die Klassen 2 und 1	264,00

Diese Gebühren schließen die Kosten für die Mitglieder des Prüfungsausschusses ein. Werden ein oder mehrere Teile der Fahrlehrerprüfung nicht durchgeführt, ermäßigt sich die Gebühr für die Gesamtprüfung um jeweils 20 v. H. für jeden ausgefallenen Teil. Die Ermäßigung tritt nicht für die Teile ein, die ohne Verschulden des Prüfungsausschusses und ohne ausreichende Entschuldigung des Bewerbers am festgesetzten Termin nicht stattfinden oder nicht zu Ende geführt werden konnten.

302	Entscheidung über die Erteilung (außer der etwaigen Gebühr nach 308)	
302.1	der Fahrlehrerlaubnis, gegebenenfalls einschl. der Ausfertigung eines Fahrlehrerscheins	44,00

Gebühren-Nr.	Gegenstand	Gebühr DM
302.2	der Einzelausbildungserlaubnis, gegebenenfalls einschl. der Ausfertigung der Bescheinigung nach § 31 Abs. 2 FahrlG	11,00– 27,50
302.3	der Fahrschulerlaubnis, gegebenenfalls einschl. der Ausfertigung einer Erlaubnisurkunde	121,00
302.4	der Zweigstellenerlaubnis, gegebenenfalls einschl. der Ausfertigung einer Erlaubnisurkunde	91,30
302.5	der amtlichen Anerkennung einer Fahrlehrerausbildungsstätte oder eines Ausbildungsträgers nach § 33 Abs. 2 a FahrlG, gegebenenfalls einschl. der Ausfertigung einer Anerkennungsurkunde	110,00– 385,00
303	Entscheidung über die Erweiterung (außer der etwaigen Gebühr nach 308)	
303.1	der Fahrlehrerlaubnis, gegebenenfalls einschl. der Ausfertigung eines Fahrlehrerscheins	44,00
303.2	der Fahrschulerlaubnis, gegebenenfalls einschl. der Ausfertigung einer Erlaubnisurkunde	60,50
303.3	der Zweigstellenerlaubnis, gegebenenfalls einschl. der Ausfertigung einer Erlaubnisurkunde	44,00
303.4	der amtlichen Anerkennung einer Fahrlehrerausbildungsstätte, gegebenenfalls einschl. der Ausfertigung einer Anerkennungsurkunde	55,00– 176,00
304	Berichtigung eines Fahrlehrerscheins, einer Bescheinigung über die Einzelausbildungserlaubnis, einer Erlaubnisurkunde oder einer Anerkennungsurkunde	4,40
305	Ausfertigung eines Fahrlehrerscheins, einer Bescheinigung über die Einzelausbildungserlaubnis, einer Erlaubnisurkunde oder einer Anerkennungsurkunde als Ersatz für eine(n) verlorene(n) oder unbrauchbar gewordene(n), außer den Kosten einer etwaigen öffentlichen Ungültigerklärung	16,50
306	Rücknahme oder Widerruf	
306.1	der Fahrlehrerlaubnis oder ihrer Erweiterung	44,00– 110,00
306.2	der Einzelausbildungserlaubnis oder ihrer Erweiterung	16,50– 38,50
306.3	der Fahrschulerlaubnis oder ihrer Erweiterung	55,00– 242,00
306.4	der Zweigstellenerlaubnis oder ihrer Erweiterung	44,00– 176,00
306.5	der amtlichen Anerkennung einer Fahrlehrerausbildungsstätte oder eines Ausbildungsträgers nach § 33 Abs. 2a FahrlG sowie der Erweiterung einer Fahrlehrerausbildungsstätte	55,00– 363,00

Gebühren-Nr.	Gegenstand	Gebühr DM
307	Zwangsweise Einziehung eines Fahrlehrerscheins, einer Bescheinigung über die Einzelausbildungserlaubnis, einer Erlaubnisurkunde oder einer Anerkennungsurkunde	11,00– 66,00
	Die Gebühr ist auch fällig, wenn die Voraussetzung für die zwangsweise Einziehung erst nach Einleiten der Zwangsmaßnahme beseitigt worden ist.	
308	Überprüfung an Ort und Stelle	
308.1	einer Fahrschule oder Zweigstelle	33,00– 363,00
308.2	einer Fahrlehrerausbildungsstätte	55,00– 555,00
309	Entscheidung über eine Ausnahme von den Vorschriften über das Fahrlehrerwesen	11,00– 44,00

E. Kraftfahrsachverständigengesetz

321	Prüfung für die	
321.1	amtliche Anerkennung als Sachverständiger	330,00
321.2	amtliche Anerkennung als Sachverständiger mit Teilbefugnissen	264,00
321.3	amtliche Anerkennung als Prüfer	231,00
321.4	amtliche Anerkennung als Prüfer mit Teilbefugnissen	165,00
321.5	Erweiterung der amtlichen Anerkennung als Sachverständiger oder als Prüfer	165,00

Diese Gebühren schließen die Kosten für die Mitglieder des Prüfungsausschusses ein. Werden ein oder mehrere Teile der Prüfung für die amtliche Anerkennung nicht durchgeführt, ermäßigt sich die Gebühr für die Gesamtprüfung um jeweils $33^{1}/_3$ v. H. für jeden ausgefallenen Teil. Die Ermäßigung tritt nicht für die Teile ein, die ohne Verschulden des Prüfungsausschusses und ohne ausreichende Entschuldigung des Bewerbers am festgesetzten Termin nicht stattfinden oder nicht zu Ende geführt werden konnten.

Begehrt der Bewerber mit seinem Antrag lediglich eine auf bestimmte Sachverständigenbefugnisse (oder Prüferbefugnisse) beschränkte Anerkennung, so kann anstelle der nach Nummer 321.1 (oder 321.3) zu erhebenden Prüfungsgebühr eine solche nach Nummer 321.2 (oder 321.4) erhoben werden.

322	Entscheidung über die amtliche Anerkennung als Sachverständiger oder Prüfer, gegebenenfalls einschl. der Ausfertigung des Ausweises	44,00
323	Ausfertigung des Ausweises über die Anerkennung als Ersatz für eine(n) verlorene(n) oder unbrauchbar gewordene(n), außer den Kosten einer etwaigen öffentlichen Ungültigerklärung	16,50

Gebühren-Nr.	Gegenstand	Gebühr DM
324	Rücknahme oder Widerruf der amtlichen Anerkennung oder ihrer Erweiterung	44,00–110,00
325	Zwangsweise Einziehung des Ausweises über die Anerkennung Die Gebühr ist auch fällig, wenn die Voraussetzung für die zwangsweise Einziehung erst nach Einleiten der Zwangsmaßnahme beseitigt worden ist.	11,00–66,00
329	Entscheidung über eine Ausnahme von den Vorschriften des Kraftfahrsachverständigengesetzes	11,00–38,50

F. Verordnung über die Beförderung gefährlicher Güter auf der Straße (GGVS)[1) und Europäisches Übereinkommen über die internationale Beförderung gefährlicher Güter auf der Straße (ADR)[2)

331	Entscheidung über die Erteilung einer Bescheinigung der besonderen Zulassung zur Beförderung von gefährlichen Gütern auf der Straße, gegebenenfalls einschl. der Ausfertigung der Bescheinigung	11,00
332	Entscheidung über die Verlängerung der Geltungsdauer einer Bescheinigung der besonderen Zulassung, gegebenenfalls einschl. der Ergänzung der Bescheinigung	5,50
333	Entscheidung über die Erlaubnis für die Beförderung bestimmter gefährlicher Güter, gegebenenfalls einschl. der Ausfertigung der Erlaubnisurkunde	11,00–55,00
334	Entscheidung über die Genehmigung einer Ausnahme von den Vorschriften über die Beförderung gefährlicher Güter, gegebenenfalls einschl. der Ausfertigung der Ausnahmegenehmigung	11,00–55,00
335	In den Fällen der Nummern 333 und 334 werden bei einem Arbeitsaufwand von mehr als einer Stunde für jede angefangene weitere Arbeitsstunde zusätzlich 34,10 DM erhoben.	

G. Sonstige Maßnahmen auf dem Gebiet des Straßenverkehrs

399	Für andere als die in diesem Abschnitt aufgeführten Maßnahmen können Gebühren nach den Sätzen für vergleichbare Maßnahmen oder, soweit solche nicht bewertet sind, nach dem Zeitaufwand mit 34,10 DM je angefangene Arbeitsstunde erhoben werden.	

[1) Vom 23. August 1979 (BGBl. I S. 1509)
[2) Vom 30. September 1957 (BGBl. 1969 II S. 1491)

Gebühren-Nr.	Gegenstand	Gebühr DM

H. Straßenverkehrs-Zulassungs-Ordnung Fahrzeugteileverordnung und Fahrlehrergesetz

1. Prüfung von Bewerbern um eine Fahrerlaubnis

Die Gebühren zu den Nummern 401–403 schließen etwaige Reisekosten des amtlich anerkannten Sachverständigen oder Prüfers für den Kraftfahrzeugverkehr ein.

401	Prüfung für eine Fahrerlaubnis	
401.1	der Klasse 1	55,00
401.2	der Klasse 2	61,60
401.3	der Klasse 3	55,00
401.4	der Klasse 4	55,00
401.5	der Klasse 5	6,60
401.6	der Klassen 1 und 2	102,30
401.7	der Klassen 1 und 3	97,90
401.8	nach § 15 StVZO	17,60
401.9	Prüfung für eine Bescheinigung nach § 4 a StVZO (Mofa 25)	6,60
402	Prüfung für eine Fahrerlaubnis zur Fahrgastbeförderung	
402.1	in Kraftomnibussen und Omnibusanhängern	82,50
402.2	in Kraftdroschken und/oder Mietwagen oder Krankenkraftwagen	55,00

403   Wird bei Bewerbern um eine Fahrerlaubnis nur der praktische Teil der Prüfung durchgeführt, ermäßigt sich die Gebühr um 11,00 DM, wird nur der theoretische Teil der Prüfung durchgeführt, beträgt sie 11,00 DM. In den Fällen, in denen der Termin für den theoretischen und praktischen Teil der Prüfung auf Antrag des Bewerbers auf einen Tag festgesetzt wird, der Bewerber jedoch den theoretischen Teil der Prüfung nicht besteht, wird die volle Gebühr erhoben. Können der praktische oder der theoretische Teil ohne Verschulden des amtlich anerkannten Sachverständigen oder Prüfers und ohne ausreichende Entschuldigung des Bewerbers am festgesetzten Termin nicht stattfinden oder nicht beendet werden, wird die volle Gebühr für den ausgefallenen Prüfungsteil erhoben.

Wird bei Prüfungen nach den Nummern 401.6 und 401.7 der praktische Teil der Prüfung nur für eine Klasse wiederholt, ist eine Gebühr nach den Nummern 401.1, 401.2 oder 401.3, vermindert um 11,00 DM, zu entrichten.

404	Prüfung der Sehleistung mit Testgerät	4,40
405	Prüfung der Beherrschung der Grundzüge der energiesparenden Fahrweise	2,20

Gebühren-Nr.	Gegenstand	Gebühr DM
	2. Prüfung von Fahrzeugen und Fahrzeugteilen	
411	Typprüfung oder Musterprüfung (Prüfung der Unterlagen, Vorhaltung der Prüfgeräte)	
411.1	eines Kraftrades, eines Fahrrades mit Hilfsmotor oder eines Krankenfahrstuhls	271,70
411.2	eines anderen Kraftfahrzeugs	554,40
411.3	eines einachsigen Anhängers ohne Bremsanlage	199,10
411.4	eines anderen Anhängers	468,60
411.5	von Gleitschutzvorrichtungen, Scheiben aus Sicherheitsglas, Warnvorrichtungen mit einer Folge verschieden hoher Töne oder von Beiwagen von Krafträdern	145,20
411.6	von Fahrtschreibern und ähnlichen mechanischen Kontrollgeräten oder Heizungen	271,70
411.7	von Auflaufbremsen oder Einrichtungen zur Verbindung von Fahrzeugen	468,60
411.8	hinsichtlich des Gasaustritts aus dem Kurbelgehäuse (nach Anlage XIV Typ III zu § 47 StVZO)	253,00
411.9	hinsichtlich der Abgase bei verschiedenen Betriebszuständen (nach Anlage XIV Typ I zu § 47 StVZO)	809,60
411.10	andere Fahrzeugteile (§ 22 StVZO)	473,00
412	Nachprüfung nach einer Typprüfung oder Musterprüfung	jeweils 2/3 von Nr. 411
413	Typprüfungen und Nachprüfungen. soweit sie nicht nach Nummer 411 oder Nummer 412 abgegolten werden, bei Tätigkeit außerhalb des Sitzes der Technischen Prüfstelle oder des Dienstortes des Sachverständigen auch für An- und Abreise, je angefangene Arbeitsstunde	49,50
	Außerdem sind bei einer Prüfungstätigkeit außerhalb des Dienstsitzes der amtlich anerkannten Sachverständigen die Reisekosten zu ersetzen. Für diese gelten die Vorschriften über die Vergütung der Reisekosten der Bundesbeamten entsprechend. Für Landesbedienstete gelten die entsprechenden landesrechtlichen Vorschriften.	

414 Prüfung einzelner Fahrzeuge

	Vollprüfung	einfache	mittlere	umfangreiche	Prüfungen auf Grund des § 29 StVZO
		Teilprüfung bei Ein- und Ausbau oder Anbau oder Änderungen von Fahrzeugteilen oder auf Anordnung			
	1	2	3	4	5
	DM	DM	DM	DM	DM
414.1 Kraftrad, Fahrrad mit Hilfsmotor, Krankenfahrstuhl oder Anhänger oder Bremsanlage	37,40	7,70	11,00	22,00	11,00
414.2 Kraftfahrzeug oder Anhänger mit einem zulässigen Gesamtgewicht von nicht mehr als 2,8 t, soweit nicht unter Nummer 414.1 genannt	61,60	11,00	17,60	35,20	24,20
414.3 Kraftfahrzeug oder Anhänger mit einem zulässigen Gesamtgewicht von nicht mehr als 7,5 t, soweit nicht unter den Nummern 414.1 und 414.2 genannt	110,00	11,00	22,00	44,00	27,50
414.4 Kraftfahrzeug oder Anhänger mit einem zulässigen Gesamtgewicht über 7,5 t, soweit nicht unter den Nummern 414.1, 414.2 und 414.3 genannt	110,00	11,00	28,60	57,20	42,90

Gebühren- Nr.	Gegenstand	Gebühr DM
414.5	Prüfung der Kraftfahrzeuge mit Ottomotor auf den Gehalt an Kohlenmonoxyd (CO) im Abgas bei Leerlauf in den Fällen der Nummer 414 bei Prüfungen auf Grund des § 29 StVZO zusätzlich	2,75
415	Nachprüfung einzelner Fahrzeuge	
415.1	Sichtprüfungen (Nachkontrollen)	5,50
415.2	Nachprüfungen, die über Sichtprüfungen hinausgehen	
415.2.1	Nachprüfungen im Sinne der Nummern 414.1 bis 414.4	$^2/_3$ der Gebühr für die Prüfung nach § 29 StVZO
415.2.2	Nachprüfungen im Sinne der Nummer 414.5	2,75
416	Findet in den Fällen der Nummern 414 und 415 die Prüfungstätigkeit auf Wunsch des Fahrzeughalters an einem anderen als dem vom amtlich anerkannten Sachverständigen oder Prüfer vorgesehenen Prüfungsort statt, werden neben den Gebühren die entstehenden Reisekosten erhoben. Für diese gelten die Vorschriften über die Vergütung der Reisekosten der Bundesbeamten entsprechend. Für Landesbedienstete gelten die entsprechenden landesrechtlichen Vorschriften. Kann eine der unter den Nummern 414 und 415 genannten Prüfungen ohne Verschulden des amtlich anerkannten Sachverständigen oder Prüfers am festgesetzten Termin nicht begonnen werden, ist die für die Prüfung vorgesehene Gebühr fällig; waren mehrere Fahrzeuge zur Prüfung angemeldet, ist die Gebühr nur für das Fahrzeug fällig, für das die höchste Gebühr vorgesehen ist. Kann eine der unter den Nummern 414 und 415 genannten Prüfungen ohne Verschulden des amtlich anerkannten Sachverständigen oder Prüfers am festgesetzten Tage nicht beendet werden, ist die für die Prüfung vorgesehene Gebühr fällig. Für die Fortsetzung einer derartig unterbrochenen Prüfung ist eine Gebühr bis zur Hälfte der Gebührensätze zu berechnen.	
417	Zuteilung einer Prüfplakette auf Grund des § 29 StVZO	0,55

3. Untersuchungen der amtlich anerkannten medizinisch-psychologischen Untersuchungsstellen

451	Gutachten nach den §§ 3 und 12, 15 b und 15 c StVZO	
451.1	Mängel des Sehvermögens	· 112,50
451.2	Körperliche Mängel (Hörvermögen, Bewegungsorgane, innere Organe)	224,40
451.3	Neurologisch-psychiatrische Mängel	275,00
451.4	Altersbewerber	224,40
451.5	Prüfungsversager	224,40
451.6	Tatauffällige	275,00

Gebühren-Nr.	Gegenstand	Gebühr DM
451.7	Teiluntersuchungen	½ der jeweiligen Gebühr nach Nr. 451
451.8	Nachuntersuchungen	⅔ der jeweiligen Gebühr nach Nr. 451
452	Gutachten zur Vorbereitung einer Entscheidung nach § 7 Abs. 2 StVZO, Untersuchung eines Bewerbers um eine Fahrerlaubnis	
452.1	der Klassen 1, 2 oder 3	102,30
452.2	der Klassen 4 oder 5	85,80
453	Gutachten nach den §§ 15 e, 15 f und 15 i StVZO	
453.1	Untersuchung eines Omnibus-, Kraftdroschken- oder Mietwagenfahrers	100,10
453.2	Nachuntersuchung	59,40
454	Gutachten nach den §§ 3 und 33 FahrlG	
454.1	Untersuchung eines Bewerbers auf seine körperliche und geistige Eignung	180,40
454.2	Untersuchung eines Fahrlehrers auf seine körperliche und geistige Eignung	275,00
455	Kann eine der unter den Nummern 451, 452, 453 und 454 genannten Untersuchungen ohne Verschulden der amtlich anerkannten medizinisch-psychologischen Untersuchungsstelle und ohne ausreichende Entschuldigung der zu untersuchenden Personen am festgesetzten Termin nicht stattfinden oder nicht beendet werden, ist die für die Untersuchung vorgesehene Gebühr fällig. Für die Fortsetzung einer derartig unterbrochenen Untersuchung ist eine Gebühr bis zur Hälfte der vorgesehenen Gebühr zu entrichten.	

I. Sonstige Maßnahmen auf dem Gebiet des Straßenverkehrs

499	Für andere als die in diesem Abschnitt aufgeführten Prüfungen und Untersuchungen können Gebühren nach den Sätzen für vergleichbare Prüfungen oder Untersuchungen oder, soweit solche nicht bewertet sind, nach dem Zeitaufwand mit 49,50 DM je angefangene Arbeitsstunde erhoben werden.	

Anhang 1b

Kostenordnung für Amtshandlungen nach dem Güterkraftverkehrsrecht vom 22. 12. 71 (BGBl. I S. 2115)

1. Güterfernverkehr

1.1 Erteilung einer Genehmigung für den allgemeinen Güterfernver- 200–300 DM
kehr (§§ 10 ff. GüKG)

1.2 Erteilung einer Genehmigung für den Bezirksgüterfernverkehr, 150–250 DM
grenzüberschreitenden Güterverkehr oder Möbelfernverkehr (§§ 10
ff. GüKG)

1.3 Erteilung einer Genehmigung für Einzelfahrten im Güterfernver- 10–100 DM
kehr (§ 19 a GüKG)

1.4 Berichtigung einer Genehmigungsurkunde (§ 15 Abs. 3, § 16 Abs. 3, 10–100 DM
§ 11 a GüKG)

1.5 Neuausstellung (Zweitschrift) einer Genehmigungsurkunde 10– 50 DM

1.6 Entscheidung über Genehmigungspflicht (§ 8 Abs. 3 GüKG) 30–300 DM

1.7 Ausstellung einer Bescheinigung über die Hinterlegung von Genehmigungsurkunden 5– 10 DM

1.8 Rücknahme einer Genehmigung (§ 78 GüKG) 10–500 DM

2. Allgemeiner Güternahverkehr

2.1 Erteilung einer Erlaubnis für den allgemeinen Güternahverkehr 50–300 DM
(§ 80 GüKG)

2.2 Erteilung einer Erlaubnis für Einzelfahrten im allgemeinen Güter- 10–100 DM
nahverkehr (§ 83 a GüKG)

2.3 Berichtigung einer Erlaubnisurkunde (§ 83 Abs. 3 GüKG) 10–100 DM

2.4 Ausstellung einer weiteren Ausfertigung (Zweitschrift) der Erlaub- 10– 50 DM
nisurkunde

2.5 Entscheidung über Erlaubnispflicht (§ 8 Abs. 3 in Verbindung mit § 10–300 DM
83 Abs. 1 GüKG)

2.6 Zulässigkeitserklärung für Beförderungsentgelte im Einzelfall (§ 15 10–300 DM
Abs. 2 VO TS Nr. 11/58 – GNT)

2.7 Rücknahme einer Erlaubnis (§ 88 GüKG) 10–300 DM

2.8 Erteilung einer Bescheinigung über die Berechtigung zur Ausübung 10– 50 DM
des allgemeinen Güternahverkehrs oder einer Ausfertigung dieser
Bescheinigung (§ 89 GüKG)

3. Güterliniennahverkehr

3.1 Erteilung einer Genehmigung für den Güterliniennahverkehr (§ 90, 30–200 DM
§ 97 GüKG)

3.2 Berichtigung einer Genehmigungsurkunde (§ 15 Abs. 3 in Verbin- 10–100 DM
dung mit § 93 Abs. 1 GüKG)

3.3	Ausstellung einer weiteren Ausfertigung (Zweitschrift) der Genehmigungsurkunde	10– 50 DM
3.4	Rücknahme einer Genehmigung (§ 96 GüKG)	10–200 DM

4. Standortbestimmung

4.1	Ausstellung einer Standortbescheinigung (§ 6, § 6 a, § 51 GüKG)	10– 50 DM
4.2	Ausstellung einer weiteren Ausfertigung (Zweitschrift) der Standortbescheinigung	10– 50 DM

5. Abfertigungsdienst

5.1	Bestellung zum Abfertigungsspediteur (§ 34 Abs. 1 und 4 GüKG)	200–300 DM
5.2	Berichtigung einer Bestellungsurkunde	10–100 DM
5.3	Neuausstellung (Zweitschrift) einer Bestellungsurkunde	10– 50 DM
5.4	Rücknahme einer Bestellung (§ 34 Abs. 3 GüKG)	10–300 DM

Die angemessene Gebühr für den Regelfall hat der Bundesverkehrsminister in einem **Richtsatzkatalog** durch Erlaß vom 5. Januar 1972 (VkBl. 72, 53) festgelegt, der nachstehend abgedruckt ist:

1. Güterfernverkehr

1.1	Erteilung einer Genehmigung für den allgemeinen Güterfernverkehr (§§ 10 ff. GüKG) – Neuerteilung, Wiedererteilung –	
1.1.1	mit einer Geltungsdauer von mindestens 8 Jahren	230,– DM
1.1.2	mit einer Geltungsdauer von weniger als 8 Jahren	210,– DM
1.1.3	wenn mehrere Genehmigungen in einem Verfahren erteilt werden	210,– DM
1.2	Erteilung einer Genehmigung für den Bezirksgüterfernverkehr, grenzüberschreitenden Güterfernverkehr oder Möbelfernverkehr (§§ 10 ff. GüKG) – Neuerteilung, Wiedererteilung –	
1.2.1	mit einer Geltungsdauer von mindestens 8 Jahren	200,– DM
1.2.2	mit einer Geltungsdauer von weniger als 8 Jahren	180,– DM
1.2.3	wenn mehrere Genehmigungen in einem Verfahren erteilt werden	180,– DM
1.3	Erteilung einer Genehmigung für Einzelfahrten im Güterfernverkehr (§§ 19 a GüKG)	
1.3.1	für eine Fahrt	20,– DM
1.3.2	für zwei bis fünf Fahrten	30,– DM
1.3.3	für mehr als fünf Fahrten	40,– DM
1.4	Berichtigung einer Genehmigungsurkunde (§ 15 Abs. 3, § 16 Abs. 5, § 11 a GüKG)	
1.4.1	bei Ausscheiden von Gesellschaftern oder Miterben	20,– DM
1.4.2	bei Änderung der Bezeichnung des Unternehmens	15,– DM

1.4.3	bei Ersatz eines genehmigten Kraftfahrzeugs durch ein anderes Kraftfahrzeug (bei Möbelfernverkehr auch Anhänger)	20,– DM
1.4.4	für die Erteilung einer Ausnahmegenehmigung nach § 16 Abs. 3 GüKG	15,– DM
1.4.5	bei Betriebssitz-(Niederlassungs-)verlegung innerhalb des Bezirks der Genehmigungsbehörde	30,– DM
1.4.6	bei Betriebssitz-(Niederlassungs-)verlegung in den Bezirk einer anderen Genehmigungsbehörde	50,– DM
1.4.7	bei Aufteilung einer Genehmigung auf mehrere Fahrzeuge (§ 11 a GüKG) je Teilgenehmigung	20,– DM
1.5	Neuausstellung (Zweitschrift) einer Genehmigungsurkunde	20,– DM
1.6	Entscheidung über Genehmigungspflicht (§ 8 Abs. 3 GüKG)	100,– DM
1.7	Ausstellung einer Bescheinigung über die Hinterlegung von Genehmigungsurkunden	5,– DM

2. Allgemeiner Güterverkehr

2.1	Erteilung einer Erlaubnis für den allgemeinen Güternahverkehr (§ 80 GüKG)	150,– DM
2.1.1	Erteilung einer beschränkten Erlaubnis für den allgemeinen Güternahverkehr	100,– DM
2.2	Erteilung einer Erlaubnis für Einzelfahrten im allgemeinen Güternahverkehr (§ 83 a GüKG)	
2.2.1	für eine Fahrt	20,– DM
2.2.2	für zwei bis fünf Fahrten	30,– DM
2.2.3	für mehr als fünf Fahrten	40,– DM
2.3	Berichtigung einer Erlaubnisurkunde (§ 83 Abs. 3 GüKG)	
2.3.1	Berichtigung von Erlaubnisurkunden bei Änderung der Bezeichnung des Unternehmens, Sitz des Unternehmens usw.; bis zu 5 Urkunden	20,– DM
2.3.2	mehr als 5 Urkunden	30,– DM
2.4	Ausstellung einer weiteren Ausfertigung oder einer Zweitschrift der Erlaubnisurkunde	20,– DM
2.5	Entscheidung über Erlaubnispflicht (§ 8 Abs. 3 i. V. mit § 83 Abs. 1 GüKG)	80,– DM
2.6	Zulässigkeitserklärung für Beförderungsentgelte im Einzelfall (§ 15 Abs. 2 VO TS Nr. 11/58 – GNT)	30,– DM

3. Güterliniennahverkehr

3.1	Erteilung einer Genehmigung (je Genehmigung für Linie, Kraftfahrzeug und Tarif) (§ 90, § 97 GüKG)	100,– DM
3.2	Berichtigung einer Genehmigungsurkunde (§ 15 Abs. 3 in Verbindung mit § 93 Abs. 1 GüKG)	

3.2.1   bei Änderung der Bezeichnung des Unternehmens, des Sitzes des   15,– DM
        Unternehmers

3.2.2   bei Änderung der Streckenführung oder des Tarifs   30,– DM

3.3   Ausstellung einer weiteren Ausfertigung oder einer Zweitschrift der   20,– DM
        Genehmigungsurkunde

4.   Standortbestimmungen (§ 6, § 6 a, § 51 GüKG)

4.1   Ausstellung einer Standortbescheinigung für ein Kraftfahrzeug des   15,– DM
        allgemeinen Güterfernverkehrs, Bezirksgüterfernverkehrs, grenz-
        überschreitenden Güterfernverkehrs, Möbelfernverkehrs, Güter-
        nahverkehrs oder des Werksverkehrs

5.   Abfertigungsdienst

5.1   Bestellung zum Abfertigungsspediteur (§ 34 Abs. 1 und 4 GüKG)   250,– DM

5.2   Berichtigung einer Bestellungsurkunde   20,– DM

5.3   Neuausstellung (Zweitschrift) einer Bestellungsurkunde   20,– DM

Anhang 1c

Kostenordnung für Amtshandlungen im grenzüberschreitenden Güterkraftverkehr vom 25. Juni 1971 (BGBl. I S. 865)

I. Grenzüberschreitender Güterkraftverkehr

1.	Erteilung und Ausstellung von Einzelgenehmigungen für eine Fahrt	5– 10 DM
2.	Erteilung und Ausstellung von befristeten Genehmigungen (je Lastzug und Land):	
	Gültig bis zu 1 Monat	10– 25 DM
	Gültig bis zu 3 Monaten	15– 55 DM
	Gültig bis zu 6 Monaten	20– 60 DM
	Gültig bis zu 12 Monaten	50–150 DM

II. Grenzüberschreitender Güterkraftverkehr im Rahmen des EWG-Gemeinschaftskontingents

1.	Erteilung und Ausstellung von Gemeinschaftsgenehmigungen	50–150 DM
2.	Zurücknahme von Gemeinschaftsgenehmigungen	50–150 DM
·3.	Berichtigung und Neuausfertigung von Gemeinschaftsgenehmigungen	5– 20 DM

Anhang 2a

Verwarnungsgeldkatalog

A. Allgemeine Verwaltungsvorschrift[1]
für die Erteilung einer Verwarnung
Vom 12. Juni 1975 (VkBl. S. 342)[2]

§ 1 [Allgemeines]

(1) Die Verwarnung ist ein wichtiges Verkehrserziehungsmittel. Sie muß daher mit einem Hinweis auf die Verkehrszuwiderhandlung verbunden sein.

(2) Bei unbedeutenden Ordnungswidrigkeiten kommt eine Verwarnung ohne Verwarnungsgeld in Betracht.

§ 2 [Höhe des Verwarnungsgeldes]

(1) Das Verwarnungsgeld wird in Höhe von 5, 10, 20, 30 und 40 Deutsche Mark erhoben.

(2) Bei Fußgängern und Radfahrern soll das Verwarnungsgeld in der Regel 10 Deutsche Mark nicht überschreiten, sofern § 3 nichts anderes bestimmt.

§ 3 [Katalog]

Bei folgenden Tatbeständen wird das Verwarnungsgeld in der angegebenen Höhe festgesetzt:

I. Verstöße gegen die StVO

1.	Verbotenes Halten (ohne zu parken, § 12 Abs. 2)		
1.1.	auf Autobahnen oder Kraftfahrstraßen ohne Verkehrsbehinderung	§ 18 Abs. 8	40 DM
1.2.	auf sonstigen Straßen	§ 12 Abs. 1, 1 a	
1.2.1.	ohne Verkehrsbehinderung		10 DM
1.2.2.	mit Verkehrsbehinderung		20 DM
2.	Verbotenes Halten (ohne zu parken, § 12 Abs. 2) in „zweiter Reihe"	§ 12 Abs. 4	20 DM
3.	Verbotenes Parken auf Geh- oder Radwegen	§ 2 Abs. 1	
3.1.	ohne Verkehrsbehinderung		10 DM
3.2.	mit Verkehrsbehinderung		20 DM

---

[1])des Bundesministers für Verkehr.

[2])In der den Änderungen der StVO v. 26. 11. 1975 angepaßten Fassung. Diese Anpassung ist nicht amtlich; eine entsprechende amtliche bundeseinheitliche Bekanntmachung ist nicht erfolgt.

4.	Überschreiten der zulässigen Parkzeit oder Nicht- oder Falschbedienen von Parkuhr oder Parkscheibe	§ 13	
4.1.	bis zu 60 Minuten		5 DM
4.2.	um mehr als 60 Minuten bis zu 3 Stunden		10 DM
4.3.	um mehr als 3 Stunden		30 DM
5.	Verbotenes Parken in ,,zweiter Reihe" bis zu 15 Min.	§ 12 Abs. 4	30 DM
6.	Verbotenes Parken in anderen Fällen – als auf Autobahnen oder Kraftfahrstraßen und als in den Nummern 3 bis 5	§ 12 Abs. 1, 1 a, 3, 4, 4 a	
6.1.	ohne Verkehrsbehinderung		10 DM
6.2.	mit Verkehrsbehinderung		20 DM
6.3.	um mehr als 3 Stunden ohne Verkehrsbehinderung		30 DM
7.	Nichtbeachten des Gebots, platzsparend zu halten oder zu parken	§ 12 Abs. 5	5 DM
8.	Mangelhaftes Sichern des Fahrzeugs beim Verlassen	§ 14 Abs. 2	10 DM
9.	Verstoß gegen das Rechtsfahrgebot	§ 2 Abs. 1, 2	20 DM
10.	Behindern von		
10.1.	Schienenfahrzeugen	§ 2 Abs. 3 § 9 Abs. 1 Satz 3 § 37 Abs. 2 Nr. 1 Satz 2	10 DM
10.2.	abfahrenden Linienomnibussen	§ 20 Abs. 2	10 DM
11.1.	Verkehrsbehinderndes Langsamfahren	§ 3 Abs. 2	10 DM
11.2.	Nichtermöglichen des Überholens	§ 5 Abs. 6 Satz 2	20 DM
12.	Überschreiten der zulässigen Höchstgeschwindigkeit	§ 3 Abs. 3 § 18 Abs. 5 § 41 (Zeichen 274)	
12.1.	um nicht mehr als 10 km/h		10 DM
12.2.	um mehr als 10 bis zu 15 km/h		20 DM
12.3.	um mehr als 15 bis 20 km/h		40 DM
13.	Unzulässiger Fahrstreifenwechsel ohne Gefährdung anderer	§ 7 Abs. 4	10 DM
14.	Falsches Abbiegen, Wenden oder Rückwärtsfahren ohne Gefährdung anderer (außer auf Autobahnen und Kraftfahrstraßen)	§ 9	10 DM

15.	Unzulässiges Einfahren in eine Straßenkreuzung oder -einmündung bei Verkehrsstockung	§ 11 Abs. 1	10 DM
16.	Mißbrauch der Warnblinkanlage oder sonstiger Warnzeichen oder Nichteinschalten der Warnblinkanlage durch den Führer eines haltenden Schulbusses	§ 16	10 DM
17.	Unterlassenes oder fehlerhaftes Betätigen des Fahrtrichtungsanzeigers	§ 5 Abs. 4a § 6 Satz 2 § 7 Abs. 4 Satz 2 § 9 Abs. 1 Satz 1 § 10 Satz 2 § 42 Abs. 2 Satz 9	
18.	Radfahren ohne Einschaltung der vorgeschriebenen Beleuchtung	§ 17 Abs. 1	20 DM
19.1.	Fahren nur mit Standlicht	§ 17 Abs. 2 Satz 1	20 DM
19.2.	Nichtabblenden	§ 17 Abs. 2 Satz 3 § 19 Abs. 7	20 DM
20.	Mißbräuchliches Benutzen von	§ 17 Abs. 3	
20.1.	Nebelschlußleuchten		20 DM
20.2.	Nebelscheinwerfern		10 DM
21.	Behinderung von Einsatzfahrzeugen bei Fahrten	§ 18 Abs. 9 § 38 Abs. 1	40 DM
22.	Nichtwarten eines Lkw oder eines Zuges an vorgeschriebener Stelle vor Bahnübergängen	§ 19 Abs. 3	20 DM
23.	Unzulässige Mitnahme von Personen in oder auf Fahrzeugen	§ 21	10 DM
24.1.	Führen eines Fahrzeugs mit mangelhaft gesicherter Ladung ohne Beeinträchtigung der Verkehrssicherheit	§ 22 Abs. 1	20 DM
24.2.	Unvorschriftsmäßiges Kenntlichmachen der Ladung	§ 22 Abs. 4, Satz 3 bis 5, Abs. 5 Satz 1	30 DM
25.	Sichtbehinderung des Fahrzeugführers durch Besetzung, Ladung oder Zustand des Fahrzeuges	§ 23 Abs. 1	20 DM
26.	Nichtbeachtung von Verhaltensvorschriften für Fußgänger	§ 25 § 37 Abs. 2 Nr. 5	
26.1.	ohne Verkehrsbehinderung		5 DM
26.2.	mit Verkehrsbehinderung		10 DM
27.1.	Verbotenes Lärmen bei der Benutzung von Fahrzeugen	§ 30 Abs. 1 Satz 1 und 2	20 DM
27.2.	Unnützes Hin- und Herfahren mit Belästigung	§ 30 Abs. 1 Satz 3	40 DM

28.	Nichtbeachten des STOP-Zeichens (Zeichen 206)	§ 41	20 DM
29.	Nichtbeachten der durch Zeichen 209, 211, 214 oder 297 vorgeschriebenen Fahrtrichtung oder der durch Zeichen 222 vorgeschriebenen Vorbeifahrt	§ 41	20 DM
30.	Nichtbeachten des Zeichens 220 ,,Einbahnstraße"	§ 41	20 DM
31.	Nichtbeachten der Verkehrsverbote nach Zeichen 241 (Fußgängerbereich), Zeichen 250 (für Fahrzeuge aller Art), nach Zeichen 251 (für Kraftwagen) oder nach Zeichen 253 (für Lastkraftwagen)	§ 41 bei den in § 3 Abs. 3 Nr. 2 genannten	20 DM 40 DM
32.	Nichtbeachten des Verkehrsverbots nach Zeichen 267 (Verbot der Einfahrt)	§ 41	20 DM
33.	Nichtbeachten der Fahrstreifenbegrenzung durch ununterbrochene Linie nach Zeichen 295 oder 296 oder der Sperrfläche nach Zeichen 298	§ 41	20 DM
34.	Nichtbeachten des Verkehrsverbots auf dem linken von drei oder mehreren in einer Richtung verlaufenden Fahrstreifen außerhalb geschlossener Ortschaften durch Lastkraftwagen (mit mehr als 2,8 t zulässigem Gesamtgewicht) oder Züge (mit mehr als 7 m Länge)	§ 42 Abs. 6 Nr. 1 Buchst. d Satz 3 (Zeichen 340)	30 DM

II. Verstöße gegen die StVZO

1.	Nichtmitführung von Ausweispapieren	§ 4 Abs. 2 § 15d Abs. 2 § 18 Abs. 5 § 24 § 28 Abs. 1 § 29e Abs. 2	5 DM
2.	Verstoß gegen Meldepflichten	§ 27	10 DM
3.	Mangelhaftes Ausfüllen des Kraftfahrzeug- oder Anhängerscheins bei Prüfungs-, Probe- und Überführungsfahrten	§ 28 Abs. 3	10 DM
4.	Überschreitung der Anmeldefrist zur Hauptuntersuchung bis zu 4 Monaten	§ 29	30 DM
5.	Überschreitung der zulässigen Gewichte, Achs- und Anhängelasten bis zu 10%	§ 34 bei den in § 3 Abs. 3 Nr. 2 StVO genannten Kraftfahrzeugen	20 DM 40 DM
6.	Fehlende Angabe der zulässigen Lasten und Gewichte	§ 34 Abs. 4	5 DM

7.	Nichtmitführen von Erste-Hilfe-Material	§ 35h	10 DM
8.	Fehlender Unterlegekeil	§ 41 Abs. 14	10 DM
9.	Übermäßige Abgas- oder Geräuschentwicklung, ausgenommen besonders schwere Fälle	§ 47 § 49	40 DM
10.	Unvorschriftsmäßige Beleuchtungseinrichtungen ohne erhebliche Beeinträchtigung der Verkehrssicherheit	§§ 49a bis 54, § 60 Abs. 4, § 66a	10 DM

Anhang 2b

Bußgeldkatalog, bundeseinheitliche Fassung

Nr.	Ordnungswidrigkeit	§§	DM	Fahr-verbot
1.	Verstoß gegen das Rechtsfahrgebot bei Gegenverkehr, beim Überholtwerden, an Kuppen, in unübersichtlichen Kurven oder bei sonstiger Unübersichtlichkeit	2 Abs. 1, 2 StVO	80,–	
2.	Zu schnelles Fahren bei Unübersichtlichkeit oder an Straßenkreuzungen, Straßeneinmündungen oder Bahnübergängen	3 Abs. 1 19 Abs. 1 S. 2 StVO	100,–	
3.	Überschreiten der zulässigen Höchstgeschwindigkeit um mehr als	3 Abs. 3 18 Abs. 5 41 (Zeichen 274) StVO		
3.1.	20 km/h 60,–	bei den in § 3	80,–	
3.2.	25 km/h 100,–	Abs. 3 Nr. 2 Buchst. a, b	120,–	
3.3.	30 km/h 150,–	StVO ge-	200,–	
3.4.	40 km/h 200,–	nannten Kraftfahrzeugen	300,–	ja innerhalb geschl. Ortsch.
3.5.	50 km/h 300,–		400,–	ja
3.6.	60 km/h 400,–		500,–	ja
4.	Ungenügender Sicherheitsabstand bei einer Geschwindigkeit von mehr als 80 km/h	4 Abs. 1 StVO	100,–	
5.	Ungenügender Abstand vom vorausfahrenden Kraftfahrzeug	4 Abs. 2 StVO	50,–	
6.1.	Verbotenes Rechtsüberholen außerhalb geschlossener Ortschaften	5 Abs. 1 StVO	100,–	
6.2.	Überholen bei Unübersichtlichkeit oder bei unklarer Verkehrslage	5 Abs. 2 S. 1 Abs. 3		
6.2.1.	Unter Nichtbeachten des Überholverbotszeichens 276 oder 277 oder der Fahrstreifenbegrenzung durch ununterbrochene Linie nach Zeichen 295 oder 296	41 StVO	150,–	ja
6.2.2.	in sonstigen Fällen		100,–	

Nr.	Ordnungswidrigkeit	§§	DM	Fahr-verbot
6.3	Verbotenes oder falsches Überholen in sonstigen Fällen einschl. Nichtbeachten des Überholverbots-Zeichens 276 oder 277 oder der Fahrstreifenbegrenzung durch ununterbrochene Linie nach Zeichen 225 oder 296	5 18 Abs. 4 41 StVO	60,–	
7.	Vorbeifahren an einem haltenden Fahrzeug, einer Absperrung oder einem sonstigen Hindernis auf der Fahrbahn links trotz Gegenverkehrs	6 StVO	60,–	
8.	Unzulässiger Fahrstreifenwechsel unter Gefährdung anderer	7 Abs. 4 StVO	60,–	
9.	Nichtbeachten der Vorfahrt durch	8 Abs. 1 18 Abs. 3 StVO		
9.1.	Kraftfahrzeugführer		100,–	
9.2.	Führer anderer Fahrzeuge		50,–	
10.1	Wenden, Rückwärtsfahren oder Fahren entgegen der Fahrtrichtung	18 Abs. 7, 2 Abs. 1 StVO		
10.1.1.	auf Nebenfahrbahnen von Autobahnen		200,–	
10.1.2.	auf Autobahnein- und ausfahrten		100,–	
10.1.3.	sonst auf Autobahnen oder Kraftfahrstraßen		300,–	ja
10.2.	Abbiegen nach links trotz entgegenkommender Fahrzeuge	9 Abs. 3 S. 1 Abs. 4 StVO	80,–	
10.3	Sonstiges falsches Verhalten beim Abbiegen oder Wenden unter Gefährdung anderer	9 StVO	60,–	
11.	Falsches Ein- oder Ausfahren unter Gefährdung anderer	10 StVO	60,–	
12.	Verbotenes Ein- oder Ausfahren auf Autobahnen oder Kraftfahrstraßen	18 Abs. 2, 11 StVO	50,–	
13.	Verbotenes Halten (ohne zu parken, § 12 Abs. 2) auf Autobahnen oder Kraftfahrstraßen mit Verkehrsbehinderung	18 Abs. 8 StVO	60,–	
14.	Verbotenes Parken			

Nr.	Ordnungswidrigkeit	§§	DM	Fahr-verbot
14.1.	auf Autobahnen oder Kraftfahrstraßen	18 Abs. 8 StVO		
	ohne Behinderung		60,–	
	mit Behinderung		80,–	
14.2.	auf sonstigen Straßen in ,,zweiter Reihe" um mehr als 15 Minuten	12 Abs. 4 StVO	50,–	
14.3.	in sonstigen Fällen – außer auf Geh- oder Radwegen – oder an Parkuhren – um mehr als 3 Stunden mit Verkehrsbehinderung	12 Abs. 1, 1 a, 3, 4 StVO	50,–	
15.	Ungenügendes Kenntlichmachen liegengebliebender Fahrzeuge	15 StVO	80,–	
16.	Fahren ohne Licht oder nur mit Standlicht bei erheblicher Sichtbehinderung durch Nebel, Schneefall oder Regen	17 Abs. 3 S. 1 StVO		
16.1.	außerhalb geschlossener Ortschaften		100,–	
16.2.	innerhalb geschlossener Ortschaften		50,–	
17.	Unzulässiges Überqueren von Bahnübergängen durch	19 Abs. 2 StVO		
17.1.	Kraftfahrzeugführer		100,–	
17.2.	Führer anderer Fahrzeuge		50,–	
18.	Falsches Vorbeifahren an Haltestellen öffentlicher Verkehrsmittel oder an haltenden Schulbussen	20 Abs. 1, 1a StVO	50,–	
19.	Führen eines Fahrzeuges mit mangelhaft gesicherter Ladung unter erheblicher Beeinträchtigung der Verkehrssicherheit	22 Abs. 1 StVO	100,–	
20.1.	Verbotenes Überholen oder Vorbeifahren an Fußgängerübeiwegen	26 Abs. 3 StVO		
20.1.1.	unter Gefährdung von Fußgängern		100,–	ja
20.1.2	ohne Gefährdung von Fußgängern		50,–	
21.	Falsches Heranfahren an Fußgängerüberwege	26 Abs. 1 StVO	50,–	
22.	Verstoß gegen das Sonntagsfahrverbot	30 Abs. 3 StVO	100,–	
23.	Erhebliche Beeinträchtigung der Verkehrssicherheit durch Hindernisse auf Straßen	32 Abs. 1 StVO	80,–	

Nr.	Ordnungswidrigkeit	§§	DM	Fahr-verbot
23a.	Verstöße gegen Vorschriften über das Verhalten nach einem Unfall	34 StVO	60,–	
24.*	Nichtbeachten des Rotlichts oder eines besonderen Haltezeichens (als Wechsel- oder Dauerlichtzeichen) von Lichtzeichenanlagen oder des Haltzeichens von Polizeibeamten oder grobes Nichtbeachten des STOP-Zeichens (Zeichen 206) oder unter Gefährdung anderer Verkehrsteilnehmer. Nichtanhalten an der Haltelinie (Zeichen 294) durch	36, 37, 41 StVO		
24.1.	Kraftfahrzeugführer		100,–	
24.2.	Führer anderer Fahrzeuge		50,–	
25.	Gebrauch oder Gestattung des Gebrauchs zulassungspflichtiger Fahrzeuge ohne Zulassung oder betriebserlaubnispflichtiger Fahrzeuge ohne Betriebserlaubnis	18, 19 StVZO	100,–	
26.	Überschreiten der Anmeldefrist zur Hauptuntersuchung	29 StVZO		
	um mehr als 4 Monate		50,–	
	um mehr als 8 Monate		80,–	
	um mehr als 12 Monate		100,–	
27.1.	Führen eines Fahrzeuges mit Mängeln, die die Verkehrssicherheit erheblich beeinträchtigen, und zwar	30 22 ff. StVZO bei nicht im Geltungsbereich der StVZO zugelassenen Fahrzeugen: 23 StVO		
27.1.1.	mit mangelhaften Reifen (Geldbuße je Reifen)		50,–	
27.1.2.	in sonstigen Fällen, z. B. mit mangelhafter Bremse, Lenkung oder Anhängerkupplung (Geldbuße je Mangel)		100,–	

*Nr. 24 geändert durch RdErl. (Niedersächsisches Ministerial-Amtsblatt 1978 Nr. 38 S. 1468)

Nr.	Ordnungswidrigkeit	§§	DM	Fahr-verbot
27.2.	Anordnen oder Zulassen der Inbetriebnahme eines Fahrzeugs mit Mängeln, die die Verkehrssicherheit erheblich beeinträchtigen und zwar	31 Abs. 2 StVZO; bei nicht im Geltungsbereich der StVZO zugelassenen Fahrzeugen: 23 StVO (§ 14 OWiG)		
27.2.1.	mit mangelhaften Reifen (Geldbuße je Reifen)		75,–	
27.2.2.	in sonstigen Fällen, z. B. mit mangelhafter Bremse, Lenkung oder Anhängerkupplung (Geldbuße je Mangel)		150,–	
28.1.	Führen eines Fahrzeugs unter Überschreiten der zulässigen Gewichte, Achslasten und Anhängelasten um mehr als	34, 42 StVZO		
28.1.1.	10% 50,– DM	bei den in § 3	100,–	
28.1.2.	15% 75,– DM	Abs. 3 Nr. 2	150,–	
28.1.3.	20% 100,– DM	Buchst. a, b	200,–	
28.1.4.	25% 150,– DM	StVO genann-	300,–	
28.1.5.	30% 250,– DM	ten Kfz.	500,–	
28.2.	Anordnen oder Zulassen der Inbetriebnahme eines Fahrzeugs unter Überschreiten der zulässigen Gewichte, Achslasten und Anhängelasten um mehr als	31 Abs. 2 34, 42 StVZO		
28.2.1.*	5%		80,–	
28.2.2.	10%		150,–	
28.2.3.	15%		200,–	
28.2.4.	20%		250,–	
28.2.5.	25%		350,–	
28.2.6.	30%		500,–	

* Nr. 28.2.1. eingefügt durch RdErl. (Niedersächsisches Ministerial-Amtsblatt 1978 Nr. 38 S. 1468)

Nr.	Ordnungswidrigkeit	§§	DM	Fahr-verbot
29.	Anordnen oder Zulassen der Inbetriebnahme eines Fahrzeugs mit mangelhaft gesicherter Ladung unter Beeinträchtigung der Verkehrssicherheit	31 Abs. 2 StVZO; bei nicht im Geltungsbereich der StVZO zugelassenen Fahrzeugen: 22 StVO (§ 14 OWiG)	150,–	
30.1.	Führen eines Fahrzeuges unter Überschreiten der zulässigen Abmessungen (Höhe, Länge, Breite)	32 Abs. 1 StVZO	100,–	
30.2.	Anordnen oder Zulassen der Inbetriebnahme eines Fahrzeugs unter Überschreiten der zulässigen Abmessungen (Höhe, Länge, Breite)	31 Abs. 2 32 Abs. 1 StVZO	150,–	
31.	Führen eines Fahrzeugs oder Anordnen oder Zulassen der Inbetriebnahme eines Fahrzeugs mit übermäßiger Abgas- oder Geräuschentwicklung in besonders schweren Fällen	47, 49 31 Abs. 2 StVZO	60,–	
32.	Führen eines Fahrzeugs oder Anordnen oder Zulassen der Inbetriebnahme eines Fahrzeugs mit fehlendem oder nicht vorschriftsmäßigem oder mit nicht oder nicht vorschriftsmäßig betriebenem Fahrtschreiber oder Kontrollgerät	57a StVZO EWG VO Nr. 1463/70	100,–	
33.	Führen eines Kraftfahrzeugs im Straßenverkehr mit 0,8 Promille oder mehr Alkohol im Blut oder mit einer Alkoholmenge im Körper, die zu einer solchen Blutalkoholkonzentration führt	§ 24a StVG		
	1. Verstoß		500,–	ja 1 Monat
	2. Verstoß		1000,–	3 Monate
	3. Verstoß		1500,–	3 Monate

Anhang 3

Laderaumverteilungsstellen

die durch die Mitgliedsgenossenschaft der Bundes-Zentralgenossenschaft
Straßenverkehr eG (BZG) Frankfurt/M. betrieben werden

Berlin   Halenseestr. 51   (0 30)
(Mercedes-Turm)   3 01 80 61

Bremen
2805 Stuhr 1   Bremerstr. 112   (04 21)
87 40 39

Hamburg   Bullerdeich 36   (0 40)
FS.: 02 12 442   2 50 10 01

Niedersachsen
3000 Hannover-Linden   Am Lindener Hafen 17   (05 11)
44 24 87
44 26 87

Westfalen-Lippe
Gelsenkirchen-Buer   ,,Verkehrshof Ruhrgebiet"   (02 09)
Balkenstr. 52   7 10 66-69
Postfach 4 64

Hessen
6340 Dillenburg   Herwigstr. 20   (0 27 71)
50 18-19

6000 Frankfurt/M.   Königsberger Str. 1-3   (06 11)
FS.: 04 12 175   77 80 61-62

6400 Fulda   Weichselstr. 7   (06 61)
4 20 54-55

3500 Kassel   Sanderhäuser Str. 3   (05 61)
5 50 73-75

Rheinland
5400 Koblenz   Moselring 11   (02 61)
4 50 55/56

Pfalz
6750 Kaiserslautern   Burgstr. 40   (06 31)
FS.: 04 5 878   7 00 61-63

Saar
6600 Saarbrücken   Mainzer Str. 139–141   (06 81)
Postfach 10 18   6 80 25
FS.: 04 428 962

Nordbaden
6800 Mannheim   Autohof Neuostheim   (06 21)
BAB-Ausfahrt: Mannheim-Mitte   44 46 48
44 27 32

Südbaden

7800 Freiburg	Maria-Theresia-Str. 2–4	(07 61)
	FS.: 7 72 745	7 86 13

Württemberg

7000 Stuttgart 60	Hedelfinger Str. 17–25	(07 11)
		40 19-2 88/2 89
		42 50 17
7900 Ulm	Blaubeurer Str. 71	(07 31)
		3 29 02

Nordbayern

8450 Amberg	Nürnberger Str. 17	(0 96 21)
		1 28 15
8750 Aschaffenburg	Elisenstr. 33	(0 60 21)
		2 22 69
8600 Bamberg	Kunigundendamm 24	(09 51)
		2 41 16
8670 Hof/Saale	Wunsiedler Str. 11	(0 92 81)
		90 61
8500 Nürnberg	Witschelstr. 91-93	(09 11)
		31 16 76
8390 Passau	Nibelungenstr. 8	(08 51)
		71 21-22
8400 Regensburg	Frankenstr. 5	(09 41)
		4 20 16-17
8480 Weiden	Vohenstraußer Str. 4	(09 61)
		3 10 91
8700 Würzburg	Balthasar-Neumann-Promenade 1	(09 31)
		5 03 44

Südbayern

8900 Augsburg	Neuburger Str. 71	(08 21)
	Rasthaus	7 20 67
8000 München	Domagkstr. 24	(0 89)
	FS.: 05 22 879	36 80 73
8200 Rosenheim	Kufsteiner Str. 81	(0 80 31)
		1 40 68

Anhang 4a

Autohof-Verzeichnis

a) Genossenschaftseigene Autohöfe

Schleswig-Holstein

2390 Flensburg	Lilienthalstr. 4	(04 61)
	Raststätte/Tankstelle	5 20 19
	BAB-Abfahrt: Flensburg-	(04 61)
	Harrislee i. R. Flensburg	5 20 10
2400 Lübeck	Bei der Lohmühle 54	(04 51)
		4 66 02
	Raststätte und Motel	47 17 69
	BAB-Abfahrt: Lübeck i. R. Hafen	
2350 Neumünster	Kieler Str. 196–198	(0 43 21)
	B 4	3 14 28
	Raststätte	3 74 47

Bremen

2805 Stuhr 1	Bremerstr. 112	(04 21)
	Raststätte	87 39 48
	Reifendienst	87 02 32
	Tankstelle	87 30 31
	BAB-Ausfahrt: Brinkum (B6)	87 30 89

Niedersachsen

3300 Braunschweig	Schmalbachstr. 6	(05 31)
	Verwaltung	3 28 26-7
	Tankstelle Reifendienst	32 15 76
	Autohof, Gaststätte u. Hotel	3 28 78
	BAB-Ausfahrt: Braunschweig-Nord	
3000 Hannover-Linden	Am Lindener Hafen 17	(05 11)
	Verwaltung, Tankstelle	44 29 59
	Ersatzteillager, Reifendienst	44 26 74
	Autohof, Gaststätte, Hotel	44 51 59
	BAB-Ausfahrt:	
	Hannover-Herrenhausen	

Westfalen-Lippe

4290 Bocholt	Münsterstr. 54	(0 28 71)
	Postfach 422	1 40 55/56
	Tankstelle	1 29 46
	BAB-Ausfahrt: Bocholt-Wesel	
4600 Dortmund 1	Eberstr. 24	(02 31)
	Postfach 10 09	81 84 28-29
	Tankstelle	81 36 79
	Kantine	81 21 14
	BAB-Ausfahrt: Dortmund-Nordost	

4660 Gelsenkirchen-Buer	Verkehrshof Ruhrgebiet	(02 09)
	Ballenstr. 52	7 10 66-69
	Postfach 464	
	Hotel	7 20 35
	Tankstelle	7 39 87
	BAB-Ausfahrt: Gelsenk.-Buer	
Nordrhein		
5300 Bonn	Am Verteilerkreis	(02 28)
		65 48 51-52
	Raststätte	65 31 70
	BAB-Ausfahrt: Bonn-Centrum	
4000 Düsseldorf 1	Albertstr./Ecke Erkrather Str.	(02 11)
	Werdener Str.: Autohof	73 47-1
	BAB-Ausfahrt: von Nord Flugha-fen/Essen (B1)	
	von Süd: Wuppertal	
	ferner: Neuss Hafen	
4000 Düsseldorf 13	Oerschbachstr. 150	(02 11)
	BAB-Ausfahrt: Düsseldorf-Holt-	
	hausen	79 11 95/96
	Raststätte	79 91 65
5180 Eschweiler	Aachener Str. 84	(0 24 03)
	Autobahnauffahrt	66 97
	BAB-Ausfahrt: Eschweiler	
5000 Köln-Bayenthal	Autohof am Großmarkt	(02 21)
	Marktstr. 23	38 05 91/92
	Hotel	38 05 35
	Tankstelle	37 44 50
	BAB-Ausfahrt: Köln-Süd	
4150 Krefeld	Hafelstr. 250	(0 21 51)
	A 57 Richtg. Krefeld-Moers	54 62 60
5604 Neviges-Tönisheide	Nevigeser Str. 174	(0 21 20)
	BAB-Ausfahrt: Wülfrath	69 03
5200 Siegburg-West	Autobahntankstelle/Westseite	(0 22 41)
	Autobahn Köln/Ffm.	6 03 46
5650 Solingen	Autohof Schützenstr. 35	(0 21 22)
	BAB-Ausfahrt: Solingen	4 58 80
4230 Wesel	Schermbecker Landstr. 35–37	(02 81)
		55 05
	Tankstelle	58 71
	BAB-Ausfahrt: Wesel-Schermbeck	
Hessen		
3549 Diemelstadt	an der B 252 nach Verlassen d. Au-tobahn-Ausfahrt Diemelstadt der Li-nie Dortmund-Kassel	(0 56 94)
		5 91
	Rasthaus	5 92

6000 Frankfurt/M.	Autohof West	(06 11)
	Königsberger Str. 1–3	77 08 91
	Hotel	77 05 27
	Tankstelle	77 08 96
	BAB-Ausfahrt Ffm.-West	
	Ffm.-Nordwest	
6000 Frankfurt/M.	Autohof-Ost	(06 11)
	Hanauer Landstr. 425–427	41 25 70
	Hotel	41 30 67
	BAB-Ausfahrt: Ffm.-Ost + Offenbach	
3500 Kassel-Bettenhausen	Sandershäuser Str. 93	(05 61)
		5 50 73-75
	Hotel	5 50 67
	BAB-Ausfahrt: Kassel-Ost	
6431 Kirchheim	a. d. B 454 nach Verlassen d. Autobahn-Ausfahrt Kirchheim bei Bad Hersfeld	(0 66 25) 6 21
	Rasthaus	6 22

Rheinland-Pfalz

6750 Kaiserslautern	Burgstr. 40 / Lauterstr. 15	(06 31)
	BAB-Ausfahrt Kaisersl.-Ost + BAB Ausfahrt Kaisersl. Mitte jeweils über B 40 z. Stadtzentrum	7 00 61-63
	Raststätte	7 34 66
6700 Ludwigshafen	Mannheimer Str. 85	(06 21)
Stadtteil Oggersheim	Autohof	68 00 91/92
	Tankstelle, Parkplatz	
	SVG-Hotel m. Raststätte	68 20 55/56
	BAB-Ausfahrt 650	

Nordbaden

6800 Mannheim	Autohof Neuostheim	(06 21)
		44 46 48
	BAB-Ausfahrt: Mannheim-Mitte	44 27 32

Südbaden

7800 Freiburg	Basler Landstr. 14	(07 61)
	a. d. B 3 + B 31	4 34 90
	nur Raststätte	49 44 95
	m. Wasch.- u. Duschanlagen sowie Tankstelle m. Parkplatz, keine Übernachtungsmöglichkeit	
	BAB-Ausfahrt Freiburg-Süd	

Württemberg

7000 Stuttgart 60	Hedelfingerstr. 17–25	(07 11)
		40 19-1
	Hotel ,,Autohof"	42 40 81-84
	BAB-Ausfahrt: Stuttgart-Zuffenhausen	

Nordbayern

8450 Amberg	Nürnberger Str. 17	(0 96 21)
		1 28 15
		1 52 41
	Hotel	2 36 42
	(m. Gegenübertankstelle Nürnberger Str. 6)	1 46 36
	BAB-Ausfahrt: Amberg-Kastl	
8670 Hof/Saale	Wunsiedler Str. 11	(0 92 81)
		90 61
	BAB-Ausfahrt: Hof	
8500 Nürnberg	Witschelstr. 91–93	(09 11)
		31 16 76
		31 25 76
	Reifendienst	31 16 62
	Gaststätte	31 51 77
	BAB-Ausfahrt: aus Richtung München: Nürnberg-Feucht aus Richtung Frankfurt: BAB-Auffahrt Nürnberg-Fürth/Erlangen	
8480 Weiden	Vohenstraußer Str. 4	(09 61)
		3 10 91-93
	BAB-Ausfahrt: Grafenwöhr	

Südbayern

8900 Augsburg	Neuburger Str. 71	(08 21)
	Rasthaus	7 20 67
	BAB-Ausfahrt: Augsburg-Ost	
8000 München	Domagkstr. 24	(0 89)
		36 80 76
	BAB-Ausfahrt: Ende d. Autobahn v. Nürnberg rechte Abfahrt	

b) von den Genossenschaften anerkannter Autohof

1000 Berlin 19	Halenseestr. 51	(0 30)
	(Mercedes-Turm)	3 02 70 80

Anhang 4b

Verzeichnis der SVG-Straßenverkehrsgenossenschafts-Tankstellen, die dem SVG-Kreditkarten-Verfahren angeschlossen sind.

Schleswig-Holstein

2390 Flensburg	Lilientalstr. 4	(04 61) 5 20 10
2300 Kiel-Garden	Theodor-Heuss-Ring 132	(04 31) 73 33 46
2400 Lübeck	Bei der Lohmühle 54	(04 51) 4 66 02
2350 Neumünster	Kieler Str. 196–198	(0 43 21) 3 14 28

Hamburg

2000 Hamburg 26	Bullerdeich 36 (zwischen Elbbrücken u. Berliner Tor)	(0 40) 25 41 55
2000 Hamburg 13	Randstr. 77 BAB A7 Stellingen u. Kieler Str. Abzw. Volksparkstr.	(0 40) 54 46 46

Bremen

2805 Stuhr 1	Autohof Nähe Ochtumbrücke B 6 Autobahnabfahrt Brinkum	(04 21) 87 30 31 87 30 89
2850 Bremerhaven	Fischereihafen Dorschstr./Klippfischstr.	(04 71) 7 21 48

Niedersachsen

3300 Braunschweig	Schmalbachstr. 6	(05 31) 32 15 76
3000 Hannover-Hainholz	Schulenburger Landstr. 119	(05 11) 3 52 14 89
3000 Hannover-Linden	Autohof Am Lindener Hafen 17	(05 11) 44 29 59

Westfalen-Lippe

4290 Bocholt	Münsterstr. 54	(0 28 71) 1 29 46
4600 Dortmund 1	Eberstr. 24	(02 31) 81 36 79
4650 Gelsenkirchern-Buer	,,Verkehrshof Ruhrgebiet" Balkenstr. 52	(02 09) 7 39 87

Nordrhein

5300 Bonn	Autohof Am Verteilerkreis 7	(02 28) 65 48 51-52
	Raststätte	65 31 70
5160 Düren	Kölner Landstr. 421	(0 24 21) 3 17 51
4000 Düsseldorf	Autohof, Erkrather, Albert- u. Werdener Str.	(02 11) 73 47-1
4100 Duisburg-Süd	Düsseldorfer Landstr. 107 Ecke Gasteiner Str.	(02 03) 70 21 13
5180 Eschweiler	a. d. Autobahnauffahrt Aachener Str. 84	(0 24 03) 66 97
5142 Hückelhoven-Baal	Krefelder Str. 18	(0 24 35) 5 47
5000 Köln-Bayenthal	Autohof Marktstr. 23	(02 21) 37 44 50
4150 Krefeld	Hafelsstr. 250	(0 21 51) 54 62 60
4150 Krefeld	Neue Ritterstr. 41	(0 21 51) 3 81 03
5604 Neviges-Tönisheide	Nevigeser Str. 174	(0 21 20) 69 03
5200 Siegburg-West	Autobahntankstelle Westseite Autobahn Köln-Frankfurt	(0 22 41) 6 03 46
5650 Solingen	Autohof Schützenstr. 35	(0 21 22) 4 58 80
4154 St. Tönis	Ortsteil Tönisvorst Westring 107	(0 21 51) 79 61 26
4230 Wesel	Schermbecker Landstr. 35–37	(02 81) 58 71
5600 Wuppertal-Barmen	Wittensteinstr. 280	(02 02) 55 30 70

Hessen

6000 Frankfurt-West	Autohof West Einfahrten: Ludwig-Landmann-Str. u. Industriehof	(06 11) 77 08 91
	Tankstelle	77 08 96
6000 Frankfurt-Ost	Autohof Ost Hanauer Landstr. 425–427 (m. Tankstelle)	(06 11) 41 25 70
3549 Diemelstadt (Stadtteil Rhoden)	BAB-Ausfahrt Diemelstadt a. d. B 252	(0 56 94) 5 91

286

3500 Kassel-Bettenhausen	Autohof	(05 61)
	Sandershäuser Str. 93	5 50 75
6431 Kirchheim	BAB-Ausfahrt	(0 66 25)
	Kirchheim a. d. B 454	6 21

Rheinland-Pfalz

6750 Kaiserslautern	Burgstr. 40	(06 31)
	Lauterstr. 15	7 00 61-63
5400 Koblenz	Moselring 11	(02 61)
	Haus d. Straßenverkehrs	4 33 18
5400 Koblenz-Karthause	Simmerner Str. 170	(02 61)
	Hunsrückhöhenstr.	4 77 18
	B 327 Südknoten	
6700 Ludwigshafen	Mannheimer Str. 85	(06 21)
(Stadtteil Oggersheim)		68 00 91/92

Nordbaden

6800 Mannheim-Neuostheim	Seckenheimer Landstr. 2 a	(06 21)
		44 12 90

Südbaden

7800 Freiburg	Basler Landstr. 14	(07 61)
	(B 3 + B 31)	4 34 90

Württemberg

7100 Heilbronn	Hafenstr. 2	(0 71 31)
	Büro: Neckarsulmer Str. 36	7 52 62
7000 Stuttgart 60	Autohof	(07 11)
	Hedelfinger Str. 17–25	40 19-1

Nordbayern

8450 Amberg	Nürnberger Str. 17	(0 96 21)
		1 52 41
	Nürnberger Str. 6	1 46 36
8670 Hof/Saale	Wunsiedler Str. 11	(0 92 81)
		90 61
8500 Nürnberg	Witschelstr. 91–93	(09 11)
		31 16 76
		31 25 76/77
8789 Schondra	BAB-Tankstelle	(0 97 47)
Rhön/West	Westseite	3 53
8441 Rain	Point 1	(0 94 21)
	Tankstelle Heilmeier	4 67
	a. d. B 8	
8480 Weiden	Vohenstraußer Str. 4	(09 61)
		3 10 91–93

Südbayern

8900 Augsburg	Neuburger Str. 71	(08 21) 7 20 67
8000 München	Domagkstr. 24	(0 89) 36 80 76
8200 Rosenheim	Kufsteiner Str. 81	(0 80 31) 1 40 68

Berlin

1000 Berlin 19 (SVG-BAB-Tankstelle)	Avus Nordschleife (Parkplatz Mercedessturm)	(0 30) 3 02 49 29
1000 Berlin 39 (SVG-BAB-Tankstelle)	Dreilinden Ostseite (hinter Kontrollstelle)	(0 30) 8 03 40 31
1000 Berlin 39 (SVG-BAB-Tankstelle)	Dreilinden Westseite (hinter Kontrollstelle)	(0 30) 8 03 40 30
1000 Berlin 61	Kreuzbergstr. 39–42a	(0 30) 7 86 40 31

Anhang 5a

Abgangs- und Bestimmungszollstellen für die Abfertigung nach Carnet TIR

Aach
Aachen-Autobahn
Aachen-Bildchen
Aachen-Bf. West
Aachen-Hauptbahnhof
Aachen-Köpfchen
Aachen-Rothe Erde
Aalen
Achenwald (Deutsches
   Zollamt)
Achern
Achterberg-Springbel
Albstadt
Alfeld
Altena
Altenhundem
Amberg
Andernach
Anholt
Ansbach
Apach (Deutsches Zollamt)
Aschaffenburg
Augsburg-Hauptbahnhof

Backnang
Bad Kreuznach
Bad Mergentheim
Bad Neuenahr-Ahrweiler
Bad Neustadt
Bad Oeynhausen
Bad Oldesloe
Bad Reichenhall
Bad Säkingen
Bamberg
Basel-Bad Eilgüterbahnhof
  (Deutsches Zollamt)
Basel-Bad Güterbahnhof
  (Deutsches Zollamt)
Basel-Bad Personenbahnhof
  (Deutsches Zollamt)
Basel-Bad Rangierbahnhof
  (Deutsches Zollamt)
Bayrisch Eisenstein
Bayreuth
Bebra
Beckum
Bensheim

Bentheim
Bergisch Gladbach
Berlin-AEG-Werke
Berlin-Dreilinden
Berlin-Großmarkthallen
Berlin-Heerstraße
Berlin-Kurfürst
Berlin-Packhof
Berlin-Siemenswerke
Berlin-Süd
Berlin-Süd (Kontrollstelle
  Friedrichstraße)
Berlin-Süd
  (Kontrollstelle Prinzenstr.)
Berlin-Süd (Kontrollstelle
  Waltersdorfer Chaussee)
Berlin-Tegel-Flughafen
Betzdorf
Biberach
Bielefeld-Bahnhof
Bietingen
Bingen
Bitburg
Blieskastel
Bocholt
Bochum-Nordbahnhof
Böblingen
Böglum
Bonn
Borken
Borkum
Brake
Braunschweig-Hauptgüter-
  bahnhof
Breisach
Bremen-Bahnhof
Bremen-Europahafen
Bremen-Flughafen
Bremen-Hansator
Bremen Hemelingen
Bremen-Hohetor
Bremen-Holzhafen
Bremen-Industriehafen
Bremen-Neustädter Hafen
Bremen-Post
Bremen-Überseehafen
Bremen-Vegesack

Bremen-Weserbahnhof
Bremerhaven-Fischereihafen
Bremerhaven-Rotersand
Bretten
Bruchsal
Brunsbüttelkoog
Bückeburg
Bühl (Baden)
Bünde
Büsum
Bunderneuland
Burghausen
Burghausen-Wackerwerke
Buxtehude

Calw
Celle
Coburg
Cochem
Coesfeld
Crailsheim
Cuxhaven

Dammerbruch
Darmstadt
Deggendorf
Delmenhorst
Detmold
Diepholz
Dillingen-Bahnhof
Donauwörth
Dortmund-Südbahnhof
Düren
Düsseldorf-Flughafen
Düsseldorf-Güterbahnhof
Düsseldorf-Hafen
Düsseldorf-Reisholz
Düsseldorf-Henkel & Cie
Duisburg-Güterbahnhof
Duisburg-Hamborn
Duisburg-Innenhafen
Duisburg-Ruhrort

Echternacherbrück
Eckernförde
Elmpt

289

Elmshorn
Elsfleth
Elten-Autobahn
Elten-Babberich
Emden-Nesserland
Emmendingen
Emmerich-Hafen
Emmerich-Bahnhof
Erbach
Erlangen
Erzingen
Erzingen-Bahnhof
Eschebrügge
Eschwege
Essen-Güterbahnhof Nord
Essen-Hauptbahnhof
Essen-Stadthafen
Esslingen
Euskirchen

Flensburg-Hafen
Flensburg-Weiche
Forbach
  (Deutsches Zollamt)
Forchheim
Frankenthal
Frankfurth/Main-Farbwerke
  Höchst
Frankfurt/Main-Großmarkt-
  halle
Frankfurt/Main-Güterbahn-
  hof
Frankfurt/Main-Höchst
Frankfurt/Main-Osthafen
Frankfurt/Main-Flughafen
Frankfurt/Main-Zollhof
Frauenberg
  (Deutsches Zollamt)
Frechen-Kaufhof
Freiburg-Güterbahnhof
Freilassing-Saalbrücke
  (Deutsches Zollamt)
Frensdorferhaar
Friedberg
Friedrichshafen-Güterbahn-
  hof
Fürth
Füssen

Gaesdonck
Garmisch-Partenkirchen
Geldern
Gelnhausen

Gelsenkirchen-Bahnhof
Geisenkirchen
Gemünden
Germersheim
Glückstadt
Goch
Göppingen
Göttingen
Goslar
Gottmadingen
Grenzacherhorn
Griesen
Gronau-Bahnhof
Gronau-Glanerbrücke
Gronau-Tiekerhook
Großrosseln
Güdingen
Gütersloh
Gummersbach
Günzgen

Hamburg-Altona
Hamburg-Bergedorf
Hamburg-Elbtunnel
Hamburg-Ernst-August-
  Schleuse
Hamburg-Fischereihafen
Hamburg-Flughafen
Hamburg-Harburg-Hafen
Hamburg-Hauptgüterbahn-
  hof
Hamburg-Köhlfleetdamm
Hamburg-Kornhausbrücke
Hamburg-Niederbaum
Hamburg-Oberelbe
Hamburg-Finkenwerder
Hamburg-Post
Hamburg-Südbahnhof
Hamburg-Teerhof
Hamburg-Veddel
Hamburg-Waltershof
Hamburg-Rethe
Hameln
Hamm
Hanau
Hannover-Messegelände
Hannover-Flughafen
Hansweiler
Hattingen
Hausard
Hebelermeer
Hechingen
Heerenbergerbrücke
Heide

Heidelberg-Güterbahnhof
Heidenend
Heidenheim
Heilbronn-Güterbahnhof
Heiligenhafen
Helgoland
Heinsberg
Helmstedt
Hemden
Herbrum
Herford
Herleshausen
Herne
Hildesheim
Hof-Bahnhof
Holzminden
Homburg
Horb
Horbach
Husum

Idar-Oberstein
Igel
Ingolstadt
Iserlohn
Ittersdorf
Itzehoe

Jestetten-Bahnhof
Jestetten-Hardt
Jülich

Kaiserslautern-Bahnhof
Kaldenkirchen-Bahnhof
Kalterherberg
Kappeln
Karken
Karlsruhe-Post
Karlsruhe-Rheinhafen
Kassel-Güterbahnhof
Kaufbeuren
Kehl-Europabrücke
Kempten
Kiefersfelden-Autobahn
Kiel
Kitzingen
Kleve-Hafen
Koblenz
Köln-Bonn-Flughafen
Köln-Erdölchemie
Köln-Fordwerke
Köln-Deutz-Mülheim
Köln-Güterbahnhof Gereon
Köln-Niehl-Hafen

Köln-Post
Köln-Rheinauhafen
Konstanz-Emmishofer Tor
Konstanz-Güterbahnhof
Kranenburg
Krefeld-Güterbahnhof
Krefeld-Uerdingen
Kronach
Kufstein
(Deutsches Zollamt)
Kulmbach

Laboe
Lahn
Lahnstein
Landau
Landshut
Langen
Langenargen
Lauenburg
Laufen
Laufenburg
Lauterbach
Leer
Lemgo
Lemwerder
Leverkusen-Bayerwerk
Leverkusen-Opladen
Lichtenfels
Limburg
Lindau-Hafen
Lindau-Reutin
Lindau-Ziegelhaus
Lindenberg
Lingen
Lippstadt
Lobith
(Deutsches Zollamt)
Lörrach-Bahnhof
Lörrach-Stetten
Lohne
Losheim-Losheimergraben
Lottstetten-Bundesstraße
Lottstetten-Bahnhof
Ludwigsburg
Ludwigshafen-BASF
Ludwigshafen-Güterbahnhof
Lübbecke
Lübeck-Stadt
Lübeck-Hafen
Lübeck-Schlutup
Lübeck-Travemünde
Lüdenscheid
Lüneburg

Mainz-Bahnhof
Mainz-Hafen
Mannheim-Güterbahnhof
Mannheim-Industriehafen
Mannheim-Post
Mannheim-Rhein
Marburg
Marktredwitz
Marl-Hüls-Chemische Werke
Memmingen
Mertert
Merzig
Meschede
Mettmann
Mittenburg
Minden
Mittenwald-Bahnhof
Mittenwald-Landstraße
Mönchengladbach
Moers
Mölln
Mosbach
Mühlacker
Mühldorf
Müllheim
München-Messegelände
München-Hauptbahnhof
München-Ostbahnhof
München-Pasing
München-West
München-Süd
München-Riem-Flughafen
Münster-Flughafen
Münster-Hafen
Mützenich

Neheim-Hüsten
Nennig
Neuburgweier
Neuenburg-Rheinbrücke
Neuhaus (Inn)
Neulauterburg
Neumünster
Neunkirchen
Neunkirchen-Schlachthof
Neuss
Neuss-Bols
Neustadt (Aisch)
Neustadt (Holst)
Neustadt (Weinstraße)
Neuwied
Niebüll
Niederdorf-Autobahn
Nienburg

Norden
Nordenham
Norderney
Nordhorn
Northeim
Nürnberg-Fürth
Nürnberg-Flughafen
Nürtingen

Oberhausen
Oberkirch
Obernberg
(Deutsches Zollamt)
Oberursel
Oeding
Ohringen
Offenbach/M.-Frankfurter
Straße
Offenburg
Oldenburg
Osnabrück
Osterholz-Scharmbeck
Osterode

Padborg
(Deutsches Zollamt)
Papenburg
Paderborn
Passau-Bahnhof
Passau-Donaulände
Peine
Perl
Pforzheim-Güterbahnhof
Pfronten
Pfronten-Steinach-Land-
straße
Phillipsrent
Pinneberg
Pirmasens
Puttgarden

Quakenbrück

Radolfzell
Randegg
Rastatt
Ravensburg
Recklinghausen
Rees
Regensburg-Güterbahnhof
Regensburg-Hafen
Remscheid
Rendsburg
Reutlingen

Rhede
Rheinau
Rheine
Rheinfelden
Rheinfelden-Rheinhafen
Rielasingen
Rosenheim
Roth
Rottweil
Rüdesheim
Rudolphstein
Rühlertwist
Rütenbrock

Saarbrücken-Autobahn
Saarbrücken-Hauptgüter-
  bahnhof
Saarbrücken-Hauptpost
Saarbrücken-Stadt
Saarbrücken-Flughafen
Saarlouis-Stadt
Saarlouis-Schlachthof
Salzburg
  (Deutsches Zollamt)
Schaffhausen
  (Deutsches Zollamt)
Schellenberg
Schirding-Bahnhof
Schirding-Landstraße
Schleswig
Schwäbisch-Gmünd
Schwäbisch-Hall
Schwanenhaus
Schwarzbach-Autobahn
Schwarzbach-Bundesstraße
Schweigen
Schweinfurth-
  Hauptbahnhof
Schwelm
Schwenningen
Schwetzingen
Selb
Siegburg
Siegen
Sigmaringen
Silwingen
Simbach-Bahnhof
Simbach-Innbrücke
Sindelfingen Daimler-Benz
Singen-Bahnhof
Soest
Solingen
Soltau
Speyer

Stade
Stadtoldendorf
Steinebrück
Steinfurth
Steinpass
  (Deutsches Zollamt)
St. Ingbert
Stolberg
Stolberg-Hauptbahnhof
Straubing
Stühlingen
Stuttgart-Bad Cannstatt
Stuttgart-Flughafen
Stuttgart-Feuerbach
Stuttgart-Großmarkt
Stuttgart-Hafen
Stuttgart-
  Hauptgüterbahnhof
St. Wendel
Suderwick

Thayngen
Tönning
Traunstein
Trier-Westbahnhof
Tübingen
Tüddern
Tuttlingen

Überherrn-Bahnhof
Überlingen
Uelzen
Uetersen
Ulm-Güterbahnhof

Vaalserquartier
Velbert
Verden
Viersen
Villingen-Schwenningen
Völklingen
Vorsfelde

Waiblingen
Waldhaus
Waldshut-Bahnhof
Waldshut-Rheinbrücke
Wangen (Allgäu)
Wasserbilligerbrück
Wedel
Weener
Wegscheid
Weiden-Bahnhof
Weil-Friedlingen

Weil-Otterbach
Weilheim
Weinheim
Weißenburg
Wellen
Wertheim
Wesel
Westerland
Wetzlar
Wiesbaden-Hauptbahnhof
Wiesbaden-Biebrich
Wiesloch
Wilhelmshaven
Wintersdorf ⟨
Wittlich
Wolfenbüttel
Wolfsburg
Wolfsburg-Volkswagenwerk
Worms
Worms-Bahnhof
Wuppertal-Bahnhof Ober-
  barmen
Wuppertal-Bahnhof Stein-
  beck
Würzburg
Wyck
Wyler

Zweibrücken

Anhang 5b

Grenzzollstellen für TIR-Abfertigung

Bundesrepublik Deutschland/Dänemark

	Öffnungszeiten
Böglum	07.00 - 20.00
Harrislee	06.00 - 24.00
Kiel-HZA (Oslo-Kai)	
Kappeln (Schlei)	
Lübeck-Travemünde	siehe Schiffsplan
Kupfermühle*	
Puttgarden*	

Bundesrepublik Deutschland/Niederlande

Aachen-Autobahn-Nord*
Achterberg-Springbiel
Bunderneuland*
Nordhorn-Frensdorferhaar*
Elmpt*
Elten-Autobahn*
Gronau-Glanerbrücke
Hemden
Niederdorf-Autobahn*
Schwanenhaus*
Wyler*

Bundesrepublik Deutschland/Belgien

Aachen-Bildchen	07.00 - 19.00
Aachen-Köpfchen	07.00 - 19.00
Aachen-Autobahn*	
Losheim-Losheimergraben	08.00 - 12.00
	14.00 - 18.00
Deutsch-Steinebrück	08.00 - 12.00
	14.00 - 18.00

Bundesrepublik Deutschland/Luxemburg

Wasserbilligerbrück	08.00 - 12.00
	14.00 - 19.00
Nennig*	
Perl, Obermoselstraße	08.00 - 12.00
	14.00 - 18.00

Bundesrepublik Deutschland/Frankreich

Perl-Obermoselstraße*
Ittersdorf-Schreckling-Straße*

Hanweiler*
Saarbrücken-Autobahn*
Überherrn-Landstraße*
Lauterbach*
Neulauterburg*
Breisach*
Großrosseln*
Kehl-Europabrücke*
Neuenburg-Rheinbrücke*
Güdingen*
Silvingen*
Schweigen*
Wintersdorf*
Hornbach*
Frauenberg*

Bundesrepublik Deutschland/Schweiz

Bietingen	08.00 - 12.00
	14.00 - 18.00
Erzingen	08.00 - 12.00
	14.00 - 18.00
Friedrichshafen-Hafen	07.30 - 12.00
	14.00 - 18.00
Grenzacherhorn	08.00 - 12.00
	14.00 - 18.00
Konstanz, Emmishofer Tor	08.00 - 12.00
	14.00 - 18.00
Lörrach-Stetten	08.00 - 12.00
	14.00 - 18.00
Neuhaus (Randen)	08.00 - 12.00
	14.00 - 18.00
Rielasingen	08.00 - 12.00
	14.00 - 18.00
Waldshut-Rheinbrücke	08.00 - 12.00
	14.00 - 18.00
Weil-Friedlingen	08.00 - 12.00
	14.00 - 18.00
Weil-Otterbach*	

Bundesrepublik Deutschland/Österreich

Achenwald (Deutsches Zollamt)	
	07.00 - 19.00
Burghausen	08.00 - 12.00
	14.00 - 18.00

* Öffnungszeiten – Werktage: 00.00 - 24.00

Freilassing-Saalbrücke	06.00 - 20.00
Füssen	08.00 - 12.00
	14.00 - 18.00
Kiefersfelden-Autobahn*	
Lindau-Ziegelhaus	08.00 - 12.00
	14.00 - 18.00
Mittenwald-Landstraße	08.00 - 12.00
	14.00 - 18.00
Neuhaus (Inn)	08.00 - 19.00
Schwarzbach-Autobahn	06.00 - 24.00
Schwarzbach-Bundesstraße	08.00 - 20.00
Simbach-Innbrücke	08.00 - 12.00
	14.00 - 18.00
Steinpaß (Deutsches Zollamt)	08.00 - 12.00
	14.00 - 18.00

**Bundesrepublik Deutschland/
Tschechoslowakei**

Furth i. W. (Schafberg)*	
Waidhaus	
Schirnding*	
Philippsreut	08.00 - 12.00
	13.30 - 17.00

Bei allen vorgenannten Zollämtern ist in der Regel ab Sonnabend 13.00 Uhr und an Sonn- und Feiertagen keine Abfertigung möglich.

WEST-BERLIN

Für die Beförderung von Gütern aus West-Berlin nach dem westlichen Ausland sind vorläufig die Grenzkontrollstellen

Lauenburg	Herleshausen
Helmstedt-Autobahn	Rudolphstein

als Abgangszollstellen zugelassen. Das ausgefüllte Carnet TIR und der erforderliche Warenbegleitschein sind jedoch vorher in Berlin bei einer der folgenden Zollstellen vorzulegen:

Berlin-Spandau	Berlin-Fruchthof
Berlin-Siemenswerke	Berlin-AEG-Werke
Berlin-Packhof	

SONDERBESTIMMUNGEN

Zollabfertigungsmöglichkeiten außerhalb der offiziellen Öffnungszeiten

Der Zoll hat das Recht, die Zollabfertigung außerhalb der Öffnungszeiten zu verweigern. Werden jedoch auf Antrag Zollabfertigungen außerhalb der Öffnungszeiten vorgenommen, wird hierfür eine Gebühr erhoben. Im allgemeinen wird die Zollabfertigungsmöglichkeit außerhalb der Öffnungszeiten vorwiegend für verderbliche Lebensmittel in Betracht kommen können. Anträge auf Zollabfertigung müssen so früh wie möglich dem entsprechenden Zollbüro vorgelegt werden. Für den regulären gewerblichen Verkehr ist eine Zollabfertigung außerhalb der Öffnungszeiten grundsätzlich nicht möglich. Eine Ausnahme kann nur gemacht werden, wenn wesentliche Nachteile mit einer Verzögerung der Abfertigung verbunden wären und Abfertigungsbeamte ohne Beeinträchtigung des normalen Dienstes verfügbar gemacht werden können.

---

* Öffnungszeiten – Werktage: 00.00 - 24.00

Anhang 6

Reglement für den Internationalen Gegenseitigen Hilfsdienst im Güterverkehr (AMI-Hilfsdienst)

Artikel 1. – Ziel

Die Zielsetzung des Internationalen Gegenseitigen Hilfsdienstes im Güterverkehr (AMI – M) besteht darin:

- einerseits unter den nachstehenden Bedingungen den Unternehmen Hilfe zu leisten, deren Fahrzeuge oder deren Personal bei der Durchführung eines Straßengütertransportes im Ausland und in einigen Fällen in ihren eigenen Ländern in Schwierigkeiten geraten sind, und
- andererseits den hilfeleistenden Unternehmen oder Organisationen die Vergütung ihrer Leistungen zu gewährleisten.

Den nutznießenden Unternehmen wird die Möglichkeit geboten, insbesondere auf dem Informationssektor Unterstützung zu erhalten und Hilfe in Form folgender Dienstleistungen in Anspruch nehmen zu können:

A. hinsichtlich des Fahrzeuges:

a) Abschleppdienst und/oder Behebung dringender Pannen,

b) Lieferung von Ersatzteilen oder Reifen, die zur Behebung von Pannen am Fahrzeuge benötigt werden,

c) Reparaturen,

d) Ersatz des Fahrzeuges,

e) Rückbeförderung des beschädigten Fahrzeuges in sein Herkunftsland oder Verbringung desselben an jeden anderen Bestimmungsort nach Zustimmung des nutznießenden Unternehmens.

B. hinsichtlich des Fahrpersonals:

f) Unterbringung,

g) ärztlicher Beistand,

h) Ersatz von Kraftfahrern bei Beeinträchtigung der Einsatzfähigkeit.

C. hinsichtlich der Güter:

i) Verschiedene Be- und Entladeverrichtungen,

j) Weiterbeförderung der Güter,

k) Verbringung der Güter in ein Lager oder einen Zollspeicher.

D. Sonstige Leistungen*):

(jede vorgeschlagene Leistung ist mit einem Buchstaben in alphabetischer Reihenfolge anzugeben)

l) . . . .

---

*) Vorbehaltlich ihrer Annahme durch den nationalen Verband, die IRU und die Versicherungsgesellschaft.

m) . . . .

n) . . . .

Die Dienstleistungen müssen unter Einhaltung der nationalen oder internationalen Gesetze und Verordnungen durchgeführt werden, unter Beachtung der Vorschriften des Zollabkommens über den internationalen Warentransport mit Carnets TIR (TIR-Konvention), des Übereinkommens über den Beförderungsvertrag im internationalen Straßengüterverkehr (CMR-Konvention) und des Übereinkommens über die internationale Beförderung gefährlicher Güter auf der Straße (ADR-Konvention) insofern, als die Staaten, denen die Mitglieder dieses gegenseitigen Hilfsdienstes angehören, diese Übereinkommen ratifiziert haben . . . und in Absprache mit der betroffenen Versicherungsgesellschaft (Havariekommissare) hinsichtlich der Güter.

Artikel 2. – Mitglieder

Der AMI-Güterhilfsdienst setzt sich zusammen aus:

a) **den hilfeleistenden Unternehmen oder Organisationen,** die sich ganz oder teilweise zu den in Artikel 1 dieses Reglements erwähnten Leistungen verpflichtet haben;

b) den nutznießenden Unternehmen, die Inhaber einer oder mehrerer AMI-Mitgliedskarte(n) sind;

c) **den nationalen Mitgliedsverbänden der IRU oder der TRANSFRIGOROUTE,** die sich im Rahmen ihrer Zuständigkeit und ihrer Mittel verpflichten:
   – eng mit der IRU bei Aufbau und Durchführung des Hilfsdienstes zusammenzuarbeiten,
   – die nutznießenden Unternehmen bei juristischen, administrativen und technischen Fragen sowie auf allen anderen Gebieten zu beraten;

d) **der Internationalen Straßenverkehrsunion (IRU),** welche die AMI-Mitgliedskarten an die nationalen Verbände ausgibt und diese über das AMI-Netz informiert;

e) **einer Versicherungsgesellschaft** (namentlich dem Versicherer J. Schouten, Mathenesserlaan 266, 3003 Rotterdam, Niederlande), die den hilfeleistenden Unternehmen oder Organisationen im Falle der Nichtzahlung ihrer Rechnungen seitens eines nutznießenden Unternehmens eine schnelle Erstattung ihrer Kosten bis in Höhe des auf der AMI-Mitgliedskarte aufgedruckten Nennwertes garantiert.

Artikel 3. – Aufnahmebedingungen

A. Die Aufnahme als **hilfeleistendes Unternehmen** bedingt für das jeweilige Unternehmen oder die Organisation:

a) die Zustimmung eines der in Artikel 2 Abs. c) genannten nationalen Verbände des betreffenden Landes, der IRU und der Versicherungsgesellschaft,

b) die Unterzeichnung einer Verpflichtungserklärung zur Einhaltung der Vorschriften dieses Reglements in zweifacher Ausfertigung;

c) in den Ländern jedoch, in denen keiner der in Artikel 2 Abs. c) genannten nationalen Verbände dem AMI-M-Hilfsdienst beigetreten ist, haben die Nutzfahrzeughersteller und jedes Netz von Reparaturwerkstätten die Möglichkeit, die Zulassung ihres Netzes direkt beim Generalsekretariat der IRU und der Versicherungsgesellschaft zu erwirken;

d) jede Verpflichtung wird auf unbestimmte Zeit eingegangen und kann vom hilfeleistenden Unternehmen durch Einschreibebrief an den nationalen Verband oder in bezug auf Punkt c) des Artikels 3 an das Generalsekretariat der IRU gekündigt werden. Die Kündigung wird drei Monate nach Eingang dieses Briefes wirksam.

B. Die Aufnahme als **nutznießendes Unternehmen** erfordert:

a) die Zustimmung des nationalen Verbandes, bei dem es Mitglied ist, der IRU und der Versicherungsgesellschaft,

b) die Verpflichtung zur Einhaltung des AMI-Reglements und insbesondere der Zahlungsbedingungen in einer in zweifacher Ausfertigung unterzeichneten Verpflichtungserklärung.

Artikel 4. – Organisation

Die nationalen Verbände

– stellen ein Netz von **hilfeleistenden Unternehmen** oder Organisationen zusammen,

– sammeln die Anträge zum Beitritt als **nutznießendes Unternehmen** sowie die von diesen eingehenden Bestellungen der AMI-Mitgliedskarten,

– übermitteln dem Generalsekretariat der IRU nach einheitlichem Muster:

die Liste der hilfeleistenden Unternehmen oder Organisationen,

die Liste der von ihnen zugelassenen nutznießenden Unternehmen sowie die Anzahl der von diesen bestellten AMI-Mitgliedskarten,

die Zweitausfertigung der entsprechenden Verpflichtungserklärungen.

– Hierzu nehmen sie alle zweite Jahre eine allgemeine Erneuerung der Verpflichtungserklärungen vor.

In bezug auf die in Artikel 3 c) bezeichneten Leistungen wird die oben vorgesehene Organisation von der IRU durchgeführt.

Hinsichtlich der unter D) in Artikel 1 vorgesehenen besonderen Leistungen unterrichten die IRU und die Versicherungsgesellschaft nach Prüfung der vom nationalen Verband zugeleiteten Liste letzteren, der wiederum das hilfeleistende Unternehmen informiert, über die Annahme oder die Zurückweisung der einen oder der anderen dieser Sonderleistungen.

Die IRU und die Versicherungsgesellschaft behalten sich nach Beratung mit dem nationalen Verband das Recht vor, jedem hilfeleistenden oder jedem nutznießenden Unternehmen den Eintritt in den AMI-Hilfsdienst oder die Erneuerung seiner Mitgliedschaft zu verweigern. Die IRU übersendet den nationalen Verbänden schnellstmöglich die bestellten Mitgliedskarten.

Artikel 5. – AMI-M-Mitgliedskarte

Die AMI-M-Kreditkarte garantiert die Zahlung bis zu einem Betrag von sfrs 3000,– oder dessen Gegenwert in anderen Währungen. Von einem hilfeleistenden Unternehmen können jedoch höchstens drei AMI-M-Karten, welche für einen Totalbetrag von sfrs 9000,– garantieren, für eine oder mehrere Leistungen verwendet werden.

Alle ausgegebenen Karten sind numeriert.

Die IRU übernimmt den Druck der Karten und ihren Versand an die nationalen Verbände.

Das nutznießende Unternehmen kann eine oder mehrere Karten erwerben.

Die AMI-Mitgliedskarte ist nicht an ein bestimmtes Fahrzeug gebunden.

In jedem Fahrzeug kann eine oder mehrere Karten mitgeführt werden.

Außer in Ausnahmefällen und auf der Grundlage eines Abkommens zwischen IRU und dem betreffenden nationalen Verband kann die AMI-Mitgliedskarte nicht in dem Heimatland des nutznießenden Unternehmens verwendet werden.

Sie ist ab ihrem Ausgabedatum für ein Jahr gültig.

Der Text auf der AMI-Mitgliedskarte ist in Französisch, Englisch und Deutsch abgefaßt.

Name, Anschrift und gegebenenfalls Telefon- und Telexnummer des nutznießenden Unternehmens, seines nationalen Verbandes und der Versicherungsgesellschaft sind auf der AMI-Mitgliedskarte vermerkt.

Die Karte ist nur gültig, wenn sie Stempel und Unterschrift des nationalen Verbandes trägt, dem das nutznießende Unternehmen als Mitglied angehört.

Die AMI-Mitgliedskarte ist nicht übertragbar: sie darf weder ausgeliehen noch weitergegeben werden.

Jeder Verlust oder Diebstahl der AMI-Mitgliedskarte muß unverzüglich mit Einschreibebrief dem nationalen Verband, der sie ausgestellt hat, angezeigt werden. Der nationale Verband unterrichtet umgehend die Versicherungsgesellschaft und die IRU über diesen Tatbestand.

Artikel 6. – Arbeitsweise des AMI-M-Hilfsdienstes

Das nutznießende Unternehmen, dessen Fahrzeug oder dessen Personal sich im Ausland in Schwierigkeiten befindet – oder gemäß Artikel 5, 8. Absatz, im eigenen Land – nimmt mit einem oder mehreren hilfeleistenden Unternehmen oder Organisationen, die in der Broschüre verzeichnet sind, Verbindung auf.

Jedes hilfeleistende Unternehmen muß sich von der Gültigkeit der ihm vorgelegten AMI-Mitgliedskarte sowie von der Identität und der Vertretungsbefugnis der die Karte vorlegenden Person überzeugen.

Es führt dann im Rahmen seiner Möglichkeiten die von dem nutznießenden Unternehmen oder dessen Vertreter erbetenen Leistungen durch.

Wird das hilfeleistende Unternehmen nach Ausführung einer oder mehrerer Leistungen nicht sofort bezahlt, behält es die vorgelegte AMI-Mitgliedskarte ein.

Es sendet dem nutznießenden Unternehmen per Einschreiben innerhalb der 10 auf die Beendigung der Hilfeleistung(en) folgenden Tage eine detaillierte Rechnung.

Die Rechnung wird normalerweise vom nutznießenden Unternehmen nach Empfang bezahlt; das hilfeleistende Unternehmen schickt ihm dann unverzüglich per Einschreiben eine Empfangsbestätigung sowie die AMI-Mitgliedskarte.

Wird der Rechnungsbetrag binnen 30 Tagen nach Versand der Rechnung – maßgebend hierfür ist der Poststempel – und ohne Erhebung von Einsprüchen dem hilfeleistenden Unternehmen oder der hilfeleistenden Organisation nicht erstattet, stellt dieses (diese) an den nationalen Verband des nutznießenden Unternehmens unverzüglich einen Vermittlungsantrag unter Beifügung einer Kopie der Rechnung. Der nationale Verband fordert dann das nutznießende Unternehmen durch Einschreiben zur Einlösung seiner Zahlungsverpflichtung auf.

Nach Erhalt dieses Einschreibebriefes muß das nutznießende Unternehmen:

– entweder dem nationalen Verband beweisen, daß die erforderlichen Schritte zur Durchführung der Zahlung eingeleitet wurden

– oder die Zahlung binnen 15 Tagen leisten und dem nationalen Verband darüber Mitteilung machen.

Bei erfolgloser Vermittlung übersendet der nationale Verband der Versicherungsgesellschaft Rechnungsdurchschrift und Mahnung.

Die Versicherungsgesellschaft begleicht daraufhin unverzüglich die Rechnung bis zur Höhe des auf der übergebenen AMI-Karte stehenden Betrages (bzw. seines Gegenwertes). Sie wendet sich danach an das in Verzug befindliche nutznießende Unternehmen, um mit allen Mitteln und in geeigneter Form ihre Auslagen zurückzuerhalten.

Die Versicherungsgesellschaft ist nach Durchführung der Zahlung berechtigt, von dem hilfeleistenden Unternehmen oder der hilfeleistenden Organisation die Aushändigung der AMI-Mitgliedskarte des nutznießenden Unternehmens zu verlangen.

Die Versicherungsgesellschaft behält sich das Recht vor, dem nutznießenden Unternehmen, aufgrund dessen Nichtzahlung ihre berechtigte Vermittlung in Anspruch genommen wurde, die Verlängerung ihrer Garantie zu verweigern.

Artikel 7. – Einsprüche

Sieht sich das nutznießende Unternehmen veranlaßt, gegen die Höhe der Rechnung des hilfeleistenden Unternehmens Einspruch zu erheben, muß dies innerhalb der in Artikel 6 festgelegten Zahlungsfrist erfolgen. Nach Ablauf dieser Frist sind Einsprüche nicht mehr zulässig.

Zur Erhebung eines Einspruches richtet das nutznießende Unternehmen einen eingeschriebenen Brief:

– an seinen nationalen Verband, zusammen mit einer Kopie der Rechnung,

– an das hilfeleistende Unternehmen oder die hilfeleistende Organisation.

Der nationale Verband des nutznießenden Unternehmens und der nationale Verband, der die Verpflichtung des hilfeleistenden Unternehmens erhalten hat, oder in dem in Artikel 3 Absatz c) vorgesehenen Fall das Generalsekretariat der IRU setzen sich dann miteinander in Verbindung, um alle erforderlichen Untersuchungen und Kontrollen vorzunehmen und sich zu bemühen, in dem folgenden Monat zu einer Regelung der Angelegenheit unter Einsatz aller in ihrer Macht stehenden Mittel zu gelangen.

Wenn das hilfeleistende Unternehmen nach Ablauf dieser Frist nicht bezahlt wurde, übermittelt der nationale Verband des nutznießenden Unternehmens die in seinem Besitze befindliche Rechnungsdurchschrift an die Versicherungsgesellschaft, welche eine Begleichung des Rechnungsbetrages bis in Höhe der auf der AMI-M-Mitgliedskarte aufgedruckten Summen (oder ihres Gegenwertes) vornimmt.

Artikel 8. – Ausschluß von Mitgliedern

Vom AMI-M-Hilfsdienst kann ausgeschlossen werden:

– durch den nationalen Verband, der die Verpflichtungserklärung entgegengenommen hat, oder durch das Generalsekretariat der IRU in den in Artikel 3 Absatz c) vorgesehenen Fällen.

jedes hilfeleistende Unternehmen, das das vorliegende Reglement oder die Bedingungen der Verpflichtungserklärung nicht eingehalten hat;

– durch den nationalen Verband, dem es als Mitglied angehört:

jedes nutznießende Unternehmen, das das vorliegende Reglement oder die Bedingungen der Verpflichtungserklärung nicht eingehalten hat.

– Im Falle des Ausschlusses verpflichtet sich das nutznießende Unternehmen, alle in seinem Besitze befindlichen Mitgliedskarten auf die erste Aufforderung hin dem nationalen Verband, bei dem es Mitglied ist, zurückzugeben.

Verpflichtungserklärung des hilfeleistenden Unternehmens
oder der hilfeleistenden Organisation

Hilfeleistendes Unternehmen oder hilfeleistende Organisation: . . . .

Anschrift: . . . .

Telefon-Nr.: . . . .   Telex-Nr.: . . . .

Das unterzeichnende Unternehmen oder die unterzeichnende Organisation verpflichtet sich, ausländischen nutznießenden Unternehmen und in bestimmten in Artikel 5 des Reglements vorgesehenen Fällen den nutznießenden Unternehmen seines eigenen Landes, welche in Schwierigkeiten geraten sind, gemäß dem AMI-Reglement für den Güterverkehr zur Hilfe zu kommen. Das Unternehmen oder die Organisation erklärt, das Reglement zu kennen und sich diesem ohne Einschränkung zu unterwerfen.

Das Unternehmen oder die Organisation verpflichtet sich, dem nutznießenden Unternehmen oder gegebenenfalls der Versicherungsgesellschaft die AMI-M-Mitgliedskarte unmittelbar nach Zahlung der Rechnung zurückzugeben.

Im Sinne gegenseitiger Hilfeleistung der Gewerbetreibenden soll das hilfeleistende Unternehmen oder die hilfeleistende Organisation dem in den Genuß des AMI-M-Hilfsdienstes kommenden Transportunternehmen einen angemessenen Betrag für seine Leistungen in Rechnung stellen.

Diese Hilfe wird im Rahmen der Möglichkeiten insbesondere für die folgenden Leistungen gewährt:

A. Fahrzeug
a) Abschleppdienst und/oder Behebung dringender Pannen,
b) Lieferung von Ersatzteilen oder Reifen, die zur Behebung von Pannen am Fahrzeug benötigt werden,
c) Reparaturen,
d) Ersatz des Fahrzeuges, ·
e) Rückbeförderung des beschädigten Fahrzeuges in sein Herkunftsland oder Verbringung desselben an jeden anderen Bestimmungsort nach Zustimmung des nutznießenden Unternehmens.

B. Fahrpersonal
f) Unterbringung,
g) ärztlicher Beistand,
h) Ersatz von Kraftfahrern bei Beeinträchtigung der Einsatzfähigkeit.

C. Güter
i) verschiedene Be- und Entladeverrichtungen,
j) Weiterbeförderung der Güter,
k) Verbringung der Güter in ein Lager oder einen Zollspeicher.

D. Sonstige Leistungen*)

(jede dargebotene Leistung ist mit einem Buchstaben in alphabetischer Reihenfolge zu kennzeichnen)

l) . . . .

m) . . . .

n) . . . .

Ausgestellt in . . . .   Datum: . . . .

Unterschrift und Stempel des Unternehmens oder der Organisation

Titel und Name
des Unterzeichnenden

Verpflichtungserklärung des nutznießenden Unternehmens

Nutznießendes Unternehmen: . . . .

Anschrift: . . . .

Telefon-Nr.: . . . .   Telex-Nr.: . . . .

Das unterzeichnende Unternehmen verpflichtet sich, die Bestimmungen des AMI-Güterhilfsdienstes strikt zu beachten, und ist sich seiner Pflichten und Rechte für die Benutzung dieser Karte voll bewußt, wie es in den Bestimmungen beschrieben ist.

Ausgestellt in . . . .   Datum . . . .

Unterschrift und Stempel
des Unternehmers

Titel und Name
des Unterzeichnenden

*) Vorbehaltlich der Zustimmung des nationalen Verbandes, der IRU und der Versicherungsgesellschaft.

Anhang 7

Höchstzulässige Abmessungen und Gewichte in ausgesuchten Ländern

	Belgien	Bulgarien	Cypern	Dänemark	BRD
I Allgemeine Vorschriften					
1 Höhe (m)	4	3,8	3,35	3,6 [17]	4
2 Breite (m)	2,5	2,5 [9]	2,28	2,5	2,5 [31]
3 Achslast a) Einzelachse (t)	13		10 5	8 [18]	10 [32]
b) Doppelachse (t)	20 [1]		10	14,5 [19]	16 [32]
c) andere Kriterien: Last je Rad (t)	5 [2]				
Last je cm Breite der Aufstandsfläche (t)					
Mittlere Last je cm² der Radaufstandsfläche (t)					
II Vorschriften für einzelne Fahrzeugarten					
4 Lastkraftwagen ohne Anhänger					
a) mit 2 Achsen: Gesamtgewicht (t)	19 [3]	22,5	10	20	16 [32]
Länge (m)	11	11	7,92	10	12
b) mit 3 o. mehr Achsen: Gesamtgew. (t)	26 [3]	22,5	10	20	22 [32]
Länge (m)	11	12	7,92	12	12
5 Lastkraftwagen					
a) mit 1 Anhänger: Gesamtgew. (t)	40		12	20	38
Länge (m)	18	18	–	18	18
b) mit 2 Anhängern: Gesamtgew. (t)	[4]	36 [12]	21		–
Länge (m)	[4]	22	–	21	–
6 Anhänger					
a) mit 1 Achse: Gesamtgewicht (t)	13		12	20	10
Länge (m)	8 [5]			22	12
b) mit 2 Achsen: Gesamtgewicht (t)	20		12	20	16 [32]
Länge (m)	11 [6]		–	22	12
c) mit 3 Achsen: Gesamtgewicht (t)	26		–		22 [32]
Länge (m)	11 [6]		–	22	12
7 Sattelkraftfahrzeug					
a) mit 3 Achsen: Gesamtgewicht (t)	38 [3]	32	10 [13]	20	26
Länge (m)	15 [7]	14	12,2	14 [23]	15
b) mit 4 Achsen: Gesamtgewicht (t)	38 [3]	32	10 [13]	20	36
Länge (m)	15 [7]	14	12,2	14 [23]	15
c) mit 5 Achsen: Gesamtgewicht (t)	38 [3]	32	10 [10]	20	38
Länge (m)	15 [7]	14	12,2	14 [23]	15
8 Kraftomnibus mit 2 Achsen: Gesamtgewicht (t)	19 [3]		10	20	16
Länge (m)	12 [8]		7,92	12	12
9 Kraftomnibus mit 3 Achsen: Gesamtgewicht (t)	26 [3]		10	20	22
Länge (m)	12 [8]		7,92	12	12
10 Gelenkomnibus: Gesamtgew. (t)	38 [3]		–	20	28 [33]
Länge (m)	15 [7]		–	14	18 [33]

DDR	Finnland	Frank-reich	Griechen-land	Groß-britannien	Irland	Italien	Jugo-slawien	Luxem-burg
4	4	–	3,8	4,2[105]	4,57[39]	4	4	4
2,5	2,5	2,5	2,5	2,50[106]	2,5	2,5	2,5	2,5
10[29]	10	13	8/10[34]	10,2–11,2[107]	10	10	10	13
16[29]	16	21[26]	14,5	20,3[108]	16[38]	14,5[46]	16	20[51]
				4,6–5,1[109]	5			
			0,015					
						0,008[47]		
16	14	19[27]	[35]	16,3[110]	16	14[48]	[117]	19
10	12	11	10	11	10,97	10	11	10
22	19	26[27]	[35]	24,4[111/112]	22	18[48/49]	[117]	26
12	12	11	10[36]	11	10,97	11	12	12
40	[24]	38[27 bis]	32[35]	32,5	32	–	[116]	40
18	[25]	18	18	18	16,46[42]	18	18	18
40	–	–	–	32,5	32[43]	–		–
22	–	–	–	18	21,94[43]	–	–	–
10	18	13	–	10,2–11,2[107]	10	6	[116]	–
–	7	11	–	7[113]	7	6	–	–
16	16	19	–	18[110]	16	14[48]	[116]	–
–	12	11	–	12[114]	7	7,5	–	–
24	–	26	–	24,4[111]	22[44]	18[48]	[116]	–
–	12	11	–	12[114]	7	8	–	
26	[24]	38[27 bis]	32[35]	24,4[113]	22	18[48]	[116]	36
15	15	15	14[36]	15,5	14,94	14	15	14
32	[24]	38[27 bis]	32[35]	32,5[115]	25[45]	28[48]	[116]	36
15	15	15	14[36]	15,5	14,94	14	15	14
38	[24]	38[27 bis]	32[35]	38[115]	25[45]	32[48]	[116]	36
15	15	15	14[36]	15,5	14,94	14	15	14
16	14	19[77]	14[35]	16,3[115]	16	15[50]	[116]	19
11[30]	12	11[28]	11	12	12	11		11[52]
22	19	26[27]	20[35]	16,3[115]	22	19[50]	[116]	26
12	12	11	11	12	12	11		12
24	–	38[27 bis]					[116]	
16,5	18	18		18				

	Malta	Nieder-lande	Nor-wegen	Öster-reich	Polen
I Allgemeine Vorschriften					
1 Höhe (m)	3,2	4	–	4	4
2 Breite (m)	2,45	2,5[57]	2,35[60]	2,5	2,5
3 Achslast a) Einzelachse (t)		10	6[60]	10	8[62]
b) Doppelachse (t)		16	6[60]	16	14,5[62]
c) andere Kriterien: Last je Rad (t)		2,4[58]			
Last je cm Breite der Aufstandsfläche (t)					
Mittlere Last je cm² der Radaufstandsfläche (t)					
II Vorschriften für einzelne Fahrzeugarten					
4 Lastkraftwagen ohne Anhänger					
a) mit 2 Achsen: Gesamtgewicht (t)		–	–	16	16[63]
Länge (m)		11	10	12	11
b) mit 3 o. mehr Achsen: Gesamtgew. (t)		–	–	22	24
Länge (m)		11	–	12	11
5 Lastkraftwagen					
a) mit 1 Anhänger: Gesamtgew. (t)		50	[61]	38	–
Länge (m)		18	10	18	18
b) mit 2 Anhängern: Gesamtgew. (t)		–	–	38	–
Länge (m)	53/54	–	–	18	22
6 Anhänger					
a) mit 1 Achse: Gesamtgewicht (t)		–		8	8
Länge (m)		8[59]	–	12	–
b) mit 2 Achsen: Gesamtgewicht (t)		–		16	16[63]
Länge (m)		11	–	12	11
c) mit 3 Achsen: Gesamtgewicht (t)		–		22	24
Länge (m)		11	–	12	11
7 Sattelkraftfahrzeug					
a) mit 3 Achsen: Gesamtgewicht(t)	53	50	[61]	38	32
Länge (m)		15,5		16	15
b) mit 4 Achsen: Gesamtgewicht (t)		50	[61]	38	32
Länge (m)		15,5	–	16	15
c) mit 5 Achsen: Gesamtgewicht (t)		50	[61]	38	38
Länge (m)		15,5	–	16	15
8 Kraftomnibus[33] mit 2 Achsen: Gesamtgewicht (t)	12	–		16	16[63]
Länge (m)	8,7[56]	12	–	12	12
9 Kraftomnibus[53] mit 3 Achsen: Gesamtgewicht (t)	14	–		22	24
Länge (m)	9,1[56]	12		12	12
10 Gelenkomnibus: Gesamtgew. (t)		50		38	23
Länge (m)		18		18	18

Portugal	Rumänien	Schweden	Schweiz	Spanien	CSSR	Türkei	UdSSR	Ungarn
4[64]	4	–	4	4[76]	4	3,8	3,8	4
2,5	2,5	2,5	2,3[84]	2,5	2,5	2,5	2,5	2,5
10[65]	10	8[80]	10[85]	13	10	8	10[97]	10
10[66]	16	12[81]	18[86]	21[77]	16[14]	14,5[95]	18[98]	16[37]
	5							
				0,15				
					0,0065			
16	16	[82]	16	20[78]	16	[96]	17,5[99]	20
12	12	24	10	11	12	10	12	10
22	22	[82]	87/88/89 19/25/28	26[78]	22[13]	[96]	25[100]	24
12	12	24	12	12	12	11	12	11
32[67]	38	[82/83]	28[90]	38[78]	38	[96]	33[101]	32[37]
18	18	24	18	16,5[78]	18	18	20	18
[68]	38			[79]	38	[96]	–	–
[68]	22	24	–	[79]	22	–	24	–
			–					
10[69]	10	[82]	8[91]	–	10	8	–	10
12[70]	12	–	–	–	12	–	–	–
16[69]	14	[82]	12	20[78]	16[16]	[96]	–	20
12[70]	12	–	–	11	12	–	–	–
22[69/71]	20	[82]	12	26[78]	22[16]	[96]	–	20
12[70/71]	12	–	–	12	12	–	–	–
26	26	[82/83]	26[92]	33[78]	26	[96]	25[102]	28
15[72]	16	24	16	16,5[78]	15	14	20	14
32	32	[82/83]	28[93]	38[78]	32	[96]	33[103]	32
15[72]	16	24	16	16,5[78]	15	14	20	14
38[73]	38	[82/83]	28[93]	38[78]	38	[96]	40[104]	38
15[72]	16	24	16	16,5[78]	15	14	24	14
		[82]				[96]	[99]	
16	16		16	20	16		17,5	20
12	12	24	12[94]	12	12	11	20	11
		[82]	87/88	77/78		[96]	[100]	
22	22		19–25	26	22		25	24
12	12	24	12[94]	12	12	11	12	11
	28	[82/83]	28[93]	38[78]	28	–	25[102]	
	12	24	16	16,5[78]	18	–	–	

Anmerkungen

1. (Belgien) Unter der Bedingung, daß die Last der am stärksten belasteten Achse 10 t nicht überschreitet.

2. (Belgien) Bei Halbluftreifen beträgt das zulässige Höchstgewicht 15 DL; bei Metallreifen oder Vollgummireifen beträgt es 8 DL, wobei D (in m) den Durchmesser des äußeren Umfangs des Reifens, horizontal gemessen, bedeutet und L (in m) die größte Breite des Reifens, gemessen im oberen Teil.

3. (Belgien) Das zulässige Gesamtgewicht darf 13 t, zuzüglich 4 t je m Abstand zwischen den äußersten Achsen eines Fahrzeugs oder von miteinander verbundenen Fahrzeugen nicht überschreiten. Wenn eine äußere Achse Teil einer Doppelachse ist, so ist der Abstand auf die Mitte der Doppelachse zu beziehen.
Das zulässige Gesamtgewicht eines Sattelkraftfahrzeugs ist die Summe aus dem zulässigen Gesamtgewicht des Sattelanhängers und dem Leergewicht der Zugmaschine; der Höchstwert beträgt 38 t. Das zulässige Gesamtgewicht eines Sattelanhängers beträgt 21 t, wenn er nur eine Achse hat, und 32 t, wenn er 2 oder mehr Achsen hat.

4. (Belgien) Die Zahl der Fahrzeuge,aus welchen ein Lastzug besteht, ist auf 2 begrenzt. Die Zulassung eines Lastzuges, welcher mehr als 2 Fahrzeuge umfaßt, ist nur in dringenden Ausnahmefällen erlaubt.

5. (Belgien) Gemessen einschließlich Zugeinrichtung. Gilt auch für Anhänger mit 2 Achsen, wenn der Abstand zwischen den beiden Achsen ≤ 2,1 m ist.

6. (Belgien) Gemessen einschließlich Zugeinrichtung.

7. (Belgien) Unter der Bedingung, daß der in Fahrzeuglängsrichtung gemessene Abstand zwischen dem vordersten Punkt der Zugmaschine und der Achse bzw. der Mitte des Achsaggregats eines Sattelanhängers 12 m nicht überschreitet.

8. (Belgien) Außerdem darf
der hintere Überhang 3,50 m nicht überschreiten;
der äußere Wendekreisradius 12 m nicht überschreiten;
der innere Wendekreisradius, bei dem äußeren Wendekreisradius von 12 m, nicht weniger als 6,50 m betragen;
das Ausschermaß bei einem äußeren Wendekreisradius von 12 m 0,50 m nicht überschreiten.

9. (Bulgarien) Kraftfahrzeuge, deren Länge den angegebenen Wert überschreiten, dürfen in den Verkehr gebracht werden, wenn sie von der regionalen Kraftfahrzeug-Prüfstelle kontrolliert und zugelassen sind. In diesem Fall muß die Vorderseite dieser Fahrzeuge mit schwarzen und gelben Linien von 200 mm Breite und unter einem Winkel von 45° gekennzeichnet werden.

10. (Bulgarien) Bei Kraftfahrzeugen mit 2 Achsen beträgt die zulässige Achslast 8 t; bei 3 Achsen beträgt sie 7,25 t; bei 4 Achsen 6 t. Bei Aufliegern beträgt sie 6 t und bei einachsigen Anhängern 8 t.

11. (Zypern) Die zulässige Behörde kann die Verwendung von Kraftfahrzeugen mit größeren Abmessungen und höheren Gewichten als angegeben zulassen.

12. (Zypern) Es ist verboten, einen Anhänger hinter einem Lastkraftwagen mitzuführen.

13. (Zypern) Das Gesamtgewicht des Sattelanhängers darf das Gesamtgewicht der Zugmaschine nicht überschreiten.

14. (Tschechoslowakei) Unter der Bedingung, daß der Abstand zwischen den Achsen einer Doppelachse zwischen 1,3 m und 2 m liegt.

Beträgt der Abstand zwischen Achsen in m	dann beträgt das zulässige Gesamtgewicht in t
1,2–1,3	14,5
1,1–1,2	13
1,0–1,1	11,5
weniger als 1	10

15. (Tschechoslowakei) Für Fahrzeuge mit 4 Achsen: 32 t; es gilt Anmerkung 16.

16. (Tschechoslowakei) Unter der Voraussetzung, daß das zulässige Höchstgewicht je Achse 8 t nicht übersteigt.

17. (Dänemark) Unter gewissen Bedingungen können Nutzfahrzeuge, welche im internationalen Straßenverkehr eingesetzt werden, eine zulässige Höhe von 3,8 m haben.

18. (Dänemark) Abhängig von der Erfüllung gewisser vorgeschriebener Bedingungen über das Gesamtgewicht, die zu befahrenden Straßen usw. beträgt die zulässige Achslast von Nutzfahrzeugen, welche im internationalen Güterverkehr eingesetzt werden, 10 t.

19. (Dänemark) Abhängig von der Erfüllung gewisser vorgeschriebener Bedingungen über das Gesamtgewicht, die zu befahrenden Straßen usw. beträgt die zulässige Achslast von Nutzfahrzeugen, welche im internationalen Güterverkehr eingesetzt werden, 16 t, jedoch nicht mehr als 8 t je Achse, wenn die Achsen weniger als 1,3 m voneinander entfernt sind.

20. (Dänemark) Das zulässige Gesamtgewicht eines Fahrzeugs oder von miteinander verbundenen Fahrzeugen beträgt 15 t zuzüglich 0,25 t je 0,2 m Abstand zwischen der ersten und letzten Achse, wobei die ersten 2,5 m nicht mitgerechnet werden. Diese Bestimmung gilt nicht für Nutzfahrzeuge, welche im internationalen Güterverkehr auf besonderen Straßen eingesetzt sind. Bei diesen Fahrzeugen beträgt das zulässige Gesamtgewicht:
a) Lastkraftwagen ohne Anhänger mit 2 Achsen: 16 t; mit 3 oder mehr Achsen: 22t;
b) Lastkraftwagen mit Anhänger und Sattelkraftfahrzeuge: 32 t oder (für einen kleinen Teil des Straßennetzes) 38 t.

21. (Dänemark) Ein Lastkraftwagen mit mehr als einem Anhänger ist nicht zulässig.

22. (Dänemark) Die zulässige Länge von Anhängern ist nicht ausdrücklich vorgeschrieben; die Zulassung eines Anhängers kann aber verweigert werden, wenn er wegen seiner Länge nicht benutzt werden kann, ohne daß andere Verkehrsteilnehmer übermäßig gefährdet und belästigt werden.

23. (Dänemark) Abhängig von der Erfüllung gewisser vorgeschriebener Bedingungen über das Gesamtgewicht, die zu befahrenden Straßen usw. beträgt die zulässige Länge von Nutzfahrzeugen, welche im internationalen Güterverkehr eingesetzt werden, 15 m.

24. (Finnland) Das zulässige Gesamtgewicht von miteinander verbundenen Fahrzeugen beträgt 42 t. Das zulässige Gesamtgewicht eines Motorwagens/Lastkraftwagens oder eines daran angekuppelten Fahrzeugs oder von miteinander verbundenen Fahrzeugen beträgt 20,0 t zuzüglich 160 kg für jede 10 cm, die über den Abstand von 2,5 m zwischen der ersten und der letzten Achse des Motorwagens/Lastkraftwagens, des angekuppelten Fahrzeugs oder der miteinander verbundenen Fahrzeuge hinausgehen. Das Gesamtgewicht darf nicht mehr als 42 t betragen. Auf schmaleren Straßen oder auf schwachen Brücken kann das Gewicht miteinander verbundener Fahrzeuge sowie die Achslast je Achse oder Doppelachse beschränkt werden. Das zulässige Gewicht ist auf Verkehrszeichen angegeben.

Vom 1. Januar 1979 ab darf das zulässige Gesamtgewicht miteinander verbundener Fahrzeuge eine t je 4,4 DIN kW Motorleistung des Zugfahrzeugs nicht überschreiten. Dies gilt nicht für landwirtschaftliche Zugmaschinen mit Anhängern.

25. (Finnland) Lastkraftwagen mit einem zwei- oder dreiachsigen Anhänger: 22 m; Sattelkraftfahrzeuge, bestehend aus einem Zugfahrzeug und einem besonders für die Beförderung von langen Gütern gebauten Sattelauflieger: 20 m.

26. (Frankreich) Die zulässige Achslast beträgt bei einer Doppelachse 7,35 t für die am stärksten belastete Achse, wenn der Abstand zwischen den beiden Achsen 0,9 m beträgt. Dieser Wert erhöht sich um 350 kg je 0,05 m Abstand über 0,9 m hinaus, darf aber bei einem Achsabstand von 1,35 m oder mehr 10,5 t nicht überschreiten.

27a. (Frankreich) Das zulässige Gesamtgewicht eines Fahrzeugs darf jedoch 5 t je m Abstand zwischen den beiden äußeren Achsen nicht überschreiten.

27b. (Frankreich) Unter der Bedingung, daß das Verhältnis zwischen dem zulässigen Höchstgewicht für beladene Fahrzeuge und dem zulässigen Höchstgewicht pro Achse(n) 3,5 m nicht übersteigt.

28. (Frankreich) Die Länge von Kraftomnibussen darf jedoch 12 m betragen, wenn der hintere Überhang 6/10 des Radstandes oder einen Absolutwert von 3,50 m nicht überschreitet. Kraftomnibusse mit einem Anhänger im Stadt- und Vorortlinienverkehr: 20 m.

29. (Deutsche Demokratische Republik) Das zulässige Gesamtgewicht wird, je nach Fahrzeugart, anhand der nachstehend angegebenen Kriterien berechnet. Die Einzelachslast bzw. Doppelachslast darf 10 t bzw. 16 t nicht überschreiten (bei einem Achsabstand von mindestens 1,31 m). Bei der Berechnung der zulässigen Gesamtgewichte muß die Gewichtsverteilung auf die Achsen so sein, daß die gelenkte Achse bei allen statischen Beladungszuständen auf horizontaler Fahrbahn 25% des Gesamtgewichtes des Fahrzeugs trägt.

	zulässige Achslast
a) je Einzelachse eines Kraftfahrzeugs und Sattelanhängers	10 t
b) je Einzelachse eines Kraftfahrzeugs mit 3 Achsen, wenn der Achsabstand mindestens 1,31 m beträgt	8 t
c) je Einzelachse eines Kraftfahrzeugs mit 4 oder mehr Achsen	6 t
d) je Einzelachse eines Anhängers mit mehr als 1 Achse und einem Achsabstand von mindestens 1,31 m	8 t
e) je gelenkter Einzelachse eines Kraftfahrzeugs	6 t
f) je gelenkter Doppelachse mit einem Achsabstand von mindestens 1,11 m, andernfalls wie bei nicht gelenkter Doppelachse	12 t
g) je Doppelachse mit einem Achsabstand bis zu 1,00 m	10 t
von 1,01 m bis 1,10 m	11,5 t
von 1,11 m bis 1,20 m	13 t
von 1,21 m bis 1,30 m	14,5 t
von 1,31 m und mehr	16 t

Der Betrieb von Fahrzeugen, deren Gesamtgewicht über den zulässigen Werten liegt, ist nur mit einer Sondergenehmigung erlaubt.

30. (Deutsche Demokratische Republik) Diese Länge kann auf 12 m ausgedehnt werden, wenn der hintere Überhang nicht größer ist als sechs Zehntel des Radstandes oder 3,5 m.

31. (Bundesrepublik Deutschland) Kraftfahrzeuge und miteinander verbundene Fahrzeuge müssen so gebaut und eingerichtet sein, daß die bei einer Kreisfahrt von 360° überstrichene Ringfläche mit einem äußeren Radius von 12 m keine größere Breite als 5,5 m hat. Dabei muß die vordere äußere Begrenzung des Kraftfahrzeugs auf dem Kreis von 12 m Radius geführt werden. Beim Einfahren aus der tangierenden Geraden in diesen Kreis darf kein Teil des Kraftfahrzeugs oder Zuges diese Gerade um mehr als 0,8 m nach außen überschneiden.

32. (Bundesrepublik Deutschland) Im Saarland gelten für Fahrzeuge im grenzüberschreitenden Güterverkehr folgende Werte:
(1) Zulässige Achslast der Einzelachse: 13 t
(2) Zulässige Achslast der Doppelachse: 21 t
(3) Zulässiges Gesamtgewicht von Fahrzeugen mit nicht mehr als 2 Achsen: 19 t
(4) Zulässiges Gesamtgewicht von Fahrzeugen mit mehr als 2 Achsen: 26 t

33. (Bundesrepublik Deutschland) Die Werte gelten nur für Kraftomnibusse, die als Gelenkfahrzeuge ausgebildet sind.

34. (Griechenland) Fahrzeuge im internationalen Verkehr
Zweiachsige Fahrzeuge:
Vorderachse 8 t,
Hinterachse 10 t
Dreiachsige Fahrzeuge:
bei einem Achsabstand zwischen den beiden Achsen einer Doppelachse von weniger als 1 m: 14,5 t,
bei 1 m oder mehr: 16 t.

35. (Griechenland) Anhang 7 des Übereinkommens über den Straßenverkehr von 1949 ist auf das zulässige Gesamtgewicht von Fahrzeugen oder miteinander verbundener Fahrzeuge bis zu einem Abstand von 1 m bis 12 m zwischen den beiden äußeren Achsen anwendbar. Nach einer Entscheidung des Ministers kann für Lastzüge und Sattelkraftfahrzeuge im internationalen Verkehr eine Toleranz von 10% zugestanden werden, falls das Gesamtgewicht von 32 t eingehalten wird. Außerdem muß der Wendekreisradius weniger als 11 m betragen.

36. (Griechenland) Für Lastkraftwagen auf den Straßen
a) Nafplion–Argos–Corinth–Athen–Thessaloniki–Gevgeli
b) Skidra–Naoussa–Gevgeli
c) Thessaloniki–Orestias
d) Thessaloniki–Koula
e) Corinth–Patras–Kiparissia
beträgt die Fahrzeuglänge 12 m für Fahrzeuge mit 3 Achsen und 15 m für Sattelkraftfahrzeuge.

37. (Ungarn) Vorausgesetzt, daß der Abstand zwischen den beiden Achsen zwischen 1 m und 2 m liegt. Wenn dieser Abstand unter 1 m liegt, wird die Doppelachse bei der Berechnung der zulässigen Achslast als Einzelachse betrachtet; wenn dieser Abstand 2 m überschreitet, werden die beiden Achsen getrennt betrachtet.

38. (Irland) Die Last, welche ein Rad eines Fahrzeugs oder eines mitgeführten Anhängers auf die Straßenoberfläche überträgt, darf folgende Werte nicht überschreiten.

(i) wenn das Rad mit einem Luftreifen ausgerüstet ist: 5 t

(ii) wenn das Rad mit einem flachen Reifen ausgerüstet ist: 406 kg/''' (2,54 cm) Breite des Reifens, gemessen an der Berührungsstelle zwischen Reifen und Fahrbahn; „flacher Reifen" bezeichnet einen Reifen (der nicht ein Luftreifen ist) aus weichem oder elastischem Material, wenn dieses Material

– so angeordnet ist, daß es
  a) ununterbrochen über den Umfang des Rades verläuft oder
  b) segmentweise so angebracht ist, daß, soweit möglich, zwischen den Segmentenden kein Freiraum vorhanden ist,
– so dick ist, daß nach Möglichkeit Erschütterungen während der Fahrt weitgehend ausgeschaltet sind,
– so aufgebaut ist, daß keine Fehler vorliegen, durch welche auf irgendeine Weise die Straßenoberfläche beschädigt werden könnte;

(iii) wenn das Rad nicht mit einem Luftreifen oder einem flachen Reifen ausgerüstet ist: 254 kg/''' (2,54 cm) Breite des Rades oder des Reifens, gemessen an der Berührungsstelle zwischen Rad oder Reifen und Fahrbahn. Dabei sind 2 Räder eines Fahrzeugs als ein Rad zu betrachten, wenn der Abstand zwischen den Mitten der Aufstandsflächen weniger als 0,45 m beträgt.

39. (Irland) Zulässige Höhe für Kraftomnibusse: 4,57 m; für andere Fahrzeuge keine Beschränkungen.

40. (Irland) Unter der Bedingung, daß der Abstand zwischen den beiden Achsen nicht weniger als 1,02 m und nicht mehr als 2,13 m beträgt. In derartigen Fällen darf die Doppelachslast 18 t betragen, wenn für das Fahrzeug oder den mitgeführten Anhänger ein Gesamtgewicht von 25 t oder mehr zulässig ist. Wenn der Abstand weniger als 1,02 m beträgt, beträgt das zulässige Höchstgewicht in jedem Fall 10 t.

41. (Irland) Gilt für ein Fahrzeug mit 3 Achsen. Wenn ein Fahrzeug 4 oder mehr Achsen hat, beträgt der Grenzwert 25 t. Wenn das Fahrzeug 4 oder mehr Achsen hat und (außer bei Fahrzeugen, welche vor dem 1. Juli 1964 zugelassen wurden) der Abstand zwischen den äußersten Achsen mehr als 7,32 m ist, beträgt der Grenzwert 28 t.

42. (Irland) Bei der Bestimmung der zulässigen Länge wird die Zugeinrichtung nicht als Teil des Anhängers gerechnet.

43. (Irland) Zulässige Länge. Nur eine große Zugmaschine (eine Zugmaschine, deren Leergewicht 7,25 t überschreitet) darf 2 Anhänger mitführen, und dies nur außerhalb von Stadtgemeinden oder Stadtbezirken mit mehr als 10 000 Einwohnern.

44. (Irland) Bei Anhängern mit 4 oder mehr Achsen beträgt das zulässige Gesamtgewicht 25 t.

45. (Irland) Bei Sattelkraftfahrzeugen mit 4 oder mehr Achsen und einem Abstand zwischen der vordersten und der hintersten Achse von mehr als 7,32 m beträgt das zulässige Gesamtgewicht 28 t (außer bei Fahrzeugen, die vor dem 1. Juli 1964 zugelassen wurden). Beträgt der Abstand zwischen den äußersten Achsen mehr als 10,65 m, so beträgt das zulässige Gesamtgewicht 32 t.

46. (Italien) Unter der Bedingung, daß der Abstand zwischen den Achsen der Doppelachse weniger als 2 m beträgt.

47. (Italien) Dieser Wert ist nur ein Grenzwert für Kraftfahrzeuge, Kraftomnibusse und Anhänger, deren zulässiges Gesamtgewicht 10 t bei zweiachsigen Fahrzeugen, 12 t bei dreiachsigen Fahrzeugen und 14,5 t bei Sattelkraftfahrzeugen oder anderen miteinander verbundenen Fahrzeugen überschreitet.

48. (Italien) Unter der Voraussetzung, daß die Bedingung unter 3 c) der Tabelle eingehalten ist. Für Fahrzeuge, welche den dort genannten Bedingungen nicht entsprechen, gelten die folgenden zulässigen Gesamtgewichte: Fahrzeuge mit 2 Achsen: 10 t; Fahrzeuge mit 3 oder mehr Achsen: 12 t; Sattelkraftfahrzeuge: 14,5 t.

49. (Italien) 22 t bei Fahrzeugen mit 4 oder mehr Achsen.

50. (Italien) Wenn das Fahrzeug im städtischen Linienverkehr verwendet wird; im übrigen beträgt das zulässige Gesamtgewicht 14 t für Fahrzeuge mit 2 Achsen und 18 t für Fahrzeuge mit 3 Achsen, vorausgesetzt, daß die Bedingung in Anmerkung 46 erfüllt wird.

51. (Luxemburg) Die zulässige Last der am stärksten belasteten Achse einer Doppelachse darf jedoch 10 t nicht überschreiten.

52. (Luxemburg) Diese Länge kann auf 12 m erhöht werden, unter der Bedingung, daß der hintere Überhang weder 6/10 des Radstandes noch 3,5 m überschreitet.

53. (Malta) Miteinander verbundene Fahrzeuge dürfen nicht aus mehr als 3 Einheiten bestehen. Sie dürfen einschließlich Ladung eine Gesamtlänge von 18,25 m nicht überschreiten. Die Polizeibehörde kann nach ihrem Ermessen in gewissen Fällen Abweichungen von diesen Bestimmungen genehmigen. Diese Genehmigungen bedürfen der Schriftform.

54. (Malta) Je nach den Erfordernissen des Straßenprofils oder der Strecke kann die Polizeibehörde eine geringere Gesamtlänge vorschreiben, welche nicht überschritten werden darf.

55. (Malta) Im Sinne dieser Vorschriften ist die Last, welche von einem Fahrzeug auf die Straßenoberfläche übertragen wird, gleich dem Gewicht des vollständig ausgerüsteten Fahrzeugs einschließlich Wasser, Öl und Kraftstoff und beladen mit einem Gewicht von 72,50 kg je Person, wobei dieses Gewicht jeweils auf den für den Fahrer, den Schaffner und die Fahrgäste vorgesehenen Plätzen anzuordnen ist.

56. (Malta) Breite ist die Entfernung zwischen 2 parallelen Ebenen, welche durch die äußersten seitlichen Vorsprünge des fahrenden Fahrzeugs gehen. Die Breite von Kraftomnibussen darf 2,10 m nicht überschreiten, außer auf gewissen von der Polizeibehörde genehmigten Strecken. Auf diesen Strecken darf die Breite der Fahrzeuge 2,45 m nicht überschreiten.

57. (Niederlande) Dies trifft nur für ,,A‘‘-Straßen zu; für ,,B‘‘-Straßen ist die entsprechende Zahl auf 2,2 m herabgesetzt.

58. (Niederlande) Nur für ,,B‘‘-Straßen.

59. (Niederlande) Gilt nur für neue einachsige Anhänger.

60. (Norwegen) Durch Sondergenehmigungen für gewisse Hauptstraßen können Fahrzeuge zugelassen werden, welche eine Breite von 2,50 m und/oder eine Achslast von 8 t je Achse oder 12 t je Doppelachse und eine Länge von 18 m haben.

61. (Norwegen) Bei Lastzügen und Sattelkraftfahrzeugen hängt das zulässige Gesamtgewicht von dem Abstand zwischen den jeweiligen Achsen und dem Abstand zwischen der ersten und der letzten Achse ab.

62. (Polen) Fahrzeuge, deren Gewicht 10 t je Achse oder 16 t je Doppelachse nicht überschreitet, dürfen auf folgenden Straßen verkehren:
internationalen Hauptverkehrsstraßen, die mit dem Buchstaben ,,E‘‘ und einer Nummer gekennzeichnet sind;
wichtigen durch ein rotes Schild mit ein oder zwei Nummern gekennzeichneten Straßen und ein paar Straßen mit Schildern, die drei Nummern tragen;

sonstigen Straßen mit Zeichen, die die Zufahrt von Fahrzeugen mit einem Achsgewicht über 10 t verbieten.

63. (Polen) Wenn die Achsen 3 m oder mehr voneinander entfernt sind.

64. (Portugal) Bei Kraftomnibussen mit städtischem Linienverkehr darf die Höhe 4,40 m nicht überschreiten.

65. (Portugal) Die zulässige Achslast der Vorderachse darf 7,5 t nicht überschreiten.

66. (Portugal) Die zulässige Achslast (P) der Doppelachse hängt vom Abstand (L) zwischen den beiden Achsen ab. Die entsprechenden Werte lauten wie folgt:

L	P
bis 1 m	10 t
1,01–1,10 m	11,5 t
1,11–1,20 m	13 t
1,21–1,30 m	14,5 t
1,31 m und mehr	16 t

67. (Portugal) Dieser Wert gilt für einen vierachsigen Lastzug. Das zulässige Gesamtgewicht für einen Zug mit 5 oder mehr Achsen beträgt 38 t.

68. (Portugal) Nach den gesetzlichen Vorschriften darf höchstens 1 Anhänger hinter einem Lastkraftwagen mitgeführt werden.

69. (Portugal) Das zulässige Gesamtgewicht eines Anhängers darf das zulässige Gesamtgewicht des Zugfahrzeugs nicht überschreiten, wenn das letztere zur Güterbeförderung verwendet wird, noch das Leergewicht des Zugfahrzeugs, wenn das letztere zur Personenbeförderung verwendet wird.
Das zulässige Gesamtgewicht von Anhängern hinter landwirtschaftlichen Zugmaschinen beträgt 8 t bei einachsigen Anhängern und 12 t bei Anhängern mit 2 oder mehr Achsen.

70. (Portugal) Die zulässige Länge von Anhängern hinter landwirtschaftlichen Zugmaschinen beträgt 7 m bei einachsigen Anhängern und 10 m bei Anhängern mit 2 oder mehr Achsen.

71. (Portugal) Derselbe Wert gilt, wenn die Zahl der Achsen mehr als 3 beträgt.

72. (Portugal) Bei Sattelkraftfahrzeugen, welche speziell für die Beförderung von Containern geeignet und zugelassen sind, darf die Länge maximal 15,50 m betragen.

73. (Portugal) Derselbe Wert gilt, wenn die Zahl der Achsen mehr als 5 beträgt.

74. (Rumänien) Für das Gesamtgewicht und die Gesamthöhe sind die Zahlen die gleichen wie für das beladene Fahrzeug.

– Der Abstand zwischen den Achsen einer Doppelachse muß < 2 m betragen.
– Das oben angegebene Gesamtgewicht ist (nur) auf „E"-Straßen zulässig.
– Auf sonstigen Straßen wird das Gesamtgewicht wie folgt herabgesetzt:

Kategorien	oberflächen-behandelte Fahrbahndecken	Makadam-decken
3. (a)	8	7.5
(b)	14.5	12
(c)	4	3.75
4. (a)	14	12
(b)	18	16
5. (a) und (b)	34	27
6. (a)	8	7.5
(b)	12	10
(c)	16	13
7. (a)	22	19.5
(b)	26	21
(c)	30	27
8.	14	12
9.	18	16
10.	24	20

– Für Fahrzeuge, die das zulässige Gesamtgewicht und die zulässigen Höchstabmessungen überschreiten, muß eine besondere Erlaubnis eingeholt werden.

75. (Spanien) Das Verbot, ab 1. Mai 1962 Fahrzeuge einzuführen, welche nicht den festgelegten Richtlinien entsprechen, bezieht sich auf die vorgeschriebenen Grenzwerte der Gewichte und Abmessungen der Fahrzeuge, die in Spanien zugelassen werden sollen. Die erwähnten Grenzwerte gelten auch für Fahrzeuge, welche im internationalen Verkehr zeitweilig nach Spanien eingeführt werden; in Ausnahmefällen können jedoch die Behörden besondere Genehmigungen erteilen, welche für eine bestimmte Zahl von Fahrten auf einer festgelegten Strecke gelten, wenn zu ihrer Zufriedenheit bewiesen wird, daß das Volumen oder das Gewicht der Güter nicht verringert werden kann.

76. (Spanien) Einschließlich Ladung.

77. (Spanien) Wenn der Abstand zwischen den beiden Achsen einer Doppelachse 0,9 m beträgt, darf die Last auf der am stärksten belasteten Achse 7,35 t nicht überschreiten. Die Last der Doppelachse von 14,7 t kann je 0,05 m Achsabstand über 0,9 m um 700 kg erhöht werden, falls sie den Wert von 21 t für den Achsabstand von 1,35 m nicht überschreitet; außerdem darf der Wert von 10,5 t für die am stärksten belastete Achse nicht überschritten werden.

78. (Spanien) Einzelfahrzeuge, Sattelkraftfahrzeuge und Züge, deren Gesamtgewicht 16 t überschreitet, sowie Sattelkraftfahrzeuge, deren Gesamtlänge 15 m überschreitet, und Züge, deren Gesamtlänge 14 m überschreitet, müssen für das Befahren öffentlicher Straßen eine vom Ministerium für Öffentliche Arbeiten erteilte Sonderdauergenehmigung haben, in der gewisse Einschränkungen festgelegt sind.

79. (Spanien) Das Mitführen von 2 Anhängern hinter einem Lastkraftwagen ist nur in begründeten Ausnahmefällen und mit einer Sondergenehmigung zulässig.

80. (Schweden) Jedoch sind etwa 18% des Straßennetzes für Fahrzeuge mit einer zulässigen Einzelachslast von 10 t befahrbar.

81. (Schweden) Jedoch sind etwa 18% des Straßennetzes mit einer zulässigen Doppelachslast (2 benachbarte Achsen, die weniger als 2,0 m voneinander entfernt sind) von 16 t befahrbar.

82. (Schweden) Das zulässige Gesamtgewicht eines Fahrzeugs oder von miteinander verbundenen Fahrzeugen hängt vom Abstand zwischen der vordersten und hintersten Achse ab. Das Gesamtgewicht des Fahrzeugs oder der miteinander verbundenen Fahrzeuge darf 12 t nicht überschreiten, wenn der Abstand zwischen der vordersten Achse und der hintersten Achse des Fahrzeugs oder der miteinander verbundenen Fahrzeuge 2,0 m nicht überschreitet. Wenn dieser Abstand mindestens 2,0 m, doch weniger als 2,2 m beträgt, darf das Gesamtgewicht 12,5 t nicht überschreiten. Dieser Wert darf um 0,25 t je 0,2 m Abstand zwischen den erwähnten Achsen erhöht werden, wobei die ersten 2,2 m nicht gezählt werden.

Bei der Bestimmung des zulässigen Gesamtgewichts miteinander verbundener Fahrzeuge ist zu beachten, daß das zulässige Gesamtgewicht eines Einzelfahrzeugs unabhängig davon ist, ob das Fahrzeug Teil miteinander verbundener Fahrzeuge ist oder nicht.

83. (Schweden) Bei miteinander verbundenen Fahrzeugen mit einem zulässigen Gesamtgewicht von mehr als 12 t darf der Abstand zwischen der hintersten Achse eines Fahrzeugs und der vordersten Achse desjenigen Fahrzeugs, hinter dem es mitgeführt wird, nicht weniger als 3 m betragen. Befindet sich eine andere Achse nicht mehr als 2 m von der einen oder der anderen der erwähnten Achsen entfernt, so darf der Abstand zwischen diesen nicht weniger als 4 m betragen.

84. (Schweiz) Auf bestimmten Straßen: 2,5 m.

85. (Schweiz) Ein Gesamtgewicht von mehr als 2 t über der Höchstgrenze für die Achse mit Einzelantrieb eines 2achsigen Lastkraftwagens ist zulässig, wenn das tatsächliche Gewicht des Fahrzeugs das zulässige Gesamtgewicht von 16 t nicht übersteigt.

86. (Schweiz) Ein Gesamtgewicht von mehr als 2 t über der Höchstgrenze ist für die Achse mit Doppelantrieb zulässig.

87. (Schweiz) 19 t für einen Lastkraftwagen mit mehr als zwei Achsen, von denen nur eine angetrieben ist.

88. (Schweiz) 25 t für einen Lastkraftwagen mit mehr als drei Achsen, von denen mindestens zwei angetrieben sind.

89. (Schweiz) 28 t für einen Lastkraftwagen mit mehr als vier Achsen, von denen mindestens zwei angetrieben sind.

90. (Schweiz) Das zulässige Gesamtgewicht von miteinander verbundenen Fahrzeugen setzt sich zusammen aus dem zulässigen Höchstgewicht des Lastkraftwagens und dem des Anhängers, übersteigt aber nicht 28 t.

91. (Schweiz) Anhänger mit Doppelachse: 10 t.

92. (Schweiz) Da die Achslast 10 t nicht überschreiten darf, schwankt das zulässige Gesamtgewicht eines Sattelfahrzeugs – entsprechend seiner Bauart – zwischen 21 und 26 t; in den meisten Fällen beträgt es nicht mehr als 24 t.

93. (Schweiz) Unter der Bedingung, daß die zulässige Achshöchstlast (s. Anmerkungen 85 und 86) berücksichtigt wird.

94. (Schweiz) Für Kraftomnibusse und Omnibuszüge im Linienverkehr gelten die folgenden zulässigen Längen:

Kraftomnibus	13 m
Kraftomnibus mit 1 Gepäckanhänger	18 m
Kraftomnibus mit 1 Anhänger zur Personenbeförderung	23 m
Kraftomnibus mit 1 Anhänger zur Personenbeförderung und 1 Gepäckanhänger	28 m

Kraftomnibus als Gelenkfahrzeug
mit 1 Gepäckanhänger   23 m
Kraftomnibus als Sattelkraftfahrzeug
mit 1 Gepäckanhänger   18 m

95. (Türkei) Vorausgesetzt, daß der Abstand zwischen den beiden Achsen zwischen 1 m und 2 m liegt.

96. (Türkei) Hängt von dem Abstand zwischen den beiden äußersten Achsen eines Einzelfahrzeugs, eines Sattelkraftfahrzeugs oder eines Zuges ab, entsprechend Anhang 7 zu dem Übereinkommen über den Straßenverkehr von 1949.

97. (UdSSR) Nur auf Hauptstraßen; für Nebenstraßen 6 t.

98. (UdSSR) Nur auf Hauptstraßen; für Nebenstraßen 11 t.

99. (UdSSR) Nur auf Hauptstraßen; für Nebenstraßen 10,5 t.

100. (UdSSR) Nur auf Hauptstraßen; für Nebenstraßen 15 t.

101. (UdSSR) Nur auf Hauptstraßen; für Nebenstraßen 20 t.

102. (UdSSR) Nur auf Hauptstraßen; für Nebenstraßen 16 t.

103. (UdSSR) Nur auf Hauptstraßen; für Nebenstraßen 20 t.

104. (UdSSR) Nur auf Hauptstraßen; für Nebenstraßen 30 t.

105. (Großbritannien) Eine Höhe von 4,6 m gilt nur für Kraftomnibusse.

106. (Großbritannien) Eine niedrigere Grenze von 2,3 m kann unter gewissen Umständen angewendet werden. Die Grenze für eine Zugmaschine (mit mehr als 7,25 t Gewicht) beträgt 2,75 m.

107. (Großbritannien) Einzelachse: 10,2 t, wenn gewisse Bedingungen über das auf dem Typschild empfohlene Gewicht, die Bremswirkung sowie die Reifen erfüllt sind. 11,2 t für Zwillingsschwingachsen oder für eine Zugmaschine (mit mehr als 7,25 t Gewicht).

108. (Großbritannien) Niedrigere Grenzen werden angewendet, wenn gewisse Bedingungen nicht erfüllt sind und die Achsen einen geringeren Abstand voneinander als 1,85 m haben.

109. (Großbritannien) 4,6 t für Einzelräder; 5,1 t für Zwillingsräder oder Räder mit breiten Reifen (d. h. solchen, deren Auflagefläche mindestens 300 mm beträgt).

110. (Großbritannien) 14,2 t, wenn gewisse Bedingungen nicht erfüllt sind und der Achsabstand geringer ist als 2,2 m (bei 18 t 3 m).

111. (Großbritannien) Unter der Voraussetzung, daß gewisse Bedingungen einschließlich des Achsgewichts und des -abstandes (mind. 4.9 m) erfüllt sind; sonst kann eine niedrigere Grenze angewendet werden.

112. (Großbritannien) Das Höchstgewicht für ein Fahrzeug mit 4 oder mehr Achsen beträgt 30,5 t, vorausgesetzt, daß gewisse Bedingungen einschließlich des Achsgewichts und des -abstands erfüllt sind; sonst kann eine niedrigere Grenze angewendet werden.

113. (Großbritannien) Die Länge eines Lastkraftwagens darf 11 m, die eines Anhängers (ohne Zugeinrichtung) 7 m nicht überschreiten; die Gesamtlänge des Lastkraftwagens, der Zugeinrichtung und des Anhängers darf jedoch 18 m nicht überschreiten.

114. (Großbritannien) 12 m nur dann, wenn der Anhänger nicht weniger als 4 Räder hat und der Abstand zwischen den Mitten der Aufstandsflächen der vordersten und hintersten Räder auf derselben Seite des Anhängers nicht weniger als $3/5$ der Gesamtlänge be-

trägt und der Anhänger hinter einem Kraftfahrzeug von 2 t oder mehr mitgeführt wird. Im übrigen beträgt die zulässige Länge 7 m. Die Länge eines Lastkraftwagens darf 11 m, die eines Anhängers (ohne Zugeinrichtung) 12 m nicht überschreiten; die Gesamtlänge des Lastkraftwagens, der Zugeinrichtung und des Anhängers darf jedoch 18 m nicht überschreiten.

115. (Großbritannien) Max. Wert, wenn Abstand letzter Achse Zugfahrzeug/erste Achse Sattelanhänger bei Kombinatationen 2 + 3 mind. 6,9 m; bei Kombinationen 3 + 2 mind. 6,3 m.

116. (Jugoslawien) Das zulässige Gesamtgewicht für alle Arten und Kategorien von Kraftfahrzeugen mit oder ohne Anhänger beträgt 40 t unter der Voraussetzung, daß die Einzelachslast 10 t und die Doppelachslast 16 t beträgt.

Anhang 8

Güterverkehr der Verkehrszweige im Bundesgebiet
– einschl. grenzüberschreitender Güterverkehr –

Verkehrszweig	Beförderte Gütermenge						Tonnenkilometrische Leistung						
	1979		1980		1981		1979		1980		1981		1981
	Mill. t	vH	Mill. t	vH	Mill. t	vH	Mrd. tkm	vH	Mrd. tkm	vH	Mrd. tkm	vH	Ø km
	1	2	3	4	5	6	7	8	9	10	11	12	13
Straßenverkehr mit Lkw													
Gewerbl. Güterfernverkehr	141,8	4,3	140,3	3,4	138,5	4,6	40,8	15,7	40,9	16,0	40,6	16,5	293
Gewerbl. Möbelfernverkehr	0,6	0,0	0,6	0,0	0,6	0,0	0,2	0,1	0,2	0,1	0,2	0,1	339
Werkfernverkehr[3]	95,5	2,9	99,6	3,1	100,4	3,3	16,8	6,5	17,5	6,8	17,7	7,2	176
Fernverkehr mit ausl. Fahrzeugen	55,9	1,7	57,7	1,8	58,0	1,9	20,9	8,1	21,4	8,4	21,7	8,7	374
Fernverkehr zusammen	293,8	8,9	298,2	9,2	297,5	9,8	78,7	30,3	80,0	31,3	80,2	32,5	270
Gewerbl. Güternahverkehr[2]	915,0	27,7	900,0	27,8	840,0	27,7	21,7	8,4	21,3	8,3	20,0	8,1	24
Werknahverkehr[2]	1385,0	42,0	1355,0	42,0	1260,0	41,5	23,5	9,1	23,1	9,0	21,5	8,7	17
Nahverkehr zusammen[2]	2300,0	69,7	2255,0	69,7	2100,0	69,1	45,2	17,4	44,4	17,4	41,5	16,8	20
Straßenverkehr insgesamt	2593,8	78,6	2553,2	78,9	2397,5	78,9	123,9	47,8	124,4	48,7	121,7	49,4	51
Eisenbahnen													
Deutsche Bundesbahn[1]	337,5	10,2	331,9	10,3	314,3	10,3	67,1	25,9	65,7	25,7	62,6	25,4	199
Nichtbundeseigene Eisenbahnen	33,9	1,0	32,4	1,0	31,7	1,0	1,1	0,4	1,1	0,4	1,1	0,4	35
Eisenbahnen insgesamt	371,4	11,3	364,3	11,3	346,0	11,4	68,2	26,3	66,8	26,1	63,7	25,8	184
Binnenschiffahrt													
auf deutschen Schiffen	130,8	4,0	126,4	3,9	119,1	3,9	27,5	10,6	27,7	10,8	26,8	10,9	225
auf ausl. Schiffen	115,7	3,5	114,6	3,5	112,3	3,7	23,5	9,1	23,7	9,3	23,2	9,4	207
Binnenschiffahrt insgesamt	246,5	7,5	241,0	7,4	231,4	7,6	51,0	19,7	51,4	20,1	50,0	20,3	216
Rohrfernleitungen	87,6	2,6	76,1	2,4	62,7	2,1	16,0	6,2	13,1	5,1	11,2	4,6	179
Insgesamt	3299,3	100,0	3234,6	100,0	3037,6	100,0	259,1	100,0	255,7	100,0	246,6	100,0	81

1) Einschließlich Dienstgutverkehr (jedoch ohne Lkw-Verkehr) und einschließlich Wechselverkehr mit den nichtbundeseigenen Eisenbahnen; 1979: 40,6 Mill. t, 1980:38,0 Mill. t
2) Schätzung DIW, Berlin
3) Werkverkehr ohne Lkw bis 4 t Nutzlast und ohne Zugmaschinen bis einschl. 40 kW Motorleistung

QUELLE: BAG, KÖLN; STATISTISCHES BUNDESAMT, WIESBADEN

Anhang 9

Fläche, Einwohner, Straßen und Fahrzeugbestand in ausgewählten Ländern am 1. 1. 1981

Land	Fläche in km²	Einwohner in 1000	Einwohner je km²	Bruttosozialprodukt 1980[8]	Straßen in 1000 km	Dichte des gesamten Straßennetzes in km pro km²	km Straße auf 1000 Einwohner	Auf 1000 Einwohner entfallen Lkw	Auf 1000 Einwohner entfallen Pkw	Anzahl an Lkw pro 1000 Pkw
	1	2	3	4	5	6	7	8	9	10
BR Deutschland	248 643	61 560	248	501 400	482,0[3]	1,94[3]	7,8[3]	21[5]	377[5]	56[5]
Belgien	30 521	9 860	323	70 700	126,8	4,20	12,9	22	320[6]	69
Dänemark	43 075	5 120	119	43 200	68,9	1,60	13,5	48	271	177
Finnland	337 032	4 780	14	32 100	75,0	0,22	15,7	31	256	121
Frankreich	551 000	53 710	98	397 000	803,0	1,46	15,0	47[3]	343[3]	137[3]
Griechenland	131 990[1]	9 600	73	25 500	37,1[1]	0,28[1]	3,9[1]	32[3]	92	348
Großbritannien	229 988	55 945	229	249 800	352,5[4]	1,53[4]	6,3[4]	32	274	117
Italien	301 262	57 040	189	232 000	293,8[3]	0,97	5,2	25[4]	285[4]	88[4]
Japan	377 682[2]	116 130[3]	307		1113,4[4]	2,95[4]	9,6[4]	74[3]	177[3]	418[3]
Luxemburg	2 586	360	139	2 600	5,1	1,97	14,2	30[3]	452[3]	66[3]
Niederlande	41 160	14 140	346	94 200	92,5	2,25	6,5	21[4]	292[4]	72[4]
Norwegen	323 886	4 090	13	35 700	81,7	0,25	20,0	37	302	123
Österreich	83 849	7 510	90	45 800	106,8	1,27	14,2	24	299	80
Polen	312 683	35 580	114		298,5	0,95	8,4	15[4]	52[4]	288[4]
Schweden	411 114	8 310	18	76 300	129,0[3]	0,31[3]	15,5[5]	21	347	61
Schweiz	41 288	6 370	154	58 500	64,0	1,60	10,0	27[5]	353[3]	76[5]
Spanien	504 750	37 430	74	117 500	237,9	0,47	6,4	36	202	178
Türkei	779 452	45 360	58	42 700	232,2[3]	0,29[3]	5,1[3]	7	15	467
Ungarn	93 030	10 710	115		87,7	0,94	8,2	10	95	105
USA	9 363 398	227 640	24	1 810 300	6 303,8[3]	0,67[3]	27,7[3]	151[3]	543[3]	278[3]

[1] Stand vom 30. 4. 1980 [2] Stand vom 1. 10. 1980 [3] Stand vom 1. 1. 1980 [4] Stand vom 1. 4. 1980 [5] Stand vom 1. 7. 1980
[6] Stand vom 1. 8. 1980 [7] Stand vom 30. 9. 1980 [8] in Millionen US-$ in Preisen von 1975

QUELLE: IRF, Genf/Washington; UN, Genf/New York; STATISTISCHES BUNDESAMT, Wiesbaden; JAPAN TRUCKING ASSOCIATION, Tokio

Anhang 10

Straßenverkehrsunfälle im Bundesgebiet 1981 und 1980

	1981	1980	± v.H.
Unfälle mit Personenschaden	362 617	379 235	− 4,4
davon innerhalb von Ortschaften	252 382	261 302	− 3,4
außerhalb von Ortschaften	110 235	117 933	− 6,4
dabei Getötete	11 674	13 041	− 10,5
Schwerverletzte	139 402	148 952	− 6,4
Leichtverletzte	336 542	351 511	− 4,3
Unfälle mit nur Sachschaden	1 316 000	1 305 000	+ 0,8
Unfälle insgesamt	1 678 617	1 684 235	− 0,3

Beteiligte an Straßenverkehrsunfällen mit Personenschaden

Jahr	Verkehrs-teilnehmer insgesamt	darunter			
		Pkw	Güterkraft-fahrzeuge[1]	Mofas, Mopeds, Kraftr. u. -roller	Fuß-gänger

Anzahl der Beteiligten

Jahr	Verkehrsteilnehmer insgesamt	Pkw	Güterkraftfahrzeuge[1]	Mofas, Mopeds, Kraftr. u. -roller	Fußgänger
1965	604 679	359 198	50 960	54 568	78 684
1970	726 647	480 328	54 023	46 797	85 193
1975	638 594	407 908	34 191	69 633	65 587
1976	682 869	431 899	36 665	81 011	67 038
1977	725 189	465 116	37 502	85 624	67 573
1978	731 277	471 787	37 754	88 212	65 236
1979	706 207	447 208	36 671	91 555	61 186
1980	725 778	461 101	35 214	95 523	61 448
1981	695 816	436 979	33 042	92 708	57 667

Anteil in v.H.

Jahr	Verkehrsteilnehmer insgesamt	Pkw	Güterkraftfahrzeuge[1]	Mofas, Mopeds, Kraftr. u. -roller	Fußgänger
1965	100,00	59,40	8,43	9,03	13,01
1970	100,00	66,10	7,44	6,44	11,73
1975	100,00	63,88	5,36	10,91	10,27
1976	100,00	63,25	5,37	11,86	9,82
1977	100,00	64,14	5,17	11,81	9,32
1978	100,00	64,52	5,16	12,06	8,92
1979	100,00	63,33	5,19	12,97	8,66
1980	100,00	63,53	4,85	13,16	8,47
1981	100,00	62,80	4,75	13,32	8,29

[1] Bis 1974 Güterkraftfahrzeuge einschl. Sonderkraftfahrzeuge nicht zur Lastenbeförderung

Anhang 11

Verzeichnis der Havarie-Kommissare
Stand August 1982

Ort	Firma und Anschrift	Telefon
5100 Aachen	Gürtler & Mempel	(02 41) 6 68 90
	Aachen, Casinostraße 19	(02 41) 6 54 04
8750 Aschaffenburg	siehe Wörth	
8900 Augsburg	K.-J. Babnick, Ing.	(08 21) 9 19 22
	Augsburg 22, Allgäuer Str. 48	(08 21) 9 30 22
2960 Aurich	Hans-Dieter Folkers	
	Aurich-Popens, Kampefahren 11	(0 49 41) 1 82 47
6430 Bad Hersfeld	siehe Fulda	
8730 Bad Kissingen	Günter Pagel, Ing.	
	Bad Kissingen-Garitz, Im Pförtlein 3	(09 71) 10 80
5483 Bad Neuenahr	Paul Densing	
	5471 Glees, Im Weiler 7	(0 26 36) 23 30
8230 Bad Reichenhall	Dr. Hanns Heel	
	Bad Reichenhall, Poststr. 21	(0 86 51) 40 71
8600 Bamberg	Georg Seubert	
	Bamberg, Hornthalstr. 7	(09 51) 6 27 42
8580 Bayreuth	Willi Knopf Ing.	
	Bayreuth-Seulbitz, Talblick 2	(09 21) 9 93 16
1000 Berlin	von Mylke GmbH	
	1000 Berlin 41, Kuhligkshofstr. 4	(0 30) 7 92 80 91
	nach Geschäftsschluß:	
	Hilprecht	(0 30) 8 26 34 10
	Reuding	(0 30) 8 03 67 71
	Stegemann	(0 30) 7 06 67 30
4800 Bielefeld	Djuren & Co.	
	Bielefeld, Detmolder Str. 32 d	(05 21) 6 30 24
3300 Braunschweig	A. E. Jacasselino	
	Braunschweig, Roonstr. 5	(05 31) 33 27 19
2800 Bremen	D. Daude, Dipl.-Naut.	
	Bremen, Europahafen, Stauereihof	(04 21) 38 23 44
	nach Geschäftsschluß:	(0 42 04) 73 06
2850 Bremerhaven	Kapitän G. Bessau	(04 71) 4 70 26/7
	Bremerhaven-K., Geo-Plate-Str. 5	Telex 2 38 834
	nach Geschäftsschluß:	
	Bessau	(04 71) 4 47 44
	Müller	(04 71) 6 08 24
	Schwarz	(0 47 43) 15 32
8630 Coburg	Helmut Klaffs, Ing.	
	Coburg, Neustadter Str. 9	(0 95 61) 6 80 88/89
7180 Crailsheim	Bruno Fuchs, Ing.	
	Crailsheim, Spitalstr. 27	(0 79 51) 84 45
	nach Geschäftsschluß:	(0 73 61) 7 38 44

Ort	Firma und Anschrift	Telefon
6100 Darmstadt	Kurt Kappes, Ing.-Büro	
	Darmstadt 13, Heidelberger Landstr. 5	(0 61 51) 5 10 87
	nach Geschäftsschluß:	
	Tel. (0 60 71) 4 13 93	(0 61 51) 5 54 42
	Tel. (0 60 21) 5 18 12	(0 61 50) 32 53
4930 Detmold	Hermann Link	
	Detmold, Gartenstr. 19	(0 52 31) 2 91 15
4600 Dortmund	Erich C. A. Leue, Carl Leues Nachf.	
	Dortmund 1, Hohenzollernstr. 2	(02 31) 5 40 41
	nach Geschäftsschluß: Wannke	(02 31) 17 11 61
4000 Düsseldorf	C. Gielisch GmbH	
	Düsseldorf, Poststr. 7	(02 11) 8 00 71
	nach Geschäftsschluß:	
	Gielisch	(0 21 05) 35 26
	Riedel	(0 21 04) 7 17 34
4100 Duisburg	Peter Reschop	
	Duisburg, Zieglerstr. 31	(02 03) 33 10 61
2970 Emden	siehe Aurich	
4240 Emmerich	Geschwister Stevens	
	Emmerich 1, Rheinpromenade 25	(0 28 22) 30 51
	nach Geschäftsschluß:	
	Kraayvanger	(0 28 22) 4 53 80
	Abbing	(0 28 22) 32 52
4300 Essen	W. Bauersfeld, Dipl.-Ing., H. Schulte, Ing.	
	Essen 1, Am Waldthausenpark 15	(02 01) 22 36 64
	nach Geschäftsschluß:	
	Bauersfeld	(02 01) 23 56 13
	Schulte	(02 01) 60 17 47
	Stenkewitz	(02 01) 28 55 93
2390 Flensburg	Ingo Schlüter, Ing.	
	Flensburg, Rabenslücke 33	(04 61) 3 60 11-13
	nach Geschäftsschluß:	
	Schlüter	(04 61) 3 60 11
	Henning	(04 61) 3 38 12
	Otte	(0 46 02) 6 22
	Krapat	(04 61) 9 16 69
	Haushahn	(0 46 46) 6 52
6710 Frankenthal	Klaus Frankenbach, Dipl.-Ing.	(0 62 33) 2 42 47
	Frankenthal, Foltzring 17 A	(0 62 33) 2 71 21
6000 Frankfurt	Otto Stepping	
	Frankfurt 90, Bernusstr. 19	(06 11) 77 90 38
	nach Geschäftsschluß:	(06 11) 77 90 38
		(06 11) 76 98 64
		(0 61 94) 2 34 00
7800 Freiburg	Klaus Gudjons	
	7818 Vogtsburg-Burkheim, Bahnhofplatz 1	(0 76 62) 10 30
7290 Freudenstadt	Hans Joachim Scharff	
	Freudenstadt, Landhausstr. 23	(0 74 41) 24 37

Ort	Firma und Anschrift	Telefon
6400 Fulda	Alfred May, Ing.	
	Fulda, Mainstr. 5	(06 61) 4 20 20
	nach Geschäftsschluß:	
	Tel. (06 61) 5 22 45	(0 66 28) 4 31
	Tel. (06 61) 4 48 89	(0 66 25) 71 52
	Tel. (06 61) 6 36 05	(0 66 22) 56 78
8100 Garmisch-	Horst Hein, Ing.	(0 88 21) 5 41 44
Partenkirchen	Garmisch-P., Hauptstr. 10–12	(0 88 21) 5 41 45
7320 Göppingen	Bruno Fuchs, Ing.	
	Göppingen, Friedrichstr. 36	(0 71 61) 7 90 57
	nach Geschäftsschluß:	(0 71 65) 4 42
		(0 71 61) 2 22 10
		(0 71 72) 63 55
3380 Goslar	K. L. Nolte u. Sohn, Ing.	
	Goslar 1, Tappenstr. 24	(0 53 21) 2 21 83
	nach Geschäftsschluß:	
	Nolte jun.	(0 53 21) 2 45 64
	Nolte sen.	(0 53 26) 45 72
8092 Haag	Hermann Auer, Ing.	
	Haag, Mühldorfer Str. 12	(0 80 72) 13 60
5800 Hagen	Robert Lehmann	
	Hagen 1, Rüggeweg 21	(0 23 31) 5 31 31
2000 Hamburg	Kraft & Co.	
	Hamburg 11, Pickhuben 5	(0 40) 36 46 43
	nach Geschäftsschluß:	
	F. Kraft	(0 40) 82 05 56
	B. Seltmann	(0 40) 56 28 23
	J. Kraft	(0 40) 8 80 84 52
	K. Jaenecke	(0 41 81) 82 17
	U. Ulrichs	(0 41 31) 1 84 63
3250 Hameln	H. Korn, H. Heinze	(0 51 51) 2 68 65
	Hameln, Roseggerstr. 5	(0 51 51) 55 60
3000 Hannover	K. Gassner	
	Hannover 1, Plathnerstr. 11	(05 11) 81 65 68
6900 Heidelberg	Gerhard Martens, Ing.	
	Heidelberg, Feuerbachstr. 11	(0 62 21) 37 27 07
7100 Heilbronn	Württ. u. Badische Vers. AG	
	Heilbronn, Karlstr. 72	(0 71 31) 18 62 29
	nach Geschäftsschluß: Siebein	(0 71 34) 1 72 05
4900 Herford	Eduard Schmedding KG	(0 52 21) 8 14 55
	Herford, Steiler Weg 48	(0 52 21) 8 59 83
3200 Hildesheim	Albert Schmidt, Ing.	
	Hildesheim, Steinbergstr. 94 A	(0 51 21) 4 17 60
8670 Hof	Ernst Hick & Co.	
	Hof, Ascher Str. 2	(0 92 81) 48 35
	nach Geschäftsschluß:	
	Dr. Hick	(0 92 81) 48 35
	Luchscheider	(0 92 81) 48 37

Ort	Firma und Anschrift	Telefon
8070 Ingolstadt	Werner Schaller, Ing. 8074 Ingolstadt-Gaimersheim, Daimlerstr. 2	(0 84 58) 7 34
6750 Kaiserslautern	Versicherungs-Gemeinschaft für den gewerblichen Kraftwagen-Güterverkehr Kaiserslautern, Burgstr. 40 nach Geschäftsschluß:	(06 31) 7 33 70 (0 63 74) 22 49
7500 Karlsruhe	Otto Arnheiter 7512 Rheinstetten 1, Bienwaldstr. 22	(07 21) 51 98 51-52
3500 Kassel	K. Ceglarski & Sohn Kassel-Wilhelmshöhe, Hunsrückstr. 48	(05 61) 31 22 11
7640 Kehl	Arnold Eickershoff Kehl, Pfarrgasse 2	(0 78 51) 25 56
8960 Kempten	Schöchle + Witzell, Ing.-Büro Kempten, Kotterner Str. 54 nach Geschäftsschluß:	(08 31) 2 38 29 (08 31) 2 42 46 (08 31) 2 82 99
2300 Kiel	Dressler + Küßner, Ing.-Büro Kiel 1, Alte Lübecker Chaussee 70 nach Geschäftsschluß: Dressler Küßner	(04 31) 68 76 76-77 (04 31) 58 10 00 (04 31) 24 10 04
5400 Koblenz	Klaus Blettner 5401 Waldesch, Schulstr. 18	(0 26 28) 20 10
5000 Köln	Gürtler & Mempel Köln, Bonner Str. 315 nach Geschäftsschluß: Mempel Gürtler	(02 21) 37 55 44 (02 21) 37 11 40 (02 21) 5 90 13 05 (0 22 03) 8 44 47
4150 Krefeld	Peter Reschop 4130 Moers 2 (Kapellen) Hermann-Löns-Weg 6 falls nicht erreichbar:	(0 28 41) 6 14 54 (0 28 41) 6 10 91 (02 03) 33 10 61
8300 Landshut	Ing.-Büro Reinhardt Landshut, Neue Bergstr. 14 nach Geschäftsschluß: Rumpf Bauer	(08 71) 4 10 44 (0 87 43) 10 70 (0 87 04) 5 00
6250 Limburg	Leo u. Joachim Falkenstein Sachverständigen-Büro Limburg 1, Eschhöfer Weg 8a	(0 64 31) 65 87
6500 Mainz	Gerhard Kratzenberg, Ing. Mainz-Mombach, Am Westring 103 nach Geschäftsschluß: Ebling	(0 61 31) 68 27 00 (0 61 31) 36 43 66
6800 Mannheim	Mannheimer Vers. AG Transport-Schaden-Abt. Mannheim, Augusta-Anlage 65	(06 21) 45 71
8940 Memmingen	Schöchle + Witzell, Ing.-Büro Memmingen, Brühlweg 3 nach Geschäftsschluß:	(0 83 31) 8 22 09 (0 83 33) 5 18

323

Ort	Firma und Anschrift	Telefon
8000 München	Dr. Franz Gregorkiewitz	(0 89) 31 68 71
	München 40, Tengstr. 33	(0 89) 2 71 47 68
	Heinz Fischer	(0 89) 2 60 37 25
	München 33, Josephspitalstr. 7	(0 89) 1 41 34 02
	nach Geschäftsschluß:	(0 89) 1 41 34 02
4400 Münster	Axel von der Dunk	
	Münster, Breslauer Str. 58	(02 51) 2 43 72
8500 Nürnberg	August Barth & Co.	(09 11) 22 48 26
	Nürnberg, Klaragasse 11	(09 11) 22 70 08
	nach Geschäftsschluß:	
	Parusel	(0 91 23) 28 39
	Rusam	(0 91 31) 3 11 97
	Dietze	(0 91 53) 87 69
7600 Offenburg	Herbert Sax, Ing.	
	Offenburg, Alte Straßburger Str. 3	(07 81) 2 26 28
	nach Geschäftsschluß:	(0 72 25) 26 55
2990 Papenburg	Schulte & Bruns	
	Papenburg, Deverhafen	(0 49 61) 20 15-18
	nach Geschäftsschluß: Rüther	(0 49 61 20 16
8390 Passau	Walter Eder	
	Passau, Kl. Exerzierplatz 4	(08 51) 5 40 74
	nach Geschäftsschluß:	(08 51) 5 14 04
8400 Regensburg	Havarie-Büro Ostbayern	
	Regensburg, Augsburger Str. 36b	(09 41) 9 01 06
	nach Geschäftsschluß: Gerbl	(0 85 51) 47 00
7410 Reutlingen	May Bessey, O'Ing.	
	7406 Mössingen, Birkenstr. 29	(0 74 73) 62 62
7210 Rottweil	Fritz Breuninger, Ing.	
	Rottweil, Bruggerstr. 115	(07 41) 79 77
6600 Saarbrücken	Karlheinz Eick	
	Saarbrücken 2, Am Wallenbaum 7	(06 81) 75 18 17
	nach Geschäftsschluß:	(06 81) 7 19 23
2380 Schleswig	Andreas Hübsch oHG	
	Schleswig, Stadtweg 24	(0 46 21) 2 61 82
	nach Geschäftsschluß: Correns	(0 46 21) 47 40
5900 Siegen	W. M. Diehl, Ing.-Kfm.	
	Siegen, Brüderweg 3	(02 71) 5 46 67
	nach Geschäftsschluß:	(0 27 37) 34 68
7700 Singen	Hans Gassen, Ing.	(0 77 31) 6 52 25
	Singen, Im Haselbusch 4	(0 77 31) 6 33 46
	nach Geschäftsschluß:	(0 77 31) 7 17 84
5650 Solingen	H. u. E. Kurtenbach	(0 21 22) 81 43 43
	Solingen 1, Fontanestr. 22a	(0 21 22) 5 84 63
7000 Stuttgart	Gaul, Ing.-Büro	
	Stuttgart 1, Urbanstr. 134	(07 11) 28 33 31
	nach Geschäftsschluß:	(0 70 21) 4 14 19
5500 Trier	Dieter R. Höfer, Ing.	
	Trier, Trevererstr. 80	(06 51) 3 50 11

Ort	Firma und Anschrift	Telefon
3110 Uelzen	Wolfgang Bode Uelzen 1, Veersser Str. 39	(05 81) 51 61
7900 Ulm	FH Peter J. Grube, Dipl.-Ing Ulm, Amselweg 49	(07 31) 3 73 38-39
6330 Wetzlar	Günter Seidler, Ing., Willibald Seidler, Ing. Wetzlar, Stoppelberger Hohl 37	(0 64 41) 2 44 67
2940 Wilhelmshaven	Zerssen & Co. Wilhelmshaven, Bismarckstr. 41	(0 44 21) 3 06 11-13
8761 Wörth	Werner Bauer Wörth, Landstr. 14b	(0 93 72) 53 71

Hinweise für Transporte von und nach Berlin und der DDR:

Ort	Firma und Anschrift	Telefon
Berlin	von Mylke GmbH, Nassauische Str. 49 nach Geschäftsschluß: van Erdewyk Hilprecht (0 30) 8 26 34 10	(0 30) 87 01 56 (0 30) 4 65 57 37 (0 30) 8 03 67 71
Magdeburg N 18	Walter Hesse, Leipziger Chaussee 98	3 13 74-75, App. 6
Börde Autobahn b. Magdeburg	Abschlepp- und Reparaturdienst Rasthof Börde	Niederndodeleben 2 17
Autobahn Schleiz/Weißenfels	Abschlepp- und Reparaturdienst Willy Purfürst	Saalburg bei Schleiz 1 51
Autobahn Dreilinden/ Kontrollpunkt	Polizeiwache Kontrollpunkt Dreilinden Grenzkontrollstelle Dreilinden	8 03 30 11 8 03 10 35
Autobahn Lauenburg	Polizeiw. Kontrollp. Heerstr. (ü. Pol.-Revier 148) Grenzkontrollstelle Berlin-Heerstraße	3 66 10 66 3 63 40 04

Bei allen schweren Unfällen muß ein vorbeifahrender Kraftfahrer aufgefordert werden, den Unfall von ,,Dreilinden" aus telefonisch dem Havarie-Kommissariat von Mylke (siehe Berlin) zu melden. Dabei sind möglichst auch Angaben über Unfallort, Güterart und Halter des verunglückten LKW zu machen.

Anhang 12

Verzeichnis der internationalen Unterscheidungszeichen
(Nationalitätszeichen)

A	Österreich	**FL**	Liechtenstein	**PAN**	Angola
ADN	Aden	**GB**	Großbritannien	**PE**	Peru
AL	Albanien	**GBA**	Alderney	**PI**	Philippinen
AND	Andorra	**GBG**	Guernsey	**PL**	Polen
AUS	Australien	**GBJ**	Jersey	**PTM**	Malaiischer Bund
B	Belgien	**GBM**	Man	**PY**	Paraguay
BDS	Barbados (brit.)	**GBY**	Malta	**R**	Rumänien
BG	Bulgarien	**GBZ**	Gibraltar	**RA**	Argentinien
BH	Brit. Honduras	**GCA**	Guatemala	**RB**	Bolivien
BL	Basutoland	**GH**	Ghana	**RC**	China
BP	Betschuanaland	**GR**	Griechenland	**RCA**	Zentralafrikanische
BR	Brasilien	**H**	Ungarn		Republik
BRG	Brit. Guayana	**HK**	Hongkong	**RCB**	Kongo (Brazzaville)
BRN	Bahrain	**I**	Italien	**RCH**	Chile
BRU	Brunei (brit.)	**IL**	Israel	**RH**	Haiti
BS	Bahama-Inseln	**IND**	Indien	**RI**	Indonesien
BUR	Burma	**IR**	Iran (Persien)	**RJQ**	Irak
C	Kuba	**IRL**	Irland	**RL**	Libanon
CC	Corps Consulaire	**IRQ**	Irak	**RM**	Madagaskar
CD	Corps Diplomatique	**IS**	Island	**RMM**	Mali
CDN	Kanada	**J**	Japan	**RSM**	San Marino
CGO	Kongo (Leopoldville)	**JA**	Jamaica, Turks-,	**RSR**	Rhodesien
CH	Schweiz		Caicos- und	**RU**	Burundi
CI	Elfenbeinküste		Cayman-Inseln	**RWA**	Rwanda
CL	Sri Lanka	**JOR**	Jordanien	**S**	Schweden
	(Ceylon)	**K**	Kambodscha	**SD**	Swaziland
CNB	Nordborneo und	**KWT**	Kuwait	**SF**	Finnland
	Labuan	**L**	Luxemburg	**SGP**	Singapore
CO	Kolumbien	**LAO**	Laos	**SK**	Sarawak (brit.)
CR	Costa Rica	**MA**	Marokko	**SME**	Surinam
CS	Tschechoslowakei	**MC**	Monaco	**SNOM**	Souverän. Malteser
CU	Curaçao	**MEX**	Mexiko		Orden Malta
CY	Cypern	**MOC**	Moçambique	**SN**	Senegal
D	Deutschland	**MS**	Mauritius (brit.)	**SP**	Somalia
DDR	Deutsche Dem. Republik	**MW**	Malawi	**SU**	Sowjet-Union
DK	Dänemark	**N**	Norwegen	**SY**	Seychellen
DOM	Dominik. Republik	**NA**	Niederländ.	**SYR**	Syrien
DY	Dahome		Antillen	**T**	Thailand (Siam)
DZ	Algerien	**NGN**	Niederländ.	**TG**	Togo
E	Spanien		Neuguinea	**TN**	Tunesien
EAK	Kenya	**NIC**	Nicaragua	**TR**	Türkei
EAU	Uganda	**NIG**	Niger	**TT**	Trinidad
EC	Ekuador	**NL**	Niederlande		und Tobago
ET	Ägypten	**NZ**	Neuseeland	**U**	Uruguay
ETA	Tansania	**P**	Portugal	**USA**	Vereinigte Staaten
ETH	Äthiopien	**PA**	Panama	**V**	Vatikanstaat
F	Frankreich	**PAK**	Pakistan	**VN**	Vietnam

WAG	Gambia
WAL	Sierra Leone
WAN	Nigeria
WD	Dominica
WG	Grenada
WL	St. Lucia
WS	West-Samoa
WV	St. Vincent
YU	Jugoslawien
YV	Venezuela
Z	Zambia
ZA	Südafrik. Union

Wie fährt man im Ausland?

R = Rechtsfahrordnung, links überholen!
L = Linksfahrordnung, rechts überholen!

Europa:					
Albanien	R	Großbritannien	L	Polen	R
Andorra	R	Irland	L	Portugal	R
Belgien	R	Island	L	Rumänien	R
Bulgarien	R	Italien	R	San Marino	R
Cypern	L	Jugoslawien	R	Schweden	R
Dänemark	R	Liechtenstein	R	Schweiz	R
Deutschland	R	Luxemburg	R	Sowjetunion (europ.)	R
Finnland	R	Malta und Gozzo	L	Spanien	R
Frankreich	R	Monaco	R	Tschechoslowakei	R
Gibraltar	R	Niederlande	R	Türkei (europ.)	R
Griechenland	R	Norwegen	R	Ungarn	R
		Österreich	R	Vatikanstaat	R

Anhang 13a

Kombifahrplan Inland 1982/83
(gültig ab 26. September 1982)
für die Beförderung von Sattelanhängern (Sanh) und Wechselbehältern (WB)

herausgegeben von Kombiverkehr, Frankfurt/Main
Telefon 06 11/79 19/3 19 oder 3 20, Telex 4 16 399

Vorbemerkungen

1. Der Ladeschluß und der Abladebeginn sind nach Erfahrungswerten aufgestellt (in der Regel 30–45 Minuten vor Abfahrt und nach Ankunft). Sie können sich je nach dem Arbeitsumfang und den angestrebten Veränderungen der Arbeitsabläufe während des Fahrplanjahres verändern. *Kombiverkehr* garantiert nicht die Einhaltung der Fahrpläne und des Abladebeginns. Die DB haftet für die Einhaltung der Beförderungszeiten nur nach den Lieferfristen der EVO.

2. Soweit nichts anderes vermerkt, gilt der Ladeschluß für montags bis freitags, der Abladebeginn dienstags bis sonnabends. Über das Wochenende verkehren nur wenige Kombizüge; Auskünfte über die evtl. Möglichkeit einer Abfahrt am Wochenende bitte bei der Kombiagentur des jeweiligen Abfahrtsbahnhofs einholen.

3. Auflieferungen am Sonnabend sind im Regelfall nur vormittags möglich; der Ladeschluß ist örtlich zu erfragen.

4. Das Abholen der Kombisendungen muß im Regelfall bis 14.00 Uhr (sonnabends früher!) beendet sein. Spätere Abholung muß örtlich vereinbart werden. Bei einigen Bahnhöfen mit starkem Huckepackverkehr wird eine engere Frist für das Abladen eingeführt, damit alle Kombiteilnehmer mit einem Minimum an Wartezeit ihre Kombisendungen am Vormittag abholen können.

5. Welche Art von Ladeeinheiten (WB = Wechselbehälter, Sanh = Sattelanhänger) befördert werden kann, ist in der Tabelle für jede Verkehrsverbindung mit einem ● gekennzeichnet.
   In Freiburg und Lübeck-Nordlandkai müssen Wechselbehälter so ausgerüstet sein, daß sie mit Seilgeschirr umgeschlagen werden können. In Zweifelsfällen, insbesondere bei 12 m WB, bitte vorher *Kombiverkehr* fragen!
   Für die Beförderung von kompl. Lastzügen (mit/ohne Fahrer) wird auf den besonderen „**Kombifahrplan Rollende Landstraße**" (siehe auch *„Kombi informiert"* unter 3.3) verwiesen.

6. Auf eigenen Verbindungen kann die allgemein zugelassene Höhe (Huckepackkennzeichen W 62, P 70, C 15) nicht angeboten werden. Dann ist die zugelassene Profilhöhe neben den ●, z. B. P 61, angegeben.

7. Bei den in Klammern gesetzten Verbindungen ist die Beförderung nur unter bestimmten Voraussetzungen möglich. Rückfrage bei *Kombiverkehr* ist daher in jedem derartigen Falle erforderlich.

8. Die nachgenannten Verkehrsverbindungen werden im Regelfall für ein Fahrplanjahr (Anfang Juni bis Ende Mai) angeboten und im allgemeinen mit nur geringfügigen Änderungen verlängert. Bei entsprechender Nachfrage wird *Kombiverkehr* neue Verbindungen eröffnen; bei ungenügender Nachfrage sind Änderungen oder Streichung möglich.

von	nach	Lade-schluß	Ablade-beginn Zielort	Ablade-ende ca.	weitere Abladg. ca. ab	WB	Sanh kranbar	Sanh nicht kranbar	Abwei-chendes Profil
Augsburg	Bielefeld	19.30	7.45			●	●		
	Bremen	19.30	9.15			●	●		
	Frankfurt	18.00	6.30	7.15	10.00	●	●		
	Hamburg	19.30	9.00			●	●		
	Hannover	19.30	6.20			●	●		
	Köln	18.20	5.30			●	●		
	Neuss	18.20	6.30			●	●		
	Wuppertal	18.20	7.30			●	●		
Basel	Berlin (West)	15.30	14.00			●	●		
	Bielefeld	15.30	7.45			●	●		
	Bremen	15.30	8.30			●	●		
	Emmerich	17.30	9.45			●	●		
	Frankfurt	17.00	6.30	7.15	10.00	●	●		
	Hamburg	15.30	8.20			●	●		
	Hannover	15.30	6.20			●	●		
	Kiel	15.30	12.00			●	●	●	
	Köln	17.30	5.30			●	●	●	
	Lübeck-Nordlandkai	15.30	12.00			●	●	●	
	Lübeck-Skard-Kai	15.30	12.00			●	●	●	
	Neuß	17.30	6.00			●	●	●	
	Saarbrücken	15.30	8.00			●	●		
	Wuppertal	17.30	7.30			●	●		
Berlin (West)	Basel	12.35	12.20			●	●		P 61
	Bielefeld	12.35	7.45			●	●		P 61
	Bochum	12.35	7.00			●	●		P 61
	Bochum	16.30	7.00			●	●		P 61

von	nach	Lade-schluß	Ablade-beginn Zielort	Ablade-ende ca.	weitere Abladg. ca. ab	WB	Sanh kranbar	Sanh nicht kranbar	Abwei-chendes Profil
Berlin (West)	Bremen	12.35	6.20			●	●		P 61
	Bremen	16.30	7.30			●	●		P 61
	Frankfurt	12.35	6.00	7.15	10.00	●	●		P 61
	Freiburg	12.35	9.40			●	●		P 61
	Hamburg	12.35	8.20			●	●		P 61
	Hamburg	16.30	9.30			●	●		P 61
	(Hannover	12.35	6.20)			●	●		P 61
	Karlsruhe	12.35	6.40			●	●		P 61
	Ludwigsburg	12.35	8.45			●	●		P 61
	Mannheim	12.35	7.00			●	●		P 61
	München	12.35	10.30			●	●		P 61
	Neu-Ulm	12.35	10.00			●	●		P 61
	Nürnberg	12.35	6.00	7.15	9.30	●	●		P 61
	Saarbrücken	12.35	8.45			●	●		P 61
Bielefeld	Augsburg	19.15	9.00			●	●		
	Basel	19.15	12.20			●	●		
	Berlin (West)	19.15	14.00			●	●		P 61
	Frankfurt	19.15	6.00	7.15	10.00	●	●		
	Freiburg	19.15	9.40			●	●		
	Karlsruhe	19.15	6.40			●	●		
	Ludwigsburg	18.15	7.15			●	●		
	Ludwigsburg	19.15	8.45			●	●		
	Mannheim	19.15	7.00			●	●		
	München	18.15	7.20			●	●		
	München	19.15	10.30			●	●		
	Neu-Ulm	19.15	10.00			●	●		
	Nürnberg	19.15	6.00	7.15	9.30	●	●		
	Saarbrücken	19.15	8.45			●	●		

von	nach	Lade-schluß	Ablade-beginn Zielort	Ablade-ende ca.	weitere Abladg. ca. ab	WB	Sanh kranbar	Sanh nicht kranbar	Abwei-chendes Profil
Bochum	Berlin (West)	17.45	7.00			●	●		P 61
	Berlin (West)	20.00	14.00			●	●		P 61
	Bremen	20.00	6.20			●	●		
	Frankfurt	19.45	6.00	7.15	10.00	●	●		P 49
	Hamburg	20.00	5.45			●	●	●	
	Hannover	20.00	6.20			●	●		
	Kiel	20.00	12.00			●	●	●	
	Ludwigsburg	19.45	6.00			●	●		
	Lübeck-Nordlandkai	20.00	12.00			●	●	● ●	
	Lübeck-Skand-Kai	20.00	12.00			●	●	●	
	Mannheim	19.45	6.00			●	●		W 41 P 49
	Neu-Ulm	19.45	8.30			●	●		
	Nürnberg	19.45	6.25	7.15	9.30	●	●		P 49
	Saarbrücken	19.45	8.45			●	●		P 49
Bremen	Augsburg	18.20	9.00			●	●		
	Basel	18.20	12.20			●	●		
	(Berlin (West)	16.40	7.00)			●	●		P 61
	Berlin (West)	18.50	14.00			●	●		P 61
	Bochum	18.50	7.00			●	●		
	Frankfurt	18.50	6.00	7.15	10.00	●	●		
	Freiburg	18.20	9.40			●	●		
	Karlsruhe	18.20	6.40			●	●		
	Köln	18.50	5.50			●	●		
	Ludwigsburg	18.20	8.45			●	●		
	Mannheim	18.50	7.00			●	●		
	München	16.50	7.20			●	●		
	München	18.20	10.30			●	●		

331

von	nach	Lade-schluß	Ablade-beginn Zielort	Ablade-ende ca.	weitere Abladg. ca. ab	WB	Sanh kranbar	Sanh nicht kranbar	Abwei-chendes Profil
Bremen	Neuss	18.50	6.00			•	•		
	Neu-Ulm	18.20	10.00			•	•		
	Nürnberg	18.20	6.00	7.15		•	•		
	Saarbrücken	18.50	8.45		9.30	•	•		
Emmerich	Basel	17.00	7.30			•	•		
	Freiburg	17.00	6.00			•			
	Hamburg	17.00	9.30			•	•		
	Ludwigsburg	17.00	4.30			•	•		
	Mannheim	17.00	6.00			•	•		
	München	17.00	9.50			•	•		
	Neu-Ulm	17.00	6.30			•	•		
	Nürnberg	17.00	7.45	9.00	9.30	•	•		
Frankfurt	Augsburg	16.30	11.00			•	•		
	Basel	16.30	8.00			•	•		
	Berlin (West)	21.00	14.00			•	•		P 61
	Bielefeld	21.00	7.45			•	•		
	Bochum	21.00	8.00			•	•		P 49
	Bremen	21.00	8.30			•	•		P 49
	Hagen	21.00	6.30			•	•		
	Hamburg	20.00	5.45			•	•		
	Hamburg	21.00	9.00			•	•		
	Hannover	21.00	6.20			•	•		
	Kiel	20.00	12.00			•	•		
	(Ludwigsburg)	21.00	(7.15)			•	•		
	Lübeck-Nordlandkai	20.00	12.00			•	•		
	Lübeck-Skand-Kai	20.00	12.00			•	•		

von	nach	Ladeschluß	Abladebeginn Zielort	Abladeende ca.	weitere Abladg. ca. ab	WB	Sanh kranbar	Sanh nicht kranbar	Abweichendes Profil
Frankfurt	München	20.00	6.00			●			P 49
	Münster	21.00	8.00			●	●		
	Neuss	21.00	6.30			●	●		
	(Nürnberg)	21.00	6.25)	7.15	9.30	●	●		P 43
	Wuppertal	21.00	8.00			●	●		P 49
Freiburg	Berlin (West)	18.30	14.00			●			P 61
	Bielefeld	18.30	7.45			●			
	Bremen	18.30	8.30			●			
	Emmerich	20.30	9.45			●			
	Hamburg	18.30	8.20			●			
	Hannover	18.30	6.20			●			
	Köln	20.30	5.30			●			
	München	19.00	6.00			●			P 63
	Neuss	20.30	6.00			●			
	Saarbrücken	18.40	8.00			●			
	Wuppertal	20.30	7.30			●			
Hagen	Frankfurt	20.00	6.00	7.15	10.00	●	●		P 49
	Ludwigsburg	20.00	6.00			●	●		P 49
	Mannheim	20.00	6.00			●	●		P 49
	Neu-Ulm	20.00	8.30			●	●		
	Nürnberg	20.00	6.25	7.15	9.30	●	●		P 43
	Saarbrücken	20.00	8.45			●	●		P 49
Hamburg	Augsburg	17.45	9.00			●		●	
	Basel	17.45	12.20			●	●		
	(Berlin (West))	16.30	7.00)			●	●		P 61
	Berlin (West)	17.45	14.00			●	●		P 61

333

von	nach	Abfahrts-tage	Ladeschluß Tag A	Abladebeginn am Zielort Tag	WB	Sanh kranbar	Sanh nicht kranbar	Profil
Hamburg	Bochum	20.15	5.00	7.00	●	●	●	
	Emmerich	20.15	8.00	12.00	●	●		
	Frankfurt	20.15	7.15		●	●		
	Freiburg	17.45	8.40					
	Karlsruhe	17.45	6.40		●	●		
	Köln	20.15	5.50		●	●		
	Ludwigsburg	19.00	8.00		●	●		
	Mannheim	18.00	6.30		●	●	●	
	München	17.45	8.30		●	●	●	
	München	19.15	7.30		●	●		
	Neuss	20.15	6.00		●	●		
	Neu-Ulm	17.45	10.00		●	●		
	Nürnberg	18.00	8.00	9.00	●	●	●	
	Saarbrücken	17.45	8.45	9.30	●	●	●	
	Wuppertal	20.15	5.00		●			
Hannover	Augsburg	19.40	9.00		●	●		
	Basel	19.40	12.20		●	●		P 61
	(Berlin (West))	19.40	(14.00)		●	●		
	Bochum	19.40	7.00		●	●		
	Frankfurt	19.40	6.00	7.15	●	●		
	Freiburg	19.40	9.40	10.00	●			
	Karlsruhe	19.40	6.40		●	●		
	Ludwigsburg	18.30	7.15		●	●		
	Ludwigsburg	19.40	8.45		●	●		
	Mannheim	19.40	7.00		●	●		
	München	18.30	7.20		●	●		

von	nach	Ladeschluß	Abladebeginn Zielort	Abladeende ca.	weitere Abladg. ca. ab	WB	Sanh kranbar	Sanh nicht kranbar	Abweichendes Profil
Hannover	München	19.40	10.30			●	●		
	Neuss	18.00	7.00			●	●		
	Neu-Ulm	19.40	10.00			●	●		
	Nürnberg	19.40	6.00	7.15		●	●		
	Saarbrücken	19.40	8.45		9.30	●	●		
Karlsruhe	Berlin (West)	19.45	14.00			●	●		P 61
	Bielefeld	19.45	7.45			●	●		
	Bremen	19.45	8.30			●	●		
	Harburg	19.45	8.20			●	●		
	Hannover	19.45	6.20			●	●		
	Köln	20.20	5.30			●	●		
	Neuss	20.20	6.00			●	●		
	Wuppertal	20.20	7.30			●	●		
Kiel	Basel	13.00	12.20			●	●	●	
	Bochum	13.00	5.00	7.00		●	●	●	
	Frankfurt	13.00	7.15		12.00	●	●		
	Ludwigsburg	13.00	8.00			●	●		
	Mannheim	13.00	6.30			●	●	●	
	München	13.00	8.30			●	●	●	
	Neuss	13.00	6.00			●	●	●	
	Nürnberg	13.00	8.00	9.00	9.30	●	●		
Köln	Augsburg	20.30	7.30			●	●	●	(Ladeschluß = 19.00)
	Basel	19.30	7.30			●	●		
	Bremen	18.45	7.30			●	●		
	Freiburg	19.10	6.00			●	●		
	Hamburg	18.45	9.30			●		●	(Ladeschluß = 18.00)

von	nach	Ladeschluß Stunde	Abladebeginn Zielort	Abladeende ca.	weitere Abladg. ca. ab	WB	Sanh kranbar	Sanh nicht kranbar	Abweichendes Profil
Köln	Karlsruhe	19.10	6.30			●	●	●	(Ladeschluß = 19.15)
	Ludwigsburg	20.30	4.30			●	●	●	(Ladeschluß = 18.00)
	Lübeck-Nordland Kai	18.45	12.00			●	●	●	(Ladeschluß = 18.00)
	Lübeck-Skand-Kai	18.45	12.00			●	●	●	(Ladeschluß = 19.15)
	Mannheim	20.30	6.00			●	●	●	(Ladeschluß = 17.30)
	München	18.00	6.30			●	●	●	(Ladeschluß = 19.15)
	München	20.15	9.00			●	●	●	(Ladeschluß = 19.15)
	Neu-Ulm	20.30	6.30			●	●	●	(Ladeschluß = 19.15)
	Nürnberg	20.30	7.45	9.00	9.30	●	●		P 43
	Saarbrücken	20.30	8.45			●	●		
Ludwigsburg	Berlin (West)	18.30	14.00			●	●		P 61
	Bielefeld	18.30	7.45			●	●		
	Bochum	20.00	8.00			●	●		
	Bremen	18.30	6.50			●	●		
	Emmerich	21.30	9.45			●	●		
	(Frankfurt	16.00	6.00)	7.15	10.00	●	●		
	Hagen	20.00	5.00	7.00	8.00	●	●		
	Hamburg	19.30	7.20			●	●		
	Hannover	18.30	6.20			●	●		
	Kiel	19.30	12.00			●	●		
	Köln	21.30	5.30			●	●		
	Lübeck-Nordland-Kai	18.30	12.00			●	●		
	Lübeck-Skand-Kai	18.30	12.00			●	●		
	Münster	20.00	8.00			●	●		
	Neuss	21.30	6.30			●	●		
	Wuppertal	17.00	5.00			●	●		
	Wuppertal	20.00	5.00			●	●		

von	nach	Lade-schluß	Ablade-beginn Zielort	Ablade-ende ca.	weitere Abladg. ca. ab	WB	Sanh kranbar	Sanh nicht kranbar	Abweichendes Profil
Lübeck-Nordlandkai	Basel	13.30	12.20			●	●	●	
	Bochum	13.30	5.00	7.00		●	●	●	
	Frankfurt	13.30	7.15			●	●		
	Köln	13.30	5.15		12.00	●	●		
	Ludwigsburg	13.30	8.00			●	●	●	
	Mannheim	13.30	7.00			●	●	●	
	München	13.30	8.30			●	●	●	
	Neuss	13.30	6.00			●	●		
	Nürnberg	13.30	8.00	9.00	9.30	●	●		
Lübeck-Skand-Kai	Basel	13.30	12.20			●	●	●	
	Bochum	13.30	5.00			●	●	●	
	Frankfurt	13.30	7.15			●	●		
	Köln	13.30	5.15			●	●		
	Lucwigsburg	13.30	8.00			●	●	●	
	Mannheim	13.30	7.00			●	●	●	
	München	13.30	8.30			●	●	●	
	Neuss	13.30	6.30			●	●		
	Nürnberg	13.30	8.00	9.00	9.30	●	●		
Mannheim	Berlin (West)	19.30	14.00			●	●		P 61
	Bielefeld	19.30	7.45			●	●		
	Bochum	20.00	8.00			●	●	●	W 41 P 49
	Bremen	19.30	6.20			●	●		
	Emmerich	20.30	9.45			●	●		
	Hagen	20.00	6.30			●	●		
	Hamburg	19.30	7.20			●	●	●	P 49
	Hannover	19.30	6.20			●	●		

337

von	nach	Lade-schluß	Ablade-beginn Zielort	Ablade-ende ca.	weitere Abladg. ca. ab	WB	Sanh kranbar	Sanh nicht kranbar	Abwei-chendes Profil
Mannheim	Kiel	19.30	12.00			•	•	•	
	Köln	20.30	5.30			•	•	•	
	Lübeck-Nordlandkai	19.30	12.00			•	•	•	
	Lübeck-Skand-Kai	19.30	12.00			•	•	•	
	München	18.00	6.00			•	•	•	
	Münster	20.00	8.00			•	•		
	Neuß	20.30	6.00			•	•	•	P 49
	Wuppertal	20.30	5.30			•	•		
München	Berlin (West)	19.00	14.00 (Tag C)			•	•		P 61
	Bielefeld	19.00	7.45			•	•		
	Bremen	19.00	9.15			•	•		
	Emmerich	19.00	9.45			•	•		
	Frankfurt	19.30	6.30	7.15	10.00	•	•		P 63
	Freiburg	18.00	6.00			•	•		
	Hamburg	19.00	9.00			•		•	
	Hamburg	19.30	8.30			•	•		
	Hannover	19.00	6.20			•			
	Kiel	19.00	12.00			•	•	•	
	Köln	19.30	6.30			•	•	•	
	Lübeck-Nordlandkai	19.00	12.00			•	•	•	
	Lübeck-Skand-Kai	19.00	12.00			•	•	•	
	Mannheim	19.30	7.00			•	•	•	
	Neuss	19.30	8.20			•	•	•	
	Saarbrücken	19.30	8.00			•	•		
	Wuppertal	19.00	8.30			•	•		

von	nach	Abfahrts-tage	Ladeschluß Tag A	Abladebeginn am Zielort Tag	WB	Sanh kranbar	Sanh nicht kranbar	Profil
Münster	Frankfurt	19.15	6.00	7.15	10.00	●	●		P 49
	Ludwigsburg	19.15	6.00			●	●		P 49
	Mannheim	19.15	6.00			●	●		
	Neu-Ulm	19.15	8.30			●	●		
	Nürrberg	19.15	6.25	7.15	9.30	●	●		P 43
	Saarbrücken	19.15	8.45			●	●		P 49
Neuss	Augsburg	19.00	7.30			●		●	
	Basel	18.45	7.30			●	●		
	Bremen	20.00	7.30			●	●		
	Frankfurt	20.20	6.00	7.15	10.00	●	●		
	Freiburg	18.45	6.00			●	●		
	Hamburg	20.15	5.45			●		●	
	Hannover	18.00	7.00			●	●		
	Karsruhe	18.45	6.30			●	●		
	Kiel	20.15	12.00			●		●	
	Lucwigsburg	19.00	4.30			●	●	●	
	Lübeck-Nordlandkai	20.15	12.00			●	●	●	
	Lübeck-Skand-Kai	20.15	12.00			●	●	●	
	Mannheim	20.20	6.00			●	●	●	
	München	20.00	9.50			●	●		
	Neu-Ulm	20.00	6.30			●	●		
	Nürnberg	19.00	7.45	9.00	9.30	●	●		P 43
	Saarbrücken	20.20	8.45			●	●		
Neu-Ulm	Berlin (West)	18.30	14.00 (Tag C)			●	●		P 61
	Bielefeld	18.30	7.45			●	●		
	Bcchum	15.30	8.00			●	●		

von	nach	Lade-schluß Stunde	Ablade-beginn Zielort	Ablade-ende ca.	weitere Abladg. ca. ab	WB	Sanh kranbar	Sanh nicht kranbar	Abwei-chendes Profil
Neu-Ulm	Bremen	18.30	9.15			●	●		
	Emmerich	20.00	9.45			●	●		
	Hagen	15.30	6.45			●	●		
	Hamburg	18.30	9.00			●	●	●	
	Hannover	18.30	6.20			●	●	●	
	Köln	20.00	5.30			●	●	●	
	Münster	15.30	8.00			●	●		
	Neuss	20.00	6.30			●	●		
	Wuppertal	20.00	7.30			●	●		
Nürnberg	Berlin (West)	19.30	14.00			●	●		P 61
	Bielefeld	19.30	7.45			●	●		
	Bochum	20.30	8.00			●	●		P 43
	Bremen	19.30	6.20			●	●		
	Emmerich	19.00	9.45			●	●		
	(Frankfurt)	20.30	6.00	7.15	10.00)				P 43
	Hagen	20.30	7.00			●	●		P 43
	Hamburg	20.15	8.20			●	●		P 43
	Hannover	19.30	6.20			●	●		
	Kiel	20.15	12.00			●	●		
	Köln	19.00	5.30			●	●		
	Lübeck-Nordlandkai	20.15	12.00			●	●		
	Lübeck-Skand.-Kai	20.15	12.00			●	●		P 43
	Münster	20.30	8.00			●	●		P 43
	Neuss	19.00	6.30			●	●		P 43
	Saarbrücken	19.00	8.45			●	●		P 43
	Wuppertal	20.30	8.00			●	●		P 43

340

von	nach	Abfahrts- tage	Ladeschluß Tag A	Abladebeginn am Zielort Tag	WB	Sanh kranbar	Sanh nicht kranbar	Profil
Saarbrücken	Basel	17.30	12.20		•	•		P 61
	Berlin (West)	18.45	14.00		•	•		P 49
	Bielefeld	18.45	7.45		•	•		
	Bochum	18.45	8.00		•	•		
	Bremen	18.45	8.30		•	•		
	Freiburg	17.30	6.00					P 49
	Hagen	18.45	7.00		•	•		
	Hamburg	18.45	9.00		•	•		
	Hannover	18.45	6.20		•	•		
	Köln	18.45	5.30		•	•		
	München	17.30	6.00		•	•		P 49
	Münster	18.45	8.00		•	•		
	Neuss	18.45	6.30	9.00	•	•		P 43
	Nürnberg	18.45	7.45	9.30	•	•		P 49
	Wuppertal	18.45	8.00		•	•		
Stuttgart	(siehe Ludwigsburg)							
Wuppertal	Augsburg	20.15	7.30		•	•		
	Basel	18.00	7.30		•	•		
	Frankfurt	19.15	6.00		•	•		P 49
	Freiburg	18.00	6.00					
	Hamburg	21.00	5.45		•	•		
	Karlsruhe	18.00	6.30		•	•		
	Ludwigsburg	21.00	5.15		•	•		
	Mannheim	20.45	6.00		•	•		
	München	20.15	9.50		•	•		
	Neu-Ulm	20.15	6.30	7.15	•	•		
	Nürnberg	19.15	5.45	9.30	•	•		P 43
	Saarbrücken	19.15	8.45		•	•		P 49

Anhang 13b

Kombifahrplan International 1982/83
(gültig ab 26. September 1982)

für die Beförderung von Sattelanhängern (Sanh) und Wechselbehältern (WB)

herausgegeben von Kombiverkehr, Frankfurt/Main
Telefon 06 11/79 19/3 19 oder 3 20, Telex 4 16 399

Vorbemerkungen

1. Der Ladeschluß und der Abladebeginn sind nach Erfahrungswerten festgelegt. Die für Zollabfertigung und evtl. andere grenzbehördliche Behandlung erforderlichen Zeiten konnten hierbei **nicht** berücksichtigt werden. Die genannten Zeiten können sich je nach dem Arbeitsumfang und den angestrebten Veränderungen der Arbeitsabläufe während des Fahrplanjahres verändern. *Kombiverkehr* und die beteiligten ausländischen Huckepackgesellschaften garantieren nicht die Einhaltung der Fahrpläne und des Abladebeginns. Die am Transport beteiligten Bahnen haften für die Einhaltung der Beförderungszeiten nur nach den Lieferfristen der CIM.

2. Soweit nichts anderes vermerkt, gilt der Ladeschluß für montags bis freitags, der Abladebeginn montags bis sonnabends. Bei Abfahrt am Sonnabend Ladeschluß bei der Kombiagentur des Versandbahnhofs bzw. bei der örtlich zuständigen ausländischen Huckepackgesellschaft erfragen!

3. Auflieferungen und Abholungen sind sonnabends im Regelfall nur in den Vormittagsstunden möglich. Lokale Besonderheiten können bei den örtlichen Agenturen und den Huckepackgesellschaften im Ausland erfragt werden.

4. Auf den deutschen Kombibahnhöfen müssen die zur Abholung bereitgestellten Kombisendungen, soweit in der Fahrplantabelle nichts anderes angegeben ist, in den Vormittagsstunden abgeholt werden. Spätere Abholung bedarf **vorher** einer örtlichen Vereinbarung.

5. Welche Art von Ladeeinheiten (WB = Wechselbehälter, Sanh = Sattelanhänger) befördert werden kann, ist in der Tabelle für jede Verkehrsverbindung mit einem ● gekennzeichnet.
Für die Beförderung von kompl. Lastzügen (mit/ohne Fahrer) wird auf den besonderen „**Kombifahrplan Rollende Landstraße**" (siehe auch in „*Kombi* informiert" unter 3.3) verwiesen.

6. Das für die jeweilige Verbindung zugelassene Lichtraumprofil, d. h. die zulässige Eck- und Scheitelhöhe, ist in der Spalte „Profil" angegeben. Für Wechselbehälter gilt in Europa einheitlich das Profil gemäß Huckepackkennzeichen C 15, soweit nicht ausdrücklich etwas anderes vermerkt ist.

7. Huckepackverkehr ist regelmäßiger Verkehr mit vorgegebenen Zug- und Waggon-Kapazitäten; er kann deshalb nicht ohne vorherige Absprache in Anspruch genommen werden. Vor Verkehrsaufnahme bitte die *Kombiverkehr* oder die zuständige ausländische Huckepackgesellschaft befragen!

8. Die nachgenannten Verkehrsverbindungen werden im Regelfall für ein Fahrplanjahr (Anfang Juni bis Ende Mai) angeboten und im allgemeinen – abgesehen von Verbesserungen – mit nur geringen Änderungen verlängert. Bei entsprechender Nachfrage wird *Kombiverkehr* neue Verbindungen eröffnen; bei ungenügender Nachfrage sind Änderungen oder Streichungen möglich.

342

9. In einigen Verbindungen kann sich bei Auflieferung am Freitag oder Sonnabend wegen der Sonntagsruhe der Abladebeginn am Zielort um einen Tag verzögern. Bitte *Kombiverkehr* befragen!

10. Die Verkehrsverbindungen sind in nachstehender Reihenfolge aufgeführt:

    1) Deutschland – Italien via Österreich   und zurück
    2) Deutschland – Benelux-Großbritannien   und zurück
    3) Deutschland – Frankreich/Spanien   und zurück
    4) Deutschland – Griechenland   und zurück
    5) Deutschland – Österreich   und zurück
    6) Deutschland – Schweiz/Italien   und zurück
    7) Transitverbindungen

1a) Deutschland – Italien via Österreich

von	nach	Abfahrts- tage	Ladeschluß Tag A Stunde	Abladebeginn am Zielort Tag/Stunde		WB	Sanh kranbar	Sanh nicht kranbar	Profil
Emmerich	Verona	Mo–Fr	17.00	C	8.00	●	●	●	P 40+
Köln	Verona	Mo–Fr	17.30	C	8.00	●	●	●	W 30+ P 40+
	Verona	Mo–Fr	20.00	C	8.00	●	●	●*	W 30+ P 40+
München	Verona	Mo–Sa	14.20	B	8.00	●	●	●	W 30+ P 40+
	Verona	Mo–Fr	19.00	B	10.00	●	●	●	W 30+ P 40+
Neu-Ulm	Verona	Di–Fr	15.00	B	10.00	●	●	●	W 30+ P 40+

Weitere Bahnhöfe in Deutschland: Siehe Verbindungsmöglichkeiten über München gemäß Kombifahrplan Inland; ansonsten bitte bei *Kombiverkehr* anfragen.

* = Ladeschluß 17.30

1b) Italien – Deutschland via Österreich

von	nach	Abfahrts- tage	Ladeschluß Tag A Stunde	Abladebeginn am Zielort Tag/Stunde		WB	Sanh kranbar	Sanh nicht kranbar	Profil
Verona	Emmerich	Mo–Fr	18.00	C	9.45	●	●	●	P 40+
	Köln	Mo–Fr	18.00	C	6.30	●	●	●	W 30+ P 40+
	München	Mo–Fr	18.00	B	7.00	●	●	●	W 30+ P 40+
	München	Mo–Fr	18.00	B	10.00	●	●	●	W 30+ P 40+
	Neu-Ulm	Mo–Fr	18.00	B	11.00	●	●	●	W 30+ P 40+

+ Zu Profil W 30: Scheitelhöhe nicht mehr als 290 mm über Eckhöhe!
P 40: Scheitelhöhe nicht mehr als 270 mm über Eckhöhe!

2a) Deutschland – Benelux/Großbritannien

von	nach	Abfahrtstage	Ladeschluß Tag A	Abladebeginn am Zielort Tag	WB	Sanh kranbar	Sanh nicht kranbar	Profil
Augsburg	Oostende–Dover/Folkestone	Mo–Fr	18.20	C früh		●		P 70
	Zeebrugge–Dover/Folkestone	Mo–Fr	18.20	C früh	●	●		P 70
Frankfurt	Rotterdam	Mo–Fr	21.00	B 12.00	●	●●		P 70
Lübeck Nordlandkai +Skandinavienkai	Antwerpen	Mo–Sa	13.30	C früh	●	●	●	W 62 P 70
	Oostende–Dover/Folkestone	Mo–Sa	13.30	C früh		●	●	W 62 P 70
	Zeebrugge–Dover/Folkestone	Mo–Sa	13.30	C früh	●	●	●	W 62 P 70
Mannheim	Antwerpen	Mo–Fr	20.30	C früh		●	●	P 70
	Oostende–Dover/Folkestone	Mo–Fr	20.30	C früh		●		W 62 P 70
	Zeebrugge–Dover/Folkestone	Mo–Fr	20.30	C früh	●	●	●	W 62 P 70
	Rotterdam	Mo–Fr	20.30	B 12.30	●	●	●	W 62 P 70
	Harwich	Mo–Fr	20.30	C früh		●	●	W 62 P 70
München	Antwerpen	Mo–Sa	19.30	C früh		●	●	W 62 P 70
	Oostende–Dover/Folkestone	Mo–Sa	19.30	C früh		●	●	W 62 P 70
	Zeebrugge–Dover/Folkestone	Mo–Sa	19.30	C früh	●	●	●	W 62 P 70
	Rotterdam	Mo–Sa	19.00	B 12.30	●	●	●	W 62 P 70
	Harwich	Mo–Sa	19.00	C früh		●	●	W 62 P 70

von	nach	Lade-schluß	Ablade-beginn Zielort	Ablade-ende ca.	weitere Abladg. ca. ab	WB	Sanh kranbar	Sanh nicht kranbar	Abwei-chendes Profil
Neu-Ulm	Antwerpen Oostende–	Mo–Fr	20.00	B 18.00	●	●	●	W 62	P 70
	Dover/Folkestone Zeebrugge–	Mo–Fr	20.00	C früh		●	●	W 62	P 70
	Dover/Folkestone	Mo–Fr	20.00	C früh	●	●	●	W 62	P 70
	Rotterdam	Mo–Fr	20.00	B 12.30	●	●	●	W 62	P 70
	Harwich	Mo–Fr	19.00	C früh		●	●	W 62	P 70

2b) Großbritannien/Benelux – Deutschland

von	nach	Lade-schluß	Ablade-beginn Zielort	Ablade-ende ca.	weitere Abladg. ca. ab	WB	Sanh kranbar	Sanh nicht kranbar	Abwei-chendes Profil
Antwerpen	Lübeck Nordl.	Mo–Sa	10.00	B 12.00	●	●	●	W 62	P 70
	Lübeck Skand.	Mo–Sa	10.00	B 12.00	●	●	●	W 62	P 70
	Mannheim	Mo–Sa	10.00	B 7.30	●	●	●	W 62	P 70
	München	Mo–Sa	10.00	B 9.50	●	●	●	W 62	P 70
	Neu-Ulm	Mo–Sa	10.00	B 6.30		●	●	W 62	P 70
Dover/ Folkestone– Oostende	Augsburg	Mo–Fr	abends	C 7.30		●	●	W 62	P 70
	Lübeck Nordl.	Mo–Fr	abends	C 12.00		●	●	W 62	P 70
	Lübeck Skand.	Mo–Fr	abends	C 12.00		●	●	W 62	P 70
	Mannheim	Mo–Fr	abends	C 7.30		●	●	W 62	P 70
	München	Mo–Fr	abends	C 9.50		●	●	W 62	P 70
	Neu-Ulm	Mo–Fr	abends	C 6.30		●	●	W 62	P 70
Dover/ Folkestone– Zeebrugge	Augsburg	Mo–Fr	abends	C 7.30				W 62	P 70
	Lübeck Nordl.	Mo–Fr	abends	C 12.00	●	●	●	W 62	P 70
	Lübeck Skand.	Mo–Fr	abends	C 12.00	●	●	●	W 62	P 70
	Mannheim	Mo–Fr	abends	C 7.30	●	●	●	W 62	P 70
	München	Mo–Fr	abends	C 9.50	●	●	●	W 62	P 70
	Neu-Ulm	Mo–Fr	abends	C 6.30	●	●	●	W 62	P 70

von	nach	Abfahrts-tage	Ladeschluß Tag A Stunde	Abladebeginn am Zielort Tag/Stunde		WB	Sanh kranbar	Sanh nicht kranbar	Profil
Rotterdam	Frankfurt	Mo–Sa	14.00	B	6.00	●	●		P 70
	Mannheim	Mo–Sa	14.00	B	7.30	●	●	●	W 62 P 70
	München	Mo–Sa	14.00	B	9.00	●	●	●	W 62 P 70
	Neu-Ulm	Mo–Sa	14.00	B	6.30	●	●	●	W 62 P 70
Harwich via	Mannheim	Mo–Sa	abends	C	7.30		●	●	W 62 P 70
Rotterdam	München	Mo–Sa	abends	C	9.00		●	●	W 62 P 70
	Neu-Ulm	Mo–Sa	abends	C	6.30		●	●	W 62 P 70

Weitere Fährverbindungen sowie Zielbahnhöfe in Deutschland nach Absprache mit *Kombiverkehr* Frankfurt/Main möglich.

3a) Deutschland – Frankreich/Spanien

von	nach	Abfahrts-tage	Ladeschluß Tag A	Abladebeginn am Zielort Tag		WB	Sanh kranbar	Sanh nicht kranbar	Profil
Bielefeld	Barcelona	Mo–Fr	18.00	D	7.00	●	●*		P 22
	Hendaye	Mo–Fr	18.00	D	9.30	●	●		P 22
	Lyon/Venissieux	Mo–Fr	18.00	C	7.30	●	●		P 22
	Perpignan	Mo–Fr	18.00	C	9.30	●	●		P 22
Frankfurt	Perpignan	Mo–Fr	19.00	C	8.00	●	●		P 22
Hamburg	Hendaye	Mo–Fr	17.00	D	9.30	●	●*		P 22
	Perpignan	Mo–Fr	17.00	C	9.30	●	●		P 22
Hannover	Hendaye	Mo–Fr	19.40	D	9.30	●	●*		P 22
	Perpignan	Mo–Sa	19.40	C	9.30	●	●		P 22
	Silla (Valencia)	Mo–Sa	19.40	D	7.00	●	●		P 22
Karlsruhe	Hendaye	Mo–Sa	12.30	D	9.30	●	●		P 22
	Lyon/Venissieux	Mo–Sa	12.30	C	7.30	●	●		P 22
	Paris Noisy	Mo–Sa	12.30	B	6.00	●	●		P 22
	Perpignan	Mo–Sa	12.30	C	9.30	●	●		P 22
Kehl	Hendaye	Mo–Sa	13.00	C	9.30	●	●		P 22
	Perpignan	Mo–Sa	13.00	B	9.30	●	●		P 22
	Silla	Mo–Sa	13.00	C	7.00	●	●		P 22
Kiel	Madrid	Mo–Fr	13.00	G	11.00	●	●		P 22
Köln	Hendaye	Mo–Fr	18.45	D	9.30	●	●*		P 22
	Paris Noisy	Mo–Fr	18.45	C	10.00	●	●*		P 22
	Perpignan	Mo–Fr	18.45	C	8.00	●	●		P 22

von	nach	Lade-schluß	Ablade-beginn Zielort	Ablade-ende ca.	weitere Abladg. ca. ab	WB	Sanh kranbar	Sanh nicht kranbar	Abwei-chendes Profil
Ludwigsburg	Hendaye	Mo–Fr	16.00	D 9.30	●	●			P 22
	Lyon/Venissieux	Mo–Fr	16.00	C 7.30	●	●			P 22
	Paris Noisy	Mo–Fr	16.00	C 6.00	●	●			P 22
Lübeck Nordlandkai +Skandinavienkai	Hendaye	Mo–Fr	13.30	D 9.30	●+	●*			P 22
	Lyon/Venissieux	Mo–Fr	13.30	C 7.30	●	●			P 22
	Mad'rid	Mo–Fr	13.30	G 11.00	●				P 22
	Marseille	Mo–Fr	13.30	C 7.00	●				P 22
	Paris Noisy	Mo–Fr	13.30	C 10.00	●+	●*			P 22
	Perpignan	Mo–Fr	13.30	C 9.30	●	●			P 22
Mannheim	Barcelona	Mo–Fr	18.00	D 7.00	●				P 22
	Lyon/Venissieux	Mo–Fr	18.00	C 7.30	●	●			P 22
	Perpignan	Mo–Fr	18.00	C 9.30	●	●			P 22
Neu-Ulm	Hendaye	Mo–Fr	21.30	D 9.30	●	●			P 22
	Perpignan	Mo–Fr	21.30	C 9.30	●	●			P 22
	Silla (Valencia)	Mo–Fr	21.30	D 7.00	●				P 22
Saarbrücken	Silla (Valencia)	Mo–Fr	13.00	C 8.00	●				P 22
Wuppertal	Lyon/Venissieux	Mo–Fr	20.45	C 7.30	●	●			P 22

+ = via Jeumont   * = via Kehl

349

3b) Spanien/Frankreich – Deutschland

von	nach	Abfahrts-tage	Ladeschluß Tag A	Abladebeginn am Zielort Tag	WB	Sanh kranbar	Sanh nicht kranbar	Profil
Barcelona	Bielefeld	Mo–Fr	20.00	D 12.00	●			P 22
	Mannheim	Mo–Fr	20.00	D 12.00	●			P 22
Madrid	Kiel	Mo–Fr	19.00	G 12.00	●			P 22
	Lübeck	Mo–Fr	19.00	G 12.00	●			P 22
Silla (Valencia)	Hannover	Mo–Fr	16.00	D 3.00	●			P 22
	Kehl	Mo–Fr	16.00	C 14.00	●			P 22
	Neu-Ulm	Mo–Fr	16.00	D 7.00	●			P 22
	Saarbrücken	Mo–Fr	12.00+18.00	C 7.00	●			P 22
Hendaye	Bielefeld	Mo–Sa	18.00	D 6.00	●[+]	●[*]		P 22
	Hamburg	Mo–Sa	18.00	D 9.30	●[+]	●[*]		P 22
	Hannover	Mo–Sa	18.00	D 3.00	●[+]	●[*]		P 22
	Karlsruhe	Mo–Sa	18.00	C 21.00	●	●		P 22
	Kehl	Mo–Sa	18.00	B 14.00	●	●		P 22
	Köln	Mo–Sa	18.00	D 8.30	●	●[*]		P 22
	Lübeck	Mo–Sa	18.00	D 12.00	●[+]	●[*]		P 22
	Ludwigsburg	Mo–Sa	18.00	D 7.00	●[+]	●		P 22
	Neu-Ulm	Mo–Sa	18.00	D 7.00	●	●		P 22
Lyon/ Venissieux	Karlsruhe	Mo–Sa	18.45	B 21.00	●	●		P 22
	Lübeck	Mo–Sa	18.45	C 12.00	●	●		P 22
	Ludwigsburg	Mo–Sa	18.45	C 7.00	●	●		P 22
	Mannheim	Mo–Sa	18.45	C 7.00	●	●		P 22
	Wuppertal	Mo–Sa	18.45	C 7.30	●	●		P 22

von	nach	Abfahrts-tage	Ladeschluß Tag A Stunde	Abladebeginn am Zielort Tag/Stunde	WB	Sanh kranbar	Sanh nicht kranbar	Profil
Marseille	Lübeck	Mo–Sa	18.45	C 12.00	●	●		P 22
Paris Noisy	Karlsruhe	Mo–Sa	19.30	B 21.00	●	●		P 22
	Köln	Mo–Fr	19.30	C 8.30	●+	●*		P 22
	Lübeck	Mo–Fr	19.30	C 12.00	●+	●*		P 22
Perpignan	Bielefeld	Mo–Sa	16.00	C 12.00	●	●		P 22
	Frankfurt	Mo–Sa	16.00	C 6.00	●	●		P 22
	Hamburg	Mo–Sa	16.00	C 9.30	●	●		P 22
	Hannover	Mo–Sa	16.00	C 3.00	●	●		P 22
	Karlsruhe	Mo–Sa	16.00	B 21.00	●	●		P 22
	Kehl	Mo–Sa	16.00	B 14.00	●	●		P 22
	Köln	Mo–Sa	16.00	C 8.30	●	●		P 22
	Lübeck	Mo–Sa	16.00	C 12.00	●	●		P 22
	Mannheim	Mo–Sa	16.00	C 7.00	●	●		P 22
	Neu-Ulm	Mo–Sa	16.00	C 7.00	●	●		P 22

+ = via Jeumont, * = via Kehl

von	nach	Abfahrts- tage	Ladeschluß Tag A	Abladebeginn am Zielort Tag		WB	Sanh kranbar	Sanh nicht kranbar	Profil
4a) Deutschland – Griechenland (via Österreich – Jugoslawien)				(zur Zeit eingestellt)					
Hamburg	Thessaloniki	Fr	17.00	E	10.00			●	W 40*
Köln	Thessaloniki	Fr	19.00	E	10.00			●	W 40*
Mannheim	Thessaloniki	Fr	18.00	E	10.00			●	W 40*
München	Thessaloniki	Sa	13.30	D	10.00			●	W 40*
Neuss	Thessaloniki	Fr	14.00	E	10.00			●	W 40*
Neu-Ulm	Thessaloniki	Sa	13.30	D	10.00			●	W 40*
4b) Griechenland – Deutschland (via Jugoslawien – Österreich)				(zur Zeit eingestellt)					
Thessaloniki	Hamburg	Di	10.00	E	9.00			●	W 40*
	Köln	Di	10.00	E	7.00			●	W 40*
	Mannheim	Di	10.00	E	7.00			●	W 40*
	München	Di	10.00	D	6.00			●	W 40*
	Neuss	Di	10.00	E	9.00			●	W 40*
	Neu-Ulm	Di	10.00	D	6.00			●	W 40*

* zu Profil W 40: Scheitelhöhe nicht mehr als 290 mm über Eckhöhe!

Patras via Bari/Brindisi: Bitte bei *Kombiverkehr* anfragen!

5a) Deutschland – Österreich

von	nach	Abfahrtstage	Ladeschluß Tag A	Abladebeginn am Zielort Tag	WB	Sanh kranbar	Sanh nicht kranbar	Profil
Bielefeld	Linz	Mo–Fr	19.15	C 8.00	●	●		P 70
	Messendorf	Mo–Fr	19.15	C 6.00	●	●		P 50
	Villach	Mo–Fr	19.15	C 6.30	●	●		P 50
	Wien Nordwest	Mo–Fr	19.15	C 6.00	●	●		P 70
Bremen	Linz	Mo–Fr	18.20	C 8.00	●	●		P 70
	Messendorf	Mo–Fr	18.20	C 6.00	●	●		P 50
	Villach	Mo–Fr	18.20	C 6.30	●	●		P 50
	Wien Nordwest	Mo–Fr	18.20	C 6.00	●	●		P 70
Frankfurt	Linz	Mo–Fr	20.00	C 8.00	●	●		P 70
	Messendorf	Mo–Fr	20.00	C 6.00	●	●		P 50
	Villach	Mo–Fr	20.00	C 6.30	●	●		P 50
	Wien Nordwest	Mo–Fr	20.00	C 6.00	●	●		P 70
Freiburg	Linz	Mo–Fr	19.00	C 8.00	●			P 63
	Messendorf	Mo–Fr	19.00	C 6.00	●			P 50
	Villach	Mo–Fr	19.00	C 6.30	●			P 50
	Wien Nordwest	Mo–Fr	19.00	C 6.00	●			P 70
Hamburg	Linz	Mo–Fr	17.00	C 8.00	●	●		P 70
	Messendorf	Mo–Fr	17.00	C 6.00	●	●		P 50
	Villach	Mo–Fr	17.00	C 6.30	●	●		P 50
	Wien Nordwest	Mo–Fr	17.00	C 6.00	●	●		P 70
Hannover	Linz	Mo–Fr	19.40	C 8.00	●	●		P 70
	Messendorf	Mo–Fr	19.40	C 6.00	●	●		P 50

von	nach	Abfahrtstage	Ladeschluß Tag A Stunde	Abladebeginn am Zielort Tag/Stunde	WB	Sanh kranbar	Sanh nicht kranbar	Profil
Hannover	Villach	Mo–Fr	19.40	C 6.30	●	●		P 50
	Wien Nordwest	Mo–Fr	19.40	C 6.00	●	●		P 70
Kiel	Linz	Mo–Fr	13.00	C 8.00	●	●		P 70
	Messendorf	Mo–Fr	13.00	C 6.00	●	●		P 50
	Villach	Mo–Fr	13.00	C 6.30	●	●		P 50
	Wien Nordwest	Mo–Fr	13.00	C 6.00	●	●		P 70
Lübeck-Nordlandkai	Linz	Mo–Sa	13.30	C 8.00	●	●		P 70
	Messendorf	Mo–Sa	13.30	C 6.00	●	●		P 50
	St. Pölten	Mo–Sa	13.30	C 7.00			●	W 62
	Villach	Mo–Sa	13.30	C 6.30	●	●		P 50
	Wien Nordwest	Mo–Sa	13.30	C 6.00	●	●	●	P 70 / W 62
Lübeck-Skandinavien-Kai	Linz	Mo–Sa	13.30	C 8.00	●	●		P 70
	Messendorf	Mo–Sa	13.30	C 6.00	●	●		P 50
	St. Pölten	Mo–Sa	13.30	C 7.00			●	W 62
	Villach	Mo–Sa	13.30	C 6.30	●	●		P 50
	Wien Nordwest	Mo–Sa	13.30	C 6.00	●	●	●	P 70 / W 62
Mannheim	Linz	Mo–Fr	18.00	C 8.00	●	●		P 70
	Messendorf	Mo–Fr	18.00	C 6.00	●	●		P 50
	Villach	Mo–Fr	18.00	C 6.30	●	●		P 50
	Wien Nordwest	Mo–Fr	18.00	C 6.00	●	●	●	P 70 / W 62
Neuss	Linz	Mo–Fr	20.00	C 8.00	●	●		P 70
	Messendorf	Mo–Fr	20.00	C 6.00	●	●		P 50
	St. Pölten	Mo–Fr	20.00	C 7.00			●	W 62
	Villach	Mo–Fr	20.00	C 6.30	●	●		P 50
	Wien Nordwest	Mo–Fr	20.00	C 6.00	●	●	●	P 70 / W 62

5b) Österreich – Deutschland

von	nach	Lade-schluß Stunde	Ablade-beginn Zielort	Ablade-ende ca.	weitere Abladg. ca. ab	WB	Sanh kranbar	Sanh nicht kranbar	Abwei-chendes Profil
Wuppertal	Linz	Mo–Sa	20.15	C 8.00	●		●		P 70
	Messendorf	Mo–Sa	20.15	C 6.00	●		●		P 50
	Villach	Mo–Sa	20.15	C 6.30	●		●		P 50
	Wien Nordwest	Mo–Sa	20.15	C 6.00	●		●		P 70
Linz	Bielefeld	Mo–Fr	16.00	C 7.45	●		●		P 70
	Bremen	Mo–Fr	16.00	C 9.15	●		●		P 70
	Frankfurt	Mo–Fr	16.00	C 6.30	●		●		P 70
	Freiburg	Mo–Fr	16.00	C 6.00	●		●		P 63
	Hamburg	Mo–Fr	16.00	C 9.00	●		●		P 70
	Hannover	Mo–Fr	16.00	C 6.20	●		●		P 70
	Kiel	Mo–Fr	16.00	C 12.00	●		●		P 70
	Lübeck Nordl.	Mo–Fr	16.00	C 12.00	●		●		P 70
	Lübeck Skand.	Mo–Fr	16.00	C 12.00	●		●		P 70
	Mannheim	Mo–Fr	16.00	C 7.00	●		●		P 70
	Neuss	Mo–Fr	16.00	C 6.00	●		●		P 70
	Wuppertal	Mo–Fr	16.00	C 5.30	●		●		P 70
Messendorf	Bielefeld	Mo–Fr	18.00	C 7.45	●		●		P 50
	Bremen	Mo–Fr	18.00	C 9.15	●		●		P 50
	Frankfurt	Mo–Fr	18.00	C 6.30	●		●		P 50
	Freiburg	Mo–Fr	18.00	C 6.00	●		●		P 50
	Hamburg	Mo–Fr	18.00	C 9.00	●		●		P 50
	Hannover	Mo–Fr	18.00	C 6.20	●		●		P 50

von	nach	Abfahrts-tage	Ladeschluß Tag A	Abladebeginn am Zielort Tag		WB	Sanh kranbar	Sanh nicht kranbar	Profil
Messendorf	Kiel	Mo–Fr	18.00	C	12.00	●	●		P 50
	Lübeck Nordl.	Mo–Fr	18.00	C	12.00	●	●		P 50
	Lübeck Skand.	Mo–Fr	18.00	C	12.00	●	●		P 50
	Mannheim	Mo–Fr	18.00	C	7.00	●	●		P 50
	Neuss	Mo–Fr	18.00	C	6.00	●	●		P 50
	Wuppertal	Mo–Fr	18.00	C	5.30	●	●		P 50
St. Pölten	Lübeck Nordl.	Mo–Fr	18.00	C	12.00			●	W 62
	Lübeck Skand.	Mo–Fr	18.00	C	12.00			●	W 62
	Neuss	Mo–Fr	18.00	C	6.00			●	W 62
Villach	Bielefeld	Mo–Fr	17.00	C	7.45	●	●		P 50
	Bremen	Mo–Fr	17.00	C	9.15	●	●		P 50
	Frankfurt	Mo–Fr	17.00	C	6.30	●	●		P 50
	Freiburg	Mo–Fr	17.00	C	6.00	●			P 50
	Hamburg	Mo–Fr	17.00	C	9.00	●	●		P 50
	Hannover	Mo–Fr	17.00	C	6.20	●	●		P 50
	Kiel	Mo–Fr	17.00	C	12.00	●	●		P 50
	Lübeck Nordl.	Mo–Fr	17.00	C	12.00	●	●		P 50
	Lübeck Skand.	Mo–Fr	17.00	C	12.00	●	●		P 50
	Mannheim	Mo–Fr	17.00	C	7.00	●	●		P 50
	Neuss	Mo–Fr	17.00	C	6.00	●	●		P 50
	Wuppertal	Mo–Fr	17.00	C	5.30	●	●		P 50
Wien Nordwest	Bielefeld	Mo–Fr	19.30	C	7.45	●	●		P 70
	Bremen	Mo–Fr	19.30	C	9.15	●	●		P 70
	Frankfurt	Mo–Fr	19.30	C	6.30	●	●		P 70
	Freiburg	Mo–Fr	19.30	C	6.00	●			P 70
	Hamburg	Mo–Fr	19.30	C	9.00	●	●		P 70

von	nach	Abfahrts-tage	Ladeschluß Tag A	Abladebeginn am Zielort Tag	WB	Sanh kranbar	Sanh nicht kranbar	Profil
Wien Nordwest	Hannover	Mo–Fr	19.30	C 6.20	●	●		P 70
	Kiel	Mo–Fr	19.30	C 12.00	●	●		P 70
	Lübeck Nordl.	Mo–Fr	19.30	C 12.00	●	●	●	P 70 W 62
	Lübeck Skand.	Mo–Fr	19.30	C 12.00	●	●	●	P 70 W 62
	Mannheim	Mo–Fr	19.30	C 7.00	●	●	●	P 70 W 62
	Neuss	Mo–Fr	19.30	C 6.00	●	●	●	P 70 W 62
	Wuppertal	Mo–Fr	19.30	C 5.30	●	●		P 70

6a) Deutschland – Schweiz/Italien

von	nach	Abfahrts-tage	Ladeschluß Tag A Stunde	Abladebeginn am Zielort Tag/Stunde	WB	Sanh kranbar	Sanh nicht kranbar	Profil
Frankfurt	Busto Arsizio	Mo–Fr	17.30	B 14.30	●	●		P 30
Hamburg	Lugano	Mo–Fr	17.00	C 15.00	●	●		P 50
	Busto Arsizio	Mo–Fr	17.00	C 7.30	●	●		P 30
Kiel	Lugano	Mo–Fr	13.00	C 15.00	●	●	●	W 40 P 50
	Busto Arsizio	Mo–Sa	13.00	C 7.30	●	●	●	W 20 P 30
Köln	Lugano	Mo–Fr	19.15	B 15.00	●	●	●	W 40 P 50
	Milano	Mo–Sa	12.00	B 9.30	●	●	●	W 20 P 30
	Milano	Mo–Fr	19.30	C 7.00	●	●	●	W 20 P 30
	Roma	Fr	12.00	D 8.00	●	●		P 30
Ludwigsburg	Busto Arsizio	Mo–Fr	16.00	C 7.30	●	●		P 30
Lübeck-Nordlandkai	Lugano	Mo–Sa	13.30	C 15.00	●	●	●	W 40 P 50
	Busto Arsizio	Mo–Sa	13.30	C 7.30	●	●	●	W 20 P 30
Lübeck-Skandinavienkai	Lugano	Mo–Sa	13.30	C 15.00	●	●	●	W 40 P 50
	Busto Arsizio	Mo–Sa	13.30	C 7.30	●	●	●	W 20 P 30
Mannheim	Lugano	Mo–Fr	18.00	B 15.00	●	●	●	W 40 P 50
	Busto Arsizio	Mo–Fr	18.00	B 14.30	●	●	●	W 20 P 30
	Roma	Fr	18.00	D 8.00	●	●		P 30
Neuss	Lugano	Mo–Fr	18.00	B 15.00	●	●	●	W 40 P 50
	Milano	Mo–Fr	18.00	C 7.00	●	●	●	W 20 P 30
Wuppertal	Milano	Mo–Fr	18.00	C 7.00	●	●		P 30

6b) Italien/Schweiz – Deutschland

von	nach	Ladeschluß Stunde	Abladebeginn Zielort	Abladeende ca.		weitere Abladg. ca. ab	WB	Sanh kranbar	Sanh nicht kranbar	Abweichendes Profil
Busto Arsizio	Frankfurt	Di–Sa	10.00	B	6.00					P 30
	Hamburg	Di–Sa	10.00	B	15.00					P 30
	Kiel	Di–Sa	10.00	C	12.00	●	●	●		W 20 P 30
	Lübeck Nordl.+Sk.	Di–Sa	10.00	C	12.00	●	●	●		W 20 P 30
	Ludwigsburg	Di–Sa	10.00	B	10.40	●	●			P 30
	Mannheim	Di–Sa	18.00	B	11.00	●	●	●		W 20 P 30
Milano–Greco Pirelli	Köln	Di–Sa	10.00	B	8.30	●	●	●		W 20 P 30
	Köln	Di–Sa	17.30	B	14.30	●	●	●		W 20 P 30
	Neuss	Di–Sa	10.00	B	9.30	●	●	●		W 20 P 30
	Neuss	Di–Sa	17.30	C	6.00	●	●	●		W 20 P 30
	Wuppertal	Di–Sa	10.00	B	8.30	●	●			P 30
	Wuppertal	Di–Sa	17.30	C	8.00	●	●			P 30
Roma	Köln	Fr	18.00	D	14.50	●	●			P 30
	Mannheim	Fr	18.00	D	11.00	●	●			P 30
Lugano	Hamburg	Di–Sa	12.00	B	15.00	●	●			P 50
	Kiel	Di–Sa	12.00	C	12.00	●	●	●		W 40 P 50
	Köln	Di–Sa	12.00	B	7.00	●	●	●		W 40 P 50
	Lübeck Nordl.+Sk.	Di–Sa	12.00	C	12.00	●	●	●		W 40 P 50
	Mannheim	Di–Sa	12.00	B	7.00	●	●	●		W 40 P 50
	Neuss	Di–Sa	12.00	B	8.00	●	●	●		W 40 P 50

Weitere Bahnhöfe in Italien über Busto Arsizio oder Milano–Greco Pirelli erreichbar. Möglich sind: Bari, Bologna, Brindisi, Napoli, Reggio di Calabria, sowie Patras (Griechenland). Bitte bei *Kombiverkehr* anfragen!

Basel siehe „Transitverbindungen" sowie Kombifahrplan Inland.

7) Transitverbindungen

von	nach	Abfahrts-tage	Ladeschluß Tag A Stunde	Abladebeginn am Zielort Tag/Stunde	WB	Sanh kranbar	Sanh nicht kranbar	Profil
Basel	Antwerpen	Di–Fr	17.30	B 18.00	●	●		P 70
Antwerpen	Basel	Mo–Sa	10.00	B 7.30	●	●		P 70
Basel	Rotterdam	Mo–Fr	17.30	B 12.30	●	●	●	W 62 P 70
Rotterdam	Basel	Mo–Fr	14.00	B 7.30	●	●	●	W 62 P 70
Basel	Harwich via Rotterdam	Mo–Fr	17.30	C früh		●	●	W 62 P 70
Harwich via Rotterdam	Basel	Mo–Sa	abends	C 7.30		●	●	W 62 P 70
Basel	Oostende-Dover/Folkestone	Di–Fr	17.30	C früh		●	●	W 62 P 70
Dover/Folkest.-Oostende	Basel	Mo–Fr	abends	C 7.30		●	●	W 62 P 70
Basel	Zeebrugge-Dover/Folkestone	Di–Fr	17.30	C früh		●		P 70
Dover/Folkest.-Zeebrugge	Basel	Mo–Fr	abends	C 7.30		●	●	W 62 P 70
Busto Arsizio	Rotterdam	Di–Sa	10.00	B 12.30	●	●	●	W 20 P 30
Rotterdam	Busto Arsizio	Mo–Fr	17.30	C 7.30	●	●	●	W 20 P 30
Lugano	Rotterdam	Di–Sa	12.00	B 12.30	●	●	●	W 40 P 50
Rotterdam	Lugano	Mo–Sa	14.00	B 15.00	●	●	●	W 40 P 50

von	nach	Abfahrts-tage	Ladeschluß Tag A Stunde	Abladebeginn am Zielort Tag/Stunde	WB	Sanh kranbar	Sanh nicht kranbar	Profil
St. Pölten	Oostende-Dover/Folkestone	Mo–Fr	18.00	D früh			●	W 62
Dover/Folkest. -Oostende	St. Pölten	Mo–Fr	abends	D 7.00			●	W 62
St. Pölten	Rotterdam	Mo–Fr	18.00	C 12.30			●	W 62
Rotterdam	St. Pölten	Mo–Fr	14.00	C 7.00			●	W 62
Verona	Rotterdam	Mo–Fr	18.00	C 12.30	●	●	●	W 30+ P 40+
Rotterdam	Verona	Mo–Fr	14.00	C 8.00	●	●	●	W 30+ P 40+
Wien	Barcelona	Mo–Fr	19.30	E 7.00	●			P 22
Barcelona	Wien	Mo–Fr	20.00	E 6.00	●			P 22
Wien	Rotterdam	Mo–Fr	19.30	C 12.30	●	●	●	W 62 P 70
Rotterdam	Wien	Mo–Fr	14.00	C 6.00	●	●	●	W 62 P 70
Wien	Oostende-Dover/Folkestone	Mo–Fr	19.30	D früh	●	●		W 62 P 70
Dover/Folkest. -Oostende	Wien	Mo–Fr	abends	D 6.00	●	●		W 62 P 70
Wien	Zeebrugge-Dover/Folkestone	Mo–Fr	19.30	D früh	●	●		P 70
Dover/Folkest. -Zeebrugge	Wien	Mo–Fr	abends	D 6.00	●	●		P 70

+ Zu Proil W 30: Scheitelhöhe nicht mehr als 290 mm über Eckhöhe
P 40: Scheitelhöhe nicht mehr als 270 mm über Eckhöhe

Anhang 14

Arbeitszeiten – Merkblatt zum BMT

Zeiten	( ) = Hinweis auf Anmerkungen	Kfz über 2,8 t – 3,5 t zulässiges Gesamtgewicht	Kfz über 3,5 t, Züge u. Sattelkfz über 3,5 t – 20 t zulässiges Gesamtgewicht	Züge und Sattelkfz über 20 t zulässiges Gesamtgewicht
1. Höchstzulässige Arbeitszeit				
1.1 Ein-Fahrer-Besatzung	(1,3)	115 Std. je Doppelwoche	115 Std. je Doppelwoche	115 Std. je Doppelwoche
1.2 Zwei-Fahrer-Besatzung ohne Schlafkabine	(1,3)	115 Std. je Doppelwoche	115 Std. je Doppelwoche	115 Std. je Doppelwoche
1.3 Zwei-Fahrer-Besatzung mit Schlafkabine	(1,4)	115 Std. je Doppelwoche zuzüglich 34 Std. Kabinenzeit	115 Std. je Doppelwoche zuzüglich 34 Std. Kabinenzeit	115 Std. je Doppelwoche zuzüglich 34 Std. Kabinenzeit
2. Höchstdauer der Arbeitsschicht	(5,6)			
2.1 Ein-Fahrer-Besatzung		12 Std.	12 Std.	12 Std.
2.2 Zwei-Fahrer-Besatzung ohne Schlafkabine		17 Std.	17 Std.	17 Std.
2.3 Zwei-Fahrer-Besatzung mit Schlafkabine		22 Std.	22 Std.	22 Std.
3. Ununterbrochene Ruhezeit zwischen zwei Arbeitsschichten	(6)			
3.1 Ein-Fahrer-Besatzung	(7)	11 Std. zweimal je Woche 9 Std.	11 Std. zweimal je Woche 9 Std.	11 Std. zweimal je Woche 9 Std. bzw. 8 Std.
3.2 Zwei-Fahrer-Besatzung ohne Schlafkabine		10 Std.	10 Std.	10 Std.
3.3 Zwei-Fahrer-Besatzung mit Schlafkabine		8 Std.	8 Std.	8 Std.
4. Zusätzliche wöchentliche Ruhezeit	(8)	29 Std. bzw. 24 Std. je Woche, denen eine ununterbrochene Ruhezeit unmittelbar vorausgehen oder folgen muß	29 Std. bzw. 24 Std. je Woche, denen eine ununterbrochene Ruhezeit unmittelbar vorausgehen oder folgen muß	29 Std. bzw. 24 Std. je Woche, denen eine ununterbrochene Ruhezeit unmittelbar vorausgehen oder folgen muß

Zeiten	( ) = Hinweis auf Anmerkungen	Kfz über 2,8 t – 3,5 t zulässiges Gesamtgewicht	Kfz über 3,5 t, Züge u. Sattelkfz über 3,5 t – 20 t zulässiges Gesamtgewicht	Züge und Sattelkfz über 20 t zulässiges Gesamtgewicht
5. Höchstzulässige unurterbrochene Lenkzeit		4 Std.	4 Std.	4 Std.
6. Mindestdauer der Lenkzeitunterbrechung	(9)	30 Min. bzw. 2 x 20 Min. bzw. 3 x 15 Min.	30 Min. bzw. 2 x 20 Min. bzw. 3 x 15 Min.	1 Std. bzw. 2 x 30 Min.
7. Höchstzulässige Lenkzeit innerhalb einer Arbeitsschicht	(6, 10)	8 Std. sowie 2 x 9 Std. je Woche	8 Std. sowie 2 x 9 Std. je Woche	8 Std.
8. Arbeitszeitnachweis	(11, 12)	EG-Kontrollgerät	EG-Kontrollgerät	EG-Kontrollgerät

Stand 1. 1. 1982

363

Anmerkungen:

1. Die höchstzulässige Arbeitszeit richtet sich nach dem ab 1. Oktober 1979 gültigen Bundesmanteltarifvertrag für den Güter- und Möbelfernverkehr (BMT-Fernverkehr). Die Arbeitszeit umfaßt die Zeiten des reinen Dienstes am Steuer (Lenkzeit), der Be- und Entladearbeiten, Reparaturarbeiten, Vor- und Abschlußarbeiten, sonstige Arbeiten sowie die Arbeitsbereitschaftszeiten. Hiervon ausgenommen sind die Pausen.

3. Die höchstzulässige, sich auf die Doppelwoche beziehende Arbeitszeit, kann auf die einzelnen Wochen ungleichmäßig verteilt werden. Sie darf jedoch in einer Woche 60 Stunden nicht überschreiten.

4. Die höchstzulässigen, sich auf die Doppelwoche beziehenden Zeiten können auf die einzelnen Wochen ungleichmäßig verteilt werden. Sie dürfen jedoch in einer Woche 85 Stunden nicht überschreiten.

5. Als Arbeitsschicht gelten alle Arbeitszeiten einschließlich der Pausen (Unterbrechungen), die zwischen zwei Ruhezeiten liegen.

6. Im Falle höherer Gewalt oder unvorhergesehener Verzögerungen können zur Erreichung eines geeigneten Halteplatzes oder des Bestimmungsortes die Lenk- und Schichtzeit ausnahmsweise verlängert und die Ruhezeit verkürzt werden, wenn dies mit der Verkehrssicherheit zu vereinbaren ist oder die Verkehrssicherheit dies gebietet. Die Fälle höherer Gewalt oder unvorhergesehener Verzögerungen sind auf dem Schaublatt unter der Rubrik „Bemerkungen" einzutragen.

7. Die Verkürzung der Ruhezeit auf 8 Stunden ist dann zulässig, wenn sie außerhalb des Standortes des Fahrpersonals verbracht wird. Für die Verkürzungen muß ein Ausgleich gewährt werden.

8. Die zusätzliche wöchentliche Ruhezeit kann um 5 Stunden auf mindestens 24 zusammenhängende Stunden vermindert werden, wenn in derselben Woche eine entsprechende Ruhezeit gewährt wird. Die wöchentliche Ruhezeit ist grundsätzlich am Betriebsort bzw. Wohnsitz des Arbeitnehmers zu gewähren.

9. Bei zwei Fahrern genügen zur Unterbrechung der Lenkzeit auch Wartezeiten sowie die Zeiten, die während der Fahrt neben dem Fahrer oder in der Schlafkabine verbracht werden (Fahrerwechsel).

10. Die wöchentliche Lenkzeit darf 48 Stunden, die Lenkzeit in der Doppelwoche 92 Stunden nicht übersteigen.

11. Bei Fahrzeugen mit einem zulässigen Gesamtgewicht von 2,8 t bis 3,5 t kann anstelle des EG-Kontrollgerätes ein persönliches Kontrollbuch oder ein Fahrtenschreiber mit nationaler Bauartgenehmigung geführt werden, auf dessen Schaublättern jeweils Beginn und Ende von Schicht und Pausen zu vermerken sind.

12. Die Schaublätter des EG-Kontrollgerätes sind mitzuführen
    – im nationalen Verkehr für den laufenden und für die beiden unmittelbar vorhergehenden Kalendertage im Original oder Kopie;
    – im grenzüberschreitenden Verkehr für den laufenden und für die 7 unmittelbar vorhergehenden Kalendertage im Original.